I0641807

Reprint Publishing

FÜR MENSCHEN, DIE AUF ORIGINALE STEHEN.

www.reprintpublishing.com

Handbuch

der

allgemeinen Literaturgeschichte

aller bekannten Völker der Welt,

von der

ältesten bis auf die neueste Zeit,

zum

Selbststudium und für Vorlesungen,

von

Dr. Johann Georg Theodor Grässe,

Bibliothekar Sr. Maj. des Königs v. Sachsen.

Ein Auszug aus des Verfassers größerem Lehrbuche der allgemeinen Literärgeschichte.

Erster Band.

Literaturgeschichte der alten Welt.

Zweite Ausgabe.

Leipzig,

Arnoldische Buchhandlung.

1850.

Seiner Königlichen Hoheit

dem

Prinzen Albert, Herzog zu Sachsen

2c.   2c.   2c.

allerunterthänigst gewidmet.

Vorrede.

Indem ich hiermit mein Handbuch der allgemeinen Literärgeschichte dem gelehrten Publicum zu überreichen die Ehre
habe, scheint es passend, mit einigen Worten die Gründe
anzudeuten, welche mich veranlaßt haben, ein solches neben
meinem größeren Werke erscheinen zu lassen. Letzteres
sollte, wie sich aus dem Plane und der ganzen inneren
und äußeren Anlage desselben ergiebt, ein Repertorium von
allen die Literärgeschichte betreffenden äußeren Materialien,
ein Werk zum Nachschlagen seyn, war also weniger
zum Lesen oder zur Darstellung einer allgemeinen Skizze
der Literatur in ihrem Umfange, schon durch die dem Texte ein-
gefügten vielen längeren Bemerkungen und Noten bestimmt.
Dazu kam, daß der Stoff derartig war, daß sich das Buch weiter ausgesponnen hat und zu einem größeren Umfange ange-
wachsen ist, als es anfangs mein Zweck war. Gleichwohl ist es
dabei auch nach dem einstimmigen Urtheile aller Bibliographen
vom Fach zu einem unentbehrlichen Hilfsbuche für jeden
Literarhistoriker geworden, weil es jedenfalls das Verdienst
beanspruchen darf, eine große Sammlung von Notizen jeder
Art zu bieten, und über mancherlei Gegenstände und Schriftsteller Nachricht giebt, die gerade von anderen Bibliographen
vernachlässigt worden sind. Daß dieses der Fall ist, wird
jeder Unparteiische, wenn er nur einen Blick hineinwirft,
zugestehen müssen. Deshalb freut es mich auch unsomehr, daß
im Allgemeinen alle Beurtheilungen hierin übereingekommen

sind, wie ich denn mit Gewißheit (nach der Versicherung
des gelehrten Herrn D. Wuttke, des rühmlichst bekannten
Historikers, meines verehrten Freundes) behaupten kann,
daß der selige Wachler mein Buch noch in seinen letzten
Vorlesungen angelegentlich empfohlen hat. Allein auch
im Auslande ist selbiges anerkannt worden, denn Herr Fr.
L. J. Thimm in seiner interessanten Geschichte der Deutschen
Literatur für Engländer (The literature of Germany.
Lond. 1843. 8.) hat mir (p. 239) die Ehre erzeigt, meinen
Namen neben die der ausgezeichnetsten Philologen und Histo=
riker der Jetztzeit zu stellen, und der gelehrte Herr Brunet in sei=
ner mit trefflichen Bemerkungen versehenen Uebersetzung von
Luther's Tischreden (Propos de la Table. Paris 1844.) mir
(p. 273.) eine Stelle unter den ersten Bibliographen Europas
angewiesen, andere Beurtheilungen meines Werkes in ausländ=
ischen Journalen nicht zu erwähnen. Dieß muß mich völlig dar=
über trösten, wenn Der oder Jener sagen wollte, ich habe zu viel,
Andere wieder, daß ich zu wenig gegeben. Letzteres ist mir neu=
lich widerfahren, indem der neueste Uebersetzer des Chaucer,
Herr Fiedler, mir vorwirft, ich hätte bei der Quellenangabe der
einzelnen Erzählungen dieses Dichters dieses oder jenes Citat
nicht aufgeführt. Was kann lächerlicher seyn als dieser Vor=
wurf? Niemand wird in einer Universalliterärgeschichte die
Aufzählung aller Quellen erwarten, die ein Dichter bei der
Composition jedes seiner Werke benutzt hat, es dürfte dieß in
einiger Vollständigkeit nicht einmal von einer Specialge=
schichte der Nationalliteratur des besagten Dichters zu ver=
langen seyn, sollte sie auch nach dem Maßstabe einer Hist. lit. de
la France eingerichtet werden. Der Grund davon, daß ich ein
derartiges Beiwerk hinzugefügt, liegt lediglich darin, weil ich
überhaupt über die Quellen der mittelalterlichen Sagen=
dichter und Novellisten Vieles gesammelt hatte, und nun bei

Chaucer mein zusammengebrachtes Material mitzugeben, für keinen unnützen Ballast gehalten habe. Uebrigens hat Herr Fiedler die Quellen, welche ich angegeben, fleißig abgeschrieben, als wenn er sie selbst gefunden, ohne mich zu nennen, und es thut mir um seiner selbst willen leid, daß er meine bis jetzt hierüber zusammengetragenen Nachträge in meinem Handexemplare nicht gehabt hat, sonst hätte er sein Quellen= register noch etwas vollständiger machen können. Natürlich leugne ich nicht, daß ich in meinem großen Werke man= cherlei Fehler und Mängel selbst entdeckt habe, daß sich Druckfehler eingeschlichen rc., allein welches Buch wäre frei davon und welcher Bibliograph, der weiß, welche unsägliche Mühe dasselbe erforderte, wird mir hierüber einen Vorwurf machen, umsomehr, als mich zuweilen der Wunsch, kurz zu seyn, um nicht unnöthigen Raum zu verschwenden, veranlaßt hat, etwas zu lange Perioden zu machen, die wenigstens unbequem zu übersehen sind und, um sie recht zu verstehen, ein aufmerksames Lesen erfordern*). Es versteht sich von selbst, daß nach Beendigung des größeren Wer= kes, von welchem dermalen noch 3 bis 4 Bände, die neue und neueste Zeit betreffend, restiren, ein so genau als möglich einzurichtendes Verzeichniß der nothwendigen Zusätze und Verbesserungen erscheinen wird, um die Voll= ständigkeit desselben bis auf die neueste Zeit herab fort= zuführen. Nichts desto weniger kann ich nicht umhin, unter manchem Anderen, worüber ich im Laufe der Jahre meine Ansicht geändert habe, hier gleich einen Umstand zu er= wähnen, welcher die gelehrten Herren Professoren Fleischer

---

*) Hierher gehört gleich Bd. II. 2. p. 1032, wo ich von Chaucer's **Cockes Tale** handele und statt „es enthält rc." hätte schreiben sollen „es enthält wohl eigentlich vermuthlich nur, wie ich aus der in der Einleitung oder **Prologue** den Koch betreffenden Stelle schließe, eine Anpreisung der Kochkunst."

und Weil angeht. Ich hatte nämlich an einigen Stellen meines großen Werkes ein ungünstiges Urtheil über ihre Recensionen der Hammer=Purgstall'schen Schriften abgeben zu müssen geglaubt, allein nähere Untersuchung hat mich belehrt, daß ich mich geirrt und die Sache aus einem falschen Gesichtspunkte betrachtet hatte, ich halte es daher für meine Pflicht, unaufgefordert hier meinen Irrthum zu be= kennen, mein Urtheil zurückzunehmen und den gelehrten Herren meine vollkommene Anerkennung ihrer vorzüglichen Ver= dienste um die morgenländische Literatur offen auszudrücken. Um aber wieder auf den jetzt vorliegenden ersten Band meines Auszuges zurückzukommen, so bemerke ich, daß der= selbe vorzüglich auf die mir von allen Seiten zugekommenen Aufforderungen, ein abgekürztes Handbuch der Literatur= geschichte zu liefern, theilweise aber auch darum geschrieben ward, um auch Unbemittelten ein Werk zu bieten, welches nach dem dermaligen Stande der Literatur=Wissenschaft eine kurze historische Uebersicht der Literaturgeschichte, verbunden mit den gehörigen Nachweisungen über Leben, Werke, Aus= gaben der einzelnen Schriftsteller, liefere. Dabei habe ich zugleich, da es vorzugsweise für Deutschland bestimmt ist, fast immer eine oder zwei der neuesten oder besten Ueber= setzungen der bedeutendsten älteren Autoren beigefügt. Zugleich wird aber dieser Auszug auch einen, wie ich hoffe, passenden Schlüssel zu meinem größeren Werke darbieten, indem ich hier die Quintessenz des in jenem Ent= haltenen mit Benutzung der neuesten über diesen oder jenen Schriftsteller ꝛc. angestellten Untersuchungen und den erfor= derlichen Nachträgen, Verbesserungen und Ergänzungen zu geben beabsichtige, dabei aber auch in den einzelnen Para= graphen eine fortlaufende chronologische Darstellung des Entwickelungsganges der gesammten Literatur zu geben

versucht habe, die, wie ich wünsche, vielleicht umsomehr
Beifall finden wird, als weder das größere noch das kleinere
Handbuch Wachler's eine solche bietet, sondern ebenfalls
an Mangel an Zusammenhang und Uebersichtlichkeit leidet.
Zum Muster habe ich mir das kleine Lehrbuch der Deutschen
Literaturgeschichte des berühmten Gervinus genommen,
welches in jeder Beziehung die Anforderungen, die man
an ein derartiges Werk machen kann, nicht blos befriedigt,
sondern auch übertrifft. Ob ich nun gleich weit entfernt
bin, zu glauben, daß meine Nachahmung ihrem Vorbilde
nahe gekommen, geschweige denn es erreicht habe, so habe ich
doch das Bewußtseyn, Alles aufgeboten zu haben, mein
Ziel zu erreichen, um wo möglich eine für das erste Bedürfniß ausreichende, mit dem nöthigen bibliographischen
Material ausgestattete und vorzüglich mit gehöriger Kritik
die Denkmäler der Literatur beurtheilende Darstellung der
Geschichte derselben zu liefern. Gern werde ich jede Verbesserung und Erinnerung mit Dank annehmen und in vorkommenden Fällen zu benutzen wissen; daher bemerke ich nur
noch, daß ich absichtlich die ältere Literatur, als die Grundlage
aller Bildung, etwas weitläufiger behandeln zu müssen
geglaubt habe, bei dem im Ganzen weniger wichtigen
Mittelalter aber mich kürzer fassen werde, um Raum für
die Neuzeit zu gewinnen, welche in einer gerundeten Skizze
vor sich zu haben für jeden Gebildeten wünschenswerth
seyn muß. Erst wenn der Auszug vollständig vorliegt,
werden die noch fehlenden Bände meines größeren Werkes
folgen. Ich halte es endlich noch für nöthig, hinzuzufügen,
daß sich trotz der größten Vorsicht auch in diesem Bande
einige Druckfehler eingeschlichen haben, von denen ich hier
bemerke, daß S. 22 unter die Worte „Zweite Periode" noch hinzuzusetzen ist „Erster Abschnitt", S. 64

З. 8 v. o. ftatt „Bundchefch" zu lefen ift„ Bunde-
hefch", S. 105 З. 25 v. o. ftatt „Euclidus" „Euclides", S. 141 §. 186 Anm. 3 zu lefen „Ezechiel."
„Ezechieli" und §. 95 S. 155 die Anmerkung 1 weg-
zuftreichen ift, weil im Ganzen dafelbft nur 8 Anmerkungen
beigefügt find, fonft aber deren 9 nothwendig gewefen feyn
würden. So möge denn auch diefes Werk hinaus in die
Welt gehen und fo viele Freunde finden, als dieß bei feinen Vorgängern der Fall gewefen ift.

Dresden, den 16. November 1844.

Der Verfaffer.

Inhalt.

XII

Handbuch

der

allgemeinen Literärgeschichte.

Einleitung.

§. 1.

Wissenschaft an sich ist der Inbegriff gewisser durch die Vernunft erkannter und in sich zusammenhängender Wahrheiten, deren Summe Gelehrsamkeit genannt wird. Die Geschichte derselben muß sich demnach einen genauen und zusammenhängenden Bericht des Ursprungs, der Fortbildung und der in ihrem Gebiete stattgefundenen Veränderungen zur Aufgabe machen.

§. 2.

Kunst ist nach Aristot. ad Nicom. VI. c. 4., subjectiv genommen, die Fertigkeit der Seele, nach ihrer Willkür zufällige Dinge hervorzubringen, oder die Kraft der Seele, Gegenstände sinnlich darzustellen, objectiv aber der Inbegriff der Grundsätze, welche zu jener sinnlichen Darstellung erforderlich sind. Hat nun diese Fertigkeit das Bedürfniß oder die Bequemlichkeit des Lebens zum Zwecke, so entstehen mechanische, wenn aber nur das Vergnügen, schöne Künste. Letztere werden noch jetzt nach dem Muster der Alten auch freie Künste genannt, weil diese annahmen, daß allein Freie im Stande seien, Gegenstände, bei denen lediglich die Einbildungskraft, die Urtheilskraft und das Empfindungsvermögen in Thätigkeit sei, gehörig aufzufassen und zu behandeln, wogegen aber die mechanischen Künste, bei denen vorzugsweise die Körperkraft thätig sei, vorzugsweise Sache der Sclaven seien.

Anmerkung. Daß ein Gelehrter in unserem Sinne nur ein solcher, der den Umfang der Wissenschaften im Allgemeinen inne hat, seyn könne, ist begreiflich, die Alten aber verstanden unter ihrem πολυμαθης, σοφος und doctus auch den Künstler mit (s. A. L. G. I. §. 2), unter ars aber umgekehrt Gelehrsamkeit und unter artes Wissenschaften (s. ebb. §. 10. Anm.).

1 *

§. 3.

Was nun die Eintheilung der Wissenschaften und Künste angeht, so scheidet man erstere in Haupt- oder Facultäts- und Hilfswissenschaften. Jene bilden die Medicin, Jurisprudenz und Theologie, diese die Philologie (d. h. Kenntniß der classischen Sprache) als Grundlage aller übrigen, die Geschichte und ihre Hilfswissenschaften Geographie und Chronologie 2c., Philosophie, Mathematik und Naturwissenschaften (Physik, Chemie und Naturgeschichte). Die freien oder schönen Künste (Poesie, Beredtsamkeit, Musik, Tanz-, Zeichnen-, Steinschneide-, Kupferstecher-, Bau-, Gartenkunst, Malerei und Bildhauerei) theilte man früher in eigentliche **schöne Künste** und sogenannte **schöne Wissenschaften**; erstere besaßen natürliche Mittel (Bilder, Gestalten, Formen), letztere (Poesie und Beredtsamkeit), willkürliche Zeichen (die Sprache); jetzt aber scheidet man sie in **tonische** (Tonkunst, Poesie, Beredtsamkeit), **plastische** (alle eigentlich **bildenden**, d. h. die Gegenstände selbst nachahmenden und durch sinnliche Vorstellung auf die Einbildungskraft wirkenden) und **mimische** (d. h. Gebärdenkunst, Tanzkunst und Schauspielkunst) [1] f. im Allg. J. G. Sulzer, allgem. Theorie d. schönen Künste. Neue verb. A. Leipz. 1792—94. IV Bde. 8. Dazu Nachträge von Dyck u. Schatz. Lpzg. 1796—1808. VIII Bde. 8. u. Zusätze v. Blankenburg. ebb. 1796—98. III Bde. 8. J. J. Eschenburg, Entwurf e. Theorie u. Literatur d. schönen Redekünste. Berlin 1783. 8. Vte völlig umgearb. Ausg. v. M. Pinder. ebb. 1836. 8. Ign. Jeitteles, ästhetisches Lericon od. alphab. Hbbch. z. Theorie d. Philosophie d. Schönen und d. schönen Künste. Wien 1836 — 37. II Bde. 8. Fr. Ficker, geschichtlicher Ueberblick der gesammten schönen Kunst nach ihren einzelnen Sphären. ebb. 1837. 8.

1) Die Eintheilung der schönen Künste im Mittelalter in sieben freie Künste, Grammatik, Dialektik, Rhetorik, Arithmetik, Geometrie, Musik und Astronomie, bei Isidor. Orig. I. 2, welche zusammen als **Trivium** und **Quadrivium** den ganzen Unterrichtskreis des Mittelalters bildeten, rührt von Augustin her.

§. 4.

Daß nun alle diese Wissenschaften und Künste, nicht einmal die mechanischen ausgenommen, theoretisch durch Schriften aus- und fortgebildet worden sind, nicht allein auf rein praktischem Wege fortschritten, versteht sich von selbst; es wird daher die Sache der Literaturgeschichte[1] seyn, die merkwürdigsten Veränderungen im Reiche der Wissenschaften und wenigstens theilweise auch der Künste, so vorzutragen, daß sich hieraus die Entwickelung und fortschreitende Ausbildung der geistigen Kräfte des Menschen erkennen läßt. Sie selbst zerfällt aber in eine äußere und innere Geschichte der Literatur, welche erstere von F. A. Wolf im Mus. d. Alterthumswiss. Bd. I. H. I. p. 60 sq. Literärgeschichte, letztere vorzugsweise Literaturgeschichte im engern Sinne genannt worden ist (s. A. L. G. §. 11). Sie selbst bildet zugleich einen wichtigen Theil der politischen Geschichte, welche vorzüglich für die Literaturgeschichte im engern Sinne des Worts von größter Wichtigkeit ist, unterscheidet sich aber wiederum von der Culturgeschichte[2], welche Alles in sich fassen soll, wodurch sich das Menschengeschlecht von den ersten rohen Zuständen zur bürgerlichen, geistigen, materiellen und moralischen Ausbildung aufgeschwungen hat.

1) Die bedeutendsten allgemeinern Literaturgeschichten sind: J. A. Fabricius, Abriß einer allgem. Historie d. Gelehrsamkeit. Lpzg. 1752. III Bde. 8. (zuerst eigentl. Verf. einer Literär- und Literaturgesch.) G. Andrès, dell' origine, de' progressi e dello stato actuale d'ogni letteratura. Parma 1783. VII. T. 4. Venez. 1783. XX Voll. 8. (ung. Literaturgesch.). J. G. Eichhorn, Literärgeschichte. N. Ausg. Götting. 1815. II Bde. 8. (gute Uebersicht) u. Gesch. d. Literatur von ihrem Anfang bis auf die neuesten Zeiten. ebd 1805 etc. 8. (Bd. I, II, III. in 2 Abth. IV. in 3 Abth. V. Abth. I, VI. in 2 Abth.; unvollendet). F. Schlegel, Gesch. d. alten u. neuen Literatur. Wien 1815. II Thle. 8. (blos allgem. Raisonnement). L. Wachter, Handb. d. Gesch. d. Literatur. Dritte Umarb. Leipz. 1833. IV Bde. 8. (erste gleichartige, universelle Behandl. d. Stoffes, mit Ausnahme des Mittelalters, d. Orients u. d. Nordens). J. G. Th. Gräße, Lehrb. e. allg. Literärgeschichte aller bekannten Völker der Welt v. d. ältesten bis auf die neueste Zeit. Dresden 1837 etc. Bd. I. in 2 Abth. Alte Liter. Bd. II. in 3 Abth. Liter. d. Mittelalters.

2) Eine eigentliche allgemeine Culturgeschichte existirt noch gar nicht, denn die Werke von Goguet, Origine des Loix, Voltaire, Essai sur les moeurs, Herder, Ideen zur Philosophie der Geschichte der Menschheit, Fr. M. Vierthaler, philosophische Geschichte der Menschen und Völker (Salzburg 1787. VI Bde. 8.) sind, obwohl trefflich in vieler Beziehung, doch viel zu einseitig, als daß sie diesen Titel beanspruchen könnten, und G. Klemm, allgemeine Culturgeschichte der Menschheit (Lpzg. 1843. Bd. I, II. 8.) berücksichtigt wieder das häusliche und materielle Leben viel zu sehr mit beinahe völliger Nichtbeachtung der intellectuellen Ausbildung der Menschheit, sodaß es zu beklagen ist, daß J. v. Müller niemals seinen Plan, eine solche zu schreiben, ins Werk zu setzen, Zeit gewann, insofern für einen einzigen Menschen ein solches Unternehmen wohl geradezu unmöglich scheint. Es fehlt jedoch auch an Specialculturgeschichten einzelner Nationen, da Guizot, Histoire de la civilisation en Europe u. Roux Ferrand, Hist. des pro-

grès de la civilis. en Europe depuis l'ère chrét. (Paris 1833. IV. 8.) blos auf die Staatsverhältnisse Rücksicht nehmen und also lediglich **Rb. Henry, History of Great-Britain** in dieser Beziehung als einziges Muster dasteht, wie ein Geschichtschreiber neben der politischen auch die Geschichte der geistigen und körperlichen Cultur seines Volkes fortlaufend darzustellen habe. Trefflich entspricht seinem Plane W. Wachsmuth, Europ. Sittengeschichte. Lpzg. 1836—39. V. 8., sowie R. Nyerup, Kult. Gesch. v. Dänemark u. Norwegen. Altona 1804. 8.

§. 5.

Die Literaturgeschichte zerfällt nun aber in eine allge- meine und eine besondere. Erstere beschäftigt sich mit der Litera- tur aller Völker und aller Sprachen, in denen etwas Bemerkens- werthes durch die Schrift Eigenthum eines Volkes geworden ist [1]), letztere aber nur entweder mit einer Nation [2]), oder einer Sprache [3]), oder einer Wissenschaft [4]), oder auch nur einem Theile [5]) einer solchen.

1) So die in §. 4. 1. angeführten Werke.

2) S. vor d. einz. Nationen.

3) 3. B. Gesenius, kritische Geschichte der hebräischen Sprache und Schrift. Lpzg. 1815. 8. J. G. Wahl, allgem Geschichte d. morgenl. Spra- chen u. Litter. Lpzg. 1784. 8. J. C. C. Rüdiger, Grdr. einer Gesch. d. menschl. Sprache. Lpzg. 1782. 8.

4) So Gesch. d. Poesie: s. K. Rosenkranz, Hdbch. einer allgem. Gesch. d. Poesie. Halle 1832. III Bde. 8. C Fortlage, Vorles. üb. d. Gesch. d. Poesie. Stuttgart 1838. 8. **Fr. Quadrio Saverio**, della storia e della ragione d'ogni poesia. Bologna e Milano 1739—52. V Tom. 4. F. Bouterwek, Gesch. d. Poesie und Beredtsamkeit s b. Ende b. 13ten Jhdts. (ohne d. Orient., Scandin. u. Slav.) Götting 1812. XII. 8. Geschichte s. L. Wachler, Gesch. d. histor. Forsch. u. Kunst. Götting. 1812. II. 8. Chronologie s. Ideler, Hdbch. d. mathem. u. techn. Chronologie. Berlin 1825. II. 8. u. Lehrb. d. Chr. ebd. 1831. 8. Geographie s. Sprengel, Gesch. d. wichtigst. geogr. Entdeckungen. Halle 1792. 8. Maltebrun, Gesch. d. Erdkunde a. d. Franz. v. Zimmermann. Lpzg. 1812. II. 8. Wimmer, Gesch. der Erdkunde Wien 1833. III. 8. Desborough, Gesch. d. Reisen u. Entdeckungen zu Wasser u. zu Lande. N. b. Engl. v. H. Elsner. Stutt- gart 1841. III. 16. Naturwissenschaften s. W. Whewell, Gesch. d. inductiven Wissenschaften, d. Astronomie, Physik, Mechanik, Chemie, Geolo- gie ꝛc. A. d. Engl. v. Littrow. Stuttg. 1840. III. 8. Physik **J. P. Crousaz**, de phys. orig. et progression. Groning. 1724. 4. **J. G. de Lloys**, **Abrégé chronol. p. serv. à l'hist. de la physique.** Strasb. 1787. III. 8. J. C. Fischer, Gesch. d. Physik f. d. Wiederaufl. d. Wissensch. Götting. 1801. VIII. 8. Naturgeschichte J. M. G. Beseke, Verf. e. Gesch. d. Naturgeschichte. Mitau 1802. 8. (blos Namen). Botanik f. C. Sprengel, Gesch. d. Botanik. Neu bearb. Lpzg. 1817. II. 8. Chemie f. **C. Hoefer, Hist. de la Chimie. Paris** 1841. II. 8. Gmelin, Gesch. d. Chemie f. b. Wiederaufl. d. Wissensch. Götting. 1797. III. 8. K. L. Schmie- der, Gesch. d. Alchemie. Halle 1832. 8. Medicin f. K. Sprengel, Verf. e. pragm. Gesch. d. Arzneikde. Halle 1792. IV. 8. III. umgearb. Ausg. ebb. 1821. V. 8. Dazu Fortf. v. Eble. Wien 1837. 8. (bis 1827) IVte A. m. Zus. v. Rosenbaum. Halle 1843 ꝛc. 8. L. Friedländer, Vorles. üb. d. Gesch.

b. Arzneikde. Halle 1838. 8. M. B. Lessing, Hbbch. b. Gesch. b. Medicin. Berlin 1838. 8. Bd. I. (b 1628). Isensee, Gesch. b. Medicin. Berlin 1840. II. 8. Hirschel, Gesch. b. Medicin. Dresden 1843. 8. (nur Uebersicht). K. Sprengel, Gesch. b. Chirurgie. Halle 1805. II. 8. Th. Lauth, Hist. de l'anatomie. Strassb. 1815. I. 4. C. Martini, Storia della fisiologia. Turin 1836. VI. 8. E Osann, Ideen z. Bearb. e. Gesch. b. Physiologie. Berlin 1825. 8. Van Onserfoort, Gesch. b. Augenheilkunde. A. b. Holl. v. Wutzer. Bonn 1838. 8. E. L. v. Siebold, Vers. e. Gesch. b. Geburtshülfe. Berlin 1839. II. 8. Mathematik f. J. Montucla, Hist. d. mathématiques. Ed. II. p. Lalande. Paris 1788. IV. 4. Chr. Bossut, Vers. e. allg. Gesch. b. Mathem. a. b. Franz. m. Zus. v. Reimer. Hamb. 1804. II. 8. A. G. Küstner, Gesch. b. Mathematik f. b. Wiederaufl. b. Wiss. Götting. 1796. IV. 8. (beide aphoristisch). P. Franchini, Sagg. sulla storia delle matematiche corred. di scelte notiz. biograf. Lucca 1821. 8. J. G. M. Poppe, Gesch b. Mathematik. Tübing. 1828. 8. Algebra f. Cossali, Origine dell' Algebra. Parma 1796. II. 4. P. Franchini, la storia dell' algebra e de suoi princ. scritt. sino al sec. XIX. Lucca 1827. 8. Nesselmann, Gesch. b. Algebra. Berlin 1842. Bd. I. 8. Astronomie f. J. S. Bailly, Gesch. b. ältern Sternkunde. A. b. Franz. v. Wünsch. Lpzg. 1776. II. 8. u. Gesch. b. neu. Sternkde. A. b. Franz. v. Bartels. ebb. 1796. II. 8. Delambre, Histoire de l'astronomie. Paris 1817—21. V. 4. Mechanik f. J. H. M. Poppe, Geschichte aller Erfindungen u. Entdeckungen 2c. Stuttg. 1836. 8. Vogel, Gesch. b. Erfindungen. Lpzg. 1841. III. 12. (fast durchg. Plagiat a. Beckmann's Beitr. z. Gesch. b. Erfind.). Optik f. E. Wilde, Gesch. b. Optik v. Urspr. b. Wissensch. b. a. uns. Zeit. Berlin 1838. II. 8. Geometrie f. Chasles, Gesch. b. Geometrie. A. b. Franz. Halle 1839. 8. Philosophie f. J. J. Brucker, Hist. crit. philos. Lips. 1766. VI. 4. D. Tiedemann, Geist b. speculativen Philosophie. Marburg 1791. VI. 8. J. G. Buhle, Lehrb. b Gesch. b. Philosophie. Götting. 1796—1804. VIII. 8. W. G. Tennemann, Hbbch. b. Gesch. b. Philosophie. Lpzg. 1798. XI. 8. u. Grdr. einer Gesch. b. Philos. her. v. Wendt. V. A. Lpzg. 1829. 8. H. Ritter, Gesch. b. Philosophie. Hamb. 1829. I—VI. 8. E. Reinhold, Hbbch. b. allgem. Gesch. b. Philosophie. Gotha 1829. III. 8. Th. A. Rixner, Hbbch. b. Gesch. b. Philosophie. II. A. Sulzbach 1829. III. 8. Hegel, Vorles. üb. b. Gesch. b. Philosophie. Herausg. v. Michelet. Berlin 1835. III. 8. J. Fr. Fries, b. Gesch. b. Philosophie. Halle 1837. II. 8. Marbach, Gesch. b Philosoph. Lpzg. 1840. I, II. 8. Dug. Stewart, Hist. abr. d. scienc. metaphys. mor. et politiq. depuis la renaiss. d. lettr. trad. de l'angl p. Buchon. Paris 1823. III. 8. E. F. Stäudlin, Gesch. u. Geist b. Scepticismus. Lpzg 1793. II. 8. u. Gesch. b. Moralphilosophie. Hannov. 1822. 8. Blanqui, Gesch. b. polit. Oekonomie. A. b. Franz. Karlsr. 1840. II. 8. D. H. Rau, primae lineae hist. politicae. Erlang. 1816. 8. Weigel, Gesch. b. Staatswissenschaft. Stuttg. 1831. II. 8. Kriegskunst f. J. H. Hoyer, Gesch b. Kriegskunst f. b. b. erst. Anwendung b. Schießpulvers. Götting. 1797. II. 8. Musik f C. Burney, Gener. hist. of music from the earliest ages t o the pres. period. Lond. 1776. IV. 4. J. Hawkins, a gener. hist. of the science and pract. of Music. ib. 1776. V. 4. J. N. Forkel, allg. Gesch. b. Musik. Lpzg. 1787. II. 4. Pädagogik f. E. v. Raumer, Gesch. b. Pädagogik. Berlin 1842. II. 8. Jurisprudenz f. J. F. Eisenhart, Instit. hist. jur. litter. Helmst. 1753. 8. D. Nettelbladt, Initia hist. jur. litt. univ. Hal. 1774. 8. Hugo, Civilistische Literärgeschichte. IIIte A. Berlin 1830 8. (aphoristisch). — (Außer den unten zu nennenden Geschichten des Röm. u. b. einz. Rechte giebt es keine eigentl. Gesch. b. Rechtswiss.). Theologie f. Ch. W. Flügge, Vers. e. Gesch. b. theol. Wissenschaften. Halle 1796. III. 8. u. Einl. in b Gesch. b. theol. Wiss. eb. 1799. 8. E. F. Stäudlin, Gesch. b. theol. Wissensch. f. b. Verbr.

b alt. Liter. Gött. 1810. II. 8. (ift v. Eichhorn, allg. Lit. G. Bd. VI.)
G. W. Meyer, Gesch. d. Schrifterklär. s. d. Wiederaufl. d. Wiss. Götting.
1802. V. 8. C. F. Stäublin, Gesch. d. christl. Moral. ebd. 1808. 8. u.
Gesch. d. Sittenlehre Jesu. ebd. 1799. IV. 8. u. Gesch. d. theol. Wissensch.
s. d. Verbr. d. alt. Liter. Götting. 1810. I. 8. u. Gesch. d. Kirchengeschichte.
Hannov. 1827. 8. F. F. Ammon, Gesch. d. pract. Theologie. Götting.
1804. I. 8. Schuler, Gesch. der Veränd. d. Geschm. im Predigen. Halle
1792. III. 8. L. G. H. Lenz, Gesch. d. christl. Homiletik. Braunschweig
1839. II. 8. A. F. W. Paniel, pragm. Gesch. d. geistl. Beredtsamkeit.
Lpzg. 1839. I. 8. Görres, Gesch. d. christlichen Mystik. Regensb. 1836.
IV Bde. 8. H. Schmid, Gesch. d. Mystik im Mittelalter. Jena 1824. 8.
F. J. M. Helfrich, d. christl. Mystik in ihr. Entwick. u. in ihr. Denkmalen.
Hamb. 1842. II. 8.

5) Derartige Schriften sind not. 4. mit erwähnt.

§. 6.

Fragt man nun nach den **Hilfsmitteln** und **Quellen**
der Literatur oder Literärgeschichte, so werden diese in **mittel-
bare** und **unmittelbare** zerfallen. Zu letzteren werden natürlich die Schriften der verschiedenen Autoren und Gelehrten
selbst, zu ersteren die von ihnen selbst oder von Anderen über sie
verfaßten Biographieen und die bibliographischen Handbücher gehören, welche somit das Aeußere der Literatur bilden, während
der Inhalt der Schriften selbst und ihr Zusammenhang mit einander das Innere derselben angeht. Natürlich wird der Literär-
historiker immer zu den primären Quellen zurückgehen müssen,
sodaß er nur, wenn ihm die Benutzung derselben aus diesem oder
jenem Grunde unmöglich ist, zu den secundären seine Zuflucht
nehmen darf. Doch wird er, was den inneren Zusammenhang
der Literaturgeschichte und die Entwickelungsgeschichte der einzel-
zelnen Wissenschaften betrifft, immer nur die §. 5 Anm. 3 angeführten Specialgeschichten mit gehöriger Auswahl und Kritik benutzen dürfen und, wo irgend etwas dunkel oder zweifelhaft erscheint, jeder Zeit die darin besprochenen Werke selbst nachzu-
schlagen haben, niemals aber darf er blindlings sich auf irgend
eine Behauptung eines Andern, sei dieser noch so berühmt,
verlassen, sondern immer nur eigener Untersuchung, aber auch da
mit gehörigem Skepticismus vertrauen. Für das äußere Fach-
werk der Literatur, wo er natürlich nicht auf eigenen Füßen
stehen kann, muß er, was die Ausgaben 2c. der Schriftsteller angeht, soviel wie möglich Bücher, vorzüglich ältere und seltne in
großen Bibliotheken selbst nachsehen oder wenigstens nur nach

Katalogen großer Bücherſammlungen, die von berühmten Bibliographen entworfen ſind, citiren, Auctionsverzeichniſſe aber nur
im höchſten Nothfalle und auch hier nur mit directer Anziehung
derſelben benutzen, da dieſen faſt nie zu trauen iſt. Am Beſten
werden ſich immer noch Specialbibliographieen einzelner Wiſſenſchaften brauchen laſſen. Was nun endlich die biographiſche
Partie, welche der Literärhiſtoriker natürlich nicht weniger zu be-
rückſichtigen hat, angeht, ſo wird er, wie ſchon bemerkt, ſo-
viel wie möglich auf Specialbiographieen, die nach Original-
urkunden und Familienpapieren gemacht ſind, Rückſicht zu nehmen und, wo dieſe fehlen, doch wenigſtens nach Gelehrtenge-
ſchichten einzelner Völker und Städte und auch hier wieder vorzugsweiſe nach ſolchen zu ſuchen haben, die von Landsleuten der
gerade fraglichen Schriftſteller, am Liebſten von gleichzeitigen, angefertigt ſind, allgemeinere Werke, wie Encyclopädieen, Univerſal-
biographieen u. dergl., aber nur dann, wenn ihm alles Andere ab-
geht, und mit größter Vorſicht und Ueberlegung brauchen. Daß
natürlich als Literärhiſtoriker nur ein claſſiſch gebildeter Philolog,
verſehen mit hinreichender Kenntniß der bedeutendſten lebenden
und todten Sprachen und einem treuen Gedächtniß, denkbar ſeyn
könne, das ganze Leben eines Menſchen aber nicht hinreiche, um
nur einigermaßen dem hier entworfenen Ideale möglichſt nahe zu
kommen, begreift Jeder, der ſich mit dieſer Wiſſenſchaft beſchäftigt hat.

1) Die beſſeren biographiſchen Werke in lexicaliſcher Form ſind: L.
Moreri, Grand Dictionn. histor. Ed. XXIII. Paris 1759. X. fol. P.
Bayle, Dictionn. hist. et critique; av. la vie de l'auteur p. des Mai-
zeaux. Amst. et Leide. 1730, 1740. Bâle 1748. IV. fol. av. d. not.
p. Beuchot. Paris 1821. XVI. 8. Dazu J. G. de Chaufepié, nouv.
dictionn. hist. et crit. Amsterd. 1750—56. IV. fol. Pr. Marchand,
Dict. histor. à la Haye 1758—59. II. fol. u. Ph. L. Joly, Remar.
crit. sur le dict. de Bayle. Paris 1748. Dijon 1752. fol. Biographie
universelle anc. et moderne. Paris 1811 sq. LII Voll. 8. Dazu
Supplément. ib. 8. u. Biographie nouv. des Contemporains. Paris
1820 sq. XX. 8. Biograph. dictionary cont. an account of the lives
and writings of the most eminent persons in every nation, parti-
cularly the British and Irish. New Edit. Lond. 1813—17. XXXII.
8. J. Aikins, General Biography. ib. 799—1815. X. 4. Zum Hand-
gebrauch ſind ziemlich zuverläſſig J. Gorton, General biograph. Dictionary. New Edit. Lond. 1839. III. 8. Biographie universelle ou
Dictionn. historique p. une soc. de gens de lettres. Paris 1833. VI.
8. u. S. Baur, hiſtor. biogr. liter. Handwörterbuch b. z. Schluſſe d. 18ten
Jhdts. Ulm 1807. V. 8. Dazu ein Supplem. b. 1810. ebd. 1816. II. 8.
Für die ältere Zeit iſt noch zu nennen C. Gesner, Bibliotheca universa-
lis s. Catal. om. scriptor. locupletiss. Tiguri 1545. fol. Dazu: Pan-

dectarum s. Partitionum universal. liber. ult. ib. 1549. fol. u. Append.
biblioth. C. Gesneri ib. 1555. fol. (Auszug: C. Gesneri Biblioth. in
epit. red. et aucta p. J. Simlerum et amplif. p. J. J. Frisium. Tiguri 1583. fol.). Einzelne Lebensbeschr. in Freher, Theatr. viror. erudit. claror. Norib. 1688. fol. A. Thevet, Hist. des hommes savans.
Paris 1695. VIII. 8. Chr. Heindreich, Pandectae Brandenburg. Berol. 1699. fol. (nur A. u. B. umf.) A Teissier, les éloges d. hommes
savans. Leyde 1715. IV. 8. J. P. Niceron, Mémoir. p. serv. à l'hist.
des hommes illustres dans la répubI. d. lettr. Paris 1727—45. XLIII.
8. Deutsch. m. Zuf. Halle 1739—77. XXIV. 8.). Kürzere, aber im Ganzen sehr ungenaue Nachr. enthält: Chr. G. Jöcher, allgemeines Gelehrten-
Lexikon. Lpzg. 1750—51. IV. 4. (dazu E. Chr. Gruber, Beitr. z. Jöch. G.
L. Kopenh. 1763. 8. J. G. W. Dunkel, hist. crit. Nachr. v. verst. Gelehrt.
Cöthen 1753 — 60. III. 8. L. M. Meyling, Leb. u. Schrift. d. im allg.
Gel. Ler. noch nicht steh. Gelehrt. Berlin 1756. 8. u. C. A. Hennike, Beitr.
z. Ergänz. d. Jöchersch., allg. G. Ler. Lpzg. 1811. 8.) Dazu J Chr. Adelung,
Fortf. u. Ergänz. zu Jöcher's allg. Gel. Ler. Lpzg 1784—86. II. 4. (A—
I.) u. H. W. Rotermund, Fortsetzung. Bremen 1810—22. III—IV. 4.
(bis Rinmann, also unbeendet). Für das 17te und 18te Jhdt. ist recht
brauchbar Fr. L. H. Hirsching, histor. liter Hbbch. berühmt. u. denkw. Personen d. 18ten Jhdts. fortgef. v. Ernesti. Lpig. 1794—1815. XVII. 8. In
dieselbe Kategorie gehören, nur mit Befolgung von chronologischer Anordnung,
J. Chr. Hamberger, zuverläff. Nachr. v. d. vornehmst Schriftst. v. Anfang
d. Welt bis 1500. Lemgo 1756—64. IV. 8. (Zusätze u. Verbeff. in deffen
kurzen Nachr. v. d. vornehmst. Schriftst. v. d. 16. Jhdt. ebd 1766—67.
II. 8.) u. Chr. Saxii Onomast. litterar. s. Nomenclator histor. crit.
praestantiss. omnis aetat. populi artiumque formulae scriptorum
Traj. ad Th. 1775—1803. VIII. 8. (Epitome. ib. 1792. 8). Ein großes
Verzeichniß ähnlicher bibliographischer Arbeiten giebt P. Namur, Bibliographie paléographico-diplomatico-bibliographique générale. Liège
1838. II. 8. u. J. A. Fr. Schmidt, Hbbch. d. Bibliothekswiff. p. 318 sq.

2) Unter den systematisch verfaßten Katalogen großer Bibliotheken sind
Muster der Catal. bibl. Bünav. (Dresd.), de la Vallière, Crevenna,
Thott, van Hulthem, H. le Roy etc., blos alphabetisch Heber. u. Catal. bibl. Oxonien. Ein Verzeichn. v. Katalog d. Catal. bibl. Bünav.
T. I. p. 858 sq. Lawätz, Hbbch. f. Bücherfr. Th. I. Bd. II. p. 704 sq.
u. Nachtr. I. p. 300 sq. Schmidt p 215 sq. 342 sq. Namur T. II. p.
154 sq. Ueber Kenntniß der Bücher selbst, d. h. der seltenen und kostbaren
Werke im Allg. f. T. H Hartwell Horne, Introduct. to the study of
bibliography. Lond. 1814. II. 8. Th. Georgii, allg. Europäisches Bücherlericon. Leipzg. 1742. V. u. III Bde. Suppl. fol. W. Heinsius, allg.
Bücherlericon v. 1700—1810. Leipzg. 1812. IV. 4. Supplem. 1816. 4.
Nachtr. 1828. u. 1836. 1843. 4. (9 Bde.) C. H. Kayser, Index locupletiss. libror. qui inde ab a. MDCCL usque ad a. MDCCCXXXII
in Germania et in terris confinibus prodierunt. Leipz. 1834—36. VI.
fol. Dazu Nachtr. b. 1840. ebb. 1841 II. 4. J. Chr. Brunet, Manuel
du libraire et de l'amateur de livres. Paris 1810. III. 8. Ed. IV.
augm. et corrig. Paris 1842 sq. V. 8. F. A. Ebert, allgem. bibliograph.
Lericon. Lpzg. 1820—30. II. 4. (N. Ausg. in 4—6 Bdn 4. erscheint dem-
nächst unt. mein. Redact.). Für die neuere Literatur sind die von Engelmann
zu Leipz. herausgeg. systematischen Bibliotheken einzelner Wissensch. v. 1750
an, sowie die alphabetisch eingerichteten jährlich zweimal erscheinenden Bücher-
verzeichnisse von Hinrichs und endlich die Leipziger Meßkataloge zu empfehlen,
für ausländische Literatur die Biographia Italiana, die Bibliographie
Française und Belgique zu erwähnen. Für Kenntniß alter Drucke sind
außer einer Menge einzelner Schriften, die sich b. Schmidt p. 68 sq. angeführt finden, vorzüglich außer den Dibdin'schen Arbeiten zu nennen: M.

Maittaire, Annales typographici ab artis inventae origine ad a.
MD. Hag. Com. 1719—41. V. 4. (Dazu J. B. Audiffredi, Catal. hist.
crit. edit. Romanar. saec. XV. Rom. 1743. 4. M. Denis, Annal.
Typograph. M. Maittarii Supplem. Vienn 1789. II. 4.) G. W. Pan-
zer, Annales typographici post Maittarii, Denisii, aliorq. Viror. doct.
curas in ord. redacti, emend. et aucti. Norimb. 1793 sq. XI. 4. (v.
1456 — 1536.) Dazu Annal. d. älteren Deutsch. Literatur. Leipz. 1788. 4.
Zusätze ebd. 1802. II. 4. de la Serna-Santander Dictionn. bibliogr.
choisi du XV. siècle. Bruxell. 1805. III. 8. (T. I. enth. d. Gesch. d.
Erfind. d. Buchdrk.) u. vorzügl. L. Hain, Repertor. bibliographicum,
in quo libri omnes ab inv. typogr. usque ad a. MD. ord. alph.
enum. Stuttg. 1826 sq. IV. 8. (Tom. IV. ist unvollständig u. ungenau).
Für das äußere Material der Bibliographie ist zu empfehlen die Compilation
v. J. A. Fr. Schmidt, Handbuch der Bibliothekswissenschaft, der Literatur
und Bücherkunde. Weimar 1840. 8. u. Fr. Metz, Geschichte des Buchhan-
dels. Darmst. 1834 8. Für anonyme und pseudonyme Schriftsteller erwähnen wir noch V. Placcii Theatrum Anonymorum. Hamb. 1708. fol.
J. A. Fabricius, Decas Decadum s. Plagiariorum et Pseudonymorum
Centuria. Lips. 1689. 4. u. in b. Syll. s. Opusc. Hamb. 1738. 4. p.
1 — 106 W. Forster, Biblioth. anonymorum et pseudon. Jen. 1711.
8. J. Chr. Mylii Biblioth. anonymor. et pseudonymor. detectorum.
Hamb. 1740. fol. oder II. 8. Für Frankreich (auch Lateiner sind beigefügt)
s. A. A Barbier, Dictionn. d. ouvr. anonym. et pseudon. comp. trad.
ou publ. en franç. et en latin. Paris 1822. II Ed. IV. 8. Dazu de
Manne, Recueil d'ouvr. anonym. et pseupon. Paris 1834. 8. Für
Deutschland s. J. S. Ersch, Verzeichn. all. anonym. Schrift. u. Auff. in d.
4. u. d. Gel. Deutsch. u. d. 1—4 Nachtr. Lemgo 1789—96 8. Fr. Kaß-
mann, kurzgef. Lexic. deutsch. pseudonym. Schriftsteller. Lpzg. 1830. 8. A.
G. Schmidt, Gallerie deutsch. pseudonymer Schriftst. vorz. d. letzt. Jhdts.
Grimma 1840. 12. Ueber Italien s. Laucetti Pseudonimia. Milano
1836. 8.

§. 7.

Wenden wir uns nun zu den Elementen und Grundlagen
jeglicher Literatur, so werden wir als solche nur Sprache und
Schrift zu nennen haben. Erstere entstand, als der Mensch,
mit gesunden Sinnen und Vernunft begabt, einen Gegenstand
lebhafter als den andern empfand und bei dem einen länger als
bei dem andern verweilte. Um sich an den durch einen solchen
auf ihn gemachten Eindruck länger erinnern zu können, suchte er
sich ein Merkmal desselben zu verschaffen, und so entstand die
Natursprache, d. h. der hörbare Ausdruck unserer Empfindungen
und Vorstellungen, natürlich anfangs in ganz einfachen Tönen.
Diese waren aber zuerst der Sache, welche sie ausdrücken sollten,
soviel wie möglich ähnlich und anfangs nur auf Bezeichnung
der Empfindungen der Freude, des Leids und der Körperbedürf-
nisse beschränkt. Als nun aber der gegenseitige zunehmende Verkehr unter den Menschen die Zahl der Begriffe und Objecte ver-
vielfältigte, nahm auch der Kreis der bisher gebildeten Wörter

und Merkmale zur Bezeichnung derselben bedeutend zu, und so hat
denn jede Sprache zugleich mit der fortschreitenden sittlichen und
geistigen Cultur ihres Volkes einen schnellern und langsamern
Fortgang genommen: daher die Armuth der Sprachen uncultivirter und roher Nationen, der Reichthum und der Umfang derer der beiden gebildetsten Völker des Alterthums, der Griechen
und Römer u. s. f. Hieraus folgt aber gewissermaßen schon,
wie unersprießlich jede Untersuchung darüber seyn müsse, welche
Sprache die älteste sei, worüber man zu allen Zeiten gegrübelt
hat (schon b. Herod. II. c. 2.), da dieß mit einer zweiten
Frage genau zusammenhängt, ob nämlich das ganze Menschengeschlecht von einem einzigen Urälternpaare abstamme oder nicht,
was billig geleugnet werden darf. Mag man nun also die Tibetanische, Chinesische, Semitische, Hebräische, Aegyptische, Mösogothische, Ammonitische, Scythische, Celtische, Schwedische, Belgische
oder Germanische Sprache, mit der der sonderbare Indische Mischdialekt, das Hindostani, eine merkwürdige Aehnlichkeit hat, für die
älteste halten und durch Vergleichung der Wurzelwörter eine Art
chronologischer Stufenfolge in der Wanderung des ursprünglichen
Sprachstammes herauszubringen bemüht seyn, es wird immer
Vieles dunkel und räthselhaft, der erste Ausgangspunkt gewiß aber
unsicher und zweifelhaft bleiben. S. a. Herder, üb. d. Urspr. d.
Sprache. Berlin 1772. 8. Monboddo, Origin and progress
of language. Edinburgh 1773. 8. (Deutsch. Riga 1784. 8.)
W. v. Humboldt, üb. d. Verschiedenheit des menschlichen Sprachenbaues und ihr. Einfluß a. d. Entwickelung des Menschengeschlechts. Berlin 1836. 4. M. Martin, Essai sur l'origine du
language et de l'écriture. Paris 1835. 8. u. A. L. Gesch.
I. Einl. §. 26 sq.

§. 8.

Nicht viel später als die Entstehung der Sprache mag aber
die Erfindung der Schrift oder der Schreibekunst fallen,
obgleich auch hier eine bestimmte Zeit oder gar einen bestimmten
Erfinder anzugeben rein unmöglich ist, insofern im letzteren Falle
auch eine Urschrift anzunehmen seyn würde. Was man daher
von den Uralphabeten Adam's, Abraham's, Seth's und Henoch's
oder Noah's gefabelt hat, ist nur der Merkwürdigkeit wegen zu

berühren (ihre Uralphabete f. b. **Bangii Coelum Orientis,
Havn. 1657. 4. p. 99 sq.**). Jedenfalls hat die Fähigkeit zu
schreiben schon vor Moses existirt und ist den Assyrern schon vor
dem Babylonischen Thurmbau bekannt gewesen. Weniger gewiß
ist es, auf welche Weise man zuerst seine Begriffe schriftlich aus-
gedrückt hat. Die wahrscheinliche Methode war wohl zuerst blos
rein nachahmende Abbildung der sinnlichen, auszudrückenden Gegenstände, also Malerei. Dieses ist die sogenannte kyriolo-
gische Methode. Man zeichnete daher zuerst die den fraglichen
Begriffen entsprechenden Bilder, wenn auch in verjüngtem Maßstabe, dann aber, weil dieß zu viel Zeit und Raum kostete, wenigstens ein unverkennbares Merkmal derselben, z. B. einen Scep-
ter, um einen König zu bezeichnen, einen Kreis für die Sonne,
einen Halbkreis für den Mond, zwei Wellenlinien für das Wasser rc.
Dieß ist die Hieroglyphenschrift der Mericaner und anderer wilden Völker Amerikas [1]). Anders stand es aber mit der
der Aegypter, welche, wie schon die bisher noch nicht ganz geglückten
Entzifferungsversuche beweisen, nicht blos kyriologisch, aber auch
nicht rein symbolisch gewesen seyn kann, so daß z. B. jene
Kreislinie nicht blos die Sonne, sondern auch deren Göttlichkeit
und die damit zusammenhängenden Begriffe von Ewigkeit, All-
macht u. dergl. bezeichnen konnte. Bestimmte Regeln scheinen jedenfalls hierüber bei ihnen existirt zu haben, sodaß es immer
schwierig bleiben wird, ohne willkürliche Fiction einen Schlüssel
hierzu zu erfinden, wenn man nicht die Erklärungsweise mit den
sogenannten akrologischen Buchstaben annehmen will. Da jedoch
diese Art zu schreiben auch bei den Aegyptern nur Eigenthum
der Priester und auch zu ihrer Zeit Uneingeweihten unverständlich
war, so hatte man noch die sogenannte demotische Schrift, aus
welcher sich später das (Alt-)Koptische bildete, deren sich die übrigen
Aegypter bedienten: diese war aber offenbar Buchstabenschrift.
Mag nun aber die Erfindung derselben hier zu suchen oder dem
Phönicier Thaut zuzuschreiben seyn, ziemlich ausgemacht ist es,
daß (trotz den von Müller, Orchomenos **p. 117** angeregten
Zweifeln) Kadmus mehrere ($\frac{1}{2}\frac{6}{2}$) Buchstaben um **1455 v. Chr.** nach
Griechenland brachte (f. **Herod. V, 58.**), denen später Simonides
noch 3 (ξ, ψ, ω) hinzufügte und so das Jonische Alphabet im
Gegensatz zu dem bisherigen Phönicischen einführte. Später er-

hielten die Römer ihr Alphabet unmittelbar von den Griechen Unteritaliens, den Campanern, nicht, wie man früher meinte, durch die Etrusker (f. **Müller**, Etrusker II. p. 312.). Letztere mögen aber bereits viel eher gleichfalls aus Griechenland, jedoch unmittelbar (angeblich vom Korinthier Demaratus f. **Plin. H. N. 35, 45.**) das Alphabet erhalten haben; sonst hätte **Livius VII. 3.** nicht von einer literis verbisque priscis (d. h. non latinis) scripta lex und **Plin. H. N. XVI. 44.** nicht von literis aereis Etruscis sprechen können, wie denn auch die alten Etrurischen Buchstaben von der Rechten zur Linken gehen.

1) S. **Prescott**, Conquest of Mexico T. I. p. 83 sq. **Humboldt**, Vues des Cordill. T. I. p. 193. **Catlin**, Lett. on the manners etc. of the Nord-Amer. Ind. T. II. p. 242.

2) Versuche, hieroglyphische Inschriften zu erklären f. schon bei **Tacitus** Ann. II. 60. **Ammian. Marc. XVII. 4.** Die Hauptstelle üb. d. alten Schreibarten b. Aegypter ist Clemens Alex. im Strom. V. 4. p. 657. (f. **Lepsius** im Rhein. Muf. 1836. I. p. 142 sq.). Eine Art Mystification scheint noch immer des Alexandriners **Horapollo** (unter Theodosius) Ίερογλυφικα (Gr. et Lat. c. ann. ed. C. **Leemans.** Amst. 1835. 8.) und nach diesem des Arabers **Ahmed Ben Abubekr Ben Washih** nach Nachrichten der Eingebornen hierüber geschriebenes Werk (Ancient Alphabets and Hieroglyphic Characters explain. in the Arab. lang. Lond. 1806. 4.) trotz d. Vertheidig. v. **Goulianof**, Essai sur Horapollon. Paris 1827. 4. (f. **Millin**, Mag. Encycl. T. VI. 1806. p. 145—175. u. **Westendorp en Reuvens**, Antiquit. T. III. P. I. p. 21). Grundlage aller Systeme bleibt die Inschrift von Rosette in Hieroglyphen, demotischer und griechischer Schrift (auch bei Ideler), und mehr oder weniger wird man noch von der Unterstützung des Koptischen zu erwarten haben. Unter der Masse von Schriften zur Erklärung der Hieroglyphen (f. A. L. G. I. §. 48. p. 33. §. 85. p. 87. Kritik d. meist. in Leipz. Litt. Zeit. 1806. St. I. **Jahn's** N. Jahrb. 1834. Bd. IV. 2. p. 199 sq. Hermes 1824. Bd. 23. p. 274 sq. Hall. Litt. Zeit. 1839. nr. 78—81) sind die wichtigsten Th. **Young**, Egypt (Suppl. Bd. zur Encyclop. Brit.) Lond. 1819. 4. **Champollion** le jeune, Précis ou syst. hieroglyph. d. anc. Egypt. Paris 1828. 8. Grammaire Egyptienne ib. 1836. fol. u. Diction. Egypt. ib. 1841. fol. **Salvolini** Anal. des text. Egypt. Paris 1836. 4. f. a. **Rosellini**, monumenti dell' Egitto e della Nubia. Pisa 1832—33. III Voll. fol. Das akrologische System ist ausgeführt in Klapproth, Lettre s. la decouv. d. hieroglyphes acrolog. Paris 1827. 8. u. **Goulianof**, Archéol. Egyptienne. Leips. 1839. III. 8. (f. v. **Meyer**, zur Aegyptologie. Frkft. 1840. 8.). Auf astronomische Principien gründet sich die Interpretationsmethode von **Seyffarth**, Syst. astron. aegypt. quadripart. Lips. 1833. 4. Ein anderes System befolgt Lepsius, Lettre à Rosellini sur l'alphab. Egypt. Rom. 1837. 8. Kritik aller Systeme f. b. L. **Ideler**, Hermapion s. Rudim. hierolog. litter. Lips. 1841. II. T. fol., Schwartze, das alte Aegypten. Lpzg. 1843. 4. B. I. u. G. Seyffarth, Grdsätze d. Mythologie. Lpzg. 1843. 8.

§. 9.

Gehen wir nun von den Hieroglyphen abwärts, so kommen wir zur **Wortschrift** (bei den Chinesen f. P. **du Pon**-

ceau, Diss. on Chinese writing. Lond. 1838. 8. u. A. Montucci, Compl. hist. of Chin. Calligraphy, im Univ. Magaz. 1804. 8.) und ächten Sylbenschrift (bei den Japanern — üb. beide s. A. L. G. §. 49 — 50. p. 37 sq.), endlich aber zur Buchstabenschrift, zu der auch die sogenannte unächte Sylbenschrift (d. h., wo man an gewissen Zeichen die Zusammensetzung aus einzelnen Buchstaben erkennen kann — so bei einigen Indischen, Arabischen, Abyssinischen, Aethiopischen Schriftarten) gehört. Die älteste mag, wie bemerkt, die Phönicische oder Punische Schrift gewesen seyn, allein sowohl von ihr als der ganzen Sprache (s. a. Plaut. Poen. Act. V. sc. 1.) ist nur noch wenig übrig (s. G. Gesenius, Script. Linguaeq. Phoenic. Monumenta. Lips. 1837. 4. s. A. L. G. §. 52 sq.). Alle übrigen Nationen, deren Literatur wir zu behandeln haben, bedienen sich der Buchstabenschrift gleichfalls.

§. 10.

Was nun die Schreibweise angeht, so hat man 24 verschiedene Schriftarten ersonnen, doch sind die wichtigsten nur folgende:

α) die horizontale, von der Rechten zur Linken (so die der Phönicier, Juden, Syrer, Araber, Perser, Türken, Hindus und der älteren Griechen) oder von der Linken zur Rechten (so die der späteren Griechen seit Pronapides nach Diod. Sic. III. 66, aller Abendländer und Europäer). Beide Schreibarten verband bei den Griechen noch die sogenannte Bustrophedon-Schrift (von βους, Ochse, und στρεφειν, umkehren), wo nach Art des Pflügens eine Zeile von der Linken zur Rechten und die nächste von der Rechten zur Linken geschrieben ward. So waren außer den Gesetzen Solon's die Sigäische und Amycläische Inschrift geschrieben.

β) die perpendiculäre, wo die Buchstaben einzeln und columnenweise unter einander gesetzt wurden, von unten hinauf, wie bei den Bewohnern der Philippinen, oder von oben hinunter, wie bei den Chinesen und Japanern. Gewissermaßen gehört hierzu auch die Medisch-Persische und Babylonisch-Chaldäische Keilschrift (Pfeil- und Nagelschrift).

γ) die zirkelförmige oder Kreisschrift, gewöhnlich nur auf Münzen (s. A. L. G. §. 56. p. 47 sq.)[1).]

1) Im Mittelalter schrieb man auch in Kreuzesform, wie noch mehrere Gedichte des Venantius Fortunatus beweisen, oder man setzte räthselhafte Worte über und neben einander, die nur, auf eine Art gelesen, Sinn gaben: so des Hildebert. Carm. de nativit. domini.

§. 11.

Um schneller mehrere Begriffe und Worte durch gewisse Zeichen ausdrücken zu können, bedienten sich dann die Römer gewisser Abbreviaturen (notae oder siglae, d. h. litterae singulae), wahrscheinlich nach dem Vorgange der Griechen (σημεια), und bald bildete sich aus dieser Gewohnheit eine förmliche Kunst, die der ταχυγραφοι oder der notarii, vorzüglich durch Ennius, Tiro und den Rhetor Seneca ausgebildet (s. A. L. G. §. 67. Schmidt Hdbch. b. Bibl. p. 50 sq.). Hieraus ging wieder in neuerer Zeit die Stenographie[1]), in älterer aber bereits die κρυπτογραφια, Steganographie oder Geheimschreibekunst hervor, deren ältestes Beispiel die Laconische Scytala (Plut. Lysand. c. 19) ist (s. A. L. G. §. 68). Diese hat sich bis auf die neueste Zeit für politische Correspondenz und in Polizeiangelegenheiten[2]) erhalten und Gelegenheit zur Erfindung der Telegraphie gegeben[3]), schon bei den Griechen durch ihre Feuersignale, auf welche hingewiesen war (Aesch. Agam. 242 sq. Polyb. X. 36).

1) Hierauf deutet Ulpian. Digest. XIV. „eos qui notis scribunt acta judicum, reipublicae causa videri abesse". Davon auch das Wort Secretär (a secretis oder secretorum notarii). Sowohl zur Tachygraphie als zur Kryptographie gehört die Peruanische Knotenschrift durch sogenannte Quipos (s. P. Lacroix, Pérou. Paris 1843. 8. p. 380 sq.).
2) S. J. Trithemii Steganographia. Darmst. 1621. 4. Klüber, Kryptographie. Tübingen 1809. 4. Vesin, la cryptographie devoilée. Paris 1842. 8. Busch VII. p. 448 sq.
3) S. Chappe, Hist. de la Télégraphie. Paris 1825. II. 8. Busch, Hdbch. b. Erfindung. XII. p. 41 sq. Scharff, de arte telegr. vet. Vimar. 1841. 4.

§. 12.

Die neuere Zeit hat nun aus allen diesen Vorarbeiten nicht allein den Gedanken hergenommen, wie sich wohl eine Sprache erfinden lassen möge, deren Töne allen, auch den die verschiedensten Sprachen sprechenden Völkern zum Austausch ihrer Gedanken und Empfindungen verständlich seyn dürften[1]), sondern auch wie durch allgemeine, auch den verschiedensten Sprachen verständliche Zeichen Gedanken und Ideen darzustellen seien. Dieses nannte man im Gegensatze zu jenem, der Pasilalie, die Pasigraphie[2]).

1) S. A. Bürga, Paſilalie oder Grundſätze einer allgemeinen Sprache. Berlin 1808. 8.

2) Hierauf kam zuerſt van Helmont (ſ. Reiſſenberg im Bullet. de l'acad. de Bruxell. 1838. T. V. p. 34 sq.), dann dachte Leibniß daran, indem er ſagte (Epist. ad Hiob Leuthold in ſ. Oper. T. VI. P. I. p. 88. ed. Dutens. cf. P. II. p. 221): „omnium linguarum cognitarum alphabeta, qua licet, latinis characteribus varie effictis explicari optarem" und (ib. p. 297): si una lingua esset in mundo, accederet in effectu generi humano tertia pars vitae, quippe quae linguis impenditur (ſ. a. Op. T. II. p. 373. V. p. 7). Andere Verſuche erwähnt Buſch, Hdbch. d. Erf. Bd. X. p 91 sq. A. L. G. §.69. Dieſelbe Anwendung dieſer Idee findet man in dem Vorſchlag, auch die orientaliſchen Sprachen mit lateiniſchen Buchſtaben im Druck wiederzugeben ſ. Eichhoff, Parallèle des langues de l'Europe et de l'Inde. Paris 1836 4. u. H. Brockhaus, üb. d. Druck Sanskrit. Werke mit latein. Buchſtaben. Lpzg. 1841. 8.

§. 13.

Was nun die Form der Buchſtaben angeht, ſo bedienten ſich die Griechen und Römer urſprünglich der Capital-, Uncial- oder Initialſchrift, d. h. der großen Buchſtaben (litterae maximae, quadratae, unciales); hieraus entſtanden die semiquadratae litterae und aus dieſen die minutae litterae oder die Curſiv- ſchrift, die in Urkunden ſeit dem 2ten, in Handſchriften aber erſt ſeit dem 3ten bis 4ten Jahrhundert n. Chr. vorkommt und ſeit dem 7ten gewöhnlich wird [1]. Ebenſo ſchrieben die Griechen und Römer ohne alle Unterſcheidungszeichen, deren bei jenen erſt die Alexan- driniſchen Grammatiker einige erdachten, bei dieſen, außer dem früher ſchon vorhandenen punctum, die übrigen erſt die ſpätern Gram- matiker erfanden. Man ſchrieb in ununterbrochen fortlaufenden Zeilen (στιχοι, d. h. Raum-, nicht Sinn-Zeilen, wie im N. Teſt. [2]. Ebenſo hatten die Griechen wohl einen Accent (προς- ωδια), ſo alt wie ihre Sprache aber die Accentzeichen erfand erſt 200 J. n. Chr. Ariſtophanes von Byzanz, wiewohl ſie Mont- faucon, Palaeogr. Ant. p. 33 in Handſchriften nur ſeit dem 6ten Jahrhundert findet. Für das Lateiniſche erfand man erſt im Mittelalter Accentzeichen, vorzüglich um das Abſingen der Kir- chengeſänge zu erleichtern, im Hebräiſchen ſchreiben ſich die Vocalpuncte und Accente erſt ſeit dem 8ten Jhdt. her und in den übrigen orien- taliſchen Sprachen ſind ſie bekanntlich noch aus weit ſpäterer Zeit [3].

1) S. A. L. G. §. 62. Dibdin, Decameron T. I. p. XVII sq. Nouv. Traité de diplom. T. II. p 377. III. p. 408 sq. Mit Uncial- ſchrift iſt der berühmte Florentiner Pandectencoder, mit großer Curſivſchrift ſind die Charten von Ravenna geſchrieben.

2) S. A. L. G § 63. Ueber die Unterscheidungszeichen bis zum Mittelalter herab s. **Cassiodor., Instit. divin. c. 15 u. 12.**

3) Hierüber s. A. L. G. §. **64 sq.** Was übrigens den Zahlenwerth angeht, so ist zu bemerken, daß in Hdschr. z. B. 49 nur soviel als 4 + 9, d h. 13 bedeutet, da die Decimalrechnung erst bei **Vincent. Bellov., Specul. doctr.** vorkommt und nun erst der relative Werth von **XLIX = 49,** d. h. 40 + 9 ist (s. **Libri Hist. d. scienc. math. T. I. p. 125 sq. Wailly, Elem. de paléogr. T. I. p. 711 sq.**).

Anmerkung. Schriftmuster finden sich bei **Th. de Murr, Spec. antiquiss. script. graec. tenuior. s. cursiv.** Norimb. 1792 fol. H. J. Jack, viele Alphabete und Schriften vom 8. — 16. Jhdt. Lpzg. 1833—36. IV H fol. **A. Champollion, Paléographie d. classiques latins.** Paris 1839. 4. **Champollion Figeac, Paléographie universelle; Collect. de fac-simile d'écritures de tous les peuples et de tous les temps.** Paris 1839. fol. **Moreau de Dammartin, Origine de la forme des caractères alphabet. de toutes les nations.** Paris s. a. 4. Für Hdschr. Kde. ist das Hauptwerk: **J. Mabillon, de re diplomatica. Ed. II.** Paris 1709. fol. Dazu Chr. Fr. **Toustain et R. Pr. Tassin, Nouv. Traité de diplomatique.** Paris 1750—56. VI Voll. 4. (Deutsch: Erfurt 1759—69. IX Bde. 4) Ebert, zur Handschriftenkunde. Lpzg. 1825. 8.

§. 14.

Was nun die **Schreibmaterialien** angeht, so schrieb man auf **Stein** (so die meisten Inschriften), auf **Metall** (d. h. Erz, Bronze, Blei), auf **Holz** (so bei den Griechen u. Römern die ältern Gesetze, dann auch die **tabulae ceratae**, in Aegypten auf Sycomorus, in China auf Bambus, in Pegu und Sumatra auf Baumrinde), auf **Baumblätter** (Oliven-, Palm-, Malvenblätter für Sicilien, Griechenland und Rom, Palmblätter für Aegypten und Arabien, Bambusblätter für China, Musa-, Kokus-, Jägerbaumblätter für Indien und Lantoobaumblätter für Java), auf **Bast** (liber, vorzüglich von Linden), auf **Papyrusstaude** aus dem Aegyptischen Delta (noch jetzt daselbst, dann in Syrien am Jordan, in Abyssinien am See Tzana und in Sicilien bei Syracus), auf **Thierhäute** (früher Ziegen- und Schaffelle, dann erst durch Eumenes, König von Pergamus zum förmlich zubereiteten **Pergament**, μεμβρανα, erhoben, auf welchem die **codices palimpsesti** oder **rescripti** geschrieben sind), auf **Elfenbein** (nur zum Luxus), auf **Seide** (in China für den Gebrauch des Pinsels), auf **Baumwolle** (s. d. 9ten Jhdt. **charta bombycina, gossypina, cattunea, damascena**) und **Leinwand** (**libri lintei** bei **Liv. IV, 7.**, Leinenpapier bei **Petrus Cluniac. p. 1070 [Bibl. Cluniac.]** angeführt, Urkunden darauf seit **1320**, Papiermühlen zuerst **1189** erwähnt in d. **Gallia Christ. T. VI. p. 540**). Als **Schreibinstrumente** hatten die

Alten den Griffel, der unten spitz war, um die Buchstaben ins Wachs, Blei oder Holz einarbeiten zu können, oben aber flach, um das Geschriebene beliebig wieder auszulöschen. Für das Pergament und den Papyrus bediente man sich des Rohrs, welches gespalten war, um die Tinte ausfließen zu lassen; die Inder bedienen sich hierzu des Rohrs vom Bambu, und die Japaner beziehen eine besondere Art Schreibrohr aus dem Persischen Meerbusen, die Araber aber lernten das Spalten des Rohrs erst im 10ten Jahrhundert und schrieben dann ihre Neskhi-Schrift auf diese Weise, nachdem sie vorher das Kufische mit ungespaltenem Rohre geschrieben hatten. Die Aegypter endlich brauchten so auch die Binsen. Des Pinsels bediente man sich nur zum Malen der Buchstaben mit Gold oder Zinnober, wie es die Chinesen jetzt noch thun, die Metallfeder kannte schon Martial. Epigr. XIV. 38., die Gänsefeder aber erst Isidor. Orig. VI. 14. u. b. Auct. Inc. §. 79. bei Ammian. Marcell. ed. Wagner T. I. p. 624. Außerdem brauchten die Alten noch ein Lineal, ein halbzirkelförmiges Blei, einen Schwamm, Bimsstein oder einen Thierzahn, ein Messer und einen Zirkel. Das Material, womit man schrieb, war Tinte, nämlich schwarze, entweder aus Ruß mit Wermuth vermischt, oder aus dem Safte des Tintenfisches, der auch die Hauptingredienz der Chinesischen Tusche ist, oder rothe zum Schreiben der Büchertitel, Anfangsbuchstaben und Gesetze, oder Silber- und Goldfarbe, oder das Encaustum, von den Byzantinischen Kaisern ausschließlich für sich reservirt und aus der zu Pulver gebrannten Purpurmuschel und dem rothen, gekochten Blute dieser Schnecke gemischt. Letztere zwei Methoden kennen wir nicht mehr, ebensowenig die Feuchtigkeit, mit welcher die Orientalen ursprünglich auf Stein schrieben. Uebrigens schrieb man auf Rollen (volumina) oder auf viereckige zusammengelegte Tafeln (codices), und die ganze Schreibekunst ward sowohl im Alterthum, als im Mittelalter mit einer der Malerei gleichkommenden Sorgfalt gepflegt, ja von den Arabern zu einer besonderen Wissenschaft erhoben und in vielen Büchern gelehrt. Im Allg. s. C. G. Schwarz, Diss. VI. de ornamentis librorum et de varia rei litterariae suppellectile; ed. J. Chr. Leuschner. Lips. 1756. 4. G. F. Wehrs, vom Papier und den sonstigen Schreibmaterialien. Halle 1789. 8. Dazu: Supple-

2 *

mente. Hannover 1790. 8. A. L. G. §. 56 — 61. Geraud, Essai sur les livres dans l'antiquité. Paris 1839. 8. u. im Bull. du Biblioph. 1839. J. C. G. Boot, Notice s. l. mss. trouvés à Herculanum. Amsterd. 1841. 8. L. Blanco, Epitome de' Volumi Ercolanesi. Napoli 1842. 8. Ueber Paläographie s. U. F. Kopp, Bilder und Schriften der Vorzeit. München 1819 — 21. II Bde. 8. u. Palaeographia critica. Manhem. 1817 sq. 5 Voll. 4. Ueb. d. Form der Bücher s. A. Arnett, an inquiry into the nature and forme of the books of the ancients. Lond. 1837. 8. Ueb. das Einbinden s. G. Peignot, Essai hist. et archéol. sur la reliure des livres et sur l'état du libraire chez les anciens. Paris 1834. 8. Ueb. die Verzierungen und Miniaturen s. Fr. Madden and K. H. Shaw, Illumin. ornaments, select. from the Manuscr. and early printed books of the middle age. Lond. 1837. 4. (Dazu Specimens of ancient furnitures drawn from existing authority. Lond. 1837. 4.) u. Prospectus sur l'essai de verifier l'âge des miniatures peintes dans les manuscr. depuis le 14. jusqu'au 17. siècle inclus. Paris 1782. 12.

Literärgeschichte des Alterthums.

§. 15.

Eintheilung der Literaturgeschichte.

Die gesammte Geschichte der Literatur zerfällt in vier Perioden:

1) Von Erschaffung der Welt bis auf Moses oder von 1 — 2452 J. d. Welt oder 1500 v. Chr., Urgeschichte der Welt und Anfänge der Cultur.

2) Von Moses bis zum Untergang des weströmischen Reiches oder von 1500 vor bis 476 nach Christus, Fortgang der Cultur.

3) Vom Untergang des west- bis zur Zerstörung des oströmischen Kaiserthums oder von 476 — 1453 n. Chr., Anfangs Verfall, dann wieder Steigen, dann abermals Verfall der Cultur.

4) Von der Zerstörung des oströmischen oder griechischen Kaiserthums bis auf die neueste Zeit oder von 1453 — 1840, Wiederherstellung und Vervollkommnung der Cultur.

Erste Periode.

Von Erschaffung der Welt bis auf Moses oder vom 1. bis 2452. Jahre der Welt.

§. 16.

Diese Periode kann man wieder in folgende zwei Abschnitte zerlegen:

α) Vom Anfang des Weltalls bis auf die Ueberschwemmung des südwestlichen Asiens oder von 1. bis 1656. Jahre der Welt.

β) Von der Ueberschwemmung des südwestlichen Asiens bis auf Moses oder vom 1656. bis 2452. Jahre der Welt.

Daß in diesen frühen Jahrhunderten von einer schriftlichen Literatur irgend eines Volkes noch nicht die Rede seyn kann, verſteht ſich von ſelbſt, doch darf man mit Recht bereits mehrere Erfindungen bis hierher zurückführen. Das nomadiſche Hirtenleben rief, ſobald einmal die Sprache da war, die Muſik und Aſtronomie ins Leben, nähere Vereinigung der Menſchen erzeugte den Ackerbau und die Baukunſt, bald auch Gewerbe, Handel und Schifffahrt, das Familienleben brachte bald auch die Nothwendigkeit der Aufbewahrung einzelner Begebenheiten und verwandtſchaftlicher Beziehungen durch die Geſchichte hervor, und nebenbei entſtand auch die Religion oder Theologie, freilich erſt aus Furcht, im Fetiſchismus und in der Zoolatrie, dann, als durch den Prieſterſtand eine poſitive Religion entſtanden war, die Aſtrolatrie oder der Geſtirndienſt und der Sabäismus oder Elementendienſt, dann die Anthropolatrie oder Menſchenvergötterung, und endlich nächſt dem Polytheismus der Dualismus, welcher in der nächſten Periode, wenigſtens bei den Hebräern durch Moſes, vermittelſt des Monotheismus aufgehoben ward, obgleich bei den übrigen Nationen eine derartige Vereinfachung der religiöſen Ideen nicht mit gleicher Schnelligkeit von Statten ging. Der zweite Abſchnitt dieſer Periode wird ſich jedenfalls die Erfindung der Schreibekunſt vindiciren dürfen, wie denn auch der Urſprung der Poeſie wenigſtens bis hierher zurückreicht, wenn er nicht als gleichzeitig mit der Entſtehung der Sprache zu betrachten iſt. Von anderen Wiſſenſchaften haben die Aegypter die Erfindung der meiſten bereits hier ihrem fabelhaften Hermes Trismegiſtus beigemeſſen (ſ. A. L. G. §. 72 sq.), allein ſchriftlich hat ſich natürlich nichts erhalten, wenn wir nicht vielleicht die erſten Materialien zur Geneſis hierher rechnen wollen.

Zweite Periode.

Von Moſes bis Alexander den Großen oder von 1500 bis 356 v. Chr.

§. 17.

Wenn wir im Allgemeinen diejenigen Völker des Alterthums betrachten, von denen in dieſer Periode eine Literatur vorhanden iſt, ſo wird ſich dieſelbe zugleich als Urſprung und höchſte Blüthe characteriſiren laſſen, da die ausgezeichnetſten Schriftdenkmäler der Claſſicität, die Römiſchen ausgenommen, hierein fallen.

Dieß beweisen schon die Namen der Nationen, welche hier auftreten. Es sind nämlich die Assyrer, Babylonier, Phönicier und Aegypter, von denen fast nichts Schriftliches erhalten ist, abgerechnet nur folgende:

A) Die Hebräer, s. J. Chr. Wolf., Biblioth. Hebraica. Hamburg. 1715. IV. 4. (Dazu s. H. F. Koecher, Nova biblioth. Hebraica. Jen. 1783. II. 4.) G. B. de Rossi, Dizion. degli autori ebrei e delle loro opere. Parma 1802. II. 8. (Deutsch v. Hamberger. Lpzg. 1840. 8.) J. Bartolocci, Biblioth. magna rabbinica. Rom. 1675. IV. fol. Ueb. d. Spanischen Rabbinen s. J. Rod. Perez de Castro, Bibl. Española. Madrit. 1781—86. fol. Tom. I. Ueb. d. Portugiesischen s. A. Ribeiro dos Santos, Memor. I—IV da Litter. sagrada dos Judeos Portuguezes, in d. Memor. da Litter. Portug. T. II. nr. 6. u. 8. T. III. nr. 4. u. IV. nr. 3. Mehr s. A. L. G. §. 86.

B) Die Indier, s. W. Ward, a view of the History, Literature and Religion of the Hindoos. III Edit. Lond. 1817 — 20. IV. 8. 1822. III. 8. P. v. Bohlen, das alte Indien. Königsb. 1830. II. 8. Lassen, Indische Alterthumskunde. Bonn 1843. II. 8. Abelung, Biblioth. Sanscrita. Petersb. 1837. 8. s. A. L. G. §. 87.

C) Die Perser, s. Malkolm, Gesch. v. Persien. Deutsch v. Becker. Lpzg. 1830. II. 8. J. Chardin, Voyage en Perse, revu et augm. p. Langlés. Paris 1806—11. X. 8. I. v. Hammer, Gesch. d. schönen Redekünste Persiens. Wien. 1818. 4. Ueber Persien und Arabien zugleich cf. B. d'Herbelot, Biblioth. Orientale. Paris 1667. fol. Nouv. Edit. à la Haye. 1777 — 79. IV. 4. (Deutsch v. Schulz. Halle 1785—98. IV. 8.) s. a. A. L. G. §. 88.

D) Die Chinesen, s. J. B. du Halde, Descr. géner. hist. polit. et phys. de l'empire Chinois. à la Haye 1736.¹ IV. 4. (Deutsch Rostock 1747. IV. 4. Zusätze ebb. 1756. 4.) Mémoir. concern. l'hist., les scienc., les arts, les moeurs, les usages d. Chinois p. l. missionn. de Pekin. Paris 1776 — 91. XV. 4. J. F. Davis, the Chinese. A descr. of the emp. of China and its habit. Lond. 1836. II. 8. (Trad. en franç. et augm. d'un append. Paris 1836. II. 8.) s. a. A. L. G. §. 89.

E) Die Griechen, ſ. **J. A. Fabricii Bibliotheca Graeca. Hamburg 1705 — 8. XIV. 4. Ed. IV cur. Th. Chr. Harles. Hamburg. 1790 — 1809. XII. 4.** Dazu **Index. Lips. 1838. 4.** (unvollendet). **G. E. Groddeck, Historiae Graecorum litter. Initia. Ed. II. Vilnae 1822 — 23. II. 8.** S. **F. Schoell, Hist. abr. de la Litterat. greeque. Ed. II. augm. et corr. Paris 1823. VIII. 8.** (Deutſch v. J. F. J. Schwarze u. M. Pinder. Berl. 1826 — 30. **III. 8.**) Dazu Deſſ. **Hist. de la litter. Sainte. Paris 1832. 8. F. A. Wolf,** Vorleſ. üb. d. Griech. Liter. Geſch. Lpzg. 1831. 8. C. F. Pe= terſen, Hbbch. d. Griech. Liter. Geſch. Hamb. 1834. 8. G. Bernhardy, Grdr. d. Griech. Lit. Geſch. Halle 1836. 8. Bd. I. (Innere Lit. Geſch.) K. O. Müller, Geſch. d. Griech. Liter. b. a. d. Zeitalter Alexanders. Breslau 1841. **II. 8.** S. a. A. Pauly, Real=Encyclop. d. claſſ. Alterthumswiſſenſch. Stuttgart **1839** sq. **V. 8.** S. **F. G. Hoffmann, Lexic. bibliogr. script. Grace. Lips. 1832. III. 8.**

§. 18.

Einzelne Wiſſenſchaften.

A. Dichtkunſt.

I) Griechen. S. H. Ulrici, Geſch. d. Helleniſchen Dicht= kunſt. Berlin 1835. **II. 8.** (nur Epos u. Lyrik enth.) G. H. Bode, Geſch. d. Helleniſchen Dichtkunſt. Bd. **I.** Epos b. a. Alex. d. Gr. **II.** Lyrik u. Bd. **III.** Dramat. Poeſ. u. d. Alexan= brin. Dichter. Lpzg. 1837 — 38. **III. 8.** (Ueb. beide Büch. ſ. Zimmermann, Zeitſchr. f. Alterth. 1840. Nr. 83 — 87).

Die Griechen, ein für alles Schöne höchſt empfindliches Volk, huldigten darum auch frühzeitig der Ton= und Dichtkunſt, deren erſter Urſprung bei ihnen am Fuße des Olymp geſucht werden zu müſſen ſcheint. Ihre erſten Sänger waren zugleich auch Seher und Heilkünſtler, weßhalb ſie unter der μουσικη nicht blos jede ſchöne Kunſt, ſondern auch die Gabe des Weiſſagens mit begriffen. Die erſten Stoffe derſelben ſcheinen kosmogoni= ſcher, theogoniſcher, hymniſcher und mantiſcher Gattung geweſen zu ſeyn. Ob wir gleich noch die Namen vieler ſolcher Urbarden vor uns haben, ſo ſcheinen doch die Geſänge eines Linus [1]),

Olen, Pamphus, Eumolpus, Amphion, Philammon, Thamyris, Pierus, Anthes, Melampus, Phemius, Demodocus, Paláphatus, Asbolus, Olympus, Thaletas, Syagrus, Corinnus, Palamedes, Pittheus, Pronapides und Sisyphus mit ihrem Leben verklungen zu seyn; die Ueberreste der Muse des Orpheus[2]) und seines Sohnes oder Schülers Musäus[3]) sind unächt und gehören einer weit späteren Zeit an, die Orakel jener berühmten Dodonäischen Priesterinnen und der Erfinderin des Herameters, Phemonoe, einer Tochter Apollo's, scheinen nicht aufgeschrieben worden zu seyn, und jene noch jetzt vorhandene Sammlung der Sibyllinischen Sprüche[4]) ist von Gnostikern im 2ten bis 5ten Jahrhundert n. Chr. verfertigt worden, s. A.L.G.§.91—93.

1) Fragmente, die aber unächt sind, b. Brunck, Poet. Gnom. p. 84 sq. f. Wien. Jahrb. 1833. Bd. 61. p. 171 sq. **J. Ambrosch, de Lino. Berol. 1829. 8.**
2) Er fällt zwischen 2400—1250 v. Chr. Wir haben von ihm Argonautica (**Ed Pr. c. Hymnis. Flor.** 1500. 4. **Interpr. est J. G. Schneider. Jen.** 1803. 8.), 85 mystische **Hymni, Lithica** oder von den Kräften der Steine (**Ed. Pr. c. Musaeo. Venet. Ald.**1517. 8.) u. viele **Fragmenta** (bei **Lobeck, Aglaoph. l.** p. 411, 233 sq. **Dünzer** p. 7-4 sq. Daraus περι σεισμων b. **Maittaire, Misc. Gr. Scr. Carm.** p. 2—9) f. **Orphei Opera rec. et ill. J. M. Gesner. Lips.** 1764. 8. **It.** aux. **et ill. G. Hermann.** ib. 1805. 8. f. A. L. G. §. 92. b. p. 119.
3) Es gab zwei Dichter dieses Namens, einen aus Theben und einen aus Eleusis, f. **Perizon. ad Ael. V. H.** XIV. 21. **Fragm.** f. Sprüche b. **Dünzer** p. 72 sq. D. Epos v. d. Liebe des Leander und der Hero ist von einem gleichnamigen Grammatiker b. 4ten bis 5ten Jhdts. n. Chr. **Ed. Pr. Gr. et Lat. Venet.** 1494. 4. ex rec. **Schraderi ed. Schaefer. Lips.** 1825. 8. überf. u. m. crit. Anmerk. v. **Passow. Lpzg.** 1810. 8. f. A. L. G. §. 92. o. p. 125.
4) S. A. L. G. §. 93. p. 129 sq. **Ed. Pr. Sibyll. Orac.** VIII. L. superst. a. X. Betulejo. **Basil.** 1545. 8. **Sibyll. libr. fragm. ed. C. L. Struve. Regiom.** 1818. 8. **Lib.** XIVus **ed. et int. A. Majo. Add.** VI L. **et pars** VIII. **Gr.. Mediol.** 1817. 8. **Libri** XI—XIV. **b. Mai, Coll. nova vet. scr. Rom.** 1828. 8. III. 3. p. 202 sq. **Oracula Sibyll. textu recogn. Maj. suppl. aucto c. vers. metr. comm. perp. cur. Alexandre. Paris** 1840. **T.** l. 8.

§. 19.

Ob nun gleich bereits kleinere Gedichte und versificirte Orakelsprüche existirten, so scheinen doch diese alle nur aus ziemlich kurzen Metris bestanden zu haben, sodaß man erst nach der Auswanderung der Jonier aus Griechenland nach Kleinasien die ersten Anfänge größerer Gesänge zu setzen hat. Gegenstände derselben mögen die Thaten der Helden gewesen seyn, doch scheinen sich jene erst durch Ueberlieferung fortgepflanzt zu haben, dann aber durch die bald entstandenen Sängerschulen der Rhapsoden (ῥαψῳδοι) weiter ausgebildet worden zu seyn. Einer solchen gehörte an oder stand jener Mann vor, den wir noch als den größten Dichter des Alterthums preisen, Homerus (von ὁμοῦ, zusammen, und ἄρειν, fügen), der zuerst den Herameter, wenn nicht für das Epos erfunden, doch angewendet hat und aus den Ereignissen des Tro-janischen Krieges den Streit des Agamemnon und Achilles und die Schicksale des Ulysses auf seiner Rückfahrt in zwei längeren Gedichten besang. Seine Schüler scheinen diese, weil sie allge-meinen Anklang fanden, auswendig gelernt, aber, was die Länge der Zeit schon mit sich brachte, vielfach verändert, erweitert und interpolirt zu haben. Zuerst sollen sie 884 v. Chr. auf Be-fehl des Lykurg abgeschrieben worden seyn, dann wurden die ein-zelnen, freilich nicht alle vom Homer herrührenden Rhapsodieen unter Pisistratus gesammelt und geordnet, bald darauf durch die Diasseuasten (διασκευάζειν) ergänzt, fortgesetzt und überarbeitet, bis Aristoteles eine neue Ausgabe für Alexander d. Gr. besorgte und die Einheit der Ilias und Odyssee erklärte, welche letztere aber wieder von den Chorizonten (χωρίζειν) dem Homer abge-sprochen wurde. Endlich legten die Alexandrinischen Grammatiker noch ihre strenge Kritik an dieselben, und bei dem, was Zeno-dotus, Crates, Aristophanes und vorzüglich Aristarchus für ächt oder interpolirt erkannten, ist es fortan auch fast durchweg geblie-ben[1]). Jenem Homer nun, der, in Smyrna oder Chios ge-boren, bald um 1184, bald um 880 v. Chr. gesetzt wird, schreibt man die Ἰλιάς und Ὀδύσσεια[2]) zu, sowie mit geringer Wahrscheinlichkeit das älteste komische Heldengedicht, die Βα-τραχομυομαχία[3]), den Frosch- und Mäusekrieg, 34 Hymnen und einige kleinere Epigramme[4]) u. dergl., unter denen wohl nur der Μαργίτης, eine Satire auf einen gleichnamigen Menschen, ächt ist[5]). S. A. L. G. §. 95. p. 133—145.

1) S. Scholion Plantinum, b. Ritschl, b. Alexandrin. Bibliotheken. Breslau 1838. 8. p. 3. u. Schol. Gr. in Aristoph. ed. Dübner. p. XXII. Ritschl l. l. p. 39 sq. J. A. Wolf, Prolegomena ad Homerum. Hal. 1795. 8. Hermann, Opusc. T. I. p. 132 sq. III. p. 80. V. p. 52 sq. C. G. Nitzsch, de histor. Homeri meletemata. Hannov. 1831 sq. 4. Gute Auseinandersetzung b. neu. Ansicht. v. Köchly in Zimmermann's Zeitschr. f. Alt. 1843. Nr. 1—3, 13—15.

2) Ed. Princ. Homeri Carm. Florent. 1488. fol. — ex recens. J. A. Wolf. Lips. 1804. IV. 8. recognov. et explic. Fr. H. Bothe. Lips. 1833—36. VI. 8. m. erklär Anmerk. v. G. Chr. Crusius. Hannov. 1837—42. 8. Hom. Carm. et Cycli Epici Reliq. Gr. et Lat. ed. Din-dorf. Paris 1837. 4. Bester Text: ex recens. J. Bekker. Berol. 1843.

II. 8. — Hom. Iliad. gr. et lat. recens. et comment. ed. C. G. Heyne. Lips. 1802. VIII. (ib. 1822. Index T. IX.) 8. rec. Spitzner. Goth. 1832. II. 8. Homer's Werke v. J. H. Voß. V. A. Stuttg. 1832. II. 8.

3) Graece (recens. M. Maittaire). Lond. 1721. 8.

4) Hymni Homer. c. reliq. carm. minor. et Batrach. recens. et animadv. illustr. C. D. Ilgen. Hal. 1796. 8. recens. et not instr. Fr. Franke. Lips. 1828. 8. recens. A. Matthiae. Lips. 1805. 8. Hymni et Epigr. ed. G. Hermann. Lips. 1806. 8. Im Allg. s. Eustathii Thess. Scholia in Homerum. Rom. 1542, 49, 50. III. fol. Lips 1825—29. V. 4. Schol. antiq. in Hom. Odyss. ed. Buttmann. Berol. 1820. 8. Schol. in Hom. Iliad. ex rec. J. Bekker. Berol. 1825—28. III. 4. S. a. J. M. Duncan. Nov. Lex. Graec. ex Chr. T. Damm. Lex. Homer. Pindar. emend. et aux. V. Chr. Fr. Rost. Lips. 1831. 4. Ueb. d. Prosodie d. Homer s. Lehrs, Quaest. Epic. p. 35—175.

5) S. Lindemann, Lyra. Meißen 1821. 8. I. p. 79—85. Dünßer, Fragmente der epischen Poesie p. 25 sq.

§. 20.

Wie Homer der Vorsteher einer Jonischen Sängerschule gewesen seyn mag, ebenso muß auch ein Führer einer Böotischen oder Pierisch-Thracischen unter dem Namen H e s i o d u s aus Ascra in Böotien um 800 v. Chr. existirt haben, der kosmo- und theogonische strophische[1]) Gesänge (Θεογονια) seinen Zeitgenossen vorgetragen zu haben scheint, die in ihre jetzige Gestalt von späteren Grammatikern gebracht wurden. Sein zweites Werk, die Εργα και Ημεραι, Werke und Tage, scheinen ursprünglich einzelne versus memoriales gewesen zu seyn, die später zu einem Ganzen vereinigt wurden; daher der öftere Mangel an Zusammenhang und das Wiederholen der einzelnen Verse[2]). Ein drittes ihm zugeschriebenes Gedicht, Ασπις Ηρακλεους, der Schild des Hercules, ist ein von späterer Hand gemachter Versuch, das Bruchstück eines größeren Gedichtes, einer Herogonie, auf Homerische Weise umzuarbeiten. S. A. L. G. §. 101.

1) Erdichtet ist sein Streit mit Homer (Ησιοδου και Ομηρου αγων b. Hesiod. ed. Goettling. p. 239 sq.) s. Heinrich Epimenides. Lpzg. 1801. 8. p. 139 sq. Markscheffel p. 33 sq.

2) So A. Soetbeer, über d. Urform d. Hesiod. Theogonie. Berlin 1837. 8. G. Gäsar in Zimmerm. Zeitschr. 1843. Nr. 38—40. 51—54.

3) So Lehrs, Quaest. Epicae. Regiom. 1837. 8. p. 152—177. S. a. C. T. Ranke, de Hes. Op. et Dieb. Comm. Gott. 1838. 8. Ausg. Ed. Pr. Orat. Isocrat. Eidyllia Theocr. Hesiod. Op. et Dies. Mediol. 1493. fol. u. Theocr. Ecl. XXX. Hesiod. Theog. ejq. Scutum Herc. et Georg. L. II. Venet. 1495. fol. Hesiod. Carm. recens. et comm. instr. C. Goettling. Goth. 1831. 8. Ed. II. auct. et em. ib. 1842. 8. Hesiod's Werke u. Orfeus d. Arg. üb. v. J. H. Voß. Heidelb. 1816. 8.

4) S. C. F. Ranke, hinter Hes. quod fertur scut. Herc. ex recogn. Fr. A. Wolf. Quedlinb. 1840. 8. p. 291—374. Fragmente and. Gedichte d. Hesiod b. Markscheffel, Hesiodi, Eumeli, Cinaethonis, Asii et Carm. Naupactii fragm. Lips. 1840. 8.

§. 21.

Die günstige Aufnahme, welche die Homerischen Gedichte fanden, veranlaßten nun andere Epiker, Alles, was in denselben nur beiläufig erwähnt war, noch in besonderen Gedichten weiter auszuspinnen und sich immer in dem Kreise derselben (κυκλος) zu bewegen, weshalb sie Cycliker[1]) genannt werden. Von ihren Werken sind jedoch, außer den Namen, nur wenige Bruchstücke erhalten[2]). Die bedeutendsten waren Arctinus aus Milet, Lesches aus Mitylene, Carcinus von Naupactus, Cinäthon, Agias und Eugammon aus Cyrene. Ziemlich gleichzeitig sind noch, wenn auch nicht genau bekannt die Dichter: Creophylus und Asius aus Samos, Eumelus aus Corinth, Pisander aus Camirus, Epimenides aus Creta, Aristeas aus Proconnesus, Panyasis aus Halicarnassus, Thörilus aus Samos und Antimachus aus Colophon[3]). Ihre Zeit fällt von der 1. bis zur 50. Olympiade, doch wurden schon von den Alexandrinischen Grammatikern nicht alle diese Epiker für gleich wichtig angesehen, denn diese nahmen in ihrem Kanon der classischen Epiker nur Homer, Hesiod, Panyasis und Antimachus auf[4]), s. A. L. G. §. 104.

1) S. Procli Chrest. c. 4. u. Schol. Ined. ad Euseb. Coh. gent. p. 19. b. Osann im Hermes Bd. 31. p. 218. D. Verzeichn. dies. Ged. s. A. L. G. §. 103. p. 150—156.

2) S. Fr. Wüllner, de cyclo epico poetisque cycl. Monast. 1825. 8. C. Müller, de cyclo epico Graecor. et fragm. coll. Lips. 1829. 8. Osann im Hermes Bd. 31. p. 185—221. F. G. Welcker, der epische Cyclus. Bonn 1835. 8. H. Düntzer, Homer u. d. Cyklos. Berlin 1839. 8. Die Fragmente hinter Hom. Carm. Paris 1837. 4. u. ungenügend b. Düntzer, die Fragmente der epischen Poesie der Griechen. Köln 1840. 8.

3) Asius s. Callini Eph. Tyrtaei et As. c. q. supers. ed. Bach. Lips. 1831. p. 142 sq. u. Markscheffel p. 411 sq. — Eumelus, Fragmente b. Markscheffel p. 397 sq. — Pisander, Fragmente b. Düntzer p. 88 sq. — Epimenides, s. Heinrich, Epimenides a. Creta. Lpzg. 1801. 8. — Aristeas, Fragmente b. Düntzer p. 86 sq. — Panyasis (ermord. Olymp. 30, 4.) s. Meineke, Anal. Alexandr. p. 363 sq. Pan. Fragm. coll. c. comm. de vita ej. ed. J. F. Tzschirner, Vrat. 1842. 4. — Chörilus s. Choerili S. quae supers. ed. Naeke. Lips. 1817. 8. Addit. Bonn 1827. 4. — Antimachus s. Ant. Col. reliquiae ed. Schellenberg. Hal. 1786. 8. Sammlung ist: Hes. Carmina, Apoll. Rhod. Argon., Musaei de Her. et Lean., Coluthi Rapt. Hel., Quinti Sm. Posthom., Tryphiodori Il. expugn., Tzetz. Antehom. gr. et lat. ed. Lehrs. Asii, Pisandri, Panyasidis, Choerili, Antimachi Fragm. c. comm. ed. Dübner. Paris 1840. 4.

4) S. Procli Chr. c. 3. Bekker, Anecd. p. 1461. Ranke, Comm. de vita Aristoph. v. Arist. Plutus ed. Thiersch p. CIV sq.

§. 22.

Mit dem Sinken der Griechischen Freiheit vor und nach Alexander dem Großen und der, statt der früheren Mannhaftigkeit, in die Herzen der Griechen eingezogenen Weichlichkeit und Schlaffheit begann auch die Abnahme des Geschmacks derselben an Epopöen, sodaß nur das Alexandrinische Zeitalter noch einige schwache Nachahmungen Homers hervorzubringen im Stande war. Solche versuchten Apollonius aus Alexandria, wegen seines häufigen Aufenthalts auf der Insel Rhodus Rhodius genannt, i. J. 196 Bibliothekar der Alexandrinischen Bibliothek, in seiner Beschreibung des Argonautenzuges in 4 Büchern [1]), Euphorion aus Chalcis, um d. J. 220 Bibliothecar beim König von Syrien, Antiochus, in seinen 5 Büchern Σύμμικτα oder vermischter Geschichten [2]) und Rhianus aus Bena in Creta, um d. J. 225, der mehrere Epopöen hinterließ [3]), s. a. A. L. G. §. 105. p. 163 sq.

1) Apoll. Rh. Argon. Ed. Pr. c. Schol. Flor. 1496. 8. ex recens. et c. not. Brunckii Acced. Schol. Gr. Lips. 1810. II. 8. recens. et ann. adj. A. Wellauer. Lips. 1828. 8. s. a Weichert, üb. d. Leben u. d. Gedichte d. Apoll. v. Rhod. Meißen 1821. 8. Uebers. v. Willmann. Köln 1832. 8.
2) Nur Fragmente als: A. Meineke. de Euph. vita et script diss. fragm. coll. Gedani 1823. 8. u. in s. Anal. Alexandrina. Berol. 1843. 8. p. 1 — 168.
3) Nur Fragmente, s. Rhiani q. supers. ed. N. Saal. Bonn. 1831. 8. u. b. Meineke, Anal. p. 169—212.

§. 23.

Dieses waren die bedeutendsten Epiker Griechenlands; wir gehen jetzt zu denjenigen Dichtern über, welche den Uebergang des Heldengedichts zur Lyrik vermittelten, oder zu der didaktischen Poesie. Diese zerfällt in drei Gattungen, nämlich in die sogenannte gnomische Poesie, das scientifisch-didaktische, philosophisch-didaktische Epos, die Fabel und die Parodie.

Die gnomischen Dichtungen (γνῶμαι, kurze Lebensregeln) enthalten Klagen über das Elend und die Vergänglichkeit des menschlichen Lebens und Aufmunterungen zur Tugend, zuerst durch die Sprüche der sieben Weisen eingeführt [1]), dann aber durch Hinzufügung des gebrochenen Hexameters oder Pentameters zur sogenannten gnomischen Elegie ausgebildet und der Prosa näher als der eigentlichen Elegie verwandt [2]). Dergleichen haben wir noch von dem Athenensischen Gesetzgeber Solon (594 v. Chr.) [3]), von Theognis aus Megara (547 v. Chr.), eine bedeutende Anzahl Sprüche (παραινέσεις) [4]), von Phocylides aus Milet (Olymp. 59), elegische Sentenzen, theilweise auch in bloßen Hexametern [5]), von dem berühmten Philosophen Pythagoras aus Samos [6]) angeblich goldene Sprüche ($\chi\varrho\upsilon\sigma\alpha$ $\dot\varepsilon\pi\eta$) und von einem der 30 Tyrannen Athens, Kritias [7]) (Olymp. 94), außer Fragmenten lyrischer Dichtungen auch noch das einer gnomischen Elegie. S. A. L. G. §. 107.

1) Proben b. Boissonnade, Anecd. T. I. p. 135 sq. u ad Marin. V. Procli p. 99. Arsen. Viol. p. 512 sq.

2) S. Thiersch in b. Act. Phil. Monac. T. III. f. 3. p. 389 sq. P. II. f. 4. p. 567 sq. A. Rhode, de veter. poet. sapientia gnom. Havn. 1800. 8. p. 253 sq. Gnomici poetae cur. Brunck. Argent. 1784. 8. aux. Schaefer. Lips. 1817. 8. recens. Boissonnade. Paris 1823. 12.

3) S. Solon. Carm. q. supersunt, emend. et ann. instr. N. Bach. Bonn 1825. 8. u. b. Bergk, Lyrici Graeci p. 320 sq.

4) Theogn. Ed. Pr. c. Theocr. Idyll. Venet. 1495. fol. Theogn. Rel. rec. J. Bekker. Ed. II, Berol. 1828. 8. Novo ord. disp. not. adj. F. Th. Welcker. Frcft. ad M. 1826. 8. u. b. Bergk p. 360 sq.

5) Seine eigentl. Gnomen b. Brunck, Anal. T. I. p. 77 sq. II. p. 522. u. Bergk p. 338 sq. Das unter seinem Namen vorhandene Lehrgedicht ($\pi o\iota\eta\mu\alpha$ $\nu o\upsilon\vartheta\eta\tau\iota\varkappa o\nu$) gehört einem Alexandrinischen Gelehrten (b. Brunck Poet. Gn. p. 152 sq. Bergk p. 342 sq.) b. 2ten bis 3ten Jhdts. n. Chr. f. a. Phocyl. Carm. gr. et lat. ed. Schier. Lips. 1751. 8.

6) Ed. Pr. Pythag. Aur. Carm. et Phocyl. c. Lascar. Gramm. Gr. Venet. 1493. 4. gr. et lat. c. not. var. ed. Schier. Lips. 1750. 8. u. b. Orelli Opusc. Graec. sentent. I. p. 56 sq. Dazu schrieb der Alexandriner Hierocles einen Commentar (Hier. phil. Alex. comm. in Aur. Carm., de provid. et fato rec. Needham. Cantabr. 1709. 8.).

7) Critiae tyr. fragm. disp. ill. emend. Bach. Lips. 1827. 8. u. b. Bergk p. 438 sq.

§. 24.

Wenden wir uns jetzt zu dem eigentlichen wissenschaftlichen Lehrgedichte der Griechen, so haben wir als Anfänge desselben schon die Werke und Tage des Hesiodus genannt, allein eine wissenschaftliche Ausbildung erhielt dasselbe erst nach Alexander dem Großen, und man kann seine Blüthe ohngefähr erst ins Alexandrinische Zeitalter, von 272 — 160 v. Chr., setzen. Gegenstände desselben waren allerdings nur Astronomie, Astrologie, Geheimlehre, Toxikologie und Geographie. Die bedeutendsten Dichter sind Aratus aus Soli in Cilicien, der Günstling des Antigonus Gonatas, Königs von Syrien, um 272, durch seine Prognostica ($\varphi\alpha\iota\nu o\mu\varepsilon\nu\alpha$ und $\delta\iota o\sigma\eta\mu\varepsilon\iota\alpha$) [1]), Eratosthenes aus Cyrene [2]), Manetho, aus Diospolis in Aegypten, durch seine sechs Bücher ($\dot\alpha\pi o\tau\varepsilon\lambda\varepsilon\sigma\mu\alpha\tau\iota\varkappa\alpha$) von den Kräften der Gestirne [3]),

Nicander aus Colophon (161 — 140 v. Chr.), unter Ptolomäus V., durch seine Gedichte von den Bissen giftiger Thiere und den Mitteln dagegen ($\vartheta\eta\varrho\iota\alpha\varkappa\alpha$), und den Mitteln gegen Gifte in Speisen und Getränken ($\dot{\alpha}\lambda\epsilon\xi\iota\varphi\alpha\varrho\mu\alpha\varkappa\alpha$)[4], Maximus, früher für den gleichnamigen Philosophen aus Ephesus und Lehrer des Julianus Apostata angesehen, doch wahrscheinlich Zeitgenosse des Callimachus, wegen seines Orphischen Gedichtes ($\pi\epsilon\varrho\iota$ $\varkappa\alpha\tau\alpha\varrho\chi\omega\nu$)[5], und die Geographen Dicäarchus und Scymnus von Chios, jener durch seine $\dot{\alpha}\nu\alpha\gamma\varrho\alpha\varphi\eta$ $\tau\eta\varsigma$ $E\lambda\lambda\alpha\delta o\varsigma$ oder Topographie von Griechenland, dieser durch seine Umschiffung ($\pi\epsilon\varrho\iota\eta\gamma\eta\sigma\iota\varsigma$), beide in Jamben, aber nur noch in Fragmenten erhalten[6]. S. A. L. G. §. 108.

1) Aratus. Ed. Pr. Venet. 1499 fol. Gr. et Lat. c. schol. recens. Buhle. Lips. 1793. II. 8. c. ann. cr. ed. Buttmann. Berol. 1826. 8. recens. J. Bekker. Berol. 1828. 8. Urtext, übers. u. erläut. v. J. H. Voß. Heidelb. 1824. 8.

2) Nur Fragmente b. Bernhardy, Eratosthenica p. 110, 134, 175.

3) Man. Apotel. gr. et lat. c. not. J. Gronov. Lugd B. 1698. 4. recogn. annot. cr. adjec. C. A. M. Axt et F. A. Riegler. Colon. 1824. 4. 1832. 8.

4) Nicander. Ed. Pr. c. Dioscoride. Venet 1499. fol. Nic. Alexiph. emend. anim. et Eutecnii paraphr. ill. J. C. Schneider. Hal. 1752. 8. Theriaca c. Eutecnii metaphr. et carm. perd. fragm rec. emend. et ann. illustr. J. G. Schneider. Lips 1816. 8.

5) $M\alpha\xi\iota\mu o\upsilon$ $\varphi\iota\lambda o\sigma.$ $\pi\epsilon\varrho\iota$ $\varkappa\alpha\tau\alpha\varrho\chi\omega\nu.$ Rec. notq. cr. instr. E. Gernhard. Lips. 1820. 8.

6) Ueb. Dicäarch s. unten. D. Fragm. b. Scymnus b. Hudson, Geogr. Gr. Min. T. II. p. 9 sq. u. Syll. Geogr. Minor. ed. Vindob. I. p. 453 sq.

§. 25.

Eine dritte Gattung der didaktischen Poesie bildet aber das philosophische Lehrgedicht, welches jedoch nur eine kurze Zeit, von 527 — 471, in der Schule der Eleaten und Pythagoräer gepflegt worden zu seyn scheint, indem auch hier die ersten Gründer dieser Schulen sich gleich den alten Sehern Griechenlands darum des Rhythmus der Poesie bedient zu haben scheinen, weil derselbe am Besten im Stande zu seyn schien, ihre keineswegs dem Inhalte nach poetischen Lehren dem Ohre ihrer Schüler und Zuhörer zu versinnlichen. Dergleichen meistentheils über die Naturerscheinungen und Weltbildung handelnde Gedichte schrieben Xenophanes aus Colophon, der Stifter der eleatischen Philosophie (527 v. Chr. ob. Olymp. 60)[1], sein

Schüler Parmenides aus Elea (460 v. Chr. ob. Olymp. 79)[2]) und der durch ſeine myſtiſche und halb an Zauberei ſtreifende Wirkſamkeit bei den Alten ſo berühmte Pythagoräer Empedo-cles aus Agrigent (471—411 v. Chr. oder Olymp. 76, 4 — 91, 4)[3]), deren Arbeiten jedoch ſämmtlich nur in Frag-menten übrig ſind, ſ. A. L. G. §. 109.

1) S. Xenophanis Coloph. Carm. reliq. de vita ejus et stud. disser. fragm. expl. et illustr. S. Karsten. Bruxell. 1830. 8. ſ. a. Oſann, Beitr. z. Litter. Bd. I. p. 46 sq.
2) S. Parmen. Eleat. reliq. rec. S. Karsten. Amstel. 1835. 8.
3) S. Empedocl. Agrig., de vita et philos. ej. expos. carm. re-liq. ex antiq. script. coll. rec. illustr. praef. est F. G. Sturz. Lips. 1805. II. 8. Emped. et Parmen. fragm. ex cod. Taur. bibl. rest. et ill. ab A. Peyrou. Lips. 1810. 8. Philosoph. Graec. ante Platon. re-liq. Rec. et ill. S. Karsten. Vol. II. Empedocles. Amstel. 1838. 8. cf. B. G. Lommatzſch, d. Weisheit d. Emped. m. ihr. Quell. u. Ausleg. Ber-lin 1830. 8. Das Gedicht σφαῖρα in 16° vv. (a. b. Fabric. B. Gr. ed. Harl. T. I. p. 818 sq.) gehört nicht ihm, ſondern einem ſpätern Alexan-driniſchen Mathematiker.

§. 26.

Eine bedeutende Stelle in der didaktiſchen Poeſie nimmt aber bei den Griechen die Fabel (μυϑος, λογος, ἀπολογος, αἰνος, παροιμια, ἀποκριμα) ein, welche hier, wie bei jedem anderen Volke, bereits in die erſte Culturepoche fällt, wo ſie für den noch kindlich-ſinnlichen Menſchen das beſte Mittel zur Ueber-redung war; darum ſtammt ſie auch hier nicht erſt aus dem Orient her, ſondern erwuchs auf Griechiſchem Boden, denn die älteſten Dichter der Hellenen, Homer (Ilias XIX. 407 sq. Odyss. XIV. 460 sq.) und Heſiodus (Oper. v. 202 sq.) bedienten ſich ihrer ſchon. Auch von Archilochus[1]), dem Jambographen, ſind noch zwei Fabeln übrig (b. Eust. ad Hom. Odyss. XIV. p. 1768) und ebenſo eine von Steſichorus (Arist. Rhet. II. 10.); die eigentliche Ausbildung dieſer Dich-tungsart verdankt jedoch Griechenland dem Phrygier Aeſopus um Olymp. 50—54[2]) oder um 589 v. Chr. Indeſſen ſcheinen ſeine Fabeln ſich anfangs nur mündlich fortgepflanzt zu haben, denn zuerſt brachte ſie Sokrates im Kerker in Verſe (Plat. Phaed. 4. p. 60. D.) und Demetrius Phalereus legte um 300 v. Chr. eine Sammlung derſelben an (Diog. Laert. V. 81.). Endlich brachte zur Zeit des Kaiſers Auguſtus ein gewisser **Babrius**[3]) die Aesopischen Fabeln in (2000) Choliamben, welche (53 Fab.) im 9ten Jahrhundert ein gewisser **Ignatius** Magister wieder in reine jambische Senarien umänderte und jede Fabel auf Tetrasticha zurückführte[4]). Daneben hatte man sie auch in Hexameter und Distichen umgearbeitet[5]). Indessen scheint man bereits zeitig diese Aesopischen Fabeln zur Uebung in den Schulen wieder in Prosa umgestellt zu haben (Quinct. Inst. Or. 1, 9, 2) und versah sie darum auch mit Epimythieen (Moral). Dergleichen Sammlungen veranstalteten um d. J. 200 n. Chr. der Grammatiker **Dositheus**[6]) und im 4ten Jahrhundert der Redner **Aphthonius**[7]), endlich aber der Constantinopolitanische Mönch **Maximus Planudes** um d. J. 1327[8]). Andere Sammlungen sind die sogenannte Heidelberger[9]), die zwei Pariser[10]), die Florentiner[11]), die Vaticaner[12]) und die Augsburger[13]). Endlich übersetzte ein Persischer Philosoph, Namens **Syntipas** dieselben ins Syrische und aus dieser Sprache gingen sie sodann durch einen Grammatiker, Namens **Andreopulos**[14]), abermals ins Griechische zurück. S. A. L. G. §. 110.

1) S. Huschke, Diss. de fab. Arch., in Matthiae Misc. Phil. I. p. 1—50. u. b. Aesop. ed. Furia p. CCIV sq. (Zusätze b. Huschke, Opusc. p. 308 sq.) u. Schneidewin, Conj. Crit. Gott. 1839. p. 131 sq.

2) Anfangs Sclave, dann aber nach seiner Freilassung zu Delphi wegen Gotteslästerung vom Felsen Hyampea herabgestürzt s. Herod. II. 134. Viele Fabeln über ihn, vorzüglich seine Häßlichkeit betreffend, berichtet Max. Planud. Vita Aesopi (b. Aesop. ed. Ald. Venet. 1505. fol. Narrat. Max. Pl. de ins. Aes. deform. ed. F. G. Freytag. Lips. 1717. 4). J. A. s. Furia Prolegom. v. s. A. u. Grauert, Diss. de Aesopo et fabul. Aesop. Bonn 1825. 8.

3) Nicht etwa Babrias oder Gabrias zu nennen s. Babrii fabulae et fab. fragm. Acc. metr. fab. Aesop. reliq. coll. et ill. J. H. Knoche. Halis 1835. 8.

4) Die Fab. b. Ignat. (Gabrias) stehen auch (43) in b. A. b. Aesop. Ven. 1505 fol. Basil. 1518. 8. (dazu 11 neue b. Nevelet.) u. als: Gabriae s. potius Ignatii diaconi tetrasticha in fabulas Aesop. Acc. ejd. Gabr. fab. XI ab Neveleto ol. edit. Cygneae 1668. 12. Dresd. 1689. 4. Varianten b. Miller in b. Not. et Extr. d. Mss. T. XIV. 2. p. 230 sq. 11 neue in polit. Vers. ebb. p. 238 sq u. 5 a. ebb. p. 290sq.

5) In Hexametern b. Knoche p. 202 sq. u. in Distichen b. Knoche p. 204 sq. u. Bach Hist. cr. poes. Gr. eleg. p. 38 sq.

6) S. Valckenaer in Obs. Miscell. T. X. 1. p. 108 sq. Knoche p. 36. u. 47.

7) 40 Fabeln in: Aphth. Progymn. et Fabulae. Gr. et lat. Heidelb. 1597. 8. Paris 1623. 12. Fab. c. Babriae fab. et Avieno. gr. et lat. Hanov. 1603. 8.

8) Erste Recens. Aesop. Ed. Pr. s. l. et a. (Mediol. 1476.) fol. Lovan. 1503. 4. Venet. 1505. 4. Zweite Recens. Aesopi Fab. plur. et emend. ed. Rb. Stephanus. Lut. Par. 1546. 4. Gr. et Lat. ed. J. M.

Heusinger. Lips. 1756. 8. Ed. II. emend. Ch. Ad. Klotz. Isen. 1771. 8. Ed. emend. cura G. H. Schaefer. Lips. 1810. 8. 1818. 8. 1820. 8.

9) Mythologia Aesopica graeco latina. Op. et stud. Is. N. Neveleti. Frctt. 1610. 8. Fabul. Aesop. Coll. quotq. gr. reper. cura Mariani (id. e. Hudson) Oxon. 1718. 8. emend. J. G. Hauptmann. Lips. 1741. 8.

10) Aus der ersten 28 franz. u. gr. v. Rochefort Not. et Extr. T. II. p. 687 sq. Die zweite in alphabet Ordnung, aber nicht mehr vollständig, nur 76 Fabeln v. Miller ib. T. XIV. 2. p. 244 sq.

11) Fabul. Aesopiae, quales ante Planudem fereb., ex vet. cod. Abb. Florent. n. pr. erut. Lat. vers. notq. exorn. a. Fr. de Furia. Flor. 1809. II. 8. Lips. 1810. 8. not. cr. adj. C. E. Chr. Schneider. Lips. 1810. 8. (*Αδ. Κοῥης) Μυθων Αισωπειων Συναγωγη.* Paris 1810. 8. (hier 426, dort nur 423).

12) A. mit d. Furia u. f. Nachfolg.

13) Fabulae Aesop. e cod. August. n. pr. edit. c. fab. Babrii choliamb. et Menandri sent. recens. et emend. J. G. Schneider. Vratislav. 1812. 8. (enth. 231).

14) Synt. fab. (62) gr. et lat. ex duob. ms. prim. ed. et c. anim. Matthiae. Lips. 1781. 8.

§. 27.

Es bleibt uns jetzt nur noch übrig, etwas über die didactische Parodie der Griechen zu sagen[1]), als deren Erfinder der Dichter der alten Komödie, **Hegemon** aus Thasus, genannt wird (um Olymp. 91, 4), der zugleich auch zuerst dramatische Parodieen, von denen weiter unten die Rede seyn wird, auf die Bühne brachte[2]). Am meisten scheinen dergleichen Arbeiten gegen die Homerischen Gedichte gerichtet gewesen zu seyn und in dieser Gattung der Jambograph **Hipponar** den Anfang gemacht zu haben[2]), obgleich auch den Gnomikern Aehnliches widerfuhr. Eine besondere Abart der Parodieen waren aber die sogenannten **Sillen** (*σιλλοι,* d. h. *χλευασμοι,* Spottgedichte)[4]), die zwar schon **Homer** in der bekannten Rede des Thersites (Il. I. 212 sq.) angewendet haben soll, aber weder er, noch der Philosoph **Xenophanes,** wie Andere sagen, erfunden hat, sondern am Meisten von den alten Philosophen gegen die Homerischen Gedichte geschleudert wurden. Am bedeutendsten scheinen die des **Menippus** von Gadara (um d. J. 300 v. Chr.)[5]) und des **Timon** aus Phlius (Olymp. 127), des bekannten Skeptikers gewesen zu seyn. S. A. L. G. §. 111.

1) Ueb. d. lyrische Parodie s. Athen. XIV. p. 638 B.
2) S. Moser l. l. p. 267 sq. Weland p. 25 sq.
3) S. Weland, Diss. de parod. Homer. Script. Gott. 1833 8. Die

Fragmente b. **H. Stephan. Hom. et Hes. Certam. Paris** 1573. 8. p. 71, 111 sq. Mofer in Daub u. Creuzer Stud. Bd. VI. 2. p. 267—330. 4) S. **A. Woelcke, de Graec. Sillis. Varsav.** 1820. 8. **Fr. Paul, de sillis Graec. e. Sill. fragm. Berol.** 1821. 8. 5) Ihm dichtete M. Ter. Varro seine halb griechisch, halb lateinisch geschriebene, halb in Versen, halb in Prosa abgefaßte **Satira Menippea** nach f. **Welcker ad Theogn.** p. CXIII sq. Bernharby, Röm. L. G. p. 245 sq. 6) S. Fragm. b. **Brunck, Anal. II.** p. 67. **IV.** p. 139. f. **Langheinrich, Diss. III de Timone sillogr. Lips.** 1720—23. 4.

§. 28.

Wir wenden uns nunmehro zur lyrischen Poesie der Griechen, welche im Gegensatz zur rein objectiven Epopöe völlig subjectiv erscheint und ihren Namen von der Begleitung des Gesanges durch die Lyra erhielt. Man kann in ihr, wie beim Epos, ebenfalls drei Dichterschulen annehmen, die Jonische, Aeolische und Dorische, allein offenbar zerfällt sie in die Elegie und die eigentliche Lyrik oder das Melos, zu der auch troß der Verneinung von **Procl. Chrest. c.** 8. die Jambische Poesie mitgehört. Sammlung der Dichter ist: **Poetae Lyrici Graeci. Ed. Th. Bergk. Lips.** 1843. 8. Auswahl: **Delect. poes. Graec. eleg., jambicae, melicae. Ed. F. G. Schneidewin. Gott.** 1838 sq. **III. Sect.** 8. S. A. L. G. §. 112—119.

§. 29.

Die Elegie[1]) entstand aus dem Epos und führte lange noch den Namen desselben, der Pentameter aus dem Herameter, keineswegs aber durch die Erfindung der Lydischen Doppelflöte[2]), wie man geglaubt hat, obgleich die Elegie allerdings durch eine solche begleitet ward. Der Name selbst deutet offenbar auf einen Trauergesang hin[3]). Die Blüthe der Griechischen Elegie fällt in d. J. 710 — 290 v. Chr., und es hat sich dieselbe in diesem Zeitraum zu fünf einzelnen Gattungen ausgebildet. Die erste derselben ist die politische Elegie, und ihre Repräsentanten sind Callinus[4]) aus Ephesus (Ol. 17, 3 oder 710), der durch eine Elegie seine Mitbürger antrieb, sich dem Eindringen der Cimmerier in Kleinasien zu widersetzen, und Tyrtäus[5]) aus Aphidnä in Attica, der, von den Athenern den Spartanern um d. J. 684 v. Chr. gegen die Messenier zu Hülfe geschickt, durch seine Kriegslieder jene zum Siege begeisterte. Von ihr vermittelten den

3 *

Uebergang zur gnomischen Elegie die oben erwähnten philo=
sophischen Didactiker Solon, Critias ꝛc., Chersias mit
seinen Elegieen auf Periander 6) und zwei Dichter aus Pa=
ros mit dem einen Namen Evenus 7). Die eigentliche
Trauer= oder threnodische Elegie schuf der Jambograph Ar=
chilochus aus Paros, aber am Weitesten brachte sie Simo=
nides aus Ceos (geb. Ol. 56, 1 od. 556, † Ol. 78, 2
467 v. Chr.), der Freund des Hiero von Syracus und Erfin=
der der Mnemotechnik oder Gedächtnißkunst 8), neben ihm auch
Antimachus. Wie leicht der Uebergang von dieser zur ero=
tischen Elegie seyn müsse, begreift Jeder; darum zählt diese auch die
bedeutendsten Dichter zu ihren Pflegern. Solche waren Mimnermus
aus Colophon (Ol. 46 oder 596 v. Chr.) 9), Philetas aus
Cos, Lehrer des Ptolemäus Philadelphus und Theocritus und
Vorbild des Propertius 10), Hermesianax aus Colophon,
sein Nachfolger 11), Phanocles, etwas später als Demosthe=
nes fallend 12), Callimachus aus Cyrene, der bekannte Hym=
nendichter 13) und die Tochter des Tragikers Homerus Möro 14)
(Ol. 124). Wie aber Liebe ohne Wein nicht bestehen soll, so,
meinten die Griechen, müsse der erotischen Elegie auch noch die
symposische (συμποσιον, Gastmal, Trinkgelage) hinzugefügt
werden, und so schufen eine solche Archilochus, Anacreon,
Xenophanes, Theognis, Evenus und der Tragiker Jon;
allein zur eigentlichen Kunststufe erhob sie der Atheniensische Redner
und Demagog Dionysius 15), genannt der Eherne (χαλκους)
um Ol. 84 — 85. Leider sind aber sowohl von diesen Chorführern
der Griechischen Elegie als von vielen anderen nicht genannten ledig=
lich blos noch wenige Ueberbleibsel vorhanden. S. A. L. G.
§. 115. p. 186 — 192.

1) S. Schneider in Daub u. Creuzers Stud. IV. 1. p. 1—74. J. V.
Franke, Callinus s. de orig. carm. eleg. Acc. Tyrtaei reliq. Alton.
1806. 8. N. Bach, üb. d. Urspr. d. Gr. El. Poes. in d. Allg. Schulz.
1829. II. Nr. 133 sq. u. Abh. üb. d. erot. El. ebb. 1833. II. Nr. 71 sq.
u. de lugubri Gr. eleg. Fuld. 1835. II. 4. u. de sympos. Gr. eleg.
ib. 1837. 4. u. Hist. cr. poes. Gr. eleg. Fuld. 1840. 4. Osann, üb. d.
symp. El, in s. Beitr. z. Gr. u. Röm. Lit. I. p. 30 — 78. C. J. Caesar,
de carm. Graec. eleg. origine. Cassel 1837. 8.
2) S. Bötticher im Att. Mus. II. 2. p. 336 sq. u. Kl. Schr. I. p. 3
sq. Dageg. Bode, G. d. Gr. Dichtk. II. 1. p. 166 sq.
3) Ελεγος v. ε ε λεγειν = Trauergedicht, ελεγειον, b. in d. Elegie ge=
bräucht Versmaß, ελεγεια (näml. ποιησις) die Poesie im elegischen Vers=
maß.

4) S. Fragm. b. **Callini, Tyrtaei, Asii** q. supersunt coll. N. Bach. Lips. 1831. 8. p. 23 sq. u. Bergk p. 303 sq.

5) Seine Ged. Ed. **Pr.** c. Callim. cur. **M. Aurogalli. Basil. 1532.** 4. **Tyrt.** q. exst. coll. illustr. ed. **Ch. A. Klotz.** Altenb. 1767. 8. u. b. Bach l. l. p. 77—135 u. Bergk p. 305—313.

6) S. **Markscheffel** ad Hesiod. Fragm. p. 261 sq.

7) Fragm. b. Bergk p. 436 sq. f. **Fr. G. Wagner,** de Evenis poetis eleg. eorq. carmin. Vratisl. 1839. 8.

8) S. **Simon. Cei Reliq.** coll. et edid. **F. G. Schneidewin.** Gotting. 1834. 8. S. Fragm. a b. Bergk p. 744 sq. Ueber seine Mnemonik f. **Cic.** de Or. II. 86. Quinct. Inst. Or. XI, 2, 11. **Morgenstern,** Comm. de arte vet. mnemonica. Dorpat. Ed. II. 1835—36. III. fol. Reventlow, Gesch. b. Mnemotechnik. Stuttg 1843. 8. p. 1 sq.

9) S. **Mimnerm. Coloph.** carm. q. supers. comm. praem. disp. emend. ed. **N. Bach.** Lips. 1826. 8. S. Fr. a, b. Bergk p. 314 sq.

10) S. **Phil. Coi, Hermesian. Coloph.** atq. **Phanocl.** Reliq. disp. emend. ill. **N. Bach.** Hal. 1829. 8. cf. a. **Meineke, Anal. Alex.** p. 348 sq.

11) S. Fr. b. Bach p. 109 sq. u. Hermes. poet. eleg. Coloph. fragm. not. et gloss. et vers. instr. **J. Bailey.** Lond. 1839. 8.

12) S. Fragm. b. Bach p. 191 sq.

13) S. Fragm. f. in: Callim. elegiar. fragm. coll. a. **L. C. Valckenaer** ed. **J. Luzac.** Lugd. B. 1799. 8 cf. **Naeke, Opusc. Bonu.** 1842. 8. p. 53 sq. Ueb. b. v. Catull. carm. (6. de coma Berenices ihm nachgebild. Elegie f. **Fr. Brüggemann,** de C. Val. Catulli eleg. Callim. diss. cr. Susati 1826. 8. Das Gedicht ἐκαλη war epiſch f. **Nacke Pr** de **Call. Hecale.** Bonn 1829. 4 u. vollſt. als f. **Opusc. T. II.** cf. **A. Hecker,** Callimach. Comment. Groning. 1842. 8. cap. II.

14) Ihre Fragm. b. **Wolf VIII** poetriar. fragm. Hamb. 1734. 4. p. 26 sq. u. **Schneider,** Μουσων ανθη. Gies. 1802. 8. p. 207 sq.

15) S. Fragm. a. b. Bergk p. 432 sq. cf. Oſann l. l. p. 78—140.

§. 30.

Gehen wir nun zur eigentlichen Lyrik oder dem Melos über, ſo finden wir, daß ihr Urſprung mit der Entſtehung und Entwickelung der einzelnen Griechiſchen Freiſtaaten Hand in Hand geht und von nun an die Muſik ſtete Begleiterin des Geſanges ward, während ſie vorher nur zur Ausfüllung der Zwiſchenräume gedient hatte. Nicht wenig ſcheint jedoch auch hier die Flöte auf die Entwickelung der Lyrik eingewirkt zu haben, deren Blüthe auch nur in den Aeoliſchen Kolonieen Kleinaſiens und auf den Inſeln des Aegeiſchen Meeres, in welchen erſteren jene ja einheimiſch war, zu ſuchen iſt, woher ſich erklärt, warum ſie auch den Aeoliſchen und Doriſchen Dialect als Eigenthum behielt*). Wie aber die Alexandriner nur vier Elegiker, Callinus, Philetas, Mimnermus und Callimachus in ihren Canon aufgenommen hatten (ſ. Procl. c. 6), ſo hatten ſie dieſe Ehre auch nur neun Lyrikern erwieſen, nämlich dem Alcman, Alcäus, der Sappho,

dem Stesichorus, Ibycus, Anacreon, Simonides, Pindarus und
Bacchylides (s. Bekker Anecd. p. 1461.), wozu Einige noch
die Corinna fügen (s. ib. p. 751, 25 sq.), was mit dem
Canon von 10 Lyrikern bei Petron. Sat. c. 2, nicht aber mit
dem von 7 bei Hygin. fab. 222 stimmen würde. Einen Ca=
non von 9 Dichterinnen giebt Antipater. Thess. ep. 23, ob
er aber wirklich bestanden habe, ist zu bezweifeln.

*) S. H. L. Ahrens, de Graec. Ling. dialect. Lib. I. de dial.
aeolica L. II. de dial. dorica. Gotting. 1841—43. II. 8.

§. 31.

Die erste Hauptgattung der lyrischen Poesie ist aber der
sogenannte kitharodisch=lesbische Styl, zuweilen auch der
Aeolisch=melische genannt. Er kam in seinen Anfängen
aus Böotien und ward dann auf Lesbos einheimisch durch Ter=
pander aus Antissa daselbst (thätig zwischen Ol. 26 bis nach 33
ob. 676 — 645), welcher der Schöpfer der Griechischen Musik
ward, indem er die siebensaitige Kithara oder das Heptachord
erfand, der einzelnen Provinzen Tonarten auf ein bestimmtes
System zurückführte, zuerst poetische Stücke (Hexameter nur?) mit
musikalischen Noten versah, und dadurch, daß er den Sparta=
nischen Gesetzen bestimmte Tonweisen (νομοι) gab, als Gründer
der ersten Musikepoche derselben erscheint. Was er begonnen und
erfunden, das führten nun aber Alcäus aus Mytilene (Ol.
42, 2 ob. 611 v. Chr.)[1] und seine Geliebte Sappho[2],
ebendaher gebürtig (Ol. 42 ob. 610), die Erfinder der Alcäischen
und Sapphischen Ode in ihren Liedern aus. Neben ihr sangen
ihre Gefährtinnen Erinna aus Teos[3], Myrtis aus Anthe=
don in Böotien und Corinna[4] aus Tanagra, beide die Leh=
rerinnen des Pindar, sowie Telesilla aus Argos (Ol. 67,
3 ob. 511). Der bedeutendste Lyriker dieser Schule, der aber,
während jene im Aeolischen Dialecte gesungen hatten, im Joni=
schen dichtete, ist Anacreon aus Teos (Ol. 55—76, 3 ob.
559—474), der Freund des Tyrannen zu Samos, Polycrates,
und Erfinder der Jonici a majore, dessen erotische Gesänge
aber fast sämmtlich verloren sind, da das, was jetzt noch seinen
Namen trägt, größtentheils unächt ist[5]. J. A. s. A. L. G. §. 117.

1) S. Alcaei reliq. colleg. et ann. instr. A. Matthiae. Lips. 1827.
8. S. Fragm. a. b. Bergk p. 569 sq.

2) S. Sapphus Carm. reliq. coll. ill. Ch. A. Neue. Berol. 1827. 4. u. b. Bergk p. 599 sq.

3) S. Malzow, de Erinnae Lesb. vita et reliq. diss. Petrop. 1836. 8 u. b. Bergk p. 632 sq.

4) S. Welcker, de Corinna et Erinna poetriis, in Creuzer Melet. T. II. p. 1—28. u. Bergk p. 811 sq.

5) Ed. Pr. Anacr. Carmina ap. R. Stephanum. Paris 1554. 4. Carm. fr. ed. J. Fr. Fischer. Lips. 1793. Ed. III. 8. An. carm. Sapph. et Erinn. fragm. rec. et ill. E. A. Moebius. Goth. 1826. 8. An. Carm. recens. et ill. D. Fr. Mehlhorn. Glog. 1825. 8. Scheidung der wahren Fragmente (Anacr. Carm. Reliq. ed. Th. Bergk. Lips. 1835. 8.) und der unächten Anacreontea b. Bergk p. 665, 697 sq.

§. 32.

Während die Lesbische Lyrik mehr Fröhlichkeit und tändelnde Liebe athmet, bezeichnet männlicher Ernst und tiefes Gefühl den Dorisch-chorischen Styl, welcher drei Tonarten, die Dorische, Lydische und Aeolische, in sich faßte und zwei Musikepochen zählte, deren erste Terpander, und deren zweite Thaletas aus Gortyn (Ol. 26), Xenodamas aus Cythere, Polymnestus aus Colophon (Ol. 27), Xenocritus aus Locri und Sacadas aus Argos (Ol. 48, 3) geschaffen hatten. Seine Repräsentanten sind Alcman aus Sardes, aber in Sparta eingebürgert (Ol. 27 ob. 672), vorzüglich durch seine Liebesgesänge berühmt[1]), Stesichorus (ὅτι πρῶτος Κιθαρῳδίᾳ χορὸν ἔστησεν), eigentlich Tisias genannt, aus Himera[2]), auch Verfasser von episch-lyrischen Gedichten, Ibycus aus Rhegium (Ol. 55, 1 — 60), durch seinen traurigen Tod bekannt[3]), Lasus aus Hermione, der Lehrer des Pindar (Ol. 69) und Erfinder der cyklischen Chöre[4]), Bacchylides aus Julis auf Ceos, Schwestersohn des Simonides und Nebenbuhler des Pindar (472 — 431 v. Chr.), ebenfalls hochgeehrt bei Hiero von Syracus[5]), und endlich Pindar[6]) aus Theben in Böotien (geb. Ol. 64, 4 und gest. Ol. 84, 3), den schon Quinct. Inst. X, 1, 61 den princeps lyricorum genannt hat, mit welchem freilich auch die Dorische Schule endet, deren Krone er jedoch auch zugleich ist. Von seinen vielen Gesängen haben wir blos noch 45 (episch-dramatisch-lyrische) Siegeshymnen (ἐπινίκια ᾄσματα), zum Preise der Sieger in den Olympischen, Pythischen, Nemeischen und Isthmischen Wettspielen (Olympia 14, Pythia 12, Nemea 11, Isthmia 8), worin er nicht blos die Geschlechter seiner Helden, sondern auch die Städte, denen sie angehören, und die Götter, zu deren Ehre man jene Spiele feierte, besungen hat. Ihre Eintheilung in στροφη, ἀντιστροφη u. ἐπωδος zeigen, daß sie durch Gesang und Tanz begleitet waren. S. A. L. G. §. **118.**

1) Alcman. fragm. lyr. coll. et ed. F. Th. Welcker. Giess. 1815. 4. s. a. Schneidewin, Conject. crit. Gott. 1839. 8. p. 1 sq. S. Fragm. b. Bergk I. I, p. 538 sq.
2) S. Stesichori Fragm. coll. O. Fr. Kleine. Berol. 1828. 8. u. Bergk p. 634 sq.
3) S. Ibyci Rheg. carm. reliq. ed. F. G. Schneidewin. Gotting. 1835. 8. u. b. Bergk p. 654 sq. Ueb. s. Tob s. Welcker im Rhein. Mus. 1833. H. III. p. 401 sq.
4) S. F. G. Schneidewin, de Laso Herm. Gotting. 1842. 4.
5) S. Bacchylidis Fragm. coll. rec. interpr. est C. F. Neue. Berol. 1823. 8. u. b. Bergk p. 820 sq.
6) Ed. Pr. Pindar. Venet. Ald. 1513. 8. gr. et lat. c. comm. schol. gr. etc. ed. C. G. Heyne. Ed. II. Lips. 1817. III. 8. Gr. recens. c. interpr. lat. schol. vet. et comm. ed. A. Boekh. Lips. 1811—21. IV. 4. Pind. Carm. q. supers. c. deperd. fragm. comm. perp. ill. L. Dissen. Goth. 1830. II. 8. Ed. II. ib. 1844. II. 8. s. a. Fragm. carm. Pindar. coll. J. G. Schneider. Argent. 1776. 4. Vollst. zus. b. Bergk p. 1—300.

§. 33.

Den Uebergang zu den Hymnen, der vierten Unterabtheilung der Lyrik, bildet aber der **Dithyrambische Styl**[1], welcher auch durch seine antistrophische Form und seine Begleitung mit der Phrygischen Tonart, in Verbindung mit einem mimischen Tanze von einem Chor Männer oder Knaben (χορος κυκλιος) abgesungen (zu Ehren des Bacchus, denn dieser heißt Διθυραμβος), nach Aristot. **Ars Poet. IV. 14.** die Entstehung der Tragödie veranlaßte. Es gilt für den Erfinder desselben der durch seine wunderbaren Schicksale berühmte **Arion** aus Methymnä auf Lesbos (Ol. 38 ob. 624 n. Chr.)[2], nach Anderen aber schuf ihn **Lasus**, der jedoch wohl nur einige Veränderungen in der musikalischen Begleitung desselben erfunden hatte. Die Zahl der Dichter dieser Art ist bedeutend, jedoch sind von ihnen nur sehr wenige Fragmente erhalten. Die Blüthe dieser Dichtungsart sinkt mit der **Praxilla** aus Sicyon (Ol. 82, 3)[3] und verfällt ganz unter Alexander d. Gr. S. A. L. G. §. **120.** Müller **I.** p. **367** sq. **II.** p. **20** sq. **283** sq.

1) Ueb. dies. s. Dichter u. Fr. s. R. de Timkowski, Comm. de Dithyrambis eorq. usu ap. Graec. et Rom. Mosq. 1806. 4. u. b. Beck, Acta Sem. Phil. Lips. I. p. 204 sq. F. W. L. Lütcke, de Graec. Dithyr. et poet. dithyr. Berol. 1829. 8. Ihre Fragm. a. b. Bergk p. 835 sq.

2) S. Herod. I. 23 sq. Lucian. Dial. Mar. VIII. 2. Zweifel b.
Clem. Alex. Protr. I, 1, 3. Vertheidig. d. Sage b. Welcker im Rhein.
Muf. 1833. H. III. p. 392—400. S. Fragm. b. Bergk p. 566.

3) Ihre Fragm. b. Wolf, Poetriar. VIII ill. fragm. p. 76—81. u.
Bergk p. 819 sq.

§. 34.

Daß die Hymnen[1]) den Uebergang vom Epos zur Lyrik
machten, beweist das Wort ὕμνος selbst, welches bei den älteren
Dichtern zuweilen den Begriff des Epos enthält. Es gab derselben mehrere Arten, nämlich Päanen (παιαν) auf Apollo als
Abwender der Leiden, Dithyramben auf Bacchus, προσοδια
oder Gesänge zur Flöte beim Annähern an die Altäre, das
ὑπορχημα, eine mit mimischem Tanz verbundene lyrische Hymne,
νομοι, Lobgesänge auf die Götter, vorzüglich auf Apollo, ὕμνοι,
zuweilen auch προοιμια genannt, Gesänge zum Andenkens Je-
mandes, vorzüglich der Götter, ἐγκωμια, Gesänge zum Preise
ruhmvoller Thaten und ἐπαινοι, Lieder, zum Ruhm moralischer
Vorzüge gedichtet, letztere beiden Weisen jedoch nur für Menschen bestimmt. Als Erfinder der Hymne nennt man Terpander; sonst rühmt man noch deshalb Homer, Orpheus, Alcäus, Aristoteles und vorzüglich Callimachus[2]), von
welchem letzteren noch außer vielen Fragmenten 5 Hymnen in
Jonischem und eine in Dorischem Dialecte, die aber mehr Elegie
zu seyn scheint (in Lavacrum Palladis), übrig sind[3]). S. A.
L. G. §. 121.

1) S. Fr. Snedorf, de hymn. Vet. Graec. Diss. Acced. III hymni
Dionysio adscr. Hafn. 1786. 8.

2) Call. Hymni Ed. Pr. cur. Lascari. s. l, et a. (Flor. 1494—95?) 4.
Call. Hymn. et fragm. cura Graev. c. comm. Ez. Spanhem. et R.
Beutlej. mult. add. orn. et auct. ab J. A. Ernesti. Lugd. B. 1761.
II. 8. Call. q. supers. recens. et c. not. del. ed. C. J. Blomfield.
Lond. 1815. 8. rec. J. F. Boissonnade. Paris 1824. 12.

3) Der zuerst von Ross, Inscr. Graec. Athen. 1842. fasc. II. p.
3 sq. bekannt gemachte Ὑμνος εἰς Ἴσιν (distinx. emend. annot. Sauppe.
Turici 1842. 8.) gehört in das 3te bis 4te Jhdt. n. Chr. (f. Zimmermann
Zeitschr. f. Alt. 1843. p. 33 sq. u. p. 377 sq.).

§. 35.

Eine andere Unterabtheilung der Lyrik sind die Jamben
(ἰαμβος v. ἰαπτειν, werfen), früher vorzüglich durch ihr Metrum (◡ –) zum Ausdruck des Tadels und Spottes angewendet, nach Entstehung des Drama's aber mit Weglassung des

schmähenden Charakters derselben zum Dialog im Gegensatz zu
den lyrischen Chorgesängen gebraucht. Es giebt zwar eine große
Anzahl Dichter der früheren Jambenart, allein nach Procl. c. 7.
waren von den Alexandrinern in ihren Canon nur aufgenom=
men Archilochus aus Paros (um Ol. 18 — 29), von sei=
nen Zeitgenossen nicht viel geringer als Homer geschätzt, der aus
Verzweiflung wegen seiner von einer gewissen Neobule verschmäh=
ten Liebesanträge das Feld der Elegie, das er früher angebaut,
verließ und die Jamben, als am Besten zur Satire geeignet,
aus Rache erfand[1]), Simonides[2]) aus Amorgos oder Samos
(Ol. 29 ob. 664 v. Chr.), vorzüglich durch sein Schmähgedicht
auf die Weiber berüchtigt, und Hipponax aus Ephesus (Ol.
58, 3 — 60, 2 blühend), der Erfinder des hinkenden Jambus
oder Chollambus, wofür aber Andere auch den Ananius hal=
ten, und wegen seiner Schmähsucht bei den Alten zum Sprüch=
wort geworden[3]). S. A. L. G. §. 121.

1) S. Schol. ad Horat. Epod. VI, 13. S. Fragm. b. Bergk p.
467 sq. u. als: Archil. Jamb. princ. reliq. Coll. annot. et illustr. J.
Liebel. Ed. II, Vindob. 1810. 8.
2) S. Simon. Amorg. Jambi qui supers. coll. et recens. F. Th.
Welcker. Bonn. 1835. 8. u. b. Bergk p. 510 sq.
3) S. Hipponact. et Ananii Jambograph. fragm. Gr. c. anim.
ed. T. F. Welcker. Gotting. 1817. 4. u. b. Bergk p. 511 sq.

§. 36.

Haben wir bis jetzt die Hauptgattungen des Melos be=
trachtet, so sind nun noch einige kleinere Nebenarten derselben
zu nennen. Hier führen wir zuerst die Volkslieder[1]), d. h.
Gesänge zur Begleitung der Geschäfte des täglichen Lebens und
die Tischlieder[2]), welche letztere in παροινια ασματα,
Rundgesänge beim Weine, παιανες, Gesänge im einstimmigen
Chor zu Ehren eines Gottes, und σκολια ασματα, Gesänge
über verschiedene von den Gästen variirte Motive, aber nicht in der
Reihe nach den Sitzen (κυκλια) herumgehend, sondern sprung=
weise (σκολια) nur von den Geistreicheren abgesungen[3]). Aehn=
lich spielender Art waren die Räthsel (αινιγματα, scherzhafter,
γριφοι, ernster Gattung), deren wir theils noch viele gewöhnliche
in der Anthologie, theils solche, welche durch die Form, wie sie
geschrieben waren, bereits die Auflösung gaben, größtentheils dem
Alexandrinischen Zeitalter angehörig, besitzen[4]). Endlich hat noch

der Dichter Sotades[5]) unter Ptolemäus Philadelphus durch seine schmuzigen Witze eine andere Gattung von Zotenliedern geschaffen, nach ihm σωταδεια genannt und von Vielen späterer Zeit nachgeahmt, f. A. L. G. §. 119, 124, 125.

1) S. Zell, Ferienschriften. Freiburg 1826. Bd. I. Abth. II. p. 53 sq. H. Koester, de cantil. popular. veter. Graecorum. Berol. 1831. 8. Fragm. b. Bergk p. 878 sq.

2) S. Clubius in d. Bibl. d. alt. Liter. u. Kunst I. p. 54 sq. III. p. 32 sq. Santen ebb. V. p. 20 sq.

3) S. C. D. Ilgen, Σκολια, h. e. Carmina convivalia Graecorum metris suis restit. animadv. illustr. praem. disq. de scol. poesi. Jen. 1798. 8. Die Fragm. a. b. Bergk p. 871 sq.

4) So das Räthsel der Sphinx bei Athen. X. p. 456 C. u. v. d. and. Art die συριγξ des Theocrit, die βωμοι des Dosiades und die πτερυγες, ωον und πελεκυς des Simmias, f. a. Pauli, Encycl. d. Alt. W. Bd. III. p. 967 sq.

5) S. Fragm. b. G. Hermann, Elem. Doctr. metr. Lips. 1816. p. 444 sq. Im Allg. f. Gringmuth. Diss. de Ryparographia. Vratisl. 1839. 8.

§. 37.

Die letzte Unterart der lyrischen Poesie ist das Epigramm, zuerst blos zu Aufschriften auf Weihgeschenken, Statüen, Denkmälern ꝛc. angewendet[1]), dann aber vorzüglich seit dem Alerandrinischen Zeitalter zum Ausdrucke aller möglichen Gefühle und Gedanken in poetischer Form gebraucht. Darum eristiren auch dergleichen fast von allen bedeutendern Lyrikern seit Archilochus und Anacreon bis auf die Römische Kaiserzeit hinab, und die Zahl der Epigrammatisten ist sehr bedeutend und kann täglich noch aus den neuentdeckten Inschriften ꝛc. vermehrt werden. Je mehr aber die Blüthe der übrigen Griechischen Poesie sank, desto mehr wuchs der Geschmack an solcherlei poetischen Spielereien, also auch die Zahl derselben, und so kam es, daß bald eine große Menge Sammlungen derselben angelegt wurden. Als Veranstalter derselben nennt Jacobs l. l. p. XXXIV sq. eine große Menge älterer Dichter und Grammatiker, hier erwähnen wir aber nur des Meleager aus Gadara (Ol. 96, 3 oder v. Chr. 98) nach den Anfangsbuchstaben geordnete Sammlung von 46 namentlich aufgeführten älteren Dichtern, die er noch durch neue bereicherte, unter dem Titel στεφανος[2]) (Kranz), dann die des Philippus von Thessalonice unter Kaiser Augustus, der jedoch nur (gegen 13) neuere Dichter aufnahm[3]). So wenig wie diese hat sich die Sammlung des Grammatifers Diogenianus aus Heraclea erhalten, wohl aber von der des **Strato** aus Sardes unter Habrian angelegten Collection von die Päderastie betreffenden Epigrammen, *Μουσα παιδικη* genannt, 220 Stück[4]). Verloren ist auch des Dichters und Rechtsgelehrten **Agathias** (von Myrina in Aeolis unter Justinian) *Κυκλο* betitelte Sammlung, in 7 Büchern Poesieen aus den ersten 5 bis 6 Jahrhunderten der christlichen Zeitrechnung enthaltend[5]), nachdem auch der Grammatiker **Orion** aus Theben in Aegypten aus dem 5ten Jahrhundert eine in alphabetischer Ordnung und 3 Bücher getheilte Sammlung versucht hatte, die wahrscheinlich noch handschriftlich existirt[6]). Endlich machte **Constantinus Cephalas** zu Constantinopel im 10ten Jahrhundert unter Constantinus Porphyrogenetas nach dem Muster des Meleager aus den früheren Anthologieen eine Auswahl des Besten, dem Inhalte nach in 15 Abschnitte getheilt[7]). Diese Sammlung brachte der Mönch **Maximus Planudes** im 14ten Jahrhundert in einen Auszug von 7 Büchern, deren jedes eine Anzahl alphabetisch georedneter Capitel enthält, aber ohne Geschmack gemacht ist, und dieser ist es, welcher bis auf die Entdeckung der Anthologie des Cephalas 1607 durch Salmasius zu Heidelberg lediglich bekannt war[8]).

1) S. Welcker, Syll. Epigr. Graecor. ex marmor. et lib. coll. et ill. Ed. II. auct. Bonn. 1828. 8. u. Supplementum ib. 1829. 8.

2) S. Meleagri Epigr. Gr. c. not. ed. Graefe. Lips. 1811. 8.

3) S. Fr. Passow, Quaest. de vestig. Meleagri et Philippi in Anth. Const. Ceph. Vrat. 1827. 4. u. in s. Opusc. Lips. 1835. 8. p. 176 sq.

4) S. Stratonis aliorq. vet. poet. graec. Epigr. c. not. ed. Klotz. Altenb. 1764. 8.

5) S. Jacobs, Prol. p. L sq. u. Catal. poet. T. XIII. p. 835 sq. Saxe, Onom. Lit. T. II. p. 64.

6) S. Passow, Notit. de Anth. Orion. Theb. Vrat. 1831. 4. u. in s. Opusc. p. 198. Ritschl, de Oro et Or. p. 7. Orion. Caes. Anthol. tituli VIII gr. ed. Schneidewin, Conj. Crit. p. 33—58.

7) S. N. Schow, de cod. Anthol. Gr. Palatino. Hafn. 1792. 8. Jacobs l. l. p. LXI sq. Zuerst mit ein. Weglass. u. Hinzufüg. gröss. Ged. b. R. Fr. Ph. Brunck, Anal. vet. poet. Graecorum gr. Argent. 1772. III. 8. u. m. Weglass. d. gröss. Ged. n. Br. Text b. Fr. Jacobs, Anth. Gr. s. Poet. Gr. Lus. ex rec. Brunck. ind. et comm. adj. Lips. 1794 — 1814. XIII Voll. 8. Gen. Abdr. d. eig. Codex als: Anth. Gr. ad fid. cod. olim Palat. ex autogr. Goth. ed. cur. epigr. in cod. Palat. desid. et ann. crit. adj. Fr. Jacobs. Lips. 1813. III. 8. Ueberh. Supplem. b. J. G. Huschke, Anal. crit. in Anth. Gr. Jen. 1800. 8. u. Cramer, Anecd. Gr. Oxon. T. IV. p. 366 — 388, s. a. Meineke, Anal. Alex. p. 394 sq.

8) Ed. Pr. *Ἀνθολογια διαφορων ἐπιγραμματων, ἀρχαιοις συντεθειμενων σοφοις.* Flor. 1494. 4. Venet. Ald. 1503. 8. Anth. Gr. c. vers.

Lat. Hug. Grotii ed. ab H. de Bosch. Ultraj. 1795—1822. V Voll. 4. Ueb. d. Gesch. d. Gr. Anth. s. Jacobs, Proleg. T. VI. p. XXXIII sq. Schneider, Anal. cr. p. 1 sq. Chardon de la Rochette, Mélang. crit. T. I. p. 196 sq. 92 sq. 370 sq. Alph. Hecker, Comm. cr. de Anth. Gr. Lugd. B. 1843. 8. D. Verzeichn. d. Dichter s. b. Jacobs T. XIII. p. 829 sq. Fabric. Bibl. Gr. ed. Harles T. IV. p. 457 sq.

§. 38.

Kommen wir jetzt zur dramatischen Poesie der Griechen[1]), so haben wir es zuerst mit der Tragödie zu thun, welche man gewöhnlich aus den Festwettgesängen zu Ehren des Bacchus, wo angeblich der Sieger einen Bock ($\tau\varrho\alpha\gamma\omega\delta\iota\alpha$ v. $\tau\varrho\alpha\gamma o\varsigma$, Bock, und $\omega\delta\eta$, Gesang), wie bei den Dithyramben einen Stier, zum Preise erhielt, entstanden glaubt. Anfangs bildete der Chor den Hauptbestandtheil eines solchen Gesanges, später unterbrach man ihn und schob die Darstellung einer Begebenheit ein, und als man an dieser Neuerung bald Geschmack fand, ward die Vorstellung der Handlung Haupt=, das Chor aber nur Nebensache. Nun führte bald Thespis den ersten, Aeschylus (oder Phrynichus) den zweiten und Sophocles (oder Aeschylus) den dritten Schauspieler ein, das Chor trug nun Gegenstände, welche sich auf die darzustellende Handlung bezogen, aber nichts mehr auf den Bacchus Bezügliches vor, und trennte sich also vom Dithyrambus. Von nun an theilte man eine regelrechte Tragödie nach Arist. de A. P. XII, 2. ein α) in den $\pi\varrho o\lambda o\gamma o\varsigma$, die erste Scene vor dem Auftritte des Chors, β) in das $\dot{\epsilon}\pi\epsilon\iota\sigma o\delta\iota o\nu$, d. i. das Stück zwischen zwei Chorgesängen, γ) in den $\dot{\epsilon}\xi o\delta o\varsigma$, d. i. das Ende, den letzten Act, auf welchen kein Chorgesang mehr folgt, und δ) in das $\chi o\varrho\iota\kappa o\nu$, d. i. den Chorgesang, der wieder in den $\pi\alpha\varrho o\delta o\varsigma$, d. i. die erste Rede des gesammten Chors, und in das $\sigma\tau\alpha\sigma\iota\mu o\nu$, d. i. derjenige Gesang, wo der Chor schon seine Stellung ($\sigma\tau\alpha\sigma\iota\varsigma$) auf der Orchestra genommen hat, zerfällt, wozu manchmal noch der $\kappa o\mu\mu o\varsigma$, ein Klaggesang, gemeinschaftlich vom Chor und von der Scene ($\dot{\alpha}\pi o \ \sigma\kappa\eta\nu\eta\varsigma$), wo die Schauspieler standen, herab angestimmt ward. Sang der Chor nach Rechts zu, so hieß sein Gesang $\sigma\tau\varrho o\varphi\eta$, wenn nach Links, $\dot{\alpha}\nu\tau\iota\sigma\tau\varrho o\varphi\eta$, und wenn gerade stehend, $\dot{\epsilon}\pi\omega\delta o\varsigma$, d. i. Schlußgesang. Bald kam nun auch die Sitte auf, hinter einander 3 Tragödien aufzuführen ($\tau\varrho\iota\lambda o\gamma\iota\alpha$), wozu die Athener später noch ein Satyrspiel (also nun eine $\tau\epsilon\tau\varrho\alpha\lambda o\gamma\iota\alpha$) fügten[2]). Anfangs stellten die Dichter ihre Stücke selbst dar, später aber übten sie den Schauspielern nur ihre Rollen ein (*διδασκειν, διδασκαλια*).   Die Darstellungen selbst fanden aber immer noch an den Bacchusfesten oder Dionysien statt, und die Theater wurden stets in der Nähe der Tempel des Bacchus erbaut[3]), s. A. L. G. §. 127 — 132.

1) S. W. Schneider, de origin. tragoed. Graec. Vratisl. 1817. 8. **A. L. G. Jacob, Quaest. Sophocl. Varsav.** 1822. 8. p. 1 — 180. D. F. Gruppe, Ariadne od. d. trag. Kunst d. Griech. Berlin 1834. 8. **A sketch of the hist. aud exhibit. on the Grecian drama. Cambridge** 1830. 8. Ueb. d. Namen *τραγωδια* s. **Etymol. Magn.** p. 764. 1 u. Riedel in Jahn's Jahrb. Suppl. III. 2. p. 257—259.

2) Von Trilogieen haben wir nur noch eine, nämlich des Aeschylus Aga= memnon, Choephoroi und die Eumeniden', s. Welcker, d. Aeschyl. Trilogie. Darmst. 1824. 8. u. Nachtr. Frkft. 1826. 8. u. A. Schöll, Beitr. z. Kennt. d. trag. Poes. d. Gr. Bd. I. Die Tetralogieen d. Attisch. Tragiker. Berlin 1838. 8.

3) Ueb. d. Theaterwesen s. P. F. Kannegießer, die alte komische Bühne in Athen. Breslau 1817. 8. **Boettiger, Opusc.** p. 311 sq. 326 sq. L. Chr. Genelli, das Theater zu Athen. Berlin u. Lpzg. 1814. 4. G. G. W. Schneider, das attische Theaterwesen. Weimar 1835. 8.   H. Strack, das altgriech. Theatergebäude n. sämmtl. Ueberrest. dargest. Potsdam 1843. fol. L. E. Geppert, die Griechische Bühne. Lpzg. 1843. 8.

§. 39.

Zuerst soll nun aber **Epigenes**[1]) aus Sicyon Tragö= dien geschrieben haben, doch bestand zwischen ihm und dem von **Horat. Ars Poet. v. 277** als eigentlichen Erfinder der Tra= gödie genannten **Thespis**[2]) aus Icarion in Attica (Ol. 67, 2) keine blos lyrische Tragödie. Letzterer trug seine Stücke selbst vor, erfand das *ἐπεισοδιον* und legte dem bisher improvisirten Satyrspiele eine tragische Handlung unter.   Nach ihm hat sein Schüler **Phrynichus** aus Athen (Ol. 67, 2) zuerst der Tra= gödie mehr Rührung verliehen und die weiblichen Masken erfun= den[3]), wenn auch Andere die Erfindung der Maske überhaupt und des Putzes der Kleidung seinem Landsmann **Chörilus** zuschreiben (Ol. 64, bis 74, 2).   Nichts destoweniger nahmen die Alexandrinischen Grammatiker nur 5 Tragiker in ihren Kanon auf, nämlich Aeschylus, Jon, Achäus, Sophokles und Euripides (**Gramm. Bibl. Coisl.** p. 597).   Von diesen ist aber Ae= schylus, aus dem Attischen Eleusis gebürtig (Ol. 63, 4 od. 525 v. Chr.) und, nachdem er von dem noch jungen Sophokles in einem Wettstreite besiegt worden, bei Hiero zu Gela (Ol. 81, 1) ver= storben, der wichtigste, indem er durch Hinzufügung des zweiten Schau=

spielers den Dialog erfand und sonst auch den Kothurn einführte. Von seinen nach einem ganz einfachen Plane geschriebenen und auf Erschütterung der Zuschauer berechneten Stücken, sind außer Fragmenten nur noch 7 übrig[4]). Ihn übertraf aber bei Weitem Sophokles, in dem Attischen Demos Kolonos (Ol. 71, 2) geboren und nachdem er Ol. 78, 1 zum ersten Male gesiegt, Ol. 93, 4 verstorben, an vollkommnerem Plan, trefflicher, wiewohl idealischer Charakterzeichnung und erhabener, jedoch von allem Schwulst freier Sprache. Er verkürzte den die Handlung beschränkenden Chor, führte den dritten Schauspieler ein und erhob sonder Zweifel die Griechische Tragödie auf den Gipfel ihrer Blüthe; leider haben wir außer Fragmenten nur noch 7 vollständige Tragödieen von ihm übrig[5]). An diesen schließt sich endlich Euripides, zu Salamis Ol. 75, 1 geboren und zu Pella beim König Archelaus von Macedonien Ol. 93, 3 gestorben, an, dessen Stücke allerdings viel matter und schwächer sind, indem er fortwährend nach Erregung der Rührung und des Mitleids bei den Zuhörern hascht und allzuviel Tugend- und Sittensprüche einflicht, sodaß er, wenn wir auch nicht das scharfe Urtheil des Aristophanes in seinen Fröschen über ihn hätten, doch jedenfalls nur das dritte Stadium oder das des Sinkens der Griechischen Tragödie repräsentirt. Er hat gleichfalls eine große Anzahl von Stücken hinterlassen, doch sind nur 19 davon auf uns gekommen und mehrere unter diesen interpolirt und eins sogar (d. Rhesus) unächt[6]). Von Jon aus Chios (gest. v. Ol. 90, 2)[7]) und Achäus aus Eretria (geb. Ol. 74, 1)[8]) sind nur noch Fragmente übrig. Die nun folgenden Tragifer, welche sich nach jenen drei großen Dichtern auch in ebensoviele Kunstschulen schieden (οἱ περὶ Ἀισχυλον, περὶ Σοφοκλεα und περὶ Ἐυριπιδην) haben ebensowenig etwas auf unsere Zeit gebracht, und nur von Agathon aus Athen (geb. Ol. 83, 1, gest. Ol. 94)[9]) beweisen die noch erhaltenen Fragmente, wie richtig ihn die Alten bereits wegen seiner spielenden, weichlichen und rhetorisirenden Manier getadelt haben. Nach diesem Letzteren und überhaupt seit der Schlacht bei Chäronea verfiel die tragische Poesie völlig und erhob sich erst von Neuem etwas im Alexandrinischen Zeitalter, dessen Tragifer wieder von den Grammatifern in einen neuen Canon aufgenommen und im Gegensatze zu dem älteren (πρωτη

$\tau\alpha\xi\iota\varsigma$) bie $\vartheta\epsilon\upsilon\tau\epsilon\varrho\alpha$ $\tau\alpha\xi\iota\varsigma$ genannt wurben. Da ihrer aber 7 waren, so nannte man diese auch die tragische Pleias[10]). Von dieser, welche aus dem Alexander Aetolus aus Pleuron, unter Ptolemäus Philadelphus[11]), dem Sosiphanes, Sositheus, Homerus dem Jüngeren aus Hierapolis in Carien, Philiscus aus Corcyra, Aeantibes, Dionysiabes unb Lycophron aus Chalcis in Euböa (geb. Ol. 125, 4 ob. 277 v. Chr.) bestand, hat sich, außer Fragmenten ber 6 erstgenannten, nur die schwülstige unb oft unverständliche Monodie von 1474 ununterbrochen fortlaufenben Jamben, $K\alpha\sigma\sigma\alpha\nu\delta\varrho\alpha$ (b. h. die Prophezeiungen ber Cassandra über Troja's unb ber bei ber Eroberung besselben betheiligten Helden Schicksale) betitelt erhalten[12]). S. A. L. G. §. 133—140.

1) S. Bentley, Opusc. p. 279. Boeckh, Corp. Inscr. p. 509 sq. 765. 1583 sq.

2) S. Bentley p. 281 sq. Boeckh, Trag. Graec. Princ. p. 190. Hoffmann b. Jahn, N. Jahrb. Suppl. II, 1. p. 33—39.

3) S. Bentley p. 292 sq. Hoffmann l. l. p. 40—48. u. O. Müller ebb. .III 4. p. 637 sq. Droysen in b. Kiel. Phil. Studien 1841. p. 43 —80.

4) $\Pi\varrho\omega\mu\eta\vartheta\epsilon\upsilon\varsigma$ $\delta\epsilon\sigma\mu\omega\tau\eta\varsigma$, $\Pi\epsilon\varrho\sigma\alpha\iota$, $E\pi\tau\alpha$ $\epsilon\pi\iota$ $\Theta\eta\beta\alpha\varsigma$, $A\gamma\alpha\mu\epsilon\mu\nu\omega\nu$, $Xo\eta\varphi\varrho\varrho\sigma\iota$, $E\upsilon\mu\epsilon\nu\iota\delta\epsilon\varsigma$ u. $I\kappa\epsilon\tau\iota\delta\epsilon\varsigma$. Ed. Princ. Venet. Ald. 1518. 8. (nur 6 Tr.) ed. Fr. Robortellus. ib. 1552. 8. recens. et c. lex. Aeschyl. ed. A. Wellauer. Lips. 1823. II. 8. rec. et ill. Ch. G. Schütz. Hal. 1809. V. 8. rec. G. Dindorf. Oxon. 1843. II. 8. f. a. F. C. Petersen, de Aesch. vita et fabulis. Hafn. 1816. 8. Ahrens, üb. Aesch. Götting. 1832. 8. Uebers. ist: Aeschylus Werke v. Droysen. Berlin 1832. II. 8.

5) $A\iota\alpha\varsigma$ $\mu\alpha\sigma\tau\iota\gamma\varphi\varrho\varrho\sigma\varsigma$, $H\lambda\epsilon\kappa\tau\varrho\alpha$, $O\iota\delta\iota\pi\sigma\upsilon\varsigma$ $T\upsilon\varrho\alpha\nu\nu\sigma\varsigma$, $A\nu\tau\iota\gamma\sigma\nu\eta$, $O\iota\delta\iota\pi\sigma\upsilon\varsigma$ $\epsilon\pi\iota$ $K\sigma\lambda\omega\nu\omega$, $T\varrho\alpha\chi\iota\nu\iota\alpha\iota$ u. $\Phi\iota\lambda\sigma\kappa\tau\eta\tau\eta\varsigma$. Ed. Pr. Venet. Ald. 1502. 8. Soph. Trag. c. fragm. schol. var. lect. not. alior. et suis ed. C. G. A. Erfurdt. Lips. 1802—25. VII. 8. rec. et brevi annot. instr. G. Hermann. Lips. 1809. VII. 8. (T. I—III. Ed. III, ib. 1832.) rec. ac brevi annot. instr. F. Nevius. Lips. 1831. 8. recens. et expl. Ed. Wunder. Goth. 1830 sqq. VII. 8. Scholia in Soph. Trag. ed. P. Elmsley. Lips. 1826. 8. Lexicon Sophocleum comp. Fr. Ellendt. Regiom. 1835. II. 8. (f. a. F. Stoecker, de Soph. et Arist. interpr. Graec. Hamm. 1826. 4.) Uebers. ist: Sophokles v. J. J. C. Donner. II. A. Heibelb. 1842. II. 8. Das aus 340 Versen bestehenbe Fragm. ber $K\lambda\upsilon\tau\alpha\iota\mu\nu\eta\sigma\tau\varrho\alpha$ ist unächt f. L. Struve, Soph. ut volunt Clyt. fragm cur. et not. adj. Rig. 1807. 8. (f. Herrmann., Opusc. T. I. p. 60 sq.) J. Allg. cf. A. Schöll, Sophocles, f. Leben u. Wirken, n. b. Quell. bargest. Frkft. a. M. 1842. 8.

6) $E\kappa\alpha\beta\eta$, $\Phi\sigma\iota\nu\iota\sigma\sigma\alpha\iota$, $A\lambda\kappa\eta\sigma\tau\iota\varsigma$, $A\nu\delta\varrho\sigma\mu\alpha\chi\eta$, $I\kappa\epsilon\tau\iota\delta\epsilon\varsigma$, $I\varphi\iota\gamma\epsilon\nu\epsilon\iota\alpha$ η $\epsilon\nu$ $T\alpha\upsilon\varrho\sigma\iota\varsigma$ u. η $\epsilon\nu$ $A\upsilon\lambda\iota\delta\iota$, $T\varrho\omega\iota\alpha\delta\epsilon\varsigma$, $H\varrho\alpha\kappa\lambda\epsilon\iota\delta\alpha\iota$, $I\omega\nu$, $H\varrho\alpha\kappa\lambda\eta\varsigma$ $\mu\alpha\iota\nu\sigma\mu\epsilon\nu\sigma\varsigma$, $H\lambda\epsilon\kappa\tau\varrho\alpha$, $M\eta\delta\epsilon\iota\alpha$, $O\varrho\epsilon\sigma\tau\eta\varsigma$, $E\lambda\epsilon\nu\eta$, $I\pi\pi\sigma\lambda\upsilon\tau\sigma\varsigma$, $B\alpha\chi\alpha\iota$, $P\eta\sigma\sigma\varsigma$, ($K\upsilon\kappa\lambda\omega\psi$). Ed. Pr. Graece ed. J. Lascaris. s. l. et a. 4. (nur 4 St.) Eur. Trag. XVIII. gr. Venet. Ald. 1503. 8. (hier fehlt b. Electra: Ed. Pr. gr. P. Victorius. Rom. 1545. 8.) Eur. Trag. XIX. op. G. Canteri. Antv. 1571. 16. Gr. et Lat. rec. fragm. coll. schol. adj. S. Musgrave. Oxon. 1775·

IV. 4. Lips. 1773. III. 4. recens. interpr. lat. corr. Schol. suppl. et
emend. A. Matthiae. Lips. 1813—29. IX Voll. 8. Dazu C. Matthiae
Lexic. Euripideum. Lips. 1841. II. 8. recens. et ann. instr. G. Hermann. Lips. 1831 sq. P. I—VIII. 8. Dazu noch: Phaeth. Trag.
Fragm. rec. G. Hermann. Lips. 1821. 4. u. Opusc. T. III. p. 3 sq.
f. a. C. Valckenaer, Diatr. in Eur. perd. dram. reliq. Lips. Ed. II.
1824. 8. (b. Fragment. Danaes ist unächt, f. Wolf, Lit. Anal. II. p. 392 sq.).
Eur. Werke verd. v. Fr. H. Bothe. Mannh. 1837. III. 8. v. Donner. Heidelb.
1842. Bd. I. 8. Sämmtl. Gr. Dramatiker in: Poetae scenici Graeci. Access.
deperd. fab. fragm. Recogn. G. Dindorf. Lips. 1830. 4. Dazu G.
W. Beatson, Indic. in Tragic. Graec. Cantab. 1826. III. 8. J. Richter, de
Aesch. Soph. et Eurip. interpr. Graecis. Berol. 1839. 8. Vorzüglich:
Welcker, die Griech. Tragödieen m. Rücksicht auf b. episch. Cyclus geordnet.
Bonn 1839. III. 8.

7) S. C. Nieberding, de Jon. vita, morib., stud et fragm.
Lips. 1835. 8. C. Koepke, Diss. de Jonis p. vita et fragm. Berol. 1836. 8.

8) S. C. L. Urlichs, Ach. Er. q. supersunt, coll. et ill. Bonn.
1834. 8. Müller, de Aethone satyr. Ach. Er. Ratibor. 1837. 8.

9) Bentley, Opusc. p. 62 sq. F. Ritschl, Comm. de Agath. vita,
arte et tragoed. reliq. Hal. 1829. 8. Martini, de Ag. poeta trag.
Deutsch Krone 1839. 4. Haupt, Quaest. Aeschyl. Sp. I. p. 33 sq.

10) S. A. M. Nagel, Diss. ph. de Pleiadibus vet. Graec. Altorf.
1762. 4. A. T. Naeke, Schedae crit. Hal. 1812. 4. u. in f. Opusc.
Bonn. 1842. T. I. p. 1—52.

11) S. Fragm. in: Alex. Act. fragm. coll. et illustr. A. Capell-
mann. Bonn. 1829. 8. u. b. Meineke, Anal. Alexandr. Berol. 1843.
p. 213—252.

12) S. Lycophr. Ed. Pr. Venet. Ald. 1513. 8. c. vers. et comm.
Canteri paraphr. not. et ind. adj. H. G. Reichardt. Lips. 1783. 8.
(Dazu Is. et J. Tzetzarum schol. ad Lycophr. not. var. et schol.
min. nond. ed. ill. C. G. Müller. Lips. 1811. III. 8.) rec. L. Bachmann. Lips. 1830. T. I. 8. f. a. Bachmann, Anecd. T. II. p. 197 sq.

§. 40.

Wenden wir uns jetzt zur zweiten Partie des Dramas oder zur
Comödie[1]), so haben wir den Ursprung derselben ebenfalls in
den zum Lobe des Bacchus gesungenen schmuzigen Phallischen
Gesängen zu suchen; ihre Entstehung mag sich (nach Arist. Ars
Poet. IV. 14. v. Κώμη, Dorf, u. ᾠδή Gesang) von ländli-
chen Lustbarkeiten herschreiben. Zuerst scheint diese Dichtungsart bei den Megarensern entstanden zu seyn, wo Susarion[2])
dadurch, daß er als Dichter auf der Bühne aus der übrigen
Truppe hervortrat und persönlich eine Anrede an die Zuschauer
hielt, woran später auch der Chor Theil nahm (παράβασις[3]),
die Megarische Comödie begründete, deren Dichter wir kaum
dem Namen nach kennen. Neben ihr bildete sich die Sicilisch-
Dorische oder Italische durch Epicharmus[4]) aus Cos,
der aber in Sicilien, wahrscheinlich am Hofe Hiero's lebte (Ol.
70, 1—75, 4.) und eine Menge scherzhafter Comödien, jedoch

ohne Spott, vermuthlich jede in besonderem Versmaße, und Dorischem Dialect, wahrscheinlich ohne Chor hinterließ; allein von
diesem sowohl, als den übrigen Dichtern seiner Schule sind blos
noch Fragmente übrig. Weit berühmter ist aber die von dieser
ganz verschiedene Attische Comödie, ein Zweig der Megarischen.
Sie zerfällt ihrem Wesen nach in die alte, mittlere und neuere
Comödie. In ersterer, welche schon Horat. Sat. I., 4, 1. treffend characterisirt, war die ganze Behandlungsart satirisch, öffentliche, vorzüglich politische Personen wurden so, daß sie Jeder-
mann erkennen konnte, karrikirt, Philosophen, Tragiker und Di-
thyrambendichter gar unter ihren eigenen Namen durchgezogen.
In der mittleren wurden zwar auch noch wirkliche Begebenheiten
durchgenommen, doch durfte man nicht mehr wagen, Personen
von irgend einer politischen Bedeutung zu nennen oder auch nur
näher zu bezeichnen; dieß widerfuhr blos noch Parasiten oder
Tragikern; die $\pi\alpha\rho\alpha\beta\alpha\sigma\iota\varsigma$ und gewöhnlich auch die $\mu\epsilon\lambda\eta$
$\chi o\rho\iota\kappa\alpha$ fielen weg. Sie dauerte von Ol. 97—110, und wir
haben sie noch in dem $\pi\lambda o\nu\tau o\varsigma$ des Aristophanes vor Augen. Die
neuere beginnt mit dem Gesetze, nach welchem jeder auf der
Bühne Angegriffene den Dichter gerichtlich belangen konnte. Von
nun an kamen nur fingirte Personen vor, man erfand eine Fabel
nach einem bestimmten Plane und bekam so künstliche Character-
stücke. Aus allen drei Perioden nahmen die Alexandriner in
ihrem Canon auf (s. Montfaucon, Bibl. Coislin p. 597) aus
der alten den Epicharmus, Cratinus, Eupolis, Aristophanes,
Pherecrates und Plato, aus der mittleren den Antiphanes und
Alexis, aus der neueren aber den Menander, Philippides, Diphilus,
Philemon und Apollodorus, wozu Einige noch den Posidippus
fügen. Obgleich sich nun aus der alten Comödie von Crates
(Ol. 82, 3), dem ersten, der seine Fabel zu einem Ganzen verarbeitete[6]), Cratinus aus Athen (Ol. 65, 1—89, 2)[7]), Eupolis (Ol. 87, 4)[8]), Pherecrates (Ol. 90, 1)[9]), dem Erfinder des nach ihm benannten Metrums u. vielen Andern nur
Fragmente erhalten haben, so haben wir dafür noch von dem
berühmtesten Dichter derselben (s. Quinct. X, 1, 69), dem Aristophanes aus Athen (Ol. 88—97), 11 Stücke übrig, die,
obwohl an lockerem Zusammenhange der einzelnen Theile, Plan-
losigkeit und allzugroßem Haschen nach Obscönität leidend, doch

ihrem Zwecke, unter dem Scheine, Gelächter erregen zu wollen, die Gebrechen der Staatsverwaltung und ihrer Führer durchzuziehen, ausgezeichnet entsprechen und an Witz unübertroffen dastehen [10]). Von den Dichtern der mittleren und neueren Comödie, die sehr zahlreich waren, und unter denen sich Alexis aus Thurium (Ol. 106, 1—118, 3)[11]) und Antiphanes (Ol. 93, 2—111, 4)[12]), sowie Menander, der Bruderssohn des Alexis (Ol. 109, 3—122, 2), welchen Plutarch gar über Aristophanes gestellt hat, und der dem Terenz fast durchgängig zum Muster diente[13]), Philemon aus Soli in Cilicien (Ol. 112, 3—129, 3)[14]) und Diphilus aus Sinope (Ol. 115, 1)[15]) am Meisten auszeichneten, sind nur noch Fragmente übrig geblieben. S. im Allg. A. L. G. § 141—147.

1) S. A. Meineke, Quaest. Scenicarum Spec. I—III. Berol. 1826 sq. 4. u. Fragm. comic. Graec. coll. et disp. ib. 1839 sq. IV. 8.

2) S. Bentley Opusc. p. 260 sq. Meineke T. I. p. 18 sq. S. Fr. ebb. II., 1. p. 3 sq.

3) H. Kolster, de Graec. comoed. parabasi. Strals. 1835. 4. F. V. Fritzsche, de parab. Thesmoph. Rost. 1837. 4.

4) S. L. C. Grysar, de Doriens. comoedia quaest. atque Epich. et Italic. com. fragm. Vol. I. Colon. 1828. 8. Welcker in b. Schulz. 1830. p. 417—487. S. Fragm. b. Ahrens, de dial. Graec. T. II. p. 537 sq. u. H. Polman Cruseman, Epich. fragm. coll. et illustr. Harl. 1834. 8.

5) S. A. Roeder, de trium, q. Graeci coluer., comoed. gener. ac propriet. disp. Susati 1851. 8. Th. Bergk, Comm. de reliq. comoed. Attic. antiq. Lips. 1838. 8. Charakterist. b. 3 Periob. schon bei Antonin. ad se ips. XI., 6.

6) S. Meineke I. p. 58 sq. S. Fragm. ib. T. II. p. 233 sq.

7) S. C. G. Lucas, Cratinus et Eupolis. Bonn 1826. 8. u. Diss. de difficill. quib. Cr. fragm. ib. 1828. 8. Meineke I. p. 43 sq. Die Fragm. ebb. II. 1. p. 15 sq. u. M. Runkel, Cratini fragm. Lips. 1827. 8.

8) Meineke I. p. 104 sq. S. Fr. ib. II. 1. p. 426 sq. u. M Runkel, Pherecr. et Eup. Frag. Lips. 1829. 8.

9) S. Meineke I. p. 66 sq. Ebert, Diss. Sicul. T. I. p. 98 sq. S. Fragm. b. Hanov. Exerc. cr. in com. Graec. Hal. 1830. p. 36—57. u. Meineke II. 1. p. 252 sq.

10) S. Ranke, Comm. de Arist. vita, vor Arist. Plut. ed. Thiersch p. XLIX—CDLII. G. Th. Rötscher, Arist u. s. Zeitalter Berl. 1827. 8. Hermes Bb. XVII. p. 7—60. Meineke II. 2. p. 993 sq. G. G. Brill, Quaest. de Com. Aristoph. Lugd. B. 1837. 8. Seine Stücke heißen: Πλουτος, Βατραχοι, Ιππης, Αχαρνης, Θεσμοφοριαζουσαι, Εκκλησιαζουσαι, Ειρηνη, Νεφελαι, Ορνιθες, Σφηκες u. Λυσιστρατη. Ed. Pr. Aristoph., Comoed. IX. c. schol. Graec. Venet. Ald. 1498. 8. Com. XI. Flor. 1515. 8. Com. emend. a Ph. Invernizio. Acc. crit. animadv. schol. gr. ind. et vir. doct. adnotat. Lips. 1794—1834. XIII. 8. c. schol. et var. lect. recens. F. Bekker. Acc. vers. lat. fragm. et not. vir. doct. Lond. 1829. V. 8. ex rec. et c. annot. G. Dindorf. Lips. 1830. II. 8. ex rec. G. Dindorf c. fab. dep. fragm. Oxon. 1835. III. 8. Schol. in Arist. rec. Dübner. Paris 1843. 4. f. a. P. Schneider, de vet. in Aristoph.

4 *

schol. fontibus. Sund. 1838. 8. Arist. Fragm. ex rec. G. Dindorf.
Lips. 1829. 8. u. b. Meineke p 940—1294. Arist. Werke, überf. v. J.
G. Droysen. Berl. 1835. III. 8.
     11) S. Meineke I. p. 374 sq. S. Fragm. ebb. III. p. 382 sq.
     12) S. Meineke I. p. 304 sq. S. Fragm. ebb III. p. 1 sq. u.
Philol. Mus. Cambridge 1832. no. IV. p. 558. sq.
     13) S. Fragm. in: Menandri et Philem. Reliq. gr. et lat. c. not.
Grotii et C. Clerici. Amst. 1709. 8. Vollft. b. Menandri et Phil.
Reliq. Ed. H. Meineke. Berol. 1823. 8. noch vollft. in f. Fragm. Com.
T. IV. p. 69—334 u. Arist. Com. Men. et Phil. Reliq. ed. G. Din-
dorf. Paris. 1838. 4. p. 1—132.
     14) S. Fragm. a. a. D. u. b. Meineke IV. p. 3 sq.
     15) S. Meineke I. p. 439 sq. 446, 449 sq. S. Fragm. ebb. IV.
p. 375 sq.

§. 41.

Zwischen der Tragödie und Comödie ftand nun aber als
Verbindungsmittel das Satyrfpiel[1]), welches aus den bei den
Bacchusfeften extemporirten Späßen der als Satyrn verkleideten
Choreuten hervorging und darum zuerft nur aus Chören beftand
(f. Athen XIV. p. 620. C.), aber vom Tragiker Pratinas[2])
aus Phlius (Ol. 70, 2) zuerft zur eigentlichen Kunftform ausgebildet ward. Es ward darin immer eine Begebenheit aus
der Helden- oder Mythengeschichte vorgeftellt, der Character des
Stücks war immer launig und komisch, aber nicht unbedingt
scherzhaft und satirisch wie bei der Comödie. Diese Verschiedenheit zeigte sich auch in den begleitenden Chortänzen. Ernft und
leidenschaftlich war der der Tragödie (ἐμμέλεια), schmuzig der
der Comödie (κορδαξ), nur schnell und luftig der des Satyr-
dramas (σικιννις). Leider haben wir als Probe eines solchen
nur noch den Κυκλωψ des Euripides übrig, worin die bekannten Begebenheiten des Ulysses bei diesem dargeftellt werden,
wobei Silenus aber die luftige Perfon macht. Ziemlich ähnlich
waren die alten Englischen und Deutschen Tragödien, wo immer
auch ein Luftigmacher mit vorkommt. Uebrigens schrieben nur
Tragiker dergl. Stücke, schwerlich hat sich je ein Comiker an
einem solchen verfucht. In der Alexandrinischen Zeit geschah dieß
allerdings, allein damals war es fein eigentliches Satyrfpiel
mehr, sondern eine von Alcäus[3]) von Mitylene, einem Comi-
fer der alten Comödie (Ol. 98, 1), neuerfundene Kunftform deffelben, von Plaut. Amphit. Prol. v. 59 u. 63 Tragicoco-
moedia genannt, wo feine mythischen Perfonen mehr dargeftellt,
sondern bekannte Leute mit ungezügeltem Spotte durchgezogen wur-

den und der Chor nur die luſtige Perſon als Eilen oder Satyr darſtellte. Dergleichen waren die Stücke mehrerer Dichter der neueren Comödie, doch ſuchten Lycophron und Soſitheus[4]) dem Satyrſpiel ſeine frühere Natürlichkeit wiederzugeben, vermochten aber den einmal verloren gegangenen Geſchmack an demſelben nicht wieder hervorzubringen. Neben dieſem Drama hatte man aber auch comiſche Parodieen von Tragödien, eigentlich nur rhapſo-diſche Recitationen mit lyriſchem Character, Phlyacographie, Hilarodie oder Hilarotragodie genannt, und von Rhin-thon aus Tarent (300 v. Chr.), dem Verfaſſer vieler tragi-ſchen und comiſchen Stücke, erfunden[5]), in ihrem wahren Weſen jedoch nicht mehr gut zu beſtimmen. Gleichfalls verſchieden hier-von war das improviſirte Volksſchauſpiel der Siciller, die Mi-men[6]) (μιμοι), wo zur Beluſtigung des Volks verſchiedene Cha-ractere, Kuppler, Trinker, Verliebte ꝛc. dargeſtellt wurden. Die Erfindung deſſelben wird dem Sophron[7]) aus Syracus, dem Zeitgenoſſen des Euripides (426 v. Chr.), zugeſchrieben, deſſen im Doriſchen Dialecte geſchriebene Stücke durch Plato den Athe-nienſern bekannt wurden und völlig das Vorbild des Socrati-ſchen Dialogs geweſen zu ſeyn ſcheinen. Außer jenem zeichneten ſich noch in dieſer Dichtungsart ſein Sohn Xenarchus[8]), der Zeitgenoſſe des Tyrannen Dionyſius (Ol. 96, 4), und zur Zeit des Redners Iſocrates Philiſtion aus Nicäa aus[9]), der aber die Mimen zu biologiſchen Luſtſpielen umbildete. S. A. L. G. § 148 — 150.

1) S. Is. Casaubon., de satyr. Graec. poesi et Roman. sat. Hal. 1774. 8. J. G. Buhle, de fab. satyr. Graec. Gotting. 1787. 4. G. Pinzger, de orig. dram. satyr. Vratisl. 1822. 8. Welker, Nachtr. z. Aeſch. Trilog. p. 185—339. S. Rossignol, Diss. sur le drame, que les Grecs appelaient satyrique. Paris, 1830. 8. Hermann, Opusc. T. I. p. 44 sq.

2) S. O. Müller, Dorier Th. II. p. 368 sq. Burette i. b. Mém. de l'ac. d. Inscr. T. XIV. p. 442 sq.

3) S. Meineke T. I. p. 244 sq. cf. II. 1. p. 824 sq. Cuper Ob-serv. I. 10. p. 69 sq.

4) S. H. C. A. Eichstädt, de dram. com. satyr., impr. de Sosi-thei Lityerse. Lips. 1793. 8. S. Fragm. b. Hermann l. l. p. 54 sq. Im Allg. ſ. C. Friebel, Graec. satyrogr. fragm. exceptis iis, quae sunt Aeschyli, Sophoclis, Euripidis. Ed. F. Larsow. Berol. 1837. 8.

5) S. Osann, Anal. crit. p. 70 sq. u. Reuvens Coll. liter. Lugd. B. 1815. 8. p. 69 sq.

6) S. Finkenſtein, Arethuſa. Berlin 1806. II. A. Bd. II. p. 5—27.

7) S. Müller, Dorier Bd. II. p. 360 sq. u. Grysar, de Sophr. Mi-mogr. Colon. 1838. 4. S. Fragm. b. Mus. Crit. Cantabr. 1821. T. II. p. 310, 559, 640 sq. u. Ahrens, de dial. Graec. T. II. p. 464 sq.

8) S. Fragm. b. Hertel, Fragm. com. Graec. p. 658 sq.
9) S. Fragm. b. Philistionis et Menandri sentent. ed. N. Rigalt.
Lugd. B. 1683. 8. Andere *Γνῶμαι* b. Boissonnade, Anecd. T. I. p.
147 sq. u. zuf. b. Meineke T. IV. p. 335—375.

§. 42.

Wie Sicilien die Comödie und die Mimen hervorgebracht
hatte, so begeisterte es auch durch seinen herrlichen Himmel und
seine lachenden Triften die Hirten zu Liedern, welche einen neuen
Zweig der griechischen Poesie, die bukolische[1]) Dichtkunst, hervorbrachten. Zuerst soll diese ein halb mythischer Hirt, Namens
Daphnis erfunden haben[2]), obwohl Andere dieses Verdienst dem
Stesichorus aus Himera oder dem Rinderhirten Diomus
zuschreiben wollen. Allerdings erhob diese Lieder, welche anfangs
wohl nur Wechselgesänge waren, erst zur Kunstform Theocritus
aus Syracus, der Zeitgenosse des Ptolemäus Lagi (Ol. 126,
ob. 280 v. Chr.), welcher zwar in einigen seiner Idyllen (*εἰδύλλια*
oder *ἐκλογαι*, kleine poetische Gemälde) den Wechselgesang beibehielt, andere aber episch, die meisten jedoch lyrisch, mit der Ironie
der Mimen des Sophron gewürzt, dichtete und sich hierbei des
neudorischen Dialectes bediente[3]). Nächst ihm haben wir dergl.
Arbeiten noch von Bion aus Smyrna (unter Ptolomäus Philadelphus vergiftet) und seinem Schüler Moschus aus Syracus[4]), welchen Manche für dieselbe Person mit dem Theocrit halten wollen. S. A. B. G. § 151.

1) S. G. Heyne, Virgil. T. IV. p. 1—20. Näke in b. Allg. Schulz.
1828. Abth. II. Nr. 100 p. 825 sq. G. Ed. Mühlmann, Leges dialecti,
qua Graec. poet. bucolici usi sunt. Lips. 1838. 8.
2) S. Ventimiglia, de' poeti Siciliani. Napoli. 1663. 4. p. 24—80.
3) S. Ventimiglia l. l. p. 113—401. A. Wissowa Theocritus
Theocriteus. Vratisl. 1828. 8. E. Hepner, de var. Theocr. idyll.
gener. Thoruni 1836. 4. Ed. Pr. Theocr. Jd. XVIII., c. Hesiodo
et Isocrate. s. l. et a. (Mediol. 1493) fol. Theocr. Reliq. recogn.
etc. anim. vir. doct. suisq. schol. gr. ed. Kiessling. Lips. 1819. 8.
Theocr. c. schol. recens. ann. cr. adj. J. Geel. Amstel. 1820. 8.
recogn. et ill. E. F. Wuestemann. Goth. 1820. 8.
4) Ueb. Beide f. Ventimiglia p. 401 sq. 416 sq. Bion. et Moschi
Idyll. gr. et lat. c. anim. vir. doct. ed. Harles. Erlang. 1780. 8.
Gr. ill. et emend. G. Wakefield. Lond. 1795. 8. Gesammtausg.
Theocr. Bion. et Moschi Carm. c. not. var. et suis ed. Briggs. Cantabr. 1821. 8. Gr. c. schol. var. lect. ed. J. A. Jacobs. Hal. 1825.
8. c. vir. doct. comm. ed. Priestley. Lond. 1826. 8 Theocrit, Bion
u. Moschus, übers. v. J. G. Voß. Stuttg. 1808. 8. Zur Erkl. f. A. Porti
Diction. Doric. gr. lat. in Theocr., Moschum, Bionem et Simmiam.
Frcft. 1603. Oxon. 1826. 8.

§. 43.

2.) **Hebräer.** Die Poesie der Hebräer unterscheidet sich dadurch durchaus von der aller übrigen Nationen, daß sie lediglich die Verherrlichung ihres Gottes und somit auch ihres Volkes bezweckt. Sie mußte also eigentlich unter der Theologie mit behandelt werden, und Einige haben deswegen das Alte Testament, welches die einzigen Ueberreste ihrer Literatur aus dieser und der nächsten Periode enthält, in poetische und prosaische Bücher (letzt. s. b. histor. u. prophetischen) zerlegt, allein dieß ist unstatthaft, indem auch diese denselben Rhythmus haben, welcher jenen eigen ist, nämlich einen durch Accentuation bezeichneten Numerus, das bekannte Ebenmaß der Glieder (parallelismus membrorum)[1], anfangs nur in einer gleichen Wortzahl der sich entsprechenden Glieder bestehend, dann aber bis zu einem Ebenmaß der Gedanken und einem synonymen, antithetischen, synthetischen und identischen Verhältniß derselben zu einander ausgebildet. Allerdings sind einige Stücke poetischer als die anderen, z. B. das Lied Mosis (B. II. 15), der Gesang Debora's und Barack's (B. d. Richt. 5), dann haben wir auch Räthsel (B. d. Richt. XIV, 12. Sp. Sal. I, 6. 1. B. d. Kön. 10, 1) und Fabeln (II. Sam. 21, 1. B. d. Richt. 9, 8. B. d. Kön. II, 12.). Im Allgemeinen sind aber sämmtliche einzelne Bücher in episch-historische, prophetische und episch-lyrische zu zerlegen. Zu den episch-historischen gehören die 5 Bücher Mosis oder der Pentateuch, nicht von Moses selbst, sondern zur Zeit des Exils verfaßt, das B. Josua, weit später als die Salomonischen Bücher verfertigt, das etwas ältere, aber aus verschiedenen Stücken zusammengesetzte Buch der Richter, die Bücher Samuelis zur Zeit der Trennung der Reiche Juda und Israel geschrieben, die der Könige, gegen das Ende des Babylonischen Exils, und die der Chronica, wahrscheinlich 100 Jahre nach Esra fallend, das Buch Ruth, eine nach David geschriebene Familiengeschichte, das Buch Esra, zum kleinsten Theile (VII, 12—XV, 15) von ihm selbst verfaßt, das Buch Nehemia, theilweise von ihm selbst niedergeschrieben, dann interpolirt und zur Zeit der Lagiden zusammengetragen, und endlich das, wie die beiden vorhergehenden, im ostaramäischen Dialecte geschriebene Buch Esther oder die Geschichte der Erhebung der Jüdin Esther zur Persischen Königin durch den König Ahasverus (Xerxes ?),

von einem Persischen Juden zur Zeit der Ptolemäer verfaßt.
Die schon Joseph. Antiq. XI, 6, 1. bekannten Stücke in Esther
sind unächt. Die prophetischen Bücher tragen ihren Namen
von den Propheten, den Dolmetschern des Willens Gottes (II.
Mos. 7, 1) und Lehrern des Volkes, die schon von Mos. V,
18, 20 characterisirt werden und durch die von ihnen gestifteten
Prophetenschulen fortgepflanzt wurden[3]). Ihre Schriften scheinen
erst 200 Jahre nach der ersten Einrichtung dieses Instituts aufgeschrieben worden zu seyn. Sie zerfallen in 4 größere und
12 kleinere. Erstere bilden Jesaia (759 — 713), dessen erste
39 Capitel ächt, die übrigen unächt sind, Jeremia (631—588)
ursprünglich ächt, dann von einem gewissen Baruch umgeschrieben
und in einer doppelten, Alexandrinischen und Palästinischen,
Recension erhalten, Ezechiel (594 bis nach 572) wahrscheinlich
ächt, und Daniel, 163, zur Zeit der Judenverfolgung zur Stärk-
ung beim Ausharren im Glauben von einem frommen Juden
verfaßt, wozu noch in der Alexandrinischen Uebersetzung die viel
spätere Geschichte der Susanna (c. 13) u. vom Drachen zu
Babel (c. 14) gehören. Die kleineren Propheten sind Hosea
(811—726), Joel (um 800), Amos (811—784), Obadja
583), Jona (um 300) aus der Zeit vor dem Exil, Micha
(730), Nahum (710 — 700), Habacuc (600), Zephanja
(630), Haggai (520), Zacharja (520—Cap. IX — XI. u.
XII — XIV sind unächt) und Maleachi (450—440). Die
lyrisch-bidactischen oder rein poetischen Bücher sind alle
aus der Zeit der höchsten Blüthe des Jüdischen Reiches unter
David und Salomo, wo die lyrisch-elegische Poesie, früher schon
durch die Prophetenschulen erhoben, ihre höchste Vollendung erreicht. Hierher gehören zuerst die Psalmen (150), historische,
lyrische und elegische Gesänge, in späterer Zeit mit Ueberschriften,
die ihren Inhalt bezeichnen, versehen. Ihre Verfasser sind David
(3 — 9, 11 — 32, 34 — 41, 51 — 65, 68 — 70, 86, 101,
103, 108—110, 122, 124, 131, 133, 138—145),
die Kinder Korah (42, 44—49, 84—85, 87), Assaph (50,
73 — 83), Salomo (72, 127), Moses (90), die Esrahiter
Heman (88) und Ethan (89), und 34 rühren von Ungenannten her. Weiter gehören hierher die Klagelieder (V) Jeremiä,
jedenfalls ächt, das Hohe (schöne) Lied, eine Art Anthologie meh-

rerer Lieder und Liederbruchſtücke zur Verherrlichung der idylliſchen
Liebe, zwar nicht von Salomo herrührend; aber doch in nicht
viel ſpäterer Zeit geſammelt, die Sprüche Salomo's, den Griechiſchen Gnomen ähnelnd, nicht alle von ihm und erſt zu Hiskias
Zeit zuſammengeſtellt, der Prediger Salomo, eine Art Fortſetzung
und erweiterte Ausführung der vorigen nach Epicureiſch-ſkeptiſchen
Anſichten, nicht von Salomo, ſondern zu Ende der Perſiſchen oder
zu Anfange der Macedoniſchen Periode geſchrieben, und endlich das
didactiſch-gnomologiſche Buch Hiob, keineswegs epiſch, noch weniger
dramatiſch und aus drei verſchiedenen Stücken, die drei durch
Zeit und Art verſchiedenen Verfaſſern angehören, beſtehend (Prolog u. Epilog u. c. 27, 7 — 28, 28 nach dem Babyloniſchen
Exil, c. 32 — 37 weit ſpäter, aber c. 3 — 27, 6. 28, 29
— 32. 38 — 42. 46. weit älter als Moſes) und jedenfalls
das älteſte Denkmal der Hebräiſchen Poeſie. Im Allg. ſ. A.
L. G. §. 152 — 153. p. 162 — 277. cf. §. 71. p. 70 sq.

1) S. J. H. Herder, Geiſt d. Hebräiſchen Poeſie. Deſſau 1783. II. 8.
N. A. v. Juſti. Lpzg. 1825. II. 8. Lowth, de poesi sacra Hebraeorum,
ed. Rosenmüller. Lips. 1815. 8. Koſegarten, Diss. Acad. Sund. 1832. 8.
p. 243 sq. Im Allg. ſ. de Wette, Lehrb. d. hiſt. crit. Einleit. in die canon. u. apocryph. Bücher d. alt. Teſt. 5te A. Berlin 1840. 8. D. Ausg.
d. Alt. Teſt. unt. d. b. Septuaginta.

2) S. Bellermann, Verſ. üb. d. Metrik d. alt. Hebräer. Berlin 1813. 8.

3) S. A. Knobel, d. Prophetismus d. Hebräer, vollſt. dargeſtellt. Breslau 1837. II. 8.

§. 44.

3.) Inder. Die Inder wurden zwar ſchon bei den
Alten (Arrian. Ind. c. 14 u. Exped. Alex. M. VI, 13) als
ein mit der Tonkunſt innig befreundetes Volk betrachtet, allein
erſt unſerer Zeit iſt es aufbehalten worden, ihren dichteriſchen
Geiſt recht ſchätzen und würdigen zu lernen. Der Erfinder der
gebundenen Rede ſoll ein gewiſſer Balmikis (1200 v. Chr.)
geweſen ſeyn, indem er das epiſche Diſtichon [slokas[1)] aus
zwei ſechzehnſylbigen Verſen mit einem Abſchnitte oder einer Cäſur
in der Mitte, alſo gewiſſermaßen aus vier achtſylbigen Gliedern
beſtehend, erdachte. In dieſer Periode kann jedoch nur von einer
epiſchen Poeſie der Inder die Rede ſeyn, da die religiöſe Dichtkunſt nothwendig erſt bei der Theologie derſelben beſprochen werden darf und die übrigen Dichtungsarten nicht über 100 v. Chr.
hinausgehen mögen. Dafür haben wir aber hier die beiden
Meiſterſtücke Indiſcher Epopöen zu nennen, nämlich Râmayâna[2)],

d. h. der Wandel des Rama, von Balmikis, worin in 7 Büchern (kanda), die in viele kleinere Abschnitte (sarga) zerfallen und zusammen 24000 Doppelverse enthalten, die Schicksale Rama's oder der siebenten Incarnation des Wischnu und die Thaten desselben gegen den Räuber seiner Gattin Sita, den Riesenkönig Ravanas von Ceylon, besungen werden, und Mahábhárata[3]), d. h. der große König (Krieg) von Indien, von dem etwas späteren Byasa (d. h. Sammler), worin in 18 Gesängen (parb) und 100000 Doppelversen die Kriege zwischen den Mondskindern oder der Erbfolgestreit zwischen den Heldengeschlechtern der Kurus und Pandus, an denen der göttliche Krischna Antheil nimmt, geschildert werden. Beide Gedichte sind in der alten Sprache der Indier, dem Sanskrit (s. A. L. G. p. 99 sq.), geschrieben. S. A. L. G. §. 156.

1) S. A. L. Chézy, Théorie du Sloka ou mètre héroïque Sanscrit. Paris 1827. 8. A. W. v. Schlegel, Ind. Biblioth. I. p. 36 sq. u. Ges. Werke IX. p. 222 sq.

2) The Ramayana of Valmiki, Sanscrit with a prosa transl. and expl. not. by W. Carey and J. Marsham. Serampore 1806—10. T. I—III. 4. Rameidos Valmicciae libri VII. Ramayana id est carm. epic. de Ramae rebus gest. poet. antiquiss. Valmicis opus. Text. rec. interpr. lat. et annot. crit. adj. A. G. a Schlegel. Bonn. 1829—38. T. I, II. 8. Ramayana. Poema ind. di Valmici. Testo Sanscr. sec. i Cod. Manuscr. d. Scuola Gaudana p. G. Gorresio. Parigi 1843. T. I. 8.

3) The Mahabharata, an epic poem, written by the celebr. Vida Vyasi Richi. Calcutta 1834 sq. V. 4. The Mahabharat, a celebrated hindu poem. Frederic-Snagore. miss. press. s. a. IV. 12. Episoden: Nalas, carm. Sanscr. e Mahabh. edid. lat. vert. et annot. illustr. F. Bopp. Berol. 1832. Ed. II. 4. (Nal u. Damajanti. E. Ind. Gesch. bearb. b. Fr. Rückert. Frkft. 1828. 8.) u. Diluvium c. tribus aliis Mahab. praest. epis. prim. ed. Fr. Bopp. Berol. 1829. 4. (Die Sündfluth, n. drei and. wicht. Epis. A. d. Urspr. üb. v. Fr. Bopp. Berlin 1829. 8.).

§. 45.

4.) Chinesen. Die Chinesische Literatur für das Alterthum wohl nicht die unbedeutendste der Völker Asiens hat auch rücksichtlich der Poesie[1]) nichts Geringes aufzuweisen, denn als der große Confucius, wie wir weiter unten sehen werden, um 550 v. Chr. in seinem King (d. h. heilige Bücher) genannten Pentateuch eine Sammlung aller sittlichen, religiösen und praktischen Wissenschaft seines Volkes anlegte, hob er in dem zweiten Buche desselben, dem Chi-King, aus einer Masse von mehr als 3000 im Volke lebenden Gedichten und Liedern 311 heraus, welche den Ruhm der Könige, der Reichsgesetze und Sitten und die Ehrfurcht gegen die Götter schilderten. Sie zerfallen in vier Abtheilungen, **Kuefong** (d. h. Sitten des Reichs), **Ya** (d. i. Oben), in zwei Abtheilungen, und **Sung** (d. i. Loblieder oder Hymnen). Allerdings haben wir dieses Werk nur in der von Mao Tschang nach dem großen Bücherbrande v. 247, als Mao-Chi-King gemachten Redaction vor uns[2]). S. A. L. G. §. 157.

1) S. Davis, Poeseos Sinensis Commentarii. On the poetry of the Chineses, to which are added transl. and detach. pieces. Macao. 1834. 8. u. in d. Transact. of the Roy. Asiat. Soc. Lond. 1839. T. II.

2) Confucii Chi-King s. liber carminum ex lat. P. la Charme interpr. ed. J. Mohl. Stuttg. 1830. 8. Schiking, dem Deutschen angeeign. v. Fr. Rückert. Altona 1833. 8. s. Brosset, Essai sur le Chi-Kiug et sur l'ancienne poësie Chinoise. Paris 1828. 8.

§. 46.

B) Theologie.

1.) Griechen. Das ganze Wesen des Griechischen Volks, der Mangel einer Priesterkaste und ihr praktischer Sinn verhinderte, daß sich bei ihnen ein georbnetes Religionssystem ausbildete, ihre Götter sind daher mehr handelnde und politische Personen und willkürliche und selbstständige Regenten aller Kräfte der Körper- und Geisterwelt, jedoch mit fast menschlichen Gefühlen, Leidenschaften und Sitten versehen. Die Menge derselben mußte vielfache Beziehungen und Verwickelungen zwischen den einzelnen erzeugen; daher die Unzahl von theogonischen, kosmogonischen und herogonischen Sagen, worin das Verhältniß der Götter zu einander, zu der Natur und zu den Menschen der Urzeit geschildert und erörtert wird. Alle diese Umstände und Ideeen brachten wohl eine Mythologie (Fabel- und Sagengeschichte), aber keine Theologie nach unseren Begriffen hervor. In diesem Sinne muß man auch die hierein schlagenden Schriften der Griechen betrachten. Unter diesen stehen obenan **Homer**, der einen auf Alles einwirkenden und in allen seinen einzelnen Theilen abgeschlossenen Götterstaat schuf, und **Hesiod**, der zwar eine förmliche Genealogie desselben in seiner Theogonie aufstellte, dafür aber die Götter nur als Naturkräfte betrachtete und sie durch Begriffe auffassen lehrte. Die späteren Dichter benutzten dagegen die Mythologie zu ihren Zwecken und stellten sie einseitig dar, wogegen

wieder die älteren Historiker, wie z. B. Herodot, Alles, was
sie auf fremdem oder vaterländischem Boden hierauf Bezügliches
erfahren hatten, mit frommen und gläubigem Sinne als begründet und buchstäblich wahr ansahen, freilich aber dadurch eine
Masse von Widersprüchen und Zweideutigkeiten in dieselbe hin-
eintrugen. Allerdings versuchten die späteren Historiker durch den
sogenannten Pragmatismus das Wunderbare und Unwahrschein-
liche auszuscheiden, und die verschiedenen Philosophenschulen be-
mühten sich ebenfalls, jede auf ihre Weise, die Ansichten von der Entstehung und Regierung der Welt zu läutern, allein eben dadurch
ward die Mythologie nur noch verworrener und profaner, sodaß
es zuletzt nicht fehlen konnte, daß sie, durch Spötter und Zweif-
ler vernichtet, zuletzt in sich selbst zerfallen mußte. Zu ersteren
scheint mir der Cyrenäische Philosoph Euemerus aus Messana
in Sicilien gehört zu haben (Olymp. 116), der in seiner uns
freilich nur in Fragmenten bekannten heiligen Geschichte (ἱερα
ἀναγραφη) gelehrt hatte, alle Götter seien ursprünglich Menschen gewesen, die wegen ihrer bei Staatseinrichtungen, Gesetzgebung und Heerführung bewiesenen Vortrefflichkeit von ihren
dankbaren Zeitgenossen oder Nachkommen vergöttert worden wären [1]),
welche Ansicht ihm allerdings den Beinamen eines Atheisten eintrug. Reine Mythographen ohne sonderliche Kritik, etwa Paläphatus ausgenommen, sind unter vielen anderen nur dem Namen nach bekannten Asclepiades aus Tragila (104 Ol.), der
die von den Tragikern erwähnten und verarbeiteten Mythen dar-
stellte (τραγῳδουμενα) [2]), Eratosthenes [3]) aus Cyrene, wegen
seiner trockenen, wahrscheinlich ganz unächten und erst nach Hygin
gemachten Beschreibung der Sternbilder und ihrer Entstehung
(καταστερισμοι), Heraclitus [4]) (in s. Buche περι απιστων)
oder Heraclides [5]), schwerlich der Aristoteliker Heraclides
Ponticus und vermuthlich ein weit späterer Sophist, in seinen geschraubten Deutungen Homerischer Mythen auf allego-
rischem Wege (ἀλληγοριαι Ὁμηρικαι), Apollodorus [6]) aus
Athen (160 — 100 v. Chr.), der Schüler des Philosophen
Panätius, in seinem Compendium der in den Cyclikern enthaltenen Mythen in 3 Büchern (ursprünglich 24) unter dem
Namen βιβλιοθηκη, und Paläphatus [7]) aus Athen oder Paros, bald ins 4te Jahrhundert vor, bald ins 3te nach Chr. gesetzt,

ein Peripatetiker oder Stoiker, der in seinem Buche περι απιστων (von unglaublichen Dingen) die Mythen auf etymologisch-historischem Wege zu erklären suchte. S. im Allg. m. L. d. A. L. G. §. 158. p. 284—291.

1) Fragm. b. Diod. Sic. ed. Wesseling. T. II. p. 633 u. b. Ennii Fragm. ed. Hessel. Amstel. 1707. 4. p. 212 sq. f. Mem. de l'ac. d. Inscr. T. VIII. p. 107 XV. p. 265. XXXIV. p. 435, 462. XXXV. p. 1, 39 sq. u. A. L. G. p. 362.

2) S. Werfer in b. Act. Soc. phil. Monac. II. 4. p. 491 sq.

3) Erat. Catasterismi gr. et lat. c. comm. ed. J. C. Schaubach. Gotting. 1795. 8. u. b. Gale, Opusc. mythol. phys. et eth. Amstel. 1688. 8. p. 97 sq. u. Script. Poet. Hist. Graec. ed. A. Westermann. Brunsv. 1843. 8. p. 239 sq. Im Allg. f. Bernhardy, Eratosth. p. 117 sq.

4) b. Gale p. 67 s. u. Westermann p. 313 sq.

5) Heracl. P. Hom. Allegor. c. prooem. interpr. lat. et not. ed. N. Schow. Gotting. 1782. 8. u. b. Gale p. 405 sq. f. Hase b. Bredow, Epist. Paris. p. 243 sq. u. Not. et Extr. d. Mss. VIII. 2. p. 238 sq.

6) S. Müller l. l. Prol. p. XXXVIII sq. Ed. Pr. Ren. Aeg. Spoletin. Rom. 1555. 8. — Apoll. Bibl. c. fragm. rec. et ill. Chr. G. Heyne. Ed. II. auct. Gotting. 1803. II. 8. Texte grec av. une trad. franç. rev. et corr. de not. p. E. Clavier. Paris 1805. II. 8. u. b. Gale, Hist. poet. Script. antiq. p. 1—239. Westermann p. 1—123. u. L. et Th. Müller, Fragm. hist. Graec. Paris 1841. 4. p. 104—179 u. Fragm. ib. p. 428—469.

7) Ed. Pr. c. Aesopo. Venet. Ald. 1505. fol. gr. rec. anim. ind. adj. J. Fr. Fischer. Ed. VI. Lips. 1789. 8. u. b. Gale, Opusc. mythol. p. 7 sq. u. Westermann p. 268—312. f. a. Olla Potrida 1780. I. p. 49—59.

§. 47.

2.) **Hebräer.** Unter allen Völkern treffen wir bei den Hebräern die geläutertsten und reinsten Religionsbegriffe an, der Monotheismus ist bei ihnen Volksreligion, und jener ihr einziger und alleiniger Gott, Jehovah, ist zugleich Landesherr, und indem ihr Religionssystem zugleich eine Theocratie bildet, ist es auch von politischer Bedeutsamkeit. Der Stifter und Begründer desselben ist Moses, wie es denn seinem ganzen Umfange nach mehr oder weniger in allen Büchern des Alten Testaments niedergelegt ist und zu gleicher Zeit auch die Stelle des ersten und einzigen Gesetzbuches bei denselben vertritt. Da wir dieselben bereits oben genannt haben, so bleibt hier noch übrig, zu untersuchen, wann überhaupt die einzelnen Bücher des Alten Testaments zu einem Ganzen vereinigt worden sind. Man hat allerdings von einem Tempelarchive gefabelt, das, wenn nicht schon kurz nach Moses, doch gewiß schon vor dem Exil bestanden habe, worin der Pentateuch und ein Theil der Psalmen aufbewahrt gewesen seien, und daß Esra die Sammlung der Bücher, welche wir noch vor uns haben, abgeschlossen habe, allein wahrscheinlich sammelte Nehemia erst die Mosaischen Schriften, fügte verschiedene Lieder, Orakel und Gnomen hinzu, und nachdem später noch die angeblich Salomonischen Schriften dazugekommen waren, scheint der ganze Canon, den erst Jesus Sirach Prolog. und Philo. de Vita Contempl. p. 893 anführen, mit dem Persischen Könige Artaxerxes Longimanus i. b. J. 467 — 425 v. Chr. geschlossen worden zu seyn. S. A. L. G. §. 159.

§. 48.

3.) **Aegypter.** Die Aegypter behandelten seit der frühesten Zeit die natürliche Religion auf systematische Art; sie war sehr complicirt und auf eine Art Geheimlehre und Priesterweisheit basirt, wie wir dieß aus Herodot sehen, der sehr oft sagt, daß es ihm nicht gestattet sei, dieses oder jenes Ceremoniell zu erklären. Hierüber müssen jedoch Bücher existirt haben, denn Horapollo Hier. I. 38. führt ein solches, ἀμβρης genannt, an. Diese sowohl als die ganze höhere Weisheit verdankten sie angeblich einem gewissen Thot oder Theut[1], einem Seher aus Theben, der ein Jahrhundert später, als die Sündfluth angenommen wird, gelebt haben und unter dem Namen Hermes unter die Götter versetzt worden seyn soll. Er lehrte die Aegypter zuerst die Verehrung der Götter, die Buchstabenschrift, die Gesetzgebung, Astronomie, Geometrie, Arithmetik, Musik, Grammatik und Beredtsamkeit, sowie überhaupt jegliche Kunst und Wissenschaft, was ihm bei den Griechen den Beinamen Τρισμεγιστος (Trismegistus, d. i. der dreimal größte) eintrug, und verfaßte 36525 Werke in 6 Abtheilungen und 42 Büchern, worin Alles, was göttliche und menschliche Wissenschaft genannt werden mag, enthalten war (s. Clem. Alex. Str. VI, 4, 35 — 37). Wahrscheinlich hat jedoch sowohl er als seine Weisheit nur in der Einbildung überspannter Priester existirt und die noch unter seinem Namen vorhandenen Hermetischen Bücher[2] mögen die Arbeit eines schwärmerischen Juden oder Neuplatonikers des 2ten Jahrhunderts n. Chr. seyn, haben aber durch ihren

Inhalt der Alchimie oder Goldmacherkunst den Namen der Hermetischen Philosophie verschafft. S. A. L. G. §. 162.

1) S. Hug, Mythol. Untersuch. p. 268 sq. Matter, Hist. cr. du Gnosticisme T. I. p. 24 sq. II. p. 301 sq. 474 sq. Jablonsky, Panth. Aegypt. P. III. p. 161 sq. Kreuzer Symb. I. p. 244 sq.
2) S. Baumgarten Crusius, de libr. Hermet. indole atque origine. Jen. 1827. 4. u. Tennemann, Gesch. d. Philos. VI. p. 438 sq. Die bedeutendsten sind: Jatromathematica (gr. et lat. ed. D. Hoeschel. Aug. Vind. 1597. 8.), de revolutionibus nativitatum libri II (c. Porphyr. Isag. ed. H. Wolf, Basil. 1559. 8.), de natura Deorum ad Asclepium (b. Patricius Orac. Zoroastr. p. 45—88.), Poëmander, i. e. de potest et sapientia Dei (gr. et lat. ed. A. Turnebus. Paris 1554. 4. gr. et lat. cur. H. Roselli. Col. 1630. IV. 8. u. b. Patricius l. l. p. 107—253. Deutsch m. Anmerk. v. Tiedemann. Berlin 1781. 8.) und das βιβλος κοιρανις φυσικων συμπαθειων και δυσπαθειων (nur lat. als: Kirani Kiranides et ad eas Rhyakini Koronides ed. Rivius. Lips. 1638. 8.).

§. 49.

4.) Perser. Nachdem die alten Perser sich anfangs dem Feuer- und Elementendienst hingegeben hatten, erschien bei ihnen um 600 v. Chr. ein gewisser Zoroaster (gr. u. lat.) oder Zerabuscht (Parsi)[1], vermuthlich ein aus dem königlichen Geblüte stammender Seher, der ein unbegrenztes Urwesen oder Zeit (Zeruane Akerene) annahm, durch dessen schaffendes Wort (Honover) zwei Geschöpfe, Ormuzd (d. h. Geber des Lichts) und Ariman (d. i. Beflecker des Lichts) entstanden seien, von denen jener die Geister- und Körperwelt, dieser die bösen Geister hervorgebracht habe; letzterer sei bemüht, das Reich des Lichtes (Iran), aus dem der Finsterniß (Turan) aufsteigend, zu zerstören, werde aber zuletzt selbst besiegt werden und zum Guten zurückkehren. Zwischen inne soll nun aber nach Einigen noch ein Vermittler, ein männlich-weibliches Wesen (Mithras, d. i. Sonne), stehen; Ormuzd aber als das Symbol des Lichtes wird am Besten durch die Errichtung von Feuertempeln verehrt. Ob nun aber ein oder mehrere Männer seines Namens existirt haben[2], worüber die Alten selbst uneinig sind, oder selbiger nur eine mythische Person gewesen[3], darüber sind wir bis jetzt noch zu keinem bestimmten Resultate gelangt, jedoch sind die ihm zugeschriebenen Sittensprüche jedenfalls von einem Neuplatoniker untergeschoben[4], wenn auch die Sammlung seiner Glaubenslehren oder sein Religionssystem in heiligen Büchern, Zend Avesta[5] (d. h. das heilige Feuer oder lebendige Wort) niedergelegt, wenigstens nach seinen Lehren frühzeitig zusammengestellt worden seyn mag. Diese Sammlung zerfällt in zwei Abtheilungen, eine heilige und profane. Erstere heißt Vendidad-Sadeh[6]), aus 3 Theilen (dem Vendidad, d. h. zum Streit [gegen Ariman], Izeschne, d. h. Erhebung der Seele, und Vispered, d. i. Oberhäupter der Wesen) und ist im Zend, einem alten aus dem Sanskrit entstandenen, aber im 5ten Jahrhundert n. Chr. verdrängten Priesterdialekt, abgefaßt, letztere aber Bundchesch, aus weit späterer Zeit und durch Auszüge aus älteren und neueren Schriften eine für die höheren Stände bestimmte Encyclopädie alles Wissenswürdigen, im Pehlewi, der durch die Parther eingeführten und gleichfalls im 5ten Jahrhundert aufgehobenen Hofsprache, geschrieben. S. A. L. G. §. 163.

1) **Th. Hyde, Hist. relig. veter. Persar.** eorq. magor. Oxon. 1700. 4. **Lond.** 1760. 4. s. **Heeren, Ideen** I. p. 434 sq. Kreuzer I. p. 667 sq. A. Hölty, Dschemschid, Feridun, Gustasp, Zoroaster. Hannover 1829. 8. u. Zoroaster u. s. Zeitalter. Lüneburg 1836. 8. u. in Jlgen's Zeitschr. f. hist. Theol. Neue Folg. II. 1 p. 1—38. Kosegarten, **Diss. Acad. Sund.** 1832. 8. p. 115 sq. 101 sq. Vullers Fragm. üb. d. Rel. d. Zor. a. Pers. Schr. gesamm. Bonn 1831. 8.

2) S. **Class. Journ. T.** VII. p. 220 sq.

3) S. **Journ. Helvet.** 1744. Novbr. p. 488 sq.

4) Ed. **Pr. Paris.** 1595. 4. gr. et lat. b. **Maittaire, Scr. Graec. Misc.** p. 10—15. **Stanley, Hist. Philos.** p. 1178 sq. u. **Valer. Maxim.** ed. **Hase. Paris** 1823. T. II. P. II. nr. 4.

5) S. Rhode, üb. d. Werth ein. morgenl. Urkdn. p. 18 sq. R. Rask, üb. d. Alter u. d. Aechtheit der Zendsprache u. d. Zend Avesta, übers. v. A. v. d. Hagen. Berlin 1826. 8. Nur Uebers. ist: Zend Avesta, ouvr. de Zoroastre, cont. les Idées théol. phys. et morales de ce législateur, l. cérémon. du culte réligieux qu'il a établ. trad. en franç. av. d. not. p. Anquét. du Perron. Paris 1771. III. 4. Deutsch v. J. Fr. Kleuker. Riga 1776—78. III. 4. Dazu: Anhang z. Zend-Avesta. ebb. 1781—83. II. 4.

6) S. **Vendidad Sadé** av. un. comm. une trad. nouv. etc. p. E. **Burnouf. Paris** 1830 sq. fol. (bis jetzt Livr. 1—10. Text lithogr.) Dazu: **Commentaire sur le Yaçna,** l'un d. livr. relig. des Parses, cont. le texte Zend, expl. p. la pr. f. av. l. variant. et la vers. sauscr. p. E. **Burnouf. Paris** 1833. T. I. II Ptes. 4.

§. 50.

5.) Chinesen. Die älteste Religion der Chinesen war patriarchalisch und von Fohi, dem ersten Gesetzgeber, Lehrer und Gründer des Reiches China, angeblich 3461 v. Chr., aufgestellt worden. Nach seinem Tode verehrten sie den Himmel als ein geistiges und gänzlich immaterielles Wesen, ewig wie die Materie, ohne Untergötter und Götzenbilder zu haben, allein später schlichen sich fremde und abergläubische Elemente in ihre

Religion ein, sodaß der Moralphilosoph Confucius (Kung fu tsú, d. h. Kung der Lehrer), wahrscheinlich i. J. 551 im Königreiche Lu, der jetzigen Provinz Schangtong, geboren, und i. J. 478 v. Chr. in stiller Zurückgezogenheit verstorben, eine Reformation derselben vornehmen mußte, welche jedoch vorzugs= weise nur Unterdrückung der Sinnlichkeit und der Laster bezweckte. Er legte seine Lehren in einer Art von Pentateuch nieder, in welchen er jedoch auch alle, die Staatsverfassung und das äußere bürgerliche Leben der Chinesen betreffende, alte Traditionen und Reichsschriften mit aufnahm. Es besteht aber dieses Werk aus 5 Theilen¹), dem Y-King (d. i. dem Buch der Naturfügungen und Schicksale), die Lehre des Fohi mit den Erklärungen des Confucius enthaltend, einer Art Geheimlehre²), dem Chi-King (s. §. 45), dem Chou-King, alte Geschichte, Moral und Me= taphysik enthaltend, aber erst i. J. 104 v. Chr. aufgefunden³), dem unächten Tschun-Tsieu (d. h. Frühling und Herbst), einer Art Chronik des Königreiches Lu⁴), und dem Li-Ki, erst in einer kurz vor Christo gemachten Sammlung vorhanden und Vor= schriften für das bürgerliche Leben enthaltend⁵). Nun giebt es, außer jenen 5 heiligen Büchern ersten, auch noch einige andere zweiten Ranges, Ssee-Schu genannt, und blos moralischen In= halts. Sie sind zusammengesetzt aus dem Tai-hio (d. i. er= habene Wissenschaft), das aus einem Capitel Text von Confucius und 10 Erläuterungen seines Schülers Tseng=tseu besteht⁶), dem Tschung-sung (d. h. Buch der ewigen Mitte, Mittelstraße), von dem Enkel des Confucius Tsu=sse⁷) herrührend, dem Lün-jü (d. h. Buch der Gespräche), von Tseng=Tseu und Ycu=tseu geschrieben⁸), und den Schriften des Meng=tseu oder Mencius, i. J. 314 v. Chr. gestorben⁹), wozu man noch das von Con= fucius redigirte Hiao-king (d. h. Buch der kindlichen Ehrfurcht) und Siao-hio (d. h. die kleine Wissenschaft), rechnet¹⁰). Neben dieser alten, von Confucius reformirten Religion des Fohi giebt es aber noch die um d. J. 200 (nach Anderen 604) v. Chr. von Lao=tsee oder Lao=giün gegründete und auf eine Art Epicuräischer Lebensphilosophie basirte Vernunft (Tao-)Religion¹¹), deren Lehren er im Tao-te-king (d. h. Buch über Vernunft und Tugend) niederlegte, und eine Art von entartetem Budd= haismus, der um d. J. 200 v. oder 65 n. Chr. aus Indien als Lehre des Fo nach China kam und dort eine bedeutende Anzahl Anhänger gefunden hat. S. A. L. G. §. 164.

1) S. Windischmann, Sina p. 423 sq. 430, 437 sq.

2) S. Y-king antiquiss. Sinarum liber, q. ex lat. interpr. P. Regis aliorq. ed. J. Mohl. Stuttgart 1834. T. I. 8. f. Windischmann p. 377 sq. Pauthier l. l. p. 137 sq.

3) Le Chou-King, un des livres sacrés des Chinois, trad. p. Gaubil, revu et corr. p. de Guignes. Paris 1770. 4. u. 6. G. Pauthier, les livres sacrés de l'Orient. Paris 1840. 4. p. 46—136. f. Windischmann p. 56, 67, 124 sq.

4) Auszug b. Klaproth, Asiat. Mag. II. p. 527 sq. u. Comm. Acad. Petropol. VIII. p. 335 sq.

5) Auszug b. Klaproth Bb. II. p. 506 sq. In diesem finden sich auch Fragm. eines 6ten Buches, Yo-King (b. i. Buch der Musik), f. Windischmann p. 294 sq.

6) S. Le Ta-Hio ou la Grande Etude, le prem. des quatre livres de philos. mor. et polit. de Chine. Trad. en franç. av. le texte Chinois en reg., accomp. du comment. de Tschou-Hi et de not. p. Pauthier. Paris 1838. 8. u. Franz. b. Pauthier p. 153 sq.

7) Tchoung Young, i. e. Sinarum scientia politico-moralis Sinice et Latine per Prosp. Intorcettam. (Goae 1669.) sine tit. fol. Franz. b. Pauthier l. l. p. 163 sq. — Tsu-ssé ou l'invariable milieu en Chinois et en Mantschou, av. une vers. lat. litter. et une trad. franç. p. A. Rémusat. Paris 1817. 4. u. in b. Not. et Extr. d. Mss. T. X. p. 269 sq.

8) Libri Lun Yu Pars I sin. et lat. auct. Pr. Intorcetta s. l. et a. (Goae) fol. u. Franz. b. Pauthier p. 177 sq.

9) S. Meng-Tseu vel Mencium inter Sinenses phil. Confucio proximum edid. interpr. lat. instr. et comm. ill. St. Julien. Paris 1824. II. 8. u. b. Pauthier p. 219 sq., f. a. Pauthier, la Chine p. 187 sq. u. Introd. l. l. p. XVI sq.

10) Alle sechs in: Sinensis imperii libri classici sex ex Sin. idiom. in lat. trad. a F. Noel. Prag. 1711. 4. Die Werke des Confucius als: Tchhin young men Syu chou tchang kiutsy tchu. Canton 1814. II. 8. Confucius, Sinarum phil. s. Scientia sinensis latine exposita stud. PP. soc. Jesu. Paris 1687. fol. Confucius works contain. the orig. text with a transl. by J. Marshman. Serampore 1809. I. 4. Deutsch: Werke des Tschinesischen Weisen Küngsfusdsü und seiner Schüler. Z. erst. Male a. b. Ursprache ins Deutsche übers. u. m. Anmerk. begl. v. D. W. Schott. Halle 1826. Bb. I. Berlin 1832. Bb. II. 8. The Chinese classical works, commonly called the four books, transl. and illustr. with not. by D. Collie. Malacca 1828. 8. Franz. Uebers. auch in b. Mém. concern. l. Chinois T. I. u. Confucius et Mencius. Les quatre livres de philos. mor. et polit. de la Chine trad. du Chinois p. Pauthier. Paris 1841. 8.

11) S. A. Rémusat im Journ. Asiat. 1823. Juill. p. 3 sq. u. Mém. sur la vie et les opinions de Lao-tseu. Paris 1823. 8. Pauthier, Mém. sur l'Origine et la Propagation de la doctrine de Tao en Chine par Lao-Tsen. Paris 1831. 8. Windischmann l. l. p. 392—422.

12) S. Windischmann p. 483 sq. Rémusat, Nouv. Mel. Asiat. T. I. p. 38, 117, 129. De Guignes in b. Mém. de l'Acad. d. Inscr. T. XL. p. 247, 307 sq. 187 sq.

§. 51.

6.) Inder. Obgleich die Inder anfänglich dem Fetischismus gehuldigt haben mögen, so wandten sie sich doch sehr bald

davon ab und dem Sabäismus zu, der sich jedoch bald nur auf
einen Punkt, die Sonne (Brahman, d. i. der Leuchtende) rich=
tete, woraus sich dann der Brahmaismus in weiterem Sinne
entwickelte, d. h. die Idee von einem ewigen Lichtquell und welt=
erschaffenden unendlichen Geiste, der, unabhängig von der Sonne,
diese sowie das ganze Weltall und alle lebenden Wesen erzeugte,
erhält und regiert und unter dem Bilde der Sonne zu verehren
ist. Hieran schloß sich die im nördlichen Indien herrschende
Volksreligion und Feuerverehrung, der Sivaismus, nach welcher
der Gott Siva (d. h. der Verehrte) als ein zerstörendes und
despotisches Wesen durch das Symbol des Feuers bezeichnet
wird, wozu dann aus Bengalen und den niederen Gangeslän=
dern der Vishnuismus (Vishnu, d. i. Durchdringer) kam,
nach welchem Vishnu unter dem Symbole des Wassers als Er=
halter und Erzeuger verehrt wird. Aus diesem, ursprünglich
zwar drei Naturkräfte (die schaffende, erhaltende und zerstörende)
enthaltenden, aber doch einigen Wesen machte nach und nach
der rohe Volksglaube drei verschiedene Gottheiten und schied sich, da
Brahma mehr allgemein gehalten ist, Siva und Vishnu aber einander
feindselig gegenüberstehen, in zwei Parteien, welche Vopadeva[1]
durch sein Schribhagavata zu vereinigen suchte, aber dadurch nur
eine dritte zwischen beiden stehende hervorrief. Jene Fundamen=
tallehren der Indischen Religion sind aber gleichfalls in heilige
Bücher (Veda's, d. h. das Geoffenbarte, zuweilen auch Sruti's,
d. h. das durch Offenbarung Gehörte, genannt), niedergelegt, die
angeblich 4900 v. Chr. von Brahma selbst offenbart und von
Weisen niedergeschrieben worden seyn sollen, jedoch vermuthlich
bereits i. J. 1400 v. Chr. existirt haben mögen. Sie erhiel=
ten sich ziemlich lange durch Tradition, bis sie Vyasa (d. i.
Sammler), vermuthlich eine mythische Person, in vier Theile,
Ritsch (d. i. Lob), metrische Hymnen auf alle Gottheiten,
Yadjousch (d. i. Opfer), 86 prosaische Abhandlungen über die
Opfer und die dabei zu beobachtenden Cerimonieen, Sâman
(d. i. Lied), lyrische, zum Absingen bestimmte Gebete, und Athar-
vana (d. h. Priester), mehr als 700 Hymnen, aber aus weit
jüngerer Zeit, als jene ersten, theilte. Jede Veda besteht wieder
aus den Mantras (Gebeten) und Brahmanas (Lehren), und
theils zu letzteren gehören, theils selbstständig sind die Upanischads,

(b. h. Meditationen), welche bie eigentliche Theologie ber Veda's, bie in ben Vebanta's (b. h. Ziel ber Veba's) im Auszuge enthalten ift, begreifen[2]). An bie Veba's schließen sich nun bie Purana's an, welche in 80000 Distichen unb 18 Abtheilungen eine Compilation aus verlorengegangenen mythologischen unb historischen Werken vorstellen unb bie Kosmos= unb Theogonie ber Hinbus enthalten. Sie werden ebenfalls jenem Byasa zugeschrieben unb um b. J. 1600 v. Chr. gesetzt, sinb aber wahrscheinlich aus weit späteren unb verschiedenen Epochen[3]). Fest stützt sich dagegen auf bie Veba's bas balb um b. J. 1280, balb 880, balb ins 13te, balb ins 5te Jahrhundert v. Chr. gesetzte Gesetzbuch bes Menu, angeblich von Brahma bem Manu Swagambhuva, bem Sprößling bes ewigen Lichtquells, mitgetheilt unb von Ribschi Bhrigu bekannt gemacht, worin in rhythmischer Form unter bem Titel Manava Dharma Sastra ein Moralcober für ein noch kindlich gesinntes Volk gegeben ist, ber allerbings burch eine Menge von Commentaren (Vyakhyana) unb Ueberarbeitungen (Ribandhanagrantha) zu einer gänzlich verwickelten Pandectensammlung angeschwollen ist[4]). S. A. L. G. §. 165.

1) S. Bavagadam ou Doctrine divine, ouvr. Ind. canon. trad. p. Obsonville. Paris 1788. 8. Deutsch in b. Samml. asiat. Originalschr. Zürich 1791. 8. I. p. 1 sq. Gehört jedoch eig. unter bie Puranas.

2) Im Allg. s. Colebrooke in b. Asiat. Reseach. T. VIII. p. 369 —476. u. Pauthier, Livr. sacrés de l'Orient p. 307—330. Heeren, Ideen II. p. 415—434. Abelung, Bibl. Sanscr. p. 109 sq. Es giebt weder eine vollständige Ausgabe, noch eine Uebersetzung aller 4 Theile, noch eines einzelnen; Auszüge stehen in: Translation of several principal Books, passages and textes of the Veds and of some controversial works on Brahmanical theology by Ram-mohun-roy. Ed. II. Lond. 1832. 8. u. in W. Jones, Works T. VI. p. 313—423, 427. Gebruckt sinb nur Proben: Rigvedae Specimen ed. Fr. Rosen. Lond. 1830. 4. (7 Hymnen). Rig-Veda Sanhida liber primus. Sanscr. et Lat. ed. Fr. Rosen. ib. 1838. 4. (121 Hymnen). Rigveda, translated into Engl. by J. Stevenson. Bombay 1833. 4. M. F. Nève, Etud. s. l. Hymnes du Rig-Veda. Louvain 1842. 8. Yabschur Veda, Deutsch in b. Dänisch. Missionsber. Bb. V. Halle 1742. 4. p. 1251 sq. Vrihad Aranyaka, a Sanscr. work of high auth. on the Theol. of the Hindus. Transl. and ed. by Stentzler. Lond. 1831. 8. Untergeschoben ist von P. Roberto de' Nobili: L'Ezour Vedam ou anciens commentaires du Vedam, contenant l'exposition des opinions religieuses et philosophiques des Indiens. Trad. du Samscretan p. un Brame à Pondichery, revu et publ. p. le bar. de Ste. Croix. ay. d. observ. prél. not. et eclairciss. Yverdun 1778. II. 12. (Deutsch v. J. Ith. Bern 1779. II. 8. s. Ellis in b. Transact. of the liter. Soc. of Bombay T. III. p. 1—59. Schlegel, Ind. Bibl. II. p. 50 sq.). Einzelne Upanischabs als: Upanishad. In Bengali Char. Madras 1818. 8. Transl. of the Isopanishad by Rammohun Roy. Calcutta 1816. 8. Transl. of the Kuth Opunishad by

Ramm. Roy. ib. 1819. 8. (beide a. b. Jadsch. W.) Transl. of the Cena Upanishad by Ramm. Roy. ib. 1816. 8. 1817. 8. (a. b. Sama W.). Transl. of the Moonduk Opouishad by Ramm. Roy. ib. 1819. 4. Außerdem wurden die Upanishad's von Daraschekn, dem Bruder Aurengzebs und ältestem Sohne des Kaisers Schah Dschean, i. J. 1067 Heg. ob. 1657 n. Chr. zu Benares in's Persische übersetzt, und so haben wir den **Kena** Upanishad (a. b. Sama W.) und **Isa** Upanishad (a. b. Jadsch. W.) Persisch, Sanscrit u. Französ. b. Panthier, Mém. s. l'origine et la propagation de la doctrine du Tao. Paris 1831. 8. p. 55—68 und ziemlich vollständig die ganze in 50 Abschnitte getheilte Uebersetzung als: Oupnekhat, i. e. secretum tegendum — cont. antiquam et arcanam s. theol. et philos. doctrinam e quatuor sacris Indorum libris Rak Beid, Djedir Beid, Sam Beid, Athrban Beid excerptam: ad verbum e pers. idiom. in lat. convers. dissert. et annot. illustr. st. et op. Anquetil du Perron. Paris an IX. (1801—2.) II. 4. Deutsch v. Th. A. Rixner. Nürnberg 1808. 8.

3) S. Asiat. Res. T. VIII. p. 202 sq. Ward, Views T. IV. p. 358 sq. Abelung l. l. p. 133 sq. Auch hier nur Proben bekannt: Ancient Indian Literature, being a Summary of the Sheve Pouran, the Brehme Vivertte Pouran and the Arthee Prekasch Shastree; with Extracts and Epitomes, transl. from the Orig. Mss. Lond. 1807. 4. Brahma-Vaivarta-Purani Spec. Text. e cod. ms. ed. interpr. lat. adj. Ad. Fr. Stenzler. Berol. 1829. 4. Devimáhátmyam. Markandeyi Puráni Sectio. Ed. lat. interpr. annot. adj. L. Poley. Berol. 1831. 4. The Sapta Sati or Chandi Pat being a portion of the Marcundeya Purana. Transl. from the Sanscr. into Engl. with expl. not. by Kávelli Vencata Ramaswami, Calcutta 1823. 8. Madras 1833. 8. Padma Puràna Spec. ed. Wollheim. Berol. 1831. 4. Niebliche Episode: Einsiedelei des Kandu, in Schlegel, Ind. Bibl. Wb. I. p. 257 sq.

4) S. Abelung p. 160 sq. Zuerst als: Institutes of Hindu Law or the ordonnances of Menu, accord. to the gloss of Culluca, verb. transl. from the orig. Sanscrit with a pref. by W. Jones. Calcutta 1794. 4. u. in Jones, Works T. III. Deutsch v. J. Chr. Hüttner. Weimar 1797. 8. Text: Manu Sang-Hitá or the Institutes of Manu, in the orig. text with the gloss of Culluca Bhatta. Publ. by Babu Rum. Khizurpoor near Calcutta 1813. 4. u. Mánava Dherma Sástra or the Institutes of Menu, accord. to the gloss of Cullùca, with a verb. tranl. and Pref. by W. Jones. Edit. by Grav. Gammey Haughton. Calcutta 1824. II. 4. Lond. 1825. II. 4. Les loix de Manou publ. en Sanscrit av. d. not. cont. un choix de variantes et de scholies p. A. Loiseleur Deslongchamps. Paris 1838. 8. Trad. du Sanscr. et accomp. de not. et expl. p. A. Loiseleur Deslongchamps. ib. 1833. 8. u. in f. Livres sacrés de l'Orient. p. 331 sq.

C) Philosophie.

§. 52.

1.) **Inder.** Fast so lange, als bei den Indern ein ordentliches Religionssystem existirte, hat es auch eine Philosophie[1] bei ihnen gegeben; denn da die Veda's das Fundament aller Pflichten enthalten, so muß sich alle Philosophie auch nothwendig auf dieselben stützen. Der Hauptzweck derselben ist, Freiheit des Geistes, als höchstes Gut, zu erlangen, und die Mittel, um zu ihr zu gelangen, anzugeben; außerdem dreht sie sich noch um drei Vernunftideen, Gott, Freiheit und Unsterblichkeit, und verliert sich in speculativen Reflexionen über die Nichtigkeit alles Irdischen. Uebrigens theilt sie sich in zwei Hauptzweige, nämlich in Strenggläubige, welche die Veda's als einzigen Hauptpunkt betrachten, und in Häretiker, welche die Philosophie unabhängig von der Religion zur Wissenschaft zu erheben trachten. Natürlich haben sich beide Parteien wieder in mehrere Schulen gespalten. Die älteste derselben ist die Sankhya-Lehre (d. h. Aufzählung, Urtheil), welche sich mit der Angabe des Unterschieds zwischen Geist und Materie beschäftigt, von Kapila, einem angeblichen Sohne des Brahma, gestiftet, jedenfalls jedoch vor Manu fallend[2]). Ein Zweig dieser ganz auf die Veda's basirten Schule ist die Yoga-Lehre (d. h. Abstractes Nachdenken), von einer mythischen Person, Patandschali, gestiftet und, wie jene nur theoretisch auftritt, rein praktisch, indem sie das Handeln zur ersten Bedingung macht und die größte Seligkeit in der Kenntniß des höchsten Wesens findet[3]). Eine dritte ist die Mimansa-Lehre (von man, forschen, also = Wissenschaft), gleichfalls in zwei Theile, einen praktischen (Karmamimansa, von Karma, Werke), der von Dschemini gestiftet ist und nur eine Art hermeneutischer Dialektik für die Erklärung der Veda's und Bestimmung der äußeren Pflichten vorstellt, und einen theoretischen (Brahmamimansa) geschieden[4]). Letzterer bildet eine neue Lehre, die gewöhnlich Vedanta, Ziel der Veda's, heißt, welche, die früheren Systeme bekämpfend, den Pantheismus lehrt und von Vyasas, dem Sammler der Vedas oder Badarayanes, herrührt[5]). Außer diesen Schulen giebt es noch die Nyaya-Lehre (nyaya, d. h. logischer Schluß), eine Art Aristotelischer Dialektik von Gotama oder Gautamas, mit dem Beinamen Buddha (d. i. der Weise), Sohn des Königs von Magadha Sudhobanos, geschaffen[6]), und die Vaiseshika-Lehre (visaesha, d. h. Unterschied), von Sawami (Meister) Kanadas, welche sich ebenfalls vorzugsweise auf Logik und Dialektik bezieht, gegründet[7]). Die Lehren dieser Schulen sind in verschiedenen Sammlungen von Aphorismen, Sutras genannt, niedergelegt. S. A. L. G. §. 199.

1) S. H. Th. Colebrooke in d. Transact. of the Roy. Asiat. Soc. T. I. p. 92, 439, 549 sq. Darnach: Pauthier, Essai s. la philos. des Hindous. Paris 1835. II. 8. J. G. Rhode, üb. relig. Bildung

u. Philosophie b. Hindvos. Lpzg. 1827. II. 8. Abelung p. 171 sq. Win-
dischmann, Philos. im Fortgang d. Weltgesch. Bonn 1827 sq. Abth. II—IV.
Indien. Dazu F. P. Stuhr, b. Chinesische Reichsreligion u. b. Systeme d.
Indisch. Philosophie. Berlin 1835. 8.
    2) S. Ward T. IV. p. 121—171. O. Frank Bjasa, üb. Philos. u.
Mythol. der Hindus. Lpzg. u. Würzburg 1826. 4. H. I. u. II. Sanchia,
one of the princ. philos. Systems of the Brahmans. Transl. from
the Sanscrit under the dir. of M. Carey. Calcutta 1811. 4. Chr.
Lassen, Gymnosophista s. Indic. phil. documenta Vol. I. f. 1. Is-
vara-crishnae Sankhya-Caricam tenens. Bonn 1832. 4. Den besten
Begriff v. d. Syst. giebt näml. d. kleine Gedicht Sankhya-Carica, welches
sich Franz. a. b. Pauthier, Essais Append. findet.
    3) S. Ward T. IV. p. 199—244. Frank l. l. H. II.
    4) S. Ward T. IV. p. 285 — 292. Dattaka Mimansa and Dat-
taka Chandrika: two Treatises on Philosophy. Calcutta 1817. 8.
    5) S. Colebrooke in d. Transact. of the R. Asiat. Soc. T. II.
P. II. p. 1 sq. Ward, Views T. IV. p. 172 sq. u. Kennedy ib. T.
III. P. III. p. 414 sq. Vedanta-Mimansa. Calcutta 1818. 8. Vedanta
Sara or Essence of the Veda. ib. 1818. 4. Védanta-Sàra: Elemens
of Theology, according to the Vedas by Sadananda Parivrajaká-
rya; with a Comment. by Rama Krishna Tirtka. Calcutta 1829. 8.
Die Philosophie der Hindu. Vaedanta-Sara von Sadananda, Sanskrit u.
Deutsch z. erst. Male übers. u. m. Anmerk. u. Anzeig. a. b. Schol. b. Rama
Krishna Tirthu begleit. v. Frank. München 1835. 4. Sankara s. de
Theologumenis Vedanticorum. Scrips. F. H. M. Windischmann.
Bonn 1833. 8. The Bengalee transl. of the Vedant or resolut of
all the Veds, the most celebrat. and revers. work of brahmin. theol.
establish. the unity of the supreme Being and that he is only ob-
ject of worship, together with a preface by Rammohun Roy.
Calc. 1815. 8. 1816. 1817. 4. (Deutsch. Jena 1818. 8.) Grav. Haugh-
thon, the expos. of the Vedanta phil. by H. T. Colebrooke, vindic.
Lond. 1835. 8. Vedanta Soûtras, Philos. des Vedas. Texte Sanscr.
comm. p. Sankara, trad. en franç. p. L. Poley. Paris 1835. fol.
    6) S. Ward T. IV. p. 171 sq. 224 sq. 233 sq. — Nyàyà Sûtra
Vritti, the logical Aphorisms of Gotama with a Comm. by Visva-
nàtha Bhattàcharya publ. Calcutta 1828. 8. Bhascha Parichheda
and Siddhanta Muktavali, an Elem. Treat. of the Terms of Logic,
with its Comm. By Viswanatha Panchanana Bhatta. Calcutta
1827. 8.
    7) S. Ward T. IV. p. 280 sq.

§. 53.

    2.) Die übrigen Völker des Orients. Es finden
sich zwar schon bei den Assyrern philosophische Untersuchungen
über göttliche Dinge und eine ewige Materie, bei den Phöniciern soll ein gewisser Historiker, Mochus, der Erfinder des
Atomensystems gewesen seyn (Sext. Empir. adv. Math. IX. p.
363), die Aegypter scheinen gleichfalls eine Art von Philosophie
gehabt zu haben, welche sich nicht blos auf Gott und die Gerechtigkeit, sondern überhaupt auf alle göttliche und menschliche
Weisheit bezog, bei den Persern arteten alle philosophisch-theo-

logischen Ansichten durch ihre Priester, die Magier in Gaukelei und Zauberkünste aus, bei den Hebräern hat man zwar von einer Philosophie Adam's, der Patriarchen, Mosis und Hiob's gefabelt, allein kaum kann man noch die Salomonischen Bücher als rein moralphilosophische betrachten, und bei den Chinesen ist auch die Vernunftreligion des Confucius und Lao Tse richtiger zur Theologie als zur Philosophie zu ziehen. S. A. L. G. §. 192 — 198.

§. 54.

3.) **Griechen.** Die Geschichte der Philosophie bei den Griechen[1]) ist genau mit dem Ursprunge der Poesie bei ihnen verbunden. Bei Orpheus, Linus, Musäus ꝛc., Homer und in der Theogonie des Hesiod, sowie in des Letzteren Werken und Tagen zeigt sich bereits der Idealismus (d. h. Sitten- und Religionsphilosophie) ziemlich abgeschlossen, woraus sich in der Folge die Mysterien entwickelten. Hierzu, vorzüglich auf der moralischen Seite, trugen wahrscheinlich bei die sogenannten sieben Weisen Griechenlands[2]), Solon in Athen (600 v. Chr.), Pittacus in Mitylene (590 v. Chr.), Thales in Milet (f. §. 54), Cleobulus aus Lindus (578 v. Chr.), Bias aus Priene (580 v. Chr.), Chilon in Sparta (574 v. Chr.) und Periander aus Corinth (633—563 v. Chr.), welche gnomische Sprüche hinterließen, die jedoch nur in sehr interpolirten Fragmenten auf uns gekommen sind[3]). Hier zeigt sich jedoch durchgängig nur rhetorische Philosophie, auf welche später auch die exoterische und realistische Naturspeculation der Jonischen und Eleatischen Philosophie zurückzuführen von den Schulen des Pythagoras und Plato versucht ward. S. A. L. G. §. 201.

1) S. Ch. A. Brandis, Hbbch. b. Gesch. b. Griech. Röm. Philosophie. Berlin 1835. I. 8.
2) S. Is. Larrey, Hist. d. sept sages, augm. p. Beaumarchais. à la Haye 1734. II. 8. Heumann in b. Act. Philos. St. X. p. 493 — 537.
3) S. J. C. Orelli, Opusc. graec. vet. sentent. Lips. 1819—21. T. I. p. 138 sq. u. Boissonnade, Anecd. T. I. p. 121, 127, 135 sq.

§. 55.

Die älteste der Griechischen Philosophenschulen[1]) ist die sogenannte Jonische, so geheißen wegen des Wohnsitzes der

meisten ihrer Mitglieder, welche selbst nach dem Gegenstande, womit sie sich beschäftigten, Physiker (v. φύσις, Natur) heißen, sich
aber, außer mit der Naturlehre im eigentlichen Sinne, auch mit
Astronomie, Mathematik und speculativer Theologie beschäftigten
und dem Emanationssysteme huldigten. Es gehörten zu ihr
Thales aus Milet (636 — 642 ob. 597 v. Chr.), durch Reisen nach Creta, Phönicien und Aegypten gebildet, welcher lehrte,
Wasser sei aller Dinge Urstoff, Gott habe alles dieß ausgebildet,
und die ganze Welt sei voll Götter[2]), Pherecydes aus
Syros (600 v. Chr.), der den Jupiter, die Zeit und das
Chaos oder die Materie für die ewigen Principien der Dinge,
die Seele aber gleichfalls für ewig hielt[3]), Anaximander aus
Milet (610 — 547 v. Chr.), der erste öffentliche Lehrer der Philosophie, welcher die Grundmaterie aller Dinge für unendlich und
den Stoff derselben für ein Mittelding zwischen Luft und Wasser
ansah[4]), Anaximenes, sein Schüler und Landsmann (548
v. Chr.), dem der Aether die Urmaterie aller Dinge, also
auch die Seele als solcher erschien[5]), Diogenes von Apollonia
(465 v. Chr.), welcher die Luft für das Grundprincip aller
Dinge und den Verstand als in ihr enthalten betrachtete[6]),
Heraclitus aus Ephesus, der Dunkle, (503 v. Chr.),
der von den alten Physikern, die er übrigens verachtete, die
Emanationslehre und von den Eleatikern den Satz von der
Sinnentäuschung angenommen hatte und lehrte, Feuer sei das
Princip aller Dinge und eine trockene (feurige) Seele die
beste[7]), Hermotimus von Clazomenä (500 v. Chr.), der
den Verstand für das weltbildende Princip hielt[8]), Anara-
goras, sein Landsmann (500 — 428 v. Chr.), vielleicht
der erste Monotheist bei den Griechen, der eine Einwirkung
auf die Materie durch die verständige Intelligenz von Außen her
annahm, die einzelnen Bestandtheile jenes Urstoffs für gleichartig
und mit einander von Ewigkeit her vermischt und durch den
Verstand in Bewegung gesetzt hielt und daraus die Körper in
der Welt entstanden glaubte[9]), und endlich Archelaus aus
Milet (500 v. Chr.), des Vorigen Schüler und erster Lehrer der Philosophie zu Athen, der den Aether für die Urmaterie aller Dinge und aus dem Warmen und Kalten entstanden
ansah, und behauptete, eine Handlung sei an sich weder gut

noch böse, sondern werde es erst durch das Gesetz[10]). S. A.
L. G. §. 202.

1) S. H. Ritter, Gesch. d. Jonischen Philosophie. Berlin 1821. 8.
Ch. A. Brandis im Rhein Mus. 1829. p. 106—124. Bouterweck in d.
Comm. Soc. Gotting. Rec. T. II. 1811. p. 1 sq. D. Tiedemann,
Griech. erste Philosophen. Lpzg. 1780. 8.
2) S. Mém. de l'ac. d. Inscr. T. XIV. p. 1 sq. Ploucquet,
Comm. hist. phil. sel. p. 164 sq. Goes, üb. d. Begr. d. Gesch. d. Ph.
u. d. System d. Thales. Erlang. 1794. 8.
3) S. Creuzer in d. Wien. Jahrb. 61. p. 186, 198 sq. Heine b.
Windheim Phil. Bibl. III. 5. p. 385 sq.
4) S. Mém. d. l'ac. d. Inscr. T. XIV. p. 31 sq. Schleiermacher,
Anax. in d. Abh. d. Berl. Ac. 1815. 4. u. Brandis l. l. p. 114 sq.
5) S. Brandis a. a. O. p. 115 sq. Corsini, Fast. Att. III. p. 111
sq. 139.
6) S. Schleiermacher a. a. O. p. 79 sq. Fr. Panzerbieter, Diog.
Apoll. de script. et aet. diss. fragm. ill. doctr. exp. Lips. 1831. 8.
Anaxag. Claz. et Diog. Apoll. fragm. disp. et ill. W. Schorn. Bonn
1829. 8.
7) S. Schleiermacher in Wolf Mus. d. Alt. W. I, 2, p. 316—533
u. geg. b. Th. L. Eichhoff, Disput. Heraclit. Mogunt. 1824. P. I. 4.
8) S. Carus b. Fülleborn Beitr. St. IX. p. 58 sq.
9) S. Mém. de l'ac. T. XXV. p. 48 sq. J. T. Hemsen, Anax.
Claz. s. de vita ej. atq. phil. disp. hist. Gott. 1821. 8. E. Schaubach, Anax. Claz. Fragm. omn. coll. et ill. Lips. 1827. 8. Fr.
Panzerbieter, de fragm. Anax. ordine. Meining. 1836. 8.
10) S. Brandis, Gesch. d. Gr. Röm. Phil. Bd. I. p. 289 sq.

§. 56.

Dem Alter nach folgt nun die sogenannte Italische
Schule, welche sich in den Griechischen Colonieen Unteritaliens
oder Großgriechenlands entwickelte, aber wegen der von ihr versuchten
philosophischen Behandlung der mathematischen Wissenschaften
auch die der Mathematiker, und von ihrem Begründer Pythagoras auch die Pythagoräische heißt. Dieser Mann,
aus Samos gebürtig (584 — 505 oder 570 — 472 v.
Chr.), wollte, nachdem er Vorderasien, Griechenland und Aegypten, wo er sich in den dasigen Priesterorden hatte aufnehmen
lassen, bereist, zuerst in seiner Vaterstadt lehren, fand aber keinen
Beifall und begab sich deshalb nach Croton in Unteritalien, wo er
den wahrscheinlich halb politischen Pythagoräischen Orden stiftete;
weil aber dadurch die Einwohner ihre Freiheit gefährdet glaubten,
so ward er von ihnen vertrieben und flüchtete nach Metapontus, wo er
starb. Er betrachtete die Mathematik als Vorbereitungswissenschaft der
Philosophie, indem er die Dinge als Größen unter der Form von
Zahlen veranschaulichte, und definirte diese als die Wissenschaft

von den unendlichen geistigen und von Gott ausgeflossenen
Dingen, deren Zweck, Aehnlichkeit mit Gott, durch die Tugend als
Mittel erreicht werde. Seine Philosophie zerfiel in einen praktischen
Theil, der die Pflichten gegen uns, gegen Andere und gegen die Götter umfaßte, und in einen theoretischen, nach welchem die Gottheit, mit einer Lichtmaterie bekleidet, im Centrum der Welt stehe,
aus welcher alle Geister, Dämonen und Menschen geflossen seien,
und die menschliche Seele nach dem Tode, je nachdem sie der
Reinigung bedürfe, in andere Körper, Thiere oder Menschen,
übergehe, aber nach vollbrachter Epuration entweder als rein
mit dem Aether vereinigt werde, oder als unrein in den Hades
komme. Unter seinen Schülern[2]), zu denen auch Frauen gehörten[3]), worunter vorzüglich seine Gattin T h e a n o zu nennen
ist[4]), zeichneten sich besonders aus O c e l l u s[5]) aus Lucanien
(496 v. Chr.), der Verfasser einer Schrift über das All; im
Dorischen Dialecte, T i m ä u s von Locri (404 v. Chr.),
der ein Buch über die Weltseele hinterließ, welches jedoch nach
Anderen ein Auszug aus dem Platonischem Dialoge $T\iota\mu\alpha\iota o\varsigma$
ist[6]), A r c h y t a s von Tarent (400 v. Chr.), sonst auch als
Mechaniker und Mathematiker berühmt[7]), P h i l o l a u s aus
Croton (498 v. Chr.), der zuerst die Lehrsätze des Pythagoras über das Weltsystem bekannt machte[8]), und der bereits
oben unter den Didaktischen Dichtern genannte E m p e d o k l e s
aus Agrigent (460 v. Chr.), der zuerst gute und böse Dämonen unterschied, also den Grund zum philosophischen Dualismus legte, und vier Elemente annahm[9]). S. A. L. G.
§. 203.

1) S. Krische, de societ. a Pythag. cond. scopo polit. Gotting.
1830. 8. C. v. Wedekind, d. Pythag. Orden. Lpzg. 1820. 8. J. Terpstra,
de sodalitate Pyth. orig. cond. et consilio. Ultraj. 1824. 8. H. Ritter,
Gesch. d. Pythag. Philos. Hamb. 1826. 8. (Dazu s. E. Reinhold, Beitr. z.
Erläut. d. Pyth. Physik. Jena 1827. 8.). Tiedemann, Griech. erste Phil.
p. 214 — 556. Meiners, Gesch. d. Wissensch. in Griech. u. Rom. I. p.
178 — 602. Hißmann, Mag. f. Phil. II. p. 75 — 122. Daß die ihm zugeschriebenen Schriften unächt sind, erweist geg. Tiedemann im Deutsch. Mus.
1788. Aug. p. 150 sq. Meiners in s. Philos. Bibl. I. 5. p. 200 sq.

2) $\Pi v \vartheta \alpha \gamma o \rho \iota \varkappa o \iota$, wenn sie seine unmittelbaren Zuhörer, $\Pi v \vartheta \alpha \gamma o \rho \varepsilon \iota o \iota$,
wenn sie blos Schüler von diesen, und $\Pi v \vartheta \alpha \gamma o \rho \iota \sigma \tau \alpha \iota$, wenn sie überhaupt
nur seiner Lehre zugethan waren. Ihre Fragm. b. Orelli, Opusc. vet. sent.
et mor. T. II. p. 220 sq. Collect. Epist. Graec. T. I. p. 429 sq. u.
Gale, Opusc. myth. p. 611 sq. 657 sq. u. Villoison, Anecd. T. II.
p. 799.

3) Ihre Fragm. b. Gale p. 740 sq. u. Orelli T. I. p. 28—90. u. 422—429. f. Wieland, b. Pythagor. Frauen, in f. Werk. Bd. XXIV.

4) J. Fr. b. Wolf Mulier. Graec. q. prosa Or. us. s. fragm. p. 162—192. u. b. Gale p. 740 sq.

5) S. Barbili in Fülleborn's Beitr. St. X. p. 1 sq. A. ist: Orelli, Luc. de universo comm. perp. aux. et vind. A. E. W. Rudolphi. Lips. 1801. 8. u. b. Gale p. 505 sq.

6) S. Barbili a. a. O. St. IX. p. 1 sq. A. ist: Timaeus Locr. de animo mundi et natura. Schol. et var. lect. annot. adj. J. J. de Gelder. Lugd. B. 1836. 8. u. b. Gale p. 543 sq.

7) S. A. Egger, Disq. de Arch. Tar. vita op. et phil. Paris 1833. 8. J. Navarro, Tent. de Arch. Tar. vita et script. Havn. 1820. 4. Aecht sind: Arch. Tar. περι μαθημ. επιστημης fragm. ed. J. Gramm. Havn. 1707. 4., unächt die: Δεκα λογοι περι του παντος φυσιος ed. Camerarius. Lips. 1564. u. anb. Fragm. b. Gale p. 673 sq. 695 sq. 701 sq. u. Orelli T. II. p. 234 sq. f. H. Hartenstein, Disp. de Arch. Tar. fragm. philos. Lips. 1833. 8. O. F. Gruppe, üb. b. Fragm. b. Archytas u. b. ält. Pythagor. Berlin 1841. 8.

8) S. A. Böckh, Philos. b. Pyth. Lehren n. b. Bruchst. f. W. Berlin 1819. 8. Zuf. b. Röther in Seebode's Arch. f. Phil. u. Päd. 1824. III. Misc. Nr. 21.

9) S. Tiedemann im Götting. Magaz. 1781. IV. 3. p. 38—71. Ritter in Wolf, Lit. Anal. II. 4. p. 411—460. Karsten in b. A. f. Fragm. p. 305—311.

§. 57.

Als die Persischen Wirren die Philosophie aus Kleinasien vertrieben und Pythagoras selbige nach Unteritalien verpflanzt hatte, so setzten trotz der Vertreibung ihres Lehrers seine Schüler dieselbe, wenn auch auf entgegengesetzte Weise fort. Dieses geschah freilich ohne Erfolg von Seiten des Empedocles, aber mit großem Beifall durch den Selbstdenker und Vernunft-realisten Xenophanes aus Colophon (527 — 477 v. Chr.), der zu Elea oder Velia in Lucanien die sogenannte ältere Eleatische Schule[1]) gründete und die Dialectik und den Pantheismus erdachte, indem er nach dem Grundsatze: „aus nichts wird nichts", behauptete: Alles ist Eins, d. h. es giebt nur eine einzige, ewige, unveränderliche und unendliche Substanz, in welcher alle Dinge sind, und dieses ist die Gottheit[2]). Während sein Schüler Parmenides fast gar nicht von ihm ab-wich[3]), lehrte Melissus aus Samos (444 v. Chr.), daß das Seyn ewig und unbegrenzt, Alles, was in die Sinne falle, aber trügerisch und falsch sei, womit sein Zeitgenosse Xe-niades aus Corinth, übereinstimmte, aber noch hinzufügte, alles Entstehende gehe aus dem Nichtseienden hervor, und alles Vergehende löse sich in das Nichtseiende auf. Der letzte aus die-ser Schule endlich, Zeno aus Elea (492 v. Chr. geboren), ftiftete die Dialectik als Kunft und zerlegte fie in die Fähigkeit, regelmäßige Forfchungen herzuleiten, den Dialog und die Difpu= tirfunft[4]). Neben diefer älteren bildete fich aber auch noch eine jüngere Eleatifche Schule aus, die jedoch mehr aus dem Empedokleismus hervorging. Es ftiftete fie Zeno's Schüler, Leucippus aus Abdera oder Melos (500 v. Chr.), die, weil er Speculationen über die Phyfik anftellte, zuweilen die phyfifche, gewöhnlich aber die atomiftifche[5]) genannt wird, indem er zwei Grundftoffe annahm, aus welchen die Welt ent= ftanden fei, einen unendlichen leeren Raum und viele untheilbare (a priv. u. $\tau\epsilon\mu\nu\omega$, fchneiden) Elemente oder Atome, aus deren Vereinigung fich die Körperwelt gebildet habe. Diefe Anfichten wurden nun aber durch den Schüler des Leucippus, den be= rühmten Reifenden Democritus[6]) aus Abdera (460 — 357 v. Chr.) ausgebildet, der zwar auch eine Unendlichkeit der Welt annahm, aber noch genauere Beftimmungen über die Be= wegung, Schwere und Undurchdringlichkeit der Körper angab. Ob nun gleich die Eleatifche Philofophie mit den genannten Männern unterging, fo ging fie doch gewiffermaßen in die Me= garifche und Stoifche Schule durch die von ihr erfundene Dia= lectik über und legte jedenfalls den Grund zur Sophiftik. Diefe entftand nämlich dadurch, daß die berühmteren Lehrer der einzelnen Wiffenfchaften, $\sigma o\varphi\iota\sigma\tau\alpha\iota$ genannt, als Meifter in der Eleatifchen Dialectik diefe auch auf Naturwiffenfchaften, Meta= phyfik, Mathematik, Redekunft 2c. anwendeten, aber bald, weil ihre einzige Abficht auf Gelderwerb und Bewunderung ausging, diefelbe nur dazu brauchten, jede Sache von zwei Seiten dar= zuftellen und durch Trugfchlüffe ihren Anfichten Beifall zu ver= fchaffen, welche darauf hinausliefen, zu beweifen, daß alle Hand= lungen gleich feien und nur durch das Gefetz zu böfen oder guten würden, und die größte Glückfeligkeit nur in die möglichft größte Befriedigung der Begierden fetzten[7]), wiewohl auf der anderen Seite ihre Verdienfte um das Gedeihen der Beredtfamkeit nicht verkannt werden dürfen. Die bedeutendften unter ihnen waren Gorgias aus Leontium (459 v. Chr.)[8]), Protagoras aus Abdera (470 — 404 v. Chr.), der Erfte, welcher fich felbft Sophift nannte[9]), Prodicus[10]) aus Teos (435 v. Chr.), berühmt durch feine bei Xenoph. Mem. II, 1,

21 erhaltene Erzählung vom Hercules am Scheidewege, und einige andere weniger wichtige. S. A. L. G. §. 204—205.

1) S. Liber de Xenophane, Zenone, Gorgia, Aristoteli vulgo tributus part. illustr. comm. a G. G. Fülleborn. Hal. 1789. 4. (dazu f. G. L. Spalding, Vindic. philos. Megaric. subjecto comm. in prior. part. lib. de Xen., Zen. et Gorg. Berol. 1793. 8.) Chr. A. Brandis, Comm. Eleatic. P. I. Xenoph. Parmen. et Meliss. e propr. philos. reliq. expos. Alton. 1813. 8.

2) S. J. G. Buhle in b. Comm. soc. Reg. Gotting. T. X. hist. p. 157 sq. Cousin, Oeuvr. (Bruxell. 1841.) T. II. p. 277 sq.

3) S. Karsten b. b. A. f. Fragm. p. 1—26. u. 132—211. G. S. van Reesema, Parmenid., Anaxag., Protagorae principia et Plat. de iis judicium. Lugd. B. 1840. 8.

4) S. Ständlin, Geist b. Skepticismus I. p. 264 sq. Cousin, Oeuvr. T. II. p. 299 sq.

5) Lafaist, Diss. s. la philos. atomistique. Paris 1833. 8.

6) S. Ploucquet, Comm. phil. sel. p. 233—258. Fr. W. A. Mullach, Quaest. Democrit. spec. II. Berol. 1835—42. 4. Geffers, Quaest. Democrit. Gotting. 1829. 4. S. Fragm. b. Orelli, Opusc. sent. Graec. T. I. p. 91 sq. Democr. phil. de sensibus iisq. quae sens. percip. fragm. ed. F. W. Burchard. Mind.1830. 4. Fragm. b. Moral b. Abder. Dem. zuf. gest. v. F. W. Burchard. ebb. 1834. 8. Democr. ph. Fragm. coll. rec. illustr. Fr. W. A. Mullach. Berol. 1843. 8. Dem Synesius gehört: Democr. Op. chymica s. de arte magna c. Synes. et Pelag. comm. interp. D. Pizimenti. Padua 1572. 12.

7) S. L. Cresoll, Theatr. vet. rhetor. orator. declamat. q. in Graecia nomin. σοφιστας. Paris 1620. 8. u. b. Gronov. Thes. Antiq. Gr. T. X. p. 1 sq. J. Geel, Hist. cr. Sophist. qui Socratis aet. Athenis floruerunt, in b. Nov. Act. Soc. Rheno-Traj. 1803. II. p. 1sq. H. Roller, b. Griech. Sophist. zu Sokr. u. Plato's Zeit. Stuttg. 1832. 8.

8) S. H. E. Foss, de Gorg. Leont. comm. Interp. est Arist. lib. de Gorgia emend. editus. Hal. 1828. 8.

9) S. Geist, de Prot. vita. Giess. 1828. 4. B. F. Herbst, b. Prot. Leb. u. Sophist., in Chr. Petersen, Phil. hist. Stud. Hamb. 1832. I. 8.

10) S. C. A. Boetticher, Hercules in bivio. Lips. 1829. 8. Welcker im Rhein. Mus. 1833. I, 1. p. 1—39. 4. p. 533—647.

§. 58.

Mancherlei hatte aus den Lehren der Sophisten, obwohl er nie zu ihnen gehört hatte (f. Aristoph. Nub. v. 94 sq.), profitirt der größte Weise des Alterthums, Socrates aus Athen (f. Cic. Tuscul. V, 4, 10), der, nachdem er in der Schlacht bei Delium (i. J. 424 v. Chr.) als Held für sein Vaterland gekämpft und sein ganzes Leben (468 — 399 v. Chr.) der Erziehung und Veredlung seiner Mitbürger geweiht hatte, doch zuletzt nach seines Beschützers, Alcibiades, Tode († i. J. 404), den Anklagen seiner Feinde, deren er sich durch sein beständiges Warnen vor den Sophisten viele zugezogen hatte, vorzüglich denen des Anytus und Melitus erlag und, weil er angeblich neue Götter

einführe und die Jugend verderbe (f. **Xenoph. Memor. I, 1,
1**), den Giftbecher trinken mußte. Seine ganze Philosophie war
practisch, der theoretische Theil stützte sich jedoch auf die Emanationslehre als Volksreligion, indessen nahm er sie nur als Vor-
aussetzung an. Das Daseyn Gottes bewies er aus der Regel-
mäßigkeit der Welt und behauptete, der beste Gottesdienst sei ein
reines Herz, unsträflicher Lebenswandel, Fleiß und Berufstreue.
Wahrscheinlich glaubte er daneben noch an einen wirklichen
Schutzgeist (δαιμονιον), der dem Menschen zur Seite stehe, sowie
an eine Vorsehung, und war überzeugt, daß die menschliche Seele
als ein Theil und Ausfluß des göttlichen Wesens wieder in
dasselbe zurückfließen werde, also unsterblich sei. Seine Moral
lehrte, daß Weisheit das höchste Gut, Unwissenheit aber das
größte Uebel sei; da nun der Weise das Gute und Schändliche
kennen, jenes üben, dieses fliehen müsse, so folge, daß Weisheit
mit der Tugend Eins sei. Letztere bestehe aus Mäßigkeit und
Gerechtigkeit und habe sich die größtmögliche Vervollkommnung unserer
selbst sowohl als Anderer zur Aufgabe zu stellen; man dürfe also
auch dem Feinde nicht zu schaden suchen. Wer diese Tugend in ihrer
ganzen Summe besitze, der verdiene den Beinamen καλοκἀγα-
ϑος (d. h. schön [an Leib und Seele] und gut)[1]. Sein Vortrag war eine Art von geistiger Maieutik, d. h. eine Entwickelung der Ueberzeugungsgründe aus dem Bewußtseyn eines Jeden
auf allgemein verständliche Weise, also vorzüglich auf gesprächsweise
Belehrung gestützt, wobei er sich der Ironie (ειρωνεια) bediente,
welche bei ihm jedoch nicht in dem, was wir jetzt darunter verstehen, sondern darin bestand, daß er unter dem Vorwande der
Unwissenheit nie etwas auf bestimmte Weise behauptete (f. **Xenoph. Mem. IV, 4**). Schriften hat er nicht hinterlassen (f.
Cic. de Orat. III, 16)[2]; daher kann sein Character und seine
Lehrweise nur aus Xenophon's Memorabilien und Apologie
und aus Plato's ebenso betitelter Vertheidigungsschrift beurtheilt
werden. Seine Schüler zerfallen[3] in zwei Klassen, nämlich in
solche, welche sich lediglich mit dem practischen Theile seiner Philosophie beschäftigten und entweder, wie Cebes, Aeschines, Xenophon,
blos in Schriften lehrten, oder durch schulmäßigen mündlichen
Vortrag ihre Mitbürger unterrichteten, wie die Cyniker und Cy-
renaiker, und in diejenigen, welche zum praktischen auch den theo-

retischen Theil fügten, wie die Megarische, Elische, Eretrische, Platonische, Peripatetische, Stoische und Skeptische Schule. S. A. L. G. §. 206—207.

1) S. G. Wiggers, Socr. als Mensch, als Bürger und als Philosoph. Rost. 1807. 8. Fr. L. Bauer, das Christliche b. Platonismus oder Socrates und Christus. Tübing. 1837. 8. Eberhard, neue Apol. b. Socr. Berl. 1788. III. A. II. 8. P. van Limburg-Brouwer, Apol. Socr. contra Meliti redivivi calumniam s. judic. de P. G. Forchhammeri Libro („die Athener u. Socrates, b. Gesetzlichen u. b. Revolutionär. Berl. 1837. 8.) Groning. 1838. 8. Th. Heinsius, Socr. n. b. Grabe f. Schuld. Lygg. 1838. 8. Tychsen in b. Bibl. b. Alt. Lit.u. K. I, 1. p. 1—53. 2. p. 1 —60. Ritter, Gesch. b. Phil. II. p. 17—86. (f. K. Fr. Hermann, üb. H. Ritter's Darst. b. Socr. Syst. Heidelb. 1833. 8.) Van Heusde, Character. princ. philos. Graec. vet. Socr. Plat. Aristot. Amstel. 1839. 8. p. 1—98. Brandis im Rhein. Muf. 1827. p. 118—250. u. 1829. p. 95 —112. Schleiermacher in b. Abh. b. Berl. Acad. 1814. 4. Hist. Ph. Kl. p. 50 sq. J. Did. van Hoëvell, de Socr. philos. Gron, 1840. 8. J. H. E. Hummel, de theol. Socr. Gott. 1839. 8. J. W. Hanne, Socr. als Genius ter Humanität. Braunschw. 1841. 8.

2) S. Socr. Epist. ed. Leo Allatius. Paris 1637. 4. u. b. Orelli, Coll. Epist. p. 3 sq. Sentenzen von ihm b. Orelli, Opusc. Graec. sent. T. I. p. 12—28. Im Allg. f. Meiners bei Orelli p. 426 sq. Olearius ebb. p. 385 sq. u. Leo Allatius ebb. p. 329 sq.

3) S. Goering, Disq. qua explic. cur Socratici philos. q. inter se dissentiebant discipl. princ. a Socr. philos. longius recesserint. Parthenop. 1816. 4.

§. 59.

Zur ersten Klasse der Schüler des Socrates, welche blos schriftlich lehrten, gehören aber Cebes aus Theben (404 v. Chr.), als vertrauter Freund des Socrates vom Plato im Phaedo (p. 59 C.) redend eingeführt, von dem noch ein von einem späteren Stoiker, wenn nicht verfaßter, doch überarbeiteter Dialog (πιναξ, Gemälde, betitelt), wie die zeitlichen Güter Quellen alles Unheils auf der Welt seien, übrig ist[1]), Aeschines aus Athen (365 v. Chr.), wo er erst Lehrer der Philosophie, dann Sachwalter war, dessen drei Dialoge: ob die Tugend zu lehren sei, über den Reichthum und über den Tod, sämmtlich unächt sind[2]), Simon aus Athen, ein Schuster, dem in neuerer Zeit die Platonischen Dialoge περι νομου oder Μινως, περι δικαιου und περι φιλοκερδους oder Ἱππαρχος und der des Aeschines über den Reichthum, Ἐρυξιας betitelt, zugeschrieben worden sind[3]), und endlich der unten noch zu besprechende Xenophon, der uns in den Denkwürdigkeiten des Socrates (ἀπομνημονευματα, Memorabilia, Commentarii) entwickelt, welche Verdienste er hatte, wie er die Jugend besserte und stets edel handelte, in der Apologie desselben (ἀπολογια) zeigt, wie er sich hätte vertheidigen sollen, im Gastmahle (συμποσιον, convivium), das, dem Platonischen nachgebildet, uns darstellt, wie Socrates und seine Freunde bei leiblichen Freuden nie die geistigen Ergötzlichkeiten vergaßen, und im Hiero (Ἱερων), einem Gespräche zwischen dem gleichnamigen Tyrannen von Syracus und dem Dichter Simonides, einen Fürsten belehrt, wie er sich die Last seiner Königswürde zu erleichtern habe[4]). Neben diesen Schriftlehrern entstand nun aber die sogenannte Cyrenaische Schule[5]) durch Aristippus von Cyrene (365 v. Chr.), der, obgleich Schüler des Socrates, doch nur einen Mittelweg zwischen den Lehren dieses und der Sophisten einschlagend, die Tugend blos als Mittel zur Glückseligkeit ansah und als höchsten Grad derselben die Summe einzelner Vergnügungen betrachtete[6]), welche Meinung von seinen Schülern, unter denen der Atheist Euemerus und Bion aus Borysthenis[7]) die bedeutendsten waren, noch weiter ausgeführt ward. Weit höher wegen ihrer Beibehaltung der Socratischen Moral und freilich oft etwas übertriebenen Strenge ihres Lebenswandels steht aber die Cynische Schule, so genannt, weil ihr Stifter Antisthenes[8]) aus Athen (365 v. Chr.) in dem vor den Thoren Athens gelegenen Gymnasium Cynosarges lehrte, nicht etwa von dem Spottnamen seiner Anhänger (κυνες, d. i. Hunde). Sie setzte die Glückseligkeit in die Ausübung der Tugend, zu welcher die Natur uns den Weg zeigt und die durch politische, moralische und physische Freiheit erlangt wird, indem wir unsere Leidenschaften und conventionellen Thorheiten durch Ertragung aller Beleidigungen, Vernachlässigung aller Gewohnheiten, die äußerste Genügsamkeit und außergesellschaftlichen Lebenswandel zu besiegen haben. Dergleichen Entbehrungen konnten jedoch nur wenige Liebhaber finden; darum war die Anzahl seiner Schüler zwar gering, zählte aber doch ausgezeichnete Männer unter sich, wie den freimüthigen aber launenhaften Cosmopoliten Diogenes von Sinope (412 — 323 v. Chr.)[9]), den ernsteren Crates aus Theben (328 v. Chr.)[10]), und den Satirendichter Menippus von Gadara[11]). S. A. L. G. §. 208 — 210.

1) Ed. Princ. (Rom. Calliergi 1500?) s. l. et a. 8. coll. IV codd.
ed. J. Schweighaeuser. Argent. 1806. 12. ed. Ad. Koray. Paris
1826. 8. f. F. G. Klopfer, de Ceb. tabula diss. III. Zwick. 1818
— 22. 4.

2) Περι αρετης ει διδακτον, Ερυξιας η περι πλουτου u. Αξιοχος η περι
θανατον. Ed. Pr. c. Plat. Dial. Ven. Ald. 1513. fol. rec. emend.
expl. J. Fr. Fischer. Ed. III. Lips. 1786. 8. Gr. cura Neoph. Ducae.
Vindob. 1814. 8.

3) So von Boeckh ad Plat. Minoem. p. 7 sq. 43 sq. Dagegen
Stallbaum, de dial. nuper Simon. Socr. adscr. Lips. 1841. 8. f. Sim.
Socr. Dial. quatuor. Acc. aut. inc. dial. Axiochus et Eryxias. Gr.
c. not. ed. A. Boeckh. Heidelb. 1810. 8.

4) Memor. Socr. Ed. Pr. ed. Victorius. Flor. 1538. 8. rec. et
interpr. est F. A. Schneider. Lips. 1816. 8. cur. Fr. A. Bornemann.
Lips. 1829. 8. rec. et ill. G. A. Herbst. Hal. 1827. 8. c. annot. ed.
G. A. Sauppe. Lips. 1834. 8. rec. et comm. instr. R. Kühner. Goth.
1840. 8. — Xen. Symp. ed. G. Lange. Hal. 1825. 8. Conviv. et
Socr. Apol. Xen. vulgo abjud. rec. et interpr. est Fr. A. Borne-
mann. Lips. 1824. 8. Conv. recogn. et illustr. G. A. Herbst. Hal.
1830. 8. Gastmahl, Hiero und Agesilaus mit Anmerk. u. Wörterb. v. R.
Hanow. Halle 1835. 8. f. Henrichsen, de consilio et arte conv. Xen.
Alten. 1840. 8. — Xen. Hiero rec. C. H. Frotscher. Lips. 1822. 8.
Im Allg. f. C. G. Cobet, Comm. qua continet. prosopographia Xenoph. Lugd. B. 1836. 4.

5) S. C. M. Wieland, Aristipp u. ein. f. Zeitgenossen. Lpzg. 1800—2.
IV. 8. u. Werke Bd. 33—36. Wendt, de phil. Cyrenaica. Gott. 1842. 8.
u. in d. Comm. soc. Reg. Gott. T. VIII. Cl. Hist.

6) S. H. Kunhardt, de Arist. philos. mor. Helmst. 1796. 4.
Fr. Mentz, Arist. phil. Socr. Hal. 1719. 4. Unächte Fragmente u.
Briefe b. Orelli, Opusc. sent. T. II. p. 153 sq. u. Coll. Epist. I. p.
208 sq.

7) S. J. Hoogvliet, de Biene Bor. diss. Lugd. B. 1822. 8. S.
Fr. b. Orelli, Opusc. sent. T. II. p. 174 sq. u. b. J. B. Rossignol,
Fragm. Bion. Bor. phil. coll. emend. et ill. Lut. Par. 1830. 8.

8) S. S. G. Stolle, de vita, mor. et placit. Antisth. Jen. 1724. 4.
S. Fragm. b. Orelli, Op. sent. T. II. p. 44 sq. u. Antisth. Fragm.
coll. et ed. A. W. Westermann. Turici 1842. 8. Unächt sind die ihm
zugeschriebenen Declamationen Αιας u. Οδυσσευς bei Orat. Graeci ed.
Reiske T. VIII. p. 52 sq.

9) Unächt sind die Fragm. b. Orelli T. II. p. 54—132. u. b. Briefe
b. Coll. Epist. Graec. Lubini. Heidelb. 1609. 4. p. 66—95. u. and.
in d. Not. et Extr. d. Mss. T. X. 2. p. 122 sq. Erdichtet ist d. Fabel
von f. Wohnung in einem Fasse, f. Hermann. ad Luc. de conscr. hist.
3. p. 20.

10) S. N. Postumus, de Crát. cyn. Groning. 1823. 8. S. Fragm.
b. Orelli Opusc. T. II. p. 132 sq. u. Briefe b. Cujacii Coll. Epist.
Graec. (Aurel. Allobr. 1606. fol.) p. 345 sq. u. Not. et Extr. d. Mss.
T. XI. 2. p. 1—51 sind unächt, f. Orelli, Praef. ad Socrat. Epist. p.
XIII sq. u. Morelli, Bibl. Mss. T. I. p. 72 sq.

11) S. Jacobs, Prol. ad Anth. Gr. T. VI. p. XXXVII sq. und
oben § 27, 5.

§. 60.

Gehen wir nun zu der zweiten Klasse der Socratiker über,
so haben wir es mit einer Menge größerer und kleinerer Schulen

derſelben zu thun. Dieſe ſind die **Megariſche**[1]), ſo genannt von ihrem Stifter, **Euclides** aus Megara (i. J. 399 v. Chr.), der eigentlich mehr Eleatiker war, aber die dialogiſche Lehrme= thode beibehielt und lehrte, Alles ſei gut, was in ſeiner Art ewig, einzig und ſich gleich und unveränderlich ſei. Seine Schüler heißen auch **Dialectiker**, weil ſie ſich beſonders mit Erfin= dung von Trugſchlüſſen beſchäftigten, und von ihrer Streitſucht (ἔρις) auch **Eriſtiker**. Faſt gar nicht wich von ihnen die **Eliſche Schule** ab, die von dem Freunde des Socrates und Plato, **Phädon**[2]) aus Elis, geſtiftet war, aber keine Dauer hatte, ob ſie gleich **Menedemus** aus Eretria[3]), der wie Phädo die Dialectik zum Hauptgegenſtande ſeines Syſtems machte, unter dem Namen der **Eretriſchen** fortzupflanzen ſuchte. Auf eine andere Seite hin, d. h. auf die Socratiſche Ironie fußend, philoſophirte **Pyrrhon** aus Elis (340 –– 288 v. Chr.), anfangs Maler, dann aber Begleiter Alexander's des Großen. Er nahm an, man könne einem jeden Grunde einen anderen ebenſo wichtigen entgegenſetzen, alſo in keinem Falle etwas ge= wiß behaupten oder ableugnen, der Menſch müſſe ſich aber in ſeinen Handlungen von den Sinnen, die wenigſtens Wahrſchein= lichkeit für ſich hätten, leiten laſſen. Ob er nun demgemäß gleich den **Skepticismus** erfand, ſo haben doch die Pyrrhoniſten (**Cic. Orat. III. 17**) keine eigentliche Secte ausgemacht, was in der Sache ſelbſt liegt[4]). S. A. L. G. §. 211 — 214.

1) S. **J. C. Walch, de philos. vet. eristicis.** Jen. 1755. 4. F. **Deycks, de Megaricorum doctrina ejusque apud Platonem et Aristot. vestigiis.** Bonn. 1827. 8. Ritter im Rhein. Muſ. 1828. p. 295 — 335. **Winckelmann ad Plat. Euthydem. Prol. p. XXII sq.**
2) S. **Senec. Epist. 94, 41. Intpp. ad Hesych. Miles. p. 205 sq.**
3) S. **Senec. Ep. 88, 36.**
4) S. **Mém. de l'ac. d. Inscr. T. XLIII.** p. 131 sq. **J. R. Thor- beke, Resp. ad quaest. quod — inter Academ. et Sceptic. interfuit.** Lugd. B. 1821. 4. C. Fr. Stäudlin, Geſch. u. Geiſt d. Skepticismus. Lpzg. 1794. II. 8. J. F. L. Tafel, Geſch. u. Crit. d. Skept. Tübing. 1834. 8. **R. Brodeisen, de philos. Pyrrh.** Kiel 1819. 4. **Plolucquet, Opusc.** p. 34 — 49.

§. 61.

Bei Weitem mehr Glück oder im Ganzen den meiſten Er= folg hatte aber dasjenige Syſtem, welches **Plato** aus Athen (i. J. 429 v. Chr.), ein Schüler des Socrates v. 409—401 v. Chr. und nachher des Euclides, der vielleicht auch bei ſeinen Rei=

sen nach Unteritalien Pythagoräischen Lehren nicht ganz fremd geblieben
war, später bis an seinen i. J. 329 v. Chr. erfolgten Tod in einem
kleinen Garten in einer Vorstadt Athens, neben der sogenannten
Academie (daher Academische Philosophie) vortrug. Obgleich
ein tiefsinniger und feiner Kopf, hat ihn doch sein dichterisches Genie
und seine lebhafte Phantasie des ruhigen Beobachtungsgeistes
seines Lehrers beraubt, dem er zwar in seiner Moral, in der
Methode des schriftlichen Vortrags und in der Bekämpfung der Sophisten folgte, von welchem er aber durch Bearbeitung des speculativen
Theils der Philosophie, durch Benutzung des von ihm auf seinen
Reisen Erlernten, in Ansehung der Lehrart und des Vortrags
abwich. Die Philosophie selbst, die er als die Erkenntniß des
Allgemeinen und Nothwendigen, sowie des Wesens und Zusam-
menhangs aller Dinge ansieht, als deren Erkenntnißquelle man
die Vernunft und als Gegenstand die Ideen, von denen wieder
die Zahlen, als die Mitte zwischen ihnen haltend, verschieden
seien, zu betrachten habe, zerfällt bei ihm in einen speculativen
und praktischen Theil; zu jenem gehören Physik und Psychologie,
zu diesem Moral und Politik, Vorbereitungswissenschaft aber ist
die Mathematik. In Beziehung auf Physik nimmt er eine von
Ewigkeit existirende Materie, die Quelle alles physischen und
moralischen Bösen an, welche der ebenfalls ewige Gott zur Welt
umschuf. Dieser enthält den göttlichen Verstand als ewiges
Grundwesen in sich und bildet mit der von ihm bei der Um-
schaffung der Ur- in eine Sinnenwelt in die Mitte derselben
gesetzten Weltseele die sogenannte Platonische Dreieinigkeit.
Rücksichtlich der Psychologie nimmt er an, daß Gott die menschlichen Seelen aus sich selbst geschaffen, sie über die Gestirne aus-
gesäet und ihnen auferlegt habe, einige Zeit einen menschlichen
Körper zu bewohnen; in diesem seligen Dämonenzustande bekamen
sie bereits Begriffe von den ewigen Wahrheiten, die sie zwar
nachher bei der Geburt vergaßen, die aber durch die Dialectik
und Mathematik wiedergeweckt werden können, sodaß alles Erkennen eigentlich nur Wiedererinnerung ist. Natürlich ist die
Seele unsterblich, sie wohnt aber im Haupte und wird durch zwei
Verbindungswege, deren einer in dem Herzen (der Quelle der Lei-
benschaften), der andere in dem Unterleibe (der Ursache des Hungers,
Durstes, Begattungstriebes und der Habsucht) liegt, mit dem

Körper verknüpft. Nach seiner Moral ist das höchste Gut die Erkenntniß Gottes, der Endzweck aller Erkenntniß die größtmögliche Aehnlichwerdung mit Gott und die Beherrschung aller Begierden und Leidenschaften und das größte Vergnügen die (Platonische) Liebe der göttlichen Seele, welche ihre ganze Befriedigung in der Ausübung der Tugend findet, sich also von der Liebe der thierischen Seele im Unterleibe, welche blos das sinnliche Vergnügen berücksichtigt, und der der Seele im Herzen, welche auf Schönheit des Körpers und der Seele sieht, unterscheidet. Seine allerdings phantastischen Begriffe über Politik endlich lernt man aus seinen Büchern über den Staat und die Gesetze kennen, wo er nach einem allerdings nie zu verwirklichenden Ideale einer aristokratischen Regierungsform huldigt. Obgleich nicht alle seine Schriften[3] mehr vorhanden sind, so sehen wir doch aus ihnen, daß kein anderer Redner oder Philosoph so wie er die Kunst besaß, die Zuhörer durch Wohllaut der Rede zu bezaubern, ob es gleich bei ihm an einer eigentlichen philosophischen Kunstsprache fehlt, die Bildersprache mehrerer Dialoge zu geschmückt und die Veranlassung zu mehreren derselben jetzt für uns unklar ist. S. A. L. G. §. 215.

1) S. **Corsini Dissert. s. l. et a.** [Flor. 1751.] 8. p. 32—68. u. b. **Gori Symb. Litt. Dec. I. T. VI.** p. 88 sq. **Remarks on the life and writings of Plato.** Edinb. 1760. 8. A. d. Engl. m. Anm. v. Morgenstern. Lpzg. 1797. 8. F. Ast, Plato's Leben und Schriften. Lpzg. 1816. 8. J. Socher, üb. Plat. Schriften. München 1820. 8. W. G. Tennemann, Syst. d. Plat. Phil. Lpzg. 1792 — 95. IV. 8. **J. F. Combes-Dounous, Ess. hist. sur Platon et coup d'oeil rap. sur l'hist. du Platonisme.** Paris 1809. II. 8. **Ph. G. van Heusde, Initia philos. Platon.** Ultraj. 1827—36. V. 8. u. **Character. Princ. philos. vet.** p. 99—141. M. F. Hermann, Gesch. u. System. d. Plat. Philos. Heidelb. 1836. II. 8.

2) Die Fragm. s. Dicht. b. **Bergk** p. 442 sq. u **Brunck, Anal. T. I.** p. 169 sq.

3) Seine Schriften zerfallen in 3 Klassen, solche, welche vor und bis zu Socratis Tode abgefaßt sind, nämlich die Dialogen Lysis, Laches, Hippias major, Jon, Charmides, Meno, Alcibiades I., Cratylus, Euthydemus, Protagoras, Gorgias, Eutyphro, die Apologie des Socrates und Crito; ferner in die seit seiner Rückkehr von seinen Reisen bis zu seiner zweiten Fahrt nach Sicilien geschriebenen, nämlich Theätetus, Sophista, Politicus, Parmenides, Symposion, Menexenus, Phädrus, Phädo, Philebus, die Bücher v. Staate oder Politia, Timäus und Critias, und endlich in die dritte seit jener Zeit, welche nur die 12 Bücher von den Gesetzen begreift. Unächt sind Minos, Hipparchus, Theages, Anterastä, Hippias minor, Clitophon, Alcibiades II., Epinomis, Definitionen über das Recht und über die Tugend, sowie seine Briefe (früher erst 13, dann noch 3 b. **Orelli Epist. Socr.** p. 30 sq. u. 2 b. **Boissonnade, Anecd. T. II.** p. 84. u. 211. s. **Salomon, de Plat. q. feruntur epistolis.** Berol. 1835. 4.) Ausg. s. **Ed. Princ. e** cod.

Mss. lat. vers. a Mars. Ficino. Florent. 1842. fol. Ed. Pr. Graec.
Venet. Ald. 1513. fol. Gr. c. Ficini vers. lat. ad ed. Stephan. expr.
Acced. var. lect. Bip. 1781 — 87. 8. (Dazu Vol. XII. Dial. Plat. ar-
gum. a. Tiedemanno expos. ib. 1786. 8.). Plat. Op. gr. et lat. re-
cens. et expl. Fr. Ast. Lips. 1819—32. 8. (T. I—IX Text. X. u. XI
Comm. unvollenb.). Op. graece rec. et adnot. crit. instr. C. L. Chr.
Schneider. Lips. 1830—33. T. I—III. 8. (nur de republ. enth.) Gr.
ex rec. J. Bekker. Berol. 1816—18. VIII. 8. (Dazu Comm. crit. ib.
1823. II. 8.). Gr. rec. et expl. G. Stallbaum. Lips. 1821—29. 8.
(T. I—VIII Text IX—XII Noten). Op. omn. rec. et comm. instr.
G. Stallbaum. Goth. 1827 sq. T. I—VI. 8. rec. et comm. scholq.
illustr. J. Bekker. Acc. V. D. annot. vers. lat. et Tim. Lex. Plat. Lond.
1826. XI. 8. Op. omn. recogn. J. G. Baiter, J. C. Orelli, A. G. Winckelmann. Acc. var. lect. schol. et nom. ind. Turici 1839. 4. Platon's
Werke, übers. v. Fr. Schleiermacher. Berlin 1817—28. 8. S. a. G. A.
Fr. Ast, Lexicon Platonicum. Lips. 1834—38. IV. 8. u. G. Groen
van Prinsterer, Prosopograph. Plat. Lugd. B. 1823. 4.

§. 62.

Obgleich die Schüler des Plato im Allgemeinen seinem
Systeme getreu blieben, so wichen sie doch später nach verschiedenen Richtungen hin ab, sodaß man die ältere, mittlere, neue,
vierte und fünfte Academie zu unterscheiden hat. Hier sind
blos noch aus der älteren Speusippus aus Athen (347
v. Chr.), der Nachfolger auf seinem Lehrstuhl, Xenocrates
aus Chalcedon (397 — 315)[1]), Polemo aus Athen, der
das höchste Gut in einen naturgemäßen Lebenswandel setzte
(315 — 270 v. Chr.), Crantor von Soli[2]), noch vor
diesem verstorben, und Crates aus Athen (287 v. Chr.) zu
nennen.

1) S. van de Wynpresse, Diatr. de Xen. Chalc. Lugd. B.
1822. 8.

2) Kayser, de Crant. academico. Heidelb. 1841. 8.

§. 63.

Während die Platonische Philosophie aber immer noch blos
Eigenthum des gebildeten Theils der Nation gewesen war, machte
die seinige zur förmlichen Schulweisheit Aristoteles aus Sta-
gira (geb. Olymp. 99, 1 od. i. J. 384 v. Chr.), v. J. 367
—347, einer der eifrigsten Schüler Plato's, später Erzieher (i. J.
342) Alexander's des Großen, seit d. J. 334 aber zu Athen
Lehrer seines philosophischen Systems, welches er in dem Säu-
lengange des Lyceums, daselbst herumgehend (περιπατειν, daher
seine Philosophie die Peripatetische und seine Schüler die

Peripatetiker genannt) vortrug, und nach dem Tode Alexander's zu Chalcis auf Euböa bis an seinen daselbst 114, 3 Ol. oder i. J. 322 v. Chr. erfolgten Tod ansässig[1]). Seine Philosophie hält die Mitte zwischen der Emanations= und Atomenlehre, und im Vortrag derselben hat er die dialogische Form mit der systematischen vertauscht, dabei aber eine philosophische Kunstsprache erfunden und Naturgeschichte, Oekonomie, Pädagogik, Physiognomie und Theorie der schönen Wissenschaften mit in den Kreis der wissenschaftlichen Disciplinen gezogen. Sein System zerfällt in sechs Theile, deren ersten die Logik bildet, welche die Vorbereitungswissenschaft zu den übrigen vorstellt, und wieder aus der Analytik (der Wissenschaft von den Begriffen, Sätzen, Schlüssen und Beweisen) und der Topik (der Wissenschaft von den Demonstrationen aus Grundsätzen der Erfahrung, des Verstandes und der Vernunft) besteht[2]). Im zweiten Theile, der Physik, behauptet er, daß nur eine Welt von Ewigkeit her in ihrer jetzigen Gestalt existirt hat und von Gott geordnet, bewegt und erhalten wird[3]). In der Psychologie lehrt er, daß es theils animalische Kräfte im Körper giebt, welche das Princip des Lebens sind und zu denen die auch den Thieren zukommende sinnliche Seele gehört, theils sogenannte Entelechieen (ἐντελέχειαι), lebendige Kräfte, welche durch ihren organischen Körper wirken und aus der feineren ätherischen Natur gebildet sind, aus der die Gestirne hervorgingen, und so die denkende Seele ausmachen, welche ihre Ideeen durch die Sinneserkenntniß empfängt[4]). Die natürliche Theologie behandelt er in der Metaphysik, nach welcher ihm die Gottheit in der äußersten Himmelssphäre wohnt, ewig, unkörperlich, eine einfache und unbewegliche, aber mit Verstand und Willen begabte Substanz ist, die die Ursache der Bewegung und Erhaltung der Welt ist[5]). Seine Moral lehrt, daß der Grundtrieb aller Geschöpfe Selbsterhaltung und Glückseligkeit ist, welcher uns veranlaßt, nach dem vollkommensten und der Natur angemessensten Zustande zu streben, der durch den Besitz der Güter, d. h. aller begehrenswerthen Dinge, also sowohl geistiger und körperlicher, Glücks= und innerlicher Güter erlangt wird; allein das höchste Gut ist immer die Tugend, d. h. eine aus Ueberzeugung entstandene Fertigkeit, zwischen zwei Lastern die Mittelstraße zu wählen[6]). Seine Politik endlich, zu der auch die Pädagogik

und Oekonomie gehört, lehrt, wie durch die Vereinigung mehrerer
Menschen aus Bedürfniß zu einem Staate durch dessen vollkommene Einrichtung nach Außen und Innen zu das höchste Gut
des Menschen, also auch seine Glückseligkeit erreicht werde[7].
Der Styl, den er in seinen freilich nicht mehr sämmtlich vorhandenen Schriften an den Tag legt, ist präcis, populär, ge-
fällig, fast zu klar, indem er wenig mehr zu denken übrig läßt,
seine Schriften selbst aber, welche die Alten schon in ἀκροαματικα
oder ἐσωτεριϰα und ἐξωτεριϰα eintheilten, letztere für den großen
Haufen bestimmt und Rhetorik und Politik betreffend, erstere
geheimere Philosophie, Naturwissenschaften und Dialectik behan-
delnd, haben sonderbare Schicksale gehabt, indem sie nach seinem
Tode zuerst an seinen Schüler Theophrastus, dann an dessen
Anhänger Neleus kamen, dessen Erben sie, um sie den Nach-
forschungen der Pergamenischen Könige zu entziehen, vergruben
und dann an Apellico von Teos verkauften, worauf sie, zu
Athen abgeschrieben und interpolirt, in die Bibliothek Sulla's
zu Rom wanderten, wo der Grammatiker Tyrannio nachmals
die Römer in sie einweihte, bis sie, nachdem sie mittlerweile auch
in die Büchersammlungen des Lucullus und Cicero aufgenommen
worden waren, endlich durch Andronicus von Rhodus in Prag-
maticen getheilt und geordnet wurden. S. A. L. G. §. 217.

1) A. Stahr, Aristotelia. Halle 1830—32. II. 8. u. Aristoteles bei
den Römern. Lpzg. 1834. 8. Van Heusde, Char. princ. phil. Graec.
p. 142 sq. Ritter, Gesch. d. Phil. III. p. 41—380. Buhle in Ersch.
Encycl. V. p. 273—303.

2) Hierüber handelt er in seinem Ὀργανον, bestehend aus den ϰατηγοριαι
(s. A. Heydemann, die Kategorieen d. Aristoteles, übers. u. erläut. Berlin
1835. 4. Trendelenburg, de Arist. Categ. ib. 1833. 8.), περι ἑρμηνειας, Ἀναλυτιϰα προτερα ϰαι ὑστερα, Τοπιϰα u. περι σοφιστιϰων ἐλεγχων
s. Brandis, üb. d. Reihenfolge d. Bücher d. Ar. Org., in d. Abhandl. d.
Berl. Acad. 1835. p. 249 sq. Barth. St. Hilaire, la logique d'Aristote. Paris 1838. 8. Franck, Esquisse d'une hist. de Log. precédée
d'une analyse étendue de l'Organum d'Aristote. ib. 1838. 8. Trendelenburg, Elem. Logic. Aristot. Berol. 1837. 8.

3) Φυσιϰη ἀϰροασις, περι γενεσεως ϰαι φθορας, περι ϰοσμου oder
ἐπιστολη προς Ἀλεξανδρον περι του παντος (Gr. c. not. ed. Kapp. Altenb.
1792. 8.), von Osann, Beitr. z. Griech. u. Röm. Lit. Gesch. I. p. 241—
249. dem Chrysippus zugeschrieben, περι ουρανου (unächt?), περι
ἀϰουστων, ἀνεμων θεσεις ϰαι προσηγοριαι, μετεωρολογιϰα (rec. et illustr.
J. L. Ideler. Berol. 1834—35. II. 8. s. Cassini in d. Mem. de l'acad.
d. Scienc. 1702. p. 108 sq.) und die auch in andere Gebiete schlagenden
προβληματων τμηματα (36 s. Levesque in d. Not. et Extr. d. Mss. T.
VII. p. 101 sq. Chabanon in d. Mem. de l'Acad. T. XLVI. p. 285. 326 sq.)

4) Περι ψυχης (ſ. Aristot, de anima l. III. rec. et comm. ill. F.
A. Trendelenburg. Jen. 1833. 8.) ſ. Ancillon in b. Abh. b. Berl. Ac. 1815.
4. Hiſt. Ph. Kl. p. 1 sq.

5) Πρωτης φιλοσοφιας βιβλ, ιδ oder τα μετα τα Φυσικα in 14 B. (I u.
XI. unächt, II, III geh. zu a. phil. Schr. V u. XII für ſich beſteh.) Arist.
Metaph. rec. Ch. A. Brandis. Berol. 1823. 8. ſ. Buhle in b. Bibl. b.
alt. Lit. u. K. IV. p. 1 sq. V. Cousin, de la métaphys. d'Arist. Ed.
II. Paris 1838. 8. F. Ravaisson, Ess. s. la Métaph. d'Arist. ib.
1838. II. 8. Brunnerſtädt, üb. Inh. u. Zuſammenh. b. metaph. Büch. b.
Ariſt. Roſt. 1841. 4. Fr. Bieſe, die Philoſophie b. Ariſt. Berl. 1835. 8.
I. p. 310 sq. Hierher gehören theilweiſe auch die Categorieen (Arist. Ca-
teg. rec. et lat. vert. E. A. Lewald. Heidelb. 1824. 8. S. Maimon,
die Categor. b. Ariſt. m. Anmerk. erl. Berlin 1794. 8.).

6) Ἠθικα Ἐυδημεια VII B., ἠθικα μεγαλα in II B., wahrſch. erſt
nach b. Tobe b. Ariſt. a. ſ. Vortr. nachgeſchr. und ἠθικα Νικομαχεια
in X Büch. (Eth. Nicom. rec. gr. et lat. ed. C. Zell. Heidelb. 1820.
II. 8. rec. et ill. Ed. Cardwell. Oxon. 1828. II. 8. rec. J. Bekker.
Berol. 1831. 8. ed. C. L. Michelet. Berol. 1829—35. II. 8. S. Ch.
Garve, die Ethik b. Ariſtot. überſ. u. erläut. Bresl. 1798—1802. II. 8.
Chr. Pansch, de eth. Nicom. Arist. genuino libro. Bonn. 1833. 8.
Ueb. b Schol. ſ. Schleiermacher in b. Abh. b. Berl. Acad. 1819. 4. p.
263 sq.) ſ. Michelet, b. Ethik b. Ariſt. in ihr. Berh. z. Syſt. b. Mor.
Berl. 1827. 8. H. Krubl, b. Ariſt. Begr. v. höchſt. Gute u. ſ. Schr. bar-
geſt. Bresl. 1832. 8 J. Fr. Fries, Beitr. z. Geſch. b. Phil. Heidelb. 1819.
I. p. 30—154. Schleiermacher, üb. b. eth. Werke b. Ariſt., in ſ Schrift.
z. Phil. Bd. III. p. 306 sq.; bas bei Stob. Serm. IV. eth. Fragm. a. ſ. B.
περι αρετων και κακιων iſt ein ſpäteres Excerpt des Anbronicus (ſ.
Nova Act. Erud. 1754. Mart. P. I. p. 101 sq.) aus ber Nicomach. Ethik
(Ed. Princ. gr. Lut. 1529. 4. c. Gem. Pleth. de virtut. ed. Falconer.
Oxon. 1752. 8.).

7) Πολιτικα in 8 Büchern (Arist. Polit. rec. emend. ill. J. G.
Schneider. Frcft. ad V. 1809. II. 8. ad cod. rec. et annot. adj. C.
Göttling. Jen. 1824. 8. rec. appar. crit. add. vers. German. adj. A.
Stahr. Lips. 1836. II. 4. La politique d'Arist. av. le texte collat.
p. Barth. de St. Hilaire. Paris 1837. II. 8. Ar. politt. überſ. v. Garve.
Bresl. 1799—1802. II. 8. ſ. W. van Swinderen, de Arist. polit. libr.
Groning. 1824. 8. Lerminier in b. Rev. de Bruxell. 1837. 1 Septbr.
p. 1—21. A. Kapp, Ariſt. Staats-Pädagogik. Hamm 1837. 8. J. C.
Drelli, Phil. Beitr. Zürich 1819. 8. p. 61 — 130.), πολιτειαι πολεων
(158 oder 250) blos in Bruchſtücken (Arist. rer. Publ. reliq. coll. ill.
atq. proleg. instr. Fr. Neumann. Heidelb. 1827. 8. ſ. C. Stahr in
Jahn's Jahrb. 1836. Suppl. IV. 2. p. 237—250.) u. Οικονομικα in 2
Büch. (Arist. Oecon. emend. et interpr. est. J. C. Schneider. Lips.
1815. 8. Arist. Oecon., Anon. Oeconom., Philodem. de vit. et virtut.
edid. et annot. adj. G. Goettling. Jen. 1830. II. 8. B. II iſt unächt,
ſ. Goettling, Praef. p. XIX sq. Niebuhr in b. Jen. Litt. Zeit. 1813.
p. 77 sq. u. Kl. hiſt. Schrift. p. 412 sq.).

8) Arist. Opera Omn. Ed. Princ. Venet. Ald. 1495—98. V Voll.
fol. gr. et lat. auct. G. du Val. Paris 1619. II. fol. 1639. IV. fol.
Gr. et Lat. ed. Fr. Sylburg. Frcft. 1584. 8. XI. 4. Gr. et lat. recens.
annot. adj. J. Th. Buhle. Biponti 1791—1800. V. 8. (unvollendet)
ex rec. J. Bekker. Berol. 1831—36. IV. 4. I. II. Text. III. Vers.
Lat. IV. Schol.) Deutſch. Stuttg. 1835 sq. 16. (noch unvollendet). Seine
Gedichtüberreſte b. Bergk p. 454 sq. ſ. Graefenhan, Arist. poeta. Muhlh.
1831. 4. Im Allg. ſ. Buhle, de Arist. libris deperd., in b. Comm.

soc. Gotting. T. XV. p. 130 sq. u. de distrib. libr. Arist. Gotting. 1786. 8. u. in Arist. Op. T. I p. 107—152. u. üb. d. Folge d. Schr. d. Ar. in d. Bibl. d. Alt. Lit. u. K. X. p. 33 sq. Fr. N. Titze, de Arist. Op. serie et distribut. Lips. 1826. 8. Ch. H. Brandis, üb. d. Schicks. Arist. Büch. u. ein Kriterien ihr. Aechtheit, in Niebuhr Rhein. Mus. 1827. p. 236 sq. 259 sq. u. Kopp. ebb. 1829. p. 93 sq.

§. 64.

Unter den Schülern des Aristoteles stand aber obenan Theophrastus, sein Nachfolger auf seinem Lehrstuhle (322 — 287 v. Chr.), der allerdings mehr durch seine unten zu besprechenden naturhistorischen Schriften geleistet zu haben scheint, als durch seine (30) moralischen Characterschilderungen, durch die er unter einer komischen Oberfläche auf die innere Besserung seiner Zeitgenossen hinzuwirken trachtete[1]). Ob seine rein philosophischen Schriften viel Erfolg hatten, läßt sich aus den noch erhaltenen wenigen Fragmenten[2]) nicht bestimmen. Unter den übrigen Peripatetikern verdienen noch Erwähnung der Nachfolger des Theophrast, Straton aus Lampsacus (287—270 v. Chr.), der sich mehr auf Physik legte[3]), Clearchus von Soli (um 286 v. Chr.)[4]), Phanias aus Eresus, besonders als Logiker berühmt[5]), der unten zu nennende Musiker Aristorenus aus Tarent (318 v. Chr.), der gelehrt haben soll, die menschliche Seele sei eine Harmonie der Elemente (Cic. Tusc. I, 10), und Heraclides aus Pontus (320 v. Chr.), von dessen politischem[6]) Werke, gleichwie von den Schriften der Uebrigen, nur noch Fragmente übrig sind. S. A. L. G. §. 218—219.

1) S. Siebenkees, Anecd. Gr. p. 105—135. Coray l. l. p. I—LXXI. — Ed. Princ. c. interpr. lat. Norib. 1527. 8. ed. J. Fr. Fischer c. suis anim. et Casaub. comm. Coburg. 1763. 8. gr. c. auct. ed. J. G. Schneider. Jen. 1799—1800. 8. av. le texte gr. trad. franç. d. not. p. A. Coray. Paris 1799. 8. ad opt. libr. fid. rec. perp. annot. illustr. Fr. Ast. Lips. 1816. 8. s. H. E. Foss, de Theophr. notat. mor. comment. III. Hal. 1834—36. 4. Pinzger, üb. d. Char. d. Theophr. Ratibor 1832—36. II. 4. Meier, Comm Theophr. Hal. 1830. 34. 42. III. 4. C. Zell, de Theophr. indole ex Arist. ratione repetenda. Friburg. 1825. II. 4.

2) Bruchstücke b. Philippson, Ὕλη ἀνθρωπίνη p. 85 sq. 239 sq.

3) S. C. Nauwerk, de Strat. Lamps. Berol. 1836. 8

4) S. J. B. Verraert, de Clearcho Sol. Gand. 1828. 8.

5) S. Voisin, Diatr. de Phania Eresio. Gand 1824. 8.

6) S. J. J. Roulez, de vita et scr. Heracl. Pontici. Lovan. 1828. 4. E. Deswert, Diss. de Heracl. Pont. ib. 1830. 8 H. L. Polsherw, de rebus Heracl. Ponti Spec. I. Brandenb. 1833. 8. — Die Fragm. a. s. B. περι πολιτειων b. N. Cragius, de republ. Lacedaem. Genev.

1593. 4. p. 35 sq. u. b. **Deswert** l. l. p. 31—184. u. Ἀδ. *Κοραης*
προδρομος ελληνικης βιβλιοθηκης. **Paris** 1806. 8. p. 205. sq. **Heracl.**
Pont. fragm. de rebus publicis ed. **C. D. Koeler.** Hal. 1804. 4.

§. 65.

Ein drittes großes philosophisches Lehrgebäude stellte nun
aber aus Cynischen, Megarischen und Platonischen Philosophemen
und eigenen Ansichten zusammen **Zeno** aus **Cittium** auf **Cypern**
(356—259 oder 355—263 v. Chr.) und trug selbiges in
der sogenannten **Stoa** zu **Athen** vor (daher seine Philosophie
die **Stoische** und seine Schüler die **Stoiker**).   Schriften
sind von ihm nicht auf uns gekommen, doch wissen wir aus
seiner Lebensbeschreibung bei **Diogenes** von **Laerte**, daß er seine
Philosophie auf das **Emanationssystem** gründete, und selbige als
den alleinigen Weg zur Weisheit, d. h. zur Erkenntniß göttlicher und menschlicher Dinge betrachtete und sie in 3 Theile
eintheilte.   Seine **Logik**, der Haupttheil seiner Dialectik, zu der
er auch die Rhetorik rechnet, lehrte das Wahre vom Falschen
und das Wahrscheinliche vom Scheine zu unterscheiden; seine **Physik**
(d. h. rationelle Cosmologie und Theologie) entwickelte die Urmaterie als ein leidendes Wesen, in welche Gott einwirkend die
Welt schuf und durch das Fatum nachher alle Ursachen und
Wirkungen in der Welt vereinigte.   Alles ist bei ihm vergäng-
lich und wird durch Feuer zerstört, worauf wieder ein Chaos
und eine neue Schöpfung entsteht, die ein gleiches Ende nimmt,
sodaß Verbrennung und Erneuerung der Welt immer fortgehen.
Zur **Physik** gehört auch die **Psychologie**, nach welcher die menschliche Seele aus 8 Kräften, d. h. den 5 Sinnen, Sprache, Zeu-
gungs- und Denkvermögen besteht.   Seine **Ethik** lehrt nach seinem Hauptsatze, daß man in Allem der Natur folgen müsse,
Tugend sei die mit der Natur übereinstimmende Handlungsweise
der Vernunft im Erkennen und Ausüben des Guten.   In Bezug auf den Werth der Dinge lehrt er, nur das Sittlichgute
sei lobens- und begehrenswerth, das Laster allein das wahre
Böse, daher seien alle Sünden gleich und alles Uebrige stehe
zwischen inne; Gemüthsbewegungen erlaubt er nicht, da der
wahrhaft Weise Leidenschaftslosigkeit (ἀπαϑια) oder Apathie besitzen müsse, um sich vor sinnlichen Eindrücken zu bewahren;

die Pflichten endlich theilt er in solche gegen Gott, unsere Ne-
benmenschen und gegen uns selbst ein[1]). Unter seinen Schülern
zeichneten sich vorzüglich aus Cleanthes aus Assus (262 v.
Chr.), der die Sonne für den Sitz der göttlichen Kraft erklärte,
und von dem uns übrigens Stobaeus in b. Ecl. Phys. I.
p. 30. noch einen erhabenen Hymnus auf Zeus aufbewahrt hat[2]),
Chrysippus von Soli (280—207 v. Chr.), ein besonderer
Feind der neueren Academie und Epicuräer[3]), und Aristo
aus Chios[4]), der, sich zur Socratischen Skepsis hinneigend, nur
eine Wissenschaft als möglich annahm, nämlich die Ethik, und die
Tugend für das höchste Gut erkannte. S. A. L. G. §. 220
—221.

1) S. J. **Lipsius,** Manuductio ad Stoic. Phil. Antv. 1604. 8. u.
Physiol. Stoicor. ib. 1604. 4. D. Tiedemann, Syst. d. Stoisch. Philos.
Lpzg. 1776. III. 8.
2) B. **Brunck,** Anal. T. III. p. 224 sq. u. Gnom. poet. p. 203 sq.
u. Cleanthis hymn. auct. vindic. a Ch. Petersen. Hamb. 1829. 4.
Gr. ed. et not. illustr. F. G. Sturz. Emend. et auct. cura Merzdorf.
Lips. 1835. 8. denuo recens. not. illustr. rhytm. Teuton. nec non
Suec. vert. L. G. Kosegarten, in s. Diss. Acad. Sund. 1832. 8. p.
179 sq. Ohne Grund halten ihn für unächt Mohnike, Kleanthes d. Stoiker.
Greifsw. Bd. I. 1814. 8. p. 130 sq. u. Seebode, Crit. Bibl. 1819. IV. p.
452 sq. cf. G. Fr. **Krug,** de Cleanthe divinit. assertore. Lips. 1819. 8.
3) S. J. F. **Richter,** Diss. de Chrys. Lips. 1738. 4. Chr. Petersen, Philos. Chrys. fundamenta in notionum dispos. posita. Alton.
1827. 8. **Baguet,** Comm. de Chrys. vita, doctrina et reliq. Lovan.
1822. 4. Osann, Beitr. z. Griech. u. Röm. Lit. Gesch. I. p. 197 sq. 239,
250 sq. **Ebert,** Diss. Sic. I. p. 112 sq. Th. **Bergk,** de Chrys. libris
περι αποφαντικων. Cass. 1841. 4.
4) S. **Bernhardy,** Eratosthenica p. 189 sq.

§. 66.

Die vierte große Philosophenschule begründete Epicurus
aus Gargettus bei Athen (347 v. Chr. geb.), der, nachdem er
i. J. 323 v. Chr. zu Athen Philosophie studirt hatte, 310 zu
Mitylene und Lampsacus bereits lehrte, seit 306 auch zu
Athen in einem schönen Garten seine Ansichten vortrug, bis er
270 daselbst verstarb. Er hatte freilich wenig gelernt und suchte
seinen Mangel an Kenntniß der früheren Systeme dadurch zu ent-
schuldigen, daß er versicherte, Alles, was er vortrage, sei aus ihm
selbst, allein dennoch erwarb ihm die Bequemlichkeit seiner Moral, sein
angenehmer Vortrag und sein leutseliges, gutmüthiges Wesen viele
Anhänger. Seine Philosophie, die er nur als Lehrerin eines

glückseligen Lebens betrachtet wissen wollte, bestand aus einem
blos vorbereitenden Theile, der Canonik, der ganz Eleatischen
Physik, nach welcher die Urstoffe der Welterzeugung die Atome
waren und die physischen und moralischen Unvollkommenheiten
des ganzen Weltgebäudes gegen die Existenz Gottes zeugen, und
der Ethik, als dem Haupttheile. Nach dieser ist Glückseligkeit,
d. h. die möglichst größte Summe angenehmer Empfindungen
und möglichste Entfernung aller Uebel, der Endzweck des Menschen. Sein Vergnügen bezieht sich entweder auf einzelne Sinne,
ist also Freude und Fröhlichkeit, oder auf den ganzen Körper,
bringt also Schmerzlosigkeit, Behaglichkeit, Zufriedenheit und Ge-
müthsruhe hervor, aus der allein ein glückliches Leben entsteht,
und Mittel dazu ist allein die Tugend, also nicht wegen ihrer
selbst begehrenswerth, sondern nur selbstsüchtige Klugheit. Uebrigens hält er nur den Mittelstand für wirklich geeignet, ein
wahrhaft zufriedenes und glückliches Leben zu erlangen[1]). Seine
Schüler haben sich allerdings lange fortgepflanzt, aber ausgezeichnet nur wenige unter ihnen. S. A. L. G. §. 222—223.

1) S. P. Gassendi, de vita et moribus Epic. comment. libr.
VIII. Hag. Com. 1656. 4. u. Animadvers. ad Diog. Laert. lib. X.
Lugd. 1649. fol. (s. a. J. Rossi, Comm. Laertian. p. 252 sq.) und
Syntagma phil. Epicur. Hag. Com. 1659. 4. Amstel. 1684. 4. J.
Rondel, la vie d'Epicure. à la Haye 1686. 12. Batteux, la morale
d'Epicure. Paris 1758. 8. Warnekros, Apologie u. Leben Epic. Greifsw.
1795. 8. J. Chr. Stockhausen, Epicur als Kenner und Freund d. schönen
Wissensch. Helmst. 1751. 4. Bremer, Vert. e. Apol. d. Epicur. Berl. 1776.
8. Steinhart in Ersch, Encycl. I Sect. Bd. 35. p. 459 sq. Schriften haben
wir von ihm eben nicht viele, nur 3 Briefe b. Diog. Laert X. 35 sq. 84 sq.
122 sq., sein Testament ebb. X. 16 sq. und 44 moralische Sätze, κυριαι δοξαι,
ebb. X. 139 sq. und aus seinem großen Werke in 37 Büch., περι φυσεως
ob. üb. d. Natur, Einiges aus B. X. bei J. Th. Kreissig, Comm. d.
Sall. hist. Fragm. Misen. 1835. 8. p. 237 sq. u. a. B. II. u. XI. bei
Rosini Volum. Herculan. Neapol. 1809. fol. T. II. p. 1—71. u. Epic.
Fragm. L. II. et XI. de natura, in vol. papyr. ex Herculano erut.
rep. restit. lat. vers. schol. illustr. a C. Rosino c. annot. ed. J. C.
Orelli. Lips. 1818. 8.

D) Redekunst.

§. 67.

Daß Beredtsamkeit mit dem Wunsche, Andere zu irgend
etwas zu bewegen, bei allen Menschen frühzeitig entstanden sei,
sobald einmal die Entwickelung ihrer geistigen und sprachlichen

Anlagen ihnen die Fähigkeit an die Hand gab, sich durch die Gabe der Rede verständlich machen zu können, versteht sich von selbst, aber wissenschaftlich haben sie in dieser Periode nur die G r i e ch e n behandelt. Denn obgleich wir die Anfänge natürlicher Beredtsamkeit bei ihnen schon in den Homerischen Gedichten finden, so haben doch vorzüglich die democratische Verfassung, welche Solon i. J. 594 v. Chr. dem Athenensischen Freistaat gab, die in der Folge hieraus hervorgehenden politischen Wirren, vorzüglich seit Pericles, von dem uns Thucyd. II. 35—46. noch den bekannten ἐπιταφιος aufbewahrt hat, die Kämpfe der Aristocratie mit der Democratie während des Peloponnesischen Krieges in den Volksversammlungen und vor den Gerichten derselben einen Aufschwung gegeben, den der nach dem Ende desselben eingetretene völlige Verfall der politischen Macht Athens allerdings wieder zerstörte. Natürlich hatten die Athener auch die richtige Ansicht, daß kein vollkommener Redner geboren werde; darum errichteten sie Rednerschulen, die natürlich erst dann nicht mehr den erwünschten Erfolg haben konnten, als ihnen keine eigentlichen Redner mehr, sondern bloße Sophisten vorstanden, aber so lange Leute wie Antiphon (Plat. Menexen. p. 236), Isocrates (s. Plut. Dec. Orat. c. 4.), selbst vom Sophisten Tisias gebildet (Dion. Hal. Isocr. c. 1), Isäus, Aeschines u. A. sie leiteten, Männer heranbilden mußten, die, wie Lysias, durch Tisias unterrichtet, Demosthenes, Hyperides u. A. einen unsterblichen Namen sich nothwendig erwerben mußten, deren Beispiel allein also schon hinreicht, zu beweisen, wie nothwendig bei der Erziehung der Jugend die Ausbildung der Gabe der Rede ist. Von der großen Anzahl Attischer Redner hat man aber, jedoch nicht von Alexandrinischer Seite her, eine Rednerdecade (Quinct. X, 1, 80 u. Gramm. Bibl. Coisl. p. 597) aufgestellt, die hier zu erwähnen ist. Der erste ist A n t i p h o n aus Rhamnus (479 — 411 v. Chr.), ein Anhänger der Oligarchie und der erste, der zu Athen eine Rede aufschrieb und für sich selbst als Redner und Vertheidiger auftrat, aber auch für Andere Klag- und Vertheidigungsreden abfaßte, an denen Reinheit des Ausdrucks, Klarheit und interessante Erfindung und Lösung der Streitfrage gepriesen wird[2]). Nach ihm folgt A n d o c i d e s aus Athen (467 — 391 v. Chr.), wegen seiner wüthenden Anhäng-

lichkeit an die Aristocratie im Exil verstorben, deſſen Reden ſich
zwar durch Einfachheit und Originalität auszeichneten, aber wegen
Mangels an Gewandtheit und ſchleppenden Vortrags doch nicht den
gewünſchten Eindruck machten[3]). Weit höher ſteht Lyſias aus
Athen (458 — 378 v. Chr.), als Coloniſt zu Thurii in der
Schule des Tiſias gebildet, dann zu Athen lebend, von wo er
unter den 30 Tyrannen nach Megara flüchtig geworden, doch
mit Thraſybulus zurückkehren konnte, indem im Lobe ſeiner Reden wegen ihres glücklich gewählten Stoffes, ihrer reinen Sprache
und Attiſchen Anmuth und Eleganz die alten Critiker übereinſtimmen[4]). Neben ihm gehört hierher Iſocrates aus Athen
(436 — 338 v. Chr.), ein ſo wackerer Patriot, daß er ſich nach
der Niederlage ſeiner Mitbürger bei Chäronea freiwillig den Tod
gab, deſſen Reden fern von allem rhetoriſchen Prunk der So-
phiſten, die ihn doch gebildet hatten, durch die Reinheit des
Styls, die Eleganz der Darſtellung und das Ebenmaß der Glieder Jeden einnehmen, obwohl ſie durch eine etwas zu kalte
Ruhe und zu genaue Ueberarbeitung und Ueberdenkung beim
Leſen einen größeren Eindruck, als beim Vortrag hervorbringen
mußten[5]). Mehr mit Privatgerichtsſachen beſchäftigte ſich des
Demoſthenes Lehrer, Iſäus[6]) aus Chalcis auf Euböa (420
— 348 v. Chr.), wogegen wieder Lycurgus aus Athen (geb.
vor 404 u. geſt. 323 v. Chr.) ſich als eifriger Patriot und
durch ſeine Antimacedoniſche Geſinnung die Liebe ſeiner Mitbürger zu erwerben wußte, von ſeinen Zeitgenoſſen aber wegen der
ſtets edlen und moraliſchen Grundſätze, die ſich in ſeinen Reden
ausſpreche, und ſeiner würdevollen Sprache, die allerdings hin
und wieder Härten hatte, geprieſen wird[7]). Alle überſtrahlte
der durch ſeinen unermüdeten Fleiß, klaren Verſtand, ſein treues
Studium und die Nachahmung der guten Muſter zum erſten Redner
Griechenlands herangebildete Demoſthenes, im Gau Päania
zu Athen i. J. 385 n. Chr. (nach Anderen 382) geboren, der
ſeit dem 18ten Jahre ſeines Lebens, wo ihn Privatintereſſe
nöthigte, die Rednerbühne zu beſteigen, unausgeſetzt der Beredtſamkeit ſo oblag, daß Philipp und Alexander von Macedonien
keinen gefährlicheren Feind und Vereitler ihrer Pläne in Griechenland hatten, als ihn, was ihn wohl auch nöthigte, nachdem
Antipater Herr von Macedonien geworden war, i. J. 322 v.

Chr. zu Calauria seinem Leben durch Gift ein Ende zu machen. Wenn seinen Character Patriotismus, Freiheitsliebe und Unbestechlichkeit zieren, so kann ihm auf der andern Seite wohl jedenfalls Hochmuth und unersättlicher Ehrgeiz zur Last gelegt werden, seine Reden aber sind durch ihre Stärke, Erhabenheit, ihr Feuer, ihre Gedrängtheit, Eindringlichkeit und ihren stets dem Gegenstande angemessenen Ausdruck unübertrefflich [8]. Ihm allein stand nach sein unversöhnlicher Feind, freilich ein bloßes characterloses Werkzeug des Philippus, Aeschines, aus dem Gau Kothokidä in Athen (geb. i. J. 389), anfangs Vorfechter in den Gymnasien, dann Schreiber, hierauf Schauspieler und endlich politischer Redner im Interesse Macedoniens, aber zuletzt verbannt und zu Samos i. J. 314 v. Chr. verstorben, an dessen Reden wir noch jetzt ihre Eindringlichkeit, Kraft, Fülle und ihren Glanz nicht genug bewundern können [9], sodaß allerdings Dinarchus aus Corinth (361 v. Chr. geb.), durch Theophrast und Demetrius Phalereus gebildet, Verfertiger von Reden für Andere, i. d. J. 307—292 v. Chr. zu Chalcis in der Verbannung, dann aber wieder zu Athen lebend, trotz seiner fast allzu auffallenden Nachahmung des Demosthenes [10], und Hyperides, aus dem Gau Collytus in Athen, anfangs blos Sachwalter in Gerichtshändeln, dann aber als politischer Redner eins der Häupter der Antimacedonischen Partei und darum i. J. 322 v. Chr. zu Aegina durch Antipater ermordet, von seinen Zeitgenossen wegen des rein Attischen Ausdrucks, der Eleganz, Originalität und scharfsinnigen Entwickelung des Stoffs seiner Reden ungemein gepriesen [11], offenbar gegen ihn zurückstehen. Unter der Unzahl der übrigen Redner haben sich blos noch zwei Declamationen des Alcidamas [12], ein Fragment einer Rede des höchst witzigen und talentvollen, aber niederträchtigen und von der Macedonischen Partei erkauften Redners Demades [13] aus Athen, gar keine Rede aber von Demetrius von Phaleros, der, nachdem er Athen v. J. 325 — 317 v. Chr. unumschränkt beherrscht, i. J. 283 v. Chr. im Exil in Oberägypten starb, aber wegen der Weichheit, Eleganz und des blühenden Styls seiner Reden einstimmig von den Alten als der letzte wahrhaft Attische Redner gepriesen wird [14].

Einen gleichen Zeitraum umfaßt die Ausbildung der Rhetorik als Kunst bei den Griechen, denn seitdem der unglückliche Demagog und Politiker Corax zu Syracus eine Rednerschule errichtet und die erste schriftliche Rhetorik verfaßt hatte[15]), folgte ihm hierin sein Schüler Tisias erst zu Syracus, dann zu Thurii und endlich zu Athen, sowie Gorgias[16]) aus Leontium, des Empedocles Schüler, der zu Athen als Gesandter seiner Mitbürger die Beredtsamkeit für Geld lehrte (Plat. Hipp. Maj. p. 282. B.), sich selbst Rhetor (ῥήτωρ) und seine Kunst, als den Inbegriff aller übrigen, Rhetorik nannte (Plat. Gorg. p. 452. E. 449. A. 456. A.) und vorzüglich viele Sophisten zu Schülern gehabt haben mag, die trotz ihres schädlichen Haschens nach dem Beifall ihrer Zuhörer und des beständigen Strebens, jede Sache von zwei Seiten darzustellen und einem an sich schlimmen Gegenstand durch Verdrehung der Wahrheit einen guten Anstrich zu geben (dieß hieß τον ἥττω λογον κρειττονα ποιειν), doch durch die hierdurch herbeigeführte Erfindung der Redefiguren der technischen Ausbildung der Redekunst wesentlich nützten und dafür auch den Beinamen λογοδαιδαλοι erhielten. Aus der folgenden Periode sind als Techniker vermittelst Schriften nur zu nennen Anaximenes, der Lehrer Alexanders um 365 v. Chr.[17]), und Aristoteles, dem wir außer der allerdings weniger hierher gehörigen Poetik doch noch eine meisterhafte Lehrmethode, wie jeder Sache die möglichst glaubliche Seite abzugewinnen sei[18]), verdanken. S. A. L. G. §. 224—232.

1) Belin de Ballu, Hist. crit. de l'éloquence chez les Grecs. Paris 1813. II. 8. D. Ruhnken, Hist. crit. orat. Graec., v. Reiske, Orat. Att. VIII. p. 122 sq. u. in f. Oper. ed. Friedemann I. p. 285 —373. A. Westermann, Gesch. d. Griech. Beredtsamkeit. Lpzg. 1833. 8. M. E. Gros, Etud. sur l'état de la rhétor. chez les Grecs depuis sa naissance jusqu'à la prise de Constantinople. Paris 1835. 8. L. Spengel, Artium scriptores ab initio usque ad editos Aristot. de rhetorica libros s. Συναγωγη τεχνων. Stuttgart. 1828. 8. u. üb. d. Stud. der Rhetorik b. d. Alten. Münch. 1842. 4. J. Ch. Th. Ernesti, Lexic. technol. Graecor. rhetoricae. Lips. 1795. 8. Sammlung: Orator. Attici. Ed. Pr. Venet. Ald. 1513. fol. gr. et lat. c. comm. ed. Reiske. Lips. 1770—75. XII Voll. 8. Orat. Attici Graece rec. F. Bekker. Lips. 1823. V. 8. Orator. Att. Recognov. annot. crit. addid. fragm. colleg. onomast. compos. J. G. Baiter. et H. Sauppe. Turici 1838 sq. X. Ptes 16.

2) 60 Reden, davon 25 unächt, jetzt noch 15 in: Antiph. Orat. XV annot. crit. et exeg. instr. C. Maetzner. Berol. 1838. 8. f. D. Ruhnken, Disp. de Antiph. or. Att. Lugd. B. 1765. 4. u. in f. Opusc. I. p. 140 sq. C. Wittmann, de vita Antiph. Rh. Suevofurt. 1835. 4. A. Dryander, Comm. de Antiph. Rh. vita et scriptis. Hal. 1838. 8.

3) Noch 4 Reden bei Andocid. Orat. quatuor recens. et lect. var. instr. C. Schiller. Lips. 1835. 1843. 8. f. J. G. Hauptmann, de Andoc. orat. Gr. Ger. 1754. 4. J. O. Sluiter, Lect. Andocid. Lugd. B. 1804. 8. Iterum c. annot. ed. C. Schiller. Lips. 1834. 8. G. Becker, Andokides, überf. u. erläut. nebst einer Abhandl. Quedlinb. 1832. 8.

4) 425 Reden, davon nur 230 ächt, erhalten 35, theilweise unvollst. u. unächte Reden, u. Fragm. a. 53 and. in: Lysiae Orat. q. supersunt et deperdit. fragm. in ord. chronol. red. et annot. crit. instr. J. Franz. Stuttg. 1831. 8. Lysiae et Aeschinis Orat. select. comm. instr. J. H. Bremi. Goth. 1826. 8. f. J. Franz, Diss. de Lysia orat. att. graece scripta. Norimb. 1828. 8. L. Hoelscher, de Lys. orator. vita et dictione. Berol. 1837. 8. u. de vita et scriptis Lysiae orat. comm. Berol. 1837. 8.

5) 60 Reden, nur 28 ächt, erhalten 21, f. Ἀϑ. Κοραης λογοι και επιστολαι Ἰσοκρατους μετα σχολιων παλαιων. Paris 1807. II. 8. Isocr. Orat. comm. instr. J. G. Baiter. Goth. 1831. P. I. 8. Isocr. Areopag. c. prior. edit. annot. ed. suasq. not. adj. G. F. Benseler. Lips. 1832. 8. Is. Evagoras in us. schol. ed. et comm. instr. G. E. Benseler. ib. 1834. 8. Panegyricus c. Mori suisq. annot. ed. Fr. A. G. Spohn. Iter. emend. et auct. cur. J. G. Baiter. Lips. 1831. 8. f. A. Mang, de Isocr. ingenio atque praestantia. Neuburg 1835. 4. J. G. Pfund, de Isocr. vita et scr. expos. Berol. 1833. 4. P. J. Leloup, Comm. de Isocr. agendi norma, vivendi ratione, dicendi genere et officina, b. f A. d. Or. pro pace. Mogunt. 1826. 8. p. 1—50.

6) 64 Reden, davon 50 ächt, 11 über Erbschaftssachen erhalten f. Isaei Orat. XI. c. aliq. deperd. fragm. recogn. annot. crit. et comment. adj. G. Fr. Schoemann. Gryph. 1831. 8. f. Jenicke, Observ. in Isaeum. Lips. 1838. 8. J. A. Liebmann, de Isaei vita et scr. comm. Hal. 1831. 4.

7) 15 Reden, davon nur 1 vorhanden: Lycurgi Or. adv. Leocr. recens. et illustr. G. A. Blume. Strals. 1828. 8. recogn. ann. crit. et comm. adj. E. Maetzner. Berol. 1836. 8 Reliq. ed. G. Baiter et H. Sauppe. Turici 1834. 8. Lycurgi deperd. orat. fragm. coll disp. illustr. F. G. Kiessling. Hal. 1834. 8. f. A. F. Nissen, de Lyc. vita et rebus gestis diss. Kil. 1833. 8. G. A. Blume, Narr. de Lyc. oratore. Potsd. 1835. 4.

8) 65 Reden, davon 61, nicht sämmtlich ächte, erhalten, sowie 65 Vorreden und 6 Briefe f. Demosth. Or. ex rec. Reiskii ed. corr. acc. J. H. Schaefer. Lond. 1822—27. IX. 8. (dazu Ind. in App. crit. et exeg. conf. E. E. Seiler. Lips. 1833. 8.) Demosth. et Aeschinis q. exst. omn. ind. locupl. cont. interpr. lat. var. lect. schol. Ulpiani anon. ann. var. sq. illustr. G. St. Dobson. Lond. 1828. X. 8. Gr. et Lat. rec. Dübner. Paris 1843. II. 4. f. X. G. Becher, Demosthenes als Staatsmann und Redner. Halle 1815—18. II. 8. und Demosthenes als Staatsbürger, Redner u. Schriftsteller. Quedlinb. 1830—34. II. 8. J. H. Scholten, Disq. de Demosth. eloq. charactere. Traj. ad. Rh. 1835. 8. J. A. Th. Voemel, Notit. cod. Demosth. Sp. I—VI. Frcft. ad M. 1834— 38. 4. A. Westermann, Quaest. Demosthenicae I—IV. Lips. 1830 — 34. 8. Demosth. Staatsreden nebst d. Rede f. d. Krone überf. u. m. Einl. u. Anmerk. verf. v. Fr. Jacobs. Lpzg. II. A. 1833. 8.

9, 3 Reden übrig in: Aesch. Orat. fide codd. recogn. anim. ill. J. Bremi. Turici 1823. II. 8. f. Chr. F. Matthiae. Prol. de Aesch. Oratore. Lips. 1790. 4. Ph. Stechow, de Aesch. or. vita. Berol. 1841. 4. Fr. Francke, Spec. nov. edit. Aesch. Fuld. 1838. 4.

10) 77 Reden, 52 ächt, erhalten nur wenige Fragmente f. J. G. Kiessling, Quaest. Att. Spec. Cizae 1832. 4. u. De Hyp. orat. Att. comment. Hildburgh. 1837. 4.

11) 160. Reden, 60 ächt, erhalten 3 in: Dinarchi Or. c. prior. ed. annot. atq. ind. ed. atq. not. adj. C. E. A. Schmidt. Lips. 1826. 8. f. Chr. Wurm, Comm. in Din. orat. Norimb. 1828. 8.

12) Ὀδυσσευς ἠ κατα Παλαμηδους προδοσιας und πέρι σοφιστων b. Reiske VIII. p. 73 sq.

13) S. Hauptmann, Diss. de Demade b. Reiske T. IV. p. 243 sq. H. l'Hardy, de Dem. orat. Athen. Berol. 1834. 4. G. G. Pluygers, Diatr. de Demade. Hag. Com. 1836. 8.

14) S. H. Dohrn, de vita et rebus Demetr. Phaler. Kil. 1828. 8.

15) S. Garnier, Mém. s. l'art orat. de Corax, in b. Mém. de l'Inst. de Fr. Hist. et Litt. T. II. p. 44—80.

16) Die Declamationen ἀπολογια Παλαμηδους u. ἐγκωμιον Ἑλενης b. Reiske T. VIII. p. 98 sq. sind unächt f. gegen C. Schönborn, de authentia declamationum q. Gorg. Leont. nomine exstant. Vratisl. 1826. 4., Foss, de Gorg. Leont. p. 78—106.

17) Ihm gehört die noch von Lerfch, Sprachphilofophie Bd. II. Anh. II. p. 280 sq. u. Rhein. Muf. 1841. p. 176. dem Ariftoteles zugefchrieb. ῥητορικη προς Ἀλεξανδρον f. Spengel Συναγ. τεχν. p. 182 sq. u. in Zimmermann Zeitfchr. f. Alterthum 1840. Nr. 154—155. Sie fteht a. b. Buhle, Op. Arist. T. V. p. 15 sq.

18) S. τεχνη ῥητορικη in 3 Büchern 335—322 gefchr. b. Buhle T. IV. p. 27—401. u. Gr. c. vers. lat. anim. crit. et exeg. Oxon. 1820. II. 8. L'art de rhétorique p. Arist. Texte coll. s. l. edit. précéd. et s. l. Mss. préc. d'une préf. av. d. not. et trad. franç. p. C. Minoïde Mynas. Paris 1838. 8. f. M. Schmidt, Comm. de tempore, quo ab Arist. libri de arte rhetor. conscr. et editi sint. Hal. 1837. 4. S. Schr. περι ποιητικης bei Buhle T. V. p. 193—282. — Arist. de arte poet. rec. c. comm. G. Hermann. Lips. 1802. 8. recogn. c. prol. ed. L. A. Gräfenhan. Lips. 1821. 8. Arist. poetica ad cod. recogn. comm. ill. ed. H. Ritter. Colon. 1839. 8. Diefer Proleg. p. I—XXV. hält fie für unächt, f. aber Lehrs l. l. Anhang I. u. H. Düntzer, Rett. d. Ariftot. Poetik. Braunfchw. 1840 8. Zimmermann, Zeitfchr. 1841. Nr. 149—151. Raumer, üb. d. Poet. b. Arift. in b. Abh. b. Berl. Acad. 1831. p. 181 sq. u. f. Tafchenb. 1842. p. 133—248.

E) Epiftolographie.

§. 68.

Daß fich bei allen alten Völfern feit der Entdeckung der Schreibekunft auch das Bedürfniß gefunden habe, fich einem Abwefenden auf dem Wege der Schrift mitzutheilen, liegt auf der Hand, allein eine kunftmäßige Form des Brieffthls findet fich nur bei den Griechen, bei denen faft allen nur irgend berühmten Philofophen und anderen großen Männern dergleichen Briefe zugefchrieben werden[1]). Allein die allzugroße Eleganz und Fülle der Rede, welche aus ihnen hervortritt, zeigt am Beften, daß fie nicht ächt, fondern von Rhetoren und Sophiften fpäterer Zeit Zeit verfaßt find. Dieß ift der Fall mit denen des fabelhaften Scythen Anacharfis, des Pythagoras, Socrates und feiner Schüler, Plato, Euripides, Ariftoteles bis auf

7 *

die des Themistocles[2]) und Chion[3]) aus Heraclea († 353 v. Chr.) und des bekannten Tyrannen von Agrigent († 549 v. Chr.) Phalaris[4]), sodaß es äußerst schwer ist, aus der Masse des Unächten auch nur ein authentisches Briefmuster alter Zeit herauszufinden. S. A. L. G. §. 234.

1) Sammlungen: Ed. Pr. Epist. diversorum philosophorum, oratorum, rhetorum. Venet. 1499. II. 4. Epistolae Hippocratis, Democriti etc. Heidelb. ap. Commel. 1609. III. 8. (P. I. 1601. 8. II. 1601. 8. III. 1597. 8.) Epist. graecanicae mut. antiq. rhetorum, oratorum, philosophorum, medicorum, theologorum, regum ac imperatorum a J. Cujacio magn. part. latin. donatae gr. et lat. Aur. Allobr. 1606. fol. Coll. epist. graec. gr. et lat. Rec. not. pr. interpr. suisq. illustr. J. C. Orelli. T. I. Epist. Socratis et Socraticorum, Pythagorae et Pythagoreorum. Lips. 1815. 8. s. a. Bentley, Opusc. p. 7 sq. Wyttenbach in b. Epist. crit. II. p. 64 sq. W. Roberts, Hist. of letter-writing from the earl. period to the 5th century. Lond. 1843. 8.
2) Ed. Pr. gr. ed. M. Caryophilus. Rom. 1626. 4. gr. et lat. c. not. ed. Bremer. Lemg. 1776. 8.
3) Ch. epist. gr. et lat. ad cod. Medic. rec. c. not. et ind. ed. J. Th. Cober. Dresd. 1765. 8. u. in Memnon. histor. excerpta gr. et lat. et Chionis Her. q. fer. epist. coll. disp. recogn. J. C. Orelli. Lips. 1816. 8. p. 165 sq.
4) Ed. Pr. Phal. Epist. Gr. Venet. Ald. 1498. 4. Phal. Epist. lat. fec. et interpr. C. Boyle not. comm. illustr. J. D. a Lennep. Praef. est et annot. adj. L. C. Valckenaer. Ed. II. corr. et aux. G. H. Schaefer. Lips. 1823. 8.

F) Mathematik.

§. 69.

1.) Orient. Obgleich von dort keine schriftlichen Ueberreste mathematischer Werke auf uns gekommen sind, so leidet es doch keinen Zweifel, daß die assyrischen Priester, die sogenannten Chaldäer, im Belustempel zu Babylon die Astronomie getrieben haben, wiewohl sie dieselbe lediglich auf Chronologie und Astrologie angewendet haben mögen[1]). Wie es mit der angeblich auf der Insel Cos vom Berosus gegründeten Astronomieschule (nach Vitruv. IX, 7.) gestanden und was an den von Callisthenes an Aristoteles gesandten, zu Babylon gefundenen astronomischen Beobachtungen gewesen seyn mag[2]), ist jetzt nicht mehr zu bestimmen. Die Phönicier müssen als gute Seefahrer auch Kenner der Astronomie gewesen seyn, und daß die Carthager in der Mechanik wohl erfahren waren, bezeugt ihnen der griechische Baumeister Archytas bei Diog. Laert. VIII. 4, 82. Die Aegypter haben nach der Meinung der Griechen das Ziffer

ſyſtem erfunden, waren mit der reinen und angewandten Geo=
metrie ſchon der durch die Allüberſchwemmungen in der Grenz=
beſtimmung der einzelnen Aderbeſitzungen gemachten Verwirrung
wegen vertraut, hatten vermuthlich den Thierkreis erfunden, beſaßen
einen ordentlichen Kalender und kannten wahrſcheinlich alle aſtro=
nomiſchen und aſtrologiſchen Erfindungen der Chaldäer[3]). Die
Perſer mögen ihre mathematiſchen Kenntniſſe den Indern zu ver=
danken gehabt haben, ſcheinen aber ſich derſelben lediglich für
ihre Zeitrechnung haben bedienen zu wollen[4]). Was die Hebräer
in dieſer Beziehung geleiſtet haben, läßt ſich nur aus den
in dem Alten Teſtamente erhaltenen Notizen beurtheilen, allein
jedenfalls hatten ſie ihre chronologiſch=aſtronomiſche Wiſſenſchaft
ebenfalls den Aegyptern zu danken[5]). Die Chineſen haben bereits
ſehr früh aſtronomiſche Beobachtungen angeſtellt, einige der dazu
nothwendigen Inſtrumente gehabt und eine geregelte Zeitrechnung auf=
geſtellt, beſaßen in Bezug auf die Zahlenlehre aber ein ganz der Pytha=
goräiſchen verwandtes Syſtem und ein dem Griechiſchen Abacus ähn=
liches Rechenbret[6]). Bei Weitem müſſen aber die Inder alle
übrigen Nationen des Orients an mathematiſchen Kenntniſſen
übertroffen haben, denn zweifelsohne fällt ſchon in dieſe Periode
bei ihnen die Erfindung der, weil ſie durch Araber ſpäter nach
Europa kamen, ſo genannten arabiſchen Ziffern. Was ſie für
Aſtrologie und Aſtronomie, ja ſelbſt in der Mechanik leiſteten,
läßt ſich aus den hin und wieder in den Veda's hierüber vor=
kommenden Notizen abnehmen[7]). S. A. L. G. S. 239—241.

1) S. Ideler in d. Abhandl. d. Berl. Acad. Berl. 1818. 4. Hiſt. Ph.
Kl. p. 199 sq. u. Unterſ. üb. d. aſtronom. Beob. d. Alten p. 145—164.
2) S. Larcher Mém. s. l. obs. astr. envoy. à Aristote p. Cal-
listhène, in d. Mém. de l'Iust. Roy. de France T. IV. p. 458—488.
3) S. Seyffarth, üb. d. Aegypt. Zifferſyſtem, in d. Leipz. Litt. Zeit.
1829. Nr. 220. R. Rask, die Aegypt. Zeitrechnung. Altona 1834. 8. Butt=
mann, üb. d. Entſteh. d. Sternbild. a. d. Griech. Sphäre in d. Abh. d.
Berl. Acad. 1829. Hiſt. Ph. Kl. p. 19 sq. 53 sq. Ideler, Unterſ. üb. d.
aſtron. Beob. d. Alten p. 17—145.
4) S. L. Ideler, üb. d. Zeitrechnung d. Perſer, in d. Abh. d. Berl.
Acad. 1818. 4 H. Ph. Kl. p. 259 sq.
5) S. R. Rask, die älteſte hebr. Zeitrechnung b. a. Moſes. Lpzg 1836.
8. J. G. Franck, Aſtron. Grundrechnung d. Bibl. Geſch. Deſſau 1783. 8.
6) Gaubil, Traité de la chronol. chinoise, publ. p. S. de Sacy.
Paris 1814. 8. P. F. Stuhr, Unterſ. üb. d. Urſprünglichkeit u. d. Alterth. d.
Sternkunde unt. d. Chineſen u. Indern. Berlin 1831. 8. p. 7 sq. 25 sq.
L. Ideler, üb. d. Zeitrechn. d. Chineſen. Berl. 1839. 4. Stern in d. Götting.
Gel. Anz. 1840. p. 2002—2038. Journ. d. Sav. 1840. p. 27—41. 73—

93. 142—152. 227—254. 264—279. Ueb. ihr Rechenbret f. du Halde, Beschr. v. China Th. VI. p. 236 sq. Davis, la Chine II. p. 201 sq.

7) S. J. Bentley, a hist. view of the Hindu astronomy. Lond. 1825. 8. Stuhr l. l. p. 15 sq. 54 sq. 78 sq. Gabelentz, Journ. f d. Kde. d. Morgenland II. p. 419 sq.

§. 70.

2.) Griechen. Obgleich die Griechen[1]) bereits frühzeitig durch die Zahl der Finger auf die mathematische Progression von 5 zu 5 = 10 hingewiesen wurden ($\pi\epsilon\mu\pi\alpha\zeta\epsilon\iota\nu$)[2]), so erleichterte doch die Ansicht der Griechischen Philosophen, die Mathematik als Vorbereitungswissenschaft zu betrachten, das Studium derselben ungemein, sodaß, mag nun auch Pythagoras noch so viel mystische Spielereien mit den Zahlen getrieben haben, ihm doch die Erfindung des decadischen Zahlensystems zugestanden werden muß[3]), wenn man nur nicht den sogenannten abacus Pythagoricus oder die mensa geometricalis mit unserer Einmaleinstafel verwechselt. Sonst zeichnete sich in der Arithmetik noch sein Schüler Archytas durch die Erfindung der analytischen Methode und Eratosthenes durch seine Lehre von der Siebrechnung und der Beschaffenheit der Proportionen aus. In wieweit aber Plato und seine Schüler sich mit der Arithmetik befaßt haben, läßt sich jetzt nicht mehr genau bestimmen. Was die Geometrie angeht, so wissen wir, daß Pythagoras den sogenannten magister matheseos (bei Euclid. I. [47] 44.) erfunden hat, worin er lehrt, daß in einem rechtwinkeligen Dreieck das Quadrat der Hypotenuse der Summe der Quadrate der beiden übrigen Seiten gleich sei, daß Thales die Höhe der Pyramiden nach der Länge ihres Schattens maß (Plin. H. Nat. 36, 17.) und dem Pythagoräer Archytas die Lösung der Delischen Orakelaufgabe von der Verdoppelung des Würfels gelang[4]), woran sich auch Hippocrates von Chios (450 v. Chr.), der Erfinder der Quadratur der Kreisbogen oder Monde (lunula Hippocratis), gemacht hatte[5]), wie denn auch Plato, dem übrigens die Erfindung der Kegelschnitte, sowie gleichfalls der analytischen Methode zugeschrieben wird (s. Procl. in I Elem. Eucl. III. p. 1 u. 4.), neue Versuche, dasselbe Problem zu lösen, anstellte[6]). Indessen sind alle Schriften, sowohl von ihm als seinen Schülern, unter denen wohl die des Aristäus über Kegelschnitte und körperliche Derter die bedeutendste war[7]), ver-

loren gegangen, sodaß die eigentliche Blüthe der Geometrie erst
mit der folgenden Periode, um 280 v. Chr., durch Euclides
anhebt. Bedeutender waren allerdings die Leistungen dieser Periode in der Astronomie, denn nachdem Thales von Milet
bereits gelehrt, daß die Erde rund sei, und nicht allein die wahren
Ursachen der Sonnen- und Mondfinsternisse erkannt (Plut.
de plac. philos. II, 12, 13.), sondern auch eine solche für
v. J. 585 v. Chr. vorausgesagt hatte (s. Herod. I. 74.), beschäftigten sich sowohl die Jonischen als Pythagoräischen Philosophen unausgesetzt mit dieser Wissenschaft. Die meisten alten
Astronomen verwendeten aber ihre Studien vorzugsweise auf die
Berechnung einer genügenden Jahresrechnung mit Ausgleichung
der Bewegung des Mondes und der Sonne, und dergleichen
Cyclen verfaßten unter Anderen Cleostratus von Tenedos (543
v. Chr.) von 8, Oenopides aus Chios und Philolaus[8])
von 59, Democritus von 82, Meton[9]) von 19, sowie
Euctemon und endlich Callippus (330 v. Chr.) von 76
Jahren. Unter den Platonikern errichtete der berühmte Geograph
Eudoxus von Cnidos daselbst eine Sternwarte (Strab. II. p.
119.), lehrte eine neue Theorie über die Bewegung der Planeten (Arist. Metaph. XII. 8.) und machte den Gebrauch der
sogenannten Parapegmen ($\pi\alpha\rho\alpha\pi\eta\gamma\mu\alpha\tau\alpha$) oder der Tafeln zur
Berechnung des Auf- und Untergangs der Gestirne gewöhnlicher[10]).
Von der Aristotelischen Schule haben wir außer dem Werke des
Aristoteles über den Himmel nichts mehr übrig, wenn wir
nicht die zwei Werke des Autolycus von Pitane (340 v.Chr.)
noch hierher ziehen wollen[11]). Ausgezeichnet in seiner Art war aber
Aristarchus aus Samos, den der Stoiker Cleanthes i. J.
264 v. Chr. der Gottlosigkeit angeklagt haben soll (f.
Plut. de facie. in orbe lun. c. 6.), weil er die Bewegung
der Erde um die Sonne gelehrt hatte. Uebrigens hatte er auch
in einem noch vorhandenen Werke über die Größe und Entfernung des Mondes und der Sonne von der Erde gehandelt[12]).
Um die Ausmessung der Erde machten sich verdient Eratosthenes[13]) und der Stoiker Posidonius[14]), der hierzu die Pol-
höhe von Rhodus und Alexandria benutzt hatte. Wenig bedeuten, eigentlich theilweise nur Bauernregeln enthalten die oben schon
unter den didactischen Gedichten erwähnten $\Phi\alpha\iota\nu\omega\mu\epsilon\nu\alpha$ und

Διοσημεια des Aratus, vermuthlich unächt aber sind die geometrischen Beweise vom Auf- und Untergange der Sterne des
Euclides[15]) und des Hipparchus von Nicäa (164 — 128
v. Chr.), der auch zuerst gelehrt hatte, man brauche, um die Lage
der Gegenden auf der Erdoberfläche zu bestimmen, nur die Länge
und Breite, unter der sie liegen, zu suchen (s. Strab. Geogr. I.
p. 7.), Commentar zu den Schriften des Aratus und Eudorus[16]).
Für Optik läßt sich in dieser Periode nur die Schrift des
Aristoteles über die Farben[17]), sowie des Euclides Optik
und Katoptrik[18]) nennen, die aber beide unächt sind, wenn auch
auf der anderen Seite zugestanden werden muß, daß der Platonischen
und Aristotelischen Schule die Grundsätze der Perspective nicht
unbekannt gewesen sind. Mechanik endlich, die nach einer höchst
sonderbaren Geschichte bei Plut. Marcell. c. 12. sich bei den
Griechen aus der Geometrie entwickelt haben soll, mag zuerst theoretisch und systematisch der Pythagoräer Archytas behandelt
haben, den Gell. Noct. Att. X, 12. als den Verfertiger einer
fliegenden hölzernen Taube nennt. Jedoch scheint man mit der
Theorie noch nicht sehr weit gediehen gewesen zu seyn, da die noch
vorhandenen mechanischen Probleme des Aristoteles[19]) von
den irrigsten Ansichten über die Natur des Gleichgewichts und
die Gesetze der Bewegung wimmeln. Practisch jedoch haben sie
diese Wissenschaft wohl für die Kriegskunst auszubeuten ge-
wußt[20]), was sich schon aus den Gedichten des Homer und
einigen Werken des Xenophon ergiebt, wie denn auch das Werk
des Arcadischen Feldherrn (? s. Xen. Hell. VII. 3, 1.) Aeneas
aus Stymphala (361 v. Chr.), welches wir wahrscheinlich in
dem von dem Günstling des Königs Pyrrhus von Epirus, Ci-
neas, veranstalteten Auszuge vor uns haben[21]), den in einer
Festung Eingeschlossenen eine Unmasse von für jene Zeit fast
unbegreiflichen Rathschlägen vor Augen führt. Den letzten Theil
der Mathematik bildet die Musik[22]), welche die alten Philosophen nicht blos in den Bereich derselben zogen, sondern auch
als einen Haupttheil der Volkserziehung betrachteten. Daher
auch die frühzeitige theoretische Bearbeitung derselben, die von
dem mythischen und vorhomerischen Dichter Olympus herda-
tirt, welcher das enharmonische Klanggeschlecht, d. h. die Ton-
leiter, in welcher das Tetrachord oder die Quarte so getheilt

war, daß die zwei ersten Intervallen kleiner als halbe Töne
waren, erfand. Aehnliche Verbesserungen scheinen dann Lasus,
Clonas, Terpander und andere alte Lyriker eingeführt zu
haben, bis endlich Pythagoras, als er einst, bei einer Schmiede
vorübergehend, den Klang dreier so zusammenstimmenden Hämmer
vernahm, daß sie die Terze und Quinte von dem Klange des
dritten als Grundton angaben, auf den Gedanken kam, die Töne
als bestimmte Größen zu betrachten und gegen einander abzu=
messen, also die mathematische Klanglehre erfand[23]). In gleichem
Geiste waren seine Schüler, die sogenannten Canoniker, thätig,
doch hat sich sowohl von ihren als des Plato und Aristo=
teles hierher gehörigen Schriften nichts erhalten, wie wir denn
auch eine jenen entgegengesetzte Schule, die der Harmoniker,
welche der Aristoteliker Aristorenus[24]) von Tarent (318 v.
Chr.) gründete, aus dessen wenigen noch erhaltenen Schriftüber=
resten doch nicht vollkommen beurtheilen können, wenn sich auch
soviel aus ihnen abnehmen läßt, daß er die mathematisch=physi=
calischen Grundsätze für die Theorie der Musik zwar nicht durch=
aus verwarf, aber doch die Affection der Gehörwerkzeuge als
Hauptsache ansah, das Verhältniß der Accorde zu einander leug=
nete, nur ein einziges Intervall als Ton annahm und auf die=
sen alle übrigen als aliquote Theile desselben bezog. Uebrigens
finden wir dieses System, obwohl mit größerer Beachtung der
mathematischen Principien weiter ausgeführt in den vermuthlich un=
ächten Schriften des Euclibus über Theorie der Musik, welche
wir noch besitzen[25]). S. im Allg. A. L. G. §. 242 — 249.
p. 470 — 487.

1) S. L. Lüders, Pythagoras und Hypatia oder die Mathematik der
Alten. Altenb. u. Lpzg. 1809. 8. F. v. Drieberg, die Arithmetik der Grie=
chen. Lpzg. 1819. II. 8. Delambre, de l'arithmét. des Grecs, in d.
Oeuvres d'Archimède trad. p. Peyrard. Paris 1807. 4. II. p. 511 sq.
u. üb. d. Arithmetik d. Griechen übers. v. G. H. J. Hoffmann. Mainz 1817.
4. E. Wilde, üb. d. Optik d. Griechen. Berl. 1832. 4. Fr. Finger, de
primordiis geometriae apud Graecos. Heidelberg. 1831. 8. Fr. v.
Drieberg, die pneumat. Erfindungen d. Griechen. Berl. 1822. 8. J. C.
Schaubach, Gesch. d. Griech. Astronomie b. a. Eratosthenes. Götting. 1802.
8. u. üb. d. Meinung d. Alt. v. unf. Sonnensystem. Meining. 1796. 8. u.
Bemerk. üb. d. Sphäre d. Alten. ebb. 1797. 8. L. Jdeler, Hist. Unters. üb.
d. astron. Beob. d. Alten. Berl. 1806. 8. p. 175 sq. u. Unterf. üb. d. Urspr.
u. d. Bedeut. d. Sternnamen. ebb. 1809. 8. u. üb. d. Calenderwesen d.
Griechen u. Römer. ebb. 1814. 8. u. Hdbch. d. mathem. u. techn. Chrono=
logie. Berl. 1825. II. 8. u. Lehrb. d. Chronol. ebb. 1831. 8.

2) S. U. L. G. §. 74. a. A. v. Humboldt, üb. b. b. verſch. Völk. übl. Syſt. v. Zahlzeichen, in Crelle, Journ. f. reine u. angew. Math. Bd. IV. p. 205 sq.

3) S. Jdeler, üb. b. Verhältn. b. Kopernicus z. Alterth. b. Wolf, Muſ. b. Alt. Wiſſ. II. p. 402 sq. Mannert, Diss. de numerorum, quos arabicos vocant, vera origine Pythagorica. Norimb. 1801. 8. S. A. Böttiger, üb. b. Rechentafeln b Alten, b. Schmeiſſer, Lehrb. b. rein. Math. Berl. 1817. Bd. I. p. 141—148. u. in f. Klein. Verm. Schrift III. p. 9 sq.

4) S. Archim. de sph. et cyl. II. p. II. Procl. in I Eucl. p. 59 sq. Valer. Max. VIII, 12, 1. Fr. Kries, Pr. quo disp. quaed. de Hor. Od. I. carm. 28 et de Archyta, ann. expos. system. numer. in Arch. arenario exhib. Goth. 1832. 4. Reimer, Hist. probl. de cubi duplicatione. Gotting. 1798. 8.

5) S. L. A. Bartenstein, Pr. q. inest lunulae Hipp. descr. Coburg. 1784. 8.

6) S. Burette in b. Mém. de l'acad. d. Inscr. XIX. p. 486 sq.

7) S. V. Viviani, de locis solidis divinatio in libr. Aristaei amissos. Flor. 1701. fol. f. Reimer, Hist. probl. de cubi dupl. p. 72 sq.

8) S. A. Boeckh, Pr. de Plat. system. coelest. globorum et de vera indole astron. Philolaicae. Heidelb. 1810. 4.

9) S. L. Jdeler, in b. Abh. b. Berl. Ac. b. Wiſſ. 1818. 4. p. 230sq.

10) S. Journ. d. Sav. 1840. p. 741 sq. Jdeler, Hbb. b. Chron. I. p. 317 sq. Schaubach in b. Götting. Gel. Anz. 1800. p. 529 sq.

11) S. J. B. Carpzov, de Autolyco Pit. diatr. Lips. 1744. 4. S. Schr. περι κινουμενης σφαιρας u. περι ἐπιτολων και δυσεων ſtehen als: Autol. liber de sphaera mobili, Ejdq. Libri duo de ortu et occasu siderum errantium Gr. et Lat., b. Cn. Dasypodii Sphaer. doctr. propositiones. Argent. 1572. 8.

12) S. Jdeler b. Wolf, Muſ. b. Alt. W. II. p. 426 sq. Sein auch im Auszug bei Papp. Coll. Math. L. VI. pr. 38. erhaltenes Werk περι μεγεθων και ἀποστηματων ἡλιου και σεληνης. Ed. Pr. Lat. Arist. Sam. de magnitud. et distant. Solis et Lunae, G. Vallainterpr., c. Niceph. Logica etc. Venet. 1498. fol. Ed. Pr. Gr. Arist. — Lib. n. prim. gr. ed. c. F. Commandini vers. lat. notq. Pappi Alex. Sec. Libr. M. Coll. fragm. ed. lat. fec. notq. ill. J. Wallis. Oxon. 1688. 8. u. b. Wallis, Op. Math. ib. 1699. fol. III. p. 565 sq. Hist. d'Arist. de Samos, suiv. de la trad. de son ouvr. s. l. dist. du soleil et de la lune, de l'hist. de ceux qui ont porté le nom d'Arist. avant Arist. de Samos et le commenc. de celle des philos. qui ont paru avant ce même Arist. p. M. de F(ortia d'Urban). Paris 1818. 8. (Dazu der hier fehl. Figur. weg.) Traité d'Arist. de Sam. s. l. grand. et l. dist. du soleil et de la lune et fragm. de Heron de Byzance s. l. mesures. Trad. du Grec av. d. comm. et d. observ. p. le même. ib. 1823. 8.

13) S. de la Nauze in b. Mém. de l'ac. d. Inscr. T. XLIII. p. 472 sq.

14) S. Cleomed. Met. I. 10. Burigny in b. Mem. de l'ac. d. Inscr. XXIX. p. 277 sq.

15) Φαινομενα b. C. Dasypod. Sphaer. doctr. propos. Argent. 1572. 8. p. 50 sq.

16) Των Ἀρατου και Ἐυδοξου φαινομενων ἐξηγησεων βιβλια γ. bei Petav. Uranol. p 171 — 256. Hipp. Libri in Arat. et Eudox Phaen. Ejd. asterismi. Achill. Tat. in Arati Phaen. Arati vita et fragm. add. vet. in ej. poem. gr. ed. P. Victorius. Flor. 1567. fol. p. 117 sq. Aecht iſt f. Verzeichn. v. 1026 Firſternen m. b. Ang. ihr. ſcheinb.

Größe, Länge u. Breite, Ascension u. Declination, e. Fragm. a. f. Schr. περι των απλαιων αναγραφαι b. Ptol. Almag. VII, 5. p. 172 sq. f. J. A. Schmidt, Diss. de Hipp. Theone Alex. et docta Hypatia. Jen. 1689. 4. J. B. P. Marcoz, Astronomie solaire de Hipp. soum. à une crit. rigour. Paris 1828. 8. Letronne im Journ. d. Sav. 1828. p. 678 sq. 1829. p. 30 sq. 1831. p. 476—489. 545—595. Littrow in b. Wien. Jahrb. Bd. 49. p. 137—152.

17) S. Arist. de Coloribus libellus gr. et lat. comm. ill. a S. Portio. Flor. 1548. 4. Paris 1549. 8.

18) Ὀπτικα και Κατοπτρικα Gr. et Lat. p. J. Penam. Paris 1557. 4. u. b. Dasypodius l. l. p. 51—65. u. b. Schneider, Ecl. Phys. Jen. 1801. 8. I. p. 381 sq.

19) Μηχανικα προβληματα f. Arist. Quaest. mechan. Gr. et lat. rec. et ill. J. P. van Capelle. Amstel. 1811. 8. Auch feine anderen προβληματα gehören theilweise hierher, f. E. F. Bojesen, de problem. Arist. Havn. 1836. 8.

20) S. K. Guischard, Mém. milit. s. l. Grecs. à la Haye 1758. II. 4. u. Mém. crit. s. plus. points d'antiq. milit. Berl. 1774. IV. 4. F. J. H. Naft, Einl. in b. Griech. Kriegsalterthümer. Stuttg. 1780. 8. G. H. Köpke, üb. b. Kriegsw. b. Griech. im heroisch. Zeitalter. Berl. 1807. 8. K. A. Löhr, üb. b. Taktik u. b. Kriegsw. b. Griechen u. Römer. n. b. Quell. bearb. Kempt. 1825. 8. Dunkan, Beitr. z. Gesch. u. bes. z. Kriegsgesch. b. Vorzeit. A. b. Engl. m. Anm. v. E. H. Heusinger. Braunschw. 1828. 8. Haase, Bibliogr. b. Griech. u. Latein. Kriegsschriftsteller, b. Jahn, N. Jahrb. 1835. XIV. 1. p 88 sq. u. 1836. XVII. 2. p. 212 sq.

21) Polyb. Hist. gr. et lat. Acc. Aen. Tact. c. not. ed. Is. Casaubon. Paris. 1609. fol. Aen. comm. de toler. obsid. gr. et lat. ad codd. rec. comm. Is. Casaub. et not. al. suisq. ed. J. C. Orelli. Lips. 1818. 8. f. Bandini, Epist. de celeb. cod. Tact. bibl. Laur. Flor. 1766. 8. Bredow, Epist. Paris. p. 112 sq.

22) S. Burette sur la mus. des anciens in b. Mém. de l'ac. T. VII. p. 205 sq. XI. p. 1 sq. XIV. p. 172 sq. XIX. p. 272 sq. XXIII. p. 163 sq. XXVI. p. 48 sq. (ed. à la Haye) Chabanon ib. T. XXXV. p. 360 sq. XLVI. p. 285 sq. (ed. in 4.). G. W. Fink, erste Wander. b. ältest. Tonkunst als Vorgesch. b. Musik. Essen 1831. 8. K. F. Hoffmann, Beweis u. Darstell. b. ausgebild. musical. Tact. b. Griechen a. ihr. eig. Musikern. Berl. 1832. 8. F. v. Drieberg, die musical. Wissensch. b. Griechen. Berl. 1820. 4. u. Aufschl. üb. b. Mus. b. Griech. ebb. 1820. 4. u. Wtbch. b. Griech. Musik. ebb. 1835. 4. u. Mathem. Intervallenlehre b. Griechen. ebb. 1818. 4. u. b. pract. Mus. b. Griech. ebb. 1821. 4. u. b. Griech. Musik auf ihre Grdlag. zurückgeführt. ebb. 1841. 4.

23) S. Macrob. Somn. Scip. II. 1. Tiedemann in Forkel's Mus. crit. Bibl. III. p. 107 sq. Roussier, Mém. hist. et pract. s. la mus. d. anciens, où l'on expose les princ. d. proport. authent. dites de Pythagore etc. Paris 1775. 4.

24) S. III Büch. αρμονικων στοιχειων in b. Antiq. mus. auct. VII. gr. et lat. c. not. ed. Meibom. Amst. 1652. 4. I. p. 1—132. Fragm. a. f. ρυθμικα στοιχεια in: Arist. Or. adv. Leptin. Liban. declam. pro Socrate, Arist. Rhythm. elem. fragm. gr. et lat. ex bibl. Venet. ed. J. Morell. Ven. 1785. 8. p. 267 sq. 292 sq. Arist. Grundzüge b. Rhythmik, ein Brchst. in bericht. Urschr. m. Deutsch. Uebers. u. Anmerk. her. v. H. Feussner. Hanau 1840 8. f. Heinrich, Epimenides. Lpzg. 1801. p. 163 sq. W. L. Mahne, Diatr. de Aristoxeno. Amst. 1793. 8. u. im Thes. crit. Lips. 1802. 8. T. I. p. 1 sq. J. Luzac, Lect. Attic. Lugd. B. 1809. 4. Erc. Bottrigari, Ovvero de' Tetracordi Armon. di Aristosseno. Bologna 1563. 4.

25) *Εἰσαγωγη ἁρμονικη* u. *κατατομη κανονος* in: **Euclidis rudimenta Musices et Sectio regulae harmonicae. Gr. et lat. interpr. J. Pena. Paris 1537. 4. u. b. Meibom. l. l. T. I.**

G) Naturwissenschaften.

§. 71.

Während im Orient die Naturwissenschaften nur practisch vorzüglich von den Priestern getrieben worden seyn mögen und hier einen Theil der Magie bildeten, haben die Griechen die eigentliche Physik bereits sehr früh auf theoretischem Wege ausgebildet. Denn während wir schon bei Homer mancherlei Naturbetrachtungen finden[1]), während Hesiod in seiner Theog. v. 108 sq. bereits lehrt, wie das Chaos jener Urstoff sei, aus dem die Welt hervorgegangen, haben vorzüglich die Ionische und Eleatische Philosophenschule sich vorzugsweise mit Hypothesen über die Entstehung der Welt, die Gestalt der Erde, die Elemente zc. beschäftigt und Aristoteles denselben Gegenstand in seinen oben §. 63, 3. genannten Schriften in den Kreis seiner gelehrten Forschungen gezogen[2]). S. A. L. G. §. 250.

1) S. Helbig in Zimmermann's Zeitschr. f. Alt. W. 1841. Nr. 82.
2) S. Böttiger, Kunstmythologie I. p. 60—99. Scip. Aemilianus, de placit. philos. qui ante Arist. temp. floruer. ad princ. rer. natur. et caus. mot. assign. pertin. st. et op. G. Monalis. Venet. 1620. 4. Ed. et aux. C. F. Brucker. Lips. 1756. 4. Regnault, l'orig. anc. de la phys. nouv. Amsterd. 1735. III. 8. u. Entretiens physiques d'Aristote et d'Eudoxe. ib. 1732. IV. 12. C. D. Beck, Comm. de font. unde sentent. et conj. de creat. et pr. facie orb. terr. ducuntur. Lips. 1782. 4. Fr. Bouterweck, Comm. de prim. phil. Graec. decret. phys., in b. Comm. soc. reg. Gott. rec. T. II. p. 2 sq. Auszüge b. J. G. Schneider, Eclog. phys. script. praec. Graec. Jen. 1808. II. 8.

§. 72.

Gehen wir zu einer zweiten Abtheilung der Naturwissenschaften oder zur Naturgeschichte über, so haben wir zwar bei Homer schon einige, wenn auch mangelhafte Kenntnisse über Mineralogie, Botanik und Zoologie[1]) zu rühmen, dürfen jedoch dem Gedichte des Orpheus über die Steine hier noch keinen Platz gewähren, weil es erst aus dem Zeitalter der Ptolemäer herstammt. Daher können wir erst seit den Küstenfahrten und dem dadurch nothwendig gewordenen Verkehr mit andern Nationen, sowie noch von einigen Historikern, wie dem Herodotus, Ctesias,

Xenophon ꝛc., auf ihren Reiſen gemachten Erfahrungen an eine all=
mälige Entwickelung einer tieferen Kenntniß der Naturgeſchichte bei den
Griechen glauben, wie eine ſolche vorausſetzen laſſen die hierher ge=
hörigen, für Zoologie, Botanik, Phyſiologie und Phyſik gleich
wichtigen Schriften des Ariſtoteles[2]) und ſeines Schülers
Theophraſtus[3]), obwohl wir auch ſo noch nicht den erſt
durch die Forſchungen neuerer Zeit gebührend gewürdigten Schatz
von Erfahrungen und der Natur abgelauſchten Geheimniſſen,
wie er ſich unſerem Blicke in den Werken derſelben aufſchließt,
ſeiner Entſtehung nach uns gehörig erklären können. Fleißiges
Studium der Naturwiſſenſchaften verrathen auch die beiden bereits
oben genannten Gedichte des Nicander. Mehr in das Gebiet der
Wahrſagekunſt, wenn nicht der Magie ſtreifen des Ariſtoteles[4])
und Melampus[5]) Schriften über Phyſiognomie und Divina=
tionslehre aus Pulſation und Hautflecken.

1) S. **A. L. Millin, Minéralogie ou essai sur les minéraux,
dont il est fait mention dans les poëmes d'Homère. Paris** 1790.
1816. **8.** (Deutſch v. Rink. Lpzg. 1793. 8.) **F. A. W. Miquel, Tent. florae
Homer. of Bijdragen tot de Kennis der Planten, die in de Gedichte
van Homerus voorkomen.** Roterdam 1835. **8.** (Deutſch v. J. C. M.
Laurent. Altona 1836. 8.) **G. Ph. Fr. Groshaus, Prodr. faunae Hom.
et Hesiodi. Lugd. B.** 1842. **II. 8.**

2) S. περι ζωων ἱστοριας in IX B. (b. Xte unvollſt. iſt unächt).
Hist. des animaux d'Arist. en grec et en franç. trad. p. **Camus.
Paris** 1783. **II. 4.** (ſ. **Not. et Extr. d. Mss. T. V.** p. 433—464.) **Hist.
Anim. rec. J. C. Scaligeri vers. recogn. comm. ind. adj. J. G. Schneider. Lips.** 1811. **IV. 8. rec. J. Bekker. Berol.** 1829. **8.** — περι ζωων μοριων
in **IV** B. ſ. Ariſt. üb. d. wiſſenſch. Behandl. d. Nat. Kde. vorz. in d. Thier=
kunde. Griech. m. Deutſch. Ueberſ. u. Anm. v. Fr. N. Titze. Prag 1819. **8.** —
περι ζωων γενεσεως in **V** B. — περι φυτων, unächt, ſ. a. **F. Wimmer,Phy-
tolog. Arist. fragm. Vratisl.** 1838. **8.** — περι ἀκουστων, die erſte Akuſtik —,
eine Partie kleinerer Schriften, gewöhnlich unter dem Namen **Parva Naturalia** zuſammengenommen (**Parva Naturalia [de somno, vigilia, insomniis, divinatione] rec. atq. ill. G. A. Bekker. Lips.** 1823. **8.** nur
z. Th.) — περι Νειλου, unächt — und περι θαυμασιων ἀκουσματων,
nach Niebuhr, Röm. Geſch. Th. **I.** p. 23. erſt Ol. 130, alſo nach Theo=
phraſt geſetzt (**Arist. de mirab. auscultationibus expl. a. J. Beckmann.
Gott.** 1786. **4.** [Zuſ. b. Beckmann Ed. Antig. Caryst. p. 231—242. u.
Marbod. de Lap. p. 148—153.] **Gr. rec. A. Westermann, Paradoxo-
graphi Graeci. Brunsv.** 1839. **8.** p. 1—60 ſ. **Thorlacius, Opusc. T.
IV.** p. 1—30. **Westermann, Proleg.** p. **I** u. **XXV sq.**).

3) **Theophr. Op. Ed. Princ. Venet. Ald.** 1495—99. **V Voll. 4.** —
**Theophr. Eres. q. supers. op. et Excerpta libr. ad fid. libr. ed. et
scr. emend. et expl. J. G. Scheider conj. op. H. F. Linckii. Lips.**
1818—22. **V. 8.** — Hierher gehören περι φυτων ἱστοριας in **X** Büchern
(ſ. **Theophr. Hist. plant. gr. c. syll. gener. et spec. gloss. et not.
cur. J. Stackhouse. Oxon.** 1813. **II. 8. Theophr. Er. Op. q. supers.
emend. c. app. crit. ed. Fr. Wimmer. Vratisl.** 1842. **8. T. I. Historia**

plant. — περι φυτικων αίτιων in VIII B. — περι λιθων (J. de Laet, de gemmis et lapid. libri, quib. praem. Theophr. lib. de lapid. gr. et lat. c. br. ann. Lugd. B. 1647. 8. Theophr. de lapid. gr. et anglice c. obs. ed. Hill. Lond. 1746. 8. f. Ch. A. Schwarz, Comm. Theophr. Lips. 1801 — 8. 4.) — περι ανεμων — περι σημειων ύδατων και πνευματων, ανεμων, χειμωνος και ευδιας — περι πυρος — περι όσμων — περι ίδρωτων — περι ιλιγγων — περι κοπων und περι της των ιχθυων έν ξηρω διαμονης.

4) Φυσιογνωμονικα Gr. et Lat. b. J. G. Fr. Franz, Script. Physiogn. Veter. Graec. gr. et lat. Altenb. 1780. 8. p. 3 — 168.

5) Μαντικη περι παλμων bei Franz l. l. p. 451 — 500. περι έλαιων των σωματος μαντικη, unächt ebb. p. 501 sq.

§. 73.

Die dritte Unterabtheilung der Naturwissenschaften, die Chemie, zu der wieder die Alchemie (v. Arab. al kimia, d. h. verborgene Kunst) gehört, sollte eigentlich hier noch nicht erwähnt werden, allein theils die Hindeutung von Lucian. Gall. c. 18. auf ägyptische Schriften über diese Gegenstände, theils einige dem Democritus[1] und Aristoteles[2] zugeschriebene, größtentheils aber erst im Mittelalter gefertigte und untergeschobene Werke machen es nothwendig, auch ihrer hier schon zu gedenken.

1) Die Griechisch geschriebene Abhandlung der Göttin Isis an ihren Sohn Horus, περι της ίερας τεχνης, bei Hoefer, Hist. de la chimie T. I. p. 502 sq. ist natürlich unächt. Uebrigens gehören die meisten der oben §. 48. genannten Hermetischen Bücher hierher.

2) Von den chemisch. Schriften b. Democritus f. oben §. 57, 6 u. Hoefer p. 266 sq. Ebenso unächt sind die dem Aristoteles zugeschriebenen mystischen Schriften (f. Fabric. Bibl. Gr. T. III. p. 278 sq.), unter benen am bekanntesten ist die nur lateinisch erhaltene: De lapide philosophorum et de perfecto magisterio (Lapidarius Arist. de novo e Graeco translatus. Merseb. 1472. 4. u. i. Theatr. Chim. T. V. f. Hoefer T. I. p. 329 sq.).

II) Geographie.

§. 74.

Die Geschichte der Geographie[1] bei den Alten beschränkt sich fast nur auf das kleine Griechenland, da die wenigen Notizen, welche sich im Alten Testamente hierüber in den Büchern Mosis und Josuä erwähnt finden, die angeblich von Salomo und dem Tyrischen Könige Hiram nach dem Goldlande Ophir gesandten Handelsexpeditionen[2], die Berichte von der auf Befehl des Aegyptischen Königs Necho durch Phönicische Schiffer vorgenommenen Umschiffung Afrika's (f. Herod. IV. 42.) und

einer ähnlichen Unternehmung des Persers Sataspes unter Ter-
res (s. Herod. IV. 43.), sowie von den angeblich schon auf
Befehl des Königs Sesostris angefertigten Landkarten (Apoll.
Rh. Argon. IV, 292 sq.), kaum erwähnt zu werden verdienen. Allein die Carthager besaßen eine schriftliche, wissenschaftlich gehaltene Schilderung der von ihrem Feldherrn Hanno
(um 450 v. Chr., Vater des Hamilcar?) unternommenen Be-
schiffung der Westseite von Libyen bis 140 oder gar 700
Meilen weit von den Säulen des Hercules, welche wir in einer
Griechischen Uebersetzung noch jetzt vor uns haben[3]). Die Berichte seines Landsmannes Himilco, der gleichzeitig die Küsten
von Albion und West- und Osteuropa zu erforschen ausgesendet
war, hat vorzüglich Avienus[4]) mit verarbeitet. Wenden
wir uns nun zu den Griechen, so finden wir erstlich bei
ihnen bis auf Herodot oder bis 444 v. Chr. nur mythische Geographie, für welche allerdings Homer und Hesiod und der
Tragiker Aeschylus in seiner Erzählung von dem Irrlaufe der
Jo (Aesch. Prometh. 646 sq.) bereits eigene Systeme von
der Gestalt und Eintheilung der Erde entwickelt haben[5]), was
bei Pindar schon weniger der Fall ist. Während diese aber wenigstens
auf Erfahrung und Reiseberichte gegründet waren, scheinen vorzüglich die Jonischen Philosophen, an ihrer Spitze Thales und
Anaximander, der zu Milet die ersten Landkarten (πιναϰες
s. Strab. I. p. 17. C.) verfertigt haben soll, mehr von Ver-
muthungen und Combinationen bei ihren Hypothesen über die
Gestalt, den Umfang und die Entstehung der Erde geleitet worden
zu seyn. Indessen machten diese Alle ihre Bemerkungen wohl
nur gelegentlich, so wie auch die ersten Sagenschreiber oder Logographen der Griechen, da jenem Scylax aus Caryanda in
Carien, der im J. 508 v. Chr. unter Darius Hystaspis aus-
geschickt worden war, um zu untersuchen, wo der Fluß Indus
ins Meer falle (Herod. IV, 44.), die ihm zugeschriebene und
noch erhaltene Beschreibung dieser Schifffahrt nicht gehören kann,
indem sie höchstens bis auf Philippus I. von Macedonien oder
Ol. 107 hinaufreicht[6]). In wieweit Charon, Hecatäus,
Hellanicus und andere Logographen ihren historischen Berichten auch geographische Notizen eingewebt haben, läßt sich, da
von ihnen wenig mehr übrig ist, kaum bestimmen. Darum kön-

nen wir die Nachrichten, welche uns Herodot von Halicarnaſſus
in ſeinem weiter unten zu erwähnenden großen Geſchichtswerke
über alle damals bekannten Theile der Erde theils aus Aut-
opſie, theils nach genauen Forſchungen bei Kaufleuten und See-
fahrern mittheilt und mit einer für ſeine Zeit merkwürdigen
Kritik und Klarheit entwickelt, nicht hoch genug anſchlagen[7]),
da außer den in den Werken des Thucydides und Xeno-
phon eingeſtreuten, freilich an ſich trefflichen, doch ziemlich ſpär-
lichen Notizen über einige Theile Europa's und Aſiens von
den übrigen Hiſtorikern, von Cteſias bis auf die Geſchichtſchreiber[8]) Alexander's des Großen herab, nur noch unbedeutende
Fragmente vorhanden ſind, was auch der Fall iſt mit den hierher gehörigen Schriften des ſchon genannten Eudorus von
Cnidos (368 v. Chr.), der einſt den Plato nach Aegypten begleitet hatte[9]), des Phileas aus Athen (vor Thucydides)[10]),
des Pytheas aus Maſſilia, der zweimal die nordweſtlichen
Küſten Europa's beſchifft hatte, und das erſte Mal bis an die
Inſel Thule, dann bis an den Tanais gekommen war[11]), des
Nymphodorus aus Syracus unter Alexander dem Großen[12])
und des Schülers des Ariſtoteles, Dicäarchus[13]) aus Meſſana,
der eine berichtigte Weltkarte und eine zweite über Griechenland
entworfen hatte (ſ. Strab. I. 1. u. Diog. Laert. V. 51.), ſodaß lediglich aus dieſer Periode noch das Tagebuch des Nearchus, jenes Flottenanführers, welchen Alexander der Große i. J.
326 v. Chr. durch den Indiſchen Ocean bis an den Euphrat
geſchickt hatte[14]), übrig iſt (b. Arrian. Ind. c. 19—42). S.
A. L. G. §. 183—190.

1) S. **Gosselin**, Rech. s. la géographie systématique et positive
des anciens. Paris 1790—1813. IV. 4. F. A. Ukert, Geogr. d. Griech.
u. Römer v. d. älteſt. Zeit. b. a. Ptolemäus. Weim. 1816—43. III. 8.
C. Mannert, Geogr. d. Griech. u. Römer. II. A. Lpzg. 1799—1825. X.
8. u. Einleitung in d. Geogr. d. Alt. u. Darſt. ihr. vorz. Syſteme. Lpzg.
1829. 8. K. Forbiger, Hdbch. d. alten Geographie. Lpzg. 1842. II. 8. H.
Reinganum, Geſch. d. Erd- u. Länderabbildungen bei den Alten, beſ. b. d.
Griechen u. Römern. Jena 1840. I. 8. Recht gute Ueberſicht v. Baumſtark
in Pauly's Real-Encycl. d. Alt. Kde. III. p. 711—758. Sammlungen der
ſogenannten kleinen Geographen, wo die großen: Pauſanias, Strabo,
Ptolemäus und Stephanus von Byzanz ausgeſchloſſen ſind, enthalten: Geo-
graphica Marciani, Scylacis, Artemidori, Dicaearchi, Isidori, omn.
n. prim. gr. ed. D. **Hoeschel**. Aug. V. 1600. 8. Geogr. Graeci min.
gr. et lat. c. annot. H. **Dodwelli**, J. **Hudsoni** et Ed. **Wells** ed. J.
Hudson. Oxon. 1698—1712. IV. 8. Συλλογη των εν επιτομη τοις παλαι

γεωγραφηϑεντων τυποις ἐκδοϑεντων. Ἐν Βιεννῃ. 1808. II. 8. Corpus geogr. minor. ed. F. Gail. Paris 1826—31. III. 8.

2) S. I Kön. IX, 26—28. II Chr. VIII, 17—18. Fr. Keil, üb. d. Hiz ram=Salem. Schifffahrt. Dorp. 1834. 8.

3) S. (Campomanes) El periplo de Hanno illustr. con discurso sobre la marina y navigazion de la republica de Cartago. Madr. 1754. 4. Mohedano, Hist. litt. de Espanna II. 1. p. 242 sq. De Bougainville in b. Mém. de l'ac. d. Inscr. T. XXVI. p. 10. XXVIII. p. 260 sq. Bef. Ausg. f. Ed. Pr. c. Arrian. Sig. Gelenii. Basil. 1534. 4. Gr. et Augl. The voyage of Hanno, transl. and accomp. with the greek text expl. and illustr. by Th. Falconer. Lond. 1797. 8. Gr. c. annot. emend. ed. J. L. Hug. Frib. 1808. 4. Gr. rec. et ann. ill. F. G. Kluge, Lips. 1829. 8. Hann. Peripl. ed. Hirscher. Ehing. 1832. 8.

4) S. Descr. Orb. v. 112 sq. ,,haec olim Himilco Poenus Oceano super spectasse semet et probasse rettulit: haec nos ab imis Punicorum annalibus prolata longo tempore edidimus tibi.''

5) Ueber Homer f. H. Schlichthorst, de geogr. Hom. comm. Gott. 1787. 4. C. T. G. Schoenemann, Comm. de geogr. Hom. ib. 1787. 4. A. G. Schlegel, de geogr. H. comm. Hannov. 1788. 8. Völcker, Homer. Geogr. u. Weltkunde. Hannov. 1830. 8. Ueb. Hesiod. f. Werfer in b. Act. Monac. T. II. p. 499 sq. u. Osann in Zimmerm. Zeitschr. 1841. p. 644 sq. Ueb. Aeschylus f. Klausen im Rhein. Muf. 1829. p. 293—323, u. Welcker, Aesch. Trilog. p. 127—146. Im Allg. f. Brzoska, de geogr. mythica. Lips. 1831 sq. II. 8. Völcker, Myth. Geogr. b. Griech. u. Römer. Hannov 1832. I. 8.

6) Für ächt hält ihn St. Croix in b. Mém. de l'ac. d. Inscr. T. XLII. p. 350 sq. u. Exam. d. hist. d'Alex. le Gr. p. 730. f. a. Niez buhr, kleine hist. u. phil. Schr. I. p. 102 sq. Letronne, Obs. hist. et géogr. sur le periple attr. à Scylax. Paris 1826. 4. Clausen l. I. p. 255—275. u. Fabricius b. Zimmermann, Zeitschr. f. Alterth. 1841. Nr. 132 —133. Bef. Ausg. f. Ed. Pr. D. Hoeschel. Aug. V. 1608. 4. Scyl. Per. c. anon. Periplo Maeot. pal. et Ponti Eux. Gr. et Lat. c. not. Is. Vossii. Amst. 1639. 4. Hecataei Mil. fragm. Scylacis Car. peripl. ed. R. Clausen. Berol. 1831. 8. p. 161—253.

7) S. Doenniges, de geogr. Herod. Berol. 1836. 8. H. Bobrik, Geogr. b. Herob. a. b. Schriftst. f. dargest. Königsb. 1838. 8.

8) Ueber Thucydides f. Peppo ad Thucyd. P. I. Vol. II. p. 124— 558. Ueb. Xenophon f. Hutchinson b. Xenoph. Op. ed. Thieme T. II. p. 8 — 42. Ueb. b. Gesch. Al. b. Gr. f. Bonamy in b. Mém. de l'acad. T. XXV. p. 40 sq.

9) S. Roehmer, Diss. de Eud. Cn. Helmst. 1715. 4. F. S. de Schmidt, Opusc. p. 125 sq. Uckert a. a. O. I, 1. p. 89 sq.

10) S. Osann in Zimmermann's Zeitschr. 1841. p. 635 — 644. u. Faz bricius ebb. 1842. p. 1252 sq.

11) S. Pyth. Mass. Fragm. coll. et comm. ill. A. A. Arwedson. Upsal. 1824. IV. 4. cf. Bougainville in b. Mém. de l'ac. XIX. p. 146 sq. D'Anville ib. T. XXXVII. p. 436 sq. De Kéralio ib. T. XLV. p. 1, 26, 57 sq. Murray in b. Comm. soc. reg. Gott. T. VI. hist. p. 59 sq. M. Fuhr, de Pyth. Mass. diss. Darmst. 1835. 8. u. üb. P. v. M., in Jahn's Jahrb. 1836. Suppl. Bb. IV. p. 223—236. J. Lelewel, Pytheas u. b. Geogr. f. Zeit, herausgeg. v. J. Strzszewicz. N. A. J. Letronne's Unterf. üb. b. Erbmeff. b. Alten. A. b. Franz. überf. u. m. Anmerk. verf. v. S. J. W. Hoffmann. Lpzg. 1838. 8.

12) S. Ebert, Diss. Sicul. T. I. p. 160 sq. S. Fragm. ebb. p. 180 sq.

13) Fragm. a. s. Gedichte ἀναγραφὴ Ἑλλάδος u. d. prof. Schrift βίος
Ἑλλάδος b. Dicaearchi Geogr. gr. et lat. c. not. H. Stephani et Is.
Casauboni. Paris 1589. 8. Dicaearchi Geogr. Hann. Peripl. Nioeph.
Blemm. Geogr. Ejd. hist. de terra Gr. c. not. L. Holsten. cura G.
Murzi. Rom. 1819. 4. Dic. Perip. fragm. geogr. emend. M. Marx
bei Creuzer Melet. III. p. 171—210. S. a. Buttmann, Quaest. de Dic.
ejq. oper. Numb. 1832. 4. (Nachtr. a. b. Jahn, N. Jahrb. 1835. Suppl.
III. 3. p. 369—403. u. v. Osann in d. Allg. Schulz. 1833. Abth. II. Nr.
140. u. 1832. II. Nr. 144.) Osann in s. Beitr. z. Griech. u. Röm. Lit.
Gesch. II. p. 1—120. Fr. Passow, Opusc. p. 166 - 175. Näcke im
Rhein. Muf. 1832. 1. p. 40—59. u. 158—166. u. Opusc. Bonn. 1842.
T. I. p. 324—349.

14) S. W. Vincent, the voyage of Nearchus from the Indus to
the Euphrates, collect. from the orig. journ. pres. by Arrian. Lond.
1797. 1800. 4. u. The voyage of Nearchus and the periplus of the
erythrean sea, transl. from the greek. Oxford. 1809. 4.

I) Chronologie.

§. 75.

Wir haben schon bemerkt, daß die Geographie, zu der uns
die Geschichte der Mathematik geführt hatte, eine Hilfswissenschaft der Geschichte sei, wir wenden uns daher, ehe wir zu dieser selbst fortgehen, zu einer zweiten, zur Chronologie. Da
wir aber bereits bei der Astronomie die verschiedenen Griechischen Zeitrechnungen, denn von denen anderer alten Völker
kann aus Mangel an Schriftdenkmälern hier doch nicht die Rede
seyn, besprochen haben, so bemerken wir hier nur noch, daß
Herodot nach Menschenaltern rechnet (s. II. 142), der unten
zu nennende Historiker Timäus zuerst die Olympiadenrechnung
in seinen Werken anwendete (s. Polyb. XII, 12), Philochorus nach den Athenensischen Königen und Archonten zählte,
und ein gewisser Castor von Rhodus (vor 140 v. Chr.)
ein freilich verloren gegangenes Werk über die Epochen derjenigen Völker, welche zur See die Oberherrschaft hatten, hinterließ[1]), hierher aber eigentlich nur die gewöhnlich dem Demetrius Phalereus zugeschriebene Griechische (Parische)
Chronik[2]) gehört, eine in Stein gehauene Zeittafel, die vermuthlich nicht jünger als d. J. 264 v. Chr. ist, 1627 auf
der Insel Paros für den Grafen Arundel von W. Petty erkauft
(daher Marmora Arundeliana genannt) und von dessen Erben
der Universität Oxford 1667, wiewohl sehr beschädigt (es fehlt
der Anfang b. 895 v. Chr. u. d. Schluß v. 354—264) ge-

ſchenkt wurde (daher **Marm. Oxoniensia** genannt). S. A. L. G. §. 191.

1) Περι θαλασσοκρατουντων. ſ. **Chr. G. Heyne** in d. **Comm. soc. Reg. Gott. I.** p. 66 sq. **II.** p. 40 sq. u. ad **Apollodor. T. II.** p. 353. u. in ſ. **Opusc. T. VI.** p. 482 sq.

2) Ed. Pr. **J. Selden, Marmora Arundeliana. Lond.** 1628. [1629.] **II. 4.** E. F. C. **Wagner,** die Pariſche Chronik. Gr. u. Deutſch. Götting. 1790. 8. u. **Chron. Parium** gr. et lat. c. not. sel. interpr. **Marb.** 1832 —34. **IV. 4.** Rec. **A. Boeckh, Corp. Inscr. T. II.** p. 293 sq. **Chronicon Parium** gr. et lat. recens. et comm. ill. **C. Müller.** b. d. **Fragm. hist. Gr. Paris** 1841. 4. p. 532 sq. ſ. a. **Porson** in **Mus. crit. Cambridge** 1813. p. 229—250. **R. Gough** in d. **Archaeol. T. IX.** p. 157 sq. **Weston** ib. **T. XIV.** p. 33 sq. Gegen die von **J. Robertson,** the parian chron. or the chron. of the Arund. marbr. with a diss. concern. its authenticity. **Lond.** 1783. 8. erhobenen Zweifel ſ. **Hewlett,** a vindicat. of the authent. of the Par. chron. **Loud.** 1789. 8. u. **Answer** to some crit. strict. relat. to the controv. on the authent. of the Par. chron. **Lond.** 1789. 8.

K) Geſchichte.

§. 76.

1.) **Orient.** Ob wir gleich aus dieſer Periode faſt nur Inſchriften auf Denkmälern als Ueberreſte der orientaliſchen Geſchichtsliteratur anzuſehen haben, ſo ſind doch von den drei älteſten Nationen des Morgenlandes, den **Babyloniern, Phöniciern** und **Aegyptern** noch Ueberbleibſel hiſtoriſcher Schriften von größerer oder geringerer Aechtheit und größerem oder geringerem Werth vorhanden. So ſchrieb **Beroſus** aus Babylon, ein Aſtrolog unter Ptolemäus Philadelphus, 260 v. Chr. 3 Bücher von Babyloniſchen oder Chaldäiſchen Alterthümern, von denen uns einige Griechiſche Schriftſteller noch Fragmente bewahrt haben[1]), was auch mit der Aſſyriſchen Geſchichte ſeines Schülers **Abydenus** (um 268 v. Chr.) der Fall iſt[2]), bei den Phöniciern um 2592—2800, oder richtiger 1250 v. Chr. ein gewiſſer **Sanchuniathon** (d. h. Freund der Wahrheit) aus Tyrus oder Berytus in Phöniciſcher Sprache 10 (8) Bücher Phöniciſcher und Aegyptiſcher Geſchichten, vorzüglich mit Rückſicht auf Theo- und Kosmogonie, welche **Philo** von Byblus ins Griechiſche überſetzte. Aus dieſer Verſion findet ſich bei **Euseb. Praep. Evang. I.** 10. p. 41— 42 ein Fragment vom Urſprunge aller Dinge mitgetheilt, welches jedenfalls ächt iſt, im Gegenſatz zu der neuerlich angeblich aufgefundenen vollſtändigen Handſchrift der ganzen Ueberſetzung[3])

und bei den Aegyptern endlich verfaßte Manetho aus Se-
bennytus, Oberprieſter zu Hieropolis und Zeitgenoſſe des Beroſus unter Ptolemäus Philadelphus, i. J. 260 v. Chr., eine
Geſchichte Aegyptens von den älteſten Zeiten bis auf Darius
Codomannus, die einen Zeitraum von 4471 Jahren, 35 Dy-
naſtieen und 113 Geſchlechtern umfaßt, aber nur in ſehr wenigen Fragmenten vorliegt[4]), wie denn auch von Eratoſthenes
aus Cyrene (geb. 276, 196 v. Chr. freiwillig Hungers ge-
ſtorb.), dem Bibliothekar des Königs Ptolemäus III. Euergetes
zu Alexandrien, nur noch ſein Verzeichniß von 38 Königen des
Aegyptiſchen Thebens bei Syncell. Chron. p. 91, 96, 101,
104, 105, 123, 147 erhalten iſt[5]). S. A. L. G. §. 168
—170.

1) S. G. Richter, Berosi quae supersunt c. comm. de Berosi
vita et librorum ejus indole. Lips. 1825. 8. cf. F. A. L. Eggert,
Diss. qua Ber. sentent. de mundi primordiis explicatur. Hal. 1823. 8.
Jdeler, Unterf. üb. d. aſtron. Beobacht. d. Alten p. 319—324. Unächt iſt
und von Annius von Viterbo untergeſchoben: Berosi Antiquit. tot. orbis
L. V. c. comm. J. Annii Viterb. Viteb. 1612. 8.

2) S. Ebert, Diss. Sicul. T. I. p. 149 sq. S. Fragm. b. Richter
l. l. p. 35 sq. 84 sq.

3) S. St. Cumberland, Sanchoniathon. phoenician history transl.
from the first book of Eusebius etc. with a continuation etc. by
Eratosthenes Cyren. With hist. and chronol. remarks. Lond. 1720.
8. (Deutſch v. J. P. Caſſel. Magdeb. 1755. 8.) Sanchun. Berytii quae
terunt tragm. de cosmogonia et theologia Phoenicum ed. J. Orelli.
Lips. 1826. 8. (Dazu ſ. Court de Gobelin, Allég. orient. et le fragment de Sanchuniathon. Paris 1773. 4. Die Aechtheit bezweifelt von
Dodwell, Append. concern. Sanch. phoenician history. Lond. 1691.
8. ſ. a. Lobeck, Diss. de Sanch. theologia Punica. Regiom.
1839. 8. u. Aglaophamus T. II. p. 1265 sq.) ſ. a. Herder, Werke z. Theol.
Bd. VI. p. 139 sq. Görres, Mythengeſch. d. Aſiat. Welt p. 464. — Unächt ſind die angeblich in dem Kloſter Santa Maria de Merinhao in der
Provinz Entre Ducro y Minho in Portugal entdeckten IX Bücher der Ueberſetzung Philo's, welche jedoch nach Kircher, de Obelisco Pamphyl.
Rom. 1650. fol. p. 111. ſchon Leo Allatius in einem Kloſter bei Rom geſehen haben ſoll. Ausg. derſ. iſt Sanchun. histor. Phoen. libros novem graece
versos a Philone Bybl. edid. latin. vers. donav. F. Wagenfeld.
Brem. 1837. 8. (Phöniziſche Geſchichte. N. d. Griech. Bearb. b. Philo v.
Byblus ins Deutſche überſetzt. M. e. Vorr. Lübeck. 1837. 8.) ſ. E. L. Grote-
fend, die Sanchuniathoniſche Streitfrage n. ungedr. Briefen gewürdigt.
Hannov. 1836. 8. Schmidt v. Lübeck, der neuentdeckte Sanchuniathon. Al-
tona 1838. 8. O. Müller in d. Götting. Gel. Anz. 1837. April Nr. 52 sq.
Benfey in Jahn's N. Jahrb. 1837. 19, 3. p. 322 sq. Movers in d. Mainz.
Jahrb. 1836. I. p. 95—108. u. Unterſuch. üb. d. Relig. d. Phönicier.
Bonn 1841. 8. Hall. Jahrb. 1841. Nr. 99—102.

4) Fragm. b. Syncell. Chr. p. 51, 69, 70, 72, 103. u. Joseph. contra
Apion., Maneth. etc. I, 1, 14 sq. ſ. a. Potocki, Dynasties du second
livre de Manethon. Florence 1803. 8. D'Origny, Chronol. des rois
du grand empire des Egyptiens. Paris 1765. II. 12.

5) Die Fragm. a. b. G. Bernhardy, Eratosthen. Berol. 1832. 8. p. 256—262, f. a. Alph. de Vignoles Chron. de l'hist. sainte et étrang. Berl. 1783. 4. II. p. 376 sq.

§. 77.

2.) **Griechen.** Sehen wir hier von den Gedichten des Homerus und der Cycliker ab, wo allerdings die Geschichtserzählung mit poetischen Ingredienzen verſetzt iſt, ſo werden wir ſchwerlich die erſten Anfänge der Hiſtorik bei den Griechen für etwas Anderes zu halten haben, als für reine Localſagen und Geſchlechtsregiſter. Dieß finden wir auch in den Fragmenten der Schriften derjenigen Männer beſtätigt, welche nach den Berichten der Alten ſelbſt ſich zuerſt in dieſem Fache verſucht haben, weßhalb ſie auch damals λογογραφοι oder μυϑογραφοι (Sagenſchreiber), zuweilen auch, wenn ſie ſich blos als Chroniſten einzelner Städte (ωροι) kund gaben, nur ωρογραφοι hießen. Zuerſt ſcheinen ſie in Jonien aufgeſtanden zu ſeyn, wo ſie, die Homeriſchen und Cycliſchen Gedichte benutzend und Localtraditionen und Denkmäler dazu nehmend, anfingen in Proſa Geſchlechtsregiſter der Götter und Helden und Berichte über die Thaten einzelner Helden und die mythiſchen Anfänge der einzelnen Staaten und Völker ohne ſonderlichen Zuſammenhang und einige Kritik, blos nach der Aufeinanderfolge der Begebenheiten zu liefern. Allerdings kennen wir außer den Namen dieſer Männer jetzt nur noch wenige Ueberreſte ihrer Schriften[2]. Die bedeutendſten waren **Cadmus** aus **Milet** (Olymp. 65)[3], **Acuſilaus** aus **Argos** (Ol. 72 — 75)[4], **Hecatäus** aus **Milet** (zwiſchen Ol. 57, 4 — 65, 1)[5], **Charon** aus **Lampſacus** (Ol. 69, 1.)[6], **Hellanicus** aus **Mitylene** (geſt. 411 v. Chr. im 85ſten Lebensjahre)[7], **Damaſtes** aus **Sigeum**, ein Zeitgenoſſe des Herodotus[8], **Pherecydes** aus **Leros** (Ol. 75, 1 — 81, 1), oft mit dem Philoſophen gleiches Namens aus **Syros** (Ol. 59), den man zum Erfinder der Proſa gemacht hat, verwechſelt[9], **Dionyſius** von **Milet** (Ol. 65, 1)[10], und **Xanthus** aus **Sardes** in Lydien, unter Artaxerxes[11] fallend (Ol. 79, 2). Faſt deſſelben Schlages ſcheinen in ſpäterer Zeit jene Specialhiſtoriker geweſen zu ſeyn, welche ſich mit der geographiſch-hiſtoriſchen Beſchreibung von Attica beſchäftigten und dabei vorzugsweiſe die älteſten Orts- und Landesſagen ihren Werken zum Grunde legten, weßhalb ihre Geſchichten

Ατθιδες genannt wurden. Auch ſie kennen wir wenig mehr als dem Namen nach, und da Einige der ſchon Genannten, wie z. B. Pherecydes und Hellanicus, ſich mit demſelben Gegenſtande beſchäftigt haben, ſo zeichnen wir unter der großen Anzahl derſelben nur aus Demon[12]) (Ol. 118), Clitodemus[13]) aus Athen, Phanodemus[14]), Androtion aus Athen[15]), Iſter aus Cyrene[16]), des Callimachus Schüler, und Philochorus aus Athen (geſt. Ol. 133, 2)[17]), der von allen der vorzüglichſte geweſen zu ſeyn ſcheint. Alle dieſe ſcheinen aber die Alten ſelbſt nicht eben hoch geſchätzt zu haben, denn die Alexandriner nahmen in ihren Canon der claſſiſchen Hiſtoriker (ſ. Gramm. b. **Montfauc. Bibl. Coislin. p. 597**) nur den Herobotus, Thucybides, Xenophon, Theopompus, Ephorus Anarimenes und Calliſthenes auf, für welche beide letztere **Quinct. de Inst. Or. X, 1, 73 sq.** den Philiſtus, Clitarchus und Timagenes nennt, wie denn auch **Dionys. Halic. de comp. verb. c. 4**, wo er die Griechiſchen Hiſtoriker characteriſirt (ſ. **Class. Research. 1812. nr. 1. p. 1 sq.**), hierüber eine eigenthümliche Meinung aufſtellt. S. A. L. G. §. 173 — 174 und §. 180.

1) S. **G. J. Vossius, de historicis Graecis. Lugd. B. 1624. 1651. 4. Frcft. 1651. 4.** Dazu **J. Alb. Fabricii Supplem. et observ. ad Vossium. Hamb. 1709. 8. Ger. Jo. Vossii de Hist. Gr. libri III. auct. et emend. ed. A. Westermann. Lips. 1838. 8.** Fr. Creuzer, b. hiſtor. Kunſt b. Griechen. Lpzg. 1803. 8. **H. Grauert, de histor. Graecis testimonia veter. scriptor. praecipua. Monast. 1829. 8.**

2) S. **Fragmenta historicorum Graecorum** not. et prol. ill. C. et **Th. Müller. Paris 1841. 4.**

3) S. Creuzer l. l. p. 103 sq. Untergeſchoben iſt ihm ein Roman: **Le palais de Silence, rom. histor. trad. du Grec en français. Amst. 1754. II. 12.** (Ausz. in b. **Nouv. Bibl. d. Rom. 1801. T. I. p.1—107.**).

4) S. Fragm. b. **Sturz. Ed. Pher. Fragm. p. 214 sq.** u. Müller **p. 100 sq.** ſ. ebb. Prol. p. XXXVI sq.

5) S. Fragm. b. **Histor. Graec. antiquiss. fragm. coll. emend. expl. Fr. Creuzer. Heidelb. 1806. 8. p. 38—86.** Vollſt. b. **Hecataei Miles. fragm. et Scylac. Peripl. ed. R. H. Clausen. Berol. 1831. 8. p. 39—160.** u. b. Müller **p. 1 sq.** cf. **Sévin** in b. **Mém. de l'ac. d. Inscr. T. VI. p. 472 sq.** Müller Proleg. p. IX sq.

6) S. Fragm. b. Creuzer l. l. **p. 89 sq.** u. Müller **p. 32 sq.** ſ. **Sévin** in b. **Mém. de l'ac. T. XIV. p. 56 sq.** u. Müller Prol. p. XVI sq.

7) S. Fragm. a.: **Hellan. fragm. coll. emend. illustr. F. C. Sturz. Lips. 1788. 1826. 8.** u. b. Müller **p. 45 sq.** ſ. a. Plehn, **Lesbiaca p. 204 sq.** Müller, Prol. p. XXIII sq.

8) S. Fr. A. Ukert, Unterſ. üb. b. Geographie b. Hecatäus u. Damaſtes. Weimar 1814. 8. **Sturz ad Hell. p. 15 sq. Mus. cr. Cant. I. p. 108 sq.**

9) S. Fragm. in: **Pherecyd. fragm. coll. emend. et ill. c. Acusil. fragm. F. G. Sturz. Ger. 1789. 1824. 8.** u. b. Müller **p. 70 sq.**

ſ. a. **Müller**, ProL p. XXXIV. u. **H. Matthiae** b. **Wolf**, Anal. litt.
T. I. p. 321 sq. u. in ſ. Verm. Schrift. p. 102—107.
10) S. **Welker** im R. Arch. f. Phil. u. Pädag. 1830. Nr. 9—10, cf.
deſſ. Epiſch. Cycl. p. 75 sq. Oſann im Hermes 1831. Bd. 31. p. 195 sq.
Bernhardy ad **Dionys. Perieg.** p. 489 sq. u. ad Suidam T. I. p.
1395 sq. **Lobeck**, Aglaoph. II. p. 990 sq.
11) S. Fragm, b. Creuzer p. 135—226. u. b. **Müller** p. 36 sq. cf.
Müller, Proleg. l. l. p. XX sq. u. **Welker** im R. Arch. a. a. O.
12) Ueb. dieſe Geſchichtſchr. überh. ſ. **Müller, Proleg.** p. LXXX sq.
Sammlungen ſind: **Philoch. Athen. Libr.** fragm. c. C. G. Lenz. coll.
digess. et anim. ill. ed. C. G. **Siebelis.** Acced. **Androt.** Ἀνθίδος
reliquiae. Lips. 1811. 8. u. **Phanodemi, Demonis, Clitodemi** atque
Istri Ἀνθιδων et reliq. libr. fragm. coll. inst. C. G. **Lenz.** Ab illo
praeterm. add. digess. et not. adsp. C. G. **Siebelis.** Acc. prol. de
Ἀνθιδων scriptoribus et addit. ad **Philoch.** Lips. 1812. 8. — O. Fragm.
b. **Demon** a. b. **Müller** p. 378 sq. cf. **Prol.** p. LXXXIII.
13) S. Fragm. b. **Müller** p. 358 sq. cf. **Prol.** p. LXXXII.
14) S. Fragm. b. **Müller** p. 366 sq. ſ. **Proleg.** p. LXXXIII.
15) S. Fragm. b. **Siebelis** c. **Philoch.** p. 109 sq. u. b. **Müller** p.
371 sq. ſ. deſſ. **Proleg.** p. LXXXIII.
16) S. Fragm. b. **Müller** p. 418 sq. ſ. ebd. **Proleg.** p. XC sq.
LXXXV. u. **Burette** in b. Mém. d. l'ac. d. Inscr. T. XIX. p. 339 sq.
17) S. Fragm. b. **Müller** p. 384 sq. ſ. a. **Proleg.** p. LXXXIV sq.
u. LXXXVIII sq.

§. 78.

Während aber die Logographen und ihre Nachtreter, die
Atthidenſchreiber fern von aller hiſtoriſchen Kunſt nur für den
ungebildeten Theil der Nation, der hier, wie überall, am Liebſten
Traditionen ohne Kritik und Auswahl zu vernehmen wünſchte,
von einigem Intereſſe ſeyn konnten, traten vorzüglich nach den
Perſerkriegen und nachdem die Abſendung der Colonieen häufiger,
alſo auch Handel und Verkehr mit anderen Völkern lebhafter geworden war, einige Geſchichtſchreiber hervor, die durch die Werke,
welche ſie hinterlaſſen haben, noch jetzt für uns als Muſter jeglicher Hiſtoriographie gelten müſſen. Als Vater derſelben ſteht
nach dem einſtimmigen Urtheile der älteren und neueren Kritiker
obenan **Herodotus**[1]) aus Halicarnaſſus in Carien (geb.
Ol. 74, 1 oder 484 v. Chr.), der aber ſeine vom Tyrannen
Lygdamis bedrückte Vaterſtadt verließ und ſich nach Samos begab, wo er ſich den Joniſchen Dialect, in welchem ſeine Geſchichte geſchrieben iſt, zu eigen machte, aber bald, als er den
Plan gefaßt hatte, zu zeigen, wie Griechenland durch die Kriege
mit den Lydern und Perſern ſich zur Freiheit aufgeſchwungen
habe, Reiſen unternahm und Aſien, Africa und den größten

Theil Griechenlands durchwanderte. Er las nach der Gewohn=
heit ſeiner Zeit ſein Werk in einzelnen Abſchnitten zu Olympia
(456 v. Chr.), zu Athen (445 v. Chr.) und wahrſcheinlich
auch zu Corinth und Theben vor, zog dann aber mit einer
Colonie nach Thurii in Großgriechenland und ſcheint daſelbſt
Ol. 93, 1 oder 408 v. Chr. geſtorben zu ſeyn. Sein Ge=
ſchichtswerk, welches die alten Grammatiker ſchon dadurch treffend
characteriſirten, daß ſie den neun Büchern deſſelben die Namen
der neun Muſen vorſetzten, zeichnet ſich durch Treue, Klarheit,
Einfachheit, Leichtigkeit und ungeſuchte Anmuth der Darſtellung
aus, ſodaß es ein Muſter der rein objectiv darſtellenden Geſchichte
iſt, obgleich man ſchon in früher Zeit (ſo Plutarch. περι της
Ἡροδοτου κακοηθειας, T. XII. p. 285 sq. Hutt.) die
Glaubwürdigkeit deſſelben ſtark in Zweifel gezogen hat. Letzterer
Vorwurf iſt aber nie gemacht worden dem zweiten großen Na=
tionalhiſtoriographen Griechenlands, dem Thucydides[2]) aus
Athen (geb. Ol. 77, 2 oder 471 v. Chr.), der, vom Anaxa=
goras und Antiphon gebildet, durch das Anhören der Vorleſung
der Geſchichte Herodots zu Olympia zu einem ähnlichen Unter=
nehmen begeiſtert ward. Mittlerweile aber gewann er im Exil
zu Σκαπτη Ὑλη, einer Thraciſchen Stadt, wohin er auf 20
Jahre verbannt worden war, weil er, i. J. 424 v. Chr. zum
Entſatz von Amphipolis von den Athenern abgeſchickt, zu ſpät
gekommen war, Zeit, ſeine Geſchichte des Peloponneſiſchen Kriegs
zu beginnen, welche er, zurückberufen (Ol. 94, 2 oder 403 v.
Chr.), bis zum 21ſten Jahre deſſelben fortſetzte, aber nur 7
Bücher vollenden, das 8te blos als rohen Entwurf zu Stande
bringen konnte, da er vermuthlich Ol. 97, 2 oder 391 v. Chr.
ſtarb. Sein Styl iſt würdevoll und faſt dichteriſch kunſtvoll ge=
ſchmückt, die Einzelnheiten lebhaft ausgemalt, daher mit langen
ſelbſtgemachten Reden durchflochten und vermuthlich die erſte
pragmatiſche Geſchichtsdarſtellung. Eine Fortſetzung ſeiner Ge=
ſchichte v. J. 411 — 362 (ob. v. Ol. 92, 2 — 104, 3)
lieferte in ſeiner Griechiſchen Geſchichte (Ελληνικα), doch ungleich
gearbeitet und faſt nur ſkizzirt, Xenophon[3]) aus Athen (geb. Ol.
84, 1 ob. v. Chr. 444), ein Schüler des Socrates, der bekanntlich
die 10000 Griechen, die als Hilfstruppen des jüngeren Cyrus
gedient hatten, nach der Schlacht bei Cunara (400 v. Chr.) zurück=

führte und ſpäter dieſen merkwürdigen Rückzug meiſterhaft beſchrieben
hat. Hierauf lebte er bei Ageſilaus, König von Sparta, den er auf
ſeinen Feldzügen begleitete, ward aber wegen ſeiner Anhänglichkeit
an ihn von den Athenern nach Scillus in Elis verbannt und
ſtarb zu Corinth Ol. 106, 1 oder v. Chr. 356. Während man ſeinen Geſchichtswerken Einfachheit, Wahrheitsliebe
und Tiefe des Gefühls zugeſtehen muß, ſtellen ihn doch ſeine oft
allzu poetiſche Darſtellungsweiſe und ſein Mangel an geiſtiger
Tiefe weit unter Thucydides. Sein Zeitgenoſſe Cteſias[4]),
Leibarzt bei Artaxerxes Mnemon (v. 401—395 v. Chr.), hinterließ allerdings eine Geſchichte Perſiens und Indiens, allein da
wir blos noch Fragmente derſelben vor uns haben, können wir nicht
beſtimmen, in wieweit ſeine im Joniſchen Dialecte geſchriebenen,
viel Fabelhaftes enthaltenden Schriften auf die ſpätere Univerſalgeſchichte eingewirkt haben. Neben dieſen vier Hauptmuſtern der
Griechiſchen Hiſtoriographie rühmen aber die Alten noch den
Ephorus[5]) aus Cyme, einen Schüler des Jſocrates, der Alexander den Großen überlebte und eine Univerſalgeſchichte von der
Rückkehr der Heracliden bis z. J. 340 v. Chr. verfaßt hatte,
den Philiſtus[6]) von Syracus, einen Freund und Rathgeber
der beiden Dionyſier, als welcher er auch i. J. 356 v. Chr.,
gegen Dion kämpfend, fiel, indem vorzüglich ſeine Siciliſche Geſchichte von großer Wichtigkeit geweſen zu ſeyn ſcheint, und endlich den Theopompus[7]) von Chios (geb. 378 v. Chr.), der,
von ſeinem Lehrer Jſocrates ſelbſt zu hiſtoriſchen Forſchungen
aufgefordert (**Quinct. Inst. X, 1, 74.**) die Geſchichte des Thucydides fortſetzte, das Werk des Herodotus in einen Auszug brachte
und ein anderes großes Werk, *Φιλιππικα*, das vermuthlich bis
auf Philipp von Macedonien hinabging und deſſen 12tes Buch
Phot. Myriob. cod. 176 excerpirt hat, hinterließ. Leider können
wir aber nur aus wenigen Fragmenten über den Werth oder Un-
werth der Schriften dieſer Männer urtheilen, was auch der Fall iſt
mit den ſogenannten Geſchichtſchreibern Alexander's des Großen[8]),
die leider nach dem Urtheile Strabo's (**Geogr. XV,** 1. p. 698
οἱ περὶ Ἀλεξανδρον το θαυμαστον ἀντι τ' ἀληθους ἀπε-
δεχοντο μαλλον) durch ihre Wundererzählungen und Fabeln,
womit ſie die Geſchichte deſſelben umgaben, und ihren rhetoriſi-
renden Styl bereits den Verfall der Griechiſchen Hiſtoriographie

deutlich genug bezeichnen. Die bedeutendſten derſelben waren
Calliſthenes[9]) von Olynth, des Ariſtoteles Schüler und vertrauter
Freund Alexander's des Großen, der ihn aber gleichwohl, weil er ſich
geweigert hatte, ihn nach Perſiſcher Sitte anzubeten, i. J. 328 v. Chr.
tödten ließ, Anaximenes[10]) aus Lampſacus, ein Schüler des
Diogenes von Sinope und Zeitgenoſſe des Ariſtoteles, Plato
und Iſocrates (um 365 v. Chr.), von uns ſchon oben (§. 67)
erwähnt, Marſyas[11]) aus Pella, der Bruder des nachherigen
Königs Antigonus, der vorzüglich die Jugend Alexander's des
Großen, deſſen Geſpiele er geweſen, geſchildert hat, Hieronymus
von Cardia[12]) aus Thracien, der ſpäter noch den Pyrrhus nach
Italien begleitete (um 301, ward 104 Jahre alt) und die Geſchichte der Nachfolger Alexander's des Großen ſchrieb, Duris aus
Samos[13]), ein Abkömmling des Alcibiades und Peripatetiker,
Clitarchus, Begleiter Alexander's des Großen[14]), Nymphis
aus Heraclea[15]), der aber auch die Geſchichte ſeiner Vaterſtadt
abfaßte, Hecatäus aus Abdera[16]), vorzüglich Begleiter des
Ptolemäus Lagi, deſſen Schrift über Jüdiſche Alterthümer allerdings nur von zweifelhafter Aechtheit iſt, Eumenes[17]) aus Cardia,
der bekannte Geheimſchreiber und Feldherr Alexander's des Großen,
und Menächmus aus Sicyon[18]), der zugleich durch ſeine Werke
über Bildhauerei berühmt war. Außer dieſen giebt es noch eine
große Anzahl theils gleichzeitiger, theils etwas ſpäter fallender
Hiſtoriker, unter denen wir jedoch nur den Timäus von Tau-
romenium[19]) aus Sicilien, unter dem Tyrannen Agathocles,
deſſen Geſchichtswerke aber wie die des Theopompus wegen des
vielen Wunderbaren, was ſie enthielten, ſchon bei den Alten in
üblem Rufe ſtanden, den Phylarchus[20]) aus Naucratis oder Athen,
unter Ptolemäus Euergetes, der ſich des Pyrrhus Feldzüge zum
Gegenſtande ſeiner Darſtellung gewählt hatte, und Euemerus aus
Meſſana in Sicilien, von deſſen heiliger Geſchichte ſchon oben (§. 46)
die Rede war (ſ. a. Gerlach, hiſtor. Stud. Gotha 1841. 8. p. 230 sq.),
nennen wollen. S. A. L. G. §. 175 — 179, 181 — 182.

1) Ed. Princ. Lat. interpr. Laur. Valla. Venet. 1474. fol. Ed.
Princ. Graece ap. Aldum Manutium. Venet. 1502. fol. Gr. et Lat.
c. var. annot. suisq. et Valckenar. ed. P. Wesseling. Amstel. 1763.
fol. Gr. et Lat. rec. lect. var. et annot. vir. doct. suisq. illustr. J.
Schweighaeuser. Argent. et Paris. 1816. VI. 8. Her. Hist. libri IX
cod. ms. Sancrofti denuo cont. necnon reliq. lect. var. comm. digess.
Th. Gaisford. Oxon 1824. IV. 8. Lips. 1824. IV. 8. Herod. Mus.

Text. ad Gaisfordi Edit. recogn. perp. tum Fr. Creuzerl, tum sua annot. instr. comm. de vita et script. Her. tab. geogr. ind. adj. J. C. F. Baehr. Lips. 1830 – 35. IV. 8. Dazu J. Schweighaeuser, Lexic. Herodot. Argent. et Paris 1824. II. 8. Ueberf. ift: Herob. Gefch. üb. v. F. Lange. Berl. 1811–12. II. 8. v. Ab. Schöll. Stuttg. 1828–32. XI. 12. f. K. L. Blum, Herobot u. Ktefias, die früheften Gefchichtsforfcher des Orients. Heibelb. 1836. 12. Fr. Chr. Dahlmann, Herobot a. f. Buche f. Leben. Altona 1824. 8. K. Hofmeifter, fittl. relig. Lebensanficht b. Herobot. Effen 1832. 8. Er. Waardenburg, Diss. litt. de nativa simplicitate. Herod. Lugd. B. 1830. 8. Baehr, Comm. de scriptis et vita Her., b. f. U. T. IV. p. 372–438. Ueb. f. Dialect f. Chr. Fr. Stadelmann, de Herod. ejq. dialecto. Dess. 1830. III. 4. Unächt ift bas ihm zugefchriebene Werk περὶ Ὁμήρου γενεσίος καὶ ἡλικιης καὶ βιοτης (ex rec. J. Reinold c. Ejd. Hist. Gr. et Lat. Litt. Eton. 1752. 4. p. 1 – 38. u. in b. meift A. b. Herobot).

2) Ed. Princ. Graece. Venet. Ald. 1502. fol. Thucyd. de bello Pelop. L. VIII. c. ann. int. H. Stephani et J. Hudsoni. Rec. et not. adj. J. Wasse. Ed. cur. suasq. anim. adj. C. A. Duker. Amstel. 1731. fol. Thuc. L. VIII. rec. et illustr. Fr. Göller. Ed. II. auct. et emend. Lips. 1836. II. 8. Rec. J. Bekker. Acced. Schol. Gr. et Wassii Dukerique aunot. Berol. 1821. III. 8. Iter. rec. J. Bekker. ib. 1832. VI. 12. c. vita Thucyd. schol. gr. not. vir. doct. et Dodwell. Ann. Thucyd. cur. R. A. Morstadt, F. C. Hertlein et G. Gervinus. ib. 1832–35. IV. 8. rec. et c. brevi ann. max. p. exeg. ed. Chr. Fr. F. Haacke. Lips. 1831. 8. Thuc. de Bello Pel. L. VIII. De arte huj. scr. expos. ej. vit. a vet. gramm. conscr. adst. codd. exam. gr. emend. script. divers. comment. schol. gr. et annot. vir. doct. suasq. subj. E. F. Poppo. Lips. 1821 – 42. IV Ptes. (XI Voll.) 8. Θουκυδίδης, the hist. of the Peloponn. war by Thucyd. the text accord. to Bekkers edit. with some alter. illustr. by maps with not. hist. and geogr. by Th. Arnold. Oxford. 1830. III. 8. Ueberf. ift: Thuc. Gefch. b. Peloponn. Kriegs überf. v. M. Jacobi. Hamb. 1804 –8. III. 8. v. J. D. Heilmann m. Nachtr. u. Bericht. v. Bredow. Lpzg. 1808. 8. u. m. ein Anmerf. verf. v. H. Müller. Prenzlau 1828. III. 12. S. K. W. Krüger, Unterf. üb. b. Leb. b. Thucyb. Berl. 1832. 8. u. Epikrit. Nachtr. zu b. Leb. b. Thuc. ebb. 1839. 8. H. Wuttke, de Thuc. Vratisl. 1839. 8. W. Rofcher, Klio, Beitr. z. Gefch. u. hift. Kunft. Götting. 1842. 8. p. 81 sq. G. F. Creuzer, Herob. u. Thucyb. Verf. e. wahr. Würbig. ihr. hift. Grundfätze. Lpzg. 1798. 8. Fr. Kortüm, zur Gefch. hell. Staatsverfaffungen. Brchft. e. hift. pol. Einl. in b. Stud. b. Thuc. Heidelb. 1821. 8. p. 187 sq. Poppo l. l. T. I. 1. p. 7–308. Wer ber Marcellinus ift, ber f. Leben befchrieben hat (b. Thuc. ed. Poppo T. I. P. I. p. 311 sq. f. Grauert im Rhein. Muf. 1827. p. 169 sq.), ift ungewiß.

3) Opera. Ed. Princ. Junt. cur. Euphrosyno Bonino. Florent. 1516. fol. rec. Wells. Oxon. [1703. 8.] c. interpr. lat. cur. Thieme. Lips. Ed. II. 1801–4. IV. 8. Graece c. comm. ed. B. Weiske. Lips. 1798 – 1804. VI. 8. Gr. interpr. est Schneider. Lips. 1815. VI. 8. Ed. II. cur. Bornemann. ib. 1822 – 29. VI. 8. Xenoph. gr. et lat. av. d. not. crit. p. J. B. Gail. Paris 1795 –1815. VII. 4. Dazu F. F. Sturz. Lexic. Xenoph. Lips. 1801–4. IV. 8. Ueberf. Xen. Sämmtl. Schr. a. b. Griech. v. A. Chr. u. Er. Borheck. Lemgo 1774 – 1808. VI. 8. Seine hiftor. Schriften find bie Κυρου παιδεια ein polit. hift. moral. Roman in VIII B. (f. J. Klerk, de vita Cyr., quam Xenoph. in Cyrop. trad. ad fid. hist. exacta. Lugd. B. 1826. 8.) f. Xenoph. Cyr. ed. Bornemann. Goth. 1828. 8. Ed. III. maj. cur. Fr. A. Bornemann. Lips. 1838. 8. f. a. F. A. Bornemann, de gem. Xen. Cyr. et Max. Tyrii

rec. diss. crit. Schneeberg. 1814. III. 8. — Ἀνάβασις Κύρου in VII B.
i. J. 370 v. Chr. geſchrieben und die Geſchichte des oben erwähnten Feld-
und Rückzugs des Xen. enthaltend. Xen. Anab. Ed. II. cur. Fr. A.
Bornemann Add. R. Porsoni Advers. Lips. 1825. 8. ad opt. libr.
fid. ann. instr. Fr. Poppo. Lips. 1827. 8. rec. et ill. A. Lion. Gotting.
1822—23. II. 8. rec. Fr. Jacobs. Lips. 1825. 8. rec. et ill. C. G. Krüger. Hal. 1826. 8. m. erkl. Anmerk. her. v. C. G. Krüger, ebb. 1830. 8.
ex rec. et c. ann. L. Dindorf. Berol. 1829. 12. f. C. G. Krüger, de
authentia et integr. Anab. Hal. 1824. 8. Jacobs, verm. Schrift. Bd.
VI. p. 54—80. — Ἑλληνικα, Fortſetzung des Thucydides (f. Diod. Sic.
XIII, 42). Ausg. f. Xen. Hellen. ed. Schneider. Ed. II. auct. et
emend. Lips. 1821. 8. Gr. ex rec. L. Dindorf. Berol. 1831, 8. f. C.
Peter, Comm. cr. de Xen. Hellen. sp. Hal. 1837. 8. G. R. Sievers,
Comm. hist. de Xen. Hell. P. I. Berol. 1833. 8. J. C. Hempel, Spec.
nov. Xen. Hell. rec. Sondersh. 1819. 8. C. H. Volckmar, de Xen.
Hell. comm. hist. cr. Gott. 1835. 4. Spiller, Quaest. de Xen. Hell.
spec. Vratisl. 1843. 8. — Ἀγησιλαος, eine Schilderung d. Königs Agesilaus:
Xen. Conviv. et Ages. Rec. L. Dindorf. Lips. 1823. 8. f. Kühn, Vindic. Xen. Ages. Lips. 1777. 8. Statiſtiſch ſind die Schriften über die
Republiken der Athener u. Lacedämonier (Xenoph. de Rep. Laced. et
Athen. ed. Wakker. Lips. et Dresd. 1744. 8. Xen. de rep. Laced.
ed. et ill. Haase. Berol. 1833. 8. Abgeſprochen iſt ihm die erſte Schrift
u. einem Athen. Oligarchen, um d. J. 427 v. Chr. zugeſchr. v. Roſcher in
d. Götting. Gel. Anz. 1841. Nr. 42—43, aber vindicirt v. Dionys. Halic.
T. II. p. 112. Sauppe in Jahn's N. Jahrb. 1835. III. Suppl. 2. p. 264
—279. A. Fuchs, Quaest. de libr. Xen. de republ. 1. et de rep.
Athen. Lips. 1838. 8.), Οἰκονομικος ob. Darſtell. d. nothwend. Kenntn.
eines Hausvaters (Xenoph. Oecon. ed. C. Küster [Reisig] Lips. 1812. 8.);
περι ἱππικης, de re equestri, und Ἱππαρχικος, de praefectura s. disciplina equestri (Zuf. Grec et franç. trad. p. un officier [Courier] ar.
d. variant. Paris 1818. 8.), πορoι ἢ περι προσοδων s. de proven-
tibus (f. Al. Rake, Comm. cr. de libellis, q. Xen. nom. feruntur de
republ. Atheniensium et de vectigalibus Athen. Traj. ad Rh. 1831.
8.) — Κυνηγετικος (b. h. λογος) s. de venatione (les Cynégetiques ou
traité de la chasse de Xen. Trad. av. d. not. crit. et d. diss. p. J.
B. Gail. Paris 1801. 12. Zuf. Xenoph. Opusc. politica, equestria,
venatica c. Arriani libello de venatione cur. G. A. Sauppe. Lips.
1838. 8.) und einige, jedoch untergeſchobene Briefe (f. Orelli, Epist. Socrat.
p. 329—428).

4) Περσικα in 23 B. u. Ἰνδικα. Fragm. Ex Ctesia, Agatharchide,
Memnone Excerptae Hist., Appiani Iberica. ex off. H. Stephani. 1557.
8. 1594. 8. Ctesiae Cnidii q. supers. ed. A. Lion. Gott. 1823. 8.
Ctesiae Cn. Reliq. coll. emend. illustr. F. Baehr. Frcft. ad M. 1824.
8. f. a. H. Chr. Rettig, Ctes. Cn. vita c. append. de libr. q. Ctes.
composuisse fertur. Hannov. 1827. 8. Osiander, Pr. II. de Ctesia.
Stuttg. 1821—22. 4.

5) S. Fr.: Ephori Cum. fragm. coll. et illustr. Meierus Marx.
Carlsruhe 1815. 8. (Dazu Addit. b. Friedemann et Seebode, Misc.
Cr. T. II. 4. p. 754 sq.) u. b. Müller, Fragm. hist. Graec. p. 234—
277. cf. Proleg. p. LVII sq.

6) S. Sévin in b. Mém de l'ac. d. Inscr. T. XIII. p. 1 sq. S.
Fragm. b. Fr. Goeller, de situ et orig. Syracusarum. Ad expl. Thuc.
pot. histor. scr. atq. Philisti et Timaei rer. Sicul. fragm. adj. Lips.
1818. 8. p. 103 sq. u. b. Müller l. l. p. 185 sq. cf. Prol. p. XLV sq.

7) S. Fr. Koch, de Theop. Ch. graecor. historico. Stetin. 1792. 8. u. Proleg. ad Theop. Chium. ib. 1803. Lips. 1807. 8. R. Pflugk, de Theop. vita et scriptis. Berol. 1827. 8. F. C. Theis, Comm. de Theop. Ch. vita et scriptis. Hal. 1831. 8. G. Jos. Aschbach, diss. de Theop. Ch. hist. Frcft. ad M. 1823. 4. Müller, Proleg. p. LXV sq. S. Fr. b. Müller p. 278—333. Theop. Ch. fragm. coll. disp. et expl. ejd. de vita et scr. comm. praem. R. H. Eyssenius Wichers. Lugd. B. 1829. 8. Fragm. de Philippi Am. filii indole et morib., coll. et annot. instr. breviq. comm. de Theop. fide hist. et auctor. adj. Theis. Nordhus. 1837. 8. G. Frommel, de Theop. Ch. epitome Herod. b. Creuzer Melet. III. p. 135 sq.

8) S. M. de St. Croix, Exam. crit. des anc. historiens d'Alexandre le Gr. Ed. II. Paris 1804. 4. Zumpt, Bemerk. üb. d. Geschichtschreiber Alexander's d. Gr., b. Organis. ihr. Heeres u. s. Art, d. Krieg zu führen, in Decker's Zeitschr. f. Kunst, Litt. u. Gesch. d. Kriegs. Berl. 1824. 8. Bd. II. p. 315 sq. Ueb. ihr. Styl s. Geier in Zimmermann's Zeitschr. 1841. Nr. 99. p. 817 sq. S. a. Geier, Comm. de Alex. M. rer. script. Hal. 1834. 8.

9) S. St. Croix p. 34—38. u. Sévin in d. Mém. de l'ac. d. inscr. T. VIII. p. 126 sq. Wahrscheinlich benutzte sein Werk jener fabelhafte Julius Valerius (Res gest. Alex. M. transl. ex Aesopo Gr. prim. ed. A. Majus. Mediol. 1817. 8.).

10) S. Ebert, Diss. Sicul. T. I. p. 102. sq.

11) S. Ritschl, de script. qui Marsyae nomen ap. Graecos habuer. Vratisl. 1836. 8.

12) S. Sévin in d. Mém. de l'ac. T. XIII. p. 20 sq.

13) S. Eckerz, de Duride Sam. Vratisl. 1842. 8. S. Fragm. Dur. Sam. q. supers. Ed J. Hullemann. Traj. ad Rh. 1841. 8. J. M. van Gent, Ep. cr. de Dur. Sam. reliq. Lugd. B. 1842. 8. Götting. Gel. Anz. 1843. Nr. 68.

14) S. St. Croix p. 41 sq. u. Geier in Zimmermann's Zeitschr. 1841. p. 821 sq. Ein Fr. b. Orelli, Opusc. sent. II. p. 204 sq.

15) S. Weichert, üb. d. Geb. d. Apollon. v. Rh. p. 251 sq. S. Fragm. e. Memnon Fragm. ed. Orelli. Lips. 1816. 8. p. 95—102.

16) Hecat. Abder. Eclogae c. not. J. Scaligeri suoq. comm. perp. ed. F. Zörn. Alton. 1730. 8. Unächt s. Creuzer, Hist. Graec. fragm. p. 28—38. u. Eichhorn, Allg. Bibl. b. Bibl. Lit. Bd. V. p. 431 sq. Müller, Prol. p. IX, 3 sq.

17) S. Sévin in d. Mém. de l'ac. d. Inscr. T. XIX. p. 30 sq. De Geer, de Eum. Card. a caet. Alex. M. ducibus rite distinguendo. Traj. ad Rh. 1838. 8.

18) S. Fr. G. Kiessling, de Menaechmo Sic. et Hieron. Card. diss. Ciz. 1830. 8.

19) S. Müller, Proleg. p. XLIX sq. S. Fragm. als: Tim. fragm. hist. et Olymp. et de Timaei vita et scr. exp. Fr. Goeller, b. bess. de situ et orig. Syrac. Lips. 1818. 8. p. 179 sq u. b. Müller p. 193—233.

20) S. Sévin in d. Mém. de l'ac. d. inscr. T. VIII. p. 118 sq. Müller, Proleg. p. LXXVII sq. S. Fragm. b. Müller p. 334—358. Phylarchi hist. fragm. coll. J. F. Lucht. Lips. 1836. 8. u. Phyl. Histor. reliq. ed. A. Brückner. Vratisl. 1839. 8.

M) Medicin.
§. 79.

1.) Orient. Bei den Alten galten die Aegypter bereits für ausgezeichnete Kenner der Arzneikunde (s. Homer. Od.

IV. 229 sq.); sie leiteten den Ursprung dieser Wissenschaft bei sich bis auf die Isis[1]) zurück, erzählten auch von besonders über dieselbe geschriebenen Büchern des berühmten **Hermes Trismegistus** (s. Clem. Alex. Str. VI, 4, 37), allein der Umstand, daß bei ihnen für jede Krankheit auch ein besonderer Arzt existirte (s. Herod. II. 84), ist nicht so hoch anzuschlagen, wie es wohl scheinen könnte[2]), wenn bei ihnen gleich auf der anderen Seite ihre ausgezeichnete und noch nie wieder erreichte Fertigkeit im Einbalsamiren der Leichname eine besondere Kenntniß der Kräuter und ihrer Wirkungen nothwendig voraussetzen läßt. Uebrigens scheinen alle medicinischen Kenntnisse, welche die Einrichtungen **Mosis**[3]) verrathen, von diesem erst den Aegyptern abgelauscht worden zu seyn, wie denn auch die Perser ihre Aerzte entweder von hier oder aus Indien kommen ließen (s. Herod. III. 129 sq.). Bei den **Indern** machte die von ihrer Religion nothwendig bedingte diäte Lebensweise, sowie ihr treffliches Klima die Arzneikunde zwar gewissermaßen entbehrlicher, allein nichtsdestoweniger schrieben sie doch einer besonderen Gottheit, dem **Dhanwatar**, die Abfassung eines medicinischen Handbuchs, (von seinem Schüler?) Susruta genannt, in 6 Abschnitten von Chirurgie, Diagnose, Anatomie, den inneren Krankheiten, Toxicologie und örtlichen Krankheiten handelnd, zu, das wir noch besitzen[4]). Bei den **Chinesen** endlich finden wir für die frühere Zeit schon recht wichtige Erfahrungen, wie z. B. die Berechnung des Blutumlaufes und des Pulses, allein daneben so viele abergläubische Ideeen, daß kaum anzunehmen ist, daß das medicinische Gesetzbuch, welches der Kaiser **Hoang-ti** vor mehr als 4000 Jahren aufgesetzt haben soll und nach welchem sich die Chinesischen Aerzte noch jetzt richten, älter als der bekannte Bücherbrand seyn könne. Wie es übrigens im Allgemeinen hier mit dieser Wissenschaft stehen kann, sieht man bereits daraus, daß ein Jeder nach Belieben dieselbe ausüben durfte[5]).

1) S. Böttiger, d. Isisvesper in d. Act. Sem. phil. Lips. I. p. 265 sq. u. Kl. Schr. Bd. II. p. 210 sq.

2) S. Gruner, Anal. ad antiq. med. Vratisl. 1774. 8. p. 1 — 50. Domeier b. Hufeland, Neu. Journ. d. pract. Heilkunde. Bd. II. St. IV. Pr. Alpinus, de medic. Aegypt. libri IV. Lugd. B. 1718. 4.

3) S. R. Mead, Medica sacra. Gott. 1749. 8. J. S. Lindinger, de Hebr. arte medica etc. Viteb. 1774. II. 8. Meier Levin (K. Sprengel), Anal. hist. ad medic. Hebr. Hal. 1798. 8. D. Carcassonne, Ess. hist. s. l. medecine des Hebreux anc. et mod. Paris 1826. 8.

4) Susrutas Ayurvedas. Id est medicinae systema, a vener. Hanvatare demonstr. a Susruta illius discip. compositum. N. pr. ex Sanscr. in lat. serm. vert, introd. annot. et rer. ind. adj. Fr. Hessler. Nordling. 1840. I. 8. The Susruta or Hindu System of medicine taught by Dhanwantar and compos. by his disciple Susruta ed. by Sri Madhusudana Gupta. Calcutta 1836. II Voll. 8. (f. Glehn in Fricke u. Oppenheimers Zeitschr. 1838. VII. p. 1—15). Ein Verzeichn. b. noch vorhand. Sanscritwerke üb. Medicin giebt Diez, Analecta medica. Lips. 1833. 8. p. 125—170. Im Allg. f. J. F. Royle, an essay on the antiq. of Hindoo Medic. Lond. 1837. 8. (Deutsch v. J. Wallach, m. Einl. u. Zuf. v. L. F. Heusinger. Cass. 1839. 8.) Asiat. Journ. T. XVI. 1823. Septbr. p. 241 sq. Orient. Magaz. 1823. Febr. Diez l. l. p. 111 sq. Fr. Hessler, Diss. de antiq. Hindor. medic. et scient. physic., q. in Sanscr. Oper. extant. Wirceb. 1830. 8. S. a. Abu Oseibah cap. XII. de classib. med. Indor. arab. et lat. b. Diez l. l. p. 117 sq. Adelung, Bibl. Sanscr. p. 211 sq.

5) S. du Halde, Hist. de la Chine T. III. p. 444—548. Davis la Chine T. II. p. 189 sq. A. Cleyer, Spec. medic. Sin. s. opusc. med. ad mentem Sinens. Frcft. 1682. 4. Fr. Alb. Lepage, Rech. hist. sur la médecine des Chinois. Paris 1813. 4. Ch. T. Downing, Fan Kuei der Fremdling in China, a. d. zweit. Aufl. übers. v. C. Richard. Aachen u. Leipz. 1841. II. 8.

§. 80.

2.) **Griechen.** Bei den Griechen hatte die Arzneikunst[1] einen göttlichen Ursprung, denn Apollo und Diana beschäftigten sich mit ihr[2], ja dem Centauren **Chiron**[3] und dem Sohne des Apollo, **Aesculapius**[4], hat man sogar schon Schriften über dieselbe zugeschrieben, wie denn überhaupt alle seine Nachkommen, von Podalirius und Machaon an, diese ererbte Gelehrsamkeit fortpflanzten und sich in die zwei allerdings von einander ihren Systemen nach abweichenden Schulen der **Asclepiaden** von Cos und Cnidos schieden, deren diätetische Vorschriften wir angeblich noch besitzen[5]. Wie dem auch seyn mag, gewiß ist es, daß die ältesten Seher und Philosophen der Griechen, unter letzteren aber vorzüglich **Pythagoras**[6] und sein Schüler **Alcmäon**[7] aus Croton, sich mit dieser Kunst beschäftigt, vorzüglich aber Thierkörper zergliedert haben mögen. Ob nun gleich hierdurch die Medicin schon mehr Eigenthum einer größeren Anzahl von Menschen ward und die Asclepiaden sich selbige nicht mehr als Monopol und erbliche Geheimlehre bewahren konnten, so scheinen doch die nicht zu ihnen gehörigen Aerzte gerade keinen sonderlichen Ruhm erlangt zu haben; wenigstens übertrifft sie alle bei Weitem der Asclepiade **Hippocrates**[8] von Cos (geb. 460 v. Chr.), ein Schüler des Gorgias von Leontium und

Democritus von Abdera, welcher nach längeren Reisen durch Colchis, Tauris, Thracien, Scythien und Griechenland die Medicin zur eigentlichen Wissenschaft erhob und seine scharfen Beobachtungen, seine mit der gesundesten Kritik und ausgezeichneter Klarheit entworfenen Krankheitsbeschreibungen und Erfahrungen in einer ziemlichen Anzahl auf uns gekommener, im Jonischen Dialecte geschriebener, allerdings nicht durchweg mehr ächter und jedenfalls sehr interpolirter Schriften niedergelegt hat. Freilich leistete er als Anatom nur wenig, da man lediglich nur Thierkörper zu seciren pflegte, wie denn auch seine practische Wirksamkeit nicht sehr vom Glück begünstigt gewesen zu seyn scheint, da seine meisten Kranken, wie er selbst schreibt, starben. Mit ihm beginnt die sogenannte **dogmatische Schule,** welche vorzüglich nach seinem Tode († zu Larissa 357 v. Chr.) von seinen Söhnen, **Thessalus** und **Dracon,** und seinem Schwiegersohne, **Polybus,** repräsentirt ward. Mittlerweile aber fing das cosmogonische **System Plato's**[9]) an, auf die damaligen Ansichten über die Physiologie der thierischen Körper einen bedeutenden Einfluß zu äußern, allein wir können seine Verdienste um die Heilkunde jetzt nur noch nach einem sehr geringen Maßstabe schätzen, wie es auch mit den anatomischen und diätetischen Werken des dem Hippocrates von den Alten fast gleich gestellten **Diocles**[10]) von Carystus (um 365) und den Verbesserungen, welche **Praxagoras** von Cos[11]) und **Aristoteles**[12]) mit dem Systeme des Hippocrates vornahmen, der Fall ist, da ihre hierauf bezüglichen Werke verloren sind. Was die Botanik, als Hilfswissenschaft der Medicin, angeht, so sind die hierher gehörigen Werke des Aristoteles[13]) und **Theophrastus** schon bei der Naturgeschichte mit besprochen worden.

1) S. L. **Choulant,** Hdbch. d. Bücherkde. f. ältere Medicin. Lpzg 1841. 8. u. Bibliotheca Medico-Historica s. Catalogus libror. historicor. de re medica et scientia naturali systemat. Lips. 1842. 8. (Dazu J. **Rosenbaum.** Additamenta. Hal. 1842. 8.) ausgezeichnet.

2) S. C. Fr. **Hundertmark,** Exerc. de princip. Diis art. medic. tutelaribus apud veter. Graec. et Romanos. Lips. 1735. 8. u. b. **Ackermann,** Opusc. ad med. hist. pertin. Norimb. 1797. 8. p. 1—48. C. G. **Böttiger,** die heilbringenden Götter. Eine Neujahrsgabe. Weimar 1803. 8. u. in Böttiger's Kl. Schr. I. p. 93 sq.

3) S. A. G. **Rivinus,** Pr. de auct. med. in Graec. praec. de Chirone Cent. Lips. 1694. 4. u. **Welcker** in d. Allg. Schulzeitung 1831. II. Nr. 99.

4) S. J. Alb. Sebiz, Diss. de Aesculap. invent. med. Argent. 1669. 4. Schwarz, Diss. de Aesculap. et Hygiea, Diis φιλανθρωποις. Altorf. 1725. 4. Unächt ist das erst um 400 n. Chr. von einem Neuplatoniker verfaßte mystische, ihm von Einigen, von Andern aber einem gewissen Asclepius zugeschriebene Buch Όροι προς Άμμωνα βασιλεα (Aesculap. definitiones ad Ammonem regem libri III, b. Mercur. Trismeg. Poemander. Paris 1554. 4. gr. et lat. b. Patricii Nov. de univ. philos. Ferrar. 1591. fol.).

5) Ύγιεινα παραγγελματα, die man aber dem späteren Arzte Asclepiades mit Recht zuschreibt, zuerst 25 vv. v. Berger b. Aretin, Beitr. z. Gesch. d. Liter. 1807. Bd. IX. p. 1001, dann 83 v. Schubart in d. Wien. Jahrb. 1834. Bd. 65. p. 93 sq. Ausg. ist: b. Asclepiades v. Bith. Gesundheitsvorschriften n. d. Hdschr. z. erst. M. vollst. bearb. u. erläut., sowie m. Lat. Paraphr. u. Deutsch. Uebers. im Versmaaße b. Urschr. verf. v. R. Ritter v. Welz. Würz. 1841. 8.

6) S. A. Cocchi, del Pitto Pittagorico per uso della medicina. Venez. 1744. 4. Im Allg. cf. C. G. Kühn, de philos. ante Hippocr. medic. cultoribus. Lips. 1781. 4. u. in s. Opusc. P. I. p. 17 sq.

7) S. Unna, Disp. de Alcmaeone, b. Petersen, Stud. phil. Gymn. Hamburg. 1832. I. p. 36 sq.

8) S. Legallois, Rech. chron. s. Hippocrate. Paris 1804. 8. J. B. F. Boulet, Diss. de Hipp. vita, patria, genealogia etc. Paris 1804. 4. S. Houdart, Etud. hist. et crit. sur la vie et la doctrine d'Hippocr. et sur l'état de la medicine avant lui. Paris 1836. 8. Ed. II. 1840. 8. Alb. Oettinger, Hipp. vita, philos. et ars med. Berol. 1836. 8. H. Mercurialis Censura et dispos. oper. Hipp. Frcft. 1585. 8. Chr. Gf. Gruner, Cens. libror. Hippocr. Vratisl. 1772. 8. Chr. Petersen, Hipp. nomine q. circumferuntur scripta ad temp. rat. dispos. Hamb. 1839. P. I. 4. Fr. S. Meixner, neue Prüf. d. Aechtheit u. Reihenfolge d. Hipp. Bücher. München 1836. I. 8. u. Prüf. d. Reihenfolge d. Krankheiten d. Hipp. ebd. 1838. 8. H. F. Link in d. Abhandl. b. Berl. Acad. 1814—15. p. 223 sq. (Diese 3 nehmen gar keine ächten Schr. von ihm, sondern nur hippocratisirende an). J. H. Fischer, Diss. de Hipp. ej. script. eorq. edition. Coburg 1777. 4. P. Sgm. C. Preu, Diss. de interpret. Hipp. graecis. Altorf. 1795. 8. Seine Schriften zerfallen in vorhippocratische, ächthippocratische, nachhippocratische und nichthippocratische, und ohne Rücksicht auf ihre Aechtheit in Schriften zur ärztlichen Kunst (libri technici), semiologische (semiotici), physiologische (physiologici), diätetische (diaetetici), pathologische (pathologici), chirurgische (chirurgici), therapeutische (therapeutici) und vermischte Werke. Die besten sind προγνωστικον, περι αερων, υδατων, τοπων, περι διαιτης οξεων, περι των εν κεφαλη τρωματων, επιδημιων βιβλια (von den Volkskrankheiten) und die αφορισμοι (kurze Sätze aus der practischen Medicin). Ausg. Ed. Princ. Venet. Aldus 1526. fol. Gr. et Lat. ed. H. Mercurialis. Venet. 1582. fol. — M. Hippocr. opera omn. q. exstant. in VIII sect. ex Erotiani mente distributa nunc recens lat. interpret. et annot. illustr. ed. A. Foësius. Frcft. 1595. fol. Genev. 1637. fol. Op. omn. gr. et lat. ed. et ad omn. al. edit. accom. ed. J. Ant. van der Linden. Lugd. B. 1665. II. 8. c. Galeni Oper. omn. et Erotiani et Herod. gloss. gr. et lat. c. not. var. ed. R. Charterius. Paris 1679. fol. Oeuvres d'Hipp. avec le texte gr. en reg. d'apr. la coll. des mss. de la bibl. imp. p. de Mercy. Paris 1813. 12. Gr. et Lat. rec. C. Gl. Kühn. Lips. 1825—27. III. 8. Oeuvr. compl. d'Hipp. trad. nouv. av. le texte en reg. coll. sur les mss. et tout. l. edit. accomp. d'une introd. de comment. medic. de var. et de not. philol. p. E. Littré. Paris 1839. T. I, II. 8. Deutsch: Hipp. Werke a. d.

Griech. überf. u. m. Erläut. verf. v. J. F. K. Grimm. Revid. u. m. An:
merk verf. v. L. Lilienhain. Glogau 1837. II. 8. f. A. Foës, Oeconomia
Hipp. alph. serie dist. Genev. 1662. fol. K. Sprengel, Apol. b. Hipp.
u. f. Grbsätze. Lpzg. 1789—92. II. 8. J. H. Dierbach, die Arzneimittel=
lehre b. Hipp. Heidelb. 1824. 8.

9) Ueb. f. hierh. geh. Schr. f. Choulant l. l. p. 43 sq. u. J. K. Lich:
tenstädt, Plato's Lehr. a. d. Gebiete d. Naturforsch. u. d. Heilkunde, nach
d. Quell. Lpzg. 1826. 8. Soph. ab Oeconomus Spec. pathol. gener.
vet. Graecor. Berol. 1833. 8.

10) S. A. Rivinus, Pr. de Diocle Caryst. Lips. 1655. 4. S.
Fragm. b. Kühn, Opusc. Acad. T. II. p. 87—127. Unächt ist sein Brief an den
König Antigonos über die Bewahrung der Gesundheit (ἐπιστολὴ προφυλακτικὴ
b. Rufus ed. Mosk. 1806. p. 308 sq. Gr. et Lat. b. Fabric. Bibl.
Gr. T. XII. p. 504 sq. Latine b. Sylvius, Schola Salern. Hag. Com.
1683. 12. p. 426 sq.) f. a. Dioclis Caryst. fragm. q. supers. auct.
Fraenkel. Berol. 1840. 8.

11) S. Kühn, Opusc. II. p. 128—149.

12) S. Hecker im Encycl. Wtbch. d. med. Wiss. III. p. 222 sq. Chou:
lant p. 45 sq. Philippson's Podalirius 1832. I. p. 46—137.

13) Das Buch περὶ φυτῶν schreibt man jetzt dem Peripatetiker Nico=
laus Damascenus unter Augustus zu, der Griechische Text desselben ist
jedoch erst im 14ten Jhdt. aus einer alten Lateinischen Uebersetzung gemacht, die
dagegen erst aus dem Arabischen geflossen war, die jetzt noch vorhandene la=
teinische Uebersetzung aber ist erst nach jenem Griechischen Texte verfertigt (f.
Nicolai Damasceni de plantis libri duo Aristoteli vulgo adscripti.
Ex Isaaci Ben Honain versione arabica latine vertit Alfredus. Ad
codd. ms. fidem add. appar. crit. rec. E. H. F. Meyer. Lips. 1841. 8.).

§. 81.

Wenden wir uns endlich zur **Philologie**[1]), so ist von
einer eigentlichen Sprachgelehrsamkeit in dieser Periode eigentlich
noch gar keine Rede, denn in Griechenland bezieht sich der Begriff
des Wortes γραμματικη — ος bei Plato und Aristoteles nur
auf die Kenntniß der Buchstaben, ihrer Natur und ihres Verhältnisses
zu einander, Hermeneutik ist nur auf die Personen anzuwenden,
welche in den Tempeln Andere herumführten und ihnen die religiösen
Gebräuche erklärten, Kritik endlich verrathen lediglich die lange
vor Pisistratus schon beginnenden und bis zur Römerzeit fort=
dauernden Recensionen der Homerischen Gedichte. Der erste wirk=
liche Grammatiker mag Licymnius, der Rhetoriker, gewesen
seyn (Arist. Rhet. III. 2, 20), sodaß der Beginn dieser Wissen=
schaft erst von dem Alexandrinischen Zeitalter an datirt, da, was
wir über die Erklärungen der alten Dichter von Seiten der
Sophisten und Stoiker wissen, ebenfalls nur in spärlichen No=
tizen besteht. Derselbe Fall war es aber mit der Rechts=
wissenschaft, die in dieser Periode noch nicht als Wissenschaft,
sondern nur in der Praxis als Gesetzgebung existirt, wobei noch

zu bemerken ist, daß auch die Gesetze selbst der einfachen bürgerlichen und politischen Verhältnisse der ältesten Staaten wegen völlig einfach seyn mußten, und größtentheils nur auf das Herkommen gegründet, nicht aufgeschrieben (ἄγραφοι) waren. Proben haben wir noch in den Gesetzen Mosis[2]), in denen Lycurg's von Sparta (b. Arist. Polit. II. 6. u. Xenoph. de Rep. Laced.), des Zaleucus und Charondas in Unteritalien (Diod. Sic. XII. 20. u. Stob. Serm. 42. p. 279 sq.), sowie in denen des Solon für Athen[3]). Uebrigens gehen Theocratie und Gesetzgebung immer Hand in Hand, wie wir an den Büchern Mosis bei den Hebräern, dem Gesetzbuche Manu's bei den Indern, sowie an den heiligen Büchern der Perser und Chinesen sehen. Dabei sind auch die Inder das einzige Volk des Orients in dieser Periode, bei welchem das Studium der Grammatik blühte, insofern es gewissermaßen die Hilfswissenschaft der Veda's ausmacht. So lieferte ein gewisser Gelehrter, der indessen ziemlich fabelhaften Ursprungs ist, Namens Panini zur Zeit der Abfassung der Purana's 3996 kurze, jedoch äußerst dunkle grammatische Aphorismen, die wir sowohl selbst noch als ein von Bhattoji Dikschita darauf gegründetes System, Siddhanta Kaumudi genannt, übrig haben[4]).

1) S. J. Classen, de grammaticae Graecae primordiis. Bonn. 1829. 8. K. Fr. H. Schwalbe, b. Anfänge b. Griech. Grammat., im Jahrb. b. Pädag. Unf. Lieb. Frau. zu Magdeburg 1838 p. 43 — 92. S. R. Schmidt, Stoicorum grammatica. Hal. 1839. 8. (f dazu Lersch in Zimmerm. Zeitschr. 1840. Nr. 12). K. Lehrs, de vocibus φιλολογος, γραμματικος et κριτικος. Regiom. 1838. 4. Lersch, Sprachphilosophie der Alten, dargest. a. e. Streite üb. Analogie u. Anomalie der Sprache. Bonn 1838. 8. u. dazu Th. II. Spr. b. A. dargest. a. b. histor. Entwickelung b. Sprachcategorieen. ebb. 1840. 8. A. Gräfenhan, Geschichte b. klassischen Philologie im Alterthum. Bonn. 1843. 8. Bd. I. (b. a. Augustus).

2) A. Veder, Hist. philos. juris apud veteres. Lugd. B. 1832. 8. D. Fellenberg, Jurisprud. antiq. cont. opusc. et diss., quibus leg. antiq. inpr. Mosaicae et Graecae et Romanae illustrantur. Bern. 1760. II. 4. J. D. Michaelis, Mosaisches Recht. Frkft. 1775 — 89. VI. 8. Fr. Schiller, sämmtl. W. Bd. XVI. p. 59 sq.

3) S. Fr. Schiller's sämmtl. W. Bd. XVI. p. 94 sq. Meiner's Gesch. b. Wiss. Bd. II. p. 25 — 80. D. Gesetze Solon's b. A. Thysii Coll. leg. Athen. et Rom., in Gronov. Thes. T. V. p. 1373 sq. cf. p. 1945 sq. cf. L. Dissen, de νομοις ἀγραφοις Graecorum. Gotting. 1837. 4.

4) The grammatical Sootras or aphorisms of Pânini with selections from various commentators. Calcutta 1809. II. 8. Siddhanta Kaumudi: a Gramm. conform to the system of Panini by Bhattoji Dikshita. Calcutta. 1812. 4. Panini's acht Bücher gramm. Regeln, herausg. u. erläut. v. O. Bochtlingk. Bonn 1839—41. II. 8. f. Asiat. Res. T. VII. p. 199 sq. Adelung, Bibl. Sanscr. p. 32 sq.

9*

Zweiter Abschnitt.

Geschichte der Literatur von Alexander dem Großen und seinen Nachfolgern an bis auf Augustus oder vom Jahre der Welt 3643 bis 3983 oder vor Christi Geburt 336 bis 29.

§. 82.

Wenn wir im Allgemeinen die Nationen betrachten, welche wir in diesem allerdings ziemlich kurzen Zeitabschnitte zu besprechen haben, so finden wir, daß bei den **Hebräern**[1]) durch ihre Verbindung mit den Griechen die Sprache der Letzteren die alte Landessprache, wenigstens in der Literatur, verdrängte, aber dennoch die immerwährenden Kriege theils der Nachfolger Alexander's, theils der kleineren Landesfürsten das Gedeihen derselben völlig unmöglich machten, bei den **Aegyptern**[2]) sich seit Ptolemäus Lagi aber (s. 323 v. Chr.) eine eigene Literatur, wiewohl in Griechischer Sprache, durch dessen und seiner Nachfolger Liebe zu den Wissenschaften bildete, welche auch für die Griechenlands selbst von höchster Bedeutung ward, bei den **Griechen** zwar seit der Vernichtung ihrer politischen Freiheit die Blüthe der schönen Künste völlig sinkt, dafür aber Schulgelehrsamkeit und das Studium der positiven Wissenschaften mit Erfolg und Eifer getrieben werden[3]), in den **Römern**[4]) aber uns ein Volk entgegentritt, das, wenn es auch in vielen Stücken nur die Griechen copirt hat, dennoch in den Fächern der Beredtsamkeit, Gesetzgebung, Rechtsgelahrtheit und Geschichte sicherlich der Originalität nicht ermangelt. Allerdings muß man eingestehen, daß wenigstens in dem ersten Theile dieses Abschnitts ihre Eroberungssucht ꝛc. ihnen keine Zeit ließ, recht eifrig an das Studium der Wissenschaften und Künste, deren erste Keime bei ihnen schon lange vorher die alten Etrusker[5]) gelegt hatten, zu denken, allein mit der allmähligen Abnahme ihrer Feinde und seit ihrer genaueren Bekanntschaft mit Griechenland, zog auch der Geschmack an Griechischer Cultur und Wissenschaft bei ihnen ein, und von dieser Zeit an kann man bei ihnen den Anfang der Blüthe ihrer Literatur datiren. Bei den Indern endlich finden wir die Literatur im Allgemeinen im Fortschreiten begriffen.

1) S. Cl. Salmasius, de lingua Hellenistica. Lugd. B. 1643. 4. Ejd. Funus ling. Hellen. ib. 1643. 8. u. Ossilegium ling. Hellen. ib. 1643. 8. J. G. Sturz, de dialecto Macedon. Alexandrina. Lips. 1808. 8. u. im Thes. Ling. Gr. H. Stephan. ed. Lond. T. 1. p. CIII—CXCVIII. Winer, Gramm. d. Neutest. Sprachid. Lpzg. 1838. 8. IVte A. p. 1—43.

2) C. D. Beck, de philologia saeculi Ptolemaeorum. Lips. 1818. 4. F. Matter, Essai histor. sur l'école d'Alexandrie depuis le temps d'Alexandre le Gr. jusqu'à celui d'Alex. Sévère. Paris. 1820. II. 8. Edit. II. entièr. refond. Paris. 1840. II. 8. C. G. Heyne, de genio saeculi Ptolem., in s. Opusc. I. p. 76 sq. VI. p. 436 sq. J. Luzac, Lection. Attic. S. II. p. 132 sq. J. E. F. Manso, Verm. Schr. Bd. I. p. 221—356. u. II. p. 321—414.

3) Einen Unterschied machen selbst die Römer, denn sie nennen alle Schriftsteller der Griechen, die vor Alexander d. Gr. schrieben, veteres scriptores, s. Heindorf zu Hor. Satir. II. 6, 21. F. A. Wolf, Praef. ad Cic. Or. pro Marcello p. XXII.

4) S. J. A. Fabricius, Bibliotheca Latina. Melius delecta, rectius digesta et aucta stud. J. A. Ernesti. Lips. 1773. III. 8. M. F. Schoell, Hist. de la littérature Romaine. Paris 1813. IV. 8. Fr. A. Wolf, Vorles. üb. d. Gesch. d. Römisch. Liter. herausgeg. v. Gürtler. Lpzg. 1832. 8. Chr. F. Bähr, Gesch. d. Römischen Literatur. Karlsruhe 1832. II. A. Dazu Suppl. I. 1. Die christl. Dichter u. Geschichtschreiber Roms. Karlsruhe 1836. 8. u. Suppl. Bd. I. 2. Die christlich-römische Theologie, m. e. Anhange üb. b. Rechtsquellen. ebb. 1837. 8. (ausgezeichn. W.) G. Bernhardy, Grdr. d. Römischen Literatur. Halle 1830. 8. J. H. Eberhardt, üb. d. Zustand d. schön. Wissensch. b. d. Römern. A. d. Schwed. m. Zus. v. Korbes. Altona 1801. 8. J. Th. Bergmann, Comm. de litterarum conditione apud Romanos inde a bello Punico primo usque ad Vespasianum. Lugd. B. 1818. 4. J. Dunlop, History of Roman literature during the Augustan age. Lond. 1823—28. III. 8. J. N. Funccii de origine ling. lat. Tractatus. Giss. et Frft. 1720. 4. u. de pueritia ling. lat. tract. Marburg. 1720. 1731. 4. u. de adolescentia ling. lat. ib. 1723. 4. u. de virili aetate ling. lat. II Ptes. ib. 1727—30. 4. u. de imminenti Lat. ling. senectute. ib. 1736. 4. u. de vegeta lat. ling. senectute. ib. 1744. 4. u. de inerti ac decrepita lat. ling. senectute. ib. 1750. 4. Zur Bibliographie s. F. L. A. Schweiger, Hdbch. d. classischen Bibliographie. II Th. in 3 Abth. Lpzg. 1830—34. 8.

5) S. D. Müller, die Etrusker. Breslau 1828. II. 8. Ueb. d. Lit. Ueberr. u. Spr. d. alt. Völk. Italiens s. Fr. H. Kaempf, Umbricorum spec. I. Berol. 1838. 8. Fr. Grotefend, Rudimenta ling. Umbricae ex antiq. scr. enodata. Hannov. 1834 sq. VIII. 4. u. Rudimenta linguae Oscae. ib. 1839. 4. Henop, de lingua Sabina. Alton. 1837. 8.

§. 83.

Fragen wir nun, woburch ſich neben der Neigung der Nation ſelbſt zur Literatur noch beſonders bei den Aegyptern
das Studium der Wiſſenſchaften und ſchönen Künſte ſo ausgezeichnet
gehoben habe, ſo müſſen wir vorzüglich die von den Ptolemäern
zu Alexandrien angelegte Bibliothek[1]) (burch Ptolemäus Soter 323
— 284), welche mehr als 700000 Bände umfaßt haben ſoll, aber
von 389 bis 641 n. Chr. nach und nach, wenn auch nicht
gerade burch die Araber allein, vernichtet wurde, und das von Ptolemäus Philadelphus geſtiftete Muſeum daſelbſt[2]), das wohl un-
ſeren heutigen Academieen der Wiſſenſchaften geglichen haben
mag, als weſentliche Hebel derſelben betrachten, obwohl ſie auf
der anderen Seite ein Haſchen nach Polymathie, d. h. ein thör-
igtes Streben, recht viel zu wiſſen[3]), herbeiführten. Mit ihnen
wetteiferten übrigens gleiche Anſtalten des Pergameniſchen Königs
Eumenes II. (179 — 158 v. Chr.), unter deſſen Vorgängern
Attalus I. und III. übrigens bereits vorher ſchon die Wiſſenſchaften nicht wenig in dieſem kleinen Lande geblüht hatten[4]),
wie denn auch Antiochus der Große von Syrien in Antiochia
eine Menge Gelehrter um ſich verſammelte und gleichfalls eine
Bibliothek zuſammenbrachte[5]). Bei den Römern warb ebenfalls
durch eine vernünftige Erziehung der Jugend, gelehrte Geſellſchaften
und Zuſammenkünfte der Gelehrten unter einander, häufige Reiſen der
jungen Römer, vorzüglich nach Athen, um ſich dort unter den
Philoſophen und Rhetoren auszubilden, und Anlegung vieler
Bibliotheken ſeit Aemilius Paullus (586 n. Rom's Erb.), vorzüglich durch Sulla, Cäſar, Aſinius Pollio und Auguſtus viel
für die Anregung des wiſſenſchaftlichen Sinnes gethan[6]). S.
A. L. G. §. 257 — 260.

1) S. üb. ihre Geſch. u. Anordn. d. **Scholion Plantinum** bei Ritſchl
a. a. O. p. 3 sq. u. b. **Schol.** in Aristoph. ed. **Dübner** p. XXII. u.
Gramm. περι κωμωδιας b. **Dübner** p. XIX. u. b. **Cramer**, Anecd. gr. e codd.
bibl. Paris. I. p. 6 sq. **Bonamy** in b. Mém. de l'ac. d. Inscr. T. IX.
p. 397 sq. cf. p. 116 sq. 432 sq. **C. D. Beck**, Spec. bibliothecarum
Alexandr. Lips. 1779. 4. 1829. 4. **G. Dedel**, Hist. cr. biblioth.
Alexandrin. Lugd. B. 1823. 4. **St. Croix**, Rem. sur les anc. biblioth.
d'Alex., b. **Millin**, Mag. Encycl. V an 1799. T. IV. p. 433 sq. S.
Reinhard, Abh. üb. b. letzt. Schickſ. b. Alexandr. Bibl. Götting. 1792. 8.
Fr. Ritſchl, d. Alexandr. Bibliotheken unt. b. erſt. Ptolemäern u. d. Samml.
b. Homeriſchen Gedichte u. Piſiſtratus n. Anleit. e. Plaut. Schol. R. lit.
Zugabe üb. b. Chronol. b. Alex. Bibliothekare, b. Stichometrie b. Alten u.
b. Grammatiker Heliodorus. Breslau 1838. 8.

2) **G. Fr. Gronov.** de Mus. Alex. exercitat. b. **Gronov. Thes.
Antiq. Gr. T. VIII.** p. 2738—2766. **L.** Neocori (Kuster), Diatr. ib.
p. 2767—2778. (S. Parthey, d. Alexandrinische Museum. Berlin 1838. 8.
S. H. Klippel, üb. d. Alexandr. Muf. Göttingen 1838. 8. **S. J. Beck-
mann, Diss.** acad. primord. musei Alexandr. investigans. Helsing-
fors 1840. 4. Aelt. Schr. nennt 19 Klippel a. a. O. p. 6 sq. f. a. d.
Museum zu Alexandrien u. d. kürzlich hierüber erschienenen Schriften in d.
Zimmerm. Zeitschr. f. Alt. W. 1839. Nr. 108—110. 1840. Nr. 23—25.
1841. Nr. 49—51. u. 120. Ueb. d. Bibl. u. Muf. f. Bernhardy, Gesch. d.
Griech. Lit. I. p. 359 sq. 363 sq. Gräfenhan a. a. O. p. 375—386.

3) S. **Luzac.** Lect. Attic. p. 132—149. Lozynski ad Hermipp.
fragm. p. 12—19.

4) S. I. L. F. Manfo, üb. d. Attalen, ihr staatskluges Benehmen u.
ihre and. Verdienste. Breslau 1814. 4. u. b. deff. Leben Constantins d. Gr.
ebb. 1815. 8. p. 379 sq. **C. Fr. Wegener,** de Aula Attalica litter. artiumq.
fautrice. Havn. 1836. 8. **Meier,** Prooem. schol. Halens. aest. 1836. 4.

5) S. **C. O. Müller,** Antiquitates Antiochenae. Comm. II. Gotting. 1838. 4.

6) S. **A. E. Egger,** Etude sur l'éducation et part. sur l'éduc.
littér. chez les Romains depuis la fondation de Rome jusqu'aux guer-
res de Marius et de Sylla. Paris. 1833. 8. **L.** Roeder, de scholast.
Rom. institutione. Bonn 1828. 4. (S. Fischer, ein. Blicke a. d. Er-
ziehungswesen d. att. Roms. Marienwerder 1826. 4. Cramer, Gesch. d.
Erziehung u. d. Unterrichts im Alterthume. Elberfeld 1832—36. II. 8.
Becker, Gallus. Lpzg. 1838. I. p. 25 sq. **J. Chr. Wernsdorf,** de col-
legio poetarum Romanorum. Helmst. 1756. 4. **E. Ch. G. Weber,**
Comm. de poetarum Roman. recitationibus. Vimar. 1828. 4. **G. N.
Kriegk,** de peregrinationibus Roman. academicis. Jen. 1704. 4. **H.
N. Dohrn,** de eruditis Romanorum peregrinationibus. Itzehoe 1825. 4.
S. Lürsen, Lib. de templo et biblioth. Apollinis Palatini. Add. disp.
de biblioth. vet. max. Romanor. Franeq. 1719. 8. **J. H. Fels,** de
Asin. Poll. bibl. Romae public. Jen. 1713. 4. **P.** Hammer, de bibliothecis Romanor. Upsal. 1744. 4. **H.** Poppe, de privatis atque
publicis Romanor. biblioth. diss. Berol. 1826. 4. I. F. Eckhard, v.
d. Bibliotheken d. d. Römern. Eisenach 1790. 4.

A) Poesie.

§. 84.

1.) Inder. Hatten wir in der vorigen Periode die beiden ältesten Epopöen der Indischen Poesie zu nennen, bei denen
der dichterische Genius, der in ihnen lag, gerade die eigentliche
Kunstform übertraf, so ist es in dieser Periode beinahe umgekehrt,
denn die hier einfallenden Heldengedichte führen eben ihrer kunst-
reichen Sprache, ihrer völlig ausgebildeten Form und der tadel-
losen Anlage wegen den Namen großer Gedichte (mahâ kâvyâni).
Fruchtbar zeigte sich hierin vorzüglich Kalidasa, im ersten Jahrhundert vor Christo, der von seinen Landsleuten gar für eine
Verkörperung des Brahma gehalten wird. Wir haben von ihm
eine Nachahmung der Ramayana in 19 Gesängen, Raghuvansa,

(d. h. Geſchlecht des Raghu oder Rama), ferner **Kumara Sambhava** (d. h. Geburt des Kumara) in 32 Geſängen und eine Nachbildung der Nalasepiſode aus der Mahabharata in 4 Geſängen, **Nalodaya** (d. h. Urſprung des Nalas), wozu man noch ſein Lehrgedicht in 6 Geſängen, **Ritusanhara** (d. h. Verſammlung der Jahreszeiten) zählen kann[1]). Desgleichen gehört hierher das vom Könige **Magha** oder vielmehr nur auf ſeine Veranlaſſung von anderen Dichtern verfertigte Epos **Sisupalabadha** (d. h. Tod des Siſupala) in 20 Geſängen[2]), ſowie des **Bharavi**, welcher, wie der Vorhergehende, vermuthlich ſchon in dieſe Zeit fällt, Heldengedicht, **Kiratarjuniya**, worin die Kämpfe des Ardſchunas gegen den Siva geſchildert werden[3]). Man ſieht, daß auch in dieſer Periode noch ſämmtliche Stoffe aus der Mythologie hergenommen ſind; daher iſt es angenehmer und erfreulicher, die lyriſchen Erzeugniſſe der Indiſchen Dichter aus dieſer Periode zu leſen, unter denen vorzüglich Erwähnung verdienen die, wie überhaupt alle hier einſchlagende Producte derſelben rein erotiſchen Gedichte des **Kalidaſa**, **Sringaratilaka** (d. h. das Stirnmal der Liebe) und **Meghaduta** (d. h. der Wolkenbote), worin ein Verbannter den Wolken ſeine Trauer und ſeine Grüße an ſeine Gattin, um ſie zu ihr zu tragen, übergiebt[4]), wozu ſich dann in der Elegie **Ghatakarparam** eines ungenannten Dichters, ein Gegenſtück findet, indem darin eine Frau faſt ganz denſelben Weg, ſich ihrem entfernten Gatten mitzutheilen, einſchlägt[5]). Einen hohen Werth haben auch die 100 erotiſchen Sprüche des **Amaru**, unter dem Namen **Amarusatakam**[6]), deren Alter ſich allerdings nicht genau beſtimmen läßt, ſowie das liebliche, wiewohl etwas myſtiſche und faſt dem Hohenliede ähnliche Hirtengedicht des **Jayadevas**, **Gitagovinda** (d. h. Lied des Hirtengottes), worin die Liebe des unter den Hirten weilenden Kriſchna zu der ſchönen Schäferin Radha geſchildert wird[7]). Außer der Lyrik umfaßt die Indiſche Poeſie in dieſer Periode aber auch noch das **Drama** oder Schauſpiel, welches urſprünglich aus der Vereinigung einer Art von Mimen (nritya) mit Tanz und Geſang entſtanden zu ſeyn ſcheint, und deſſen Erfindung dem mythiſchen Könige und Weiſen **Bharatas** zugeſchrieben wird. Seiner Form nach unterſcheidet es ſich jedoch ſchon durch die große Menge von Acten und ſeine ganz ver-

schiedene Sceneneintheilung von dem unsrigen, enthält im Ganzen prosaische Rede, nimmt nur bei höherem Schwunge der
Gedanken verschiedene Versarten an und bedient sich in seiner
höheren Gattung des Sanscritdialects für die Helden und Haupt-
personen, des weniger erhabenen Prakrit aber in seinen Ab-
stufungen bis zum gemeinen Volksdialect herab für die Frauen
und untergeordneten Personen[8]). Als Hauptdichter tritt hier
vorzüglich ebenfalls wieder Kalidasa auf, welcher nach einer
Episode der Mahabharata seine Sâkuntalâ (d. h. von Sakun-
tas, Geier) oder den entscheidenden Ring, als freie Dichtung aber
Vikramorvasi (d. h. Vikramas und Urvasi, d. i. Held und
Nymphe) und Malavikagnimitra (d. h. Agnimitra und Malavika) dichtete, worin die Familiengeschichte des Königs von Vi-
disa, Agnimitra (200 v. Chr.), dargestellt wird, wenn nicht
etwa, was man aus der gezierten und schwerfälligen Diction im
Gegensatze zu den übrigen Werken dieses Dichters schließen möchte,
dieses Schauspiel nur von einem Dichter des 10ten oder 11ten
Jahrhunderts n. Chr. einem älteren ebenso betitelten des Kalidasa nachgeahmt worden ist[9]). Endlich gehört noch in diese
Periode des Sudrakas, Königs von Ujjayini um 190 v.
Chr., Mritschchakati (d. h. Kinderwägelchen, von mrid, Thon,
Lehm, und sakata, Wagen) in 10 Acten, welches Andere jedoch
erst um 101—200 n. Chr. setzen möchten. S. A. L. G. I.
2. §. 275. p. 585—589. und II. 3, 2. §. 23. p. 1010—
1013. Ueber die Gedichte Bhartrihari's f. unt. u. Philologie.

1) The Raghu Vansa, a Sanscrit hist. poem. Calcutta 1827. 4. Raghuvansa Calidasae carmen. Sanscr. et Lat. ed. A. Fr. Stenzler. Lond.
1832. 4. The Raghu Vansa or Race of Raghu; a hist. poem by
Kalidasa in Sanscrit; with a Prose Interpr. of the text by Pundits.
Calcutta 1835. 8. Ausz. in d. Asiat. Research. T. X. p. 426 sq. —
Kumara-Sambhava. Sanscr. et Lat. ed. Ad. F. Stenzler. Lond. 1825.
(1839.) 4. — Naladaya: a Sanscrit Poem; with a Comment. Calcutta 1813. 8. Nalodaya, Sanscr. carm. Kalidáso adscriptum una
cum Pradschnákari Mithilensis scholiis edid. lat. interpret. atque
annot. crit. instr. F. Benary. Berol. 1830. 4. — Ritusanhara by
Kalidasa. Sanscr. Calcutta 1792. 4. Ritusanhara, id est tempesta-
tum cyclus, carm. Sanscr. Kalidasae adscr. edid. lat. interpret. vers.
germ. metr. atq. annot. instr. P. a Bohlen. Lips. 1840. 8.
2) The Mabhu Kavya, an epic poem in the Orig. Sangskrit
publish. by H. H. Wilson. Calcutta 1812. 4. The S' is' upala Badha
or Death of S' is' upala also intitled the Magha Cávya or Epic
Poem of Magha, in twenty Cautos with a Comment. by Mulli
Natha. Edit. by Vidya Cara Misra and Syama Lada, Pundits. Calcutta 1815. 8.

3) Kirât' arjunîyam; or Poem by Bharavi with the comm. of Mallinâtha named Ghandâpatha. Publish. by H. F. Colebrooke. Calc. 1814. 4. f. Asiat. Res. T. X. p. 110 sq.

4) Mégha Dûta or Cloud Messanger. A Poem in the Sanskrit Lang. by Kaleedusu: transl. into English Verses with notes and illustr. by H. H. Wilson. Calcutta 1813. 4. Lond. 1814. 8. Kalid. Megbadnta et Çringaratilaka ex rec. J. Gildemeister. Add. est Gloss. Bonn. 1841. 8. f. A. L. Chézy, Analyse du Mégha Dontah, poème Sanscr. de Kâlidâsa. Paris 1817. 8. Asiat. Res. T. X. p. 435 sq.

5) G'ata Karparam or the Broken Vase, print. in the orig. with Indian schol. Calc. 1812. 8. G'ataᏞarparam ob. b. zerbrochene Gefäß; ein ſanſkrit. Gedicht, herausg. überſ. u. nachgeahmt u. erläut. v. G. M. Durſch. Berl. 1828. 4. Der Verfaſſer hieß wahrſcheinlich GhataᏞarpuᏞ raß, der Titel aber „das zerbrochene Gefäß" kommt daher, weil der Dichter verſpricht, er werde demjenigen, der ihn an poetiſcher Sprache übertreffen würde, in einem zerbrochenen Gefäße Waſſer reichen.

6) Amarusatakam. Calcutta s, a. 4. Anthologie érotique d'Amaru, texte sanscrit, trad. not. et glos. p. A. L. Apudy. Paris 1831. 8. 38 SanᏞkr. Liebeßlieder a. Amarusatakam, deutſch v. Rückert, in Wendt's Muſenalman. 1831. Lpzg. 8. p. 127 sq.

7) The Geetu Gôvinda, or Songs of Yugudêva. Khizurpoor. 1808. 4. Gita Govinda Yayadevae, poet. ind., drama lyr. Text. recogn. schol. annot. cr. et interpr. lat. adj. Ch. Lassen. Bonn. 1837. 4. Gitagovinba ob. b. Gefänge Jayabevas, ein altinb.Dichters a.b.SanᏞkrit in's Engl. u. a. bief. in's Deutſche m. AnmerᏞ. überſ. v. F. H. v. Dalberg. Erfurt 1805. 8. metr. bearb. v. A. W. Riemſchneider. Halle 1818. 12.

8) Select Specimens of the Hindus, translated from the orig. Sanscrit, contain. the Dramas of Mrichchakati, Vikrama and Urvasi, Malati and Madhuva, Uttara Rama Cheritra, Mudra Rakshasa and Retnavali; together with an Account of the Hindus, Notices of their different Dramas etc. by H. H. Wilson. Calcutta 1825 —27. III. 8. Lond. 1828. III. 8. Calc. 1833. Lond. 1835. II. 8. Chefs d'oeuvre du Théâtre Indiens trad. de l'original Sanscrit en anglais p. H. H. Wilson etc. et de l'anglais en françois p. M. A. Loiseleur-Deslongchamps acc. de not. et d'éclairciss. Paris 1828. II. 8. Klaſſiſches Theater d. Hindus. A. b. Engl. Uebertr. b. SanᏞkr. Orig. v. H-H. Wilſon überſ. v. O. L. B. Wolff. Weimar 1829—31. II. 8. f. a. Adelung, Bibl. Sanscr. p. 311 sq.

9) Sakontala ou l'anneau fatale, drame ind. en 7 actes impr. p. la prem. f. en caract. Sanscr. d'apr. les meill. textes suivi d'une vers. franç. et de not. explicat. p. Mr. de Chézy. Paris 1826. 4. La Reconnaissance de Sakountala, drame sanscr. et prakrit de Calidasa publ. p. la prem. f. en original s. un ms. un. de la bibl. du Roi. Accomp. d'une trad. franç. de not. philol. crit. et littér. p. A. L. Chézy. ib. 1830. 4. SaᏞontala ob. b. Schicſalsring, a. b. Engl. b. W. Jones überſ. v. G. Forſter. Frkft. a. M. 1791. 8. ebb. 1803. 8. Metr. f. b. Bühne bearb. v. B. Gerhard. Lpzg. 1820. 8. Kal. Ring=CaᏞuntala. Her. überſ.u.m.AnmerᏞ.verſ.v.O. BoehtlingᏞ. Bonn 1842. 8.—Vikramorvasi or Vikrama and Urvasi, a Drama by Kálidásá; with a Comment. explan. of the Prakrit Passages. Calcutta 1830. 8. Urvasia, fabula Calidasi. Text. Sanscr. edid. interpr. latin. et not. illustr. adj. R. Lenz. Berol. 1834. 4. (Dazu R. Lenz, Appar. crit. ad Urvasiam, fabul. Calidasi. ib. 1834. 4.) — Malavika et Agnimitra, drama indicum Kalidasae adscr. Text. prim. edid. in lat. conv. var. script. et annot. adjec. O. Fr. Tullberg. Bonn. 1841. 8. —

10) The Mrichchakatí, a Comedy by Sudraka Raja, with a Comm. explan. of the prakrit passages. Calc. 1830. 8. The **Mrich-**

chakati or the **Toy Cart**, a Drama transl. from the Orig. Sanscr. by H. H. Wilson. Calcutta 1825. 8. s. a. Journ. Asiat. 1827. Mars. p. 174 sq. 188 sq. Avril. p. 85 sq.

§. 85.

2.) Hebräer. Wenn wir unserem einmal angenommenen Systeme zufolge die Schriften des alten Testamentes gewisser- maßen mit zur Poesie ziehen, so haben wir hier nur noch die- jenigen Bücher zu nennen, welche, weil sie erst nach Abschluß des Canons entdeckt wurden, gewöhnlich deuterocanonische Bücher, zuweilen auch apocryphische[1]) genannt werden, ent- weder weil sie als nicht in den Canon aufgenommen und in den Tempeln vorgelesen, weniger bekannt waren (ἀποϰρυπτειν, verbergen), oder weil nach Jüdischen Begriffen ihre Verfasser nicht aus höherer Inspiration, sondern eigener Eingebung schrieben. Sie waren ursprünglich wohl theilweise Hebräisch abgefaßt, jetzt sind sie nur noch in Griechischer Sprache vorhanden. Sie zerfallen in historische und didactische Bücher. Erstere, bei wel- chen die Historiographie in's Mährchenhafte übergeht, bilden das 2te und 3te Buch Esra, wahrscheinlich zu Ende des ersten Jahrhunderts n. Chr. compilirt, die 4 Bücher der Maccabäer, welche die Thaten der drei Helden, Judas, Jonathan und Simon Maccabäus, die i. J. 157 v. Chr. das Joch des Syrischen Despotismus abschüttelten, enthalten, mit Ausnahme des zweiten sämmtlich sehr spät geschrieben, das Buch Judith, eine Art pa- triotisch-moralischer Legende von der Vernichtung des Holofernes bei Bethulia, um d. J. 100 v. Chr. abgefaßt, und die schon oben erwähnten Stücke in Esther. Zu den didactischen gehören das Buch Tobiä (d. lebte ang. 721 v. Chr.), um 100 v. Chr. verfaßt, um den Juden zu zeigen, wie Ausharren im Unglück aus Gottver- trauen zum Glücke führe, das Buch der Weisheit, wahrscheinlich theilweise aus Salomonischen Elementen bestehend oder doch einem Werke desselben zur Zeit Philo's nachgebildet und mit Alexan- drinischen Philosophemen durchwebt, das Buch Jesus (des Sohnes) Sirach, um 200—180 v. Chr. Hebräisch abgefaßt, aber i. J. 131 n. Chr. von dem Enkel des Verfassers in's Griechische übersetzt und eigentlich nur eine der Salomonischen nachgeahmte Anthologie von Sittensprüchen[2]), das Buch Baruch (Gefährte und Schreiber des Jeremias, s. Jer. 36. 1, 2, 32), eine der Sprache der alten Propheten schlecht nachgebildete Trostschrift, und das Gebet Manasse (f. **Chron.** II. **33, 12**), welches aber unächt ist.

1) Fr. Delitzsch, zur Gesch. d. Jüdischen Poesie v. Abschluß d. heil. Schriften d. alt. Bundes bis a. d. neueste Zeit. Lpzg. 1838. 8. C. E. F. Moulinié, Not. sur les livres apocryphes de l'anc. testam. Génève 1828. 8. Ed. G. E. Reuss, Diss. polem. de libr. Vet. Test. apocryphis perperam plebi negatis. Argent. 1829. 4. Eichhorn, Einl. in d. apocryphischen Schriften d. A. Test. Lpzg. 1795. 8. Ausg. ist: Libri Vet. Test. apocryphi recogn. et var. lect. delect. adj. J. Ch. W. Augusti. Lips. 1804. 8. Libri Vet. Test. apocr. gr. Acc. recogn. breviq. divers. lect. instr. E. Apel. Lips. 1836. 8. Gänzlich untergeschobene Apocryphen enthält J. A. Fabricius, Codex pseudepigraphus Vet. Testam. Hamb. 1722—41. II. 8. u. Gfroerer, Prophetae Vet. Pseudepigraphi. Stuttgart. 1840. 8. D. Apocr. d. A. T. übers. m. Einl u Anmerk. v. M. Gutmann. Altona 1841. 8. Hagiogr. poster. denom. apocr. e textu gr. in ling. hebr. conv. Seckel Is. Fränkel. Lips. 1830. 8.

2) S. Fr. C. Movers, üb. d. Ursprache d. deuterocan. Bücher, in d. Bonn. Zeitschr. 1835. XIII. p. 31 sq.

3) Die Fragm. d. Hebr. Originals d. Sprüche des Josua Ben Sira's Ben Eliezer f. b. Delitzsch a. a. O. p. 204 sq. cf. Zunz, die gottesdienstl. Vortr. d. Juden p. 102 sq.

§. 86.

Wenden wir uns zur profanen Poesie der Hebräer, so finden wir, daß hierin in dieser Periode bereits ein Anfang gemacht ist, denn der ältere Philo[1] (Jude?) schrieb ein Griechisches Epos in 14 Gesängen von der Reihenfolge der Jüdischen Könige, welches schon im J. 100 v. Chr. ziemlich bekannt war, ein Jüdischer Peripatetiker, Namens Aristobulus[2], verfertigte ein Pseudoorphisches Gedicht und ein Alexandrinischer Jude, Namens Ezechiel[3], i. J. 100 v. Chr. ein Trauerspiel, wie die beiden Genannten, in Griechischer Sprache und von dem Auszuge Mosis aus Aegypten handelnd, welche Werke jedoch sämmtlich nur in wenigen Fragmenten existiren (f. A. L. G. p. 584 sq.).

1) S Ezechiel, d. jüdischen Trauerspieldichters, Auszug aus Aegypten u. Philo, des Aelteren, Jerusalem. R. ihr. Fragm. herausgeg., übers. u. komment. v. C. M. Philippson. Berlin 1830. 8.

2) S. L. C. Valckenarii Diatr. de Aristob. Judaeo phil. peripat. Alex. ed. praef. est et lect. publ. P. Wesseling. adj. J. Luzac. Lugd. B. 1806. 8. Wolf, Liter. Anal. Berl. 1816. I. p. 164 sq.

3) Ed. Pr. Ezechieli Judaic. Tragoed. Poet. Ἐξαγωγή Trag. de Israelit. Exodo, graece c. lat. metr. F. Morelli vers. ed. ejd. castigat. Paris. 1580. 8. 1590. 8. u. Graece et Lat. in b. Corp. Poet. Christ. Graec. Paris 1609. 8. p. 252 sq. u. Graec. Vet. Coll. Allobr. 1614. fol. T. I. p. 1017 sq.

§. 87.

3.) **Griechen.** Wir haben von der Poesie derselben im Alexandrinischen Zeitalter bereits in der vorigen Periode beim

heroischen und bidactischen Epos sprechen müssen und bemerken
hier nur, daß seit den letzten Ptolemäern nichts aus diesen beiden Dichtungsarten auf uns gekommen ist, und daß nur in der
Gattung der lyrischen Poesie sehr viele der in der gleichfalls
schon genannten Anthologie bewahrten Gedichte aus diesem Zeitalter herstammen. Die bedeutendsten ihrer Dichter waren A.
Licinius Archias aus Antiochia, für den bekanntlich Cicero
seine berühmte Rede gehalten hat[1]), und Antipater aus Sidon[2]). S. A. L. G. §. 276.

1) S. Epigr. b. Jacobs, Anthol. Gr. T. II. p. 80—89. u. Ilgen,
Opusc. philol. Erford. 1797. 8. T. II. P. I. p. 59 sq. s. a. Ilgen ib.
p. 1 sq. C. Ph. Conz, Kl. Prof. Schriften. Ulm 1825. 8. p. 117 sq. u.
Netscher, de A. Lic. Archia poeta, b. s. Dissert. de Cic. Or. p.
Archia. Roterod. 1808. 8.
2) G. Weigand, de Antipatris Sidonio et Thessalonicensi poetis
epigrammaticis. Vratisl. 1841. 8.

§. 88.

4.) Römer. Die ältesten Versuche der Römer in der
gebundenen Rede[1]) waren, wie bei den Griechen, meistens na-
tionale liturgisch-religiöse Gesänge in dem rohen Saturnischen
Versmaße abgefaßt[2]), wie wir Proben davon haben in noch
erhaltenen Beispielen von In- und Grabschriften und Orakel-
sprüchen und in den hymnenartigen Gesängen der Fratres Ar-
vales, eines von Romulus gegründeten Priestercollegiums[3]), und
der Salischen Priester[4]), welche (sonst auch axamenta genannt),
als von Numa angeblich selbst gefertigt, für die ersten dichterischen
Erzeugnisse Roms galten und wie die vorhergehenden unter Begleitung von Musik und Tanz abgesungen wurden. Sonst hatte
man noch Trauer-, Tisch- und Spottlieder 2c.[5]). S. A. L. G.
§. 277.

1) S. L. Crusius, the lives of the Roman poets. Lond. 1726—
32. II. 4. ib. 1733. II. 8. (Deutsch v. Schmid. Halle 1777. II. 8. uncritisch
u. oberflächlich). P. Textrin, Fata poeseos apud Roman. Upsal. 1753.
4. J. G. Purmann, de ingenio poet. Latinor. Frcft. 1783. III. 4.
J. Chr. Ernesti, Comm. de elocut. poet. latin. luxurie, b. Beck, Act.
Sem. phil. Lips. II. p. 1—164. F. Manso, üb. Horazen's Beurth. d.
ältest. Dichter. d. Römer. Bresl. 1817. 4. u. in dess. Verm. Abh. 1821. Bd.
III. p. 87 sq. Sammlungen sind: Opera et fragm. vet. poet. Latin. (cur. M.
Maittaire). Lond. 1713. II. fol. Poetae Lat. Vet. ad fid. opt. edit.
express. Florent. 1827—29. VI. 8. Corpus poet. Latin. uno vol.
absol. ed. G E. Weber. Frcft. ad M. 1833. 4. cf. A. E. Egger, Latini sermonis vetustioris reliquiae selectae. Paris 1843. 8.
2) S. Flav. Sosipatri Charisii de versu Saturnio comment. ex
cod. Neapol. u. pr. edit. p. Schneidewin. Gott. 1839. 8. A. G. Weise,

b. Saturnische Vers im Plautus u. an sich n. b. Zeugniß. b. Grammatiker. Quedlinb. 1839. 8. Düntzer, b. altrömischen Verse, b. Zimmermann's Zeitschr. f. Alt. W. 1840. Nr. 15—16. Düntzer et Lersch, de versu quem dicunt Saturnio. Bonn. 1838. 8. Hermann, Elem. doctr. metr. p. 606—640. Grotefend, Lat. Gramm. II. p. 290.

3) Ein Gesang aus dem Zeitalter des Romulus ist 1777 zu Rom auf 2 Marmortafeln v. 218 n. Chr. geschrieben gefunden worden, welcher b. G. Marini, gli atti e monumenti de'Fratelli Arvali. Rom. 1795. II. 4. tav. XLI. Burmann, Anthol. Lat. ed. Meyer T. I. p. 4 sq. u. R. H. Clausen, de carmine fratrum Arvalium liber. Bonn. 1836. 8. u. Egger l. l. p. 68 sq. steht, s. Zell, Ferienschriften II. p. 109 sq. 210 sq. Lanzi, Sagg. di Ling. Etrusca T. I. p. 142 sq. (108 sq. ed. II.). Orelli, Inscr. Lat. T. I. p. 392.

4) S. T. Gutberleth, de Saliis, Martis sacerdotibus apud Romanos liber sing. Franek. 1701. 8. Seidel, de sacr. saltat. vet. Roman. Berol. 1826. 8. p. 12 sq. Ch. L. Crell, Diss. de carmin. Saliarib. Viteb. 1732. 4. s. a. Egger l. l. p. 72 sq.

5) S. Bernstein, Versus ludicri in Romanorum Caesares. Hal. 1810. 4. Zell, Ferienschriften Th. II. p. 89 sq.

§. 89.

Unter allen Dichtungsarten ist die dramatische Kunst[1]) zuerst bei den Römern beliebt geworden, wozu vorzüglich die Carmina Fescennina, schlüpfrige Gesänge, mit Tanz verbunden und vorzüglich von Doppelchören bei Hochzeiten vorgetragen, jedenfalls Etrurischen Ursprungs[2]), die carmina amoebaea, Wechselgesänge, aus den ältesten Hirtenliedern entstanden und bei Triumphzügen gewöhnlich, und endlich die Hetrurischen Schauspieler, welche 361 v. Chr. oder 391 n. Erb. Rom's bei Gelegenheit einer Pest nach Rom berufen, dort beim Klange der Musik, vorzüglich der Flöten, eine Art Ballet mit einfacher Gesticulation ohne Declamation und Darstellung eines bestimmten Gegenstandes darstellten (s. Liv. VII. 2), beitrugen. Hieraus entstand nun das eigentliche Drama, anfangs jedoch nur in der Form eines bloßen Possenspiels, als Atellanen, von denen weiter unten die Rede seyn wird. Das erste regelmäßige Drama führte aber i. J. 541 n. Erb. Rom's Livius Andronicus[3]) aus Tarent, der i. J. 482 daselbst zum Sclaven gemacht worden war, zu Rom auf; er hatte es vermuthlich aus dem Griechischen übersetzt, ob es aber Komödie oder Tragödie war, weiß man nicht, indem er seine Stücke selbst spielte, aber in den Monologen[4]) (canticum) nicht selbst recitirte, sondern zu dem von einem zweiten Schauspieler zum Tone der Flöte vorgetragenen Gesange nur agirte (ad manum histrionis), dagegen in dem regelmäßigen Dialoge (diverbium) die von den einzelnen Personen zu sprechenden Worte allein vortragen und gesticuliren

konnte. Hieraus (aus Monolog und Dialog) bestand, da die
Römer keinen Chor hatten, das ganze Römische Drama. Nach
seinem Inhalte zerfiel es aber in zwei Klassen⁵), nämlich in
Stücke mit Griechischem Argument und Griechischer Tracht und
Schauspiele mit Römischem Argument und Römischer Tracht.
Erstere bilden die fabula crepidata (τραγωδια), palliata (κω-
μωδια), satyrica (σατυροι) und der mimus (μιμος), letztere die
fabula praetextata (eine Art Tragödie aus der Römischen Ge-
schichte), togata (Comödie, aus dem Römischen Volksleben ge-
nommen), welche wiederum in fabula trabeata (wenn sie von gebildeten Ständen) und fabula tabernaria (wenn sie von gemeinen
Leuten handelte) zerfällt, fabula Atellana (eine Art Griechischen
Satyrspiels) und fabula planipedia (eine Art Mimen, wo der
Schauspieler mit bloßen Füßen auftrat).

1) E. Stieve, de rei scenicae apud Romanos origine. Berol. 1828.
8. u. de ludis scenicis prim. Roman. Recklingh. 1834. 4. Er. D.
Loeffler, Hist. ludor. scenicor. apud Roman. Upsal. 1788—90. II. 4.
Grysar, üb. d. Zustand d. Röm. Bühne im Zeitalter d. Cicero, in d. Allg.
Schulz. 1832. April. Nr. 40. Ch. Duclos in d. Mém. de l'acad. T. XVII.
p. 206 sq. H. Tercier ib. T. XXIII. p. 149 sq. Bernardi in d. Mém.
de l'inst. royal. de France. T. VIII. nr. 3.

2) S. Müller, Etrusker p. 111, 286 sq. Die Carmina Fescennina
des Claudianus auf die Hochzeit des Honorius und der Maria können
kein Bild von den alten geben, wie sie Horat. Ep. II. 1, 139 sq. schildert,
s. a. Dirksen, Critik d. Zwölftafelges. p. 508 sq. Zell a. a. O. II. p.
121 sq.

3) S. Fr. Osann, Analecta crit. poes. Roman reliquias illustrantia.
Berol. 1816. 8. p. 1—58. H. Düntzer, L. Livii Audronici fragm.
coll. et illustr. P. I. Berol. 1835. 8. S. Fragm. a. b. Egger l. l. p.
114 sq.

4) S. G. A. B. Wolff, de canticis in Roman. fabulis scenicis.
Hal. 1825. 4. Hermann, Opusc. I. p. 290 sq. Das Wort cantare
(singen) ist hier immer = recitare (vortragen) und wird dem saltare
(eigentlich tanzen, dann aber: das Hergesagte durch die Bewegung des Körpers und durch Gesticulation ausdrücken) entgegengesetzt.

5) S. Hermann. Opusc. T. V. p. 260. Donatus, de tragoed. et
comoed., im Terent. ed. Zeune T. I. p. XXXI. G. A. Schroeder,
de roman. moribus palliatae fabulae immixtis diss. II. Marienwerder. 1837. 4. J. H. Neukirch, de fabula togata Roman. Acced. to-
gatorum fragmenta. Lips. 1833. 8. Die Costüme der alten Römischen
Comödie finden sich aus e. Hdschr. d. Vatican abgebildet in: Publ. Terentii comoediae n. prim. italicis versibus redditae cum personarum
figuris aeri accur. incisis ex ms. cod. bibl. Vatic. Urbini. 1736. fol.
Böttiger, üb. d. Sclaventracht in d. fabula palliata, in s. Kl. Verm.
Schrift. Bd. I. p. 292 sq. Wachsmuth v. d. Charakteren d. Griech. Comödie im Plautus, im Athenäum Bd. I, 1. p. 161 sq. Baden, Bemerk.
üb. d. comische Geberdenspiel der Alten, in Jahn's Archiv Bd. I. 3. p.
447 sq.

§. 90.

Obgleich unter den einzelnen Gattungen des Drama's die Tragödie offenbar den vornehmsten Platz einnimmt, so läßt sich doch Solches von der Römischen durchaus nicht behaupten, da hier die Nation durchaus keinen sonderlichen Geschmack an ihr fand, sei es, weil die alten tragischen Dichter der Römer ihre Stoffe größtentheils aus Griechischen Mythen hernahmen, die dem Volke unbekannt waren, sei es, daß ein fingirter Tod auf Leute, die bei ihrem kriegerischen Geiste demselben oft in der Wirklichkeit unter die Augen getreten waren, keinen Eindruck machen, also auch keine Rührung hervorbringen konnte, sei es endlich, daß es lieber belustigt, als gerührt oder gar belehrt seyn wollte[1]). Dieß war der Grund, warum jene sich nicht lange halten konnte. Der Gründer der Tragödie war ebenfalls der schon genannte Livius Andronicus, jedoch haben sich nur sehr wenige Fragmente seiner Stücke erhalten[2]). Ebenfalls versuchte sich in diesem Fache sein Zeitgenosse Cn. Nävius aus Campanien (234 v. Chr. geb.), der, nachdem er den Punischen Krieg mitgemacht und denselben i. J. 206 v. Chr. in einem Epos verherrlicht hatte, sich durch die in seinen Comödien gegen die vornehmsten Patrizier gerichteten Schmähungen Gefängnißstrafen und Verbannung nach Utica zuzog, wo er 203 v. Chr. starb[3]). Der bedeutendste tragische Dichter der Römer war aber Q. Ennius aus Rudiä in Calabrien, der zu Rom gebildet und schon durch seine alte Abkunft geehrt, zugleich als Kenner und Lehrer der Griechischen und Lateinischen, sowie der Oscischen Sprache angesehen, nicht allein zuerst den Hexameter als Vers angewendet, sondern sich auch fast in allen Gattungen der Poesie versucht hat, ob er gleich im Drama wohl nicht viel mehr als freie Uebersetzungen zu Stande brachte, und der i. J. 169 v. Chr. am Podagra starb[4]). Weit über ihm und überhaupt über allen Römischen Tragikern stand aber M. Pacuvius aus Brundusium (221 v. Chr. geb.), sein Schwestersohn, sowohl in Hinsicht des Versbaues als der Erhabenheit der Gedanken und Kraft des Ausdrucks, der selbst noch im 80sten Lebensjahre eine Tragödie aufführte und i. J. 130 v. Chr. starb[5]), sodaß ihn Attius (172 v. Chr. geb. und 115 gest.), wohl an Begeisterung, Plan und Charakteristik gleichsam, aber durch seine rauhe und veraltete Sprache weit hinter ihm zurückstand[9]), M. Attilius, der letzte Tragiker[7]) des freien Roms, kaum als schlechter Ueberseher Griechischer Muster zu nennen ist, im Auguste-ischen Zeitalter aber unter Anderen Titus Septimius[8]), Gracchus[9]), Ovidius Naso[10]), Asinius Pollio[11]), Cilnius Mäcenas, der bekannte Beschützer der Wissenschaften und Künste und Freund des Augustus[12]), Cassius Parmen-sis[13]) und L. Varius[14]) hier nur der Vollständigkeit wegen mit aufgeführt werden müssen, da fast nichts mehr von ihnen übrig ist. S. A. L. G. §. 279.

1) **T. Baden**, Diss. de causis neglectae apud Roman. tragoediae. Gotting. 1789. 8. **H. Planck**, de orig. atque indole vet. trag. apud Roman. disp., v. f. Ausg. b. Medea b. Ennius p. 9—66. **A. G. Lange**, Vindiciae trag. Roman. Lips. 1822. 4. u. in f. Verm. Schr. Lpzg. 1832. 8. **p. 3 sq.** Köpke, warum sind die Römer gegen die Griechen im Trauer-spiel zurückgeblieben? in Seebode N. Arch. f. Phil. u. Päd. 1826. I. p. 46 sq. **G. Regel**, Diversa VV. DD. de re trag. Roman. judicia. Gotting. 1834. 4. Sammtl. b. Fragm. b. alt. Tragiker: P. Scriverii Tragic. vet. fragm. c castig. **G. J. Vossii**. Lugd. B. 1620. 8. (Dazu f. **G. J. Voss**. Op. T. IV. p. 100—152). M. Delrio Synt. trag. latin. Antv. 1594. Lutet. Paris. 1620. II. 8. Poetae scenici latini ed. **F. H. Bothe**. Halberst. 1823. 8. Vol. V. P. I. Fragm. Tragicorum.

2) S. Fragm. b. Delrio T. I. p. 93 sq. Maittaire, Corp. poet. la-tin. T. II. p. 1456 sq. Bothe, Fragm. Comic. p. 278. u. Fragm. trag. p. 7—22. Düntzer a. a. O. p. 18—94. f. a. **C.** Sagittari comm. de vita et scriptis Liv. Andronici, Naevii, Ennii, Caecilii Statii, Pacu-vii, Attii, Attilii, Lucilii, Afranii, M. Porc. Catonis. Altenb. 1672. 8. p. 1—7. Bothe l. l. p. 1—6.

3) S. Sagittarius l. l. p. 8—13. Bothe, Fr. Trag. p. 79—82. **A.** Schütte, de Cn. Naevio poeta. P. I. de vita N. et de ej. carm. epico. Herbip. 1841. 8. Er. Klussmann, Cn. Naevii poet. Rom. vit. descripsit, carm. reliq. colleg. poesis rationem expos. Jen. 1843. 8. Ritter in Zimmermann's Zeitschr. 1840. p. 382—383. 1841. p. 329—333. S. Fragm. a. b. Bothe p. 83—97. Spangenberg ad Ennium p. 185 sq. Egger p. 122 sq.

4) S. Sagittarius p. 14—30. Bothe p. 23—29. Mernla, de vita et scr. Ennii, b. Spangenberg, Ed. Enn. Ann. p. I—XLVI. W Fr. Kreidemann, Or. de Q. Ennio. Jen. 1754. 4. **G. N. Byrelius**, Q. Ennius poeta, alter Homerus. Upsal. 1707. 4. Osann, Anal. crit. p. 29—140. Ritter in Zimmermann's Zeitschr. 1840. Nr. 45—48. 1841. Nr. 151—152. Gerlach, histor. Studien. Hamb. u. Gotha 1841. 8. p. 154—158. S. sämmtl. Fragm. b. Q. Ennii fragm. q. supers. ab **H.** Columna conq. dispos. et expl. nunc ad edit. Neapol. 1590 recusa accur. Fr. Hessel. Acc. vir. doct. annot. et castig. Amstel. 1707. 4. Enn. Reliq. conquis. a **J. A. Giles**. Lond. 1835. 8. **F. A. de Gour-nay**, Revue d. princ. fragm. d'Ennius, in b. Mém. de l'acad. de Caen. 1840. 4. u. b. Egger p. 137 sq. D. Fragm. f. Schausp. b. Bothe, Fragm. Trag. p. 29—78. u. Comic. p. 278. cf. Q. Ennii Medea comm. perp. illustr. auct. **H. Planck**. Gotting. 1807. 4.

5) S. Sagittar. p. 36—40. Bothe, Fr. Trag. p. 98—102. Memorie di Pacuvio da Ann. di Leo. Napoli 1763. 8. Stieglitz, de Pacuv. Duloreste. Lips. 1826. 8. Naeke, de Pacuv. Duloreste. Bonn. 1822. 4. u. in f. Opusc. Acad. ib. 1842. 8. T. I. p. 83—93. S. Fragm. b. Bothe p. 102—157. u. Egger p. 171 sq.

6) S. Bothe p. 156—159. 292. Sagittarius p. 41—45. Madvig, de L. Attii Didascaliis, in f. Opusc. Acad. Havn. 1834. 8. p. 87—116. Nieberding, Ilias Hom. a L. Attio poeta in dramata conversa. Konitz 1838. 4. S. Fragm. b. Maittaire Corp. poet. lat. T. II. p. 1487 sq. u. Bothe, Fragm. Com. p. 279. u. Fragm. Trag. p. 160—255. u. Egger l. l. p. 190 sq. Neukirch, de fab. tog. p. 76 sq. f. a. Osann l. l. p. 62 sq.

7) Dieß leugnet Weichert, de Lic. Calvo. p. 140 sq. f. a. Bothe p. 254. u. Sagittarius p. 56 sq.

8) S. Weichert, de T. Septimio p. 372 sq. 386 sq.

9) S. Bothe p. 258 sq. u. Weichert, Exc. VI. ad Comm. de L. Vario p. 169—174.

10) S. Quinct. X. 1. 97. Burmann ad Anth. Lat. T. I. p. 149. Masson, Vita Ovidii p. 71 sq.

11) S. Weichert ad L. Varium Exc. III. p. 148—157.

12) S. Isidor. Orig. XIX. 32. Bothe p. 259 sq. Lange, Vind. p. 11. P. S. Frandfen, C. Cilnius Maecenas, e. hist. Unterf. üb. f. Leben u. Wirken. Altona 1843. 8.

13) S. Bothe p. 260 sq. u. Weichert, de L. Varii et Cassii Parm. vita et carmin. Grimm. 1836. 8. p. 175—300. cf. p. 270 sq.

14) S. Bothe p. 257 sq. Weichert l. l. p. 72 sq. Die von G. N. Heerkens Icones. Ultraj. et Paris 1787. 8. Praef. p. III—XCIV. angeblich aufgefundene Tragödie des Varius, Tereus et Progne betitelt, ist unächt und gehört dem Gregorius Corrari, der 1554 päpstlicher Protonotar zu Venedig war, an f. Weichert p. 118 sq. Morelli, Epist. VII. var. erud. Patav. 1819. 8. p. 7—12. u. Operette T. II. p. 211 sq. Chardon de la Rochette, Mel. de crit. T. III. p. 318—342.

§. 91.

Wenden wir uns nun zur Comödie[1]), so muß man sich wundern, daß troß dem Geschmacke, welchen das Römische Volk an comischen Stücken fand, dennoch das Urtheil des Horat. Ep. II. 1. 170 sq. und Quinct. Inst. X. 1. 99. über die Leistungen ihrer Landsleute hierin sehr schlecht lautet; allein der Grund lag darin, daß die Römische Comödie ihrem ganzen Wesen und Inhalte nach lediglich blos Nachahmung der Griechischen neueren Comödie ist und und nur die eigentlichen Mimen und Possenspiele, die dem Römischen Volkscharakter besser zusagten, eine besondere Originalität an sich tragen. Die Comödieen selbst zerfielen, je nachdem ihr Entwickelungsgang ruhig war und die Schauspieler selten wechselten, in statariae (so d. Terent. Heautontimorumenos), in motoriae, wo viele Veränderungen vorkamen und die Handlung verwickelt war (so d. Plaut. Amphitruo), und in mixtae, eine Mittelgattung beider genannten (so b. Terent. Eunuchus). Sie wurden in Masken gespielt, hatten zwar kein Chor (grex, Heerde, b. Plaut. Asin. Prolog. V. 3. ist der Hauptschauspieler mit seiner Truppe), dafür aber, wenn auch nicht immer (z. B. des Plaut. Curculio und Stichus) einen Prolog (prologus), worin der Dichter entweder Bemerkungen über den Inhalt oder Anspielungen auf seine eigenen Verhältnisse ganz im Geiste der Griechischen παραβασις machte, und verschiedene Zwischenacte, während welcher die Zuschauer durch Flötenspiel unterhalten wurden, nachdem vorher, ehe das Stück anging, der Name des Stücks und des Dichters ausgerufen worden war (didascalia). Von den ältesten Römischen Lustspieldichtern, dem Livius Andronicus, Nävius, welcher die Redefreiheit der Griechischen Comödie auch der Römischen zu erzwingen suchte (s. Horat. Sat. II. 1. 82), Ennius und Pacuvius[2]) sind blos noch wenige Fragmente übrig; darum können wir von ihr und ihrem Verhältniß zur Griechischen nur noch aus den Stücken zweier Comiker, die auf uns gekommen sind, urtheilen, nämlich aus denen des M. Accius (oder Maccius) Plautus und Terentius. Ersterer zu Sarsina in Umbrien geboren, anfangs Entrepreneur einer Schauspielertruppe, dann Kaufmann, hierauf, durch Unglücksfälle herabgekommen, Arbeiter in der Stampfmühle eines Bäckers zu Rom, schrieb in dieser traurigen Lage drei Lustspiele, deren Ertrag und Erfolg ihn in den Stand setzte, unabhängig der Poesie zu leben und mit geistesverwandten Männern umzugehen, worauf er als angeblicher Verfasser von 130 Lustspielen, unter denen aber die gleichzeitigen Kritiker selbst nur 21 oder 25 für ächt erklärten, i. J. 184 v. Chr. starb. Obgleich nicht vollendeter Dichter, dabei Benutzer Griechischer Stoffe und gar häufig Verletzer des Anstandes und der guten Sitten hat er doch ein meisterhaftes Bild des gemeinen Lebens seiner Zeit entworfen, und durch die Originalität seiner Sprache, seine ausgezeichneten und treffenden Witze, einen meisterhaften Dialog und bedeutende Kraft des comischen Ausdrucks, sowie durch häufige selbstständige Erfindung bei der Benutzung seiner Muster für seine Zeit das nur Mögliche geleistet, den Prolog aber nicht erfunden, sondern ihn nur den Griechen entlehnt und nachgebildet[3]). Freilich übertrifft ihn an Reinheit der Sprache, die mehr den Conversationston der höheren Stände bezeichnet, an Natürlichseit des Dialogs und treffende Charakterschilderung, wenn auch nicht an Lebendigkeit, Witz und Erfindungsgeist der auf der anderen Seite fast zu sclavische Nachahmer der Griechen, vorzüglich des Menander, **Publius Terentius** aus Carthago (geb. 194 v. Chr.), der anfangs Sclave, dann aber Freigelassener des Römischen Senators Terentius Lucanus war, und nachdem er eine große Anzahl von ganz nach Griechischen Charakteren geformter Stücke (ächter comoediae palliatae) wohl oft fast nur übersetzt hatte, als Freund des Scipio Africanus und C. Lälius, die sogar einigen Antheil an seinen Comödieen gehabt haben sollen, um d. J. 160 v. Chr. entweder auf der Rückfahrt von Griechenland nach Italien oder zu Stymphalus oder Leucadia in Arcadien verstorben ist[4]). Von den späteren Comikern, als dem **O. Trabea**[5]), um d. J. 132 v. Chr. (s. **Cic. Tuscul.** V. 31), dem **Cäcilius Statius**[6]), um d. J. 164 oder 168—198 v. Chr., dem **L. Afranius**[7]), um d. J. 94 v. Chr., der als einer der vorzüglichsten Meister in der comoedia togata genannt wird (**Vellej. Paterc. I. 17. II. 9.**), und vielen anderen sind nur noch wenige Fragmente übrig.

1) S. **Bugge**, Causas nonn. neglect. ap. Rom. comoed. Gr. vet. et med. ex ipsa civit. Rom. forma enarr. conat. Christian. 1823. 4. G. **Köpke**, üb. d. d. Griech. Originalen nachgebild. Lustspiele d. Römer, in Zimmermann's Zeitschr. 1835. Nr. 153—155. Osann in d. Allg. Schulz. 1832. Nr. 9—10. **Becker**, de comicis Roman. fabulis maxime Plautinis quaest. Lips. 1837. 8. **Manso**, verm. Abhandl. p. 101 sq. Ueber den von dem Kritiker **Volcatius Sedigitus** bei Gell. N. A. XV. 24. aufgestellten Canon der Röm. Comiker f. **Leuschner**, Comm. de Volc. Sedigito. Hirschberg. 1755. 4. Ueb. d. Prolog f. **T. Baden**, de prologi ap. script. lat. com. usu, officio, auct. atq. persona. Kiel 1795. 4. u. W. b. Prolog. im Röm Lustspiele, in Jahn, N. Jahrb. Suppl.1831. I. 3. p. 441—447. G. A. B. **Wolff**, de prologis Plautinis. Guben.1812. 4. Ueb. d. scenische Eintheilung f. G. A. B. **Wolff**, de actibus et scenis apud Plautum et Terentium diss. I. II. Guben. 1813. II. 4. Ueb. d. Masken f. Ag. **Mariscotti**, de personis et larvis eorumque apud veteres usu et orig. synt. Bonon. 1610. 4. u. b. **Graev. Thes. Antiq. Rom.** T. IX. p. 1095 sq. **Fr. de Ficoroni** Maschere sceniche e figure com. de' antichi Romani. c. fig. Rom. 1738. 4. **Ch. R. de Berger**, Comm. de personis, vulgo larvis s. mascheris. Frcft. et Lips. 1723. 4. C. A. **Böttiger**, die Furienmaske. Weimar 1801. 8. u. in f. Kl. Schr. I. p. 181—277. Dazu ebb. p. 281—291. u. Opusc. Lat. p. 220—234. **Mongez**, sur l. masq. antiques, in b. Mém. de l'iust. nat. T. V. p. 89 sq. u. Suppl. in b. Mém. de l'acad. 1824. T. VII. p. 85 sq. **Köhler**, Masken, ihr Urspr. ic. Petersb. 1833. 4. G. **Regel** b. Jahn, N. Jahrb. Suppl. Bd. IV. 1836. I. p. 18—22.

2) S. **Bothe**, Poet. Scen. Lat. Vol. V. P. II. Fragm. Comic. p. 5. 10—6. 9. 28.

3) S. a. **Ritschl**, de aetate Plauti. Vratisl. 1842. 4. **Lessing**, sämmtliche Werke Bd. XXII. p. 267—314.; noch 20 Lustspiele übrig: Am-

phitruo, Asinaria, Captivi, Curculio, Casina, Aulularia, Cis-
tellaria, Epidicus, Bacchides, Mostellaria, Menaechmi, Miles
gloriosus, Mercator, Pseudolus, Poenulus, Persa, Rudens, Stichus,
Trinummus, Truculentus, wobei einige Scenen im 4ten Act des Amphitruo, der Prolog. d. Pseudolus, der der Bacchides a. b. 15ten Jhdt.
herrühren, und die Aulularia vom Antonius Urceus Codrus († 1500) ergänzt ist (Colon. ap. Quentel. 1502—17. 4.). Gänzlich unächt ist und
aus dem 4ten Jhdt. n. Chr. stammt der Querulus, ein Prosalustspiel (Paris.
1564. Heidelberg. 1595. 8. Querulus s. Aulularia, inc. auct. com.
togata. Rec. et ill. S. C. Klinkhamer. Amstel. 1829. 8. s. Orelli Epist.
cr. ad Madvig. p. LXXVI—XCV.). Ueb. d. untergesch. Stellen s. G.
Niebuhr in d. Abh. d. Berlin. Acad. 1819. 4 p. 277 sq. u. in s. Klein.
Schr. Bd. I. p. 159 sq. u. Fr. Osann, Anal. crit. p. 141—204. Ueb.
s. Scholiasten s. Suringar, Hist. crit. schol. Latin. P. I. p 66—76. Fr.
Ritschl, de veter. Plauti interpr. disp. Bonn. 1840. 4. (s. Lersch in
Zimmermann's Zeitschr. 1840. Nr. 13). Ausgaben (s. Quirini Litter.
Brixiana T. I. p. 1 sq.) sind: Ed. Pr. G. Merulae. Venet. 1472. fol.
emend. op. D. Lambini. Lutet. 1576. fol. ex rec. J. Dousae. Lugd.
B. 1589. 12. c. novo comm. T. Taubmanni. Viteb. 1605. 4. 161℮. 4.
restit. J. Ph. Parens et not. perp. illustr. Acc. Gildae sap. querolus
s. Aulularia. Frcst. 1610. 8. Cur. sec. Neapoli Nemetum. 1619. 4.
c comm. ex var. not. et observ. ex rec. J. F. Gronov. c. praef. J.
A. Ernesti. Lips. 1760. II. 8. ed. F. H. Bothe. Berol. 1809—11. IV. 8.
Halberst. 1823. II. 8. recens. prooem. et comm. instr. Bj. F. Schnie-
der. Gotting. 1804—5. II. 8. rec. vers. ordin. interpr. est C. H. Weise.
Quedlinb. 1837. II. 8. Uebers. ist: Pl. Lustsp. in all. Sylbenm. wieberg.
v. G. G. S. Köpke. Berl. 1809—20. II. 8. Lat. u. Deutsch, m. Anmerk
v. J. Tr. E. Danz. Lpzg. 1801—11. IV. 8. Plauti Fragm. ined. It. ad
Terent. comm. et pict. ined. ed. A. Majus. Mediol. 1815. 8. u. b.
Osann, Anal. crit. p. 205—228. u. Bothe, Fragm. Com. p. 279 sq.
S. a. J. Ph. Parei Lexic. Plautinum. Frcft. 1614. 1634. 8. u. H.
Weise, Lexic. Plaut. Quedlinb. 1839. 8. u. Dess. Plautus u. s. neu. Dior-
thoten. ebb. 1836. 8. Fr. G. E. Rost, Opuscula Plautina. Lips. 1836.
II. 8. P. Romeyn, Spec. jur. exhib. loca noun. ex Plaut. com. jure
civ. illustr. Daventr. 1836. 8.

4) S. Reinhardt b. s. A. p. 183 sq. Wirtz in Zimmermann's Zeitschr.
1837. Nr. 146. p. 1185 sq. Grauert, hist. phil. Analect. p. 116—207.
Ausg. s. Ed. Princ s. l. et a. (Argent. 1470) fol. rec. Fr. Linden-
bruch. Paris. 1602. 4. Frcft. 1623. 4. ex rec. et c. not. J. Ph. Parei.
Neap. Nemetum. 1619. 4. ex rec. Heinsii. Lugd. B. 1635. 12. ad fid.
codd. rec. et comm. perp. illustr. Acced. interpr. vetust. Donatus,
Eugraphius, Calphurnius cur. Ar. H. Westerhovius. Hag. Com. 1726.
II. 4. Ed. auct. cura G. Stallbaum. Lips. 1830—31. VI Ptes. 8. rec.
notq. suns et G. Faerni add. Rch. Bentlejus. Ed. II. Amst. 1727. 4.
Lips. 1791. 8. (s. dazu G. Hermanni Opusc. T. II. p. 263 sq.) rec. F.
H. Bothe. Berol. 1806. 8. Halberst. 1822. 8. Manhem. 1837. II. 8.
rec. Th. F. Reinhardt. Lips. 1827. 8. recogn. et comm. instr. F.
Ch. Perlet. Ed. II. auct. Lips. 1827. 8. c. schol et Donati et Eu-
graphii comm. ed. R. Klotz. Lips. 1838—40. II. 8. ad codd. mss.
rec. integr. vir. doct. suisq. comm. ed. C. G. Reinhold. Pasewalc.
1838—42. Vol. I. u. II. 8. (nur d. Eunuchus) Uebers. metr. u. m. Anmerk. v. Bj. F. Schnieder. Halle 1794. II. 8. v. Chr. V. Kindervater.
Jena 1799—1800. II. 8. Zur Kritik s. J. Fr. Gronov. Not. in Terentinm.
Lips. 1833. 8. D. Ruhnken. In P. Ter. Comm. dict. cura L. Schopen.
Bonn 1825. 8. u. A. Drakenborch, Dictata ad Ter. Com., b. Grauert,
hister. u. phil. Anal. Münster 1833. 8. I. p. 1—56. Ueb. s. Scholiasten s.
L. Schopen, de Terentio et Donato. Bonn. 1821. 8. u. Spec. observ.
in A. Donati comm. Terent im Rhein. Mus. 1827. p. 151 sq.

5) Fragm. b. **Bothe, Fr. Com.** p. 29 sq. Ueber die zur Täuſchung
Scaliger's ihm angebichteten und von Muretus gefertigten Verſe ſ. **Bayle,
Dict. hist. et cr. T. III.** p. 752.

6) S. **Fr. b. Bothe** p. 125—153. **C. Caecil. Statii Com. poet. deperd. fabul. fragm. ed. L. Spengel. Monast.** 1829. 4. ſ. a. **Egger** p.
135 sq.

7) S. **Sagittarius** l. l. p. 59 sq. S. **Fragm. b. Neukirch** p. 176 sq.
u. **Bothe** p. 160—200.

Anmerkung. Die angeblich einem alten Comiker, **Lepibus**, zugeſchriebene Proſacomödie Philodoxios (**Lepidi comici veteris Philodoxios
fabula ex antiq.** eruta ab **Aldo Manutio. Luc.** 1588. 8. ſ. a. **Beloe,
Anecd. T. V.** p. 263 sq.) rührt nach **Roscoe, Life of Lorenzo of Medici** cap. II. **T. I.** p. 119. von dem bekannten Dichter **Leo Baptiſta
Alberti** aus Florenz oder Genua (um 1418—22 geſchrieben) oder nach
der Angabe in **Alb. Eyb, Margarita poetica** von **Carolus** (**Marſuppini**)
Aretinus her († 1453), ſ. **Göze, Merkw. b. Dresd. Bibl. Bd. II.** p. 223.

§. 92.

Es iſt bereits oben eines beſonderen Zweiges der Römiſchen
Comödie Erwähnung gethan worden, nämlich der **Atellanen**[1]),
welche vermuthlich von den erſten Anfängen der Stadt an in
Rom bekannt waren und ihren Urſprung von der Oſciſchen
Stadt Atellä in Campanien hatten. Sie ſind das eigentliche
Römiſche Volksluſtſpiel geweſen und haben inſofern mit dem
Griechiſchen Satyrſpiele einige Aehnlichkeit gehabt, weil in ihnen
ebenſo beſtimmte komiſche Perſonen, **Maccus** und **Bucco, Pappus,
Manducus** ꝛc. vorkommen, die vermuthlich ſpäter in einige der noch
jetzt gewöhnlichen ſtereotypen Masken des Italiäniſchen Volksluſt-
ſpieles übergegangen ſind[2]). Der Gegenſtand, den ſie darſtellten, bezog
ſich immer auf Begebenheiten des gemeinen Lebens, hauptſächlich
des Bauernſtandes, weßhalb auch ihre Sprache rauh und unge-
bildet war. Sie wurden anfangs nur von jungen freigeborenen
Römern aufgeführt, unter der Kaiſerzeit aber auch von eigentlichen Schauſpielern, und ihre Hauptdichter waren O. **Novius**[3])
und L. **Pomponius**[4]) aus Bononia, um d. J. 90 v. Chr.
Neben dieſem Volksluſtſpiele beſtanden aber auch noch die **Mimen**[5]), welche, wenn ſie nicht einen Griechiſchen Stoff vorſtell-
ten, auch **planipediae** hießen, weil dabei der Schauſpieler auf
eine leichte Sohle trat, um beſſer tanzen zu können. Sie waren
urſprünglich zur Beluſtigung des Volkes während der Zwiſchen-
acte der Comödie beſtimmt geweſen, allein ſpäter wurden ſie
ſelbſtſtändig, und ein Schauſpieler, der eigentliche Mime, ſtellte
durch ſeine Geberden und Bewegungen die Fabel des Stückes

selbst vor, ein zweiter hinter einem Vorhang stehender sprach die zu gewissen Stellen desselben gehörigen Worte, und zuweilen scheint noch eine Art Chor dazu gesungen zu haben. Der Gegenstand war zwar auch komisch, hatte aber durch Lächerlichmachung von Lastern u. dergl. immer eine moralische Tendenz. Berühmt haben sich als Mimographen gemacht Cn. Matius[6]), um d. J. 40 v. Chr., der den Hipponar nachgeahmt zu haben scheint, der freimüthige Römische Ritter Decimus Laberius[7]) (110 — 43 v. Chr.) und ein gewisser Publius Syrus[8]), anfangs Sclave, dann aber Freigelassener, der jedoch in einem von Julius Cäsar angestellten öffentlichen Wettstreite (s. Sueton Caes. c. 39) den Laberius nach der Meinung der Zuschauer übertroffen hatte. Von ihnen allen haben sich jedoch nur noch Fragmente oder einzelne moralische Sprüche erhalten, und später gingen die Mimen selbst in Pantomimen über, welche im Ganzen sehr viel Aehnlich= keit mit unseren heutigen hatten, indem hier sogar Frauenzimmer (mimae) auftraten, was bekanntlich sonst nirgends der Fall war. Außerdem hatten die Römer auch noch Marionetten, welche sie von den Griechen, die sie wieder von den Aegyptern erhalten hatten (νευροσπαστοι), entlehnt haben mögen (s. Heindorf zu Hor. Sat. II. 7, 82). Im Allg. s. A. L. G. §. 281—282.

1) S. L. E. Schober, üb. d. Atellan. Schauspiele d. Römer. Lpzg. 1825. 8. u. Diss. de Atellan. exodiis. Vratisl. 1830. 8. J. Weyer, üb. d. Atellanen. Benzheim 1826. 8. Neukirch, de fab. tog. p. 20, 51 sq. Zell, Ferienschr. II. p. 130 sq. Dauber in d. Schrift. f. d. Jubil. d. Abtei Grote in Braunschweig. 1827. 4. p. 11—21. M. E. Munk, de fab. Atellanis. Lips. 1840. 8.
2) S. Flögel, Gesch. d. Groteskokomischen p. 25 sq. Micali Storia d. ant. popoli Ital. T. III. p. 223. cf. II. p. 116.
3) S. Bothe, Fragm. Com. p. 41 — 57.
4) S. Bothe p. 102 — 124. Munk, de L. Pomponio Bon. Atellan. script. et fragm. coll. Glogau 1826. 4.
5) S. W. Ziegler, de mimis rom. Gotting. 1788. 8. Fr. L. Becher, Dec. Lab. mimi. Praec. hist. poeseos mim. apud Romanos. Lips. 1789. 8. Köpke in Wachsmuth's Athen. Bd. III. 2. p. 157 sq. E. Lessing, Abh. v. d. Pantomimen d. Alten, in s. sämmtl. Werken Bd. XXIII. p. 189 sq. S. Fr. Grysar, üb. d. Pantomimen d. Römer, im Rhein. Mus. 1833. I. p. 30 sq. T. Baden, Bemerk. üb. b. com. Geberdenspiel d. Alten, in Jahn, N. Jahrb. Suppl. 1831. I. 3. p. 447 sq. Sammlung ist: P. Syri sentent., Dion. Caton. disticha de moribus, Cael. Sympos. ae-nigmata Acc. D. Laberii et Cn. Mattii fragm., sentent. vet. poet. p. G. Fabricium coll. alii sim. arg. versus. ed. C. Zell. Stuttg. 1829. 8. f. a. Neukirch, diss. de discrimine mimi, qui proprie dic. et pla-nipediae. Dorpat. 1828. 4.
6) S. Leutsch in Zimmerm. Zeitschr. 1834. Nr. 20. p. 163 sq. S. Fragm. a. d. Bothe p. 267 sq.

7) S. Wieland zu Hor. Sat. I. 10, 6. Th. I. p. 295 sq. S. Fragm.
a. b. Bothe p. 205 sq. Egger a. a. O. p. 292 sq.

8) S. Bothe a. a. O p. 219—224. A. Publ. Syri mimi simil.
sentent. coll. a G. Fabricio cong. c. comm. Des. Erasmi interpr.
germ. metr. ed. J. F. Kremsier. Ed. II. Lips. 1834. 8. P. Syri mimi
et al. sentent. c. D. Laberii prologo et fragm. mor. acc. sent. coll.
p. G. Fabric. nec non J. Camerarii et J. Auysii sentent., J. Scaligeri jambi gnomici et M. A. Mureti instit. puerilis. Rec. not. var.
illustr. anim. add. J. C. Orelli. Lips. 1822. 8. Dazu P. Syri supplementum. ib. 1824. 8. ſ. a. Aug. Phaedri fab. nov. XXXII. e cod.
Vatic. redint. ab a Majo. Acc. P. Syri sentent. codd. Basil. et Turic.
antiq. c. sent. circiter XXX n. pr. edit. Turici 1832. 8. P. Syri
Mimi adh. libro Gryph. nunq. coll. et var. lect. instr. C. G. Reinhold. Acc. aliq. nov. sentent. Anclam. 1838. 8.

§. 93.

Wenden wir uns nunmehro zu dem Römiſchen Epos[1]),
ſo finden wir zwar ebenfalls bereits frühzeitig häufige Verſuche,
etwas in demſelben zu leiſten; allein ſoweit wir ſolche aus den
noch erhaltenen Fragmenten der älteſten Römiſchen Dichter beurtheilen
können, waren ſie entweder nur kunſtloſe, oft ſogar wortgetreue
Uebertragungen Homeriſcher und Cycliſcher Gedichte (dieſe Epiker daher
Homeristae genannt bei Petron. Sat. c. 59) oder geſchmackloſe,
Griechiſchen Muſtern nachgebildete Berichte über die Thaten Rö-
miſcher Helden in Verſen. Wir nennen als ſolche die Ueberſetzung der
Odyſſee des Livius Andronicus[2]), das Gedicht über den
erſten Puniſchen Krieg des Cn. Nävius[3]), die Annales des
O. Ennius[4]), worin er die Thaten der Römiſchen Helden vom
Urſprunge der Stadt bis auf ſeine Zeit herab ſchilderte, die
ſchwachen Gedichte des Redners M. Tullius Cicero, Marius
und de suo consulatu[5]), des Lävius[6]) Ilias Cypria, des
Hoſtius[7]) bellum Istricum, des M. Furius Bibaculus[8])
Aethiopis und Pragmatia belli Gallici, des Valerius Ca-
tullus carm. 64 oder Epithalamion Pelei et Thetidos[9]),
des C. Helvius Cinna Smyrna[10]), den P. Terentius
Varro aus Atax im Narbonenſiſchen Gallien (82 v. Chr.)
wegen einer großen Anzahl zu ſeiner Zeit ziemlich berühmter
Epopöen[11]), den Domitius Marſus wegen ſeiner Amazonis[12])
und den C. Rabirius wegen ſeines Bellum Actiacum[13]).
Während wir aber von allen dieſen Erzeugniſſen der Römiſchen
Muſe mit Ausnahme des Catulliſchen Epithalamiums nur noch
unbedeutende Fragmente vor uns haben, erſetzt uns ihren Verluſt auf eine glänzende Weiſe der Meiſter aller Römiſchen Epiker,

P. Vergilius oder **Virgilius Maro**, der i. J. 70 v. Chr. oder 684 n. Roms Erb. zu Andes bei Mantua geboren und durch Griechische Lehrmeister gebildet, später auf Veranlassung der Aeckervertheilung nach d. J. 42 v. Chr. durch Asinius Pollio mit Mäcenas und Augustus befreundet, unter deren Schutze er ganz seiner Muse lebte, endlich auf einer übereilten Reise von Griechenland nach Italien i. J. 19 v. Chr. zu Brundusium verstorben ist. Er gehört hierher wegen seines Nationalepos in 12 Büchern, der Aeneis, welchem jedoch schon vorher seine unten zu erwähnenden **X Eclogae** und **Georgicon libri IV.** vorausgegangen waren, und in der er die Abenteuer des Trojaners Aeneas, als des Stammvaters des Römischen Volkes, besungen hat. Leider hat das Gedicht selbst nicht die letzte Feile von ihm erhalten, sondern wurde, obgleich von ihm selbst zum Verbrennen bestimmt, nach seinem Tode auf Befehl des Augustus durch die Dichter Plotius und Tucca bekannt gemacht. Es ist in Form und Inhalt durchweg eine Nachbildung der Homerischen Gedichte, allein die Lebendigkeit, den poetischen und selbstständigen Zusammenhang der Composition und die einfache Natürlichkeit derselben als Ganzes ersetzt hier nur ziemlich mangelhaft vollendete Kunstform, wohlüberdachter Plan, reiner und harmonischer Versbau, edle Sprache und treffliche Charakterzeichnung [14]). S. A. L. G. §. 283.

1) S. Köne, üb. d. Sprache d. Römischen Epiker, nebst e. Nachschr. üb. d. Metrik d. Röm. Ep. v. Grauert. Münster 1840. 8. (s. Hall. Lit. Zeit. 1841. Nr. 11—13).

2) S. Wernsdorf, Homeristae Latini eorq. fragm., in s. Poet. Lat. Minor. T. IV. p. 565—594.

3) S. Fragm. b. Hermann, Elem. doctr. metr. p. 629. u. Spangenberg l. l. p. 183—205.

4) S. Ennii annal. fragm. et Naevii Punica op. et st. E. Spangenberg. Lips. 1825. 8. (Dazu s. Allg. Schulz. Abth. II. 1826. L. Bl. Nr. 7.) cf. M. Hoch, de Ennian. Annal. fragm. Bonn 1839. 8. und Winkelmann in Jahn, N. Jahrb. f. Phil. Suppl. II. 4. p. 561 sq.

5) S. F. M. Frantzen, Cicero poeta. Abo. 1800. 8. J. Baden, Opusc. Hafn. 1793. 8. p. 421 sq.

6) S. Wüllner, de Laev. poeta. Recklingsh. 1830. 4. u. in d. Schulz. 1830. II. Nr. 150 sq. p. 1259 sq. A. Weichert, Poetar. latin. reliquiae. Lips. 1830. 8. p. 19—88. u. Comm. II de Laev. p. Grimm. 1826—27. 4.

7) S. A. Weichert, de Hostio poeta. Grimm. 1819. 4. u. in d. Poet. Lat. Rel. p. 1—18.

8) S. A. Weichert, de M. Fur. Bibaculo s. de Turgido Alpino. Grimm. 1822. 4. u. in d. Poet. Lat. Reliq. p. 331—364.

9) S. Cat. Epith. Pel. et Thet. var: lect. et perp. ann. instr. E. G. Döring. Numburg. 1778. 4. cf. L. Müller, Spic. anim. in Q. V. Cat. Carm. ep. in napt. Pel. et Thet. Hamb. 1836. 4.

10) S. Leutsch in Zimmerm. Zeitschr. 1834. Nr. 19. p. 158. A. Weichert, de *Helv.* Cinna comm. II. Grimm. 1822—23. 4. u. in b. Poet. Lat. Reliq. p. 147—202.

11) S. **Wernsdorf.** a. a. O. **T. I.** p. 154 sq. **V.** 3. p. 1385 sq. S. Fr. ebb. p. 1402 sq. u. b. Fr. **Wüllner,** Comm. de P. **Ter. Varr.** Atacini vita et scriptis. Monast. 1829. 4.

12) S. **A. Weichert,** de Domit. Marso poeta. Grimm. 1827. 4. u. in b. Poet. Lat. Rel. p. 241—269.

13) S. **Weichert,** Exc. IV. ad Comm. de L. **Vario** p. 157—165. S. Fragm. b. Frammenti di Rabirio poeta, publ. e trad. da G. Ign. Montanari. Forli 1830. 8. u. b. J. Th. **Kreyssig,** Comm. de C. **Sall.** Crispi hist. L. III. fragm. Misen. 1835. 8. p. 119 sq. u. Egger p. 313 sq.

14) S. **Ch. G. Heyne,** Virg. Mar. vita per annos digesta, b. f. A. **T. I.** p. CVII sq. Manso, in b. Nachtr. zu Sulzer VII. 2. p. 241 sq. F. G. **Eichhoff,** Etudes grecques sur Virgile ou recueil de tous les passages des poëtes grecs, imités dans les Bucoliques, les Géorgiques et l'Enéide. Paris 1825. III. 8. P. F. **Tissot,** Etud. sur Virgile, comparé avec tous les poëtes épiques et dramatiques des anciens et modernes. ib. 1825. II. 8. Ausg. f. Op. Ed. Princ. Rom. s. a. (1469) fol. accur. N. Heinsius. Amstel. 1664. 12. illustr. a J. L. de la Cerda. Madrit. 1608 sq. III. fol. c. comm. vet. et rec. interpr. not. emend. ed. P. Burmann. Amstelod. 1746. IV. 4. illustr. Ch. G. Heyne. Lips. 1767. IV. Ed. IV curav. G. Ph. Eb. Wagner. ib. 1830—41. V. 8. Servii comm. integr. et var. not. c. suis subjunx. N. L. Lemaire. Paris 1819—22. VIII. 8. ad opt. libr. fid. edid. perp. al. et sua annot. illustr. comm. de vita carminibq. Virg. add. A. Forbiger. Lips. 1836—39. III. 8. (Compilat. a. b. Wagnersch. A.) Aen. rec. et not. instr. Hofman Peerlcamp. Amstelod. 1843. II. 8. Edit. Polyglotte d'après le texte lat. p. Heyne av. les meill. trad. en français, espagnol, italien, anglais et allemand publ. p. Monfalcon. Paris 1836. 8. Die alten Commentatoren f. Angel. Majus, Virg. interpretes veteres: Asper, Cornutus, Haterianus, Longus, Nisus, Probus, Scaurus, Sulpicius et Anonymus. Mediol. 1818. 8. (u. b. Lion a. a. O. II. p. 305—372.) Comment. in Virg. Serviani s. comm. in Virg., qui Mauro Servio Honorato tribuuntur. Rec. J. A. Lion. Gotting. 1826. II. 8. (Nachtr. b. Dronke, Beitr. z. Bibliographie. Coblenz 1831. I. p. 116 sq.) f a. Ph. Wagner, de orthographia Virgiliana, in f. A. T. V. p. 378—486. (barnach b. Text nochmals constituirt ib. p. 1 sq.) — Uebers. Virg. Werke übersf. v. J. H. Voß. Braunschweig 1822. III. 8. — Man schreibt sonst bem Virgil noch eine Menge kleinerer Gedichte zu (P. Virg. Mar. Appendix c. supplem. mult. anteh. nunq. excus. poemat. vet. poet. J. Scaligeri castigat. et comment. ed. Fr. Lindenbruch. Lugd. B. 1595. 8. u. b. Wernsdorf, Poet. Lat. Min. T. II. p. 245 sq.), von denen jedoch nur folgende (diese auch nur als T. IV. b. Wagnersch. A. u. b. T. Virg. carm. min. recens. et Heynii suasq. observ. add. J. Sillig), **Culex,** ein scherzhaftes Epos, **Ciris** ober bie Verwandlung ber Scylla in ben Vogel Ciris, **Moretum** ober Beschreibung ber Beschäftigung armer Landleute am Morgen und einer babei gespeisten Meerbe, **Copa,** b. h. Gastwirthin, eine scherzhafte Elegie von bem Treiben ber Schenkwirthe, und 14 kleinere Gebichte, **Catalecta** genannt, größtentheils für ächt gelten.

§. 94.

Weniger ben Namen **Epos,** mehr ben ber **poetischen Erzählung** endlich verbienen bes **Catullus** schon oben genannteß Epithalamium Pel. et Th. und des P. Ovidius Nafo L. XV Metamorphoseon (Verwandlungen[1]), worin er feinen Zweck (carmina mutatas hominum dicentia formas, f. Trist, 1, 6. 43), die verfchiedenften alten Sagen und Mythen von der Heroenzeit bis auf die Römer herab zu fammeln und zu vereinigen, frei von aller Alexandrinifchen Polymathie, trefflich erreicht hat, und durch die Leichtigkeit, Einfachheit und Anmuth der Darftellung immer ein unerreichbares Mufter in diefer Nebengattung der Epopöe bleiben wird, welche den Uebergang von diefer zum Lehrgedicht zu vermitteln fucht.

1) Ausg. f. Ov. Metam. libri XV. rec. et ill. T. E. Gierig. Lips. 1804—7. II. 8. Ed. III. auct. et emend. ed. J. C. Jahn. ib. 1821—23. II. 8. ad codd mss. et edit. fid. recogn. et var. lect. ed. J. Chr. Jahn. ib. 1832. II. 8. m. crit. u. erläut. Anmerk. v. C. E. Chr. Bach. Lpzg. 1831—36. II. 8. rec. et perp. annot. ill. D. C. G. Baumgarten-Crusius. Lips. 1834. 8. rec. var. fcr. omn. codd. adhuc coll. et vetust. ed. appos. comm. instr. praef. est et ind. add. V. Loers. Lips. 1843. 8. Ueberf. ift: Ov. Verwandl. v. J. H. Voß. II durchgef. u. m. e. Anh. verm. Ausg. Brnfchw. 1829. (1798.) 8. Uebrigens exiftirt noch eine Griechifche Profaparaphrafe der Metamorphofen, u. J. 1229 von Maximus Planudes verfaßt (Ovid. Nas. Metam. L. XV. graece versi a Max. Plan. pr. ed. J. Boissonnade et crit. app. instr. M. E. Lemaire. Argent. 1823. 8.) Im Allg. f. Gaillard in d. Mém. de l'ac. d. Inscr. T. XLIX. p. 279 sq.

§. 95.

Gehen wir jetzt zum didactifchen Epos oder Lehrgedichte der Römer fort, fo müffen wir uns geftehen, daß diefes nur aus fchwachen Nachahmungen der Alexandrinifchen Dichter befteht, nicht einmal des alten Ennius[1] Hedypathia ausgenommen. Das bedeutendfte Erzeugniß diefer Art bleibt indeffen doch das Gedicht de rerum natura des T. Lucretius Carus[2] aus Rom (geb. 95 v. Chr.), der, von den Epicuräern Zeno und Phädrus gebildet, 55 v. Chr. nach einem von feiner Gattin oder Geliebten erhaltenen Liebestranke feinem Leben ein Ende gemacht haben foll. Er hat in demfelben die Anfichten der Phyfiker, vorzüglich des Empedocles mit der Naturphilofophie des Epicur verfchmolzen und trotz feiner dunkeln und fchwülftigen Sprache, der Rauheit und Ungleichförmigkeit des Versbaues, vorzüglich durch die Fülle feiner Phantafie mit Recht die Bewunderung der fpäteren Römifchen Dichter auf fich gezogen. Offenbar verfchwindet neben ihm die unbeholfene und gekünftelte Ueberfetzung des Aratus durch den Redner M. Tullius Cicero[3], des P. Terentius Varro[4] aus Atax Ponticon oder von den

Seefischen im Pontus, weniger aber des Aemilius Macer aus
Verona, der sich auch im Epos versuchte, in den ersten Jahren der Blüthe
Ovid's gelieferte Arbeiten[5]) und des Gratius Faliscus[6]),
eines Zeitgenossen Ovid's, poetisches Lehrgedicht über die Jagd,
Cynegeticon, welches nur der harte Versbau etwas entstellt.
Allerdings ragt dagegen auch hier wieder hervor das große Talent
und der Geist des Virgilius in seinen 4 Büchern Georgicon
oder vom Landbau[7]), die, obgleich nicht ohne Nachahmung des
Aratus und Hesiodus geschrieben, doch hinsichtlich der Trefflichkeit
und Durchführung des Plans, der Vollendung des Ausdrucks
und des gerundeten Versbaues zweifelsohne Anspruch auf den
Namen eines Originals haben, obgleich nicht zu leugnen ist, daß
es einen Dichter giebt, bei dem die poetische Ader, wenn auch
nicht gerade reichlicher und besser, jedenfalls aber lebendiger und
anmuthiger floß. Dieses ist P. Ovidius Naso[8]) aus Sulmo
im Lande der Peligner (geb. d. 20. März 43 v. Chr. oder 711
n. Roms Erb.), der frühzeitig in den Grundsätzen der Rhetorik
unterwiesen und in Athen, sowie durch Reisen in Asien und Sicilien gebildet, nach seiner Rückkehr zu Rom lediglich den Freuden der Dichtkunst und der Liebe lebte, aber vermuthlich eines
zu vertrauten Verhältnisses mit der berüchtigten Julia wegen,
und, weil er vielleicht dabei die gehörige Discretion zu bewahren
versäumt hatte, vom Augustus nach Tomi in Untermösien exilirt wurde,
wo er nach 9 Jahren, i. J. 17 n. Chr. oder 770 n. Roms Erb.
im 59sten Lebensjahre starb. Seine reiche Phantasie und seine
Leichtigkeit im Versemachen beurkunden ihn als geborenen Dichter,
jedoch können der Fluß und der Wohlklang seiner Verse, treffender Witz und reizende Bilder seinen Werken doch nicht jene Tiefe
des Gefühls und der Empfindung verleihen, welche bei einem
lyrischen Dichter, was er doch eigentlich war, gewissermaßen unentbehrlich sind. Hierher gehört er nur wegen seiner Erklärung
des Römischen Kalenders durch Nachweisung des Ursprungs der
religiösen Mythen, Gottheiten und Feste der Römer, oder wegen seiner
Fastorum libri IV, indem das ihm jetzt noch zugeschriebene Lehrgedicht über den Fischfang, von dem noch einige Fragmente übrig
sind (Halieuticon), wahrscheinlich unächt ist. Ebenso gehört erst
in die nächste Periode oder um d. J. 50 n. Chr. das nach der
mißverstandenen Stelle bei Senec. ep. 79 dem Dichter Cor-

nellus Severus[9]) zugefchriebene Lehrgedicht Aetna, welches
über die phyſicaliſche Befchaffenheit des gleichnamigen Berges
handelt und von dem Freunde des Philofophen Seneca, dem
Lucilius Junior herrührt. S. A. L. G. §. 284.

1) S. Eichstaedt, Comm. de Lucr. vita et carm., b. f. A. p.
LIII sq. Forbiger, de T. Lucr. Cari vita et carm., b. f. X. p. XXVIII
sq. u. de T. Lucr. Cari carm. a scriptore ser. aetat. denuo pertract.
Lips. 1823. 8. Fischer, Not. lit. de vet. Lucr. edit. et var. lect. spec.
Mariae Insul. 1831. 4. Madvig. Opusc. p. 303—322. Ausg. f. Ed.
Pr. s. l. et a. (Brix. 1473) fol. c. not. interpr. ed. S. Havercamp.
Lugd. B. 1725. II. 4. rec. et c. not. R. Bentleji ed. G. Wakefield.
Glasg. 1813. IV. 8. emend. ed. H. C. A. Eichstaedt. Lips. 1801. T.
I. 8. ad opt. libr. fid. ed. perp. annot. cr. et exeg. adj. A. Forbiger.
Lips. 1828. 8. c. suis varq. not. illustr. Regnier. Paris 1837. 8. Lat. u!
Deutſch. Metr. überf. v. K. Y. v. Knebel. II. A. Lpzg. 1831. II. 8.
2) Fragm. b. Orelli, Cicer. Op. T. V. P. II. p. 516 sq.
3) E. Fragm. b. Meyer, Anth. Lat. T. I. p. 81. u. Wernsdorf,
Poet. Lat. Min. T. I. p. 161 sq.
4) Ein. Fragm. a. f. ächten Gedichten b. Maittaire, Corp. poet. lat.
T. II. p. 1535. Untergefchoben v. e. Dichter des 10ten Jhdts. n. Chr.
(Odo genannt) ift das unter feinem Namen noch vorhandene Gedicht de herbarum virtutibus oder de materia medica (Ed. Pr. Neapoli 1477. fol. ed. Jo. Atrocianus. Basil. 1527. 8. ed. J. Cornarius.
Frcft. ad M. 1540. 8. ed. H. Ranzovius. Hamburg 1590. 8. Macer,
Floridus de virtut. herb. una c. Walafr. Strab. Othon. Cremon. etc.
sec. vet. mss. et edit. recens. et annot. cr. instr. L. Choulant. Lips.
1832. 8. f. a. Fr. Boerner, de Aem. Macro ejq. rar. hod. opusc. de
virtut. herb. diatr. Lips. 1754. 4. u. in f. Noct. Guelph. Rostoch. et
Wism. 1755. 8. p. 110 —134).
5) Ed. Pr. Grat. Fal. ex cod. mss. pr. edit. a. G. Logo. Venet.
1534. 8. Grat. Fal. et Olymp. Nemesiani Cyneg. c. comm. R. Stern.
Hal. 1832. 8. Ovid. Halieutica, Gratii et Nemes. Cyneg. ex rec. M.
Hauptii. Acced. ined. lat. Lips. 1838. 8. u. b. Wernsdorf T. I. p.
25 sq. f. a. Fr. Jacob, Var. Lect. in Grat. Fal. Cyneg. Spec. Posau.
1826. 4.
6) Außer den Georgicis, deren Inhalt er felbſt B. I. v. 1—4 angiebt,
gehören hierher noch feine 10 Eclogae, völlig nach dem Muſter des Theocrit gedichtete, aber mit politifchen Beziehungen auf feine Zeit reich verfehene
Idyllen, durch welche er mittels einer Schilderung der Reize des Land-
lebens, Luſt zu den Befchäftigungen deſſelben zu erwecten ſtrebt. Ausg. iſt:
Virg. Georg. et T. Calpurnii Bucolica c. append. carm. poster. aevi.
Ad opt. libr. fid. ed. Fr. A. Ch. Grauff. Bern. 1836. 8. Birgil's ländl.
Ged., überf. u. erkl. v. J. H. Boß. II verm. A. herausg. v. A. Boß. Bd.
I. II. Eclogen. Altona 1830. 8. Bd. III. IV. Georgica. ebd. 1800. 8. Virg.
zehn Eclog. metr. überf. m. e. Einl. üb. Virgil's Leb. u. Fortleben u. e.
Verf. üb d. Ecloge, v. Fr. W. Genthe. Magdeb. 1830. 8. u. Virg. Lehrged.
v. Landbau. In e. neu. getr. metr. Ueberf. v. F. W. Genthe. Quedlinb.
1828. 16.
7) S. J. Masson, P. Ovid. Nas. vita ord. chronol. digesta. Amstel. 1708. 8. C. Rosmini Vita di Ov. Nas. Ferrara 1789. II. 8. St.
Non, Voy. pitt. de Naples et de Sicile. Paris 1781. p. 157 sq. A.
Mazza, Lett. II a Gir. Tir. intorno all' esilio di Ovidio. Parma 1789.
8. Quirini Litt. Brix. T. I. p. 90 —113. Ausg. b Fasti: Ed. Pr. c.
interpr. P. Marsi Mediol. 1483. fol. ed. Gierig. Lips. 1812—14. II

8. adj. var. lect. cod. Frcft. ed. Fr. Ar. Matthiae. Frcft. ad. M.
1813. 8. rec. c. lect. divers. et al. observ. adj. J. Th. Krebs. Wiesb.
1826. 8. m. crkl. Anmerk. v. J. Conrad. Lpzg. 1835. 8. edit. et interpr.
R. Merkel. Berol. 1841. 8. Ov. Festkalender. Im Versm. d. Orig.
übers. u. m. Anmerk. begl. v. K. Geib. Erlangen 1828. 8. Ausg. s. Werke:
Ed. Pr. Rom. et Bonon. 1471. fol. ed. Bersmann. Lips. 1582. III. 8.
ed. N. Heinsius. Amstel. 1652. III. 24. Sec. cur. ib. 1658—61. III. 12.
ed Burmann. Traj. Bat. 1713—14. III. 12. Ed. maj. 1727. IV. 4. rec.
J. A. Amar. Paris 1820—24. IX. 8. Untergeschoben sind die ihm von Goldast,
Catalecta Ovidii. Frcft. 1610. 8. u. Sinner, Anecd. quaed. excerpta
e codd. mss. bibl. Bernens. Bern 1760. 8. p. 543 sq. zugeschriebenen
kleineren Gedichte.

8) Ausg. c. vers. Germ. ed. Fr. Jacob. Lips. 1826. 8. u. b. Wernsdorf T. IV. p. 87—214.

§. 96.

Eine Abart des Lehrgedichts, jedoch bei den Römern älter
als dieses und reines Original, ist die Satire, nicht etwa aus
dem tragicomischen Schauspiele der Griechen, dem drama saty-
ricum, hervorgegangen, oder aus jenen so bezeichnenden Spottgedichten,
die sich in allen Dichtungsarten derselben wiederfinden, wie im
Epos (der Margites des Homer), der Lyrik und den Jamben
(bei Archilochus und Hipponax) und dem Lehrgedicht (die Sillen
des Timon), sondern eine selbstständige Dichtungsgattung, die
ihren Namen von satur (d. h. voll, vollständig, vermischt) hat
und eigentlich ein Gedicht von verschiedenem Inhalt und verschiedener Form bezeichnet, bei welchem Herameter und Jamben,
Metrum und Prosa abwechselten. Der Inhalt war stets aus dem
gemeinen Leben genommen, doch zerfiel die Satire ihrer Tendenz
nach in zwei Klassen, nämlich in die ältere, welche mit der Ne-
benabsicht, Lachen zu erregen, die sittliche Besserung des Menschen
bezweckte, und die neuere, welche mit beißendem Spotte und
einer Art von Weltschmerz über die Unmöglichkeit einer herzu-
stellenden allgemeinen Sittenverbesserung nicht allein die Fehler
und Gebrechen der Menschen, sondern auch diese selbst ohne Ansehung der Person durchzieht[1]). Der Repräsentant der älteren
Römischen Satire war aber Q. Ennius[2]), dessen Wirksamkeit
sich indeß jetzt aus den wenigen von ihm noch hinterlassenen
Bruchstücken nur sehr undeutlich erkennen läßt, und M. Terentius Varro[3]), der in seinen dem Cyniker Menippus nachgebildeten Satiren, worin er Prosa und Verse, Griechische und
Lateinische Worte mit einander verband, vorzüglich die Griechischen

Philosophenschulen durchhechelte. Der Stifter der neueren oder der eigentlichen Satire war aber nach der Ansicht des Horat. Sat. II. 1, 48[4]) C. Lucilius[5]) aus Suessa in Campanien (geb. 148 v. Chr.), der Großoheim des Pompejus und Freund des Scipio und Lälius, der als ausgezeichneter Kenner der Lateinischen Sprache gegen 30, alle einzeln mit Ueberschriften versehene und von dem Grammatiker Valerius Cato eingetheilte Bücher Satiren schrieb, worin er nach dem Muster der Griechischen alten Comödie jeden ihm tadelnswerth erscheinenden Fehler seiner Mitbürger rügte und dieselben sogar bei Namen nannte. Leider aber können wir auch über ihn nur aus wenigen Bruchstücken urtheilen. Indessen haben wir dafür die Satiren des Mannes noch vor uns, der dieser Dichtungsart, welche bei Lucilius doch immer nur Versuch geblieben war, zuerst subjective Vollendung ertheilte, nämlich des berühmtesten Lyrikers der Römer, des Q. Horatius Flaccus[6]). Dieser Mann, zu Venusium in Apulien d. 8ten Decbr. 65 v. Chr. (689 n. Erb. d. St.) als Sohn eines Freigelassenen geboren, erhielt durch die Fürsorge seines Vaters erst zu Hause, dann aber in Rom eine eigentlich weit über seinen Stand hinausgehende Erziehung, studierte dann zu Athen die Platonische Philosophie und machte da die Bekanntschaft des Mörders Cäsar's, des Brutus, der ihn zum Kriegstribun ernannte, in welcher Eigenschaft er sich aber bei Philippi ziemlich feig finden ließ. Hierauf aber, durch die Proscription seines väterlichen Erbgutes beraubt, mußte er, um Brod zu haben, öffentlicher Schreiber werden und versuchte sich jetzt zuerst als Dichter, allerdings aber aus Unzufriedenheit mit dem damals eingetretenen Wechsel der Dinge in äußerst bitteren Satiren, in welchen er sogar außer anderen Freunden und Vertrauten des Augustus auch den Mäcenas unter dem Namen Malchinus oder Malthinus nicht verschonte. Später ward er diesem jedoch durch die Dichter Virgilius und Varius so empfohlen, daß ihn derselbe i. J. 39 v. Chr. unter die Zahl seiner Vertrauten aufnahm, unter denen er auch blieb, bis er nach seinem eigenen Wunsche in demselben Jahre mit diesem von ihm nun hochverehrten Manne d. 27. Novbr. 746 n. Erb. d. St. od. 8 v. Chr. starb. Seine Satiren, deren Abfassungszeit in die Jahre 40—24 v. Chr. od. 714—724 n. Erb. d. St. fällt, hielt er selbst mehr für philosophisch als poetisch und nannte sie daher sermones. Ihre Eigenthümlichkeit besteht

darin, daß sie mit launiger Jovialität und strenggehaltenerCharacterschil-
derung die Verkehrtheit und Verderbtheit seiner Zeitgenossen darstellen.
Neben ihm ist hier noch zu nennen P. Ovidius Naso, der nach dem
Muster des Callimachus in einem Ibis betitelten Gedichte Verwünsch-
ungen gegen einen falschenFreund niederschrieb[7]), und der Grammatiker
und Lehrer der Poetik, Valerius Cato[8]), der zur Zeit des
Dictators Sulla in größter Armuth starb, und im Lucilianischen
Style ein Schmähgedicht, **Dirae** in **Battarum**, dessen zweiter
Theil (**Lydia**) aber seinen Schmerz über die Trennung von sei-
ner Geliebten, Lydia, schildern soll, abfaßte.

Eine Abart der Satire im höheren Style finden wir noch
in der poetischen Epistel, d. h. in der bidactisch epischen
Gattung derselben, da in der lyrischen, von der unten die Rede
seyn wird, Anlage, Plan, Tendenz und Versmaaß ein ganz anderes ist, wo der Dichter unter einer bestimmten Person eine
ganze Klasse von Menschen berührt und durchzieht. Von ersterer
ist Horatius der Erfinder, doch ist sie, wie schon bemerkt,
dem lebendigen, jovialen Tone seiner Satiren so ähnlich, behandelt ebenso wie diese Gegenstände der Moral und Lebensphilosophie, daß sie nur in der Form, indem sie als schriftliche Unterre-
dungen mit Anderen erscheint, während jene Selbstgespräch, sich von
derselben unterscheidet, weßhalb er beide Gattungen auch mit dem
Namen Sermones bezeichnet hat. Ihr zweiter Name, Eclogae,
rührt jedoch nicht von ihm, sondern von späteren Grammatikern
her. Da sie sämmtlich von ihm im reiferen Alter, i. d. J. 26
—10 v. Chr. geschrieben sind, haben sie natürlich auch eine
schärfere Feile, gediegenere Urtheilskraft und besseren Beobacht-
ungsgeist als jene aufzuweisen. S. A. L. G. §. 285 — 286.

1) S. J. Gerber, Diss. de Romanor. satira. Jen. 1756. 4. G. L.
König, de sat. Rom. ejq. auctoribus praecip. Oldenb. 1796. 8. J.
A. Vulpius, de sat. lat. natura. Patav. 1744. 8. Manso in d. Nachtr.
zu Sulzer, Theor. d. schön. Künste. Bd. IV. 2. p. 409 sq. V.2. p.301 sq.
VI. 1. p. 81 sq. 294 sq. Ruperti, de satira Rom., vor s. A. d. Ju-
venal T. I. p. LXXVII—CLI. Lemaire, Diss. de Rom. Sat., b. s.
Ausg. d. Juvenal. II. p. 476—584. A. G. Rein, Pr. de Rom. satira.
Gera 1836. 4. Dursch, de Graec. poesi satyrica. Ehing. 1829. 8.
H. Paldamus, üb. Ursprung u. Begriff d. Satire. Nebst Probe Horaz.
Scholien. Greifsw. 1834. 8.

2) S. Fragm. b. Casaub. de poesi Satyr. p. 193 sq.

3) S. Fragm. b. M. Terr. Varr. Op. ed. Bipont. T. I. p. 260 sq.
s. Hauptmann in d. Miscell. Lips. Nov. T. V. f. 11. p. 358 sq.

4) S. C. Fr. Hermann, de Sat. Rom. auct. ex sententia Hor. Serm. I. 10, 66. Marb. 1841. 8.

5) S. Sagittarius, Vita Luc., a. a. O. p. 48—55. A. Petermann, de C. Lucilii vita et scriptis diss. Vratisl. 1842. 8. S. Fragm. einz. b. Havercamp. Ed. Censorin. Lugd. B. 1743. 8. p. 153 sq. Lemaire, Ed. Juvenal. T. III. p. 289—440. u. vollst. in: C. Luc. Suess. Aur. satyrogr. princ. satyrarum q. supersunt reliq.; coll. disp. et not. adj. Fr. J. Dousa. Lugd. B. 1597. 4. Lucil. Sat. reliq. cura Vulpii. Patav. 1735. 8. cf. C. Varges, Lucil. Satir. q. ex libro tertio supersunt. Stett. 1836. 4. C. Schmidt, C. Lucil. sat. q. de libro nono supers., disp. et illustr. Berol. 1840. 4. C. J. C. Reuvens, Collect. liter. s. conject. in Attium, Diomedem, Lucilium, Lydum, Nonium, Ovidium etc. quibus acc. disp. de ling. Graec. pronunt. Lugd. B. 1815. 8. Varges, Spec. quaest. Lucil., im Rhein. Jahrb. 1835. I. p. 15—69. H. Schönbeck, Quaest. Lucilian. spec. I. Hal. 1841. 8. J. C. van Heusde, Studia crit. in Lucilium poet. Ultraj. 1842. 8. Lersch in Zimmermann's Zeitschr. 1839. Nr. 43. cf. ebb. 1843, Nr. 107. u. Becker ebb. 1843. Nr. 30—33.

6) S. E. J. Richter, In Q. Hor. Flacci vitam a L. Sueton. Tranq. conscr. not. var. colleg. suasq. et comm. perpet. nec non synopsin chronol. adj. Zwiccav. 1830. 4. J. Masson, Vita Horatii ord. chronol. delineata. Lugd. B. 1708. 8. Ch. G. Mitscherlich, Vita Hor. per annos digesta, vor d. A. f. Oden T. I. p. CXLIV — CLXXIX. Fr. Passow, üb. d. Leben u. Zeitalter d. Horaz, in s. Ausg. d. Episteln p. I sq. Grotefend in Ersch u. Gruber Encycl. Sect. II. Bd. X. p. 457—476. C. Francke, Fasti Horatiani. Berol. 1839. 8. A. Weichert, de Q. Hor. Fl. obtrectatoribus. Grimm. 1821. 4. u. in s. Reliq. poet. latin. p. 270—330. Rotter, de Hor. studiis Graecis. Gleiwitz 1836. 4. E. G. Zumpt, Abh. üb. d. Leben d. Hor. u. d. Zeitfolge s. Gedichte, namentlich b. Satiren b. II. A. d. Heindorf: A. d. Sat. p. 1—38. W. E. Streuber, üb. d. Chronologie d. Horazischen Dichtungen. E. litter. hist. Abh. Basel 1843. 8. W. S. Teuffel, Characteristik d. Horaz. Lpzg. 1842. 8. u. Prolegomena zu einer Horaz. Chronol., in Zimmerm. Zeitschr. 1842. p. 1103 sq. u. in d. Hall. Jahrb. 1842. Nr. 118—120. u. Horaz. E. liter. hist. Uebersicht. Tübingen 1843. 8. (s. vollst.) A. Schnitz, üb. d. Versmaße d. Horaz. Kölln 1831. 8. Ullrich, de satira Horat. comment. Vratisl. 1827. 4. K. A. Bötticher, Kl. Schr. I. p. 388 sq. C. Kirchner, Quaest. Horat. Lips. 1834. 4. Ausg. f. Sat.: Horaz. Satiren, übers. u. m. erläut. Anmerk. v. L. M. Wieland. Lpzg. 1786—94. 1804. 1819. II. 8. erkl. v. L. Fr. Heindorf. Bresl. 1815. 8. erkl. v. L. F. Heindorf. Neu bearb. v. E. F. Wüstemann. M. e. Abh. v. E. G. Zumpt 2c. Lpzg. 1843. 8. krit. bericht. überf. u. erläut. v. K. Kirchner. Stralsund 1829. Bd. I. 4. Ausg. f. Werke: Ed. Pr. Hor. Flacc. Opera. s. l. et a. (1471.) 4. c. explan. Acronis et Porphyrionis. s. l. et a. fol. c. comm. et enarr. comment. vet. et J. Cruquii: acc. J. Dousae comment. item auct. comm. vet. a Cruquio ed. c. ex off. Rapheleng. 1611. 4. c. anim. D. Heinsii. Lugd. B. 1629. III. 12. ex fide atq. auct. decem libr. mss. op. D. Lambini emend. ab eodq. comm. illustr. His adj. J. M. Bruti in IV libros carm. Venet. 1566. II. 4. ex rec. et c. not. atq. emend. R. Bentleji. Cantabr. 1711. 4. Amstel. 1713. II. 4. 1728. 4. Lips. 1764. 1826. II. 8. (s. a. R. Bentleji Not. atq. emend. in Hor. integr. Quedlinb. 1829. 8. u. R. Bentleji Cur. noviss. in Hor. nunq. al. ed., im Mus. crit. Cantabr. T. I. p. 194 sq.) rec. et ill. F. G. Döring. Lips. 1803. 1828—29. 1839. II. 8. ad codd. mss. rec. C. Fea. Rom. 1811. II. 8. denuo recus. F. H. Bothe. Heidelb. 1821. 1827. II. 8. ex rec. G. Braunhardi. Lips. 1831—38. Ptes. IV. 8. recens. J. C. Orelli. Turici 1837. II. 8. Ed. II emend. et auct. ib. 1843. II. 8. Uebers. ist:

Hor. Werke v. J. H. Voß. Heidelb. 1806. II. 8. übers. v. C. Günther Lpzg. 1830. 8. s. a. H. Dünter, Kritik u. Erklärung d. Horaz. Gedichte. Brnschw. 1840—43. IV. 8. Ueb. d. ält. Ausg. s. (J. W. Neuhaus) Bibliotheca Horat. s. syll. edd. Hor. interpr. vers. ab a. 1470 ad a. 1770. Lips. 1770. 1775. 8.

7) S. Ovid. Nas. Ibis comm. D. Salv. Boessii c. vet. schol. Lugd. R. 1661. 8. cf. Weichert, üb. d. Leb. u. Ged. d. Apoll. v. Rhobus p. 63 sq.

8) Wernsdorf T. III. p. 1—23. Val. Cat. Dirae c. br. ann. cr. ed. H. C. Abr. Eichstaedt. Jen. 1826. 4. Val. Cat. poema illustr. C. Putsche. Jen. 1828. 8. Lersch in Zimmermann, Zeitschr. f. A. W. 1837. p. 1050 sq. theilt das Gedicht in 3 Theile, nämlich v. 1—97, 98—103. u. v. 104 sq. Im Allg. s. Näke im Rhein. Mus. 1828. Bd. II. p. 113 sq. 1829. Bd. III. p. 148 sq. u. Opusc. T. I. p. 303 sq. 319 sq. Sillig in Jahn's Jahrb. Bd. II. 1. p. 333 sq. Jacobs in d. Bibl. d. alt. Lit. u. K. St. IX. p. 56 sq. Uebrigens hat man diese Gedichte nach Plin. H. N. XXVIII. 4. Serv. ad Virg. Aen. I. 1. u. Dirae p. 82 sq. auch dem Virgil selbst beigelegt.

9) S. Manso in d. Nachtr. zu Sulzer Bd. VI. p. 395 sq. C. Morgenstern, de Sat. atque Epist. Horat. discrimine. Lips. 1801. 4. A. Weichert, Prol. I. de Q. Hor. Flacci Epist. Grimm. 1826. 4. A. G. Rein, Diss. de Persii et Hor. epist. Ger. 1839. 4. Bruner, de carm. didasc. Rom. Helsingf. 1839. 4. Ausg. s.: Horaz. Epist. her. v. C. Passow. Ueb. d. Leben u. Zeitalter d.Dichters. Urtert. Uebers. Lpzg.1833.8. Erkl. v. Fr. C. Th. Schmid. Halberst. 1828—30. II. 8. Epist. comm. uberr. instr. edd. S. Obbarius et Th. Schmid. Lips. 1837 sq. 8. Epistola ad Augustum comm. ill. H. Riedel. Groning. 1831. 8. Hor. Fl. de arte poetica s. epist. ad Pison. interpr. not. cr. et aesth. ill. lect. var. aux. et Germ. versu redd. S. C. Machacek. Ed. II. Prag. 1833. 8. Brief a. d. Pisonen od. üb. d. Dichtkunst. Urschrift, Uebers., Erkl. v. A. Arnold. Berl. 1836. 8. erl. v. Hilgers. Bonn 1841. 8. s. a. J. H. van Reenen, Disq. de Q. Hor. Fl. ep. ad Pisones. Amstel. 1806. 8. Uebers. m. hist. Einl. u. Erläut. v. L. M. Wieland. Lpzg. 1786. 1794. 1804. 1817. II. 8. Hor. Fl. Episteln übers. v. J. Merkel. Aschaffenburg 1841. 12.

§. 97.

Was nun die übrigen noch zur didactischen Poesie gehörigen Dichtungen angeht, so kommt die Fabel in dieser Periode bei den Römern blos episodisch vor (s. Seneca Cons. ad Polyb. 27.), das Epigramm[1]) aber beginnt bereits und tritt dadurch vor dem Griechischen hervor, daß es mit der der republikanischen Zeit eigenen Derbheit bald eine satirische, bald eine witzige Richtung nimmt, während sich jenes mehr durch eine bestimmte Form, durch einfach anschauliche Darstellung und anmuthige Liebeständelei auszeichnet. Am witzigsten sind die größtentheils aus dem Augusteischen Zeitalter, von verschiedenen Dichtern (z. B. Ovid, Catull, Tibull rc.) herrührenden, freilich äußerst schmuzigen, aber in trefflichen Versen abgefaßten Lusus in Priapum s. Catalecta veterum poetarum in Priapum, unter denen sich aber auch

manches rohe und triviale Epigramm mit eingeschlichen hat[2]).
S. A. L. G. §. 287—88.

1) Anthologia lat. epigr. et poem. s. Catalecta poet. lat. in VI
libr. dig. ex marm. et monum. inscr. vet. et cod. mss. eruta pr. a
J. Scaligero, P. Pithoeo, F. Lindenbruchio, Th. Janson. Almeloveen.
aliisq. coll. inc. c. not. vir. doct. et adn. perp. ed. P. Burmann.
Amst. 1759—73. II. 4. Vollständiger ist: Antholog. vet. lat. epigr. et
poëm. Ed. Burmann. dig. et aux. H. Meyer. Lips. 1835. II. 8. [s.
Dübner b. Zimmermann, Zeitschr. f. Alt. W. 1837. Nr. 1—5].

2) B. Burmann T. II. p. 475 sq. Meyer II. p. 224 sq. u. Weber,
Corp. poet. latin. p. 1398 sq. u. bes. herausg. als: Priapeïa s. divers.
poet. in Priapum lusus ill. comm. G. Schoppii etc. adj. s. Heraclii
et alior. epist. de propudiosa Cleopatrae libidine. Frcft. 1606. 12.
acc. J. Scaligeri in Pr. comm. ac Fr. Lindenbruch. in ead. not. Patav. (Amst.) 1664. 8. u. b. Sciopp. Verisimilia. Amst. 1662—64. 8.
T. I. p. 1—175. Erotopaegnion s. Priapeia vet. et rec. ed. Fr. Noel.
Lut. Paris. 1798. 8. s. a. Sillig in Jahn's Jahrb. Bd. VIII. 2. p. 202 sq.

§. 98.

Wenden wir uns nunmehro zu der **Lyrik der Römer**, so
darf **Livius Andronicus** wegen eines ihm bei **Liv. XXVII.**
37. zugeschriebenen lyrischen Festgesangs noch keineswegs für den
Gründer derselben angesehen werden, sondern es gehört derselbe
unstreitig nur unter die ersten Versuche Römischer Poesie; eigentlicher Stifter derselben, wenigstens der erotischen Lyrik bei den
Römern, war aber **Q. Valerius Catullus**[2]), der i. J. 87
v. Chr. zu Verona geboren, i. J. 58 v. Chr. mit dem Prätor
Memmius nach Bithynien ging, wo er sich bereichert zu haben
scheint, nach seiner Rückkehr aber bald zu Rom, bald in seiner
Vaterstadt mit den bedeutendsten Männern seiner Zeit (z. B. mit
Cicero) in engem Verhältniß lebte, jedoch dem Julius Cäsar
heftig entgegen war, und frühzeitig, i. J. 40 v. Chr., gestorben
ist. Seine Poesieen, denen im Allgemeinen Wohlklang und Zierlichkeit des Verses, Leichtigkeit, anmuthiger Scherz und artige Liebeständelei zuzugestehen sind, waren jedoch nicht alle eigene Erfindung,
sondern theilweise auch Nachbildung Griechischer, vorzüglich Alexandrinischer Dichter, was man zuweilen an einem Haschen nach
Gelehrsamkeit und allzustarker Künstelei gewahr wird, und zerfallen
in Jamben, Epigramme, Choliamben, Hendecasyllaben, Oden,
Elegieen und ein episches, schon oben erwähntes Gedicht, welches
jedoch weit eher den Namen der poetischen Erzählung verdient.
Dieß ist theilweise der Grund, warum man ihm die schöne Hymne

11*

auf die Liebe und den Frühling, das Pervigilium Veneris[3]), d. h.
Nachtfeier der Venus, zu welcher es am Vorabende des Festes
einladen soll, nicht zuschreiben kann, welche an reizendem Bilder=
reichthum, erhabener Phantasie, Zartheit und Tiefe des Gefühls
und edler Sprache seines Gleichen sucht, und jedenfalls kurz
nach Virgil, aber noch in das Zeitalter vor Augustus, zu setzen
ist. Mit Recht schließt sich aber an diese das Ideal und
Muster jedweden Lyrikers, der Mann, welcher die Erhabenheit
Pindar's, die anmuthige Liebeständelei Anacreon's und die heiße
Sehnsucht einer Sappho in sich vereinigte, D. Horatius
Flaccus[4]), der, wenn er auch in seinen i. d. J. 713 — 724
n. Roms Erb. verfaßten und 721 herausgegebenen Epodon
lib. (d. h. Jamben) und in seinen 4 Büchern Oden (die 3 ersten
724 — 730 n. Roms Erb. gedichtet und 731 herausgegeben, das
4te aber 737 — 741 geschrieben und 741 publicirt), denen noch das
Carmen Saeculare hinzuzufügen ist, zuweilen nach Griechischen
Vorbildern arbeitete, doch immer, ebenso wie Homer der größte
Epiker, der größte Lyriker aller Zeiten bleiben wird. Von einigen
späteren Dichtern, wie von Titius Septimius[5]), Cassius
Parmensis[6]) 2c., die als Lyriker gerühmt werden, läßt sich
jetzt, nach dem Untergange ihrer Werke, nicht mehr urtheilen.

1) S. J. Rambach, de poetar. lyric. inter Romanos paucitate.
Quedlinb. 1769. 4. H. Paldamus, Römische Erotik. Greifsw. 1833. 8.

2) S. Jacobs in d. Nachtr. zu Sulzer I. 1. p. 158 sq. Arnauld in
d. Mém. de l'ac. d. Inscr. T. XLIX. p. 239 sq. Ausg. f. Pr. c.
Tibullo, Propertio et Statii Sylv. s. l. (Venet.) 1472. 4. c. castig.
Scaligeri, c. Tibullo et Propert. Paris 1577. Heidelb. 1600. 8. c.
comm. Is. Voss. Lond. 1684. 4. c. perp. annot. ed. F. G. Döring.
Lips. 1788 — 92. II. 8. Alton. 1834. 8. rec. var. lect. ind. adj. C. J.
Sillig. Gotting. 1823. 8. ex ed. F. G. Döring, cui suas et alior. ad-
not. adj. J. Naudet. Paris 1826. 8. ex rec. C. Lachmann. Berol. 1829.
8. f. a. Nobbe, de metris Catulli. Lips. 1820 — 21. II. 4. C. J. Sillig,
Epist. cr. de C. Val. Cat. Lips. 1822. 8. F. Hand, Spec. obs. crit.
in Cat. carm. Lips. 1809. 8. C. Spengel, Spec. lect. in Cat. carm.
Monach. 1827. 4. Huschke, Anal. litter. Lips. 1826. 8. p. 3 — 71.
W. V. Ch. Pfeifer, Symbol. Catull. Gott. 1834. 8. M. Haupt,
Quaestiones Catull. Lips. 1837. 8. Uebers. ist: Cat. Ged. übers. v. C. Schwenck.
Frkft. a. M. 1829. 8.

3) Ed. Princ. b. Lipsius, Elect. I. 5. p. 361 sq. Pervigil. Veneris
comm. perp. ill. prooem. et lect. var. instr. E. C. E. Schulze. Gott-
ting. 1812. 4. u. b. Wernsdorf T. III. p. 463 sq. c. Phaedri Fab. ed.
J. C. Orelli. Turici 1831. 8. p. 213 sq. u. Ed. du Méril, Poés. po-
pul. lat. Paris 1844. 8. p. 111 sq. f. a. H. Paldamus, Quaest. de
pervig. Ven. Gryphsw. 1830. 4. Für den Verfasser hält man bald den
Catullus, bald mit Scaliger einen späteren Zeitgenossen des Martial, Ca=
tullus Urbicarius, bald mit Barth einen Seneca, bald mit Scriber den Luxo=
rius, bald mit Wernsdorf den A. Florus unter Hadrian, oder die Frau eines

gewissen Lucius Vibius Florus, Namens Bibia Chelidon, um 252 n. Chr., bald einen gewissen Theodosius von Tripolis, oder mit Sarpe, Quaest. phil. **Rostoch. 1819. p. 36.** mit Ausnahme der ersten 22 Verse den gelehrten Italiäner und bekannten Interpolator des 15ten Jhdts., **Thomas Seneca Camers**, oder endlich mit Orelli einen africanischen Dichter des 3ten oder 4ten Jhdts. n. Chr. Die meisterhafte Uebersetzung unseres Bürger ist allgemein bekannt.

4) **Hor. Carm. rec. var. lect. et perp. ann. ill. C. D. Jani. Lips. 1778—82. II. 8. ad fid. codd. mss. rec. vers. Gall. et not. ill. Vanderbourg. Lutet. Paris. II. (III.) 1812—13. 8. illustr. C. Mitscherlich. Lips. 1800. II. 8. ed. Hofmann-Peerlcamp. Amstel. 1834. 8.** s. a. **Lübker, Comment. zu Hor. Od. B. I—III.** Schleswig 1841. 8. Uebers. v. A. F. van der Decken. Brnschw. 1838. II. 8. v. E. W. Binder. Stuttg. 1831. Ludwigsb. 1841. 12. s. a. Manso in d. Nachtr. zu Sulzer Bd. V. p. 301—322. Monich, Beleucht. Horaz. Lyrik. Schwerin 1837. 4. u. Horaz. Lyra. Berl. 1841. 8. u. Jahn, N. Jahrb. Suppl. VII. p. 71—115. cf. Hor. Oden metr. übers. u. ausf. erkl. v. E. F. Preiß. Lpzg. 1805—7. IV. 8.

5) S. A. **Weichert, de Tit. Sept. poeta. Grimm. 1824. 4.** u. in d. **Poet. Lat. Reliq. p. 365—390.**

6) S. **Weichert, de Cass. Parm. p. 242 sq.** Man schreibt ihm mit Unrecht ein Gedicht in 21 Hexametern zu, das aus dem 16ten Jhdt. von Ant. Thylesius herrührt (b. **Wernsdorf T. II. p. 310 sq.** u. einz. als: **Cass. Parm. Orpheus et in eum N. Chytraei comment. Frcft. 1585. 8.**) u. Orpheus betitelt ist, s. **Meyer ad Anth. Lat. T. I. p. 59. Freytag, App. litt. T. III. p. 667 sq.**

§. 99.

Wir haben gesehen, daß die eigentliche Lyrik bei den Römern theils ziemlich selbstständig war, theils im Ganzen wiederum nicht sehr gepflegt wurde, wogegen die Nebengattung derselben die erotische und threnodische Elegie[1], vorzüglich die der Alerandrinischen Dichter bedeutend mehr Anklang gefunden zu haben scheint. Der erste namhafte Dichter derselben war aber auch hier Q. Valerius Catullus in seiner dem Callimachus nachgedichteten elegia de coma Berenices (s. oben §. 29, 13). Nächst ihm gebührt aber eine ehrenvolle Stelle unter den Dichtern dieser Art dem berühmten Staatsmann Cn. Cornelius Gallus[2] aus Forum Julii im Narbonensischen Gallien (69 v. Chr. geb.), der troß seiner niedrigen Abkunft durch seine Talente die Gunst des Augustus in so hohem Grade zu gewinnen wußte, daß dieser ihn zum Statthalter von Aegypten machte, welchen Posten er aber bald, durch seine aus den Folgen einer unglücklichen Liebe zu einer gewissen Lycoris oder Cytheris hervorgegangenen Ungerechtigkeiten und die Verläumdungen seiner Feinde bei Augustus in Ungnade gefallen, wieder verlor, worauf er sich aus Verzweiflung selbst den Tod gab (26 v. Chr.). Seine Elegieen an jenes

Mädchen sind verloren, und Alles, was noch unter seinem Namen vorhanden, ist durchweg später untergeschoben. Ebenso besitzen wir nichts mehr von dem C. **Helvius Cinna**[3]) und C. **Valgius Rufus**[4]), sodaß auch hier nur ein einziges, aber edles Kleeblatt uns die Blüthezeit der Römischen Elegie zu veranschaulichen vermag. Der erste Sproß desselben ist **Albius Tibullus**[5]), i. J. 65 v. Chr. in einer Ritterfamilie zu Rom geboren, der, nachdem er durch die Proscriptionsgesetze den größten Theil seines väterlichen Vermögens verloren, sich an M. Valerius Messala Corvinus anschloß, sich später aber mit den meisten Dichtern seiner Zeit, auch mit Horaz befreundete, sein Leben größtentheils mit dem Dichten seiner Elegieen, in denen er seine zwei Geliebten, Delia (eigentlich hieß sie Plania, zuweilen nennt er sie Neära) und Nemesis (bei Horaz heißt sie Glycera) verherrlichte, hinbrachte und i. J. 18 v. Chr. verstorben ist. Seine Elegieen in 4 Büchern, die durch die Zartheit der Empfindung und die schwärmerische, reine Liebe, welche sie athmen, zu den schönsten Denkmälern der erotischen Elegie gehören, besitzen wir noch, ob man gleich das dritte Buch, wo von der Liebe eines gewissen Lygdamus (gräcis. Name für Albius) zu einer Neära die Rede ist (s. a. **III. 2, 29 sq.**) einem gewissen Freigelassenen, **Lygdamus** oder auch dem **Cassius Parmensis** zugetheilt hat, und auch das 4te, worin die Liebe eines gewissen Cerinthus zu der Sulpicia geschildert wird, und dessen erstes Gedicht, **Panegyricus in Messalam**, allerdings späteren Ursprungs ist, der bekannten Satirendichterin **Sulpicia**, unter Domitian, zuschreibt. Nicht ganz erreicht hat ihn sein Zeitgenosse, S. **Aurelius Propertius**[6]), der, i. J. 52 v. Chr. in einer Stadt Umbriens (jedoch nicht zu Hispellum) geboren, anfangs zum Redner bestimmt war, aber gleichwie Tibull durch die Aeckervertheilung verarmt, vermittelst der Liebe der Dichtkunst zugeführt wurde und von da an bis zu seinem um d. J. 15 v. Chr. erfolgten Tode, von Mäcenas beschützt, in dessen Hause er gelebt zu haben scheint, nur seiner Muse und seiner geliebten Cinthia (eigentlich Hostia, vermuthlich einer jungen reizenden Buhlerin), die seine erste Liebe, Licynna, aus seinem Herzen verdrängt hatte, und der er erst nach ihrem Tode (16 v. Chr.) eine Nachfolgerin in der Romas gab, lebte und in seinen mit größerer Kunst, aber auch öfterer Nachahmung der Alexandriner,

vorzüglich des Callimachus, und Mangel an Einfachheit und
Natürlichkeit in Vergleich zu denen des Tibull, geschriebenen 4
(5) Büchern Elegieen die leider oft etwas wollüstigen und un-
anständigen Scenen und Begebnisse während dieser Zeit schildert.
Der Dritte, sowohl der Zeit als dem Geiste nach, ist aber P.
Ovidius Naso[7]), von dessen lyrischen Producten hinsichtlich
der Form und des Inhaltes elegisch sind seine Tristium libri V
und ex Ponto epistolarum libri IV, worin er auf eine eines
Mannes fast unwürdige Weise aus seinem Exile am schwarzen
Meere mit trostlosem, fast weibischem Klagen und Jammern seine
gegenwärtige traurige Lage schildert, seine Nux elegia, eine Phantasie über einen Nußbaum, und Amorum libri III oder drei
Bücher von Liebeshändeln, deren frivole, leichtsinnige Tändelei
und Uebermuth eines vom Glück begünstigten Lebemannes gar
schlecht zu den ebengenannten Klagegedichten stimmen will. Ver-
gleicht man übrigens (in seinen Amores) seine Leistungen mit
denen seiner beiden Vorgänger, so haben wir bei jenen fast nur
Ideale und Phantasie vor uns, bei ihm aber tritt Wirklichkeit
und Realität unverkennbar hervor, jedoch fehlt ihm dafür jene
Begeisterung und jener Zauber der unschuldigen Reinheit, welchen
vorzüglich dem Tibull das tiefe Gefühl und die reine, wahre
Liebe verleiht, und Ovid's Bestreben, immer geistreich und witzig zu
seyn, kann seinen Mangel an wahrer, tiefer Empfindung nicht
ersetzen, wie denn auch seine Art, sinnliche und wollüstige Scenen
dem Leser vorzuführen, jedenfalls unästhetisch und eines großen
lyrischen Dichters unwürdig ist. Ziemlich denselben Ton wie
in den Amores schlägt er in einem allerdings mehr didactischen
Gedichte an, welches, Ars amandi betitelt, in 3 Büchern zeigen
soll, wie man sich die Liebe eines Frauenzimmers zu erwerben
und zu sichern habe, und jedenfalls von einer außerordentlichen
Kenntniß des weiblichen Herzens von Seiten des Dichters schließen läßt, dabei aber auch ein originelles Lebens- und Sitten-
gemälde seiner Zeit ist, obgleich allerdings manche Anspielungen und
Specialitäten darin für uns gegenwärtig unverständlich seyn mögen.
Eine Art Supplement oder Erklärung dazu liefert er in seinem
Remedium amoris, oder von den Hilfsmitteln gegen die Liebe,
worin er als ein leichtsinniger Weltmann zeigt, wie man sich nicht
durch unglückliche Liebe etwa zum Selbstmorde verleiten lassen

dürfe, sondern sich zu trösten suchen müsse. Ein anderes Gedicht von der Kunst, sich zu schminken, **Medicamina faciei** betitelt, können wir aus dem noch vorhandenen kleinen Fragmente nicht mehr beurtheilen. Jedenfalls ist er aber nicht der Verfasser der mit einer ihm sonst ganz und gar nicht eigenen Tiefe und Innigkeit des Gefühls und großer Reinheit in der Darstellung geschriebenen **Consolatio ad Liviam Augustam de morte Drusi Neronis**, die wohl aus seinem Zeitalter herrühren mag, wenn sie auch nicht gerade dem unzüchtigen Epigrammendichter und Zeitgenossen Ovid's C. Pedo Albinovanus[8]), gehört.

Eine Mittelstraße zwischen der Elegie und der Epistel lyrischer Gattung schlug aber derselbe Ovid[9]) ein in der von ihm erst erfundenen (s. **Ars amandi III. 346.**) neuen Dichtungsart, der Heroide, d. h. einem lyrischen Briefe, worin berühmte Frauen aus dem Heroenzeitalter an ihre abwesenden Liebhaber oder Gatten schreiben und sich vorzüglich über ihre Lauigkeit, ihren Mangel an Sehnsucht nach der Heimkehr oder gar ihre Untreue in einem äußerst zärtlichen und feurigen Tone beklagen. Obgleich auch Propertius hier und da (**Eleg. IV.** 3 und 11) etwas Aehnliches, vielleicht ohne es zu wollen, geliefert hat, so bleibt doch Ovid immer noch das einzige allerdings vollendete Muster in diesem Genre, denn die dem Freunde des Ovid, dem A. Sabinus[10]), der noch vor ihm starb (s. **Ovid. ex Ponto. IV. 16, 13.**), zugeschriebenen drei Gegenbriefe von Männern an ihre Frauen und Geliebten sind unächt und aus dem 15ten Jhdt.

1) S. **T. A. Wideburg, Diss. de poetis Roman. elegiacis. Helmst.** 1773. 4. G. E. Bach, Geist d. Röm. Elegie. II A. Gotha 1823. 8. E. Gruppe, d. römische Elegie. Bd. I. Krit. Unters. m. eingeflocht. Uebers. Bd. II. Tibull, Properz u. d. Amoren des Ovid; b. beiden erstern nach d. Folge d. Bücher u. d. Zusammenhange d. Eleg. geordn. Berl. 1838—39. 8.

2) Sechs zugeschriebene Elegieen sind um 480 n. Chr. von einem gewissen Cornelius oder Longinus Maximianus Gallus verfaßt (Ed. Pr. **Maximiani Ethica. Ultraj. 1475. fol. Venet. 1501.** 4. u. b. Goldast, **Ovid. Op. erot. et amat.** p. 48—70.), die Elegie **Lydia bella puella** (s. Niebuhr im Rhein. Mus. Jahrg. III. 1. p. 1—10.) ist aus d. 15ten Jhdt., ferner eine andere, non fuit Arsacidum, u. einige Epigramme (b. **J. F. Scaliger, Opusc. var. post. Paris 1610.** 4. p. 335 sq. u. Wernsdorf. **T. III.** p. 183 sq. 399 sq. **VI. P. I.** p. 269 sq.) sind sämmtlich unächt, s. **J. Fontanini, Hist. lit. Aquilej. Rom. 1742.** 8. p. 1—62. Seine Lebensverhältnisse sind benützt v. A. W. Becker, Gallus. Röm. Scen. a. d. Zeit. August's. Lpzg. 1838. II. 8.

3) S. **Weichert, de C. Helv. Cinna,** in s. **Reliq. poet. lat.** p. 194 sq.

4) S. **Falster, Mem. Obs.** p. 117 sq. **A. Weichert, de C. Valg. poeta. Grimm. 1827.** 4. u. in s. **Reliq. poet. rom.** p. 203—240.

5) S. Spohn, Diss. de Tib. vita et carm. Lips. 1819. 4. Ph. de
Golbery, de Tib. vita et carminibus. Paris 1824. 8. u. b. f. X. p.
419 sq. f. dageg. Paſſow in b. Hall. Lit. 3. 1825. Nr. 131—134. u. in f.
verm. Schr. Lpzg 1843. p. 143 sq. u. geg. dieſ. Golbery, Defense de
Tib. contre quelques savans qui veulent le vieiller de 15 ans. Paris
1826. 8.) Fr. Passow, de ordine temporum, qno primi libri eleg.
scrips. Tib., comm. Vratisl. 1831. 4. u. in f. Opusc. p. 280—300.
Dissen, Disq. de vita et poesi Tib., v. f. X. T. I. p. I—CXVIII.
f. a. Fr. Oebeke, de vero eleg. auctore, quae tertio Tib. libro eleg.
contin. Aquisgr. 1832. 4. H. Ch. Abr. Eichstaedt, de Lygdami carm.
diss. I—IV. Jen. 1819—35. IV. fol. Manſo in b. Nachtr. zu Sulzer
Bd. II. 1. p. 190 sq. Huschke, Anal. liter. p. 293—310. Ausg. f.
Ed. Princ. c. Cat. et Prop. s. l. (Venet.) 1472. fol. c. comm. J. Brouk-
husii. Amst. 1707. 4. c. comm. J. A. Vulpii. Patav. 1744. 4. rec. et ill.
Ch. G. Heyne. Lips. 1755. 8. Ed. III. cur. E. G. F. Wunderlich.
Lips. 1817. II. 8. (Dazu Supplem. ed. L. Dissen. ib. 1819. 8.) rec. et
anim. adj. G. J. Huschke. Lips. 1819. II. 8. textu rec. ed. E. C.
Ch. Bach. ib. 1819. 8. ed. Ph. de Golbery. Paris 1826. 8. rec. C.
Lachmann. Berol. 1829. 8. ex rec. C. Lachmanni passim mut. expl.
L. Dissen. Gotting. 1835—36. II. 8. (Dazu Suppl. ib. 1838. 8.). Ueberſ.
iſt: Alb. Tibull u. Lygdamus, überſ. u. erkl. v. J. H. Voß. Tübing. 1810.
8. überſ. u. erl. v. F. G. v. Strombeck. II. verb. A. Götting. 1825. 8.
Ueberſ. u. erkl. v. Fr. W. Richter. Magdeb. 1831. 8.

6) S. Th. Donnola, de patria S. A. Prop. diss. Iter. ed. H. L.
Schurzfleisch. Viteb. 1713. 8. Manſo in Nachtr. zu Sulz. Bd. III. 1.
p. 5 sq. G. A. B. Herzberg. de S. Aur. Propert. amicif. et amorib.
Hal. 1835. 8. u. vorzüglich deſſ. Quaestionum Propertianarum libri III,
v. f. A. T. I. Ausg. f. Ed. Pr. c. Cat. et Tibullo. s. l. (Venet.) 1472.
fol. ex rec. et c. not. J. Broukbusii. Amstel. 1702. 1727. 4. var. lect.
et perp. annot. ill. F. G. Barth. Lips. 1777. 8. c. comm. Vulpii. Patav. 1755. II. Voll. 4. c. comm. perp. P. Burmanni II. et mult. vir.
doct. not. ed. L. Santen. Ultraj. 1780. 4. rec. et ill. Chr. Kuinoel.
Lips. 1805. II. 8. emend. et annot. instr. C. Lachmann. Lips. 1816.
8. Ed. min. ib. 1829. 8. ed. H. Paldamus. Hal. 1827. 8. ed. Jacob.
Lips. 1827. 8. rec. libr. discrep. addid. quaest. Prop. libr. tribus et
comm. illustr. G. Ad. B. Hertzberg. Hal. 1844. III. 8. Ueberſ. iſt: S.
A. Propert. Werke überſ. v. J. H. Voß. Brnſchw. 1830. 8. Zur Crit. f.
Nobbe, Observ. in Prop. carm. spec. Lips. 1818. 8. H. Bosscha in
b. Act. soc. Rheno-Traj. T. III. p. 211—226. J. H. Bormans, Prodr.
animadv. ad S. A. Prop. elegiar. libr. IV. et nov. sim. edit. spec.
Lovan. 1836. 8.

7) S. P. Ov. Nas. Trist. libri V et ex Ponto eleg. libri IV anim.
interpr. excerps. suasq. adj. Th. Ch. Harles. Erlang. 1772. 8. ed.
J. Oberlin. Argent. 1776—78. 8. Trist. libri V ex rec. J. J. Oberlini
lect. var. enot. textq. rec. not. perp. ill. J. Th. Platz. Hannov. 1825.
8. cont. verb. rec. et annot. t. crit. t. exeg. app. Fr. N. Klein. Confluent. 1826. 8. Trist. libri V et Ibis ad libr. mss. rec. sched. idiogr.
Heinsii, Schraderi al. excuss. ann. et praef. est R. Merkel. Berol.
1837. 8. Ov. Trist. libri V ad vet. libr. fid. rec. var. script. omn.
codd. a super. edit. coll. inprim. Heinsian. e Burmanni et Heinsii
schedis idiogr. et aliunde auct. corr. expl. quib. V nov. coll. access.
itq. var. script. VIII. edit. saec. XV. appos. comm. instr. praef. et
ind. add. V. Loers. Trevir. 1839. 8. f. V. Loers, Proleg. in P. Ovid.
Nas. Trist. libr. V. Trier. 1836. 4. Ov. Nas. q. supers. Op. omn.
ad cod. mss. et edit. fid. rec. var. lect. subj. J. Chr. Jahn. Lips.
1828. 8. T. I. (Heroides, Amores, Ars amat., Medicamina faciei et
remedia amoris. Acc. Sabini epist.) Ovid. Amator. ed. Wernsdorf.

Helmst. 1788—1802. II. 8. Ueberf. f. Ov. 5 Büch. v. b. Trauer überf. v.
Fr. K. v. Strombeck. Brnschw. 1835. 8. Vier Büch. b. Briefe a. b. Pontus,
metr. überf. m. Anm. v. J. G. C. Schlüter. Lpzg. 1796. 8. Ibis, eine
Schmähschrift, metr. überf. m. Anm. v. J. G. C. Schlüter. Lpzg. 1796. 8.
Drei Büch. b. Liebe, überf. v. Fr. K. v. Strombeck. Brnschw. 1832. 8. Heilmittel b. Liebe, überf. v. ebend. II. A. Brnschw. 1829. 8. Kunst zu lieben,
überf. v. ebendemf. II. g. n. Ueb. ebb. 1831. 8.

8) Außerdem schreibt man ihm noch zwei Elegieen in obitum Maece-
natis et de Maecenate moribundo (b. **Meyer, Anthol. Lat. T.** I. p.
35 sq. 39 sq. u. **Wernsdorf T. III.** p. 155 sq.), die jedoch sehr matt sind,
zu. Ausg. f. **C. Pedon. Albinov. Eleg. III. et fragm. c. not. et interpr.
J. Scaligeri, Fr. Lindenbruchii, N. Heinsii, Th. Goralli et Al. Amstel. 1715. 8. c. not. ed. C. D. Beck. Lips.** 1783. 1801. 8. Lat. u.
Deutsch. m. Anmerk. v. J. G. F. Meineke. Quedlinb. 1819. 8.

9) S. **J. Chr. Jahn, de P. Ov. Nas. Heroid. et A. Sabini epist.
disp. P. I. Lips.** 1826. 8. Ausg. f. **Ovid. Heroid. ed. D. J. van Lennep. Amstel.** 1709. 1812. 12. c. var. et s. annot. ed. **W. Terpstra.
Lugd. B.** 1829. 8. c. **A. Sabini epist. e vet. libr. fide et vir. doct.
annot. rec. var. lect. add. comment. instr. et praef. est de his carmin. V. Loers. Insunt var. lect. XII codd. separ. exc. Colon.** 1829
—30. II. 8. Ueberf. ist: Ov. Briefe b. Heldinnen, m. Anmerk. metr. überf. v.
J. G. C. Schlüter. Lpzg. 1795. 8. f. a. **D. Ruhnken, Dict. ad Ovid.
Her. et Albinov. eleg. ed. Fr. Tr. Friedemann. Lips.** 1831. 8.

10) Bei **Angeli C. N. Sabini Paradoxa in Juvenal.** Rom. 1474. f.
248. heißt es: „cum per aëris intemperiem ab urbe Roma in Sabinos
Cures me recepissem heroidibusque Nasonis poetae inclyti heroas
respondentes facerem, f. Weller, Alt. a. all. Theil. b. Gesch. St. LXXXI.
p. 244 sq. O. Jahn in Zimmermann's Zeitschr. f. Alt. 1837. p. 631 sq.
Ueb. b. Ausg. f. ob. Anm. 7.

B) Theologie.

§. 100.

1.) **Juden***). Obwohl der Monotheismus auch hier noch
in dieser Periode, wiewohl nicht mehr in seiner früheren Reinheit herrscht, so finden sich doch schon seit b. J. 240 v. Chr.
unter ihnen bereits Secten, die nunmehro unter und gegen einander schroff und scharf auftraten, was die früheren Nasiräer,
eine Art Eremiten oder Asceten, deren erste Entstehung ohngefähr
in's zweite Jahr des Auszugs der Juden aus Aegypten fällt
(f. **III. Mos.** 25, 3.), und Chasidäer, wie vor dem Exile überhaupt alle frommen und guten Menschen, zur Zeit der Maccabäer aber eine Art fanatischer Pietisten hießen, doch noch nicht
gethan hatten. Hier haben wir es also nur zu thun mit den
Pharisäern (von פָּרַם oder פָּרַשׁ, b. h. er hat sich getrennt,
enthalten), Sadducäern (von ihrem Stifter Sadack, einem
Schüler des Antiochus Sachäus, um 400 v. Chr., oder von
צֶדֶק, b. h. die Gerechtigkeit, also = gerechte Leute) und

---

*) So hießen bekanntlich seit dem Babylonischen Exil die Hebräer.

Essäern (von הסמ, d. h. sich an einen Ort zurückziehen).
Erstere traten wahrscheinlich kurz nach den Propheten auf und
setzten die Hauptsache aller Gottesverehrung eigentlich nur in
die Beobachtung des Cärimoniendienstes, sonst glaubten sie an
ein Schicksal, Dämonen, eine Seelenwanderung und folglich auch
an eine Auferstehung; sie nahmen auch außer der buchstäblichen Erklärung des geschriebenen Gesetzes, noch ein traditionelles an,
welches ihnen angeblich Gott selbst auf dem Sinai offenbart
hatte. Jedoch war ihre ganze Gottesverehrung nichts als heuch-
lerischer Pietismus und Ostentation; sie fanden aber gerade dadurch
vielen Anhang beim Volke, sodaß sie nach und nach alle übrigen
Secten verdrängten und heute noch unter dem Namen Rabba-
niten bestehen. Ihnen standen die Sadducäer entgegen, welche
alle künstliche Auslegung des Mosaismus, daher auch alle Tradition verwarfen, Dämonen und Engel, Unsterblichkeit und eine
einstige Belohnung und Bestrafung nach dem Tode leugneten,
dabei aber dem Mosaischen Gesetze streng nachlebten, weßhalb
sie auch Caräer (von קרא, d. h. er lieset, also = scripturarii)
genannt werden, welche Benennung später in die der Caraï-
ten, wie sie jetzt noch heißen, übergegangen ist. Die Essäer
endlich waren zur Alexandrinischen Periode in Aegypten entstanden und hatten wahrscheinlich Pythagoräische und Orientalische
Philosophie in sich aufgenommen, weßhalb sie an eine Auferstehung, Divination und dergl. glaubten und behaupteten, die
Seele bestehe aus Aether, in ihrer Moral aber suchten sie vorzüglich
die Begierden zu zähmen. Jetzt heißen sie Ebioniter, früher
hatten sie noch eine Nebenklasse von Asceten, die größtentheils
in Aegypten lebten und Therapeuten genannt wurden.

In dieser Periode fing man auch seit dem i. b. J. 240
—220 gebildeten großen Vereine von Priestern und Gesetzleh-
lehrern, den man gewöhnlich die große Synagoge nennt, an, das
Gesetz nicht blos am Sabbath und Neumondstage vor dem
Volke, sondern auch in Synagogen und Lehrhäusern vorzu-
lesen und zu erklären, wobei jedoch den Zuhörern verboten war,
Fragen aufzuwerfen oder Einreden zu versuchen. Aus den alten
Prophetenschulen begannen nun nach und nach auch förmliche Aca-
demieen zu entstehen, in welchen diejenigen Juden, welche sich zu
Schriftlehrern, die man seit d. J. 170 v. Chr. Rabbiner nannte,

heranbilden wollten, zu studiren pflegten.   Dergleichen Academieen
bestanden zu Pumbeditha, Sora, Jabne, Tiberias und zu Jerusalem,
wo sich um d. J. 60 v. Chr. vorzüglich die Rabbiner Hillel
und Schammai als Lehrer hervorthaten. Uebrigens wurden hier
wohl Schrifterklärung und Gesetzkunde, welche immer vereinigt
waren, gelehrt, an andere Wissenschaften aber, wie Medicin,
Philologie, Oekonomie ꝛc., dachte man nur, insoweit sie mit den
ebengenannten in einiger Verbindung standen.   Um diese Zeit
fällt endlich auch die berühmte, unter dem Namen der **Septuaginta interpretum** bekannte Alexandrinische Uebersetzung
des Alten Testaments in's Griechische, deren Geschichte uns **Joseph. Antiq. Jud. XII. 2, 2—14.** aufbewahrt hat. Es wird
nämlich gesagt, der Aegyptische König Ptolemäus Philadelphus
habe auf Veranlassung des Demetrius Phalereus, seines Biblio-
thekars, einen vornehmen Juden, Namens Aristeas[2]) zum
Jüdischen Hohenpriester Eleazer geschickt und ihn gebeten, ihm zum
Behufe einer allgemeinen Gesetzsammlung auch eine Handschrift
der Mosaischen Gesetze und 72 Schriftgelehrte oder Dollmetscher
zu senden; diese seien dann einzeln in besondere Cabinette einge-
schlossen worden, und als sämmtliche 72 ihre Uebersetzungen vollendet, habe sich gefunden, daß durch göttliche Einwirkung alle
72 Uebersetzungen wörtlich mit einander übereingestimmt hätten[3]).
Indessen hält man die Sage für eine Jüdische Legende und erklärt sie so: die in Aegypten wohnenden Juden hätten ihre
Muttersprache verlernt und deshalb eine Bibelübersetzung in Griechischer Sprache veranstaltet, welche sie dem Jüdischen Synedrium
zur Prüfung vorgelegt hätten, als diese nun die Genehmigung
der 72 Synedristen erhalten hatten und selbige auf ihren Befehl eingeführt worden war, so bekam sie den Namen der (72) 70. In
Palästina ward sie jedoch erst dann einheimisch, als auch hier die
Griechische Sprache Eingang gefunden hatte, und zur Zeit des
Enkels des Jesus Sirach, um d. J. 150 v. Chr., war sie
wahrscheinlich noch theilweise vorhanden.   Indeß übertrug man
nicht alle Bücher zu gleicher Zeit, sondern anfangs war nur der
Pentateuch vorhanden, der auch (interpolirt?) am Besten übersetzt ist,
und später kamen erst die anderen Bücher hinzu. Unsere gegenwärtige
Septuaginta ist aber vermuthlich nicht jene alte, sondern aus
mehreren späteren Uebersetzungen zusammengeflossen.   Um dieselbe

Zeit mag auch schon sehr verbreitet gewesen seyn die Sama=
ritanische Recension des Pentateuchs, welche vermuthlich zur
Zeit der Erbauung des Samaritanischen Tempels, die auf Ver=
anlassung des Königs Manasse auf Garizim vorgenommen wor=
den seyn mag, gemacht wurde und in vielerlei Beziehungen von
dem ursprünglichen Texte abwich, indem sie theils grammatische
Varianten, theils Erläuterungen bald durch Glossen, bald durch Con=
jecturen, theils Interpolationen aus Parallelstellen, theils chrono=
logische und historische Hypothesen, theils rein theologische Aen=
derungen enthielt. Ihre zunehmende Verbreitung rührt von der
Zeit her, wo die Samaritanische Religionspartei sich immer mehr
als selbstständige Secte ausbildete[4]). S. A. L. G. §. 292.

1) Ueb. d. Secten d. Juden s **Bl. Ugolini im Thes. Antiq. Hebr.
T. XXII. p. 2 sq.** P. Beer, Geschichte, Lehren und Meinungen der be=
standenen und noch bestehenden religiösen Secten der Juden und die Geheim=
lehre oder Kabbala. Brünn 1822—23. II. 8. **Grossmann, de philosophia Saducaeorum comm. Lips. 1836. 4.** J. J. Bellermann, Gesch.
Nachr. a. d. Alterthum üb. d. Essäer und Therapeuten. Berlin 1821. 8.
**J. F. Werner, de pharisaeismo sect. Jud., quae temp. Christi flor.,
praecipua. Argent. 1783. 4.** M. Wirth, d. Pharisäer. Ulm 1824. 8.
Ueb. ihre Rabbinen s. **N. Serrarii, Rabbini et Herodes s. de tota Rabbin. gente, partititione, creatione, auctoritate b. Trigland Synt. de
tribus Judaeor. sectis. Delph. 1703. 4. P. II. p. 239—418. W. Hill,
Diss. de Hebraeor. rabbinis s. magistris. Jen. 1741. 4.** Ueb. ihre
Schulen s. **T. Eckhardt, Pr. de nominibus scholarum apud Ebraeos.
Quedlinb. 1724. 4. C. J. Jöcher, de acad. Pumbedithana. Lips. 1737.
4. J. Gramm, Pr. de academia Sorana in Babylonia, in b. Dänisch.
Bibl. Th. VII. p. 710—724. C. G. Sperbach, Diss. de academia Jab-
nensi atque ejus rectoribus. Viteb. 1740. 4. Alting, Hist. academ.
Judaic.,** in s. **Oper. T. V. p. 240 sq. J. L. Reckenberger, de Hebr.
electis vel studiosis disput. Jen. 1739. 4. G. Ursini Antiq. Hebr.
scholast. Hafn. 1702. 4.** u. b. **Ugolini Thes. Antiq. Hebraic. T. XXI.
p. 766 sq.**
2) Der Brief von ihm hierüber ist unächt. Ausg. ist: **Aristeae de
legis divinae per LXX interpr. translatione historia gr. et lat. rec.
H. Hody. Oxon. 1692. 8.** u. b. van Dale p. 229 sq. u. **Galland. Bibl.
PP. T. II. p. 771 sq.** s. **A. van Dale, Diss. super Aristea de LXX
interpretibus. Amstel. 1705. 4. H. Hody, Diss. contra historiam
Aristeae. Oxon. et Lond. 1685. 8.** u. de bibl. text. origin. version.
graec., v. s. Ausg. b. **Arist. hist. gr. et lat. Oxon. 1705. fol. p 1—89.**
3) S. **J. L. Hug, de Pentateuchi vers. Alexandrina. Friburg.
1818. 4. J. Pr. Plüschke, Lectiones Alexandr. et Hebr. s. de emen-
dando textu vet. Test. gr. LXX interpr. et inde Hebr. Bonn. 1837.
8.** u. de emend. **Pentat. LXX interpr. et inde Hebr. add. codd.
Holmes. recensu et textus Gr. denuo castig. spec. ib. 1837. 8. H.
Thiersch, de Pentateuchi versione Alexandrina. Erlang. 1841. 8.**
S. Frankel, Vorstudien zur Septuaginta. Lpzg. 1841. 8. Ausg. d. Hebräischen
Originaltextes s. **Ed. Pr. Biblia Hebraica integra cum punctis et accen-
tibus. Soncini. 248. (1488.) fol. s. l. et a. (Neapoli 1491.) fol. cum
punctis. Brix. 1494. 4. Bibl. Hebr. c. punctis. Venet. Bomberg.**

5278. (1517.) 4. 1521. 1525—1528. 1533. 4. Bibl. Hebr. c. lat. plane-
que nova transl. adj. insuper e Rabb. comm. annot. op. Seb. Munsteri.
Basil. 1534—35. II. fol. c. punctis (et comment. D. Kimchi ex recogn. Fr. Vatabli). Lutet. Paris. 1539—44. 24 Ptes in IV Voll. 4. c.
punctis. ib. Rb. Stephan. 1544—46. XVII Tom. in VIII Voll. 16. c.
punctis. Venet. in off. Justinianea. 5311—5312. (1551—52.) 4. sine
punctis. Antverp. Plantin. 1566. 4. Biblia sacra Hebr. c. interlin.
interpr. lat. Xantis Pagnini: acc. bibliorum pars, quae hebr. non
reperitur: item Novum Test. graece c. vulg. interpr. lat. stud. B.
Ariae Montani. Anty. 1572. II. fol. cura et st. El. Hutteri. Hamb.
1587—88. IV Ptes. fol. ex recens. R. Menasseh Ben Israel. Amstelod. 1635. 4. c. punct. acc. R. Jacob. Lumbrosi praef. et comment.
Venet. Martinelli. 5399. (1639.) II. 4. c. punct. op. et st. J. G. Nissel.
Lugd. B. 1662. 8. c. punct. et comm. Rasci s. R. Sim. Jarchi stud.
D. Nunnes Torres. Amstel. 1700 — 5. IV Tom. 12. c. punct. et not.
hebr. et lemmat. lat. ex rec. D. Er. Jablonski c. ej. praef. lat. Berol. 1699. II. 4. sine punctis not. masoretarum, quas Kri et Krif
appellant instr. ad Leusden. edit. adorn. Amstel. 1701. 12. c. punct.
sec. ult. edit. J. Athiae recens. var. not. illustr. stud. et lab. Ev.
van der Hooght. Amstel. 1705. II. 8. Bibl. Hebr. c. opt. impress.
et mss. coll. et rec. st. H. Opitii. Kil. 1709. 4. c. ann. lat. cura J.
H. Michaelis. Hal. Magd. 1720. 4. c. not. masor. et sing. cap. summ.
acc. M. Chr. Reineccio. Lips. 1739. 4. ex rec. Norzii c. ejd. comm.
Mant. 1742. II. 4. c. vers. lat. cura de Biel. Vienn. Austr. 1743. IV.
8. ad Hooght. edit. a J. Simonis ed. (Hal. Magd.). Amstel. 1753. V
Ptes. (II Tom.) 8. Biblia Hebr. s. punct. acc. N. Forster. Oxon.
1750. II. 4. c. not. crit. et vers. lat. ad not. crit. facta; acced. libri
gr. qui deuterocanonici vocantur, auth. C. Fr. Houbigant. Lut. Paris.
1753. IV. fol. Vet. Test. Hebr. c. var. lect. ex codd. Hebr. a Kenni-
cott et de Rossi coll. edid. J. C. Doederlein et J. H. Meisner. Lips.
1793. 8. c. not. masoret. Keri et Chetib instr. ad edit. Hooght. adorn.
adjic. var. lect. Pentateuchi Hebr. et Hebraeo-Samaritani. Lond.
1822. 1826. 12. Bibl. Hebr. secundum edit. J. Athiae, Joa. Leusden,
Jo. Simonis aliorq. inpr. Ev. van der Hooght; recens. sect. prophet. recens. et explicat. clavq. masor. et rabbin. add. A. Hahn.
Lips. 1831. 1833. 8. Biblia Hebr. c. utraque Masora, Targum, necnon comment. rabbin. ed. II. stud. et praef. R. Jacob F. Chajim.
Venet. Bomberg. 307 — 309. (1547—49.) II. fol. 1568. 1617. IV. fol.
Bibl. Hebr. c. utraque Masora et Targum, item c. comment. rabbin.
st. Joa. Buxtorf. adj. ejd. Tiberias s. comment. masoreticus. Basil.
1618—19. 20. IV. fol. Biblia magna Rabbinica. Amstel. 484—87.
(1724—25.) IV. fol. La Bible, trad. nouv. avec. l'Hébreu en regard,
accomp. des points-voyelles et des accens toniques, av. d. not. philol. geograph. et litter. et les princip. variantes de la version des
Septante et du Texte Samaritain p. S. Cahen. Paris 1832 sq. XIII
Voll. 8. Ausg. b. Septuaginta: Ed. Pr. (Biblia Graeca) Sacrae scripturae vet. novaeque omnia (gr. cura A. Asulani). Venet. Ald. 1518.
fol. (add. libro de Machabaeis st. Jo. Leoniceri) Argent. 1526 et 1524.
V. 8. Basil. 1545. fol. Basil. 1550. 1582. V. 8. Vet. Test. graecum
juxta Septuaginta ex auct. Sixti V edit. st. A. Caraffae card. c.
praef. P. Morini. Rom. 1586. fol. (Dazu Vet. Test. secundum LXX
lat. redd. ex auct. Sixti V. st. et cura Flam. Nobilii. Rom. 1587.
1588. fol.) gr. et lat. c. schol. rom. edit. acc. Nov. Test. st. et lab.
Jo. Morini. Paris 1628. III. fol. Divinae Script. nempe Vet. et Novi
Test. omnia gr. a viro doctiss. (Fr. Junio aut Fr. Sylburgio) recogn. et emend. variisq. lect. aucta et ill. Frcft. ad M. 1597. fol.
Vet. Test. graec. ex vers. LXX interpr. juxta exempl. Vatic. praec.

praef. J. P(earson); add. deutero-canonicis. Cantabr. 1665. III. 12.
gr. juxta ex. Vatic. (ed. J. Leusden). Amst. 1683. 12. Vet. Test.
graece juxta ex. Vatic. acc. Nov. Testam. cura et st. M. J. Calveri
et Th. Klumpfii. Lips. 1697. II. 8. c. schol. var. lect. necnon fragm.
vers. ed. L. Bos. Franeq. 1709. II. 4. gr. ex antiq. codd. ms. Alexandr. descr. cura et st. J. Er. Grabe. Oxon. 1709—26. IV. fol. nunc
vero lect. var. necnon crit. diss. illustr. cura J. J. Breitinger. Tiguri
1730—32. IV. 4. gr. ex vers. LXX. interp. rec. D. Millius. Amstel.
1725. II. 8. graece c. var. lect. ed. Rb. Holmes et J.Parsons. Oxon.
1798—1825. V. fol. Vet. Test. graec. c. cod. ms. Alexandr., qui Lon-
dini in bibl. Musei Britann. asserv., typis ad similitud. ips. cod.
script. fideliter descr. cura et lab. H. Herveii Baber. Lond. 1816 —
28. IV. 4. Vet. Test. graec. ex rec. LXX interpr. sec. exemplar
Vatic. acc. var. lect. e cod. Alexandr. necnon introd. J. B. Carpzov.
Oxon. 1817. VI. 8. ad edit. Bos. et Holmes. Nov. Test. gr. c. var.
lect. Millii et Griesbach. Lond. 1820—26. II. 8. gr. cura L. van Ess.
Lips. 1824. 8. gr. c. lat. transl. anim. et compl. cura et st. J. N.
Jager. Paris 1839. II. 4.

4) S. G. Gesenius, de Pentateuchi Samarit. origine, indole et
auctor. in re crit. Hal. 1815. 4. G. B. Winer, de vers. Pentat. Samar. indole. Lips. 1817. 4. C. Mazade, Diss. s. l'origine, l'âge,
l'état crit. du Pentat. Samar. Paris 1830. 8. Al. Nicoll, Not. cod.
Samarit. Arab. in Bibl. Bodlej. adserv. Pentat. contin. Oxon. 1817.
8. cf. Pentateuchus Hebraeo-Samarit. char. hebr. chald. edit. cura
et st. B. Blagney. Oxon. 1790. 4. A. Chr. Hwiid, Spec. ined. vers. Pent.
Samar. Arab. Rom. 1780. 8. de Sacy in Eichhorn's Bibl. X. p. 1—176.

§. 101.

2.) Die übrigen Nationen. Während die Religion
der Inder und Chinesen durchaus keine wesentlichen Veränderungen erfuhr, wenn man die immer mehr zunehmende Ausbreitung des Buddhismus ausnehmen will, blieb auch bei den
Griechen Alles beim Alten, nur daß nunmehro eine vollständige
Entwickelung der Mysterien stattfand, und bei den Römern, die
ihre religiösen Hypothesen theils aus ausländischen, vorzüglich Griechischen, theils aus einheimischen, vorzüglich Tuscischen und Lateinischen Elementen zusammengesetzt hatten, diente das Religionssystem eigentlich nur zu Staatszwecken und konnte nie sehr tief
in das häusliche und geistige Leben der Nation einbringen[1]).

1) S. Edw. Upton, the hist. and doctrine of Budhism, popu-
larly illustr. with not. of the Kappooism or demon worship and of
the Bali or planetary incantations of Ceylon. Lond. 1828. 4. A.
Hartung, die Religion der Römer. Erlangen 1836. 8.

C) Philosophie.

§. 102.

1.) Juden. Nachdem die Juden schon während des
Erils Persische und Chaldäische Philosopheme kennen gelernt

hatten, erhielten sie auch durch ihre Ansiedelungen in Alexandria und Aegypten Kenntniß von der Griechischen Philosophie und beschäftigten sich nun vorzüglich damit, aus dem Studium der Platonischen und Aristotelischen Philosophie darzuthun, wie Plato lange vor der Uebersetzung der 70 Dolmetscher bereits die Mosaischen Religionsurkunden gekannt und aus diesen, wie aus den prophetischen Büchern sein System zusammengestellt habe. Dasselbe wurde auch dem Aristoteles vorgeworfen. Hierzu trug der schon oben genannte Aristobulus unter Ptolemäus Philadelphus um d. J. 170 durch mehrere betrügerisch untergeschobene Schriften vorzüglich bei, dessen Theorie in der nächsten Periode von dem Gründer der Neuplatonischen Philosophenschule, **Philo**, besonders ausgebildet ward [1].

1) S. A. J. Dähne, gesch. Darst. d. Jüd. Alexandr. Religionsphilosophie. Halle 1834. II. 8. Kirschbaum, d. Jüdische Alexandrinismus, eine Erfindung christl. Lehrer. Lpzg. 1841. 8. f. a. Georgi in Jlgen, Zeitschr. f. hist. Theol. Bd. IV. 3. p. 3 sq. 4. p. 3 sq.

§. 103.

2.) **Griechen.** Die Philosophie hat in der Alexandrinischen Periode kein sonderliches Glück gemacht, da sich die Gelehrten dieser Zeit lieber mit einer Anhäufung von Massen gelehrten Materials, als mit Nachdenken und Speculation beschäftigten. Daher tritt auch nicht ein einziger Philosoph derselben auf, der ein neues oder selbstständiges System gehabt hätte, sondern die älteren Philosophenschulen schleppten nur ein mattes, gleichförmiges Dasein hin, ohne wesentliche Veränderungen, geschweige denn Verbesserungen zu erfahren.

In der **Platonischen** Philosophie haben wir hier die Gründung der zweiten, dritten, vierten und fünften Academie (s. Sext. Empir. Pyrrh. Hypotyp. I, 220) zu erwähnen, welche dadurch herbeigeführt wurde, daß die Nachfolger Plato's vorzüglich durch die heftigen Angriffe, welche die Stoiker auf sie machten, genöthigt wurden, eine strenge Prüfung der herrschenden philosophischen Systeme vorzunehmen und, indem sie sich einer Art von Scepticismus hingaben, die strenge Dogmatik ihres Stifters zu verlassen [1]. Der Erste, welcher dieß that und den Stoikern direct entgegentrat, war aber der Stifter der zweiten oder mittleren Academie, **Arcesilaus** [2] aus Pitane (318 — 241 v. Chr.), welcher die Socratische Disputirmethode wieder einführte, die von Zeno aufgestellten Kriterien der Wahrheit verwarf und den Satz aufstellte, man könne nichts mit Gewißheit wissen, behaupten und entscheiden, da für jeden speculativen Satz ein gleich starker Gegengrund aufgefunden werden könne, und der alleinige Maßstab der Wahrheit die Vernunft sei, auf welche sich auch die Glückseligkeit gründe. Obgleich seine übrigens ziemlich unbedeutenden Schüler bei diesem Satze stehen blieben, so ging doch der Stifter der dritten Academie, **Carneades**[3]) aus Cyrene (215—130 v. Chr.), der anfangs die Schulen der Stoiker besucht und daselbst jene berühmte Dialectik erlernt hatte, welche ihm, als er i. J. 156 v. Chr. als Atheniensischer Gesandter mit dem Peripatetiker Critolaus nach Rom gekommen war, so große Bewunderung erregte, viel weiter, indem er die Unmöglichkeit eines objectiven Wissens behauptete und nur Wahrscheinlichkeit nach drei Graden annahm, ein Naturrecht anerkannte, aber die Ansichten der Stoiker über das höchste Wesen angriff. Hierbei begnügte sich zwar sein nicht ganz unberühmter Schüler, **Clitomachus**[4]) aus Carthago, allein dessen Anhänger, **Philo von Larissa**, der auch den Cicero in der Philosophie und Rhetorik unterwiesen hatte, gründete dadurch eine vierte Academie, daß er die Wahrscheinlichkeit der Dinge wieder ihrer Natur nach für erkennbar hielt und im Sinne Plato's behauptete, es sei eine höhere Erkenntniß der Dinge, als die sinnliche möglich, dabei aber zuerst die Mängel der Dialectik entdeckte. Dieß bewog seinen Schüler, den Stifter der fünften Academie, **Antiochus von Ascalon** († 69 n. Chr.), seine Ansicht, daß die ältere Academie die Quelle des Stoicismus sei, dadurch zu verwirklichen, daß er letzteren mit der Academie vereinigte.

In der **Aristotelischen** Philosophie wurde ebenfalls nicht viel geleistet, denn die Peripatetiker beschäftigten sich nur mit Untersuchungen über das höchste Gut und einer matten und dürftigen Erklärung der Schriften des Aristoteles und Theophrastus. Am bedeutendsten waren **Lycon**[5]) aus Troas, der Nachfolger Strato's um d. J. 270 v. Chr., **Ariston von Ceos**[6]), der von dem gleichnamigen Peripatetiker aus Alexandria zu unterscheiden ist, **Athenion**[7]) aus Athen, den Appian. Bell. Mithrid. c. 28—39, wo er seine merkwürdige politische Laufbahn beschreibt, jedoch seiner Sittenlosigkeit wegen fälschlich für

einen Epicuräer hielt, und Andronicus von Rhodus[8]), um
d. J. 86 v. Chr., dem man gewöhnlich zwei aus dem 15ten
Jahrhundert stammende Schriften Aristotelischen Inhalts zuschreibt.

In der Stoischen Philosophie zeichneten sich vorzüglich
aus Antipater[9]) von Tarsos, Diogenes[10]) von Babylon,
der i. J. 155 v. Chr. die Stoische Philosophie nach Rom ver-
pflanzte, Panätius[11]) aus Rhodus (185 — 112 v. Chr.), der
Freund des P. Scipio Africanus und Lälius, dessen vortrefflich
geschriebene Bücher περι του καθηκοντος Cicero vorzüglich benutzte, welcher auch das Probabilitätssystem der Academiker zugestand,
und Posidonius[12]) aus Apamea in Syrien, sein Schüler,
der selbst eine Schule zu Rhodus hatte und vorzüglich nach einer
Vereinigung der Stoa und Academie trachtete. Endlich gehören
hierher noch Athenodorus Cordylio und Athenodorus
Cananites[13]) aus Tarsus, ersterer Aufseher der Pergamenischen
Bibliothek und Freund des Cato von Utica, letzterer Lehrer des
Kaisers Augustus.

Was die Epicuräische Philosophie anlangt, so lag es
in der Natur ihres Systems, daß sie immer Anhänger und Verehrer finden mußte, doch zeichneten sich in ihr nur Colotes
aus Lampsacus, dessen berüchtigtes Werk περι του οτι κατα
τα των αλλων φιλοσοφων δογματα ουδε ζην εστιν bekanntlich von Plutarch widerlegt worden ist, Philodemus aus
Gadara[14]) und sein Landsmann Phädrus[15]), welchen aber
Cicero für keinen sonderlichen Philosophen hielt, aus. Die
Schriften der beiden Letzteren scheinen in Italien viel gelesen
worden zu seyn, wenigstens haben sie sich theilweise zu Herculanum wiedergefunden.

Die Skeptische Philosophie scheint sich nur spärlich fortgepflanzt zu haben und eigentlich nur von Aerzten aufrecht gehalten worden zu seyn, wenigstens ist der einzige, der sich in ihr
einen Namen erwarb, ein gewisser Aenesidemus[16]) aus
Gnossus in Creta, der eigentlich dem Systeme des Heraclitus
huldigte und den Skepticismus nur als Mittel, um zu diesem
zu gelangen, betrachtete. Er lehrte eine Art von materiellem
Pantheismus, setzte die Wahrheit in die Allgemeinheit des sub-
jectiven Scheins und gab zehn Gründe für die Zurückhaltung
eines jeden entscheidenden Urtheils an. S. A. L. G. §. 296.

1) S. J. G. Gerlach, Comm. exhib. Academ. junior. de probi-
bilitate disp. Gotting. 1815. 4.

2) S. R. Brodeisen, de Arcesilao, philos. Acad. Cemm. I. Havn.
1821. 4. Thorbecke, Resp. ad quaestionem phil. Numquid inter
Academ. et Scept. interfuerit. Zwoll 1820. 4. Geffers, de Arcesila
phil. diss. Gotting. 1843. 4.

3) S. A. T. Verburg, de Carn. Romam legato. Ultraj. 1827. 8.
M. Roulez, Comm. de Carn. Cyrenaeo philos. Acad. Gand. 1825. 4.

4) S. Heinius in Windheim, philof. Bibl. VI, 2. p. 1 sq.

5) S. Creuzer in b. Wien. Jahrb. 1833. Bd. 61. p. 209 sq.

6) S. Hubmann in Jahn's Jahrb. 1835. Suppl. III. 1. p. 102—126.

7) Er hieß eigentlich Aristio, f. Burigny in b. Mém. de l'ac. d.
Inscr. T. XLVII. p. 95 sq.

8) S. Stahr, Aristotelia II. p. 139 sq. cf. p. 148. u. Aristoteles unt.
b. Römern p. 28 sq. Wahrscheinlich gehören dem Johannes Andronicus
Kallistus aus Thessalonice, einem Peripatetiker des 15ten Jhdts., die ihm
irrig beigelegten Schriften περι των της ψυχης παθων und die Paraphrasis
Ethicorum Aristotelis (Andron. Rh. Paraphr. ethic. Nicom. Acc. ejd.
lib. de affection. gr. et lat. ed. D. Heinsius. Lugd. B. 1607. 1617.
1668. 8. Cantabr. 1679. 8. not. ill. G. Wilkinson. Oxon. 1617. 8.
Graece. Oxon. 1809. 8.).

9) S. P. A. Wuillot, de Antipatro Tars. phil. Stoico. Lovan. 1824. 8.

10) S. C. Fr. Thiery, Diss. de Diogene Babyl. Lovan. 1830. 8.

11) S. Sévin in b. Mém. de l'ac. T. X. p. 75 sq. Garnier in b.
Hist. et Mém. de l'inst. roy. de France. 1815. T. II. Classe d'hist.
et litt. anc. T. II. p. 85—110. Wyttenbach in b. Bibl Crit. T. III.
3. p. 55 sq. C. G. Ludovicus, Panaetii junioris, Stoici phil., vita
et merita in Roman. quum philos. tum juris prudentiam. Lips.
1734. 8. J. G. van der Lynden, Disp. hist. cr. de Panaetio Rhod.
philos. Stoico. Lugd. B. 1802. 8. Wyttenbach, Opusc. T. II. p.244 sq.

12) S. J. Bake, Posid. Rhod. reliq. Lugd. B. 1810. 8. Wyttenbach, Opusc. II. p. 244 sq.

13) S. J. F. Hoffmann, Diss. de Athenod. Tars. phil. Stoico.
Lips. 1732. 4. Harkenroth in b. Misc. Obs. Nov. T. I. p. 49 sq. Sévin in b. Mém. de l'ac. T. XIII. p. 50 sq.

14) Noch 44 Epigramme in b. Griech. Anthologie b Jacobs T. II. p.
70 sq. f. Chardon de la Rochette, Melang. de crit. T. I. p. 196—222.
und Jacobs in Wolf's Lit. Anal. Bd. I. p. 357—373. Seine Schrift
περι ῥητορικης theilweise erhalten (in Whittock. Hercul. Volun. Oxon.
1824. 8. T. II. p. 1 sq. 40 sq. Philod. de arte rhet. lib. 1Vtus ex
vol. Hercul. ed. Spengel, in b. Abhandl. b. Phil. Kl. b. Münchner Acad.
Bd. III. 1. (XVI.) 1840. p. 211—303. Philo, de Rhet. ex Hercul.
papyr. lith. Oxon. excusa rest. lat, vert. diss. de gr. elocut. et rhet.
notitq. de Hercul. volum. aux. annot. instr. E. Gros, Adj, sunt
duo Philod. libri de Rhetor. Neapoli editi. Paris 1840. 8.), ferner
περι ποιηματων (b. Whittock T. II. p. 117 sq. Eine andere des Demetrius von Byzanz über denselben Gegenstand ebb. T. I. p. 106 sq.),
περι κακιων και των αντικειμενων αρετων και των εν οις εισι και περι
α u. περι κακων (b. b. Aristotel. Oeconom. ed. C. Göttling. Jen.
1830. 8. p. 41—64. Ein Theil auch b. Rosini, Vol. Herculan. Neap.
1827. fol. T. III. u. Whittock T. I. p. 83 sq. 1 sq.) und περι μουσικης
(b. Rosini T. I. p. 1—144. u. Philodem, v. b. Musik Ein Auszug a. dess.
vierten Band. A. b. Griech. e. Hercul. Papyrusrolle m. e. Probe b. Hym-
nenstyls Altgriech. Musik v. G. Th. v. Murr. Berl. 1806. 4. cf. E. Th.
v. Murr, üb. e. Stück b. vierten Bandes v. Phil. üb. b. Musik. Nürnb.
1805. 4.) f. im Allg. Rosini a. a. O. p. 1—21. Chardon de la Ro-

chette **T. I. p.** 196 sq. L. Spengel, üb. d. Schriften b. Phil. in b. Hercul. Rollen. München 1836. 4.

15) Ihm gehört noch e. Fr. b. **Ch. Petersen, Phaedri Epic. vulgo anon. Hercul. de natura Deor. fragm. instaur. et ill. Hamb. 1833. 4.** (dass. Fragm. περι θειων a. b. **Whittock T. I. p. 83 sq.**), nicht aber das anonyme περι ὀργης ebb. **T. I. p.** 27—82.

16) S. Fülleborn, Beitr. z. Gesch. d. Philos. III. p. 152 sq.

§. 104.

3.) **Römer.** Zu den Römern kam die Philosophie aus Griechenland, jedoch nicht so frühzeitig, daß schon der König Numa Pompilius hätte ein Pythagoräer seyn können, wie **Clem. Alex. Str. I. 15, 71.** geglaubt hat, da bekanntlich Pythagoras erst 100 Jahre nach ihm lebte. Man kann ihre Wanderung nach Rom erst von den letzten Jahren der Republik an datiren, wo allerdings auch nur Sophisten nach Rom kamen, aber doch schon als gefährliche Neuerer hin und wieder daraus vertrieben wurden. Indessen wurden doch die Römer dadurch mit Griechischer Philosophie bekannt und so kam es, daß sie sich bald nicht mehr auf Selbststudium beschränkten, sondern daß, vorzüglich seitdem Carneades, Critolaus und Diogenes als Gesandte, t. J. 156 v. Chr., nach Rom gekommen waren, trotz der Opposition des M. Cato Censorius es geradezu zum guten Ton und zu einem Theil der Erziehung für vornehme junge Römer gehörte, in Athen Griechische Philosophie studiert zu haben[1]). Eigene Philosophie hatten sie also ganz bestimmt nicht, wenn sich auch in den Lustspielen des Plautus und Terentius, vorzüglich aber bei Horatius eine gesunde Art von Lebensphilosophie erkennen läßt. Am Meisten scheint indessen die Stoische Philosophie[2]), vorzüglich bei den Römischen Juristen, Anklang gefunden zu haben, wenigstens waren ihr unter anderen auch C. Lälius[3]) und M. Porcius Cato von Utica zugethan. Als Peripatetiker nennt man nur den M. Crassus und M. Pupius Piso, der die Stoische, Academische und Peripatetische Philosophie zu vereinigen suchte. Der Platonischen Philosophie war vorzüglich Cäsar's Mörder, M. Junius Brutus, der jedoch auch nebenbei die Stoische trieb, zugethan, wie denn ebenso M. Terentius Varro[4]) ihr nicht fremd geblieben seyn mag. Das Pythagoräische System zählte unter seinen Anhängern den Ennius und den Mathematiker P. Nigidius Figulus, sowie wohl theilweise auch den M.

Porcius Cato Censorius, und die Epicuräer scheinen so viele Anhänger unter den Römern gefunden zu haben, daß Cic. Tusc. IV, 3. sagen konnte, ihr System sei das einzige gewesen, welches seinen Landsleuten in ihrer Muttersprache vorgetragen worden sei. Allerdings haben wir jetzt nur noch das Gedicht des Lucretius übrig, welches in diesem Geiste geschrieben ist. S. A. L. G. §. 297.

1) Paganin. Gaudentius, de philos. apud Romanos origine et progressu. Pis. 1643. 4 u. in Nov. Script. Coll. Halis 1717. T. I. p. 81 sq. II. p. 1 sq. J. K. Blessig, de origine philos. apud Rom. Argent. 1770. 4. Levezow, do Carneade, Diogene et Critolao et de causis neglecti studii philos. apud antiq. Romanos. Stettin 1795. 8. P. Tengren, Initia et progressus philos. in gente Romana. Upsal. 1750—52. II. 4. K. F. Renner, de impedimentis, quae apud vet. Roman. philos. negaverint successum. Hal. 1825. 8.

2) J. B. Hollenberg, de praecip. stoicae philos. doctor. et patronis apud Roman. Lips. 1793. 4. Ed. Otto, de stoica vet. ICrum philos. oratio. Duisb. 1714. 4. Chr. Boehmer, de stoica ICrum Rom. philos. Hal. 1701. 4. J. G. Schaumburg, de jurisprudentia vet. ICrum stoica. Jen. 1745. 8. J. A. Ortloff, üb. d. Einfl. d. Stoisch. Philos. a. d. Röm. Jurisprudenz. Erlang. 1797. 8.

3) S. H. Hana, de C. Laelio sapiente. Lugd. B. 1832. 8.

4) Noch einige Sentenzen a. s. hierher gehör. Schriften b. Barth, Advers. XV. 19. p. 819. Fabric. Bibl. Lat. T. I. p. 132 sq. u. Schneider ad Scr. R. Rust. T. I. p. 241 sq.

§. 105.

Aus den meisten der ebengenannten Philosophenschulen stellte sich nun ein zwar nicht als Original selbstständiges, aber doch wissenschaftlich abgeschlossenes System zusammen der größte Staatsmann, Philosoph und Redner Roms, M. Tullius Cicero. Er war zu Arpinum, einer Stadt in Latium am Liris, den 3ten Januar 648 n. Roms Erb. oder 106 v. Chr. geboren, ward mit seinem jüngeren Bruder Quintus zu Rom im Hause seines Verwandten, Aculeo, von trefflichen Lehrern, darunter von dem Dichter Archias gebildet, nahm nach dem vollendeten 16ten oder 17ten Lebensjahre die toga virilis, das Zeichen der Mündigkeit für einen jungen Römer, an, kam dann zu dem berühmtesten Rechtsgelehrten und Staatsmann seiner Zeit, dem Augur Quintus Mucius Scävola, und nach dessen Tode zum Oberpriester Scävola, unter welchem er sich eine vollkommene Kenntniß des Civilrechts erwarb, hörte während der durch den ersten Mithridatischen Krieg herbeigeführten politischen

Wirren den Academiker Philo von Larissa, den Stoiker Diodotus und den berühmten Rhetor Molo von Rhodus und verfaßte während dieser Zeit seine Schrift de inventione und übersetzte des Xenophon Oeconomicus und einige Platonische Dialogen. Bald darauf, im 27sten Jahre seines Lebens, i. J. 672 n. Roms Erb. oder 81 v. Chr. vertheidigte er den des Vatermordes angeklagten Sextus Roscius von Ameria, ging, um seine Gesundheit herzustellen, i. J. 674 n. Roms Erb. oder 80 v. Chr. nach Griechenland und Kleinasien, wo er den Academiker Antiochus und den Rhetor Demetrius (beide in Athen) und seinen früheren Lehrer Molo (in Rhodus) und den Rhetor Menippus aus Stratonike hörte und sich bei ihnen die für einen gediegenen Redner nothwendige Ruhe im Vortrage erwarb. Im J. 78 v. Chr. lehrte er nach Italien zurück, heirathete die Terentia, ward 77 v. Chr. Quästor, als welcher er 76 v. Chr. nach Sicilien ging, um dasselbe zu verwalten, führte dann i. J. 71 v. Chr. den Anklageproceß der Sicilianer gegen den letzten Prätor dieses Landes, C. Verres, mit größter Freimüthigkeit und bestem Erfolge, trat i. J. 70 v. Chr. sein Aedilenamt an, ward 68 v. Chr. zum Prätor ernannt, 65 v. Chr. zum Consul für das nächste Jahr, als welcher er 64 v. Chr. das Glück hatte, die Catilinarische Verschwörung zu entdecken und zu nichte zu machen, sah sich aber i. J. 59 v. Chr. genöthigt, als ihn sein erbitterter Feind Clodius als Volkstribun indirect angeklagt hatte, einen Römischen Bürger (den Catilina) ohne Verhör oder Proceß zum Tode verurtheilt zu haben, dem Exile durch freiwillige Verbannung zu entgehen, während welcher Zeit Clodius auf schreckliche Weise mit seinem Eigenthum umging; allein durch die Bemühungen des Pompejus wurde Cicero bereits i. J. 58 v. Chr. zurückberufen und bald darauf Augur und Proconsul in Cilicien. Während der Bürgerkriege hielt er es zwar mit Pompejus, ward aber nach dessen Besiegung auf das Edelmüthigste vom Cäsar begnadigt. Bei Cäsar's Ermordung i. J. 45 v. Chr. war er wahrscheinlich zugegen, hat aber gewiß weder an der vorausgegangenen Verschwörung, noch an jenem Verbrechen selbst irgendwie Theil genommen, trat dann seit dem 2ten Septbr. 45 v. Chr. in seinen Philippischen Reden offen dem Antonius als Gegner gegenüber und gab dadurch Gelegenheit, daß, nachdem dieser mit dem Lepidus und Octavian

zusammen das Triumvirat gestiftet, er von letzteren ersterem auf-
geopfert, proscribirt und, als er aus Unentschlossenheit seine nach
Griechenland, um sich zu flüchten, projectirte Reise aufgeschoben
hatte, vom Centurio Herennius und dem Tribun Popilius Länas
am 7ten Decbr. 44 v. Chr., 63 Jahre, 11 Monate und 5 Tage
alt in seinem Formianum ermordet wurde. Als Nachruhm bleibt
ihm für alle Zeiten, daß nur Eitelkeit, eine Art Charakterschwäche
und Mangel an Standhaftigkeit es verhinderten, daß er ebenso
wie der größte Redner, so auch der edelste Mann seiner Zeit
genannt werden mag. Als Philosoph betrachtet, gebührt ihm
das Verdienst, diese bisher fast ganz unbeachtet gebliebene Wissenschaft unter seinen Mitbürgern eingeführt und selbige in die Systeme
der Griechischen Philosophie eingeweiht zu haben; er bildete die
lateinisch-philosophische Kunst- oder Schulsprache aus, oder lehrte seine
Mitbürger, wie er selbst Tusc. I. 3. behauptet, zuerst über philosophische
Gegenstände sich in Worten auszudrücken, hatte zwar selbst einen sehr
klaren Begriff von der Lebens- und Moralphilosophie in der
practischen Anwendung, allein wo es auf Erklärung abstracter
Begriffe und Speculation ankommt, ist er nicht vollkommen deutlich, und seine Ideen sind dabei zu wenig tief und zu oberflächlich.
Er selbst hing am Meisten der neueren Academie des Philo
und Carneades an, deren Methode er, sobald es auf reine Speculation ankam, nachahmte, für die practische Philosophie hielt
er aber den Stoicismus für am Meisten geeignet, wenn er auch
den Lehren des Socrates, Plato, Aristoteles und Epicur dabei
hin und wieder die Anerkennung nicht versagte. Seine philosophischen Schriften sind größtentheils nach dem Muster Plato's
in die dialogische Form eingekleidet und von ihm durchgängig
erst in späterer Zeit, als er sich vom Staatsleben fast ganz zurückgezogen hatte, verfertigt. Es gehören hierher seine sex libri
de republica (über den Staat) und tres de legibus (über die
Gesetze), worin er nachweist, wie Recht und Gesetz nicht menschlichen Ursprungs, sondern göttlicher Natur seien, Academicarum
quaestionum libri duo, die wir jedoch nur in einer zweiten späteren
Recension vor uns haben, Gespräche auf einem seiner Landgüter
über die Socratisch-Platonische Philosophie, de finibus bonorum
et malorum libri quinque oder über das höchste Gut und
höchste Uebel, Vorbemerkungen zur Tugend- und Pflichtenlehre

enthaltend (I, II über Epicur, III und IV über die Stoiker und Peripatetiker, V über die ältere Academie), de natura Deorum libri tres, Lehren der älteren Philosophen mit seiner Anwendung und Critik über die Existenz, Eigenschaft und Vorsehung Gottes, de divinatione libri II, Fortsetzung der vorigen Schrift zur Berichtigung irriger und abergläubischer Ansichten über das Vorhersehungsvermögen, zu welchen beiden das freilich nur verstümmelt auf uns gekommene Buch de fato den Schluß bildet. Mehr zur Schullectüre geeignet und von practischem Nutzen sind Cato Major s. de senectute dialogus oder über das Greisenalter, von ihm im 63sten Lebensjahre geschrieben, Laelius s. de amicitia dialogus oder von der Freundschaft, jünger, als die vorige Schrift, Tusculanarum disputationum libri quinque, vor Cäsar's Ermordung vollendet, aus 5 Abhandlungen (res ad bene beateque vivendum maxime necessariae, s. de Divin. II. 1, 2) bestehend, von der Verachtung des Todes, von der Erduldung des Schmerzes, der Linderung der Betrübniß, den übrigen Leidenschaften und dem, was das Gemüth zu beunruhigen vermag, und dem Satze, daß die Tugend, um ein glückliches Leben zu führen, sich selbst genug sei, de officiis libri III, im letzten Monat d. J. 45 v. Chr. vollendet, vorzüglich nach Stoischen Ansichten (in B. I u. II nach Panätius) von den Pflichten eines jungen Bürgers in einem Freistaat oder Regeln für einen jungen Römer, wie er Staatsämter erlangen könne und sich im Besitze derselben zu benehmen habe, auf den Satz basirt, daß dasjenige, was ehrbar und anständig, das höchste Gut sei, im ersten und zweiten Buche von dem Ehrbaren und Nützlichen, im dritten von der Collision des Nützlichen und Edeln handelnd, und VI Paradoxa, d. h. sechs widersinnige Streitfragen im Sinne der Stoiker besprochen. Die Schrift de consolatione, welche wir jetzt noch besitzen, ist ein von C. Sigonius untergeschobenes Werk, ob Cicero gleich nach dem Muster einer Schrift des Philosophen Crantor eine so betitelte Schrift über den Tod seiner Tochter Tullia verfaßt hat[2]). S. A. L. G. §. 298.

1) S. Fr. Fabricius, Hist. M. T. Ciceronis p. Consules descr. et in annos LXIV distincta, c. Gronov. not. ind. et praef. adj. J. M. Heusinger. Buding. 1727. 8. u. in Cicer. Oper. ed. Olivet. Paris 1742. 4. T. IX. p. 268 sq. S. Corradi Quaestura, partes duae, quar. alt. de Cic. vita et libris, it. de caeteris Ciceronibus agit, altera Cic. libros perm. loc. emend. Ed. J. A. Ernesti. Lips. 1754. 8. C.

Philosophie. Römer. Cicero.

Middleton, the history of the life of M. T. Cicero. Lond. 1741. II.
4. überſ. v. G. K. F. Seibel. Danz. 1791—93. IV. 8. J. Facciolati,
Vita Cic. litteraria. Patav. 1760. 8. J. H. L. Meierotto, Cic. vita
ex ips. ej. scriptis excerpta. Berol. 1783. 8. Wieland vor ſ. Ueberſ.
b. Briefe Cicero's. Zürich 1800. I. p. 1—118. Schneider in Wachler's
Philomathie. Bd. II. p. 130—183. Haken in Erſch, Encycl. Bd. XVII.
p. 189—206. Weißgerber in b. Schrift. b. Geſ. f. Beförd. b. Geſch. Kde.
in Freiburg. Bd. I. 1828. p. 261 sq. u. in Zimmermann's Zeitſchr. f. Alt.
W. 1837. p. 327 sq. C. van Heusde, M. T. Cicero φιλοπλατων.
Disq. de philos. Cicer. fonte praec. Traj. ad Rh. 1836. 8. p. 9—277.
Drumann, Geſch. Roms in ſ. Uebergang. v. b. republicaniſchen zur monarch-
iſchen Verfaſſung ober Pompejus, Cäſar, Cicero u. ihre Zeitgenoſſen. Königs-
berg 1834 2c. V Bde. 8. Ueber ſ. Philoſ. ſ. Heumann in b. Act. philos.
Th. II. 9. p. 441 sq. Meiners in ſ. verm. Phil. Schrift. Lpzg. 1775. 8.
I. p. 274 sq. u. (gerade entgeg. geſ. Anſicht in) Geſch. b. Verfalls b. Sitten
u. b. Staatsverf. b. Römer. Lpzg. 1782. 8. p. I sq. De Sibert in b.
Mém. de l'ac. d. Inscr. T. XLI. p. 466 sq. XLIII. p. 61 sq. Herbart
im Königsb. Archiv. 1811. St. 1. p. 22 sq. Wyttenbach, Opera (ed.
Friedemann. Brunsv. 1825. 8.) T. I. p. 183 sq. R. Kühner, M. T.
Cicer. in philosophiam ejq. partes merita. Hamb. 1825. 8. R. Thorbecke, Resp. ad quaest. prop. principium philos. mor. et officior.
expon. e Cic. oper. philos., ita ut singul. sentent. pondus et argu-
mentandi ratio dijudicetur. Lugd. B. 1817. 4. A. B. Kriſche, Forſch-
ung a. b. Gebiete b. alt. Philoſophie. Götting. 1840. Bd. I. 8. Ausg.
ſ. ſämmtl. Schr. ſind: Ed. Princ. Oper. cur. A. Minucianus. Mediol.
1498. IV. fol. rec. P. Victorius. Venet. 1534. IV. fol. rec. P. Manutius. Venet. 1540. IX. 8. emend. D. Lambin. Lutet. Par. 1566. IV.
fol. c. not. var. rec. Is. Verburg. Amstel. 1724. IV. 4. c del. comm.
ed. J. Olivet. Paris 1739—43. IX. 4. Genev. 1750—58. IX. 4. ex rec.
J. A. Ernesti c. ejd. not. et clave Cicer. Hal. 1774—77 V. 8. Oxon.
1810. VIII. 8. c. not. var. rec. G. Garatoni. Neap. 1777—88. XVII. 8.
(unbeendet) rec. Ch. G. Schütz. Lips. 1814—23. XX. 8. rec. J. C.
Orelli. Turici 1826—30. IV Voll. (VII Ptes.) 8. Dazu Vol. V. P. I.
u. II. Cic. Scholiastae. ib. 1833. 8. u. Vol. VI—VIII. (P. III.) Ono-
masticon Tullianum cont. M. T. Cicer. vitam, hist. litt., ind. geogr.,
et hist. legum et formul. graeco-lat. fast. consul. ib. 1836—37. 8.
cur. Fr. Bentivoglio. Mediol. 1826 sq. 8. (unbeendet) rec. R. Klotz.
Lips. 1834 sq. 8. (unbeendet) Opera omn. P. I. s. op. rhet. et orat.
textum coll. opt. edit. rec. var. lect. et not. Ernestii Schütziique
fere integris alior. sel. exorn. et suas add. J. W. Rinn. II Voll. P.
II. s. Orat. omn. ad opt. codd. et edit. J. V. Leclerc rec. VI Voll.
P. III. s. Op. philos. c. sel. vet. et recent. not. cur. et emend. M.
N. Bouillet. VI Voll P. IV s. Epist. omn. libri ad opt. codd. et edit.
J. V. Leclerc rec. c. sel. vet. ac recent. not. cur. et emend. N. E.
Lemaire. V Voll. P. V. Fragmenta. ib. 1831. I Vol. Indices. 1832. I
Vol. 1827—32. Paris XIX. 8. Ueberſ. iſt: Cic. Sämmtl. Werke in
Deutſch. Uebertr. u. Mitwirk. viel. Gelehrt. herausgeg. v. R. Kloß. Leipz.
1839 sq. II. 8. (unbeendet). Einz. Ausg. ſ. Cic. Acad. rec. c. not. var. et
suis ed. J. Davis. Cantabr. 1725. 1736. 8. emend. et ill. st. Fr. Hül-
semann. Magdeb. 1806. 8. cast. et expl. ed. J. A. Goerenz. Lips.
1810. 8. Acad. L. II et de Fin. bon. L. V. c. int. lect. var. ed. J.
C. Orelli. Acc. Aur. August. adv. Academ. L. III. et P. Valentiae
Academ. Tur. 1827. 8. — Cic. de fin. bon. et mal. ex rec. J. Davis
c. ejd. not. alior. comm. Cantabr. 1741. 8. Oxon. 1809. 8. rec. et ill.
J. A. Goerenz. Lips. 1814. 8. c. sel. Goerenz. annot. quib. s. subj.
Fr. V. Otto. Lips. 1831. 8. rec. et enarr. J. N. Madvig. Havn. 1839.
8. — Disp. Tusc. ex rec. J. Davis c. ejd. comm. Acc. emend. R.

Bentleji. Cantabr. 1709. 1738. Oxon. 1805. 8. e Wolf. rec. ed. et
ill. R. Kühner. Jen. 1829. Ed. II emend. ib. 1835. 8. rec. J. C. Orelli,
Acc. Paradoxa, Fr. Fabricii annot., R. Bentleji emend. cur. sec.
auct. Turici. 1829. 8. c. comm. J. Davis, R. Bentleji emend., Lalle-
mandi anim. integr. reliq. interpr. sel. rec. recogn. !. ined. suamq.
ann. excurs. et ind. adj. G. H. Moser. Hannov. 1836. III. 8. m. er-
klärenden Anmerk. v. R. Klotz. Lpzg. 1835. 8. ex Havn. cod. reg. et
Pithoeani collat. rec. P. Hagerup Tregder. Havn. 1841. 8. — Cic.
de nat. Deor. rec. J. Davis atq. c. comm. vir. doct. edid. Acc. emend
J. Walker. Cantabr. 1718. 1723. 1744. Oxon. 1807. 8. rec. et emend.
L. F. Heindorf. Lips. 1815. 8. c. not. var. ed. J. H. Moser et Fr.
Creuzer. Lips. 1818. 8. — Cic. de divin. et de fato rec. et anim.
ill. ac emend. J. Davis. Acc. not. var. Cantabr. 1721. 8. c. comm.
vir. doct. annot. rec. Fr. Creuzeri et C. Ph. Kayseri suasq. animadv.
add. J. H. Moser. Frclt. ad. M. 1828. 8. emend. al. suisq. anim.
ill. A. O. L. Giese. Lips. 1829. 8. f. a. J. G. Sluiter, in M. T. Cic.
Divin. in Q. Caecilium spec. Lugd. B. 1832. 8 — Cic. de fato lib.
c. not. J. H. Bremi. Lips 1795. 8. — Cic. de Offic. rec. et J. M.
Heusingeri suisq. annot. ed. F. Heusinger. Brunsv. 1783. 8. auct.
ed. A. G. Gernhard. Lips. 1811. 8. emend. et c. comm. ed. C. Beier.
Lips. 1820—21. II. 8. (Dazu: Indices dig. et ed. G. Hertel. Lips.
1831. 8.) rec. R Stürenburg. Lips 1834. 8. Ed. II. c. comm. ib.
1843. 8. ad sol. prisc. exempl. fid. rec. adj. J. M. Hensingeri et s.
annot. expl. edit. erat J. Fr. Heusinger. Edit. a C. Heusingero cur.
repet. suisq. anim. aux. C. T. Zumpt. Brunsv. 1838. 8. — Cato Maj.
et Parad. rec et schol. J. Facciolati suisq anim. instr. A. G. Gernhard. Lips. 1819. 8. rec. et var. annot. sel. suas add. Fr. V. Otto.
Lips. 1830. 8. rec. R. Klotz. Lips. 1831. 8. m. erkl. Anmerk. v. R.
Klotz. II verb. A. ebb. 1825. 8. ad ed. Orell. castig. annot. ill. et ed.
J. J. de Gelder. Lugd. B. 1832. 8. c. Laelio rec. et praef. est J. N.
Madvig. Havn. 1835. 8. — Laelius rec. et c. schol. J. Facciolati
suisq. anim. instr. A. G. Gernhard. Lips. 1825. 8. rec. et annot.
instr. B. Beier. Lips. 1828. 8. m. erkl. Anmerk. v. R. Klotz. III. verb.
A. Lpzg. 1829. 8. castig. et annot. ill. J. J. de Gelder. Lugd. B.
1834. 8. em. R. Klotz. Acc. annot. crit. Lips. 1833. 8. — Paradoxa
rec. et anim. instr. H. J. Borgers. Lugd. B. 1829. 8. — Cic. de Leg.
rec. et c. comm. ed. J. Davis. Cantabr. 1727. 1745. 8. rec. et c.
comm. ed. F. T. Wagner. Gotting. 1804. II. 8. rec. et c anim. ill.
Görenz. Lips. 1809. 8. rec. suasq. anim. adj. G. H. Moser. Acc. var.
not. ined. App. cod. et ined. cong. suasq. not. add. Fr. Creuzer.
Frclt. ad M. 1824. 8. rec. var. lect. et annot. instr. J. Bake. Lugd.
B. 1842. 8. — De republ. e cod. Vatic. prim. ed. A. Majus. Rom.
1822. 4. Stuttg. 1822. 8. iterum ed. in Coll. Class. Auct. e Vatic.
cod. ed. Rom. 1828. 8. T. I. p. 1—386. recogn. Ch. G. Schütz.
Lips. 1823. 8. rec. et emend. F. Steinacker. Acc. epist. G. Hermanni.
Lips. 1823. 8. ex emend. C. F. Heinrich. Bonn. 1823. 8. c. ejd. annot. ib. 1828. 8. c. not. alior. sel. ed. J. T. C. Lehner. Solisb. 1824.
8. rest. G. Münnich. Gotting. 1828. 8. recogn. et c. vers. Somnii
Graeca emend. aliorq. annot. ed. G. H. Moser. Acc. F. Creuzeri annot. Frclt. ad M. 1826. 8. — D. Cic. Consol. Ed. Pr. b. C. Sigon.
Fragm. e libr. deperd. Cic. coll. Rom. 1559. fol. f. a. Fr. Schneider,
de consol. Cicer. Vratisl. 1835. 8. Ausg. b. sämmtl. Op. Phil. f. Cic.
Opera phil. c. comm. in usum Delphini. Patav. 1773. II. 8. ex ree.
et c. not. J. Davis. Cantabr. 1736 sq. VI. 8. ex rec. Davis. c. ejd.
comment. suisq. not. ed. Rath. Hal. 1804—19. VI. 8. Griechische Uet-
berf. b. einzeln Werke f. a. Cic. Cato major, somnium Scip., Laelius
et Paradoxa ex graec. interpr. Th. Gazae, Max. Planudis, Dion.

Petavii, **Adr. Turnebi. Acc.** incerti script. rhetor. ad Herenn. III,
16 — 24. interpr. graeca. Ad fid. codd. et edit. rec. et annot. instr.
Ph. C. Hess. Hal. 1833. **8. Cic.** Paradoxa gr. versa et expl. ab
J. Morisoto medico. **Acc.** var. lect. duor. codd. **Guelpherb. Parad.**
contin. **Ed. G. Fr. F. Wensch. Hal.** 1840. **8.** Ueberſ. ſ. Cic. Acad.
Unterſ. m. ein. Fragm. überſ. u. m. Anmerk. verſ. v. F. B. Booſt. Mann=
heim 1816. 8. Cato M. Läliuß u. Paradorien überſ. u. erl. v. F. S. G.
Sack. Berlin 1808. 1825. 8. v. L. F. S. Oertel. Ansbach 1820. 8. m. Lä=
liuß überſ. u. erläut. v. K. Roth. Landshut 1833. 8. überſ. u. m. Einl. u.
erkl. Anmerk. verſ. v. J. Hoffa. II. A. Caſſel 1841. 8. Cic. Büch. v. d.
Divination, überſ. v. F. J. Hottinger. Zürich 1789. 8. m. d. Buch de Fato
v. J. F. v. Meyer. Frkft. a. M. 1807. 8. Cic. Abh. v. d. Freundſch. u.
v. Alter, Paradorien b. Stoiker u. Traum d. Scipio v. Fr. K. v. Strom=
beck. Brnſchw. 1827. 8. v. C. A. G. Schreiber. Zweite umg. A. v. G. F.
W. Große. Halle 1827. 8. Ueb. d. Principien u. d. Geiſt d. Geſetze d. Rö=
mer überſ. v F. Hülſemann. Lpzg. 1802. 8. Ueb. d. Weſen d. Götter v.
Chr. B. Kindervater. Zürich 1787. 8. Wien 1801. 8. v. J. F. v. Meyer.
Frkft. a. M. II. A. 1832. 8. Ueb. d. höchſte Gut u. d. höchſte Uebel n.
Paradoren v. M. G. G. Tilling. Breslau 1798. 8. v. C. B. Hauff. Tü=
bing. 1822. 8. Cic. v. d. Pflichten, überſ. u. m. Anmerk. begl. v. Chr.
Garve. Breslau 1783. **IV. 8. VI**te vollſt. A. ebb. 1819. **IV.** 8. a. d. Urſchr.
überſ. u. m. phil. crit. Anmerk. verſ. v. J. J. Hottinger. Zürich 1800. **II.**
8. Zw. A. durchgeſ. v. H. Bremi. ebb. 1820. 8. überſ. v. K. L. Gr. Hauff.
Münch. 1823. 8. Cic. Republ. überſ. v. J. M. Pierer. Fulda 1824 — 25.
II. 8. Staat, überſ. u. m. Anmerk. verſ. v. Frd. v. Kobbe. Götting. 1824.
8. Tusculan. Unterſ. m. kurz. Anmerk. herausgeg v. J. J. v. H(über).
Heilbr. 1794. 8. v. J. O. Büchling. Halle 1799. 8. v. F. R. Schönberger.
Wien 1815. 8. Im Allg. ſ. **M. Nizolius** s. **Thes. Cicer.** omnia Cic.
verba omnemq. loquendi et eloquendi variet. compl. n. iterum auct.
Venet. Ald. 1570. fol. ex rec. **M.** Scoti n. crebr. loc. ref. et incule.
auct. **J. Facciolato. Patav.** 1734. fol. Lond. 1820. **III. 8. Paris** 1821.
4. **Chr. G. Schütz, Lexic. Ciceron. Lips.** 1817—20. **IV.** 8. ſ. a. **Th.
Wopkens, Lectiones Tullianae** s. in **Cic. Opera** quaed. philos. anim.
crit. **L. III. Amstel.** 1730. 8. c. annot. **Fr. Hand. Jen.** 1829. 8. **M.
D. Lambini Tullianae** emendationes, ex edit. **Cic.** op. **Lamb.** princ.
repet. acc. **F. N. Klein. Confluent.** 1830. 8. S. Chr. Schierlitz, Vor=
ſchule z. Cicero. Wetzlar 1837. 8.

D) Beredtſamkeit.

§. 106.

1.) **Griechen.** Die rhetoriſchen Studien waren bei den
Alexandrinern keineswegs eins ihrer Lieblingsfächer, denn mit dem
Verfalle der Griechiſchen Freiheit mußte nothwendig auch die politiſche
Eloquenz verſchwinden, und es konnte alſo nur noch die gericht=
liche bleiben, wozu man am Ende blos noch einer techniſchen Rhe=
torik bedurfte. Ueberhaupt zog ſich auch dieſe ganz aus Grie=
chenland hinweg und bildete ſo zwei **Rednerſchulen,** die
Rhodiſche, welche von **Aeſchines** geſtiftet worden war, und
die **Aſiatiſche,** welche **Hegeſias** von Magneſia begründet hatte.
In erſterer zeichnete ſich **Apollonius Molon** aus Alabanda,

den auch Cicero gehört hatte, aus, letztere aber gab Athen bald
eine verweichlichte Beredtsamkeit zurück, welche hier wohl aufgenommen und ebenso wie dort durch den Besuch der jungen
Römer gepflegt und erhalten ward.

§. 107.

2.) R ö m e r. Daß bei den Römern die Beredtsamkeit[1])
ebenfalls wie bei allen Staaten anfangs nur als eine subjective,
d. h. als die Fähigkeit, nach dem Bedürfnisse des Augenblicks
seine Gedanken in zusammenhängender Rede auszudrücken, existirt
habe, läßt sich schon aus der bereits unter den Königen, vorzüglich aber seit dem Bestehen des Freistaates auf Oeffentlichkeit
und Mündlichkeit basirten Staatsverfassung abnehmen, allein zu
glauben, daß die besonders bei Livius und Dionysius von Halicarnassus den Feldherren, Königen und Volksführern rc. in den
Mund gelegten Reden irgendwie auf Authentie gegründet seien,
erlaubt uns der ganze Zuschnitt derselben nicht, da, wenn auch
vielleicht der Sinn und allgemeine Inhalt ächten, häufiger aber
wohl getrübten Quellen entlehnt ist, doch jedenfalls der Ausdruck
der Gedanken und die Form dem Geschmacke der Zeit, in welcher
jene Historiker schrieben, angepaßt ist, wenn wir sie nicht für ganz
erdichtet und zur Ausschmückung ihrer eigenen Compositionen benutzt
halten wollen. Der erste eigentliche Redner, dessen Erzeugnisse auch
Cicero (Brut. 16, 61.) noch kennt, war aber der Censor
(† 475 n. Erb. d. St. ob. 278 v. Chr.) A p p i u s C l a u -
d i u s C ä c u s[2]), dessen Rede de foedere Pyrrhi sich noch lange
erhalten haben mag, und unter anderen verdient noch neben ihm
besonders Erwähnung M. P o r c i u s C a t o C e n s o r i u s[3]),
von dem noch Cicero (Brut. 17, 65) mehr als 50 Reden
kannte, die er eigenhändig noch im hohen Alter umgearbeitet
haben soll, und welche ihm trotz allem Mangel an Rundung,
Ausarbeitung und Zusammenhang den Namen des Römischen Demosthenes verschafft haben. Zu seiner Zeit fing
auch das zuerst durch Crates von Mallos angeregte (s.
Suet. de ill. Gramm. 1.), durch verschiedene öfters wieder aus
Rom vertriebene Griechische Philosophen und Rhetoren unterhal-
tene und besonders durch die schon genannte Gesandtschaft der
Atheniensischen Philosophen gehobene Studium der Griechischen

Rhetorik trotz der Abmahnung Cato's an, immer mehr zuzuneh-
men, und bald begannen nun die Reisen der jungen Römer
nach Athen und ihre dasigen Studien in Rhetorik und Grammatik, diese Wissenschaft auch in Rom einzubürgern. Von nun
an hebt eine sehr lange Reihe von Rednern an, deren Werke
wir jedoch nicht mehr übrig besitzen, unter welchen wir jedoch nur
die beiden Brüder, Tiberius und Cajus Gracchus,
den Volkstribun M. Livius Drusus[4]), den M. Antonius[5]),
den L. Licinius Crassus[6]), der zugleich einer der größten Rechtsgelehrten seiner Zeit war, den Pontifex Maximus D. Mucius
Scävola[7]), den C. Asinius Pollio[8]), den M. Junius
Brutus[9]), sowie den größten Redner nächst dem folgenden D.
Hortensius Ortalus, dessen Schriften leider nicht mehr
vorhanden sind[10]), und endlich seinen Feind im Staats- und
Freund im Privatleben, den M. Tullius Cicero[11]), heraus-
heben wollen. Letzterer, welcher nächst Demosthenes für den
größten und vollendetsten Redner des Alterthums gilt, hat im
Ganzen 116 Reden, die uns dem Namen nach bekannt sind,
gehalten, von denen aber nur 56, größtentheils vollständig auf
uns gekommen sind, während sich von den übrigen mehr oder
weniger Fragmente erhalten haben. Was nun die Verdienste
Cicero's um die Beredtsamkeit selbst angeht, so zeigte er zuerst
eine große Abwechselung der Gedanken und Gründe, wußte nicht
blos die energischen, sondern auch die sanften und weichen Leidenschaften zu erwecken, Schönheit und Zierlichkeit des Ausdrucks
war bei ihm höchster Zweck und eine oft bis zur höchsten Potenz
gesteigerte, poetische Lebendigkeit ihm vorzüglich vor Demosthenes eigen. Was aber die Sprache anlangt, so hat er nicht
blos den Reichthum derselben erhöht, eine philosophische und
wissenschaftliche Kunstsprache erfunden, strenge Gesetzlichkeit in der
grammatischen und stylistischen Form eingeführt und sich überall
der Klarheit und Bestimmtheit nach Möglichkeit befleißigt, sondern
er kann auch mit Recht der Erfinder eines vollkommenen Pe-
riodenbaues und Numerus genannt werden, sodaß ihm mit Recht
vom Hieronymus zugerufen ward, es habe ihm Demosthenes
den Ruhm geraubt, der erste Redner, er aber diesem die Ehre,
der einzige Redner gewesen zu seyn.

Wenden wir uns jetzt von der Praxis zur Theorie der Beredtsamkeit oder zur Rhetorik, so hat zwar als Techniker zuerst M. Porcius Cato Censorius durch seine Schrift de oratore ad Marcum filium (s. Quinct. Inst. III. 1, 19) debutirt, allein sowohl von ihm als von der großen Zahl der von Sueton. de illustr. gramm. c. 4. genannten Rhetoren hat sich nichts erhalten, sodaß Cicero[12]) auch hier wieder derjenige war, der durch Scharffsinn, eigenes Nachdenken und hierauf basirte Erfahrung, sowie allerdings auch durch fleißiges Studium der Griechischen Techniker dieses bisher so gut wie gar nicht beachtete Fach auf den Gipfel seiner Ausbildung erhob. Unter seinen Schriften gehören hierher seine II Bücher Rhetorica s. de inventione rhetorica, von ihm selbst für eine Jugendarbeit erklärt und nicht etwa mit den ihm untergeschobenen IV Libri Rhetoricorum ad C. Herennium zu verwechseln, welche man bald dem älteren oder jüngeren Q. Cornificius, bald seinem Sohne, dem M. Tullius Cicero, bald dem Rhetor M. Antonius Gnipho (886 n. Erb. R.) u. s. w. zugeschrieben hat, seine i. J. 56 v. Chr. in Form von Dialogen geschriebenen III Libri de oratore, in welchen Cicero in der Person des Crassus und Antonius das Wesen und den Zweck der Redekunst, sowie die Mittel, durch welche sich seine Ansichten über das Ideal eines Redners verwirklichen lassen, bespricht, sein Brutus s. de claris oratoribus, worin er eine Skizze der Geschichte der Römischen Beredtsamkeit bis auf seine Zeit herab giebt, sein Orator ad M. Brutum oder de optimo genere dicendi, worin er das Ideal eines vollendeten Redners und zugleich den Maßstab seiner selbst darlegen will, seine Topica ad C. Trebatium, eine Art Commentar zu dem ebenso betitelten Werke des Aristoteles, seine Schrift de optimo genere oratorum, wahrscheinlich ein Abschnitt eines größeren Werkes über das Wesen des Asianischen und Attischen Rednerstyls, und endlich seine Partitiones oratoriae, eine Art Katechismus über die Hauptpunkte der Rhetorik in Fragen und Antworten, vermuthlich an seinen Sohn gerichtet. S. Allg. Lit. Gesch. §. 302.

Anmerkung. Von seinem älteren Bruder, Quintus Tullius Cicero, der sich auch sonst als Staatsmann, Geschichtschreiber und Tragiker versucht hat, hat sich noch eine kleine Abhandlung de petitione consulatus erhalten, deren Styl fast dem seines Bruders gleichkommt.

1) S. Fr. Ellendt, Proleg. histor. eloquent. Rom. usque ad Caesarem prim. lin. adumbrant. vor ſ. A. d. Brutus d. Cic. Regiom. 1825. 8. p. I—CXLII. A. Weſtermann, Geſchichte d. Römiſchen Beredt= ſamkeit. Leipzig 1835. 8. Sammlung der Fragm. d. ält. Redner iſt: Oratorum Roman. fragmenta, ab Appio inde Caeco et M. Porcio Catone usque ad Q. Aurel. Symmachum. Coll. atque ill. H. Meyer. Turici 1833. 8. Ed. II auct. et emend. ib. 1842. 8. Fragmens des orateurs Rom. depuis App. Caecus jusqu'à Q. Aurelius Symmaque rassemblés et commentés p. H. Meyer. Ed. rév. et augm. p. Dübner. Paris 1837. 8.

2) S. Meyer, Orat. fragm. p. 1 sq. Egger p. 101. L. Aehselius, de App. Cl. Caeco cens. rom. fama eloquentiae etc. Upsal. 1765. P. I. 4.

3) S. üb. ihn u. ſ. Fragm. Majans. ad triginta lctorum fragm. Genev. 1764. 4. T. I. p. 3—113. H. A. Lion, Catoniana. Gotting. 1826. 8. C. G. Brillenburg, Diss. litt. de M. Porc. Catone. Lugd. 1826. 8. Sagittarius, Comm. de vita L. Andron. etc. p. 59 sq. G. E. Weber, Cato M. s. de M. Porc. Caton. Censorii vita et morib. comm. Brem. 1831. 4. J. H. van Bolhuis, Diatr. litt. in M. Porc. Cat. q. supers. scripta et fragm. Traj. ad Rh. 1826. 8. Schober, Diss. de M. Porc. Cat. Ceus. oratore. Neiss. 1825. 8. (Gerlach), hiſtor. Studien. Hamb. u. Gotha 1841. 8. p. 171—201. Meyer p. 11 sq. Egger p. 157 sq. Ueb. d. Gracchen ſ. Egger p. 181 sq. Meyer p. 224—250.

4) S. J. F. van Bommelen, Diss. hist. lit. de M. Liv. Drusis, patre et filio, tribun. pleb. Lugd. B. 1826. 8.

5) S. Ellendt p. LXII sq. Meyer p. 139 sq.

6) S. Ellendt p. LXVIII sq. Meyer p. 146 sq.

7) S. S. G. d'Arnaud, Vitae Scaevolarum: diss. post. ed. H. J. Arntzen. Traj. ad Rh. 1767. 8. p. 73—122.

8) S. Eckermann, de C. Asin Pollione. Upsal 1745. 4. R. Thorbecke, Comm. de C. Asin. Poll. vita et studiis doctr. Lugd. B. 1820. 8. p. 65 sq. Meyer p. 211, 216 sq.

9) S. Meyer p. 206 sq. Zimmermann, Zeitſchr. ſ. Alt. W. 1842. p. 891. 895 sq.

10) S. Sallier in den Mém. de l'ac. d Inscr. T. VI. p. 500 sq. C. Edstroem, de Hortensio princ. eloq. Upsal. 1742. 4. L. C. Luzac, Spec. hist. jurid. de Q. Hortensio orat. Cic. aemulo. Lugd. B. 1810. 8. Meyer p. 168 sq.

11) S. R. Rapin, Discours s. la comparaison de l'éloquence de Démosth. et de Cic. Paris 1670. 12. u. in ſ. Oeuvr. à la Haye. 1725. 8. T. I. p. 1 sq. D. Jeniſch, Aeſth. crit. Parallele d. beiden größten Redner d. Alterthums. Berl. 1801. 8. H. E. G. Erneſti, Cic. Geiſt. u. Kunſt. Leipz. 1799. 8. Wyttenbach, de Cicer. orat., in ſ. Opusc. sel. ed. Friedemann. Brunsvig. 1824. 8. Herder's Ideen z. Phil d. Geſch. b. Menſchh. Bd. III. p. 356. Seine berühmteſten Reden ſind die XIV Philippicae, die pro Roscio Amerino u. pro Roscio Comoedo, pro lege Manilia, pro Cluentio, pro Rabirio, pro Murena, pro Sulla, pro Archia poeta, pro Sextio, pro Plancio, pro Milone, pro Ligario, pro Marcello, IV in Catilinam, in Pisonem, post reditum in Senatu, pro Dejotaro, de lege agraria contra Rullum und vorzüglich in C. Verrem. Ausg. ſ. Ed. Princ. Orat. XXVIII. Rom. 1471. fol corr. P. Manutio. Venet. Ald. 1546. 8. c. comm. Frc. Hotomanni. Paris 1554. II Vol. ex emend. M. Bruti. Lugd. 1570. III. 8. ex emend. D. Lambini. Lond. 1585. II. 8. ex rec. J. G. Graevii c. anim. et not. integr. var. Amstel. 1695—99. III. 8. ex rec. J. A. Ernesti. Hal. 1780. III. 8, 1815. 8, crit. bericht. u. erläut. v. R. Kloß. Lpzg 1835—39. III.

8. Dazu P. **Manutii** in Cic. Orat. comm. **Venet.** 1578. II. fol. ed.
C. G. **Richter**. Lips. 1783. II. 8. Einzelnausg. ausgew. Red. Orat. IV p.
red. recogn. anim. Marklandi et Gesneri suasq. adj. F. A. Wolf.
Berol. 1801. 8. Orat. VIII ill. a B. Weiske. Lips. 1806. 8. or. XIII
illustr. ab eod. ib. 1807. 8. XII Red. m. erkl. hist. crit. Anmerk. v. A.
Möbius. Hannov. 1816—22. II. A. ebd. 1842. IV. A. II. 8. VII Orat. ed.
A. Matthiae. Lips. 1818. 8. VI Orat. ed. A. Matthiae. ib. 1830. 8.
XII orat. recogn. et emend. J. N. Madvig. Havn. 1831. 8 Ed. II.
emend. ib. 1841. 8. Orat. XII. ex codd. Bavar. et Paris. rec. et
expl. J. B. Steinmetz. Mogunt. 1832. 8. Orat. XV sel. rec. et emend.
J. C. Orelli. Turici 1836. 8. Auserw. Red. herausg. v. R. Klotz. Lpzg.
1838. 8. Cic. Or. pro Archia poeta rec. R. Stürenburg. Lips. 1834. 8.
m. Anmerk. v. L. Stürenburg. ebd. 1839. 8. de prov. consular. e cod.
emend. J. C. Orelli. Turici 1833. 4. pro rege Dejotaro ad fid. cod.
rec. et crit. annot. instr. A. F. Soldan. Hanov. 1836. 8. pro Ann.
Milone ad cod. Erfurt. annot. orth. instr. G. Freund. Vratisl. 1838.
4. m. Einl. u. Comm. v. Ed. Osenbrüggen. Hamb. 1841. 8. Or. p. Plancio.
c. integr. comm. Garatonii et annot. ed. J. C. Orelli. Lips. 1825. 8.
Or. pro Cn. Plancio ad opt. cod. fid. emend. et interpr. alior. suaq.
explan. Ed. Wunder. Lips. 1831. 4 de imperio Cn. Pompei ad opt.
codd. fid. emend. et interpr. t. al. t. suis expl. C. Beneke. Lips.
1834. 8. pro Q. Rosc. Comoedo or. ed. comm. annot. ill. C. Ad.
Schmidt. Lips. 1839. 8. pro S. Roscio Amer. rec. emend. script. vet.
schol. vet. sel. var. annot. adj. G. Büchner. Lips. 1835. 8. emend.
J. C. Orelli. Turici 1837. 4. post red. in senat. c. not. vir. doct.
ed. et ab inject. suspic. def. J. A. Savelius. Colon. 1830. 8. pro
Sestio orat. c. var. lect. emend. J. C. Orelli. Heidelb. 1835. 4. pro
Sulla rec. C. H. Frotscher. Lips. 1831. 8. (Dazu Doct. interpr. comm.
in Cic. Or. pro Sulla. ed. C. F. Frotscher. Lips. 1832. 8.) Orat. IV
in Catil. Orat. IV. m. erl. u. crit. Anmerk. v. G. Benecke. Lpzg. 1828. 8.
Oratio IVta in Catil. recogn. comm. instr. et a Cicer. abjud. E. H.
F. Ahrens. Coburg. 1832. 8. Orat. pro Lege Manil., in L. Catil.,
pro Archia et pro Milone m. hist. ant. u. gramm. Anmerk. v. F. J.
Reuter. Augsb. 1831. 8. pro Plancio, Milone, Ligario et Dejotaro rec.
et not. crit. instr. G. G. Wernsdorf. Jen. 1828. 8. Or. pro S. Rosc.
Amer. in C. Verr. actio I, pro P. Sulla, p. Q. Ligario, p. Rege Dejotaro et Philipp. II. m. gramm. krit. hist. u. antiq. Anmerk. v. F. J.
Reuter. Augsb. 1832. 8. p. Cael. Rufo et p. Sestio e codd. n. pr.
coll. emend. c. annot. ed. J. C. Orelli. Turici 1832. 8. Cic. Or. pro
Ligario, Dejotaro, Archia poeta krit. ber. u. m. Anmerk. begl. v. G.
Benecke. Lpzg. 1836. 8. Or. p. S. Rosc. Amer. pro lege Manil. in Ca-
tilin. IV. acc. exc. crit. ed. S. N. J. Bloch. Hafn. 1829. 8. pro Cluent.
rec. et crit. annot. instr. J. Classen. Bonn. 1831. 8. Orat. Philipp.
c. int. Garatonii comm. ed. G. G. Wernsdorf. Lips. 1821—22. II. 8.
Cic. Orat. Verr. VII ad fid. codd. rec. T. S. Zumpt. Berol. 1830. 8.
Cic. Orat. pro M. Fontejo et pro C. Rabirio fragm., T. Livii lib.
XCI fragm. pl. et emend. L. Senec. fragm. ex membr. bibl. Vatic.
ed. a B. G. Niebuhr. Rom. 1820. 8. rec. C. Beier. Lips. 1825. 8. ed. A.
Majus. Rom. 1828. 8. Orat. pro Tullio fragm. c. suppl. vir. doct.
brevique annot. ed. E. F. Richter. Norimb. 1834. 8. Or. pro Tullio,
in Clodium, pro Scauro, pro Flacco ex membr. Palimps. in luc.
revoc. et ant. schol. reliq. edid. et expl. E. C. d'Engelbronner. Roterod. 1830. 8. Cic. Or. pro Tullio c. comm. et exc. Ph. D. Husch-
kii, in s. Anal. Litter. Lips. 1826. 8. p. 77—290. Uebers. ist Cic. Aus-
erles. Reden überf. u. erl. v. Fr. C. Wolff. Altona 1829. 7. 17. 18. 19. V.
8. R. Sammt. auserl. Red. v. Fr. C. Wolff. Bd. I. II. ebd. 1823—24. 8.

Im Allg. ſ. a. Ed. **Wunder**, Var. Lect. libr. aliq. M. T. Cicer. ex
cod. Erfurt. enot. Lips. 1827. 8.
  12) Cic. Rhetor. ad Herenn. et de inventione c. not. var. cur.
P. **Burmann** sec. Lugd. B. 1761. 8. repet. cur. suasq. not. adj. Fr.
Lindemann. Lips. 1828. 8. Dazu: Aldi Manutii in Cic. de Rhet.
Vol. I. II. comm. Venet. 1583. II. fol. Cic. de Oratore ex mss. emend.
notq. ill. Z. Pearce. Cantabr. 1716. 1732. 8. Lond. 1795. 8. c. integr.
not. Z. Pearce al. exc. suisq. ed. G. Ch. Harles. Lips. 1816. 8. rec.
illustr. alior. suasq. anim. adj. C. Müller. Lips. et Züll. 1819. 8. ed.
G. **Olshausen**. Slesw. 1825. 8. ed. et illustr. R. J. F. **Henrichsen**.
Hafn. 1830. 8. m. hiſt. gramm. u. erkl. Erläut. v. Kuniß. Lpzg. 1836. 8.
rec. emend. interpr. est Fr. Ellendt. Regiom. 1840. II. 8. überſ. u.
erläut. v. Fr. C. Wolff. II. umg. A. Altona 1830. 8. Cic. Brutus c. not.
Ernesti et al. interpr. sel. ed. not. adj. Fr. Ellendt. Regiom. 1825.
8. rec. R. J. F. **Henrichsen**. Hafn. 1831. 8. emend. et comm. instr.
H. **Meyer**. Hal. 1838. 8. f. b Schulgebr. erläut. v. R. Stern. Hamm
1837. 8. m. fortl. Comment. herausg. v. K. G. Kuniß. Lpzg. 1843. 8 Cic.
Orator ad M. Brut. rec. H. **Meyer**. Acc. epist. cr. Frotscheri. Lips.
1827. 8. rec. et ill. Fr. **Goeller**. Acc. discrep. script. Lips 1838. 8.
e. krit. u. erkl. Schulausg. v. C. Peter u. Gl. Weller. Lpzg. 1838. 8.
Orator, Brutus, Topica, de optimo genere orat. c. annot. Beieri et
ed. ope codd. rec. J. C. **Orelli**. Praem. epist. crit ad J. N. Madvig.
Turici 1830. 8. Cic. de opt. genere orat. ad Trebat., Topica, orat.
partitiones ill. G. H. **Saalfrank**. Erlang. 1823. 8. Ausg. d. ſämmtl.
rhet. Schr. iſt: Cic. Rhet. rec. et ill. Ch. G. **Schütz**. Lips. 1804 — 8.
III. 8. Rhet. Min. ill. J. Ch. Fr. **Wetzel**. Liegn. 1807 — 23. II. 8.
Dazu J. Ch. Th. **Ernesti**, Lexic. technol. lat. rhet. Lips. 1797. 8.
  Zur Anm. Q. T. Cicer. de petit. cons. c. Schwarz. suisq. anim. ed. R.
F. **Hummel**. Norimb. 1791. 8. rec. et comm. perp. ed. Hoffa. Lips.
1837. 8. ſ. **Corradi** Quaest. p. 278 sq. Dieſe Schrift hat großes anti-
quariſches Intereſſe, weil man aus ihr das Verfahren bei den Wahlen in
Rom kennen lernen kann, da darüber vom Quintus C. ſeinem Bruder Tullius
Verhaltungsmaßregeln gegeben werden.

E) Epiſtolographie.

§. 108.

Während wir in dieſer Periode in genanntem Fache durchaus
kein Beiſpiel oder Muſter bei den Griechen haben, da das hierher Gehörige ſchon bei der vorigen Periode mit erwähnt worden
iſt, haben wir auch hier bei den Römern einen Meiſter in dieſer
Gattung zu nennen, nämlich den M. Tullius Cicero. Seine
Briefe haben aber nicht allein durch ihre Vollendung in der
Kunſtform und koſtbaren Styl einen bleibenden Werth für uns,
ſondern bei dem Einfluſſe dieſes Mannes auf die Staatsverwaltung und bei ſeinen weitverzweigten politiſchen Verbindungen klären
ſie uns erſtlich auch viele ſonſt ſehr dunkle Verhältniſſe hierin
auf, und laſſen uns dann ſowohl auf ihres Verfaſſers als auch
auf der bedeutenſten Männer jener Zeit Charakter einen richtigen

und durchdringenden Blick werfen, außerdem daß wir aus ihnen noch die Umgangssprache der damaligen vornehmen Römer kennen lernen, weil auch mehrere Briefe von Anderen, nicht bloß von Cicero, sich darunter befinden[1]).

1) S. L. R. Abeken, Cicero in s. Briefen. E Leitfab. b. dief. m. Hinweis. a. d. Zeit, wo sie geschr. wurden. Lpzg. 1835. 8. Ausg. f. Cic. Epist. q. exst. omn. temp. ord. disp. cur. F. Bentivoglio. Mediol. 1826. I. 8. (m. Ausn. d. Briefe a. d. Brutus:) recens. et sel. vir. doct. suisq. annot. ill. Ch. G. Schütz. Hal. 1809 — 11. VI. 8. Uebers. Cic. Briefe a. d. Latein. m. Erläut. u. Anmerk. v. Ch. M. Wieland. u. F. D. Gräter. Zürich 1808 — 22. VII. 8. (Dazu C. F. D. Moser, Bemerk. zu Wieland's Uebers. v. Cic. Brief. philol. liter. u. jur. Inhalts. Ulm. 1828. 8.) R. A. Leipz. 1840. XII. 16. Einz. Ausg. f. nämlich der XVI BB. an Verschiedene (mit den Antworten bers.) Cic. epist. ad famil. ex rec. J. G. Graevii. Amst. 1677. II. 8. c. not. cr. ed. T. Fr. Benedict. Lips. 1790 — 95. II. 8. rec. et ill. Wetzel. Liegnitz 1794. 8. Clarorum vir. epist., q. inter Cicer. epist serv. exstant, ill. B. Weiske. Lips. 1792. 8. f. a. P. Manutius, In Cic. epist. ad Diversos comm. Frcft. 1600. II. 8. cura Richteri. Lips. 1779. II. 8. — XVI Büch. a. f. Freund Atticus: Cic. Epist. ad Attic. ex rec. J. G. Graevii. Amst. 1684. II. 8. f. a. P. Manutii in Cic. Epist. ad Attic. comm. et S. Bosii animadv. Venet. 1561. 8. Frcft. 1680. 8. — 3 Büch. Briefe an seinen Bruder Quintus und ein wahrscheinlich von einem jüngern Rhetor verfaßtes Buch, Briefe an den M. Brutus: Cic. Epist. ad Q. Fratrem et ad Brutum c. not. var. Hag. Com. 1725. 8. f. P. Manutii in Cic. Epist. ad Brutum et Quintum Cic. comm. Venet. 1567. 8. Auswahl v. Br. enthält: A. Matthiae Cic. epist. sel. ac temp. ord. dispos. Ed. III aucta et emend. Lips. 1829. 8. Briefe d. M. T. Cicero u. f. Zeitgenossen herausgeg. u. erl. v. A. Thospann. Leipz. 1833. Bd. I 8.

F) Mathematik.

§. 109.

1.) Griechen. Daß die mathematischen Wissenschaften im Alexandrinischen Zeitalter gewiß nicht ohne Aufmunterung und Begünstigung blieben, läßt schon der ganze Geist desselben vermuthen, und so war es auch, denn es wurden von den dasigen Königen förmlich Lehrer für ihr Museum angestellt, und die Neigung dafür blieb, wie noch Amm. Marcell. XXII. 16. berichtet, bis in die späte Zeit regsam. Wenn wir nun vorerst die einzelnen Gattungen derselben betrachten, so werden wir es mit der Arithmetik und Geometrie vor allen anderen hier zu thun haben; denn nachdem Eratosthenes[1]) ebenfalls einen Versuch gemacht hatte, das berühmte Problem von der Verdoppelung des Würfels zu lösen, trat auf einmal Euclides[2]) aus Gela in Sicilien oder, wie die Araber berichten, aus Tyrus unter Ptolemäus Lagi zu Alexandrien i. J. 308 v. Chr. als Lehrer der Geometrie

auf und machte sich als solcher einen so großen Namen, daß
sein Ruf bis auf die Zeit der Araber hinab eine Masse von
Schülern nach jener Stadt zog, weil man annahm, es müsse
daselbst wenigstens in seinem Geiste gelehrt werden. Noch größer
ist aber wegen des Umfangs seiner Leistungen, die sich auf alle
Theile dieser Wissenschaft erstrecken, Archimedes[3]) aus Syracus
(geb. 287), jener ausgezeichnete Mechaniker und Kriegsbaumeister,
der im zweiten Punischen Kriege seine Vaterstadt drei Jahre lang
gegen die Römer zu vertheidigen wußte, aber leider bei der
Eroberung derselben wider den Willen des Römischen Feldherrn Marcellus von einem Soldaten, der ihn nicht kannte,
getödtet ward. Berühmt sind von ihm seine Berechnung des
Kreises und seine Lehre von der Fläche der Parabel und dem
Inhalte von Körpern, welche durch Umdrehung von Kegelschnitten
um ihre Achse beschrieben werden. Nicht weniger Ruhm erwarb
sich aber Apollonius von Perga[4]) in Pamphylien, anfangs
Schüler der Nachfolger Euclid's, dann aber v. J. 250 — 221
v. Chr. selbst Lehrer der Geometrie zu Alexandria und Pergamus,
durch seine jetzt freilich nicht mehr in ihrer ursprünglichen Gestalt vorhandenen Schriften von den Kegelschnitten, Ebenen, Berührungen, Neigungen und dem Raume, dem begränzten und Ver-
hältnißschnitt. Dagegen sind die Schriften des Dinostratus[5]),
der eine krumme Linie (quadratrix) erfunden hatte, welche die
Multiplication des Winkels aus der Quadratur des Kreises bewerkstelligen sollte, des Nicomedes[6]) (200 — 180 v. Chr.),
des Erfinders der Schneckenlinie, und seines Zeitgenossen Diocles[7]), der sich gleichfalls an die Lösung des Problems von
der Verdoppelung des Würfels gemacht hatte, verloren.

Für Mechanik ist natürlich abermals Archimedes zu
nennen, dem von Papp. Coll. math. VIII. p. 10 vierzig verschiedene
Erfindungen in dieser Wissenschaft zugeschrieben werden, von denen
uns jedoch jetzt nicht alle mehr bekannt sind, ob ihn gleich seine
Construction der Wasserschraube, des Flaschenzuges oder Poly-
spasts und vielleicht auch des Brennspiegels unsterblich machen
werden[8]). Nächst ihm gehört hierher Ctesibius[9]) aus Alexandrien (146 — 116 v. Chr.), der Erfinder der Wasserorgel,
und sein Schüler Heron[10]) ebendaher, der Erfinder des Herons-
balles und Heronsbrunnens, dessen Schriften über Fortbewegung

13*

großer Lasten ($\beta\alpha\varrho o\nu\lambda\varkappa o\varsigma$), Kriegsmaschinen und Automaten zwar noch erhalten sind, wogegen aber seine berühmte Einleitung in die Mechanik selbst verloren ist. Ueber Kriegsmaschinen besitzen wir auch noch einige Schriften von Biton (227 v. Chr.), Athenäus (212) und Philo von Byzanz (154 v. Chr.) [11]. Für Hydrostatik hat ebenfalls Archimedes [12] die Principien dieser Wissenschaft gefunden und zuerst nachgewiesen, wie ein dichter und schwerer Körper, z. B. Gold, weniger Wasser aus einem Gefäße drängen müsse, als ein minder dichter von gleichem Gewicht, z. B. Gold, mit Silber gemischt. Für Astronomie sind bereits bei der vorigen Periode die bedeutendsten Schriftsteller mit erwähnt worden, hier gedenken wir daher nur des Geminus von Rhodus [13], der eine Einleitung in diese Wissenschaft hinterließ, und des Aegypters Sosigenes, welchen bekanntlich (s. Dio Cass. XLIII. 26. Plin. H. N. XVIII. 25.) Julius Cäsar bei seiner Verbesserung des Römischen Kalenders zu Hilfe nahm. Ob dagegen Theodosius von Tripolis in Bithynien [14] mit seinen Schriften bereits in diese Periode fällt, oder wie Andere wollen, mit dem Skeptiker des 2ten Jahrhunderts nach Christo gleiches Namens identisch ist, läßt sich nicht genau bestimmen. Astrologie wurde zwar, wie sich bei der mystischen Richtung der Theologie dieser Zeit vermuthen läßt, in Aegypten fleißig getrieben, aber Schriften darüber haben sich nicht erhalten. Dagegen besitzen wir über Optik noch des Heliodor von Larissa [15] Auszug aus der Katoptrik des schon genannten Heron und von diesem oder von Philo von Alexandria eine Abhandlung über die Diopter oder das Werkzeug zum Visiren bei Messungen [16]). S. Allg. L. G. §. 299.

1) S. J. H. Dreßler, Eratosth. v. d. Verdoppelung d. Würfels. E. Fr. a. Ptol. Euergetes übers. crit. her. u. erläut. m. Vergl. e. mechan. Auflös. d. Problems. Wiesbad. 1828. 8. gr. et lat. b. Reimer, Hist. probl. de cubi dupl. p. 131—159.

2) Wir haben von ihm $\Sigma\tau o\iota\chi\epsilon\iota\omega\nu$ libri XV oder elementa matheseos purae nach d. Recension und mit einigen Zusätzen des Theon von Alexandria bis z. 13ten B., B. 14 u. 15 scheinen aber den Hypsikles von Alexandria (160 n. Chr.) zum Verfasser zu haben. B. I — VI enthalten die reine Geometrie, VII — IX die Arithmetik, X die Lehre von den irrationalen Zahlen, XI — XIII die Stereometrie und XIV — XV die Theorie von den regelmäßigen Körpern. Dazu kommen noch $\delta\epsilon\delta o\mu\epsilon\nu\alpha$, d. h. Data s. Concessa, eine Art von Einleitung in die geometrische Analysis in 95 Sätzen. s. J. A. Schmid, Diss. de Euclide geometra. Jen. 1685. 4. P. Saccheri, Euclides ab omni naevo vindicatus. Mediol. 1731. 4. J. Gutenäcker, üb. d. Griech. Mathematiker überh. u. üb. Euclid insbesondere. Würzb.

1827. 4. **G. M. Bosius**, Sched. litt. de variis Euclidis edition., co-
dic. Lips. 1737. 4. **J. G. Gartz**, de interpretibus et explanatoribus
Eucl. arabicis. Hal. 1823. 4. Ausg. s. Werke sind: Eucl. Opera c.
Theonis expos. cura S. Grynaei. Basil. 1530. fol. gr. et lat. p. C.
Dasypodium, item Heronis Alex. vocabula arithmetica, nunquam
antehac edita. Argent. 1571. 8. gr. et lat. ex rec. D. Gregorii. Oxon.
1703. fol. Oeuvres d'Euclide. Grec, latin et français, d'après un
Ms. av. d. not. p. Peyrard. Paris 1804—18 III. 8. Ausg. b. Elemente:
Elem. Ed. Pr. Venet. 1482. fol. Basil. 1533. fol. gr. et lat. e vers.
Fr. Commandini. Lond. 1620. fol. ed. E. F. August. Berol. 1826—
29. II. 8. Elem. L. VI. edd. J. G. Camerer et C. F. Hauber. Berol.
1824. II. 8. Elem. L. VI. priores c. XImo et XIImo text. e Peyrardi
rec. ed. gloss. instr. J. G. C. Neide. Hal. 1825. 8. D. geom. Büch.
b. Elem. m. v. Anm. v. J. J. J. Hoffmann. Mainz. 1829. 8. Die Pla-
nimetrie u. Stereometrie bers. v. ebb. Ebd. 1832. 8. s. a. J. J. Ign.
Hoffmann, Bemerk. zu b. Büch. b. Elem. b Euclid. Mainz 1832. 8. Chr.
Fr. Pfleiderer, Scholien zu Eucl. Elementen. Stuttg. 1826—27. V. 8. E.
E. Unger, die Geometrie b. Eucl. u. b. Wesen bers. Erfurt 1833. 8. Ausg. b.
Data s. Data gr. et lat. Acc. Marini comm. schol. ill. Cl. Hardy.
Lut. Par. 1625. 4. Data m. R. Simson's Zus. herausgeg. v. J. Fr. Wurm.
Berl. 1825. 8. Seine 3 Bücher πορισματων sind zwar bis auf einige Auszüge b.
Papp. ad Eucl. Elem. VII. Praef. verloren, allein hieraus hergestellt und
supplirt v. R. Simson, Opera quaed. reliq. Glasg. 1776. 4. p. 315—594.
Für den heutigen Schulunterricht benutzt man v. s Elem. nur B. I—VI. XI. XII

3) Leibniz sagt in s. Oper. T. V. p. 460 von ihm: qui Archimedem
et Apollonium intelligit, recentiorum summorum inventa minus
probabit. s. G. L. J. Toerner, de industria Archim. in obsidione
Syracus. diss. Upsal. 1752. 4. Fraguier in b. Mém. de l'acad. T. II.
p. 321 sq. J. Gutenäcker, b. Grabmahl b. Archimedes. München 1834. 4.
Libri Hist. d. scienc. math. en Italie T. I. p 34 sq. 208. J. A Schmid,
Diss. de Archim. mathem. principe. Jen. 1783. 4. C. M. Brandel,
Diss. sist. hist. Archim. vitam ejq. in mathes. merita. Gryph. 1789.
4. G. M. Mazzucchelli, Not. istor. e crit. intorno alla vita ed agli
scritti di Archim. Sir. Bresc. 1737. 4. Auf Arithmetik bezieht sich seine
κυκλου μετρησις (Kreismessung) u. ψαμμιτης ober arenarius (Zusammen-
zählung des Sandes s. Archim. üb. b. Menge b. Sandes ob. Beurtheil. b.
Größe b. Welt in Sandkörnern. A. b. Griech. übers. v. J. F. Krüger. Quedlinb. 1820. 8) s. Archim. Arenarius et Dimensio circuli c. Eutocii
comm. gr. et lat. c. not. ed. J. Wallis. Oxon. 1676. 8. u. in Wallis,
Oper. T. III. p. 509 sq. Kreismessung, Gr. u. Deutsch v. J. Gutenäcker.
Würzburg 1828. 8. m. e. Comment. v. L F. Junge. Halle 1824. 8. Zur
Geometrie gehören seine 2 Bücher περι σφαιρας και κυλινδρου s. Archim.
üb. Kugel u. Cylinder 2 B. Deutsch n. b. Buch v. b. Kreismessung v. K.
J. Hauber. Tübing. 1798. 8., εμπεδων ισοψψοπικων ἠ κεντρα βαρων
επιπεδων in 2 Büchern, zuweilen auch de planis aequiponderantibus u. de
centris gravium planorum genannt, τετραγωνισμος παραβολης ober de
quadratura parabolae s. b. Quadratur ber Parabel b. Archimedes m.
Hülfesätzen verm. v. J. J. J. Hoffmann. Aschaffenburg. 1817. 8., περι
αμβλυγωνιων κωνοειδεων και σχηματων σφαιροειδεων ober de figuris
conoidibus obtusis et de sphaeroidibus libri II und περι ελικων ober
de lineis spiralibus, wozu noch sein Epigramm in 22 Distichen προβλημα
βοεικον (s. Hermann, Opusc. T. IV. p. 226 sq.) s. problema bovinum
kommen muß. Auf die Hydrostatik bezieht sich sein Buch περι των υδατι
εφισταμενων ἠ περι των οχουμενων s. Archim. de iis quae aquis in-
natant, ex vers. lat. Venet. 1565. 4. E. Stück b. Griech. Originaltextes
b. Mai, Class. auct. coll. T. I. p. 426—430. Untergeschoben aus dem
Arabischen, woraus auch übersetzt, sind: Archimedis Assumtorum s. lem-
matum liber (Arch. lemmata ex arab. lat. vert. et c. Apoll. Perg.
ed. A. Borellus. Florent. 1661. fol.) und de speculis comburentibus

parabolicis (Antiqui script. lib. de speculo comburente concavitatis parabolae. Ex arab. lat. vert. Gongava. Louv. 1548. 4.) Ausg. f. Werke find: Ed. Pr. Archim. Opera omn. gr. et lat. Adj. sunt Eutocii comm. gr. et lat. Basil. 1544. fol. Op. nov. demonstr. comment. illustr. p. D. Rivaltum de Flurentia. Paris. 1615. fol. gr. et lat. rec. Cl. Richard. Paris 1646. fol. gr. et lat. c. Eutocii comm. et lect. var. ed. J. Torelli et Abr. Robertson. Oxon. 1792. fol. Les oeuvres d'Archim. trad. litter. av. un comment. préc. de sa vie et de l'analyse de ses ouvr., suiv. d'un mém. de Delambre sur l'arithmétique des Grecs et sur le miroir ardent p F. Peyrard. Paris 1808. II. 8. Arch. fämmtl. Werke in's Deutfche überf. m. erl. u. frit. Anmerk. v. E. Nizze. Stralf. 1824. 4. S. a. Schief, üb. b. Himmelsgloben b. Anarimander u. Archimedes. Hanau 1843. 8.

4) Seine *κωνικα στοιχεια* (b. h. Regelfchnitte) haben wir B. I—IV im Griechifchen Original, V—VII in einer aus dem Arabifchen gemachten Lateinifchen Ueberfetzung, B. VIII nur nach den bei Pappus erhaltenen Inhaltsanzeigen von Halley bearbeitet vor uns f. Apoll. Perg. Conic. L. IV. prior. c. Pappi Alex. lemm. et Eutocii Ascalon. comm. ex cod. Ms. gr. ed. Ed. Halley. Acc. libri III. poster. ex Arab. serm. in Lat. conv. c. Pappi lemm. Subjic. lib. conic. octavus restit. et Sereni phil. Antiss. de sectione cylindri et coni lib. II. Oxon. 1710. fol. Seine *επιπεδοι τοποι*, b. h. von den Ebenen (Apoll. Perg. Locor. planor. libri II rest. a S. Simson. Glasg. 1749. 4. Deutfch. m. Anm. v. J. W. Camerer. Lpzg. 1796. 8.), *περι επαφων*, b. i. von den Berührungen (gr. ex cod. ms. pr. ed. ab J. G. Camerer. Goth. 1795. 8. cf. Fr. Vieta, Apollonius Gallus. Paris 1600. fol. u. in f. Oper. p. 325 sq. S. u. A. Wieth, Leitf. z. vollft. Bearb. b. wiederhergeft. Apoll. v. Fr. Vieta. Deffau 1820. 4. G. L. Christmann, Apoll. Suevus s. taction. probl. restit. Tubing. 1821. 8. J. Th. Ahrens, üb. b. Probl. b. Ap. v. Perga v. b. Berühr. Augsb. 1836. 4. L. G. Humann, Verf. e. Wiederherft. b. Büch. b. Ap. v. P. v. b. Berühr. Bresl. 1817. 8.), *περι χωριου αποτομης*, b. i. vom Raumfchnitt (D. Buch b. Ap. v. P. de sectione spatii wiedersherg. v. W. A. Diefterweg. Elberf. 1827. 8. v. A. Richter. Halberft. 1828. 8. anal. bearb. u. m. e. Anh. verf. v. M. G. Grabow. Frkft. 1834. 8.), *περι διωρισμενης τομης*, b. i. vom begränzten Schnitte (Wiederherg. v. R. Simfon u. n. b. angeh. Buche b. letzt. a. b. Lat. frei bearb. v. M. G. Grabow. Frkft. a. M. 1828. 8.), *περι νευσεων*, b. i. von den Neigungen (Ap. v. P. Büch. de inclinationibus wiederh. v. S. Horsley. N. b. Lat. frei bearb. v. W. A. Diefterweg. Berl. 1823. 8.) u. *περι λογου αποτομης*, b. i. von dem Schnitt b. Verhältniffes (n. Eb. Halley frei bearbeitet v. W. A. Diefterweg. Berl. 1824. 8. Ap. v. P. zwei Büch. v. Verhältnißfchnitt. A. b. Lat. b. Halley überf. u. m. e. Anh. verf. v. A. Richter. Elbing 1836. 8.) haben gleiches Schickfal erfahren f. b. Comm. Reg. Gott. 1800. T. XIV. p. 17 sq. J. F. Weidler, Sched. quo Apoll. doctr. curv. promotae glor. vind. Viteb. 1715. 4. El. Ed. Müller, Disq. de meth., qua vet. geometr. usi sunt ad tangentes curv. determin. Berol. 1826. 8. Wegener, de aula Attal. p. 241 sq.

5) S. Boffut, Gefch. b. Math. I. p. 76.

6) S. C Witte, Cochoidis Nicom. aequatio et indoles. Gotting. 1813. 4. Newton, Arithm. Univ. Amst. 1761. App. p. 237 sq.

7) S. Reimer, Hist. probl. de cubi dupl. p. 160—174. 174—186.

8) S. Diod. Sic. V. 37. Tzetz. Chil. II. 35. III. v. 60 sq. V. 32. IV, v. 505. XI. v. 597. XIII. v. 970 sq. Märtens in Erfch. Encycl. Bb. V. p. 144. Jacius, Pr. üb. b. Brennfpiegel b. Archim. Coburg. 1801. 4. Delambre b. Peyrard, Trad. d. Oeuvr. d'Arch. T. II. p. 498 sq. Van Capelle in Gilbert's Annal. b Phyf. Bb. LIII. p. 242 sq. Wilde, Gefch. b. Optik Bb. I. p. 31 sq.

9) S. Käftner, Gefch. b. Math Bb. II. p. 136 sq. cf. Plin. H. N. VII. 37.

10) Fragm. a. d. βαρουλκος b. Papp. Coll. Math. VIII. nr. 10. dann Lat. a. e. arab. Ueberf. v. Brugmans in d. Comm. Soc. Gott. T. VII. p. 77 sq. Seine μελοποϊκα, d. h. von der Verfertigung von Geschossen, χειροβαλλιστρας κατασκευη και συμμετρια, d. i. über die Bauart und Messung einer Handwurfmaschine, πνευματικα, d. i. über die mit Hilfe des Windes in Bewegung gesetzten Maschinen und περι αυτοματοποιητικων, d. i. über Verfertigung von Automaten stehen Gr. u. Lat. b. Thevenot, Vet. mathem. op. gr. et lat. Paris 1693. fol. p. 121 sq. 331 sq. 155 sq. 145 sq. 243 sq. s. J. A. Schmidt, de Her. Al. scriptis et quibd. inventis. Helmst. 1714. 4. Reimer a. a. O. p. 95 — 104. u. Fortia d'Urban b. Wolf, Lit. Anal. II. p. 205 sq.

11) Biton's Schr. κατασκευαι πολεμικων οργανων και καταπελτικων, d. i. von der Verfertigung d. Kriegsmaschinen u. Katapulten b. Thevenot p. 105 sq., Athenäus περι μηχανηματων, d. i. von Kriegsmaschinen ebb. p. 1 sq. und Philo's W. IV. u. V. seiner μηχανικα, auch von Kriegsmaschinen handelnd, b. Thevenot p. 49 sq. Ihm wird noch eine Schrift περι των επτα θαυματων, oder über die 7 Wunderwerke der Welt beigelegt, (Phil. de VII orbis spectac. n. prim. gr. et lat. et not. op. L. Allatii. Rom. 1640. 8. gr. et lat. textu rec. not. alior. et s. fragm. Callinici et Adriani Tyr. adj. J. C. Orelli. Lips. 1816. 8.) s. Reimer p. 107 — 123.

12) Hierher gehören des Archimedes Schr. περι των ισορροπικων επιπεδων und περι των οχουμενων. E. Fragm. a. d. Schr. d. Heliodorus v. Larissa a. d. 6ten Jhdt. n. Chr. s. b. Schneider, Ecl. Phys. Bd. I. p. 467 sq.

13) S. εισαγωγη εις τα φαινομενα, d. i. Einl. in die Elem. d. Astronomie (gr. et lat. cur. Ed. Hildericus. Altorf. 1580. 8 u. b. Petav. Uranol. p. 1 — 70. gr. et franç. p. Halma, b. s. Tabl. chron. d. regnes de Ptolemée. Paris 1819. 4.). Ein anderer Geminus ist vermuthlich Verfasser d. Schrift über das Grüne (περι πρασινων) b. Iriarte, Cod. mss. bibl. Matr. p. 429 sq.

14) Ein Buch über die Tage und Nächte, nur latein. (Autolyci de ortu et occasu astror. Theodos. Tripol. de dieb. et noct. c. schol. ant. et fig. lat. p. J. Auriam. Rom. 1587. 1591. 4.) u. v. d. Wohnungen (Antolyci de sphaera, quae movetur, liber et Theodos. Trip. de habitationibus liber interpr. J. Auria. ib. 1587. 4.). Sonst giebt es von ihm noch 3 Bücher Kugelschnitte oder σφαιρικα (Theod. Trip. Sphaer. gr. et lat. p. J. Penam. Paris 1558. 4. p. J. Hunt. Oxon. 1707. 8. III Bücher Kugelschnitte. A. d. Griech. m. Erläut. u. Zus. v. L. Nizze. Stralf. 1826. 8.).

15) Heliodor von Larissa im 6ten Jhdt. machte jenen Auszug in s. κεφαλαια των οπτικων (gr. et lat. c. anim. Er. Bartholini. Paris 1657. 4. ed. A. Mutani. Pistor. 1758. 8.).

16) Sein Werk περι διοπτρας ist m. ital. Ueberf. herausg. v. Venturi in d. Mem. del instit. Naz. Ital. T. I. P. II. u. in s. Storia della Ottica. Bologna 1814. T. 1. p. 142 sq. s. a. Schweighaeuser, Pr. de cod. oper. ined. Heron. Alex. Argent. asserv. Argent. 1789. 8.

§. 110.

2.) Römer. Wie die Römer überhaupt in allen denjenigen Wissenschaften, zu welchen ein langes und anhaltendes Studium gehörte, hinter den Griechen zurückblieben, so war dieß natürlich auch in den abstracten Wissenschaften bei ihnen der Fall. Daher haben wir nur sehr wenig über ihre Leistungen in der Mathematik[1]) zu sagen, denn von ihrer groben Ignoranz in der Arithmetik haben wir bei Liv. VII. 3. ein ganz unwiderlegliches Beispiel, und was Geometrie angeht, so sagt Cic. Tusc. I. 2, 5. ausdrücklich, man habe diese nur der Ausmessungen und Berechnungen bei Gränz- und Feldbestimmungen wegen getrieben. Was endlich Astronomie anlangt, so haben sich zwar schon Romulus und Numa mit einer Eintheilung des Jahres beschäftigt, i. J. 292 v. Chr. hat Lucius Papirius Cursor die erste Sonnenuhr, welche jedoch erst i. J. 164 v. Chr. verbessert und nach dem Meridian von Rom gestellt ward, und 159 endlich Scipio Nasica die erste Wasseruhr nach Rom gebracht. Zuerst scheint C. Sulpicius Gallus i. J. 168 v. Chr. eine Sonnenfinsterniß bestimmt angegeben zu haben, sonst aber hat sich als astrologischer Schriftsteller nur P. Nigidius Figulus[2]), der Freund Cicero's und dieser selbst durch seine Uebersetzung der Aratea in's Lateinische um diese Wissenschaft verdient gemacht[3]). Die einzige Nebenwissenschaft der Mathematik, wohin der practische Sinn der Römer, sowie ihre Baulust sie führte, war die Architectur oder Baukunst, denn sie hatten hier nicht nur eine große Anzahl tüchtiger Practiker, sondern auch einen sehr guten Theoretiker, den M. Vitruvius Pollio[4]), der, nachdem er bereits unter Julius Cäsar gedient, unter Augustus Maschinenbaumeister ward, und uns 10 Bücher de architectura hinterlassen hat, worin er aber auch alle verwandten Wissenschaften derselben dergestalt durchgeht, daß er B. I—VII die eigentliche Baukunst, B. VIII die Wasserleitungen, B. IX die Construction der Sonnenuhren und B. X die Mechanik behandelt, sich und seinem Stande dabei aber I. c. 1 doch selbst die zu einem theoretischen Lehrbuche gewissermaßen nöthige Klarheit abspricht. S. A. L. G. §. 300.

1) S. P. Nymansson, Hist. mathematicae Roman. cap. I. Upsal. 1762. 4.

2) Nur noch Fragmente b. J. Rutgers, Var. Lect. III. 16. p. 226 sq. s. a. Burigny in d. Hist. de l'ac. d. Inscr. T. XXIX. p. 190 sq.

3) M. T. Cic. Aratea c. var. lect. cur. J. C. Orelli. Turici 1837. 4. f. Piscator, de Cic. mathem. Upsal. 1759. 4. u. G. Barchaeus, de hist. nat. lumine script. Cicer. mirabil. collustrata. ib. 1759. 4.

4) Ueb. s. Zeitalter s. Hirt im Wolf u. Buttmann, Mus. d. Alt. W. Pb. I, p. 219 sq. Ausg. Ed. Pr. c. Jul. Frontino de aquis, q. in urb. influunt, ed. J. Sulpicius. s. l. et a. (Rom. 1486.) fol. c. comm. D. Barbari. Venet. 1567. fol. ex rec. Philandri c. ejd. et al. comm. et

lexico Vitruv. Baldi cur. J. G. Laet. Amstel. 1694. fol. c. vers. Ital.
et comm. M. Galiani. Neap. 1758. 1790. fol. lat. and engl. transl.
by M. Newton. Lond. 1791—92. fol. by W. Wilkins. ib. 1812—17.
II. 4. rec. et gloss. ill. A. Rode. Berol. 1800—1. II. 8. c. expl. lat. et
germ. ib. 1806. fol. ex fide libr. scr. rec. emend. suisq. atq. vir.
doct. annot. ill. J. G. Schneider. Lips. 1808. III. 8. (ſ. J. F. v. Röſch,
Bemerk. üb. Schneider's Ausg. d. V. Tübing. 1813. 8.) rec. et ill. S.
Stratico. Udine 1825—30. IV. fol. app. emend. et ill. thes. var. lect.
praem. et 140 tab. locupl. a M. Marinio. Acc. comp. arch. emend.
et ind. III. Rom. 1836. IV. fol. Ueberſ. iſt: Vitruv's Baukunſt, überſ.
v. A. Rode. Leipz. 1796. 4. Die zu ſeinem Werke gehörigen Zeichnungen
und Riſſe ſind verloren, aber von ſeinen verſchiedenen Herausgebern aus der
Phantaſie hergeſtellt worden, differiren alſo ſehr oft unter einander, ſ. a.
H. E. Genelli, Exeget. Briefe üb. Vitruv. Brnſchw. u. Berl. 1801—4. II.
H. m. 43 Kupfern. 4. J. F. v. Röſch, Erläut. üb. Vitr. Baukunſt n. e.
Beitr. z. bibl. Geogr. Stuttg. 1802. 4. J. Poleni Exerc. Vitruvianae
s. comm. crit. de Vitr. archit. Venet. 1739. 4. K. L. Stieglitz, Ar=
chäol. Unterhaltungen. Abth. I. Ueb. Vitruv. Lpzg. 1820. 8.

G) Geſchichte.

§. 111.

1.) Griechen. Daß die Geſchichte bei den Griechen in
dieſem Zeitalter nicht ohne Fleiß betrieben wurde, läßt ſich bei
der Reichhaltigkeit des Stoffes, welchen die Eroberungen und
Feldzüge Alexander's des Großen darboten, leicht begreifen, allein
nichts deſtoweniger kann man über die Art, wie man über ſie
ſchrieb, aus den oben angeführten Gründen und dem Verluſt
der meiſten hierher gehörigen Schriften nicht mehr urtheilen, darum
müſſen wir uns noch mit drei in dieſe Periode fallenden, allerdings
ausgezeichneten Hiſtorikern begnügen, deren Werke noch erhalten
ſind. Der erſte derſelben iſt Polybius aus Amphipolis (geb. um
210—200 v. Chr.), der Sohn des Achäiſchen Prätors Lycortas,
der, nachdem er einige Zeit zu Rom, um ſich wegen der in ſei=
nem Vaterlande vorgehenden politiſchen Händel zu rechtfertigen,
gelebt hatte, Gallien, Spanien und Africa bereiſte, i. J. 146
v. Chr. in ſein Vaterland zurückkehrte, ſein Geſchichtswerk be=
endigte und, nachdem er noch Aegypten durchwandert, i. J. 134
v. Chr. den Scipio in den Numantiſchen Krieg begleitete und
i. J. 120 v. Chr. verſtarb. Er ſchrieb eine allgemeine Ge=
ſchichte vom Anfang des zweiten Puniſchen Krieges bis zur Be=
ſiegung des Perſeus oder v. J. 218—168 v. Chr., worin er,
als der pragmatiſchen Geſchichtſchreibung Vater, aus Zergliederung
der Urſachen, Umſtände und Folgen der Begebenheiten zeigt, wie

die ganze Erbe unter die Herrschaft der Römer gekommen, diese aber zu ihrem Unternehmen, Weltbeherrscher seyn zu wollen, völlig geeignet und passend seien[1]). Ebenso tritt mit einer Apologie der Römerherrschaft auf **Dionysius** aus **Halicarnassus** in Carien (um 66 v. Chr.), der, nachdem er i. J. 29 v. Chr. oder 725 n. Erb. R. nach Rom gekommen war, 22 Jahre daselbst lebte und seine 'Ρωμαϊκη 'Αρχαιολογια, besonders für die Griechen berechnet, hier abfaßte, worin er diese über ihre Unterjochung durch die Römer dadurch zu trösten sucht, daß er letztere als ein in Verfassung und Sitten durchaus von ihnen gebildetes oder gar entsprungenes Volk betrachtet. Sein Zweck war wie bei **Polybius** in der Geschichte ein Lehrbuch für Philosophen, Staats- männer und Redner zu liefern, weßhalb er auch alle früheren Römischen Annalisten fleißig gelesen hatte[2]). Nach einem anderen, dem synchronistischen Plane arbeitete aber **Diodorus** aus Agy- rium in Sicilien, der Zeitgenosse des Cäsar und Augustus, der, nachdem er große Reisen in Europa und Asien gemacht, eine Zeit von 30 Jahren auf die Verfertigung seiner großen Welt- geschichte von Eroberung Troja's an bis z. J. 60 v. Chr. ver- wendete, aber wegen seiner nicht mehr ganz reinen Sprache und seines Mangels an Glaubwürdigkeit, da er die Mythen und Sitten der fremden, vorzüglich Asiatischen Nationen durchgängig den Griechischen anzupassen sucht, seinen Vorgängern nachsteht[3]). S. A. L. G. §. 265.

1) S. C. D. **Beck** Pragm. hist. apud veteres ratio et judicium. Lips. 1810. 4. p. 3 sq. **Ulrici**, Charact. d. antik. Historiogr. p. 60 sq. **Ant. van Goudoever**, Disp. de Polyb. histor. laudibus. Traj. 1809. 8. **Heyd**, de Polyb. vita disq. Tubing. 1812. 8. K. W. **Nitzsch**, Polybius. 3. Gesch. ant. Polit. u. Historiogr. Kiel 1842. 8. F. A. **Brandstäter**, Be- merk üb. d. Geschichtswerk d. Polybius. Danzig 1843. 8. Von den 40 Büchern seiner Geschichte ist nur I–V vollständig, von den übrigen aber nur Fragmente erhalten: Ed. Pr. Polybii Lycortae histor. libri V op. Vinc. Opsopoei in luc. editi gr. et lat. N. Perotto interpr. Hagen 1530. fol. gr. et lat. Is. Casaubon. emend. lat. vert. et comm. illustr. Acc. Aeneae tact. de toler. obsid. comm. Paris 1609. fol. Hist. libri qui supersunt gr. et lat. interpr. Is. Casaubono: Gronov. recens. ac var. not. suasq. adj. Amstel. 1670. III. Ed. II adj. Glossar. Polyb. J. A. **Ernesti**. Lips. 1763–64. III. 8. Histor. quidquid superest gr. et lat. recens. digess. et annot. doct. vir. suisq. illustr. lat. Casaub. vers. reform. J. **Schweighaeuser**. Lips. 1789–95. IX. 8. Oxon. 1823. IV. 8. Polyb. et Appiani q. supersunt. Gr. et lat. c. fragm. Paris 1839. II. 4. Liber ex Polyb. hist. exc. de militia Roman. et castror. me- tatione inventu rariss. a. J. **Lascare** in latin. transl. ipso etiam graeco libro adj. Venet. 1529. 4. comm. perp. et icon. illustr. st.

J. G. Poeschel. Norimb. 1731. 8. Polyb. Excerpt. Vatic. ed. A. Mai,
Script. Vet. Coll. T. II. p. 369 sq. rec. J. Geel. Lugd. B. 1829. 8.
recogn. J. Fr. Lucht. Alton. 1830. 8. Ueberſ. iſt: Polyb. Geſch. m.
Anmerk. v. F. W. Beniken. Weimar 1820. 8. m. d. Ausleg. u. Anmerk.
d. R. Follard u. d. H. v. Guiſchard Kriegsgedanken, überſ. v. A. L. v.
Delsniß u. v. Troſſel. Berl. u. Lpzg. 1755—69. VII. 4.

2) S. C. F. Matthaei, Pr. de Dionys. Halic. Viteb. 1789. 4.
Capperonnier in d. Mém. de l'ac. d. inscr. T. XXXIX. p. 177 sq.
Th. Fr. Schulin, de Dion. Halic. praec. hist. jur. Rom. fonte. Hei-
delberg. 1820. 4. C. J. Weissmann, de Dion. Hal. vita et scriptis.
Rintel. 1837. 4. W. Busse, de Dionys. Hal. vita et ingenio diss.
Berol. 1841. 4. Seine Römiſchen Alterthümer beſtanden eigentlich aus 20
Büchern, von denen I—IX vollſtändig, ein Theil von X u. XI und von
den übrigen nur Bruchſtücke erhalten ſind. Ausg. Dion. Halic. Antiq.
Roman. libri X gr. Lutet. 1546. fol. gr. et lat. c. fragm. ed. F. Syl-
burg. Frcft. 1586. fol. Dion. Hal. antiq. Rom. libri gr. et lat. ex
rec. J. Hudson. Oxon. 1704. II. fol. Opera omn. gr. et lat. c. an-
not. vir. doct. ed. J. J. Reiske. Lips. 1774—77. VI. 8. Ein Auszug
aus den IX letzten Büchern von fremder Hand ſ. Roman. antiq. Dion.
Halic. pars hactenus desiderata n. den. ope codd. Ambros. ab A.
Majo restit. gr. et lat. Mediol. 1816. 4. Frcft. ad M. 1817. 8. u in
A. Mai, Script. Vet. Coll. Nova. T. II. p. 461 sq. ſ. Struve in Jahn's
Jahrb. 1828. II. 4. p. 363—402. Ueberſ. iſt: Dion. v. Hal. Römiſche
Alterthümer überſ. v. J. Gr. Bengler. Lemgo 1771—72. II. 8. ſ. a. Fr. Ritschl,
Dion. Hal. Prooemium Antiq. Roman. e codd. mss., de quorum
indole et usu disput. emend. Vratisl. 1838. 4.

3) S. Caylus in d. Mém. de l'ac. d. Inscr. T. XXVII. p. 55 sq.
C. G. Heyne, de fontib. et auctor. hist. Diod. Sic. et de ej. aucto-
ritate, in d. Comm. Soc. Reg. Gotting. 1782. T. V. p. 89 sq. 1784.
T. VII. p. 75 sq. u. b. Dindorf a. a. O. T. II. P. II. p. LIX sq. St.
Croix, Exam des hist. d'Alex. le Gr. p. 65 sq. Eyring in Gatterer's
Hiſt. Bibl. Bd. IV. p. 3 sq. 20 sq. V. p. 29 sq. — B. ſ. Geſchichte iſt B.
I — V vollſtändig, VI — X in wenigen Fragmenten, XI — XX von den
Kriegen mit Xerxes bis auf die Nachfolger Alexander's vollſtändig, B. XXI—
XL nur in wenigen Bruchſtücken erhalten. Ausg. ſ. Ed. Princ. Diod. Sic. L. I—V
latine p. J. Poggium, c. Taciti Germania. Bonon. 1472. fol. L. XVI
—XX. gr. ed. V. Opsopoeus. Basil. 1539. 4. L. XV. gr. Lutet. Paris
1559. fol. Diod. Sic. Hist. Bibl. q. supers. ad fid. mss. rec. P. Wesseling. atq. not. var. suasq. adj. Amstelod. 1746. II. fol. Bip. et Argent. 1793 — 1807. XI. 8. Libri qui supers. omn. c. annot. interpr.
et comm. P. Wesseling. rec. L. Dindorf. Lips. 1828. V. 8. Gr. et
lat. Paris 1844. II. 4. fragm. L. VII—X, XX—XL ed. A. Mai, in Script.
Vet. Nova Coll. T. II. p. 1 sq. 568 sq. repet. ex rec. L. Dindorf.
Lips. 1828. 8. Ueberſ. iſt: D. Bibl. d. Geſch. a. d. Griech. v. F. A. Stroth.
Frkft. a. M. 1782—87. VI. 8. ſ. a. F. L. C. Krebs, Lectiones Diodo-
reae, partim hist. part. crit. Weilb. 1832. 8.

§. 112.

2.) Römer. Daß die Geſchichte[1] in der Römiſchen
Literatur einen beſonderen Glanzpunkt bildet, davon überzeugt
uns ein auch nur flüchtiges Studium der Römiſchen Hiſtoriker;
fragen wir jedoch nach der Urſache, ſo werden wir ſolche jedenfalls in dem politiſchen Staatsleben derſelben zu ſuchen haben,

weil Beredtſamkeit als das nothwendigſte Erforderniß dazu,
Geſchichte aber gewiſſermaßen als die Hilfswiſſenſchaft derſelben
galt. Deßhalb konnte auch Cicero ſein Urtheil ebenſo gut über
Hiſtoriker, wie über Redner abgeben, wenn er auch ſelbſt nicht
zu den erſteren gehörte. Natürlich konnte freilich von einer wiſſenſchaftlichen und kritiſchen Betreibung der geſchichtlichen Studien
in den früheſten Zeiten des Staates nicht eher die Rede ſeyn,
als bis auch die Beredtſamkeit ſich bereits zur Kunſtform ausgebildet hatte. Dieſes ſehen wir deutlich aus den älteſten Ge-
ſchichtsdenkmälern, welche, wie bei den Griechen, nur die einfache
oder vielmehr rohe Form von Jahrbüchern (annales) hatten,
d. h. nach der Zeitfolge geordnete Berichte einzelner Begebenheiten
waren, keine zuſammenhängende, in ſich begründete, ſich frei be-
wegende Erzählung (historia) ſeyn konnten. Ehe man jedoch
von den alten Annaliſten ſelbſt ſprechen kann, muß man zuvor
einige entweder in Bruchſtücken oder auch vollſtändig noch erhaltene Staatsſchriften erwähnen, wie die Handelsverträge Rom's
mit Carthago i. d. J. 509 und 347 v. Chr., welche Polyb.
III. 22 und 34 aufbewahrt hat, die Zwölftafelgeſetze, i. J. 451
v. Chr. niedergeſchrieben und bis in's 3te Jahrhundert nach
Chriſtus oder bis auf den Biſchoff Cyprian von Carthago erhalten (ſ. Cypr. Ep. II. 2.), die Columna rostrata des C.
Duillius, der i. J. 258 v. Chr. im erſten Puniſchen Kriege
die Carthager zum erſten Male zur See ſchlug, das berühmte
Senatus consultum de Bacchanalibus, i. J. 186 v. Chr. gegeben und auf einer Erztafel in der Wiener Bibliothek befindlich,
ferner die i. J. 1616 und dann 1780 vollſtändiger im Grab-
mal der Scipionen aufgefundenen Grabſchriften derſelben, ſowie
mehrere andere unbedeutende, deren Verzeichniß in d. A. L. G.
§. 266 angegeben iſt, unter welche jedoch die Acta diurna populi Romani (eine Art von Staatszeitung) und die von Julius
Cäſar eingeführten Acta Senatus (Senatsprotocolle) als von
ſpäterer Entſtehung [2]) nicht mit gerechnet werden dürfen. Unter
den eigentlichen Annaliſten [3]) nennen wir aber den Q. Fabius
Pictor, der i. J. 220 v. Chr. Annalen Rom's von Aeneas bis auf
ſeine Zeit herab niederſchrieb [4]), den etwas ſpäteren L. Cincius Ali-
mentus [5]), der ſehr glaubwürdige Jahrbücher von der Gründung der
Stadt bis auf ſeine Zeit, wie der Vorhergenannte, in Griechiſcher Sprache

verfaßte, den M. Porcius Cato Cenforius aus Tusculum (236
—150 v. Chr.), einen ebenſo großen Staatsmann und Helden,
als Redner, Landwirth und Hiſtorifer, der Origines in 7
Büchern verfertigte[6]), den L. Cälius Antipater[7]), wegen
ſeiner zuverläſſigen Geſchichte des zweiten Puniſchen Krieges, den
L. Junius Gracchanus[8]), den ſervilen L. Cornelius
Siſenna (geb. 149 u. geſt. 68), der historiae in 22 Büchern
hinterließ[9]), den C. Licinius Macer[10]), den Vater des berühmten Redners Licinius Calvus, der in ſeinen Annalen auch
Unterſuchungen über die Italiſchen Städte anſtellte, den Q.
Claudius Quadrigarius[11]), den Zeitgenoſſen des Siſenna,
deſſen bis auf ſeine Zeit herabgehenden Jahrbücher Livius benußte,
den Q. Valerius Antias, auf deſſen vieles Wunderbare ent-
haltenden Annalen in 75 Büchern Livius gleichfalls fußte[12]), des
L. Calpurius Piſo Frugi (Conſul 620 n. Erb. R.) trockne
Jahrbücher[13]), den T. Pomponius Atticus, deſſen Annalis liber
einen Zeitraum von 700 Jahren mit beſonderem Quellenſtudium umfaßte[14]), den Aſinius Pollio, des Auguſtus Freund, deſſen
Geſchichtswerk die Bürgerkriege vom Triumvirat des Pompejus,
Julius Cäſar und Craſſus u. J. 60 v. Chr. bis auf die Schlacht
bei Actium i. J. 30 v. Chr. ſchilderte[15]), den Octavianus
Auguſtus, der nicht allein 13 Bücher de vita sua, ſondern
auch eine ſtatiſtiſche Ueberſicht des Römiſchen Reiches, breviarium
totius imperii betitelt, und indices rerum a se gestarum,
die auf dem von A. G. Busbeck 1553 an den Propyläen des
Tempels des Auguſtus zu Ancyra entdeckten, aber theilweiſe be-
ſchädigten Monumentum Ancyranum enthalten ſind, hinterließ[16]),
und endlich den L. Feneſtella[17]), der noch unter Auguſtus
und Tiberius als letzter Annaliſt auftrat, von dem aber nichts
mehr erhalten iſt, da die ihm zugeſchriebenen 2 Bücher de sacerdotibus et magistratibus romanorum von Andreas Domi-
nicus Flocchi (Floccus) untergeſchoben ſind.

1) S. C. Sigonii Judic. de histor. qui res Romanas scripserunt,
ed. B. Bonifacius. Venet. 1627. 4. G. J. Vossius, de historicis latinis. Lugd. B. 1627. 1651. Frcft. 1677. 4. (Dazu J. A. Fabricius,
Suppl. et observat. Voss. ad Voss. de histor. lat. Hamburg. 1709.
8. u. Ap. Zeno, Dissert. Vossiane. Venet. 1752. II. 4.) M. Hanke,
de roman. rerum scriptoribus. Lips. 1669—75. 4. 1688. 4. B. G.
Niebuhr, üb. d. Unterſchied zwiſchen Annalen u. Hiſtorie, im Rhein. Muſ.
1828. II. p. 284—294.

2) J. A. Erneſti, de actorum S. P. Q. R. diurnorum origine, in
f. Opusc. philol. p. 45—51. Perier et Fauris de St. Vincent, sur

les journaux des anciens, in Millin, Mag. Encycl. 1818. T. VI. p. 194 sq. Schloſſer, Archiv. f. Geſch. 1830. I. p. 80 sq. Beckmann, Beitr. z. Geſch. d. Erfind. II. p. 231. IV. p. 206 sq. E. Zell, üb. d. Zeitungen d. Alten. Freib. 1834. 4. V. le Clerc, des journaux chez les Romains. Paris 1838. 8. G. E. F. Lieberkuhn, Comm. de diurnis Roman. actis. Vinar. 1841. 4.

3) Ihre Fragmente b. A. Riccoboni, de historia liber c. fragm. histor. vet. latin. Basil. 1579. 8. A. Popma, Fragmenta hist. vet. latin. coll. emend. et schol. illustr. Amst. 1620. 8. Fragm. hist. ab A. Augustino coll. et a Fulv. Ursino illustr. Antv. 1595. 8. A. Krause, Vitae et fragm. vet. histor. Roman. Berol. 1833. 8. u. b. Havercamp., Sallust. Op. T. II. p. 247 sq. u. Frotscher, Ed. Sallust. T. I. p. 357 sq. Ueberh. ſ. Class. Journ. nr. XLV. p. 147 sq. XLVI. p. 378 sq. F. Lachmann, de fontibus Livii comm. II. Gotting. 1822—28. 4.

4) E. J. A. Ernesti, Opusc. phil. p. 102 sq. Baumgart, de Q. Fab. Pictore, antiq. Rom. histor. Vratisl. 1842. 8. W. R. Whiste, de Fab. Pict. caeterisq. Fabiis histor. Hafn. 1832. 8.

5) E. H. Liebaldt, Spec. I. hist. rom. reliq. denuo coll. et ill. Hal. 1833. 8. u. M. Hertz, de Luciis Cinciis scripsit, Cinciorum fragmenta ed. Berol. 1842. 8. p. 17—39. S. Fragm. ſind aber untergeſchoben ſ. Zumpt in d. Berl. Jahrb. 1829. I. nr. 12. u. Hertz a. a. O. p. 61—87.

6) S. Fragm. b. Lion, Caton. p. 98. u. Wilms, M. P. C. vita et fragm. Sus. 1843. II. 4.

7) S. B. A. Nauta, D. L. Cael. Antipatro ejq. scriptis u. Groen van Prinsterer, de L. Cael. Antip., in d. Annal. Acad. Lugd. B. 1821. T. VI.

8) S. Hertz, de Luciis Cinciis p. 88—109. L. Mercklin, de Junio Gracchano. Dorp. 1840—41. II. 4.

9) S. C. L. Roth, L. Corn. Sisennae hist. Rom. vita. Basil. 1834. 4. Weichert, de C. Lic. Calvo p. 98 sq.

10) S. Weichert, Fragm. poet. lat. p. 92—105.

11) S. Giesebrecht, de Q. Claud. Quadrigario. Primisl. 1831. 4.

12) S. Liebaldt, Diss. de Val. Ant. annalium scriptore. Numb. 1840. 4.

13) S. Liebaldt, de L. Pisone Frugi. Numb. 1836. 4.

14) S. J. G. Hullemann, Diatr. in T. Pomp. p. Atticum. Traj. ad Rh. 1838. 8. p. 185 sq. Schneider in Zimmermann's Zeitſchr. f. A. W. 1839. nr. 5.

15) S. Weichert, de L. Vario p. 153 sq. Thorbecke, Comm. de Asin. Poll. p. 108 sq.

16) S. C. Starck, de Oct. Caes. Aug. litter. cultore et fautore. Upsal. 1747. 4. J. A. Fabricius, Imp. Caes. Aug. temporum notatio, genus et script. fragm. Hamb. 1727. 4. J. de Rhoer, de stud. litt. Caes. Aug. Groning. 1770. 8. A. Weichert, de Imper. Caes. Aug. script. eorq. reliq. diss. II. Grimm. 1836. II. 4. u. Imp. Caes. Aug. script. reliq. ib. 1841. T. I. 4. S. Fragm. a. b. Rutgers, Var. Lect. II. 19. p. 155 sq. D. Monum. Ancyran. b. Gruter, Inscr. p. CCXXX. Sueton. ed. Wolf. II. p. 369—400. u. Tacit. ed. Oberlin T. II. 2. p. 837—854. b. Egger p. 341 sq. ab. nur Bruchſtücke. In ben Ruinen von Apollonia in Piſibien fand ſich ein Stück b. Griechiſchen Ueberſetzung ſeines Index rerum gestarum (abgebr. im Journ. l'Institut. 1841. p. 119.), bebeutenbere Fragmente entbeckte bavon zu Ancyra ber Engl. Reiſenbe W. Hamilton, welche in ſ. Research. in Asia minor, Pontus and Armenia, with some account of their antiq. and geolog. Lond. 1842. T. I. p. 42. u. T. II. App. V. nr. 102. u. b. Egger p. 384 sq. abgebruckt ſind.

17) Fr. b. ächt. Feneſt. b. Havercamp Ed. Sallust. T. II. p. 385 sq. u. ed. Frotscher T. I p. 489 sq. ſ. a. Madvig, de Asc. Pediano p. 64. Heeren, de font. Plut. p. 146, 152 sq. Ausg. b. unächt. Schr. Vindob. 1510. 4. cura J. Camertis. Paris. 1530. 1535. 8. u. öft. u. b. R. b. Floccus.

§. 113.

Wenden wir uns nun, nachdem wir die nüchternen und allzu einfachen Annalisten wenigstens dem Haupttheile derselben nach erwähnt haben, zu den eigentlichen Historikern, so haben wir vorzugsweise drei Männer zu erwähnen, die sich den Ruhm, der erste eigentliche Historiker Roms gewesen zu seyn, einander streitig machen. Es nennt nämlich Catull. carm. I. 5. den Cornelius Nepos, der zuerst nach Griechischen Mustern eine allgemeine Geschichte schrieb, als solchen, Martial. Ep. XIV. 191. sagt von der Behandlung der Römischen Geschichte durch Sallust, dieser habe sich den Ruhm erworben, Romana primum in historia fuisse, und Livius Prooem. verwahrt ausdrücklich sein Geschichtswerk vor der die alten Annalisten treffenden Beschuldigung des Hochmuths auf ihre Abkunft als Römer und der Neigung zum Aberglauben und Wunderbaren. Indessen werden wir der Form wegen immer zuerst zu nennen haben den Cornelius Nepos[1]), aus Verona (?), der, nachdem er mit Catull, Cicero und Atticus befreundet gewesen, nach Plin. H. N. IX. 63. und X. 60. unter Augustus gestorben seyn soll, ob durch seinen Freigelassenen, wie Plut. im Lucull. 43. anzudeuten scheint, vergiftet, ist ungewiß. Er hinterließ mehrere größere Geschichtswerke, darunter Chronicorum libri und libri virorum illustrium, allein nebst anderen Schriften desselben sind diese verloren gegangen, und das noch erhaltene Buch de vita excellentium imperatorum ist wohl nur ein Auszug aus dem eben erwähnten zweiten Werke, im 2ten Jahrhundert nach Christo verfaßt, wenn nicht gar erst eine Ueberarbeitung, die unter Theodosius von einem gewissen Aemilius Probus vorgenommen worden seyn soll. Aechter sind dagegen diejenigen Werke, welche den Namen des großen Feldherrn und Staatsmannes Julius Cäsar[2]) (geb. 100 v. Chr. und 44 ermordet) tragen, wenigstens die III libri de bello civili und L. I — VII de bello Gallico, obgleich das VIIIte Buch und die drei Bücher de bello Alexandrino, Africano und Hispaniensi schon im Alterthum für Arbeiten des Hirtius und Oppius galten. Er erzählt in lebhafter Darstellung das, was er selbst gethan und gesehen hat, mit der Anmuth eines Memoirenschreibers, auch wenn er von sich selbst spricht, mit großer

Wahrheitsliebe und Unparteilichkeit und in einem correcten und
klaren Style, während bei Cornelius eigentlich nur die Lebensbeſchreibung des (Cato und des?) Atticus die Farbe des Auguſteiſchen
Zeitalters trägt, alle übrigen aber häufig Spuren einer geſunkenen,
wenn auch nach Reinheit und Claſſicität offenbar ſtrebenden Latinität verrathen. Noch höher ſteht aber der Kunſtform ſeiner
Geſchichte wegen C. Salluſtius Crispus[3] i. J. 85 v. Chr.
zu Amiternum im Sabiniſchen geboren, frühzeitig ein großer
Freund und Kenner der Wiſſenſchaften, aber auch aller möglichen
Ausſchweifungen, wegen welcher er zwar aus dem Senate geſtoßen
wurde, dann aber vom Cäſar wieder eingeſetzt und als Prätor
Begleiter deſſelben in Africa ward, wo er ſich nicht auf den beſten
Wegen große Reichthümer erworben zu haben ſcheint, die er nach
ſeiner Rückkehr auf den Ankauf von Kunſtgegenſtänden und die
Errichtung ſchöner Häuſer und die Anlage prächtiger Gärten verwen-
dete, und i. J. 35 v. Chr. im 70ſten Lebensjahre verſtorben iſt.
Von ſeinem Hauptwerke, Historiae, haben ſich nur Fragmente,
dagegen ſeine Geſchichte der Catilinariſchen Verſchwörung und
des Krieges mit Jugurtha vollſtändig erhalten, welche in einem
ſehr feurigen und gerundeten Style und einer pragmatiſchen
Kürze und Rundung geſchrieben ſind, ſodaß man ihn ſogar dem
Thucydides an die Seite geſtellt hat. Uebrigens iſt nicht zu
leugnen, daß er, ſei es aus Heuchelei, ſei es aus einer gewiſſen
angeborenen, wenn auch vielleicht durch Verführung nach und
nach verdrängten Neigung zum Beſſeren und Edleren, in ſeinen
Werken immer einen ehrenwerthen, nobeln Character zur Schau trägt
und die Schlechtigkeit ſeiner Zeitgenoſſen auf eine Weiſe tadelt
und brandmarkt, daß man wohl zweifeln könnte, ob ihm nicht
vielleicht von ſeinen Feinden ganz ungerechter Weiſe jene Laſter
aufgebürdet worden ſind. Von ſeinem Zeitgenoſſen, dem berühmten
Redner M. Valerius Meſſala Corvinus[4] (geb. 79 v. Chr.),
der in den Bürgerkriegen auf der Seite des Brutus und Caſſius
ſtand, ſpäter aber mit Antonius befreundet war und um d. J. 3 vor
oder nach Chriſto ſtarb, hat ſich das berühmte Werk de bellis civilibus
nicht erhalten, ein ihm zugeſchriebenes libellus de Augusti progenie aber iſt im Mittelalter erſt untergeſchoben worden. Dafür aber
beſitzen wir vom Titus Livius[5] aus Padua (geb. 59 v. Chr.),
der anfangs (ſeit 29 v. Chr.) als Lehrer zu Rom lebte, ſich

dann aber zu Neapel aufhielt, weil er dem Augustus als Anhänger des Pompejus verdächtig erschien, und nach dessen Tode erst nach Rom zurückgekehrt, daselbst i. J. 19 n. Chr. starb, noch einen Theil seines großen, von ihm selbst annales genannten Geschichtswerkes in 142 Büchern, welches die Römische Geschichte von Erbauung der Stadt bis auf den Tod des Drusus (10 v. Chr.) umfaßte und durch die Einfachheit, Eleganz, Reinheit und Klarheit des Styles, seine Lebendigkeit und fast malerische Darstellung, sowie die in ihm ausgesprochene Rechtschaffenheit und edle Gesinnung seines Verfassers schon bei seinen Zeitgenossen gebührend und um die Wette gepriesen ward. Weit unter ihm steht daher Trojus Pompejus[6]) aus Gallien (10 v. Chr.), der nach Griechischen Mustern eine Weltgeschichte von Ninus bis Augustus in 44 Büchern schrieb, die von einem gewissen Justinus i. J. 160 n. Chr. in einen Auszug gebracht wurde, sich zwar durch einen im Ganzen (einige Solöcismen ausgenommen) ziemlich eleganten Styl empfiehlt, aber der historischen Glaubwürdigkeit ermangelt und daneben auch viele Unrichtigkeiten in den chronologischen Angaben enthält. S. A. L. G. §. 268.

1) S. Daehne, Disp. de vitis excell. imperat. Corn. Nep. non Aemilio Probo attribuend. Cizae 1827. 4. G. F. Rinck, Vers. e. crit. Prüfung um d. Aem. Pr. b. d. C. N. zugeschr. Buch de vit. excell. imper. wiederzuzustellen. Wien 1829. 8. C. F. Ranke, Comm. de Corn. Nep. vita et scriptis. Quedlinb. 1827. 4. A. Walicki, de C. Nepote. Dorpat. 1832. 8. G. E. F. Lieberkühn-Pohlman, de auctore vitarum, q. sub nomine C. Nep. feruntur, quaest. crit. Lips. 1837. 8. u. Defens. C. Nep. contra A. Prob., in s. Vindic. libr. inj. susp. ib. 1844. 8. p. 103 sq. J. Th. Lütkenhus, de Corn. Nep. vita et scriptis. Monast. 1838. 8. H. Meyer in Zimmermann's Zeitschr. f. A. W. 1835. nr. 130. p. 1041 sq. J. F. Hisely, Diss. cr. de fontibus et auctor. Corn. Nep. Delphis B. 1827. 8. R. H. Eysonius Wichers, Disq. cr. de fontibus et auctoritate Corn. Nep. Groning. 1828. 8. A. Ekker, Disq. de fontibus et auctoritate Corn. Nep., in d. Act. Nov. Soc. Rh. Traject. T. III. p. 191 —278. J. Wiggers, de Corn. Nep. Alcibiade quaest. crit. et hist. Lips. 1833. 8. Freudenberg, Quaest. hist. in Corn. Nep. Vitas (IV priores). Colon. Agripp. 1839. i. 8. A. F. Nissen, de vitis, quae vulgo Corn. Nep. nomine feruntur. Rendsb. 1839. P. I. 8. J. Held, Proleg. ad Vitam Attici, q. vulgo Corn. Nep. adscrib. Vratisl. 1826. 8. Ausg. s. Aemilius Probus de virorum excellentium vita. Venet. 1471. 4 c. not. var. ex rec. A. van Staveren. Ed. auct. Lugd. B. 1773. 8. Ed. nov. cur. G. H. Bardili. Tubing. 1824. II. 8. recens. prooem. chron. et ind. instr. a C. H. Tzschucke. Gotting. 1804. II. 8. rec. sel. interpr. comm. novisq. auct. cur. J. B. F. Descuret. aliq. not. add. et excurs. var. conc. J. V. Leclerc. Paris 1821. 8. m. erkl. Anm. u. gesch. Einl. v. F. S. Feldbausch. Heidelb. 1828. II. 8. gramm. u. sprachl. erkl. v. J. Chr. Dähne. Helmst. 1830. 8. m. Anmerk. v. J. H. Bremi. Zürich 1827. IV A. 8. Uebers. v. K. Roth. Kempt. 1831. 8.

2) S. Sölti, C. Jul. Cäſar a. d. Quellen. Berl. 1826. 8. Schneider
in Wachler's Philomathie I. 6. p. 171—200. **J. Celsi, de vita et rebus
Jul. Caes.** (ed. Pr. c. Jul. Caes. comm. de B. Gall. s. l. et a. [1473.]
fol.) liber e mss. **J. G. Graevii.** Lond. 1697. 12. **M. W. Döring,
de C. Jul. Caesaris fide histor.** Frib. 1837. 4. Ausg. f. Ed. Pr. C.
Jul. Caes. Opera. Rom. 1469. fol. ex emend. J. Scaligeri. Lugd. B.
1635. 12. ex rec. J. Davisii c. not. var. access. metaphrasis graeca
libr. VII. de bello gall. Cantabr. 1706. 1727. 4. c. libr. ed. et mss.
coll. recogn. et corr. acc. annot. S. Clarke. Lond. 1712. fol. c. Jul.
Celso c. not. var. cura Fr. Oudendorp. Lugd. B. 1737. II. 4. ed.
auct. Stuttg. 1822. II. 8. rec. c. not. A. Baron. Bruxell. 1827. IV.
8. ed. et annot. adj. J. Ch. Daehne et Kreyssig. Lips. 1825. 8. m.
Com. f. Schul. v. Baumſtark. Freib. 1832. 8. de bello Gall. gramm. u.
hiſt. erkl. v. Ch. G. Herzog. Lpzg. 1831. II. A. 8. de bello civili, v.
demſ. ebb. 1834. 8. de bello Gall. hiſt. crit. u. gramm. erl. v. J. G.
Lippert. Lpzg. 1835. 8. de bello Gall. gramm. erl. v. M. Seyffert. Halle
1837. 8. de bello Gall. m. Anmerk. v. J. C. Helb. Sulzb. III. A. 1839. 8.
de bello civ. m. Anm. gramm. krit. u. hiſt. erkl. v. Helb. III. verm. A.
ebb. 1834. 8. Caes. Comm. de bello Gall. interpr. graeca Maximi q.
fertur Planudis post Jungermannum, Davisium, Lemaireum denuo
sep. edid. et br. annot. cr. instr. Ad. Baumstark. Frib. 1834. 8. f.
a. J. Apitz Sched. crit. in C. J. Caes. comm. de bello Gall. et Civ.
Part. I. Lips. 1835. 8. **L. V. Elberling, Observ. cr. ad Caes. comm.
de bello civ.** Hafn. 1828. 8. **C. E. Chr. Schneider, Spec. nov. de
bello J. Caes. comment. recens.** Vratisl. 1827. 4. J. v. Hefner, Geogr.
b. Transalpin. Galliens. Münch. 1836. II. A. 8. u. Geogr. zu C. J. Cäſ.
Comm. de bello civ. ebb. 1836. 8. Ueberſ. v. Ab. Wagner. Bayr. 1808. II. 8.

3) S. W. Löbell, z. Beurtheilung d. Crispus Salluſt. Bresl. 1818. 8.
Roos, ein. Bemerk. üb. d. moral. Char. b. Salluſt. Gieſſ. 1788. 4. O. M.
L. Müller, Hiſt. crit. Unterſ. b. Nachr. v. d. Leben u. b. Urtheile üb. d.
Schriften Salluſt's u. d. Erklär. derſ. Zittlich. 1817. 8. Ulrici, Charact. b.
ant. Hiſtoriogr. p. 126 sq. Ueb. e. angebl v. Salluſt verf. Werk über d.
Pontus Eurinus f. de Brosses in b. Mém. de l'acad. T. XXXII. p.
627 sq. XXXV. p. 475 sq. 504 sq. Fragm. f. Historiae auch b. Ricco-
boni, de hist. lat. Basil. 1579. 8. p. 163—216. u. b. C. de Brosses,
Hist. de la republique Rom. dans le cours du XIIme siècle. Dijon.
1777. III. 8. f. a. in b. Mém. de l'ac. T. XLIII. p. 58 sq. **Fr. Kritz,
de C. Sall. fragm. a Brossio in ord. digest. comm.** Erfurt. 1829. 4.
C. Sall. fragm. hist., prout C. Brossaeus ea coll. disp. schol. ill. Jul.
Exsuperantii hist. Sall. summarium. Acc. spicil. fragm. Sall. a Bross.
rel. edit. praeterm. vet. nup. detect. Luneb. 1828. 8. **J. G. Kreyssig,
Comm. de C. Cr. Sall. hist. lib.** III. fragm. ex bibl. Christinae Suec.
reg. in Vatic. transl. P. I. II. Misen. 1824. 4. (vollſt. b. Maji Class.
Auct. Vet. e Vatic. codd. ed. T. I. p. 414 sq.) u. C. Crispi Sall. histor.
libri III fr. e cod. Vatic. ed. ab A. Majo. Ed. auct. et emend. ed.
Kreyssig. ib. 1835. 8. Orationes et epist. ex hist. libr. deperd. rec.
ed. J. C. Orelli. Turici. 1831. 8. u. b. f. A. b. Vellejus. Lips. 1834.
8. p. 151—172. Ausg. f. Ed. Pr. (Venet.) Vind. de Spira. 1470. 4.
rec. not. perp. et ind. adj. J. Wasse. Cantabr. 1710. 4. cura S. Ha-
vercampi. Amst. 1742. II. 4. rec. not. ill. G. Korte. Lips. 1724. 4.
c. comm. ed. C. H. Frotscher. Lips. 1825 sq. III. 8. rec. c. var. lect.
et novo comm. ed. J. H. Burnouf. Paris 1822. 8. ed. C. H. Weisse.
Lips. 1831. 8 m. Anmerk. v. R. W. Fabri. Nürnb. 1831—32. II. 8. ad
fid. codd. rec. c. rel. Cortii not. suisq. comm. ed. Fr. Kritz. Lips.
1834. II. 8. App. ib. 1836. C. Cr. Sall. q. exst. recogn. var. lect.
comm. adj. Fr. D. Gerlach. Basil. 1823—31. III. 4. Sall. Cr. Catilina
et Jugurtha alior. suisq. not. ill. R. Dietsch. Lips. 1843. II. 12. c.

var. not. suisq. ed. Th. Burette. Paris 1836. 8. de conjur. Catil. liber erkl. u. überſ. v. C. G. Herzog. Lpzg. 1828. 8. Bibl. comm. cr. script. Gr. et Lat. Vol. I. Op. Sall. cura E. J. Richter. P. I. Conj. Catil. Monachi 1836. 8. ſ. a. Birnbaum, Lect. Sallustianae. P. I. Trevir. 1822. P. II. Colon. 1824. 4. Selling, Emend. Sallust. Ansb. 1835. 4. Ueberſ. S. Werke Lat. u. Deutſch v. J. Cp. Schlüter. Münſter 1806—7. II. 8. Deutſch v. G. L. Woltmann. Prag 1814. 8. v. C. F. v. Strombeck. Götting. 1817. 8. Jener Julius Erſuperantius, von dem noch ein Opusculum de bellis civilibus Marii, Lepidi ac Sertorii (a. b. Gerlach T. III. p. 395 sq.) übrig iſt, war wahrſcheinlich der von Rutil. Num. Itinerar. I. v. 213. erwähnte Galliſche Präfect, ſ. Hanke de rom. script. p. 306. u. p. 424. Moller, de J. Exsuperantio diss. Norimb. 1726. 4. Eine Nachahmung und Ergänzung b. Salluſt iſt des Juriſten Conſtantinus Felicius Durantius ad Leonem X. papam de conjur. L. Catilinae liber b. Frotscher, Ed. Sall. T. I. p. 294 —356.

4) S. Burigny in b. Hist. de l'ac. d. Inscr. T. XXXIV. p. 99 sq. D. G. Moller, Disp. de M. Val. Messala. Altorf. 1689. 4. L. Wiese, de M. Val. Mess. Corvini vita et studiis doctrinae. Berol. 1829. 8. Fragm. ſ. ächt. Schrift. b. Frotscher, Ed. Sall. T. I. p. 500 sq. Das untergeſch. B. de progenie Augusti, Ed. Pr. J. Bedrot. c. Floro. Basil. 1632. fol. ex codd. mss. emend. a. Th. Hearne, b. Havercamp, Ed. Eutrop. Lugd. B. 1729. p. 723 sq. ex rec. Th. Hearne c. not. ed. C. H. Tzchucke. 1793. 12. ſ. dar. Meyer in Zimmermann's Zeitſchr. 1835. nr. 130. p. 1041 s. ꝛ.

5) Erhalten iſt B. I—X. XXI—XLV, ein St. a. B. XCI u. B. CXX und Epitomae aus ſämmtlichen Büchern, angeblich von einem ge-wiſſen Lucius Annäus Florus verfaßt. Ausg. ſ. Ed. Pr. Rom. s. a. (1469.) fol. emend. a C. Sigonio. Venet. 1555. fol. ex rec. Heins. Lugd. B. 1634. III. 12. c. perp. C. Sigonii et J. Fr. Gronov. not. J. Gronov. prol. suasq. et al. not. adj. Amst. 1678—79. III. 8. c. not. varior. suisq. et Freinshem. suppl. ed. A. Drakenborch. Lugd. B. 1738—46. VII. 4. Ed. II. auct. Stuttg. 1820—29. XV. 8. ex rec. Drakenborch. Acc. gloss. Livian. cur. A. W. Ernesti. Lips. 1785. V. 8. cur. Kreyssig. Ed. IV. 1823. ib. V. 8. illustr. F. A. Stroth et F. W. Döring. Goth. 1796—1819. VII. 8. Ed. II. 1816—24. VIII. 8. ad cod. Paris. recens. c. var. lect. et sel. comm. cur. Lemaire. Paris 1822—26. XII. 8. comm. instr. G. A. Ruperti. Gotting. 1807. VI. 8. ed. D. C. G. Baumgarten-Crusius. Lips. 1825—26. III. rec. J. Bekker sel. var. not. adj. F. E. Raschig. Lond. et Berol. 1829—30. III. 8. ad cod. mss. fidem emend. ab C. Fr. S. Alschefski. Berol. 1831 sq. I. II. 8. L. I—X. ad fid. opt. edit. alior. et s. anim. adj. Er. Moeller. Hafn. 1831. Ed. II. II Voll. 8. cf. Hegewiſch, N. Sammt. hiſt. Schr. 1809. p. 166 sq. Niebuhr, Röm. Geſch. II. p. 16 sq. 274. ſ. G. Schwab, de Livio et Timagene histor. script. aemulis. Stuttg. 1834. 4. J. M. Söltl, J. Livius in ſeiner Geſchichte. München 1832. 4. G. F. Ingersley, de editoribus Livii nondum satis codicum fidem secutis. Hafn. 1830. 4. L. F. S. Aſchefski, üb. b. crit. Geſtaltung b. Geſchichtsbücher d. Tit. Livius. Berl. 1839. 4. Ueberſ. iſt: Liv. Röm. Geſch. m. Anm. v. J. Ph. Oſtertag. Frkft. a. M. 1790—98. X. 8. überſ. u. erl. v. C. Heuſinger. Brnſchw. 1821. V. 8. ſ. a. Liv. Hist. LXXXIII. auct. atq. emend. c. Fr. Jacobs. suisq. not. ed. F. Goeller ex cod. Bamberg. Frcft. 1822. 8. Fragm. ex Liv. L. XCI c. not. V. M. Giovenazzi et P. L. Bruns. Rom. 1773. 8. Cic. Orat. p. M. Font. et C. Rabir. ad Quir. fragm. Liv. L. XCI. plen. et emend. S. Senec. fragm. ex membr. Vat. ed. B. G. Niebuhr. Rom. 1820. 8. p. 85—98. Ueb. b. unächten Fragm. ſ. Souchay in b. Mém. de l'ac. d. Inscr. T. IX. Hist.

14 *

p. 67 sq. Blume im Rhein. Muf. 1828. p. 336—343. cf. G. Walch,
Emend. Livianae. Berol. 1815. 8. u. F. Lachmann, de fontibus Livii
comm. II. Gotting. 1822—28. 4.
6) S. Gatterer, Hift. Bibl. III. p. 18 sq. Moller, de Justino.
Altorf. 1684. 4. A. H. L. Heeren, de Troji Pomp. ejq. epitom.
Justini fontibus et auctoritate, in d. Comm. soc. Reg. Gotting. T.
XV. p. 185 sq. 207 sq. J. H. St. Rzesinski, Comm. de Justin. Tr.
Pomp. epitomatore. Cracov. 1826. 8. Ausg. f. Ed. Pr. Justinus In
Troji Pompeji historias lib. XLIV. Venet. 1470. 4. c. not. Is. Voss.
Lugd. B. 1540. 12. c. int. comment. var. cur. A. Gronov. Lugd. B.
1760. 8. text. Graev. refinx. not. cr. et hist. ill. J. Ch. F. Wetzel.
Lignit. 1806. 8. sec. vetust. cod. recogn. br. annot. crit. et hist.
instr. Fr. Dübner. Lips. 1831. 8. m. Anm. v. C. Bencke. Lpzg. 1830. 8.
hift. u. gramm. erl. v. W. Fittbogen. Halle 1835. 8. ex rec. A. Gronov.
c. div. lect. Graev. ed. doct. vir. comm. var. lect. libr. suasq. annot. et ind. adj. C. H. Frotscher. Lips. 1827. III. 8. not. et ind. ill.
El. Johanneau et Fr. Dübner. Paris 1838. II. 8. G. H. Grauert, P.
Troji hist. Phil. prologi. Monast. 1828. 8. Uebers. ift: J. Weltgesch.
übers. m. erl. Anmerk. v. J. Ph. Oftertag. Frkft. a. M. 1792. II. 8. v.
Kolbe. Münch. 1824. II. 8.

§. 113.

Zufaß. Mit einigen Worten muß hier noch des Stu-
diums der Chronologie bei den Römern während dieser Zeit
gedacht werden. Denn es fällt hierein die Aufftellung der fo-
genannten Fasti Praenestini[1]), einer Art Feftkalenders auf 12
Marmortafeln zu Pränefte, durch den Erzieher der Enkel des
Auguftus, den Grammatiker Verrius Flaccus, welcher außer
der Angabe der einzelnen Fefte und ihres Ursprungs auch noch
der bedeutendften Ereigniffe im Römifchen Reich, in wieweit fie
auf die Familie des Auguftus Bezug hatten, Erwähnung that.
Vier von diefen wurden 1770, jedoch nur in Bruchftücken, von
P. F. Foggini entdeckt und aus ihnen die Monate Januar,
März, April und December zufammengefeßt. Von der poetifchen
Befchreibung des Römifchen Kalenders und der einzelnen in demfelben verzeichneten Fefte durch Ovidius in feinen Fasti ift
bereits oben die Rede gewefen, weshalb wir blos noch die Fasti
Consulares, Capitolini[2]), mit Bezug auf den Ort, wo
fie aufgeftellt waren, fo genannt, hier erwähnen können, welche als
befondere Gefchichtsquelle neben den alten Annalen fchon bei
Liv. IV. 7. u. XI. 18. erwähnt werden und Verzeichniffe der
jährlichen Confuln, Cenforen, Dictatoren, Magiftri Equitum 2c.
enthielten und auf fteinerne Tafeln eingegraben waren. Wir be-
fitzen noch ziemlich bedeutende Fragmente derfelben, welche zu Rom
i. d. J. 1547, 1816—1828 ausgegraben wurden und von

244 n. Erb. R. bis zum 1307. Jahre d. St. oder bis 565 n. Chr. gehen. S. A. L. G. §. 269.

1) Im Allg. f. Mercure de France 1734. May. p. 903 sq. Juin. p. 1053 sq. Merkel, Proleg. ad Ovid. Fast. p. III sq. Ibeler, Hdbch. d. math. Chronologie Bd. II. p. 135 sq. Fastorum anni Rom. a Verr. Fl. ordin. reliq. ex marm. tab. fragm. Praeneste nup. effoss. coll. et ill. Acc. Verr. Fl. fragm. ac fasti Rom. sing. mens. ex hactenus rep. calend. marm. inter se coll. expr. Rom. 1779. fol. Dazu Van Vaassen, Anim. ad fast. Rom. digess. et praef. est. Chr. Saxius. Traj. ad Rh. 1785. 4. Steht auch b. Wolf Sueton. T. IV. p. 314 sq. u. Orelli, Coll. Inscr. T. II. p. 379 sq. 381 sq. Ueb. die sogen. Fasti Maphaeani f. Merkel. p. XVI sq. (ebb. p. XII sq. abgedr.) Saxe l. l. p. XII sq. u. Merkel in Zimmerm. Zeitschr. 1840. nr. 67—70.

2) Ausg. f. Fasti Cons. Capit. c. comm. C. Sigonii. Venet. 1555. fol. ed. Th. J. ab Almeloveen. Amst. 1705. 1740. 8. rec. J. V. Piranesi. Rom. 1762. fol. (Dazu Nuovi framm. di fasti capit. illustr. da B. Borghesi. Mil. 1818. 8. C. Fea, Framm. di fasti cons. e trionfali. ib. 1820. 8. u. Di un marm. framm. de' fasti discoperto in Ostia diss. ep. di Clementi Cardinali. Perugia. 1824.) Fasti Consul. Cap. rec. J. C. M. Laurent. Alton. 1833. 8. Fasti cons. triumphalesque Rom. ad fid. opt. auct. recogn. et ind. adj. J. G. Baiter. Turici 1837. 8. u. in Orelli, Onom. Tullian. P. III. p. I—CCXLVIII.

§. 114.

Es bleibt jetzt nur noch übrig, über die Bearbeitung einiger Hilfswissenschaften der Geschichte während dieser Periode zu sprechen, und wir haben unter diesen zuerst die Geographie zu nennen. Diese mußte für Griechenland offenbar durch die Züge Alexander's und die dadurch angeregte Neugierde zum Forschen über die Beschaffenheit und die Natur fremder Länder und Küsten angeregt werden, während die Römer sich bis jetzt nur um die Eroberung fremder Länder, keineswegs aber um Untersuchungen über den Umfang, die Größe und die Grenzen derselben bekümmerten, wozu erst unter Augustus durch das Breviarium imperii eine Art von Anfang gemacht wurde. Leider sind des großen Eratosthenes *Γεωγραφουμενα*[1] verloren und ebenso die Werke des Agatharchides[2] von Cnidos (unter Ptolemäus Physcon 148 — 105 v. Chr.) über Asien und Europa, sowie auch die des vielseitigen Polemo Periegetes[3], das größere Lehrgebäude des Artemidorus[4] von Ephesus (um 100 v. Chr.), welches Marcianus aus Heraclea um d. J. 400 n. Chr. in einen Auszug gebracht hat, und die Umschiffung des rothen Meeres des berühmten Historikers und Freigelassenen des Lentulus zu Rom, des Cornelius Alexander mit dem Beinamen Polyhistor[5]. Der einzige, allerdings aber ausgezeichnete Geograph dieser Periode, welcher zugleich als Stifter der systematischen Geographie angesehen werden darf, ist aber Strabo[6]) aus Amasia, einer Stadt in Pontus oder Cappadocien (geb. 60 v. Chr. u. gest. 25 n. Chr.), der, nachdem er Reisen von Armenien bis an die Grenzen Etruriens und vom Pontus Eurinus bis nach Aethiopien unternommen hatte, Alles, was er selbst gesehen oder doch wenigstens gelesen hatte, in den XVII Büchern seiner *Γεωγραφικα*, welche bis auf den letzten Theil des VIIten Buches, der Thracien und Macedonien begreift, vollständig erhalten sind und nach einer auf die Ansichten des Eratosthenes fußenden Einleitung (B. I. II.), Europa (III — X.), Asien (XI —XVI) und Africa (XVII.) mit Berücksichtigung der politischen Geschichte und Statistik dieser Länder so schildert, daß er sich zugleich als tüchtigen Geometer, Astronomen und Naturforscher documentirt hat. In der Biographik haben die Griechen nur wenig geleistet, und das Wenige ist nicht einmal erhalten, wie dieß z. B. mit den hierher gehörigen Arbeiten des Hermippus von Smyrna (130 — 148 v. Chr.)[7]) der Fall ist, die Römer haben zwar mehr auf diesem Felde geleistet, und der berühmte Staatsmann M. Aemilius Scaurus[8]) (390 v. Chr. geb.), der Dictator Sulla[9]), selbst Cicero[10]) schrieben Selbstbiographieen, sowie der Freigelassene des Letzteren, M. Tullius Tiro[11]) eine seines Freundes und Beschützers Cicero, allein erhalten ist von allen diesen nichts mehr, wenn man die in veränderter Gestalt auf uns gekommenen vitae excellentium imperatorum des Cornelius Nepos ausnimmt. Was Mythengeschichte anlangt, so verfertigte bei den Griechen Conon, ein Grammatiker im Zeitalter des Cäsar und Augustus, 50 *διηγησεις* oder mythische Erzählungen bei Gründung von Colonieen vorgefallener Begebenheiten[12]), die noch in den von Photius im Myriobibl. cod. LXXVI. gegebenen Auszügen vorhanden sind, und Parthenius von Nicäa, der, im Mithridatischen Kriege vom Cinna gefangen, nach Rom kam und daselbst Lehrer des Virgilius wurde, schrieb *μεταμορφωσεις* (Verwandlungen), welche wahrscheinlich Ovidius nachahmte, die aber jetzt nicht mehr vorhanden sind, da wir nur noch 36 Geschichten von unglücklich Liebenden (*περι ερωτικων παθηματων*) von ihm übrig haben[13]). Bei den Römern gehört hierher C. Julius Hyginus, der Freigelassene des Augustus und Freund des Ovidius, dessen biographisch-historisch-genealogische Schriften verloren sind, wofür wir nur noch ein liber (277) fabularum, mythische Erzählungen mit besonderer Berücksichtigung der Genealogie und Astronomie, und IV Bücher, Poeticon Astronomicon betitelt, aber in Prosa geschrieben und fast wörtlich aus den (älteren) Catasterismen des Eratosthenes übertragen besitzen, von denen ersteres gewiß unächt, letzteres aber vermuthlich sein Eigenthum ist[14]). Wenden wir uns endlich zur Literatur und Kunstgeschichte dieser Periode, so wird zwar bei den Griechen in ersterem Fache eine ziemliche Anzahl von Schriftstellern erwähnt, unter denen Polemo Periegetes gleichfalls wieder der bedeutendste gewesen zu seyn scheint, allein erhalten ist nichts mehr von ihnen, die Römer aber hielten es in dieser Periode geradezu für Weichlichkeit, sich mit dergleichen Untersuchungen zu befassen (s. Liv. XXXIV. 4.); was aber Literaturgeschichte anlangt, so hat vorzüglich Hermippus hierin viel geschrieben, allein leider ist nichts mehr von ihm vorhanden, und nur von Dionysius von Halicarnassus haben wir noch einige ästhetisch-kritische Schriften übrig, die sich auf die Attischen Redner, Thucydides, Aristoteles und Plato beziehen, sowie seine Kritik der berühmtesten Griechischen Dichter, Philosophen, Geschichtschreiber und Redner[15]). Bei den Römern können wir nur des Marcus Terentius Varro freilich verlorenen Hebdomates vel de Imaginibus anführen, worin er 700 vermuthlich auf Pergament gezeichnete Portraits berühmter Personen mit untergesetzten Namen und Epigrammen dargestellt hatte[16]), sowie des Cicero berühmtes Buch über die Römischen Redner, Brutus genannt, von dem aber oben schon die Rede gewesen ist. S. A. L. G. §. 270 — 273.

1) Fragm. b. Bernhardy, Eratosthenica p. 1—109. Geogr. Erathost. fragm. ed. G. C. F. Seidel. Gotting. 1789. 8. f. a. L. Aucher, Diatr. in fragm. Geogr. Erat. Gott. 1770. P. I. 4.

2) Fragm. a. Phot. Myriob. cod. CCXIII. u. CCL. a. f. Werke üb. d. roth. Meer u. d. Arabischen Meerbusen, Gr. b. Photius ed. Bekker. p. 441—460. Agatharchidis et Memnonis histor. q. supers. omn. e Graeco jam recens in Latin. transd. p. R. Brettum. Oxon. 1597. 16. p. 1—62. u. in d. A. d. Kl. Geogr. v. Hudson u. d. Wien. Samml. f. a. J. G. Hager, de Agath. geogr. ant. Chem. 1766. 4.

3) S. Polemonis Perieg. fragm. coll. dig. not. aux. L. Preller. Acc. de Polem. vita et scriptis et de historia atque arte Periegetarum comm. Lips. 1838. 8.

4) Artemid. fragm. coll. S. W. F. Hoffmann. Lips. 1838. 8. s. nom. Menippi, c. Ejd. Marciano ib. 1841. 8. p. 154 —165. cf. p.

177 sq. f. a. Hoffmann, Menippus b. Geograph a. Pergamum, beffen Zeit
u. Werk. Lpzg. 1841. 8.

5) S. J. Rauch, Comm. de Alex. Polyhistore. Heidelb. 1843. 8.

6) S. J. F. Hennicke, Diss. de Geograph. Strab. fde ex fontium,
unde is hausit, auctoritate aestimanda. Gott. 1792. 8. Heeren Comm.
II. de fontib. Geogr. Str. Gott. 1820—22. 8. u. in b. Comm. Soc. Gott.
rec. T. V. p. 97 sq. C. G. Siebelis, Disp. de Str. patria, genere,
aetate, operis geogr. inst. atq. ratione. Budiss. 1828. 4. Ausg. f.
Ed. Pr. Graece. Venet. Ald. 1516. fol. gr. et lat. rec. emend. et comm.
instr. Is. Casanbonus. Atreb. 1587. fol. Lut. Paris 1520. fol. c. not.
integr. vir. doct. gr. et lat. ed. Jans. ab Almeloveen. Amstel. 1707.
II. fol. gr. et lat. rec. J. Siebenkees, C. H. Tzchucke et C. Friedemann. Lips. 1796—1811. T. I—VI. 1818. T. VII. Comm. P. I. 8.
gr. et lat. c. not. vir. praec. Casaub. juxta Ed. Amstel. cod. mss.
coll. et tab. geogr. (XVII) adj. Th. Falconer. Acc. Chrestomathiae
gr. et lat. Oxon. 1807. II. fol. ἐκδιδόντος και διορθῶντος Ἀ. Κοραη. Παρις.
1816—19. IV. 8. Ueberf. ift: Str. Erdbefchr. n. bericht. griech. Terte m.
Begl. krit. u. erkl. Anmerk. verb. v. Chr. Gl. Groskurd. Berlin 1831—34.
IV. 8. Es giebt übrigens einen Auszug aus dem Werke des Strabo um
1000 n. Chr. von einem Ungenannten gemacht, χρηστομάϑειαι ἐκ τῶν Στρα-
βωνος Γεωγραφικῶν betitelt, der in den meiften Ausg. b. Str. u. b. Kl.
Geographen mit enthalten ift, f. a. Dodwell b. Hudson Geogr. Min. T.
II. p. 168—191. Einen Auszug a. d. verlorenen IIten Buche f. a. Ἐπιτομη
τῶν τοῦ Στραβ. γεωγραφικῶν, ed. S. Gelenius c. Arriani Peripl. Pont.
Eux. Basil. 1533. 4. E. w. vollft. b. G. Kramer, Fragm. libri VII
Geogr. Strab. prim. ed. Berol. 1843. 4. f. a. beff. Diss. de Str. codi-
cibus. ib. 1840. 4.

7) S. Hermippi Smyrn. Peripat. fragm. coll. disp. et ill. A.
Locynski. Bonn. 1831. 8. p. 24 sq.

8) S. de Brosses in b. Mém. de l'ac. d. Inscr. T. XXIV. p.
235 sq. Krause, Fragm. hist. rom. p. 223 sq.

9) S. Heeren de font. Plutarchi p. 149 sq. Krause a. a. D.
p. 289 sq.

10) S. Cic. de Divin. I. 11—13. ad Attic. II. 1. Quinct. IX. 4,
41. XI. 1, 24. ad Div. I. 8.

11) S. J. C. Engelbronner, Disp. de M. T. Tirone. Amstel.
1804. 4. A. Lion, Tironiana b. Seebode, Arch. f. Phil. u. Pädag. 1824.
Bd. I. p. 246 sq.

12) Conon. Narr. de reb. myth. gr. et lat. prim. ed. Th. Gale,
Hist. poet. script. Paris 1675. 8. p. 241—301. c. Ptolem. et Parthen.
gr. c. not. var. ed. L. H. Teucher. Lips. 1794. 8. 1802. 8. p. 1—50.
ed. et annot. ill. J. A. Kanne. Gott. 1798. 8. rec A. Westermann,
Scr. poet. Hist. Graec. Brunsv. 1843. 8. p. 124—151. f. Gedoyn in b.
Mém. de l'ac. d. Inscr. T. XIV. p. 180 sq.

13) S. fämmtl. Fragm. b. A. Meineke, Anal. Alexandrina. Berol.
1843. 8. p. 253—338. Ausg. f. Erz. f. Ed. Pr. gr. et lat. cur. J. Cor-
narius. Basil. 1531. 8. ed. Gale a. a. D. p. 341 sq. ed. Teucher a. a.
D. p. 79—136. Parth. gr. emend. L. Legrand, cur. C. G. Heyne.
Gotting. 1798. 8. Parth. Nic. amat. narr. rec. Fr. Passow. Acc.
Diog. Anton. et Jamblichi Exc. Lips. 1824. 8. p. 1—28. rec. A.
Westermann. a. a. D. p. 152—181. Zur Kritik f. Bast. Epist. cr. p.
204—251. u. Schaefer, App. p. 50 sq. Roulez in b. Bull. de l'ac. de
Bruxell. 1832. T. II. p. 403 sq. f. a. Lebeau in b. Mém. de l'ac. T.
XXXIV. p. 63 sq.

14) Ausg. f. Ed. Pr. Ferrar. 1475. 4. Hygini q. exst. acc. J.
Scheffero, qui not., ind. et diss. de vero huj. oper. auct. adj. Acc.

Th. Munckeri annot. Hamb. 1674. 8. u. b. Th. Munckeri Myth. Lat. Amst. 1681. II. 8. u. A. van Staveren, Mythogr. Lat. Lugd. B. 1742. 8.

15) Dieſe Werke ſ. περι των αρχαιων ρητορων υπομνηματισμοι, von denen nur Abth. I—III (Λυσιας, Ἰσοκρατης, Ἰσαιος) und die erſte Hälfte von IV (περι της λεκτικης Δημοσθενους δεινοτητος) erhalten iſt, V (Ὑπερειδης) u. VI (Αισχινης) fehlen (Dion. Hal. de antiq. rhet. comm. rec. Ed. Rowe Mores. Oxon.1781. 8.), ferner das Leben des Dinarchus (Δειναρχος), 2 Briefe an den Ammäus über Demoſthenes und Ariſtoteles u. über die Eigenthümlichkeiten des Thucydides (rec. C. G. Krüger, b. Dionys. Hal. Historiographica. Hal. 1803. 8. p. 217—242.), ferner περι του Θουκυδιδου χαρακτηρος και των λοιπων του συγγραφεως ιδιωματων (rec. Krüger a. a. O. p. 59—216.), ein Brief an den Cnejus Pompejus, welcher eine ſtrenge und faſt zu harte Beurtheilung der Platoniſchen Schreibart enthält, und περι των παλαιων χαρακτηρος oder των αρχαιων κρισις (Dion. Hal. q. fertur de vet. scr. cens. c. adnot. interpr. ed. C. F. Frotscher, c. Quinctil. Inst. Orat. L. X. Lips. 1826. 8. p. 271 sq.). Ausg. dieſ. Schr. iſt: Exam. crit. des plus célèbres écrivains de la Grèce, par Denys d'Halicarnasse; trad. en franç. p. la prem. f. av. d. not. et le texte en regr. collat. s. l. mss. et l. meill. edit. p. E. Gros, Paris 1826—27. III. 8. Die ihm wahrſcheinlich untergeſchobene τεχνη ρητορικη (gr. ed. pr. Aldus Rhet. graeci. Venet. 1508. fol Tom. I. emend. vers. lat. et comm. ill. auct. H. A. Schotto. Lips. 1804. 8.) u. περι συνθεσεως ονοματων od. üb. d. Stellung der Worte (Graece c. Ejd. Arte Rhet. Paris 1547. fol. gr. et lat. rec. emend. c. not. Sylburg. suisq. ed. J. Upton. Lond. 1702. 8. 1728. 1747. 8 c. pr. ed. suisq. ann. ed. G. H. Schaefer. Acc. ejd. Melet. or. in Dion. Hal. art. rhet. Lips. 1808. 8. emend. ed. Fr. Goeller. Acc. var. lect. in Themist. Orat. Jen. 1815. 8.) gehören nicht hierher.

16) S. Plin. H. N. XXXV. 2, 3. Symm. epist. I. 4. Heyne, Opusc. Ac. VI. p. 17 sq. Creuzer in Zimmermann's Zeitſchr. 1843. nr. 133—137.

H) Naturwiſſenſchaften.

§. 115.

a. Medicin.

1.) Griechen. Die Alexandriniſche Periode brachte auch für die Arzneifunde manchen weſentlichen Nutzen hervor, wenn dieſer auch mehr in der Theorie als in der Praxis derſelben lag, denn die Ptolemäer erlaubten die Ausübung der Anatomie auch an menſchlichen Leichnamen und verwandten große Summen auf Anſchaffung fremder Thiere und Gewürze, ſodaß ſpäterhin (ſ. Amm. Marc. XXII. 16.) der bloße Name eines Alexandriſchen Arztes für ſeinen Beſitzer jede weitere Empfehlung unnöthig machte[1]). Als ausgezeichneter Anatom zeichnete ſich aber hier aus Herophilus aus Chalcedon in Bithynien, ein Schüler des Praxagoras, der aber zwiſchen d. J. 335—280 v. Chr. zu Alexandria lebte[2]), ſowie neben ihm auch noch Eraſiſtratus aus Julis auf der Insel Ceos (geb. 304 v. Chr.), ein Schüler des Theophrastus, sonst auch als Physiolog und Patholog be- rühmt[3]). Ihre Schüler gründeten nach der Vertreibung der Aerzte aus Alexandrien durch Ptolemäus Physcon i. J. 135 v. Chr. zwei Schulen zu Laodicäa und Smyrna, deren Andenken sich indessen nur auf Münzen erhalten hat[4]), obwohl die Ein- theilung der Medicin in 3 Theile, welche jetzt anhebt, jedenfalls ihr Werk gewesen seyn mag[5]). Von anderen Schülern jener beiden Männer ward jedoch bald durch ihr Bekanntwerden mit der Skeptischen und Epicuräischen Philosophie eine neue Schule gebildet, die Empirische, welche im scharfen Gegensatze zur alten dogmatischen jegliche Curmethode nur auf Erfahrung, eigene Anschauung und Inductionsbeweise gegründet wissen wollte[6]). An der Spitze derselben standen die Schüler und Anhänger des Herophilus, Philinus von Cos, Serapion von Alexandria und Heraclides von Tarent[7]). Auch die Arzneimittellehre ward fleißig betrieben und zwar außer von den Königen Attalus Philometor aus Pergamus (134 v. Chr.) und Mithribates von Pontus (83 v. Chr.), vorzüglich durch den bekannten Dichter Nicander von Colophon[8]). S. A. L. G. §. 305.

1) S. Ch. Fr. H. Beck, de schola med. Alexandr. disp. Lips. 1810. 4. C. G. Kühn, Schol. med. Alex. hist., in f. Opusc. T. I. p. 298—305.

2) Von f. Schr. giebt es nur ein Fragm. b. A. Cocchi, Disc. dell' anatomia. Firenze 1745. 4. p. 80 sq. Der von Boissonnade in d. Not. et Extr. d. Mss. T. XI. p. 192—274. zuerst herausgeg. Traité alimentaire du médecin Hierophile (Ιεροφιλου περι τροφων κυκλος ποια δει χρησθαι εκαστω μηνι και οποιοις απεχεσθαι) ist von einem spä- teren gleichnamigen Sophisten verfertigt. Im Allg. f. Kühn, Opusc. T. II. p. 302 sq. K. F. H. Marr, Herophilus. Karlsruhe 1838. 8. u. De Heroph. celeberr. med. vita, script. atq. in medic. meritis. Gotting. 1842. 4. F. H. Schwarz, Herophilus u. Erasistratus. E. hist. Parall. Würzb. 1826. 8.

3) S. Metzler, Gesch. d. Aderlasses p. 52 sq. Hecker, Gesch. d. Heilkde. I. p. 271 sq. J. Fr. H. Hieronymus, Erasistrati et Erasistrateorum hist. Jen. 1790. 8. Lichtenstädt in Hecker's Ann. d. Heilkunde. Bd. XVII. p. 153 sq.

4) S. R. Mead, Orat. anniv. Harveianae. Lond. 1725. 8 p. 36—78.

5) S. Jacobsen, de antiq. medic. divis. in διαιτητικην, φαρμα- κευτικην et χειρουργικην. Helmst. 1766. 4.

6) S. Hecker Bd. I. p. 328 sq. J. G. E. Ackermann, in Wittwer's Archiv. Bd. I. p. 3 sq. G. G. Richter, de veter. empiricorum inge- nuitate. Gotting. 1741. 4. C. J. Schulze, Diss. de vet. empir. scholae dignitate. Hal. 1808. 8.

7) Kühn, de Heraclide Tar. diss. I—III. Lips. 1823. 4. u. in f. Opusc. T. II. p. 150—169.

8) S. Wegener, de aula Attalica p. 160, 167 sq.

§. 116.

2.) Römer. Bei den Römern scheinen sich in den ältesten Zeiten die Priester der von ihnen verehrten heilbringenden Götter mit der Ausübung der Arzneikunde[1]) beschäftigt zu haben, später brachten gefangene Griechische Sclaven diese Wissenschaft mit nach Rom und übten sie als Freigelassene, indem sie auf dem Markte Buden errichteten und darin Mittel und Recepte verkauften[2]). Endlich kamen auch wirkliche Griechische Aerzte nach Rom, welche hier bald solches Ansehen erlangten, daß, als einst alle Griechen aus Italien vertrieben wurden, diese allein ausgenommen waren[3]). Ihre Thätigkeit erstreckte sich auf Chirurgie, Pathologie und Augenkrankheiten[4]), theoretisch aber scheinen sie nicht viel gethan zu haben, obgleich ihnen die Römer selbst durchaus keinen Abbruch thaten: daß sich nämlich die geborenen Römer selbst mit dieser Wissenschaft befaßt hätten, darüber verlautet durchaus nichts, außer daß Plin. H. N. XXIX. 1. erzählt, M. Porcius Cato habe ein altes Receptbuch besessen und solches bei vorkommenden Fällen zu Rathe gezogen. Unter den Griechischen Aerzten, welche zu Rom vorzüglich im Rufe standen, nennt man aber den Archagathus, der i. J. 219 v. Chr. aus dem Peloponnes nach Rom kam, sich aber bald durch die Grausamkeit, mit welcher er seine chirurgischen Operationen vollzog, verhaßt machte, den Asclepiades[5]) aus Prusa in Bithynien (geb. 128 v. Chr., kam um 110 nach Rom und starb 56), dessen Epicuräisches System vorzüglich darauf hinauslief, sich seinen Patienten soviel als möglich angenehm zu machen, und die beiden Leibärzte des Augustus, Marcus Artorius[6]) und Antonius Musa[7]), welcher letztere aber den ersten unglücklichen Versuch der Anwendung von kaltem Wasser bei inneren Krankheiten machte. Ueber Pharmaceutik würden wir den Aemilius Macer zu nennen haben, wenn sein Gedicht de viribus herbarum nicht, wie wir oben gesehen haben, unächt wäre. S. A. L. G. §. 305. B.

1) S. G. L. Goldner, de medicorum dignitate et titulo senatoris illis tributo. Ger. 1712. 4. J. G. Hecker, ad Hist. medic. ap. Rom. antiquiss. spic. Stett. 1772. fol. C. Middleton, de medicorum apud veteres Romanos degentium conditione diss., qua contra J. Sponium et R. Meadium servilem eam fuisse ostenditur. Cantab. 1726. 4. Dazu Defensio diss. P. I. Cantabr. 1727. 4. J. C. Schlaeger, hist.

litis de medicorum apud veteres Romanos degentium conditione. Helmst. 1740. 4. u. in Ackermann, Opusc. ad med. hist. pertin. Norimb. 1797. 8. p. 293—342. J. G. Neubert, Comm. de adversis medic. fatis apud Rom. Jen. 1756. 4. J. L. G. Beck, Observ. de Roman. disciplina publica medica. Lips. 1809. 4. J. H. Meibom, M. Aur. Cassiodori V. C. formula comitis archiatrorum commentario illustr. Helmst. 1688. 4. J. E. Hebenstreit, Pr. de medicis archiatris et professoribus. Lips. 1741. 4. E. Th. Gaupp, de professor. et medicis eorumque privilegiis in Jure Rom. diss. Spec. I. Vrat. 1827. 8. C. J. Goldhorn, Diss. de archiatris Romanis inde ab eor. origine usque ad finem imp. Rom. occidentalis. Lips. 1841. 8. Ueb. b. ſpät. Medicinalweſen zu Rom ſ. Iſenſee, Geſch. b. Med. Bd. I. p. 175 sq.

2) Ch. Jugler, de nundinatione servorum. Lips. 1748. 8. Schulz, Exc. in antiq. ad servi medici ap. Graec. et Rom. condit. eruend. Hal. 1735. 4.

3) C. Drelincourt, Apol. med. qua depellitur illa calumnia, medicos sexcentis annis Roma exulasse. Lugd. B. 1672. 12. J. F. Boeckelmann, Medicus Romanus servus sexaginta solidis aestimatus. Lugd. B. 1671. 12. 1746. 8. Richter, de prisca Roma in medicos haud iniqua, in ſ. Opusc. T. II. p. 409 sq.

4) S. Ch. Saxe, Ep. de vet. med. ocularii gemma sphragide. Ultraj. 1774. 8.

5) S. Bl. Caryophilus, diss. ad vet. Asclep. Bithynii imaginem. Rom. 1718. 4. A. Cocchi, Disc. pr. sopra Asclepiade. Firenze. 1758. 4. (G. F. Bianchini) La medicina d'Asclepiade per ben curare le malattie acute, racc. da var. framm. gr. et lat. Venez. 1769. 4. S. Fr. Burdach, Asclepiades u. J. Brown, e. Parallele. Lpzg. 1800. 8. u. Scriptor. de Asclep. index. ib. 1800. 8. K. Fr. Lutheriz, d. Syſteme d. Aerzte v. Hippocrates b. a. Brown. Th. I. Hippocrates, Asclepiades und Celſus. Dresb. 1811. 8. Hecker, Geſch. b. Heilkde. Bd. I. p. 365—394. Fragm. Asclep. acc. comm. de vita et placitis med. dig. J. G. Gumpert, Vimar. 1794. 8. Ueb. b. ihm zugeſchr. Geſundheitsvorſchriften d. Asclep. ſ. oben §. 80, 5.

6) S. C. Patini, Comm. in ant. cenot. M. Art. Caes. Aug. med. positam. Patav. 1689. 4. p. 434 sq.

7) S. Dio Cass. L. III. p. 217. Fr. Lindemann, de usu aquae frigidae in re med. apud veteres. Zittav. 1838. 8. G. Chr. Gebauer, de caldae et caldi ap. veteres pot. lib. sing. Lips. 1721. 8. J. Chr. G. Ackermann, Prol. de Ant. Musa Octav. Aug. medico et libris qui illi adscribuntur. Altorf. 1786. 4. L. Chr. Crell, Diss. exh. Ant. Mus. Aug. medic. observ. var. gen. illustr. Lips. 1725. 4. u. in Ackermanni Opusc. Lips. 1797. 8. p. 343—382. Chr. Rose, Diss. de Augusto contraria medicina curato. Hal. 1741. 4. u. in Ackermann, Opusc. p. 383 sq. Man ſchreibt ihm zwei unächte Schriften zu, nämlich Libellus de tuenda valetudine ad Maecenatem (Norimb. 1538. 8.) und de' herba betonica (s. Apuleji de medic. lib. ed. Hummelberg. Tiguri 1537. 4.), bie in b. Coll. med. latin. Aldin. 1547. Venet. fol. f. 222 b — 223 a ſtehen ſ. a. Mus. fragm. q. exstant, cura Fl. Caldani. Bassano. 1800. 8.

§. 117.

b. Naturgeſchichte.

Dieſe Wiſſenſchaft wird bei ben Griechen in dieſer Periode nur durch einen einzigen Schriftſteller repräſentirt, nämlich durch Antigonus von Carystus (272 v. Chr.) mit seiner Sammlung wunderbarer Geschichten (συναγωγη ιστοριων παραδοξων), worin er in den ersten 127 Auszüge aus des Aristoteles untergeschobenem Buche de mirabilibus auscultationibus giebt, in den letzten 62 aber Excerpte aus anderen verloren gegangenen Schriften des Timäus, Callimachus ꝛc. darbietet, eigentlich jedoch mehr unter die Mythographen gehört[1]). Bei den Römern wurde über eigentliche Naturwissenschaften bei ihrem practischen Sinne natürlich durchaus nicht speculirt, wohl aber war derselbe auf Feldbau, Gartenkultur und Viehzucht gerichtet, mit welchen Dingen zur Zeit der freien Republik für jeden, auch den vornehmsten Römer sich zu beschäftigen durchaus nicht für herabwürdigend galt[2]). Der früheste Verfasser eines theoretischen Werkes hierüber (de re rustica f. Gell. N. A. X, 26.) war aber M. Porcius Cato Censorius[3]), allein leider ist seine Arbeit nur in einer von den Grammatikern und Abschreibern verdorbenen Recension auf uns gekommen, und daher bleiben außer den schon erwähnten Georgica des Virgilius Maro nur noch des M. Terentius Varro[4]) III Bücher de Re Rustica theils wegen der darin enthaltenen Fülle von Material, theils wegen der trefflichen Latinität, theils der Ordnung in der Anlage halber das bedeutendste Werk, welches wir hierüber besitzen. S. A. L. G. §. 206.

---

1) S, Ed. Pr. c. Anton. Liber. gr. et lat. ed. G. Xylander. Basil. 1568. 8. c. not. emend. J. Meursius. Lugd. B. 1619. 4. u. in f. Oper. T. VII. p. 3 sq. c. var. not. expl. J. Beckmann. Lips. 1791. 4. (Nachtr. in f Ed. v. Marbod. de lapid, Gott. 1799. 8. p. 154—163). Gr. recens. A. Westermann Παραδοξογραφοι p. 61—102. Zur Crit. f. Bentlej. ad Callim. Fr. p. 328 sq. Schneider, Peric. cr. ad Anthol. Const. Cephal. Lips. 1772. p. 132 sq. Jacobs in d. allg. Schulz. 1828. II. nr. 79. Bast, Ep. crit. p. 59 sq.

2) S. J. B. Rougier, Hist. de l'agricult. anc. des Romains etc. Paris 1834. 8. Sammt. sind Ed. Pr. Scriptor. rei rusticae. Venet. 1472. fol. c. exscript. Beroaldi. Bonon. 1474. fol. coll. c. edit. et mss. plur. ed. J. M. Gesner. Lips. 1735. II. 4. Ed. II. cur. J. A. Ernesti. ib. 1773—74. II. 4. ex libr. scr. atq. edit. fide et vir. doct. conj. corr. atq. interpr. omn. coll. comment. suisq. illustr. J. Gl. Schneider. Lips. 1793—96. IV. 8.

3) M. Porc. Cat. de Re Rust. fragm. q. supers. Ans. Popma iterum recens. et not. add. Franeq. 1620 8. corr. et ed. st. et op. J. Meursii. Lugd. B. 1598. 8. u. b. Schneider T. I. p. 7—114. Deutsch m. Anmerk. v. Große. Halle 1787. 8. f. a. Miscell. Observ. T. VI. 3. p. 575—583. F. Rottboelt, Anmoerkninger og Oplysninger til M. Porc. Cato, de re rust. Hafn. 1790. 8.

4) Libri III de R. R. m. Deutsch. Not. v. G. Benzky. Halle 1730. 12. Ins Deutsche überf. m. Anmerk. v. J. F. Mayer. Nürnb. 1775. 8. m. Anmerk. v. J. F. Große. Halle 1788. 8. f. a. Hannöv. Magaz. 1779. p. 103—112.

I) Philologie und Grammatik.

§. 118.

1.) Griechen. Nachdem in der Alexandrinischen Schule[1] **Eratosthenes** von Cyrene, der erste Philolog (f. **Suet. de illustr. gramm. c. 10.**) und Polyhistor, die Wissenschaft der Philologie begründet hatte, trat **Callimachus** mit seinen oft mißverstandenen $\pi\iota\nu\alpha\kappa\varepsilon\varsigma$ $\tau\omega\nu$ $\dot{\varepsilon}\nu$ $\pi\alpha\sigma\eta$ $\pi\alpha\iota\delta\varepsilon\iota\alpha$ $\delta\iota\alpha\lambda\alpha\mu\psi\alpha\nu\tau\omega\nu$ $\kappa\alpha\iota$ $\dot{\omega}\nu$ $\sigma\upsilon\nu\varepsilon\gamma\rho\alpha\psi\alpha\nu$ $\dot{\varepsilon}\nu$ $\beta\iota\beta\lambda\iota\iota\varsigma$ $\varkappa'$ $\kappa\alpha\iota$ ϱ' auf, einer Art literarischen Encyclopädie oder Mustersammlung der besten Leistungen in jeder damals bekannten Wissenschaft, auf[2]), und zeigte darin zuerst, was man zu seiner Zeit unter einem Philologen verstand. Denn die $\gamma\rho\alpha\mu\mu\alpha\tau\iota\varkappa\eta$ $\tau\varepsilon\chi\nu\eta$ oder die Grammatik beschäftigte sich nicht etwa blos mit einzelnen Untersuchungen über Grammatik selbst (daher ihre Bearbeiter $\tau\varepsilon\chi\nu\iota\varkappa\iota$ genannt), sondern auch mit der Erklärung fremder und veralteter Wörter ($\gamma\lambda\omega\sigma\sigma\alpha\iota$, $\lambda\varepsilon\xi\varepsilon\iota\varsigma$), mit einer Sammlung erläuternder Stellen aus anderen Schriftstellern ($\sigma\upsilon\mu\mu\iota\varkappa\tau\alpha$, $\pi\alpha\nu\tau\upsilon\delta\alpha\pi\alpha$ $\dot{\alpha}\nu\alpha\gamma\nu\omega\sigma\mu\alpha\tau\alpha$, $\dot{\upsilon}\pi\omega\mu\nu\eta\mu\alpha\tau\alpha$, $\dot{\alpha}\tau\alpha\varkappa\tau\alpha$), sogar mit der Erklärung ganzer Werke ($\dot{\upsilon}\pi\omega\mu\nu\eta\mu\alpha\tau\alpha$, $\dot{\varepsilon}\xi\eta\gamma\eta\sigma\varepsilon\iota\varsigma$), mit der Lösung selbstgemachter Schwierigkeiten einzelner Stellen ($\zeta\eta\tau\eta\mu\alpha\tau\alpha$, $\pi\rho\omega\beta\lambda\eta\mu\alpha\tau\alpha$, $\lambda\upsilon\sigma\varepsilon\iota\varsigma$), mit größeren oder geringeren Veränderungen und Recensionen älterer Werke ($\delta\iota\omega\rho\vartheta\omega\sigma\varepsilon\iota\varsigma$), vorzüglich der Homerischen Gedichte, weshalb ihre Bearbeiter auch in die beiden Classen der $\dot{\varepsilon}\nu\sigma\tau\alpha\tau\iota\varkappa\iota$ und $\lambda\upsilon\tau\iota\varkappa\iota$ oder $\dot{\varepsilon}\pi\iota\lambda\upsilon\tau\iota\varkappa\iota$ zerfielen, mit dramaturgischen Sammlungen und Didascalien und der Anfertigung von kritischen Verzeichnissen oder Canons der für klassisch gehaltenen Schriftsteller[3]). Es zeichneten sich aber hierin vorzüglich aus **Zenodotus**, aus Ephesus (280 v. Chr.), Vorsteher der Alexandrinischen Bibliothek und $\pi\rho\omega\tau\omega\varsigma$ $O\mu\eta\rho\omega\upsilon$ $\delta\iota\omega\rho\vartheta\omega\tau\eta\varsigma$ genannt[4]), **Aristophanes** aus Byzanz (221—180 v. Chr.)[5], **Aristarchus** aus Samothrace (156 v. Chr.), der Schüler des Vorigen und so berüchtigt durch seine scharfe Kritik der Homerischen Gedichte, daß sein Name zur Bezeichnung für jeden heftigen Kritiker geworden ist[6]), **Crates**[7]) aus Mallus, der Gründer einer Schule von Kritikern zu Pergamus, nach Art der von dem eben Genannten zu Alexandria eröffneten Schule der Aristarcheer, der, als Gesandter des Königs Attalus von Pergamus nach Rom geschickt (**167 v. Chr.**), hier das Studium der Grammatik einführte (f. **Sueton, a. a. O.** c. 2.), **Dionysius**[8]) aus Thracien (60 v. Chr.), welcher die erste wissenschaftliche Sprachlehre ($\tau\epsilon\chi\nu\eta$ $\gamma\rho\alpha\mu\mu\alpha\tau\iota\kappa\eta$) schrieb, die wir, während von seinen Vorgängern nur noch Bruchstücke übrig sind, noch ganz besitzen, und **Didymus**[9]) aus Alexandria (30 v. Chr.), der seines eisernen Fleißes wegen den Beinamen $\chi\alpha\lambda\kappa\epsilon\nu\tau\epsilon\rho\sigma\varsigma$, d. h. mit ehernen Eingeweiden, erhielt, von welchem aber ebenfalls nur Unbedeutendes erhalten ist. Den Rhetor **Zoilus** aus Amphipolis[10]), den schon im Alterthum berüchtigten, hämischen Kritiker der Homerischen Gedichte (deshalb $O\mu\eta\rho\rho\mu\alpha\sigma\tau\iota\xi$, d. h. Geisel des Homer genannt) und der Platonischen Schriften a. d. 3ten Jhdt. v. Chr. erwähnen wir nur noch der Vollständigkeit wegen und bemerken nur, daß von dieser Periode an die meisten der noch erhaltenen Scholien und vielen ungenannten grammatischen Abhandlungen ihren Anfang nehmen[11]). **S. A. L. G. §. 263.**

1) S. **Ch. Koch**, Comm. de rei crit. epochis. Marb. 1821—22. II. 4. **Ph. J. Maussaccus**, Diss. cr. in Harpocrationem, v. f. X, p. 397 sq. **H. Stephanus**, de crit. vet. graec. et latinis. Paris 1587. 4. **H. Valesius**, Emend. Ejq. de Arte crit. ed. **P. Burmann**. Amst. 1740. 4. p. 144 sq. **D. Heinsius**, de ver. critic. ap. vet. ortu et progressu, in f. Exerc. sacr. Lugd. B. 1640. fol. p. 639 sq. **C. D. Beck**, de philol. saec. Ptolemaeorum. Lips. 1818. 4. u. De ratione qua scholiast. poet. Graec. veteres imprimisque Homeri ad sensum elegantiae et venustatis recte adhiberi possint. Lips. 1785. 4. **R. Schmidt**, Sched. de Alex. grammatica. Hal. 1837. 8. Gesch. d. Lexicogr. b. Meier a. a. O. Comm. VI. P. I. II.

2) S. **Ruhnken**. ad Callim. ed. Ernest. T. I. p. 449 sq. **Bernhardy**, (Gesch. d. Gr. Litt. I. p. 134 sq. u. Encycl. b. Philol. p. 62 sq. **Meyer**, Comm. de Andoc. Orat. contra Alcib. p. X sq.

3) S. **L. Kuster**, Hist. cr. Homeri. Traj. ad V. 1696. 8. **K. Lehrs** in Jahn's Neu. Jahrb. 1830. Bd. XII. 1. p. 102 sq. 119 sq. u. de Aristarchi stud. Homericis ad praep. Hom. carm. text. Regiom. 1833. 8.

4) S. **Wolf**, Prolegg. ad Hom. p. CXCIX sq. u. Praef. ad Apoll. Lex. Homer. p. XVII sq. **Lersch**, Sprachph. I. p. 51.

5) S. **Wolf** a. a. O. p. CCXVI sq. **Ranke** ad Vit. Aristoph. p. CV sq. **Lersch** I. p. 58 sq.

6) S. **Wolf** p. CCXXVII sq. **Ranke** p. CV sq. **Villoison**, Proleg. ad Hom. II. p. XIII sq. XXVI sq. u. ad Apoll. Lex. Hom. p. XIV sq. **Ch. L. Matthesius**, Diss. de Aristarcho. Jen. 1725. 4. Lersch I. p. 62 sq.

7) S. **Villoison**, Prol. ad Hom. p. XXVII sq. **Wolf** p. CLXXXI sq. CCXXVII sq. **Becker**, Ueberf. d. R. b. Demofth. üb. d. Krone. Bd. II. p. 507 sq. (Halle 1824—26. 8.) u. üb. d. Zeitalter u. Vaterland d. Homer. p. 19 sq. **Lersch**, Sprachphilof. Bd. I. p. 69 sq. **Thiersch**, Comm. de

schola Cratetis Mallot. Pergam. Dortmund. 1835. 8. **Wegener**, de Aula
Pergam. p. 110—131. Lerſch I. p. 77 sq. S Fragm. b. Wegener p. 132—153.

8) Zuerſt b. **Fabric Bibl. Gr. T. IV.** p. 20 sq. (VI. p. 311 sq.
Harl.) vollſt. b. **Villoison, Anecd. T. II.** p. 99 sq. u. a. Beſten b. **Bekker,
Anecd. T. II.** p. 629 sq. u. a. e. vermehrt. Armen. Ueberſ. als: Grammaire grecque de Denys de Thrace tirée de II. mss. armen. et
publ. en grec, armen. et franç. p. **Cirbied. Paris** 1830. 8. u. in b.
Mém. de la soc. d. antiq. de la France T. VI. p. 1 sq., welche ihm
aber, obwohl mit Unrecht abſpricht Göttling, **Praef. ad Theod. Gramm.**
p. V sq. X sq. u. Schömann, ob b. noch vorhand. b. Dionyſius Thrax
zugeſchriebene Griech. Grammatik in ihrem jetz. Umfange wirkl. v. j. Schriftſtellern herrühre. B. b. **Ind.** b. **Lect. Hibern. Gryphisw.** 1833. 4. u.
1841. 4. ſ. a. Villoison, **Prol. ad Hom.** p. XXXIX sq. u. ad Apoll.
p. VIII. sq. u. **Anecd. II.** p. 249. Lerſch II. 64 sq. Gräfenhan I. p. 434 sq.

9) Ein Fragm. b. **Villoison, Anecd. T. II.** p. 184 sq. E. mathem.
W. μετρα μαρμαρων και παντοιων ξυλων, ed. **A. Majus c. Iliad. fragm.**
antiquiss. c. pictur. **Mediol.** 1819. fol. p. 153 sq. Die ihm zugeſchr.
klein. Schol. z. Homer gehören ihm nicht ſ. **Ruhnken. Praef. ad Hesych.**
p. LX. u. **Meier, Praef. ad Demosth. Mid.** p. XV. sq. **Richter, de
Aesch. Interpr. gr.** p. 106 sq. cf. p. 87 sq.

10) Ueb. Zoilus ſ. **Hardion in b. Mém. de l'acad. T. XI.** p. 277 sq.
Lehrs, de Arist. p. 206 sq.

11) Ueb. b. Scholiaſten ſ. **H. Stoecker**, Diss. de Arist. et Soph.
interpr. graec. **Hamm.** 1827. p. 1—16. **Richter, de Aesch. Soph.
Eurip. interpr. Berol.** 1839. 8. p. 90 sq. **C. Schneider, de schol.
Aristoph. fontib. Sund.** 1838. p. 10 sq. **E. Wunder, de schol. Ro-
man. in Soph. trag. Grimm.** 1838. 4. **G. Wolff, de Soph. schol. Lau-
rent. var. lect. Lips.** 1843. 8. Samml. b. Griech. Grammat. ſ. **Grammatici
Graeci. Venet. Aldus.** 1495—1524. VI. fol. **d'Ansse de Villoison,
Anecd. Graeca. Venet.** 1781. II. 4. **J. Bekker, Anecdota Graeca.
Berol.** 1814—21. III. 8. Gramm. graeci, cur. **G. Dindorf. Lips.** 1823.
T. I. 8. **L. Bachmann, Anecdota Graeca. Lips.** 1828. II. 8. **J. A.
Cramer, Anecd. Graeca e codd. mss. bibl. Oxon. descr. Oxon.** 1835—38.
IV. 8. u. **Anecd. Gr. e codd. mss. bibl. Reg. Paris. Oxon.** 1839. II. 8.

§. 119.

2.) Römer. Nachdem bereits der jüngere Ennius und
Livius einen ſchwachen Grund in den grammatiſchen Studien[1]
gelegt hatten (ſ. **Sueton. de ill. gramm. c. 1.**), kamen dieſelben durch
den Pergameniſchen Philologen Crates ſehr in Aufnahme, ſobaß
ihnen **Cic. de Orat. I. c. 42.** ſchon ſehr umfangreiche Grenzen
beſtimmen konnte. Allerdings ſind von den älteſten Grammatikern
nur noch ſehr wenig Fragmente übrig[2] und ſie ſelbſt, unter denen
am Meiſten M. Antonius Gnipho[3], der Lehrer des M.
T. Cicero und angebliche Verfaſſer des **Auctor ad Herennium**, der Prügelfreund Orbilius Pupillus aus Benevent
(um 63 v. Chr.)[4], L. Aelius Stilo Präconinus[5],
Santra[6], Aelius Gallus[7], Attejus aus Athen[8], der
Zeitgenoſſe des Salluſt und gewöhnlich philologus genannt, und

C. Julius Cäsar[9]) die bedeutendsten waren, scheinen sich mit wenigen Ausnahmen auch eben nicht mit geistreichen Untersuchungen beschäftigt zu haben. Da nun auch wahrscheinlich die Schriften des Verrius Flaccus[10]), des Lehrers des Augustus, bis auf wenige Fragmente verloren gegangen sind, C. Asinius Pollio[11]) aber sich wohl mehr durch kritische Urtheile über die besseren Schriftsteller, als durch hierauf bezügliche Schriften als Kritiker erwiesen hat, so bleibt uns nur noch M. Terentius Varro[12]) übrig, der, zu Rom i. J. 116 v. Chr. geboren, im Seeräuberkriege (67 v. Chr.) die Griechische Flotte, dann unter Pompejus als Legat in Spanien und unter M. Brutus als Quästor im Afrikanischen Kriege kommandirte, später vom M. Antonius geächtet und, seines Vermögens beraubt, flüchtig wurde und erst nach dem Tode desselben nach Rom zurückkehrte, wo er neben dem Nigidius Figulus für den größten Gelehrten und Polyhistor, freilich auch für einen Vielschreiber geachtet, i. J. 27 v. Chr. gestorben ist. Von seiner Unzahl von Schriften haben sich außer etlichen Fragmenten, z. B. aus seinen Moralsprüchen, nur noch seine 3 Bücher vom Landbau und B. 6 — 10 seines 24 Bücher umfassenden Werkes de lingua latina erhalten, welche für uns immer noch einen unbezahlbaren Schatz von Nachrichten über die ältere Sprache und Phraseologie der Römer enthalten. S. A. L. G. §. 264.

1) S. J. E. F. Walch, de arte crit. vet. Roman. lib. Ed. III. Jen. 1771. 8. F. Hand, Gesch. d. lat. Sprache, in s. Lehrb. d. lat. Styls. ebb. 1838. 8. p. 34 sq. Ch. Cellarius, de fatis ling. latinae in s. Opusc. p. 456—488. C. Budde, de stud. liberal. ap. vet. Rom. Jen. 1700. 4. Hegewisch, kl. Schrift. Flensb. 1786. 8. p. 5—106. Sammlung. d. lat. Grammatiker sind: Auctores ling. lat. c. not. et var. lect. D. Godofredi. Col. Allobr. 1622. 4. Grammat. latin. auct. antiq. op. et st. El. Putschii. Hanov. 1605. 4. Corpus gramm. latin. coll. aux. rec. Fr. Lindemann. Lips. 1831 sq. IV. 4. (unbeendet).

2) Ihre Fragm. b. Egger, Lat. serm. vetust. reliq. Paris 1843. 8. p. 1—67.

3) S. Schütz, Prol. ad Cic. Op. Rhet. T. I. p. XXIII.

4) S. Weichert, de Laev. poeta. p. 28 sq. 37. de Fur. Bibac. p. 357. Lange in Jahn's Jahrb. 1829. Bd IX. 3. p. 364 sq.

5) S. J. A. C. van Heusde, Disq. de L. Ael. Stilone, Cic. in rhetor. magistro, Rhet. ad Herenn., ut videtur, auctore. Inserta s. A. Stilonis et Serv. Claudii fragm. Traj. ad Rh. 1839. 8.

6) S. Lersch in Zimmermann's Zeitschr. 1839. Nr. 13. u. 43.

7) S. C. G. E. Rambach, de C. Ael. Gallo lcto ejq. fragm. Lips. 1823. 8.

8) S. Osann, Anal. crit. p. 60—67. Weichert, de Laevio p. 46 sq. Madvig, Opusc. p. 87 sq.

9) S. Lersch, Sprachphil. d. Alt. Bd. I. p. 129—139.

10) Einige Fragm. b. Godofred. a. a. O. p. 109—118. Grotefend in Zimmermann's Zeitschr. f. Alt. W. 1843. Nr. 22—23. (f. a. Ahrens ebb. Nr. 20—22.) vindicirt ihm des: Incerti Auct. de figur. vel schematibus versus heroici ed. F. G. Schneidewin. Gotting. 1841. 8. u. b. Sauppe, Ep. crit. p. 152—170.

11) S. Ch. H. Eckardt, de C. As. Poll. iniquo opt. latin. censore. Jen. 1743. 4. u. Thorbecke a. a. O. p. 130 sq.

12) S. 3 Bücher v Landbau b. J. G. Schneider, Script. R. Rust. T. I. 1. p. 129 sq. S. sämmtl. Schr.: Ed. Pr. s. l. et a. (Rom. 1471.) 4. s. l. et a. (Venet. 1472.) 4. c. not. A. Augustini, A. Turnebi, J. Scaligeri et A. Popmae. Bip. 1788. II. 8. S. W. de lingua latina b. Godofredus a. a. O. p. 1—108. u. b. Perott. Cornu Cop. Venet. Ald. 1513. fol. p. 1057 sq. M. Ter. Varr. de ling. lat. libri qui supers. rec. L. Spengel. Berol. 1826. 8. libr. q. supers. emend. et annot. a C. O. Müllero. Lips. 1838. 8. f. a. L. Spengel, Emend. Varron. Spec. I. Monachi 1830. 4. C. H. J. Francken, Diss. litt. exh. fragm. M. T. Varr. q. inveniantur in libr. S. Augustini de civit. Dei. Lugd. B. 1836. 8. L. H. Krahner, Spec. comment. de M. Ter. Varr. antiq. rerum human. et divin. libr. XLI. Hal. 1834. 8. G. Pape, Lectiones Varron. Berol. 1829. 8. u. Diss. hist. litt. de C. T. Varr. Lugd. B. 1835. 8. S. a. M. Ter. Varr. Sententias maj ex parte ined. ex cod. bibl. sem. Patav. ed. et comm. ill. V. Devit. Patav. 1843. 8.

§. 120.

3.) **Inder.** Für Philologie wurde auch bei diesen Manches gethan; denn als ein gewisser **Katyayanas** Panini's Lehrgebäude in seinen Anmerkungen (Vartikas) verbessert hatte, brachte der Dichter und Bruder des Königs Vikramadityas **Bhartrihari**[1] (100 v. Chr.), von dem auch noch moralische Sprüche vorhanden sind, diese verbesserten Regeln in Gedächtnißverse (Carica genannt) und erläuterte dieselben auch noch practisch in seinem Gedichte **Bhatticavya**, in 20 Gesängen, worin er die Abenteuer Rama's besingt. Ein gewisser **Amarasinha** († 56 v. Chr.) schrieb dazu in Versen ein Wörterbuch (**Kosha**, Schätze heißen bei den Indern die Lexica) nach der Ordnung der Gegenstände[2] eingetheilt und **Amarakosha** genannt, welches nebst drei anderen ähnlichen Arbeiten[3] noch vorliegt.

1) S. The Bhattikavya, a Sanscrit poem illustr. of Grammar, with a Comm. Calcutta 1826. 8. ib. 1828. II. 8. Seine Sprüche betreffen die Liebe, die Pflichten und die Frömmigkeit. Die IIte und IIIte Centurie zuerst übersetzt v. A. Royer, Opene Dewre tot het verborgen Heidendom. Leyd. 1651. 4. (Deutsch als: Offene Thüre zu dem verborgenen Heidenthum b. Chr. Arnold. Leyden 1651. 4.) Bhartriharis Sententiae et Carmen, quod Chauri nomine circumfertur. Ad cod. mss. fid. et lat. et comm. erot. instr. a P. a Bohlen. Berol. 1834. 8. u. die Sprüche b. Bhartriharis. A. b. Sanskr. metr. übertr. Hamb. 1835. 8. f. C. Schütz, Krit. u. Erklär. Anmerk. dazu. Bielefeld. 1835. 8.

2) Amarasinha s. Diction. Sanscred. Sectio I de coelo ex trib. ined. ind. codd. ed. P. Paul. a S. Bartholomaeo. Rom. 1798. 4. Cosha or Dictionary of the Sanscrit by Amara Sinha, with an

english Interpr. and Annot. by H. F. Colebrooke. Serampoor. 1808. 4. (Dazu Table alphab. p. Klaproth in d. Table alph. du Journ. Asiat. Paris 1829. 8. p. 105—111.) s. a. Asiat. Research. T. VII. p. 214 sq.

3) The Amarokosha, Trikandascha, Medini and Hárávali, four original vocabul. Khizurpoor. 1817. 8. Four Sanscrit. Vocab.; the Amara Kosha, Tricânda Kosha, Haravali Kosha and Medini Kosha by H. T. Colebrooke. Calc. 1818. 8. (d. Tric. ist älter, die zwei anderen sind später von Purushottamas, der auch noch ein Hêma-Tschandra-Kosha or the Vocabulary of Hêma-Tschandra. Calc. 1807. 1818. 8. hinterlassen hat).

K) Rechtswissenschaft.

§. 121.

1.) Römer. Die Begründung der Rechtswissenschaft[1]) in theoretischer und practischer Beziehung gebührt unter allen Völkern der alten Welt ausschließlich den Römern, da ihre Staatseinrichtung sie von Anbeginn des Reiches an nöthig machte, und so wurde bereits von Romulus, Numa Pompilius und Servius Tullius durch die sogenannten Leges regiae dazu der Grund gelegt[2]). Anfangs waren sie natürlich ungeschrieben, doch wurde der gottesdienstliche Theil derselben nach der Vertreibung der Könige durch den Pontifex Maximus Cajus Papirius in eine officielle Sammlung gebracht, in das sogenannte Jus Papirianum[3]). Etwas später, als die Republik unter der Leitung der Aristocratie stand, ward es dem Volke wünschenswerth, durch ein geschriebenes Gesetzbuch seine Rechte gegen die Patricier festzustellen und die Macht der Consuln somit zu beschränken, und darum sandte der Senat i. J. 452 v. Chr. drei Gesandte nach Griechenland, um die dortigen Gesetze, vorzüglich die Solonischen zu studieren, nach deren Rückkehr zehn Commissarien (decemviri legibus scribendis) ernannt wurden, um aus den mitgebrachten Notizen und den durch Tradition fortgepflanzten ungeschriebenen Italischen Gesetzen ein Gesetzbuch festzustellen, bei dessen Ausarbeitung ein gewisser aus seiner Vaterstadt Thasus verbannter Grieche, Hermodorus, ihnen mit zur Hand ging. Diese Gesetze wurden i. d. J. 449 (auf 10) und 447 v. Chr. (auf noch 2) eherne Tafeln eingegraben publicirt und waren nun die sogenannten Zwölftafelgesetze oder Leges duodecim tabularum[4]), nach welchen von nun an die Handhabung der Rechtspflege stattfand, obgleich dieselben nebenbei noch fortwährend durch neue Gesetze und Senatsbe-

15*

schlüsse[5]) und die Edicte der Prätoren und Aedilen[6]) vermehrt
und ergänzt wurden. Leider sind jedoch die meisten dieser Denkmäler nur in Fragmenten auf uns gekommen[7]), deren wichtigsten
sind die **Lex Thoria** (643 n. Erb. R.)[8]), die **Lex Servilia**
des Glaucia[9]) (um 648—634 n. Erb. R.), das plebiscitum
de Thermensibus (um 682 n. Erb. R.)[10]), die **Lex Cincia**
aus d. 2ten Punischen Kriege[11]), die **Lex Julia de civitate**
sociorum (190 v. Chr. oder 709 n. Erb. d. St.), i. J. 1732
zu Heraclea in Lucanien gefunden und deshalb **Tabula Hera-**
cleensis genannt[12]), die **Lex Rubria de Gallia Cisalpina**
(711 n. Erb. R.) über die Rechte der Einwohner und Muni-
cipalobrigkeiten im Cisalpinischen Gallien, i. J. 1760 in den
Ruinen von Velleja entdeckt[13]), die **Lex Julia de maritandis**
ordinibus und die **Lex Papia Poppaea**[14]) (nicht 757, sondern
736 n. Erb. d. St. fallend), die Fragmente a. d. **Lex Ma-**
nilia, **Roscia**, **Peducaea**, **Alliena**, **Fabia** bei den Agrimensoren[15]), die **Lex Furia**[16]), **Plactoria**[17]), **Voconia**[18]), **Aelia**
Sentia[19]) und das **Senatus consultum de Bacchanalibus**[20]).
Nun ward aber das Recht von Tage zu Tage umfang-
reicher; man schied es daher bereits in ein jus pontificium,
civile, publicum, honorarium und jus gentium, und **Appius**
Claudius Cäcus[21]) brachte dann die legis actiones oder
Proceß- und Geschäftsformeln in eine bestimmte Form, indem er
eine Schrift de actionibus darüber abfaßte, welche sowie die
Kenntniß der Tage, an welchen Gericht gehalten werden durfte
oder nicht (dies fasti, nefasti und intercisi), sämmtlich dem
Volke bisher unbekannte Dinge und Geheimniß der Patricier,
durch seinen Schreiber und nachherigen Aedilis curulis, Cn. Flavius an dasselbe verrathen wurde und so das **Jus Flavia-**
num[22]) ward, worauf später der Rechtsgelehrte **Aelius Catus**
die neuen, von den Patriciern erfundenen Rechtsformeln (notae)
gleichfalls in einer, **Jus Aelianum** benannten Schrift dem
Volke mittheilte[23]). Bald darauf fingen einzelne Juristen an,
öffentlich die Rechte zu lehren, und unter diesen nennen wir zuerst den **Tib. Coruncanius** wegen seiner Rechtsbelehrungen
(respondere de jure)[24]), dann unter vielen Anderen den **M.**
Porcius Cato minor, bekannt durch seine **Regula Catoniana**[25]),
obgleich der eigentliche Begründer des jus civile **M. Mani-**

lius (149 v. Chr.) ist[26]), neben welchem sich noch M. Junius
Brutus, der 7 Bücher de jure civili geschrieben hatte[27]),
P. Mucius Scävola, der Vater[28]) und Sohn[29]), der Pontifex Maximus P. Mucius Scävola[30]), P. Rutilius
Rufus[31]), C. Aquillius Gallus[32]) und M. Tullius
Cicero[33]) auszeichneten. Eine zweite Juristenschule bildete der
Freund des Letzteren (s. Cic. Brut. c. 40.), Servius Sulpicius Rufus[34]), indem er zuerst eine kunstreiche Bearbeitung
des Römischen Rechts versuchte, weshalb ihn auch die Alten selbst
über alle seine Vorgänger stellen (s. Quinct. XI. 1, 69), sowie
seine Schüler, Aulus Ofilius[35]) und Alfenus Varus[36]),
welcher Letztere 40 Bücher Digesta geschrieben hatte. Gleichzeitig waren
C. Trebatius Testa[37]), A. Cascellius[38]), der Benedicta
oder witzig eingekleidete Sätze juristischen Inhalts verfaßt,
O. Aelius Tubero[39]), der de officio judicis (s. Gell. N.
A. XIV. 2.) geschrieben, Aelius Gallus[40]), bereits
oben unter den Grammatikern mit genannt, weil er eine Schrift
de verborum, quae ad jus pertinent, significatione aufgesetzt
hatte, und Granius Flaccus[41]), der Zeitgenosse des Julius
Cäsar, dem man ein Buch de indigitamentis oder über das
gottesdienstliche Recht verdankte. S. im Allg. m. A. L. G. §. 304.

1) S. Authores et fragm. vet. ICrum de orig. et progr. jur. rom.
c. not. var. cura Leewii. Lugd. B. 1671. 8. Jurisprud. vet. Ante-
justinianea ex rec. et c. not. A. Schulting. Lugd. B. 1717. Lips.
1737. 4. Jus Civ. Antejust. ex rec. Böcking. Bonn. 1837. 4. Jus
Civ. Antejust. a soc. ICrum cur. G. Hugo et F. A. Biener. cur.
Ber. 1815. II. 4. A. Mai. Jur. civ. Antejust. reliq. ined. ex cod.
rescr. bibl. Vat. Rom. 1823. 8. Ch. G. Haubold, Antiq. Rom. mon.
legal. extra libr. jur. rom. sparsa. Op. abs. E. Spangenberg. Berol.
1830. 8. A. Terrasson, Hist. de la jurisprud. Romaine. Paris 1750.
fol. J. G. Heineccius, Antiq. Roman. jur. prudent. ill. synt. ed.
Haubold. (Frcft. ad M. 1822. 8.) Opus retract. suisq. observ. aux. Chr.
Fr. Mühlenbruch. Frcft. 1841. 8. J. A. Bach, Hist. jur. prud. Rom.
Ed. VI. cur. Stockmann. Lips. 1807. 8. Hugo, Lehrb. d. Röm. Rechts
b. a. Justinian. Berl. XIte Aufl 1832 8. (Dazu F. A. Schilling, Bemerk.
üb. Röm. R. Gesch. Lpzg. 1829. 8.). A. Schweppe, Röm. Rechtsgesch. u.
Rechtsalterth. III. A. v. L. Gründler. Gött. 1832. 8. F. Walter, Gesch.
d. Röm. R. b. a. Justinian. Bonn 1834—38. II. 8. Zimmern, Gesch. d.
Röm. Priv. Rechts b. a. Justinian. Heidelb. 1826—29. III. 8. C. A.
Klenze, Lehrb. d. Gesch. d. Röm. Rechts. II. A. Berl. 1835. 8. W. Rein,
d. Röm. Privatrecht u. d. Civilproceß b. in d. erste Jhdt. d. Kaiserherrsch.
Lpzg. 1838. 8. H. E. Dirksen, Beitr. z. Kde. d. Röm. Rechts. Lpzg. 1825.
8. u. Vers. z. Krit. u. Ausleg. d. Quell. d. Röm. R. Lpzg. 1823. 8. u.
Thes. latin. font. jur. civ. Rom spec. Lips. 1834. 8. u. Manuale la-
tinit. font. jur. civ. Rom. Berol. 1837. 4. L. Pernice, Gesch. Alterthümer u. Institut. d. Röm. Rechts. II. A. Halle 1824. 8. Ad. Schilling,
b. Institution. u. Gesch. d. Röm. Privatrechts. Lpzg. 1837. 8. J. Christian-

fen, b. Wissensch. b. Röm. Rechts. Altona 1838. 8. F. W. v. Tigerström, b. innere Gesch. b. Röm. R. Berl. 1838. 8. K. A. Gründler, Hbbch. b. Röm. Rechtsgesch. Bamb. 8.

2) S. Leges regiae et leges decemvirales J. Lipsii op. coll. Paris 1589. fol. F. N. Volkmar, Var. q. ad leges Romuleas et magistr. pertin. lib. sing. Vrat. 1779. 8. G. G. Scheibner, Exc. ad Tac. Ann. III. 26 — 28. s. de legib. Rom. regiis. Erfurt. 1824. 8. A. Meyck, Diatr. de tabula Marliani, in qua leges Rom. recens. Alt. 1747. 4. Dirksen, Vers. z. Krit. u. Ausl. b. Quell. b. Röm. R. p. 234—358. Klausen, Aeneas u. b. Penaten p. 934 sq. Fragm. a. b. Egger p. 78 sq.

3) S. J. G. Heinecc. Op. T. III. p. 425 sq. C. F. Glück, de jure civ. Papir. Hal. 1780. 8. u. in f. Opusc. P. II. p. 1—258. C. Einert (Ph. Chr. Rau) Diss. I. de Papirio et jure Papir. Lips. 1798. 4.

4) S. Liv. III. 31. S. Gratama, Or. de Hermodoro Ephes. vero XII tabul. auct. Groning. 1817. 4. cf. J. Gothofredi Fragm. XII tabul. suis n. prid. tab. restit. Genev. 1616. 4. u. Op. T. I. p. 1 sq. Fragm. XII tab. ex restit. J. N. Funccii ad opt. antiq. monum.expr. ed. G. A. Juncker. Gott. 1756. 8. Leg. XII tab. fragm. c. var. lect. del. paraphr. et ind. sing. fragm. font. ed. C. Zell. Frib. 1825. 4. f. a. Bonamy in b. Mém. de l'ac. T. XII. p. 27 sq. M. A. Bouchaud, Comm. s. la loi d. XII tables. Ed. II. Paris 1803. II. 4. X. C. E. Lelièvre, Comm. ant. de leg. XII tab. patria. Lov. 1827. 4. Grauert, de XII tabul. fontib. et argum. Ling. 1835. 4. F. Kämmerer, Observ. jur. civ. Rost. 1827. 8. p. 192 — 206. H. E. Dirksen, Uebers. b. bish. Vers. z. Krit. n. Wiederh. b. XII Tafelfr. Lpzg. 1824. 8. u. Vers. z. Krit. u. Ausl. b. Quell. b. Röm. R. p. 243 sq. Genaue Textrevision b. van Hall in den Tex, Fontes tres jur. civ. Rom. ant. Legum XII tabul. leg. Jul. et Pap. Popp. et Edicti perp. fragm. Amst. 1840. 8. p. 1 sq. u. b. Blondeau, Institutes de Justinien. Paris 1839. 8. T. II. p. 1 sq. cf. T.P. Boulaye, Concl. s. l. lois des XII tabl. Troyes 1804. Paris 1822. 8.

5) S. A. Augustini, de legib. et ICtis liber. Acc. eor. fragm. c. not. F. Ursini. Rom. 1583. 4. u. in f. Oper. T. I. p. 1 — 164.

6) S. Bouchaud in b. Mém. de l'ac. d. Inscr. T. 39. p. 279 sq. T. 41. p. 1 sq. T. 42. p. 249 sq. T. 45. p. 439 sq. u. in b. Mém. de l'inst. nat. T. V. p. 331 sq. C. de Weyhe, Libri III edicti s. libri de orig. fatq. jurispr. Rom. praes. edictorum Praet. Cell. 1823. 4. J. Reddle, de edict. praet. spec. I. Königsb. 1825. 4. J. Gl. Heinecc. Opusc. posth. in quib. hist. edictor. edictique perp. ips. ed. restit. P. II. Hal. 1744. 4.

7) S. Dirksen, Brchst. a. b. Schrift. b. Röm. Jurist. Königsb. 1814. 8. p. 1—30. E. Spangenberg, Jur. rom. tabul. negot. soll. modo in aere, modo in marmore, modo in charta superst. Lips. 1822. 8. f. a. Baiter, Ind. leg. Roman., b. Cic. Op. ed. Orelli T. VIII. p. 117—305.

8) S. Goes, Scr. R. Agrar. Amst. 1674. p. 329. 335 sq. Rudorf b. Ackergef. b. Sp. Thor. Berl. 1839. 8. u. in b. Zeitschr. f. ger. R. W. Bd. X, p. 143—194. cf. p. 47 sq. Egger p. 207 sq.

9) S. Klenze, Fr. leg. Servil. repetund. ex monum. restit. Berol. 1825. 4. u. b. Egger p. 231 sq.

10) S. Dirksen, Beitr. z. Ausl. b. Quell. b. Röm. R. p. 137 — 188. Egger p. 278 sq.

11) S. Rudorf, Diss. de lege Cincia. Berol. 1825. 8. Frandt, Civil. Abh. Götting. 1826. 8. p. 1—64. Savigny, Zeitschr. f. gesch. R.W. IV. p. 1—59.

12) S. Mazzocchi, Comm. in reg. Hercul. Musei aen. tab. Heracleenses. Neap. 1754 — 55. fol. J. C. Conradi, Parerga. Helmst. 1738. p. 430 sq. Marezoll, Fragm. leg. Rom. in aversa tab. Heracl. parte. Gott. 1816. 8. Dirksen, Civil. Abhandl. Berl. 1820. 8. Bd. II. p. 145 — 323. u. Observ. ad tab. Heracl. part. alt. quae vulgo aeris

Neapolit. nomine venit. Berol. 1817. 8. Blondeau, Instit. T. II. p. 80—87. Hugo, Civ. Magaz. III. p. 340—388. Savigny in f. Zeitschr. f. gesch. R. W. IX. p. 300—378. Egger p. 294 sq.

13) S. Marini, Gli Atti dei frat. Arvali P. I. p. 107 sq. II. p. 568 sq. Egger p. 308 sq. Hugo, Civ. M. Bd. II. p. 432 sq. Dirksen, Diss. prop. obs. ad sel. leg. Gall. Cisalp. Berol. 1812. 4. P. de Lama, Tavola legisl. della Gall. Cisalp. Parma. 1820. 8. Blondeau, Instit. T. II. p. 77—80. Heimbach, Obs. jur. Rom. lib. Lips. 1834. p. 50 sq. 21 sq. Huschke, Pr. de action. form. q. in lege Rubria exst. Vratisl. 1832. 4. Puchta, Civ. Abhandl. Berl. 1823. 8. p. 72—76. u. b. Hugo a. a. O. p. 123—128. u. in Savigny's Zeitschr. f. gesch. R. W. X. p. 195—237. u. geg. ihn Burchardi, de lege Rubria. Kil. 1839. 8. Im Allg. f. üb. d. Recht d. Colonieen Madvig, Opusc. Havn. 1834. p. 208—304.

14) S. Heinecc. Comm. ad Leg. Jul. et Poppaeam. Amst. 1726. Lips. 1784. 8. Fragm. leg. Jul. et Pap. Popp. n. pr. coll. snoq. ord. rest. et not. ill. auct. Gothofredo. Heidelb. 1617. u. van Hall in den Tex a. a. O. p. 31—40. f. Wenck, Opusc. Acad. p. 231 sq. Gitzler, Quaest. jur. Rom. de lege Jul. et Pap. Popp. Sp. II. Hal. 1835. 8.

15) S. Rudorf in Savigny's Zeitschr. Bd. X. p. 379—410.

16) S. Schrader in Hugo, Civ. Magaz Bd. V. p. 162—174.

17) S. Savigny in den Abh. d. Berl. Acad. 1835. 4. p. 1—39.

18) S. Savigny ebb. 1820.4. p. 219—238. Kind, de lege Vocon. diss. Lips. 1820. 4. Zimmern in f. Röm. Rechtl. Unters. Heidelb. 1821. 8. p. 311—331. Girard, «lu vrai caract. de la loi Voc. chez les Rom. Paris 1841. 4. Hasse im Rhein. Mus. f. Jurispr. III. p. 183 sq. 309 sq.

19) S. Heinecc. Synt. Antiq. Rom. ed. Mühlenbruch p. 103—110.

20) S. Poleni Suppl. utriusq. thes. Venet. 1737. fol. T. I. p. 735 sq. Senatusconss. de B. s. aen. vet. tab. mus. Caes. Vindob. expl. M. Aegyptii. Neap. 1792. fol. u. am Besten b. Endlicher, Append. ad Catal. codd. mss. bibl. Palat. Vindob. 1836. 4.

21) S. H. Th. Pagenstecher, de App. Cl. Centimano. Duisb. 1738. 4. u. Trias diss. Lemg. 1739. 4. p. 57—76.

22) S. Bach p. 217 sq. Hugo p. 216 sq.

23) S. Hugo p. 376 sq. Bach p. 231 sq. Haubold, Epicris. ad Hein. Ant. p. 916 sq. Majans a. a. O. II. p. 37 sq.

24) S. L. A. Würffel, de T. Corunc. ICto Rom. divini humanique jur. instaur. et interpr. Hal. 1740. 4. u. Schrader in Hugo's Civ. Magaz. Bd. V. p. 187 sq.

25) S. E. L. Harnier, de regula Catoniana. Heidelb. 1820. 4.

26) S. H. T. Pagenstecher, Enneas diss. Lemg. 1766. 4. p. 15—39.

27) S. Majans, Comm. ad XXX ICrum fragm. Genev. 1764. T. I. p. 144 sq.

28) S. Majans I. p. 127 sq.

29) S. Arnald. Vit. Scaevolarum p. 43—74. Majans. T. I. p. 141 sq. 166 sq. Fr. Balduin, Comm. de jurisprud. Maeciana. Bas. 1558. 8.

30) S. Majans T. II. p. 1 sq. Oisel in Meermann, Thes. Jur. Civ. T. I. p. 359 sq.

31) S. Majans T. I. p. 169 sq. Arnaldus p. 73—122. Schneider, de Sulp. Rufo I. p. 37 sq.

32) J. G. Heinecc. Or. de C. Aquill. Gallo. Frcft. ad M. 1731. 4. u. Op. T. II. p. 777 sq. Majans T. II. p. 57 sq.

33) S. Schulting, Comm. Acad. T. II. p. 71—118. J. Olivier, Jur. Civ. doctr. anal. phil. Rom. 1777. 4. p. 97—126. Beier in Jahn's Jahrb. 1826 I. p. 346 sq.

34) S. Ev. Otto, Lib. sing. de vita, studiis, scriptis et honorib. Serv. S. Rufi. Ultraj. 1725. 4. u. in ſ. Thes. T. V. p. 1555 sq. Dirk-ſen, Bruchſt. a. d. Schr. Röm. Jur. p. 51 sq. Huſchke in Savigny's Zeitſchr. Bd. X. p. 315 — 324. R. Schneider, Qu. de Serv. Sulp. Rufo. Lips. 1834. 8.

35) S. Abr. Wieling, de S. Sulp. et A. Ofilii libr, ad edictum. Franeq. 1731. 4.

36) S. H. Brenkmann, Alf. Varus. Amstel. 1709. 4. Bouchaud in b. Mém. de l'acad. T. XLII. p. 65 sq. Ev. Otto, Thes. Jur. T. V. p. 1681 sq. C. Chr. Hofacker, Ad fragm. q. ex Alf. Vari XL digestis supers. Tubing. 1775. 4. S. Majans T. II. p. 127 sq.

37) S. N. H. Gundling, C. Treb. Testa ICtus ab injur. t. vet. q. recent. liber. Hal. 1710. 4. ed. J. A. Jenichen. Lips. 1736. 4. u. in ſ. Exerc. Acad. p. 223 sq. F. Eckardt, T. Treb. Testa a maligna jocor. interpr., quib. Cicero cum eo agit, vind. Isen. 1792. 4.

38) S. Ev. G. Lagemanns, Diss. hist. jur. de A. Cascellio. Lugd. 1823. 8. C. G. H. Edelmann (Stockmann), de benedictis A. Casc. Icti R. Lips. 1830. 4.

39) S. A. Fl. Rivinius, de Q. A. Tuber. vita. Viteb. 1746. 4; P. H. L. Vader, de Q. A. Tuber. ejq. q. in Pandect. exst. fragm. Lugd. B. 1824. 4.

40) S. C. G. E. Heimbach, C. Ael. Galli ICti de verb. q. ad jus pert. signific. fragm. Lips. 1823. 8. Majans T. II. p. 47 sq. Dirkſen, Bruchſt. a. d. Schr. b. Röm. Jur. p. 65—72. Lachmann in Sa-vigny's Zeitſchr. Bd. XI. p. 116 sq.

41) S. Majans T. II. p. 129—241. Dirkſen a. a. O. p. 61—64.

Dritter Abschnitt.

Geschichte der Literatur vom Anfange der Römischen Monarchie bis zum Umsturz derselben oder von dem Jahre der Welt 3954 bis 4460, d. i. vom Jahre 30 vor bis 476 nach Christi Geburt.

§. 122.
Allgemeine Characteristik.

Wenn wir diesen Abschnitt im Allgemeinen nach dem beurtheilen wollen, was in ihm im Ganzen für die Wissenschaften geleistet worden ist, so werden wir nur ein Sinken des Standes derselben vom Anfang desselben an zu bemerken haben, obgleich allerdings für einige Nationen, wie wir gleich sehen werden, erst die Anfänge einer Literatur in ihm liegen. Dieses war im Orient der Fall bei den Syrern, welche, seit d. J. 321 v. Chr. durch Seleucus Nicator ein selbstständiges Reich, i. J. 64 v. Chr. in die Hände der Römer fielen und in diesen verblieben, bis sie dem Oströmischen Kaiserthume zugetheilt wurden. Die Kenntniß der Griechischen Literatur, bei ihnen schon durch die Seleuciden eingeführt[1]), dann aber durch Odenathus und Palmyra während der kurzen Dauer ihres zu Palmyra gestifteten Reiches (267—261 n. Chr.) gepflegt, bewirkte nach der Ausbreitung des Christenthums unter ihnen eigene literarische Versuche, die sich jedoch lediglich nur auf Theologie bezogen[2]). Weit bedeutender ist allerdings, was von Seiten der Armenier, einer auf der Hochebene des Ararat gebildeten, anfangs zu Assyrien, Medien und Persien, später zu Syrien gehörigen, seit d. J. 190 v. Chr. in die Bewohner Groß- und Kleinarmeniens geschiedenen Nation (ersteres, von den Römern nie ganz unterworfen, kam 412 an die Perser, letzteres blieb jenen seit 74 n. Chr.), im ganzen Gebiete der

Literatur, freilich jedoch auch mit besonderer Bevorzugung der Theologie, geleistet ward [3]), obgleich durch äußere Verhältnisse jetzt das Meiste davon, wenigstens aus dieser Zeit, für uns verloren gegangen ist. Was China anlangt, so verblieb dieses Reich in seiner bisherigen Abgeschlossenheit und beschränkte sich in seiner literärischen Betriebsamkeit auf Geschichte, ein Wenig Poesie und Mathematik. Die Perser, welche nach dem Sturze des Arsacidenreiches v. J. 11—226 n. Chr. beinahe ununterbrochen abhängig von den Römern gewesen waren, sich jedoch unter Ardschir Babechan als neue Dynastie der Sassaniden (226 — 638 n. Chr.) und selbstständige Nation constituirt hatten, hatten keine Zeit und Lust, die Wissenschaften zu pflegen, und was sie hierin leisteten, beschränkt sich lediglich auf gnostisch-mystische Speculation. Was die Juden angeht, welche seit d. J. 44 v. Chr. zum Römischen Reiche geschlagen worden waren, so herrschte bei ihnen, trotzdem, daß sie sich in beständige Empörungen, die auch die Zerstörung ihrer Hauptstadt veranlaßten, einließen, doch im Ganzen eine ziemlich starke Neigung für die Wissenschaften, allein diese selbst blieben immer noch Eigenthum des Priesterstandes, welcher sich natürlich nur mit Erklärung der heiligen Bücher und des Mosaischen Cärimonialwesens beschäftigte; weil ihnen aber das Verdienst zukommt, in ihrem Schooße den Stifter unserer heiligen Religion, den Weltheiland Jesus Christus hervorgebracht zu haben, so haben sie durch ihre schnöde Nichtanerkennung desselben und die Angriffe auf ihn und seine Lehre, zu welchen später auch noch die der Griechen und Römer kamen, welche natürlich von seinen Bekennern glänzend zurückgeschlagen wurden, den Grund zu einer Trennung der literärischen Betriebsamkeit in eine profane und eine heilige, welche von nun an beginnt, gelegt. Bei den Indern ward im Ganzen nur wenig für die Wissenschaften geleistet, obwohl ihre Könige Vikramadityas I. (56 v. Chr.) und III. (44 n. Chr.) dieselben wesentlich begünstigten. Griechenland und Aegypten fielen nach der Theilung des Römischen Reiches dem Oströmischen Kaiserthume zu, allein Alexandria blieb immer noch der Hauptsitz der Griechischen, allerdings immer mehr sinkenden Literatur [4]). Das Römische Reich, durch innere und äußere Ursachen von jetzt an allmählich seiner

i. J. 476 n. Chr. auch wirklich erfolgten politischen Auflösung zugeführt, soll nach Einigen[5]) zu Anfange dieser Periode sein goldnes Zeitalter gehabt haben, allein dieß ist nicht richtig, sondern es endigt dasselbe vielmehr mit Augustus, und obgleich die Römische Literatur fast alle Wissenschaften von nun an umfaßt, so trieb man dieselben fast lediglich nur aus Eigennuß und Eitelkeit, welche letztere auch die vorzüglichste Triebfeder war, die mehrere der Römischen Kaiser veranlaßte, sich mit ihnen zu beschäftigen[6]). Im nordwestlichen Europa treten jetzt zwei Völkerstämme mehr selbstständig hervor, nämlich die Celten, eine Asiatische Nation, nach und nach aus Gallien auch nach Britannien, den Niederlanden, Spanien, Portugal, der Schweiz, Oberitalien und Scandinavien ausgebreitet, und die Deutschen, vermuthlich aus Indien (daher die Aehnlichkeit des Sanskrit und Hindostani mit ihrer Sprache) über Armenien durch Thracien in ihre gegenwärtigen Wohnsitze im nördlichen Europa eingewandert. Beide haben allerdings dem höchst geringen Stande ihrer Bildung nach noch keine Literatur aufzuweisen, sondern nur erst einige schwache Aggregate (Hymnen; Nationalgesänge), aus denen sich dann in den ersten Jahrhunderten des Mittelalters eine solche herausgestellt hat. S. A. L. G. §. 307.

1) S. Vaillant, Seleucid. imper. (Lut. Par. 1681. 4. Hag. Com. 1732. fol.) p. 33. Gräfenhan, Gesch. d. class. Philol. I. p. 409. G. van Capelle, Disp. de Zenobia Palmyr. Aug. Traj. ad Rh. 1817. 8.
2) J. S. Assemanni Bibl. Orient. Clem. Vaticana. Rom. 1719—28. III. (IV) fol. Deutsch im Ausz. v. A. F. Pfeiffer. Erlang. 1776. 11. 8. Hegewisch, Hist. litt. Aufs. Kiel 1801. 8. p. 88 sq. Hoffmann in Berthold's Journ. f. Theol. Bd. XIV. p. 225 sq. F. Larsow, de dialect. ling. Syr. reliq. Berol. 1841. 4. Kampus Kristoffer Tullberg, Initia ling. Syriae. Lond. 1837. 8.
3) S. J. J. Schröder, diss. de antiq. et fatis litter. Armen., vor f. Thesaur. ling. Armen. Amst. 1711. fol. Pl. Sukias Somal, Quadro della stor. letter. di Armenia. Venez. 1829. 8. u. Quadro delle opere di vari autori antic. trad. in Armeno. ib. 1825. 8. L. Fr. Neumann, Vers. e. Gesch. d. Armen. Literatur n. d. Werken d. Mechitaristen. Lpzg. 1836. 8. u. im Hermes 1829. Bd. 33. 2. p. 177 sq.
4) S. Schlosser, Archiv f. Gesch. u. Lit. 1830. Bd. I. p. 217 sq.
5) S. D. H. Hegewisch, die glücklichste Epoche des monarchischen Roms. Hamb. 1800. 8.
6) S. Meiners, Gesch. d. Verfalls d. Sitten, d. Wissenschaften u. d. Sprache d. Römer in d. erst. Jhdt. n. Chr. Geburt. Wien u. Lpzg. 1791. 8. Sim. de Sismondi, Hist. de la chûte de l'emp. Romain et du declin de la civilisation de 250—1000. Strassb. 1835. II. 8. (Deutsch v. Lindau. Lpzg. 1836. 8.) B. Thorlacius, Opusc. T. I. p. 151 sq. u. Ch. Th. Kuinöl in Ruperti's neu. Mag. f. Schull. I. 2. p. 265 sq. u. p. 442 sq.

A) Dichtkunst.

§. 123.

1.) **Griechen.** Wenn wir in der Alerandrinischen Pe=
riode im Allgemeinen die Bemerkung zu machen hatten, daß
wenigstens in dem letzten Stadium derselben das Epos fast
gar keine Bearbeiter gefunden habe, da die Neigungen der da=
maligen Zeit mehr nach den practischen Zweigen der Wissenschaften
und Künste gerichtet waren, so ist es in diesem Abschnitte hierin wie=
derum anders geworden, denn wenigstens in dem letzten Jahrhundert
desselben treten verschiedene Epiker[1] auf, die bei freilich etwas
sclavischer Nachahmung des Homer (wie Quintus) und Neigung
zur Mystik (wie Nonnus) dennoch der Form nach wenigstens nicht
unbedeutend hervortreten. Ersterer, Quintus[2] aus Smyrna, zu=
weilen auch Calaber genannt, weil der Cardinal Bessarion das
erste Exemplar seines Werkes in einem Calabresischen Kloster ge=
funden hatte, scheint um d. J. 390 n. Chr. in 14 Büchern
nach dem Muster der Cycliker die von Homer unerwähnt ge=
lassenen Begebenheiten des Trojanerkrieges vom Tode des Hector an
bis zur Rückkehr der Griechen, Παραλειπομενα Ὁμηρου be=
titelt, besungen zu haben, während auf der anderen Seite Non=
nus[3] aus Panopolis in Aegypten um d. J. 410, ein ge=
lehrter Archäolog und Sprachkenner in einem sehr schwülstigen,
in 48 Bücher eingetheilten Epos von den Zügen des Bacchus
und seines Gefolges durch Indien, Διονυσιακα oder Βασσα=
ρικα (v. Διονυσος, d. h. Bacchus und βασσαρα, d. h. Fuchs=
fell, welches die Bacchantinnen trugen), zu dem noch, als er zum
Christenthume bekehrt worden war, eine Umschreibung des Evan=
geliums Johannis in Versen kam (Παραφρασις επικη του
ευαγγελιου μετα Ἰοαννην), als Stifter einer neuen Dichter=
schule und Gründer eines neuen Versmaaßes auftritt. Unter anderen
nennen wir noch die von einem anonymen Verfasser herrührende Gigan=
tomachie[4], gleichfalls im Geiste der Cycliker gedichtet. Als Didac=
tische Dichter haben wir dagegen noch weit mehrere zu nennen,
nämlich einen gewissen Heliodorus[5] (um 20 n. Chr.) mit einem
Gedichte in Hexametern über die Heilquellen von Puteoli, den
Andromachus[6], einen Leibarzt des Nero (um 60 n. Chr.)
aus Creta, mit seinem elegischen, medicinischen Lehrgedichte über

Gegengifte (ἀντιδοτος γαληνη betitelt), den Rhetor Alexander von Ephesus mit seinem Gedichte über die Planeten in Hexametern[7], und einen gewissen Herennius Philo aus Tarsus oder Tricca mit seinem elegischen Gedichte (um 80 n. Chr.) über ein von ihm erfundenes Heilmittel, φιλωνειον betitelt[8], vorzüglich aber den Oppianus aus Cilicien[9], wegen seines um d. J. 200 n. Chr. geschriebenen trefflichen Gedichtes vom Fischfang in 5 Büchern (Ἁλιευτικα), welches durch Poesie, blühende Darstellung und große Klarheit sich so auszeichnet, daß das ihm noch zugeschriebene Gedicht von der Jagd in 4 Büchern (κυνη-γετικα), das nur der Form nach poetisch ist und eigentlich einen Mann zum Verfasser haben muß, der, zu Apamea in Syrien geboren, seine Arbeit dem Kaiser Antonius Caracalla um d. J. 212 n. Chr. widmete, ihm nicht gehören kann. Den Verlust seines zweiten Lehrgedichtes vom Vogelfange (Ἰξευτικα) in 5 Büchern ersetzt uns natürlich die Prosaparaphrase des Sophisten Eutec-nius nicht. Weniger wichtig ist des Arztes und Sophisten Marcellus, der nach seiner Vaterstadt Sidä in Pamphilien Sidetes genannt wird, Gedicht über die Heilkunde (Ἰατρικα) in 12 Büchern gewesen, soweit wir dasselbe aus den noch er-haltenen Fragmenten beurtheilen können[10], sodaß als der bedeutendste Didactiker für uns immer noch Dionysius[11], in der Umgegend des Flusses Rhebas bei Byzanz geboren, bleibt, der um d. J. 310 n. Chr. in wohlgerundeten Hexametern nicht ohne Sachkenntniß, jedoch keineswegs nach eigener Anschauung (s. v. 708 sq.), weshalb ihm der Beiname περιηγητης eigentlich nicht zukommt, eine περιηγησις οικουμενης oder Umschiffung der Erde dichtete, welche später von Avien und Priscian in eine metrische Lateinische, und von Nicephorus Blemmidas in eine Griechische Prosapara-phrase gebracht und von dem berühmten Eustathius mit einem Commentar versehen ward. Von der späteren Arbeit des Hel-ladius Besantinous aus Aegypten, χρηστομαθειαι[12], worin er in Versen Gegenstände der Grammatik behandelt hatte, hat sich nur ein Prosaauszug erhalten, die Gedichte des Annu-bion und Dorotheus über das Horoskop[13], des Arztes Rufus von Ephesus Gedicht über die Kraft der einem Gotte geheiligten Kräuter (περι βοτανων), das dem Erotifer Helio-dorus[14] unter Theodosius zugeschriebene, aber unächte jambische

Gedicht über Chemie (περι της των φιλοσοφων μυστικης τεχνης)[15]) und des Christen Naumachius Eheregeln[16]), γαμικα παραγγελματα, sind kaum des Erwähnens werth. Für Lyrik wurde fast gar nichts geleistet, denn außer einigen Lateinischen und Griechischen Epigrammen des Kaisers Habrian[17]) haben wir nur noch von seinem Zeitgenossen (Andere setzen ihn 200 v. Chr.) Dionysius[18]) zwei Hymnen auf die Muse Calliope und den Apollo, von seinem Freigelassenen Mesomedes[19]) ebenfalls eine auf die Nemesis, von dem Redner Aristides[20]), zwei auf den Jupiter und die Minerva, von dem berühmten Proclus Diadochus (412—485 v. Chr.) Hymnen auf die Sonne, die Musen, die Venus, die Hecate und den Janus und die Minerva Polymetis[21]). Für das Drama geschah nichts, denn das angeblich von Gregorius von Nazianz aus Stellen des Euripides (aus der Medea, Rhesus, Bacchä, Hippolytus, Troabes und Orestes) und der Cassandra des Lycophron zusammengeflickte christliche Trauerspiel Χριστος πασχων (d. h. der leidende Christus) hat nur der Form nach Anspruch auf den Namen eines solchen und gehört wahrscheinlich dem Kirchenvater des 4ten Jahrhunderts Apollinaris[22]). Wie aber die Mimen und Pantomimen, welche unter Theodosius dem Großen aus Italien nach Constantinopel verpflanzt worden sind, beschaffen waren, können wir jetzt nur noch aus Andeutungen der gleichzeitigen Schriftsteller schließen[23]), da von ihnen selbst nichts mehr vorliegt. S. A. L. G. §. 311.

1) S. Scheffler, v. d. Griech. Heldengeb. auß. d. Homer, ber. Gedichte a. u. Zeiten gekomm. s., in Wiedeburg's Human. Magaz. 1787. III. p. 245 sq. IV. p. 305 sq.
2) S. Th. Chr. Tychsen, de Q. Smyrn. Paralip. Homeri. Gotting. 1783. 8. Ed. Pr. c. Tryphiodoro et Colutho. Venet. Ald. s. a. 8. gr. et lat. emend. L. Rhodomann. et annot. sel. Dausqueji cur. J. C. de Pauw, qui suas emend. add. Lugd. B. 1744. 8. (f. Dorville, Vann. Crit. p. 577—599.) rec. Th. Tychsen. Bip. 1807. 8. u. in b. oben p. 28. Anm. 3. angef. Ausg. f. a. Fr. Spitzner, Mantissa observ. crit. et gramm. in Q. Smyrn. Posthom., b. f. L. de versu Graec. heroico. Lips. 1816. 8. p. 197—268. u. Observ. crit. in Q. Smyrn. Posthom. P. I. II. Viteb. 1818. 8. u. in Zimmermann's Zeitschr. f. Alterth. 1837. Nr. 143 sq. p. 1161 sq. u. Observ. crit. et gramm. in Q. Smyrn. Posthom. Lips. 1839. 8. A. Koechly, Emend. et Annot. in Q. Smyrn., in b. Act. Soc. Graec. Lips. T. II. f. I. p. 161—288. u. de lacunis in Q. Sm. carm. Dresd. 1843. 8. u. in b. Zeitschr. f. Alterth. W. 1841. Nr. 84—85. Bonitz ebb. 1836. p. 1221 sq. K. L. Struve, krit. Bemerk. z. Q. Smyrn. Königsb. 1816—22. III. 8. Unächt ist das b. Q. Sm. zugeschr. kleine Gedicht 'Ηρακλεους αθλοι in Brunck, Anal. T. II. p. 475 sq. u. Jacobs, Anthol. T. III. p. 179 sq.

3) S. G. Hermann, Orphica p. 689 sq. 640. N. Schow, de indole carm. Nonni ejq. argum. Hafn. 1807. 8. J. A. Weichert, de Nonno Panop. diss. Viteb. 1810. 4. v. Ouwaroff, Nonnus v. Panopolis b. Dichter. Petersb. 1818. 4. Naeke, de Nonno Hom. et Callim. imitatore. Bonn. 1835. 4. Zur Kritik f. Lehrs, Quaest. Epic. p. 253 sq. Köchly in Zimmermann's Zeitschr. 1836. Nr. 80—82. Hermann ebb. 1840. p. 271 sq. Spitzner ib. 1840. nr. 99. Villoison, Epist. Vinar. p. 11 — 24. Ausg. f. N. Dionys. Ed. Pr. G. Falkenburg. Antv. 1569. 8. gr. c. Lubini vers. lat. Hanov. 1605. 1610. 8. emend. et ill. J. Graefe. Lips. 1819—26. II. 8. Lib. VIII—XIII emend. et not. myth. adj. G. H. Moser. Heidelb. 1809. 8. [Dazu: Additam. Ulm. 1813. 4.] Paraphras. Ed. Pr. gr. s. l. et a. [Venet. Ald. 1501.] 4. op. Fr. Sylburg. Heidelb. 1596. 8. gr. et lat. c. not. N. Abrami. Paris 1623. 8. gr. rec. Fr. Passow. Vratisl. 1834. 8. f. D. Heinsius, Arist. sacer s. ad Nonnum in Joh. metaphrasin exercitatiorres. Lugd. B. 1627. 8. Baumgarten-Crusius, Spicileg. in Joa. Ev. e Nonni metaphr. Jen. 1824. 4. Unächt sind: Narrat. XX, max. part. mytholog. ad Greg. Nazianz. Orat. in laudem Basilii e duob. codd. mss. ed. Fr. Creuzer, Meletemata T. I. p. 59—97. u. ein. b. Westermann, Mythogr. Graeci App. p. 357 sq. u. Νοννου συναγωγη και εξηγησις ιστοριων. Coll. et expos. tabul. in Greg. Naz. Orat. II. adv. Julianum. Graece ex cod. ms. bibl. Vindob. ed. R. Montagu, c. Greg. Naz. Orat. Eton. 1610. 4. p. 127—172 u. Εξηγησις ιστορικη εις τον επιταφιον Γρηγ. του Βασιλιου u. εις τον λογον εις τα αγια φωτα b. Mai, Spicil. Vatic. T. I. 2. p. 374 sq. 381 sq.

4) Fragm. ed. Iriarte Cod. gr. mss. Matrit. T. I. p. 15 sq.

5) A. Stob. Serm. 98. f. Meineke, Comm. misc. Hal. 1822. 4. I. p. 36.

6) B. Galen. de Antidos. l. 6. T. XIII. p. 875. f. Androm. Theriaca c. paraphr. Democrat. versu jamb. et Androm. junioris Ther. descr. gr. et lat. ed. F. Tidicaeus, Theriaca. Thorn. 1607. Nurnb. 1754. 4.

7) S. Gale, Not. ad. Script. Hist. poet. p. 149 sq. Naeke, Sched. Crit. p. 7 sq.

8) S. Galen. C. m. sec. gen. IX. p. 297. Weber, Eleg. Dicht. d. Hellenen p. 757 sq.

9) S. P. J. Foertsch, de Oppiano poeta Cilice. Lips. 1749. 4 Millin, Mag. Encycl. an XIX. 1814. T. I. p. 151 sq. Hamberger in Götting. Gel. Anz. 1758. p. 161 sq. Bibl. d. Alt. Lit. u. K. St. III. p. 78 sq. Lehrs, Halieut. et Cyneget. discrepant., in f. Quaest. epic. Regiom. 1837. p. 303—331. Ausg. f. Edit. Pr. Oper. Venet. Ald. 1517. 8. Halieut. Ed Pr. Flor. Junt. 1515. 8. c. interpr. lat. et comm. J. Rittershusii. Lugd. B. 1597. 8. gr. et lat. c. schol. Acc. Eutecnii paraphr. Ιξευτικων et Marcelli Sid. fragm. de piscibus. Rec. suasq. anim. adj. J. N. Belin de Ballu. Argent. 1786. T. I. 8. gr. et lat. c. paraphr. gr. libr. de aucupio not. adj. J. G. Schneider. Argent. 1776. 8. Ed. II. emend. et auct. Lips. 1813. 8. f. a. J. Rutgers, Glossar. graec. n. penit. restit. Viteb. 1719. 8. u. Var. Lect. VI. 5. p. 552 sq. Miscell. Observ. T. IX. I. p. 100—142. Passow, Opusc. p. 203—214. Koechly, Conject. in Apollon. et Oppian. Lips. 1838. 8. p. 10—54. Hermann in Zimmermann's Zeitschr. 1840. p 271 sq.

10) 2 Fragm., eins aus 101 Hexametern (Marc. Sid. fr. remedior. ex piscibus gr. et lat. ed. F. Morellus. Lut. Par. 1591. 8. Fabric. Bibl. Gr. T. I. p. 14. XIV. p. 317 sq. C. G. Kühn, Collect. de Marc. Sid. Lips. 1834—35. 4.), das andere üb. b. Krankheit der Lycanthropie in e. Prof. Auszug. b. Aët. Amiden. Oribas. u Paul. Aegineta (f. B. Thorlacius, Marc. Sid. saec. p. Chr. n. IIdi med. itq. poeta. Hafn. 1819. 4. u. Opusc. T. IV. p. 49—64.) b. Plut. de puer. lib. ed. J. G. Scheider. Argent. 1775. 8. p. 75 sq.

11) S. **Dodwell**, Geogr. Min. **T. IV. p. 1—67. Matthaei**, de **Dion. Perieg. Misn.** 1788. 4. **Bernhardy**, Comm. de **Dion. Perieg. a. a. O.** p. 489—517. Schirliß, üb. b. Dion. Perieg. Zeitalter u. Vaterl., in Seebobe's Arch. f. Phil. u. Päd. Jahrg. III. 2. p. 32 sq. Ausg. f. **Ed. Pr. gr. et lat. Ferr.** 1512. 4. c. comm. **Eustath.** ed. **R. Stephanus. Paris** 1547. 4. emend. et locupl. tab. geogr. not. et vers. lat. ed. **Ed. Wells. Oxon.** 1704. 8. c. schol. paraphr. **Eust.** comm. ed. **E. Thwaites. Oxon.** 1697. 1717. 8. gr. rec. **F. Passow. Lips.** 1825. 12. ex rec. et c. annot. **G. Bernhardy. Lips.** 1828. II. 8. Zur Krit. f. **Bredow, Epist. Paris.** p. 39 sq. **Holsten. Ep.** p. 47 sq. **Schneider, Anal. crit.** p. 18 sq.

12) S. **Helladii Bes. Chrestom.** c. not. **J. Meursii. Ultraj.** 1686. 4.

13) B. Iriarte a. a. O. p. 244 sq.

14) **Ed. Pr.** c. **Dioscoride. Venet. Aldus** 1518. 4. p. 231 sq. gr. et lat. ed. **Rendtorff,** b. **Fabric. Bibl. Gr. T. III.** p. 529 sq. f. **Hermann, Orphica** p. 717, 750, 761. dagegen **Haller, Bibl. Bot. T. I.** p. 508. **Harles** ad **Fabr. Bibl. Gr. T. IV.** p. 360.

15) A. **Stob. Sermon. LXVIII** u. **LXXIV** u. **XCIII** b. **H. Stephan. Her. poes. princ.** p. 477 sq. **Boissonnade, Poet. Gr. Gnom.** p. 145 sq. u. **Gaisford, Poet. Gr. Min. T. III.** p. 261 sq.

16) S. **Chardon, Mel. de Crit. T. II.** p. 19. Steht b. **Fabr. Bibl. Gr. T. VIII.** p. 119 sq. ed. **Harles** f. a. **Misc. Obs. T. VII. 3.** p. 376 sq.

17) S. **Brunck, Anal. T. II.** p. 285 sq. **Burmann** ad **Anth. Lat. T. I.** p. 86. S. a. Osann in Zimmerm. Zeitschr. 1834. Nr. 122—123. Bernhardy ebb. Nr. 141.

18) S. **Burette** in b. **Mém. de l'Ac. d. Inscr. T. XXIII.** p. 287 sq. **Brunck** p. 284 sq. **Boissonnade, Lyr. Gr.** p. 37 sq. **Burgess** im **Class. Journ.** nr. 24. p. 374 sq.

19) B. **Burette** p. 289 sq. **Brunck** II. p. 292 sq. **Boissonnade** p. 49.

20) B. **Aristid. Op.** ed. **Jebb. T. I.** p. 1, 9 sq. ed. **Dindorf. T. I.** p. 1 sq. 12 sq.

21) Procli **Hymni IV.** gr. c. **Orpheo. Flor. Junt.** 1500. 4. **Ald. Venet.** 1517. 8. gr. et lat. ed. **Maittaire, Misc. aliq. scr. carm. Lond.** 1722. 4. p. 18—32. **Brunck T. II.** p. 441 sq. Die II neuen b. **Iriarte T. I.** p. 88 sq. zuerst bekanntgem. auch b. Tychfen, in Bibl. b. alt. Lit. u. K. I. p. 46 sq. II. p. 10 sq. u. b. **Callim.** ed. **Boissonnade. Paris** 1824. 12.

22) S. **Eichstaedt, Drama christ.** q. Χριστος πασχων inscr., num **Greg. Naz.** sit tribuendum. **Jen.** 1816. 4. **Valckenaer, Praef. ad Eur. Hippol.** p. XI sq. gegen **Augusti Quaest. patrist. biga. Vrat.** 1816. 4. Ausg. f. **Greg. Naz. Theologi tragoedia, Christ. patiens. Graece. Rom.** 1542. 8. **Lovan.** 1544. 8. **Paris** 1544. 8.

23) S. **J. Ed. Müller,** Comm. de genio morib. et luxu aevi **Theodos. Gotting.** 1798. 8. **P. II.** p. 91 sq.

§. 124.

Mit dem Sinken der Beredtsamkeit und dem Uebergange derselben zur Rhetorik und Sophistik entstand aber bei den Griechen eine neue Art von Dichtkunst in ungebundener Rede und zur erotischen Gattung derselben gehörig, nämlich das Mährchen und der Roman, in welchem letzteren sie gewöhnlich die Schicksale eines Liebespaares und feine nach verschiedenen vorausge-

gangenen Hindernissen endlich doch bewerkstelligte Vereinigung
darstellten. Früher hatten sie allerdings schon Sybaritische, Cy=
prische, Milesische, ja sogar Zauber= und Feenmährchen, von
welchen letzteren eines gewissen Lucius aus Paträ unzüchtige
Verwandlungen (μεταμορφωσεων λογοι διαφοροι), die wir
nur noch aus Lucian's Auszügen in seinem Esel (Λουκιος
ἠ ὀνος), welche dann wieder Apulejus verarbeitete[2]), kennen,
das beste Muster geliefert haben mögen, wunderbare Reisesagen,
wie die des Kaufmannes Jambulus[3]) und des Antonius
Diogenes (im 3ten Jhdt. n. Chr.) über Thule[4]). Allein seit
dieser Zeit beginnen dann wirkliche Liebesgeschichten bei ihnen
beliebt zu werden, als deren ersten Verfasser man einen gewissen
Jamblichus aus Syrien nennt, der in seinen Βαβυλωνικα die
Liebesabenteuer des Rhodanes und der Sinonis beschrieb[5]), wovon
wir jedoch nur noch wenige Bruchstücke und Auszüge haben,
vorzüglich aber den Heliodorus aus Emesa in Phönicien,
nachherigen Bischoff von Tricca in Thessalien, angeblich i. J.
390 n. Chr. abgesetzt, weil er den von ihm in seiner Jugend
geschriebenen Roman (Αιθιωπικα) von der Liebe des Theagenes
und der Chariclea nicht verbrennen wollte, einen Roman, der durch ge=
wählte, wiewohl etwas gezierte Sprache, gut angelegten Plan und ge=
schickt gehaltene Characteristik und durchgängige Moral und Sitten=
reinheit alles Lob verdient[6]). Neben ihm gehören hierher
Achilles Tatius aus Alexandria (430 n. Chr.), der gleich=
falls im höheren Alter Christ und Bischoff war, wegen seiner Ge=
schichte (Λευκιππη) der Liebe des Klitophon und der Leucippe,
die in der Form und in der Characterschilderung dem vorigen
Romane nachsteht[7]), Longus, ein ganz unbekannter Mann (f. Name
Λογγος vermuthlich aus einer falschen Lesart des Titels f. R.
in d. Hdschr. entstanden: Λογου ποιμενικων περι Δ. Κ. Χ.)
wegen seines Schäferromanes (ποιμενικα) von dem Daphnis
und der Chloe, der wahrscheinlich in's 4te bis 5te Jahrhundert
fällt, aber durch Einfachheit der Erfindung und Darstellung,
natürliche Situationen und ausgezeichnete Characteristik, sowie an=
muthige Sprache alle übrigen übertrifft[8]), Xenophon aus
Ephesus, zwischen d. J. 300—400 n. Chr. fallend, mit seiner
Geschichte der Liebe des Abrocomas und der Anthia (Εφεσιακα),
welcher aber Lebendigkeit der Handlung und geschickte Anlage

und Form abgehen[9]), **Chariton aus Ephesus**, bald um die
Mitte des 5ten, bald gar in's 9te Jahrhundert gesetzt, mit seiner
Liebesgeschichte des **Chäreas** und der **Kallirrhoe**[10]) und **Eustathius** (nach Anderen **Eumathius**) aus **Parembole** in
Aegypten oder aus Constantinopel (**Macrembole**) mit seinem ge-
schmacklosen, häufig schmutzigen und durch endlose Wiederholungen
fast unlesbaren Romane von der Liebe der **Hysmine** und des
Hysminias[11]), gewöhnlich in's 12te Jahrhundert nach Christo
gesetzt.

In einiger Verbindung mit dieser neuen Art von Prosa
steht der erdichtete, romantische **Liebesbrief**, der gleichfalls
den Sophisten seinen Ursprung verdankt. Wir haben deren vom
Alciphron, einem Zeitgenossen Lucians (**150 n. Chr.**), der
vorzüglich aus Menander schöpfte und uns das Treiben der
Landleute, Fischer, Schmarotzer und Buhlerinnen in den 3 Büchern
seiner ἐπιστολαι ἁλιευτικαι και ἑταιρικαι schilderte[12]), und
von dessen Nachahmer, **Aristänetus** aus Bithynien, nach
Einigen einem Freunde des Redners Libanius und bei dem i. J.
358 n. Chr. stattgefundenen Erdbeben zu Nicomedia umgekom-
men, nach Anderen aber richtiger erst **484 n. Chr.** zu setzen, welche
letzteren jedoch durch häufige Tändeleien und Effecthaschen den späteren
Sophisten, trotz seiner Nachahmung Plato's und der älteren
Classiker, verrathen, der Sprache nach aber die ihres Vorgängers
übertreffen, wenn sie gleich in Bezug auf den Inhalt sich wenig von
denselben unterscheiden[13]). S. A. L. G. §. **311. p. 761—770.**

1) S. P. D. **Huet**, de l'origine des Romans. Paris 1670. 8. (Latine. Hag. Com. 1682. 8.) **Manso** in s. verm. Schr. 1801. Lpzg. 8. Bd. II.
p. 199 sq. **Chardon de la Rochette**, Melang. de Crit. T. II. p. 1—99.
Villemain in d. Collection des Romans Grecs. Paris 1822. XV. 16.
T. I. p. 1 sq. J. **Dunlop**, the history of fiction. Edinb. 1816. Ed. II.
T. I. p. 1 sq. G. L. **Struve**, Abhandl. u. Reden. Königsb. 1822. 8. p.
254—278. Ueb. jene alt. Mährchen s. **Photius Myr. Cod. CLXVI.** Fabric. Bibl. Gr. T. VIII. p. 156 sq.

2) S. **Photius** cod. CXXIX. **Courier**, la Luciade ou l'âne de
Lucius de Patras av. le texte Grec. Paris 1818. 12. cf. **Lebeau** in d.
Mém. de l'ac. d. Inscr. T. XXXIV. p. 43 sq. 48 sq.

3) S. **Diod. Sic.** II. 55. **Osann**, Beitr. z. Griech. u. Röm. Lit. Gesch.
I. p. 287—294.

4) Περι των ὑπερ Θουλην ἀπιστων λογοι κδ´, Auszug b. **Phot. cod.**
CLXVI. u. dann b. **Fr. Passow**, Corp. Script. Erot. Graec. Lips.
1824. 8. I. p. 29—37.

5) Fragm. b. **Passow** p. 38 sq. 79 sq. **Mai**, Script. Vet. Coll.
Nova. II. p. 349. Das Fragm. b. **Leo Allatius**, Excerpta var. Graec.
sophist. Rom. 1641. p. 250. u. Passow p. 83 sq. gehört weder ihm

noch dem Redner **Adrianus**, unter dessen Namen es auch in Philo Byz. de sept. mundi mirac. ed. Orelli p. 204 gedruckt ist.

6) S. S. **Boyd** im Class. Journ. nr. 16. p. 347 sq. Ausg. s. Ed. Pr. graece ed. V. **Obsopoeus**. Basil. 1534. 8. gr. et lat. ed. Commelin. Heidelb. 11596. 8. gr. et lat. c. anim. J. **Bourdelot**. Lut. Par. 1619. 8. Iter. ed. J. P. **Schmid**. Lips. 1772. 8. gr. et lat. rec. **Mitscherlich**, in s. Script. Erot. Gr. Bipont. 1792—98. 8. T. II. gr. rec. Ad. **Coray**. Paris 1804. II. 8. Auszug ist: M. **Crusius**, Heliod. Aethiop. Epitome. Frcft. 1584. 8. Zur Kritik s. Fr. **Jacobs**, Epist. II. criticae. Jen. 1804. 8. Fr. **Passow** in Seebode Arch. f. Phil. u. Pädag. 1825. I. p. 182 sq. u. J. C. **Orelli**, App. ad Isocr. Or. de permutatione p. 408 sq. Uebers. v. Fr. Jacobs. Stuttg. 1837. III. 12.

7) S. B. G. L. **Boden**, Diss. de Achille Tat. Viteb. 1773. 4. Ausg. s. Ed. Pr. Heidelb. Commelin. 1601. 8. op. Cl. **Salmasii**. Lugd. B. 1640. 12. c. not. ill. B. G. L. **Boden**. Lips. 1776. 8. ed. Mitscherlich, Corp. Erot. Gr. T. I. c. not. var. suisq. ed. Fr, Jacobs. Lips. 1821. 8. Zur Krit. s. C. G. **Göttling**, Anim. crit. in Callim. ep. et Achill. Tat. Jen. 1811. 8. p. 24—42. Uebers. ist: Leukippe. Ein Roman a. d. Griech. (v. Fr. Ast). Lpzg. 1802. 8.

8) Ausg. s. Ed. Pr. gr. R. **Columbani**. Florent. 1598. 4. e codd. F. **Ursini** ed. Gf. **Jungermann**. Hanov. 1605. 8. ed. B. G. L. **Boden**. Lips. 1777. 8. rec. J. B. C. **d'Ansse de Villoison**. Paris 1778. II. 8. recogn. Ch. W. **Mitscherlich**. Corp. Erot. Gr. T. III. P. I. gr. ed. Bodoni. Parm. 1786. 4. gr. rec. Ad. **Coray**. Paris 1802. 4. gr. et lat. rec. et not. adj. G. H. **Schaefer**. Lips. 1803. 12. (Alle diese Ausg. enthalten eine Lücke I. c. 14 sq., welche zuerst a. e. aber absichtlich dann von ihm mit Tinte beflecktten Florentiner Hdschr. herausgeg. ist v. Courier *Λογγου ποιμενικων αποσπασματιον μεχρι νυν ανεκδοτον*. Rom. 1810. 8. u. Eichstaedt, Pr. Suppl. Longi Past. ex cod. Flor. nup. vulg. n. dilig. edit. Jen. 1811. fol. u. b. Beck, Acta sem. phil. Lips. T. II. p. 187 sq.) gr. ex cod. Flor. ed. P. **Courier**. Rom. 1810. 8. Griech. u. Deutsch m. Anm. v. Fr. Passow. Lpzg. 1811. 12. emend. et auct. exc. cur. G. R. L. de **Sinner**. Paris 1829. 8. gr. emend. annot. pr. edit. sel. ined. Brunckii, Schaeferi, Boissonnadii et suas adj. E. E. **Seiler**. Lips. 1835. 8. Uebers. v. Fr. Jacobs. Stuttg. 1832. 12.

9) S. P. H. **Peerlcamp**, Or. de Xenoph. Ephes. c. observ. crit. in eund. spec. Harl. 1806. 8. Ausg. s. Ed. Pr. cur. A. **Cocchi**. Lond. 1726. 4. u. 8. ed. Ch. G. **Mitscherlich**, Corp. Erot. Graec. T. III. P. II. graece. Vindob. 1793. 8. rec. et ill. Em. L. B. de Locella. Vienn. 1794. 4. gr. et lat. rec. annot. alior. et s. iustr. P. Hofmann-Peerlcamp. Harl. 1818. 4. ed. Fr. **Passow**, Corp. Erot. Gr. Lips. 1833. 8. P. II. Uebers. v. J. G. **Krabinger**. München 1820. 1831. 8.

10) Ed. Pr. cur. J. P. **d'Orville**. Amstel. 1750. 8. Ed. II. cur. Ch. D. **Beck**. Lips. 1783. 8. *Εκδοθεις υπο Σπυριδιωνος Βλαντις. εν Βιεννη* 1812. 4. Uebers. v. Heyne. Lpzg. 1753. 8. v. G. **Schmieder**. Lpzg. 1807. 8.

11) S. meine Abh. in Jahn's N. Jahrb. 1836. Suppl. Bd. IV. 2. p. 267 sq. Ausg. s. Ed. Pr. gr. et lat. ed. G. **Gaulmin**. Paris 1617. 8. c. ejd. not. ib. 1618. 8. graece. Vienn. 1791. 8. gr. et lat. ed. **Teucher**. Lips. 1792. 8. Wichtig zur Kritik ist: Les aventures d'Hysminé et d'Hysminias trad. en franç. av. d. remarq. p. Ph. **Lebas**. Paris 1828. 12. Uebers. v. Chr. **Reiske**, Hellas. Mitau. 1778. 8. I. p. 101—260.

12) Ausg. s. Ed. Pr. b. Ald. Collect. Epist. Graec. Venet. 1499. 4. rec. vers. et not. ill. St. **Bergler**. Lips. 1715. 8. gr. et lat. c. St. Bergleri comm. int. al. crit. not. et suis ed. J. A. **Wagner**. Lips. 1798. II. 8. Ueberf. in's Deutsche v. J. F. Herel. Altenb. 1767. 8.

13) Ausg. s. Ed. Pr. ex bibl. J. Sambuci. Antv. 1566. 4. gr. et lat. c. not. Merceri. Ed. III. Paris 1610. 8. gr. c. Merceri suisq. not. ed. C. de Pauw. Traj. ad Rh. 1736. 8. Ed. II. auct. Amstel. 1752. 8. Arist. epist. c. em. et conj. C. de Pauw et ined. al. not. cur. Fr. L. Abresch. Zwoll. 1749. 8. (Dazu geh. F. L. Abresch, Lect. Aristaeneteae. Zwoll. 1749. 8. u. Conject. vir. al. erud. in Arist. epist. Acc. Salmasii et Munckeri Not. in eund. Zwoll. et Amst. 1752. 12.) gr. ed. Polyzois Kontous. Vindob. 1803. 8. rec. var. not. suasq. adj. J. Fr. Boissonnade. Lutet. Par. 1822. 8. Zur Kritik s. Bast, Spec. edit. nov. Epist. Arist. Acc. T. B. Bollae Jambi in pantomimum. Vienn. 1796. 8. u. Epist. crit. ad Boissonnade. Lips. 1809. 8. p. 251—274. Uebers. a. d. Griech. v. J. F. Herel. Altenb. 1770. 8.

§. 125.

2.) **Römer.** Ob es gleich in dieser Periode bei diesen durchaus nicht an Dichtern in keiner Gattung der Poesie fehlt, so hat doch die alte Einfachheit nunmehr einem erkünstelten rhetorischen Prunke Platz gemacht, und statt der Originalarbeiten des goldnen Zeitalters der Römischen Literatur sehen wir jetzt nur schwülstige Nachahmungen der Alexandrinischen und älteren Römischen Dichter. Wenden wir uns zuerst zum Epos[1]), so kommen wir unter den Epikern zuerst zum M. Annäus Lucanus[2]) aus Corduba (geb. 38 n. Chr.), welcher zu Rom mit Persius von dem Stoiker Cornutus gebildet, dann Quästor und Augur war, endlich aber, weil er aus Neid gegen das poetische Talent des Kaisers Nero an der Verschwörung des Piso Theil genommen hatte, i. J. 65 n. Chr. auf dessen Befehl hingerichtet wurde. Er hat uns den Bürgerkrieg zwischen Pompejus und Cäsar bis auf die Eroberung von Alexandria unter dem Titel Pharsalia geschildert, ein Epos, das mehr rhetorische als dichterische Darstellung enthält und nur da, wo die Helden desselben redend eingeführt werden, oder in den Characterschilderungen sich auszeichnet. Neben ihm steht C. Silius Italicus[3]), um d. J. 25 n. Chr. geboren (nicht zu Italica in Spanien oder zu Corfinium in Italien), frühzeitig Verehrer des Cicero und Virgil, Consul unter Nero, Günstling des Vitellius, Proconsul in Asien und bis um d. J. 100 n. Chr. am Leben, wo er, nachdem er sich von den Wissenschaften zurückgezogen und ganz den Staatsgeschäften gelebt, freiwillig den Hungertod starb. Sein Heldengedicht, das vom zweiten Punischen Kriege (Punica) handelt und bei einzelnen Schönheiten doch der Einheit der Handlung ermangelt, verdient die Lobsprüche bei Martial. XI. 51. nicht. Noch tiefer steht Cajus Valerius Flaccus (Setinus Balbus)[4]) aus Padua (nicht aus Setia in Campanien), zu Rom quindecimvir sacris faciundis und frühzeitig, um d. J. 86 n. Chr. verstorben, der in sclavischer Nachahmung des Apollonius von Rhodus, doch nicht ohne poetischen Geist und Anmuth der Darstellung den Argonautenzug (Argonautica) besang, jedoch nur 7 Bücher statt der projectirten 12 zu Stande brachte, aber noch den P. Papinius Statius[5]) aus Neapel (geb. 61 n. Chr.), einen häufigen Sieger in den Dichterwettkämpfen, aber bereits i. J. 96 n. Chr. in seiner Vaterstadt gestorben, übertrifft, indem letzterer in seinen Silvae (32 vermischte Gedichte), größtentheils lyrischen Gelegenheitsgedichten, vorzüglich aber in seiner Thebais, einer mit Nachahmung des Virgil's und nach dem Muster des Antimachus versuchten Darstellung des Zuges der 7 Helden gegen Theben, und seiner Achilleis, einer Erzählung der Begebenheiten des Achilles vor dem Trojanerkriege, die aber unvollendet ist, durchaus zu breit, confus, unverständlich und schwülstig erscheint, ob ihm gleich hier und da Erhabenheit der Gedanken, Tiefe des Gefühls und ausgebreitete Belesenheit, mit der er übrigens allzusehr prunkt, zugestanden werden muß. Der letzte hierher gehörige Dichter ist Claudius Claudianus aus Alexandria[6]), wo er auch unterrichtet worden seyn mag, der seit d. J. 395 n. Chr. unter Stilicho wahrscheinlich Kriegstribun und kaiserlicher Notar war, nach d. J. 408 aber in Ungnade gefallen, nach Aegypten zurückkehrte, wo er bald darauf verstorben zu seyn scheint. Von seinen Gedichten gehört hierher sein unvollendetes Epos de raptu Proserpinae, seine gleichfalls nicht abgeschlossene, nach dem Muster der Cycliker geschriebene Gigantomachia, sein Epos de bello Gildonico, worin er des Honorius Sieg über einen Maurischen Fürsten feiert, aber nur B. I. vollendet hat, und de bello Getico s. Pollentino, eine Beschreibung von Stilicho's Sieg über Alarich bei Pollentia, sonst auch als L. IVtus de laudibus Stiliconis genannt und durch Leichtigkeit der Versification und einzelne Schönheiten bei Mangel an eigener Erfindung und allzugroßer Nachahmung des Virgil und Statius ausgezeichnet. S. A. L. G. §. 312.

Die poetische Erzählung schließt sich in dieser Periode mehr dem Lehrgedichte an, was man vorzüglich unter anderen aus mehreren hierher gehörigen kleineren Gedichten des Ausonius sehen kann, am Meisten aber an jenen seit Tibull's Vorgange (Eleg. in Messalam. IV. 1.) unter Pescennius Niger und Alexander Severus häufig vorkommenden Panegyrici oder Lob-gedichten, unter denen das bald dem Virgilius, bald dem Lucanus, bald dem Statius, bald dem armen Epiker Sa-lejus Bassus zugeschriebene, aber vermuthlich einem unbekann-ten Versificator jener Zeit gehörige Carmen panegyricum in Calpurnium Pisonem, auf den durch seine Verschwörung bekannten Piso, obenan steht[7]), neben welchem noch als dergleichen Dichter Claudianus, Sidonius Apollinaris, Publilius Op-tatianus Porphyrius, i. d. J. 329 und 333 n. Chr. Präfect zu Rom, später aber aus dem Exile nur durch seinen Panegyricus gerettet[8]), und der berühmte Redner Flavius Merobaudes[9]), dem seiner Verdienste wegen sogar i. J. 435 n. Chr. eine Statüe gesetzt wurde, Erwähnung verdienen.   S. A. L. G. §. 313.

1) S. Scheffler, Abh. v. d. Latein. Dicht. auß. d. Virgil, der. Ged. a. unf. Zeit. gekomm. f., b. Wiedeburg, human. Mag. 1788. H. II, III u. IV. u. 1789. H. II u. III.

2) S. J. G. Meusel, de Lucano diss. II. Hal. 1767—68. 4. J. F. Wichmannshausen, Diatr. in Luc. Phars. Viteb. 1712. 4. J. J. Dusch, Comm. de Luc. Phars. Altorf. 1780. 4. P. J. Leloup, de poesi epica et Phars. Luc. disp. Trevir. 1828. 4. Ausg. f. Ed. Pr. ex rec. J. Andreae. Rom. 1469. fol. ed. H. Grotius. Lugd. B. 1614. 8. c. Carm. ad Pison. eid. ascr. ed. G. Corte. Lips. 1726. 8. c. not. integr. et excerpt. var. necnon Th. Maji suppl. apol. J. Palmerii etc. cur. Fr. Oudendorp, qui et suas annot. et ind. adj. Lugd. B. 1728. 4. c. comm. P. Burmanni. Leid. 1740. 4. c. not. H. Grotii et R. Bentleji (ed. R. Cumberland) Strawberry Hill. 1760. 4. ad fid. edit. ac codd. Vindob. rec. ab A. Illycino. Vind. 1811. 4. recogn. emend. Amar et suppl. adj. Paris 1822. II. 32. c. not. sel. var. epist. II ined. Ou-dendorpii var. lect. manuscr. diss. de spuriis vers. Lucani schol. ined. annot. s. et ind. add. C. Fr. Weber. Lips. 1821—30. III. 8. c. comm. Cortii et not. Barthii, Christii, Gronov., Heins., Martyni-Lagunae etc. cur. C. F. Weber. Lips. 1827—29. II. 8. rec. scholiisq. interpr. est. C. H. Weise. Quedlinb. 1835. 8. Zur Krit. f. Martyni-Laguna, Ep. ad Ch. G. Heyne. Ed. II. Lips. 1795. 8. Ern. Kaest-ner, Quaest. in Luc. Phars. P. I—IV. Bielef. 1826—28. 4. Deutsche (Prosa) Uebers. v. Ph. L. Haus. Mannh. 1792. 8.

3) S. Ch. Cellarius, diss. de C. Sil. Ital. Hal. 1694. 4. u. in f. Diss. Acad. p. 71—89. Ausg. f. Ed. Pr. C. Sil. Ital. Punic. lib. XVII. ex rec. Jo. Andreae. Rom. 1471. fol. c. comm. P. Marsi. Venet. 1483. fol. c. not. var. cur. Arn. Drakenboch. Traj. ad. Rh. 1717. 4. var. lect. et comm. perp. ill. J. Chr. Th. Ernesti. Lips. 1791—92. II. 8. perp. annot. ill. a G. A. Ruperti. Lips. 1795. 98. II. 8. op. D. Heinsii. Acc. ejd. Crepundia Siliana. Lugd. B. 1600. 12. lat. et franç. corr. s. IV mss. et compl. p. un long. fragm. trouvé p. J. B. Lefebure de Villebrune. Paris 1783. III. 12. ad opt. ed. coll. c.

var. lect. perp. comm. cur. N. E. Lemaire. Paris 1823. II. 8. rec.
et acc. J. Carey. Lond. 1824. 8.

4) Das Gedicht geht nur bis zu einem Theil d. VIII. B., worauf J.
P. Pius b. f. Ausg. (Bonon. 1519. fol.) ein von ihm gedichtetes IXtes u.
Xtes B. beifügte. Ausg. f. Ed. Pr. Bonon. 1474. fol. ad fid. codd.
emend. N. Heinsius. Amst. 1680. 12. c. not. var. ed. P. Burmann.
Lugd. B. 1724. 4. c. not. Burmanni integr. et al. sel. rec. suasq.
annot. adj. Th. Ch. Harles. Altenb. 1781. 8. c. comm. perp. ed. J.
A. Wagner. Gott. 1805. II. 8. c. lect. var. comment. excurs. rec. ed.
N. E. Lemaire. Paris. 1825. II. 8. Argon. lib. VIIIus c. not. crit.
et diss. de vers. aliq. Virg. et Val. Flacci injur. susp. adj. A. Weichert.
Mis. 1817. 8. S. a. dess. Epist. cr. de Val. Fl. Argon. ad H. C. A.
Eichstaedt. Lips. 1812. 8. u. Epist. ad Sturzium. Grimm. 1824. 4.
u. Observ. cr. in Val. Fl. Argon., b. Beck, Act. Soc. phil. Lips.
T. II. p. 326—374. Metr. Ueberf. n. erkl. Anm. v. Wunderlich. Erfurt
1805. 8.

5) S. Dodwell, Annales Statiani, b. f. Annal. Vellej. Oxon.
1698. 8. p. 193 sq. J. M. Lochmann, Pr. de Statio. Cob. 1774. 4.
St. Non, Voy. pittor. de Naples et de Sicile. Paris 1781. fol. T. I.
p. 152 sq. Von Ausg. (f. Quirini Litt. Brix. T. I. p. 135 sq.) f. Ed.
Princ. Stat. Opera, id est Thebais c. interpr. Plac. Lactantii, Achilleis
c. recoll. trad. a D. Fr. Maturantio perus.; Sylvarum lib. V. c.
comm. D. Calderini. Rom. 1475. fol. rec. J. C. Gevartius. Acc. Papin. lect. lib. V. Lugd. B. 1616. 8. c. comm. var. rec Em. Cruceus.
Paris 1618. 4. ex rec. et c. not. J. Fr. Gronov. Amst. 1653. 24. rec.
et anim. ill. C. Barth. Cygn. 1664. III. 4. c. not. var. ill. a J. Veenhusen. Lugd. B. 1671. 8. Venet. 1786. 8. rec. F. Carey. Lond. 1822.
18. c. var. lect. et sel. interpr. not. ed. J. A. Amar et N. E. Lemaire. Paris 1825—30. IV. 8. c. not. al. et suis ed. Fr. Dübner. ib.
1834—36. II. 8. Stat. Carm. ant. libr. adh. rec. et comm. ill. F.
Hand. Lips. 1817. 8. T. I. Sylvae. Libri V. Sylv. ex vet. exempl.
rec. not. atq. emend. adj. J. Markland. Cantabr. 1728. 4. Ed. auct.
rep. cur. J. Sillig. Dresd. 1827. 4. Scholien zur Achilleis b J. Chr. Dommerich, Ad Stat. Achill. ex membr. bibl. anecd. Guelph. 1758. 4.
Auswn. ein. Sylv. d. Stat. in geb. u. ungebund. Ueberf. v. J. A. v. Brei-
tenbauch. Lpzg. 1817. 8.

6) S. Mérian in b. Mém. de l'acad. de Berlin. 1745. T. XX.
p. 437 sq. Class. Journ. nr. LVIII. u. LIX. Ausg. f. Ed. Pr. ex
rec. B. Celsani. Vicent. 1482. fol. ed. Th. Ugoletus. Parm. 1494. 4.
recogu. p. J. Camertem. Vienn. Austr. 1510. 4. rest. Th. Pulmann.
Acc. M. A. Delrio notae. Antverp. 1571—72. II. 8. ope XVII mss.
exempl. rest C. Barth et comm. ill. Frcft. 1650. 4. rec. N. Heinsius
ac not. ill. Lugd. B. 1650. 12. var. lect. et perp. ann. ill. a J. M.
Gesner. Lips. 1759. II. 8. ad fid. membr. cast. c. not. int. vir. doct.
var. lect. cur. sec. N. Heinsii et annot. P. Burmanni sec. Amst.
1760. 4. c. var. lect. sel. omn. not. rec. N. L. Artaud. Paris 1824.
II. 8. ex rec. Heber. Lond. 1836. II. 12. suis var. not. ill. F. Doullay.
Paris 1837—38. II. 8. Cl. Ged. wid. d. Rufin überf. u. erl. v. J. J.
Raschig. Wien 1801. 8. Liter. Briefwechsel an c. Freund. v. C. F. Kretsch-
mann. Zittau 1797. 8. Ein Theil d. Panegyr. a. d. Honorius überf. v.
Platz. Wertheim 1839. 8.

7) Ed. Pr. c. Ovid. Amat. Basil. 1549. fol. (1534. 8.) f. Pap.
Stat. ad Calp. Pis. poemation auctori vind. et ann. instr. C. Beck.
Ansb. 1835. 8. J. Held, Inc. auct. ad C. Pis. carm. Vratisl. 1831. 8.
f. a. Weichert, de L. Var. poeta p. 64. u. Exc. II. p. 145 sq.

8) Ed. Pr. in Pithoei Epigr. et poem. Paris 1596. 12. S. II. p.
235 sq. ex cod. mss. P. Welseri. Aug. Vind. 1595. fol. c. Spic. crit.

Chr. Daumii, b. Welser. Op. Norimb. 1682. fol. u. in **Wernsdorf**,
Poet. Lat. Min. T. II. p. 363 sq.
9) S. Orelli, Inscr. Lat. T. I. nr. 1183. p. 259 sq. Ausg. ist:
Fl. Merobaudis Carm. panegyricique reliq. ed. a. B. G. Niebuhr.
Bonn. 1824. 8. u. b. Weber, Corp. poet. Lat. p. 1367—1370.

§. 126.

Ueber das Lehrgedicht bei den Römern ist fast dasselbe
zu sagen, wie über das Epos: es ermangelt aller eigentlichen
Poesie und erhebt sich nicht sehr über gewöhnliche Schulübungen.
Uebrigens zerfällt es in ein astronomisches, landwirthschaftliches, gram-
matisches, medicinisches und geographisches, während noch zwei Homeristen die Verbindung zwischen der poetischen Erzählung und
dem eigentlichen Lehrgedichte vermitteln. Der erste der astronomischen Dichter ist der Enkel des Augustus und Sohn des
Drusus Cäsar Germanicus (17 v. Chr. geboren und 18
n. Chr. auf Veranlassung seines Adoptivvaters Tiberius zu Antiochia vergiftet), aus dessen Verarbeitung der Phaenomena und
Diosemeia des Aratus wir noch Bruchstücke übrig haben[1]), obgleich ein gewisser Manilius (so zuerst in Gerbert. Epist.
130 genannt) oder Manlius oder Mallius (so in d. Höfchtn.)[2])
aus Africa, wahrscheinlich zu Ende der Regierung des Augustus
oder zu Anfang der des Tiberius seiner Meinung nach (II. v.
57 sq.) das erste derartige Werk unter den Römern verfaßte,
welches er übrigens in den noch vorhandenen Büchern nicht
ganz beendigt zu haben scheint (I. meteorologischen, II, III. mathematischen und IV, V. symbolischen Inhalts). Was Avienus
hierin geleistet, wird sich gleich ergeben. Zu den landwirthschaftlichen
Gedichten rechnen wir des unten zu nennenden Ackerbauschrift-
stellers Columella 10tes Buch de re rustica oder de cultu
hortorum, angeblich eine Fortsetzung der Georgica des Virgil,
und seines Collegen Palladius 14tes Buch seines Werkes
de re rustica, de insitione betitelt, sowie den Aurelius
Olympius Nemesianus (um 284 n. Chr.) aus Carthago,
den Besieger des Kaisers Numerianus in einem poetischen Wettkampfe,
wegen seiner Cynegetica oder seines Gedichtes von der Jagd, worin er
dem Oppian nachahmte, das aber nicht mehr vollständig ist[3]). Für das
grammatische Lehrgedicht haben wir den Terentianus Maurus
zu erwähnen, von dem jedoch unten erst die Rede seyn kann,

und für das medicinische den Q. Serenus Sammonicus, einen Polyhistor, der i. J. 212 n. Chr. auf Befehl des Kaisers Caracalla wegen seiner Anhänglichkeit an dessen Bruder Geta ermordet wurde. Er schrieb als Nichtarzt, wahrscheinlich vom encyclopädisch-grammatischen Standpunkte aus, mit allzugroßer Benutzung des Dioscorides und Plinius für Arme eine auf die Grundsätze der empirischen Schule und viele abergläubische Hausmittel gegründete Hausapotheke, die jedoch nur der Form nach zur Poesie gerechnet werden darf[4]. Besser ist des Decimus Magnus Ausonius bis auf die kleinsten Details sehr genaue Beschreibung des Moselflusses (Mosella), indem hier Gelehrsamkeit mit wahrem poetischen Talent verbunden ist[5], sowie des Rufus Festus Avienus[6] aus Volsinia in Etrurien (358 n. Chr. geb.), der nach zweimaligem Proconsulate i. J. 400 n. Chr. im Schooße seiner Familie, der alten Religion treu bleibend, starb, Metaphrasis periegescos Dionysii, in welcher er das Original in jeder Art übertrifft, und seine in jambischen Versen abgefaßte Descriptio orac maritimae (d. h. des mittelländischen Meeres, des Pontus Eurinus und des See's Mäotis bis an das Scythische Meer), von der freilich nur ein Stück, die Seeküste von Cadir bis Marseille enthaltend, vorliegt, und seine Metaphrasis phaenomenon Arati, gleichfalls der von Cicero und Germanicus versuchten Bearbeitung desselben Gegenstandes vorzuziehen. Endlich gehört in dieses Feld des geographischen Lehrgedichtes noch Claudius Rutilius Numatianus aus Pictavium oder Poitiers in Gallien, der, nachdem er praefectus urbis und magister officiorum s. palatii um d. J. 413 n. Chr. zu Rom gewesen war, wahrscheinlich vor den nordischen Barbaren in sein Vaterland flüchtete (417 n. Chr.) und diese Reise in 2 Büchern (vom 2ten sind nur 68 Verse übrig) besang, sich aber stets darin, trotz mancher Schönheiten der Darstellung und Sprache, als eifrigen Götzendiener zeigt[7]. Als Homeristen treten auf Petronius Arbiter mit der in sein Satiricon verflochtenen Trojae halosis (c. 89.) und jener fabelhafte Pindarus Thebanus[8] (a. d. 12ten Jhdt.?) mit seiner auch dem Pentadius und Avienus zugeschriebenen Epitome Iliadis Homeri, die von einem mit großem Talente dem Ovid und Virgil nachgeahmten Style zeigt. Der Versuch des Kirchen-

vaters **Lactantius**, die Sagen vom fabelhaften Vogel Phönix
metrisch zu behandeln, verdient kaum Erwähnung[9]). S. A. L.
G. §. 314.

1) **Rutgers**, Var. Lect. III. p. 276. u. Grauert im Rhein. Muf. 1827.
H. IV. p. 347 sq. schreiben dieses Werk dem **Domitianus**, jedoch nicht
mit Recht zu (f. Lersch in Zimmermann's Zeitschr. 1837. Nr. 129.) f. a.
Schaubach, de Arati interpr. Mening. 1818. p. 6 sq. Progr. sacr.
p. **Lutherum** emend. Meining 1817. p. 10 sq. u. Observ. in schol. ad
German. Caes. Phaenom. Meining. 1832 — 34. IV. 4. Ausg. f. Ed.
Pr. Bonon. 1474. fol. ed. H. **Grotius**. Lugd. B. 1600. 4. c. comm.
var. ed. J. C. **Schwarz**. Cob. 1715. 8. ed. C. T. **Schmid**. Luneb.
1728. 8. ed. **Buhle**, c. Arato. T. II. p. 31—118. ed. J. C. **Orelli**,
c. Phaedri fab. Turici. 1831. 8. p. 137 sq. Germ. Caes. reliq. q.
exst. ex rec. Orelli not. adj. Giles. Lond. 1843. 8.

2) S. **Jacob**, de M. Manilio diss. IV. Lubec. 1832 sq. 4. Ausg.
f. Ed. Pr. Norimb. 1472—73. 4. c. castig. et comm. J. **Scaligeri**, Paris 1579. II. 8. Lugd. B. 1600. 4. e rec. et c. not. R. **Bentleji**. Lond.
1739. 4. ed. A. G. **Pingré**, c. interpr. gall et not. Paris 1786. II. 8.

3) Es steht b. **Wernsdorf** T. I. p. 87—120. u. **Weber**, Corp. poet.
lat. p. 1189 sq. u. ist herausg. c. Ovid. Halieut. Gratii Cyneg. rec.
M. **Haupt**. Lips. 1838. 8. Man schreibt ihm auch noch Bruchstücke de
aucupio und ein Gedicht de laudibus Herculis (b. **Wernsdorf** a. a.
p. 120 sq. p. 275 sq.) zu.

4) J. B. **Morgagni**, Epist. IV. in Celsum et II in Sammon.
Lugd. B. 1735. 4. u. in f. Opusc. Venet. 1763. fol. p. 191 sq. schreibt
es seinem Sohne, dem jüngeren Sammonicus zu, Baldinger aber im Neu.
Mag. f. Aerzte I. 3. p. 209 sq. spricht es Beiden ab. Ausg. f. Ed. Pr.
s. l. et a (Mediol. vor 1484.) 4. ed. R. **Keuchen**. Amst. 1662. 8. c.
not. interpr. sel. et suis ed. Ch. G. **Ackermann**. Lips. 1786. 8.

5) Ausg. f. Aus. Mosella c. comm. M. **Freheri**. Heidelb. 1619.
fol. Ged. v. d. Mosel m. Deutsch. u. Lat. Text v. F. Lassaulx. Coblenz.
1802. 8. Lat. u. Deutsch. m. Anmerk. v. L. Troß. Hamm. 1821. 1824. 8.
Lat. u. Deutsch n. e. Abriß v. d. Dichters Leben u. Anm. v. Eb. Böcking.
Berl. 1828. 4. im Versmaß d. Urschr. verdeutscht v. Gl. E. Klausen. Altona
1832. 4. f. a. **Wernsdorf**, de poetis geogr. minor., in b. Poet. Lat.
Min. Vol. V. P. I. p. 31 sq.

6) S. **Wernsdorf** a. a. O. T. V. P. 2. p. 621 sq. V. 3. p. 1504.
Ausg. f. Av. Descr. Orbis ed. **Friesemann**. Amstel. 1786. 8. Seine
3. gen. Ged. b. **Wernsdorf**. T. I. p. 656 sq. T. II. p. 334 sq. u. m.
f. übr. Ged. in Avieni Oper. Ed. Pr. Venet. 1488. 4. q. exst. P. Mel-
lian. coll. ex bibl. L. Ramirez de Prado. Madriti 1634. 4.

7) S. **Wernsdorf** T. V. p. 5 sq. Ausg. f. Ed. Pr. Bonon. 1520. 4.
c. comm. C. **Barth**. Frcft. 1623. 8. c. not. var. ed. Th. **Janss**. ab
Almeloveen. Amst. 1689. 12. ed. A. **Goetz**. Altorf. 1741. 1743. 8. ed.
Kapp. Erlang. 1786. 8. c. not. var. ed. **Gruber**. Norimb. 1804. 8.
Zur Kritik f. Zumpt, Observ. in Rut. Num. carm. de red. suo. Berol.
1837. 8.

8) Ausg. f. b. **Wernsdorf** T. IV. p. 617 sq. u. Pind. Theb. Epit.
Hom. e rec. et c. not. Th. **van Kooten**, ed. H. **Weytingh**. Lugd. B.
1809. 8. Ed. Pr. ist: Homerus de bello Trojano. s. l. et a. 4. trad.
hexam. vers. **Pyndari**. Parm. 1492. 4. Mehr in m. Allg. L. G. Bd. II. 3.
p. 115. **Otto**, Comm. crit. ad codd. bibl. Giess. p. 81 sq. 315 sq.
Lachmann in b. Zeitschr. f. A. W. 1841. Nr. 45. p. 376. Ritschl. im Rhein.
Muf. Neue Folge. H. I. p. 137 sq.

9) B. **Wernsdorf** T. III. p. 298 sq. **Weber**, Corp. poet. Lat. p.
417 sq. u. Claudian. ed. Burmann. p. 1033 sq. Lact. carm. de Phoe

nice rec. **Martini. Lunaeb.** 1826. 8. ſ. a. **R. J. J. Henrichsen**, de Phoenicis fabula apud Graecos, Romanos et populos orientales. Havn. 1826. II. 8.

§. 127.

Eine zweite, freilich beſondere Stelle im Lehrgedichte, nimmt das Sittengedicht ein, welches entweder direct moraliſche Lehren vorträgt, wie jenes uns übrigens unbekannten Dionyſius Cato unter Conſtantin dem Großen nach dem Muſter der gleichartigen Sprüche des Cato Cenſorius (ſ. Plin. H. N. 29. 7. Gell. N. A. XI, 7. u. oben §. 119. Anm. 12.) geſammelten Disticha de moribus ad filium, eine Art Sittenkatechismus für die heidniſche Jugend[1]), oder als Satire den bitteren Empfindungen ſeiner Verfaſſer über den immer mehr zunehmenden Verfall und die Sittenverderbniß des Römiſchen Reiches Luft macht. Wir haben hiervon in Proſa ein Muſter in des Philoſophen L. Annäus Seneca ἀποκολοκυντωσις (d. i. Apotheoſe durch Verwandlung in einen Kürbis, in welchem der Kaiſer Claudius das Gift bekommen hatte, welches ſeinen Tod herbeiführte)[2]), aber in Verſen des A. Perſius Flaccus aus Volterrä in Etrurien (nicht zu Luna in Ligurien geboren, den 30ten Novbr. 34 n. Chr.), der, vorzüglich von Stoikern, wie von Cornutus gebildet, im 28ſten Jahre ſeines Alters 62 n. Chr. an einem Magenübel auf ſeinem Landgute ſtarb, 6 Satiren (m. e. Vorrede), worin er ganz im mürriſchen Geiſte der Stoa das Betragen der damaligen Römer mit einem oft bis zum Komiſchen ausgeſprochenen Unwillen erzählt, für uns aber aus vielen Gründen jetzt ſehr unverſtändlich iſt[3]), und des D. Junius Juvenalis aus Aquinum im Lande der Volsker (geb. 43 oder 39 n. Chr.), der anfangs blos Beredtſamkeit ſtudierte, dann aber im 40ſten Jahre ſich auf dieſe Dichtungsart legte, allein im 80ſten Lebensjahre, wegen einer Anſpielung auf den Pantomimen Paris, den Günſtling Domitian's, in die Libyſche Pentapolis von letzterem unter dem Vorwande einer Anſtellung in's Exil geſchickt wurde, wo er i. J. 121 vor Kummer geſtorben ſeyn ſoll, 16 Satiren (die letzte iſt wohl unächt), welche gleichfalls wegen vieler Specialanſpielungen ſchwer zu verſtehen ſind, aber durch ihre Bitterkeit und ernſthaften Klagen über die Verderbtheit ihrer Zeit von einem edeln Character, durch ihre Kunſtform von ſeinem rhetoriſchen

Talente zeugen[4]). Endlich giebt es noch von einer gewiſſen
Sulpicia, unter Domitian, der Gattin eines gewiſſen Calenus,
eine matte Satire de dicto Domitiani, quo philosophos urbe
exegit[5]). Andere ſpätere unbedeutendere ſatiriſche Gedichte be-
ſpricht m. A. L. G. §. 315.

1) S. Zuerius-Boxhorn, Diss. ʼde Distichis, q. Caton. nomine
circumferuntur, u. H. Cannegieter, Rescripta Boxhornio de Catone,
b. Arntzen. a. a. O. p. 353 sq. Ausg. ſ. Ed. Pr. s. l. et a. [um 1455.]
8. c. graeca Metaphr. Max. Planudis, J. Scaligeri etc. germ. vers.
M. Opitii ed. Ch. Daum. Cygn. 1672. 8. c. not. var. et diss. Can-
negieteri curav. O. Arntzen. Traj. ad Rh. 1735. 8. Ed. II. Amst.
1754. 8. ed. J. M. Bernhold. Neost. 1784. 8. ed. Fr. Tzchucke. Lips.
1790. 12. c. P. Syro ed. C. Zell. Stuttg. 1829. 8. p. 101 sq.
2) S. D. Heinsius, Orationes. Lugd. B. 1627. 8. p. 608 sq. A.
in Senecae phil. ludus de morte Claudii, c. not. Cortii in tres sat.
Menipp. Lips. 1720. 8.
3) Sueton. Vita Persii. G. N. Kriegk, Diss. de A. Persio. Jen.
1704. 4. Raustädter, de A. Pers. Satiris. Neub. 1828. 4. C. E. Krause,
Diss. de A. Persii satiris. Gotting. 1831. 8. Fr. Haberſack, Bemerk.
üb. G. Perſius. Bamberg 1827. 4. Selis in Millin, Mag. Enc. 1800.
VI an. T. II. p. 100 sq. Paſſow b. f. A. I. p. 80 sq. Jahn a. a. O.
p. l. sq. Heinrich a. a. O. p. 51 sq. Ausg. ſ. Ed. Pr. s. l. et a.
[Rom. 1470.] 4. c. comm Is. Casauboni. Paris 1605. 1615. 8. cura
M. Casauboni. Lond. 1647. 8. Lugd. B. 1695. 4. rep. cur. c. ej. vita
vet. Scholiasta Is. Casaub. not. et rec. interpr. observ. sel. aux. Fr.
Dübner. Lips. 1833. 8. ed. Reiz. Lips. 1789. 8. ed. G. L. König.
Gotting. 1803. 8. v. Fr. Paſſow. Th. I. [Text. Ueberſ. u. Anm. z. 1. S.]
Lpzg. 1809. 8. ed. Achaintre. Paris. 1812. 8. rec. et comm. crit. atq.
exeg. add. Fr. Plum. Havn. 1827. 8. c. schol. aut. ed. O. Jahn.
Lips. 1843. 8. D. A. Perſ. Satiren bericht. u. erkl. v. C. Fr. Heinrich.
ebb. 1844. 8. S. a. F. Hauthal, Beitr. z. Geſch. Verbeſſ. Feſtſt. u. Erkl.
b. Satiren b. Perſ. Bd. I. [Text u. metr. Ueberſ. u. krit. Anm.] Leipz.
1837. 8. Ueberſ. Metr. v. Ph. M. Schindler, herausg. v. C. F. Burbach.
Lpzg. 1803. 8. m. Einl. u. Bemerk. v. J. F. Wagner. Lüneb. 1811. 8 in
b. Veröm. b. Urſchr. u. m. erl. Anm. v. J. J. C. Donner. Stuttg. 1822. 8.
4) S. Suetonii Vita Juvenalis. J. V. Franke, Exam. crit. D.
Juven. vitae. Altona 1820. 8. u. üb. b. Einſchiebſel Tribonians bei Ulpian, die Verbannung nach b. großen Oaſe betreffend. Kiel 1819. 4. u. Pr.
de vita D. J. Juv. quaest. altera. Dorpat. 1827. fol. Bauer, krit. Bemerk. üb. b. Leben Juvenals. Regensb. 1833. 8. Ausg. ſ. Ed. Pr. s. l.
[Venet.] 1470. 4. ed. P. Pithoeus. Paris 1585. 8. c. schol. et comm.
ed. Henninius. Ultraj. 1685. Lugd. B. 1695. 4. ed. G. A. Ruperti.
Lips. 1801. II. 8. Ed. II. ib. 1819. II. 8. ed. N. L. Achaintre. Paris
1810. II. 8. ed. G. G. Weber. Vimar. 1825. 8. Ueberſ. u. erläut. v. C.
W. Weber. Halle 1838. 8. ex emend. et c. comm. C. Fr. Heinrich.
Acc. schol. in Juvenalem vet. ab eod. annot. Bonn. 1839. II. 8.
S. a. In D. Juvenalis Sat. comm. vet. ed. Cramer. Hamb. 1823. 8.
Dazu J. C. Orelli, Scholiasta Juv. suppletus et emend. e cod. Sangall. Turici 1833. 4. u. Epist. ad Madvig. (vor ſ. X. b. Cic. Orator.)
p. LV sq. u. Madvig. Opusc. T. I. p. 29—63. II. p. 167—205. Ueberſ. u. m. Anmerk. verſ. v. C. F. Bahrdt. Halle u. Deſſau. 1781. 8. in
Deutſch. Jamb. n. beigef. Orig. Text v. Hausmann. Lpzg. 1839. 8.
5) D. Sat. ſteht bei ben meiſt. Ausg. b. Juven. u. Perſ., ſonſt auch
einz. c. comm. Ch. G. Schwarz. Altorf. 1721. 8. c. ejd. comm. ed.

J. Gurlitt. Hamb. 1819. II. 4. vers. gall. et not. ill. a C. Monnard. Paris et Frcft. ad M. 1820. 8. S. a. Miscell. Observ. T. VI. 2. p. 353 sq. VII. 3. p. 329 sq. 2. p. 254 sq. J. G. Dölling, Anim. ad Sulp. Satir. Plav. 1833. 8.

§. 128.

Mit der Satire steht natürlich in naher Verbindung, wenn es auch viel kürzer ist, das **Epigramm**, welches zwar in dieser Periode, wie sich bei einer flüchtigen Durchsicht der **Anthologia latina** ergiebt, sehr fleißig bearbeitet worden ist, der Repräsentant dieser Dichtungsart bleibt aber für uns immer nur **Marcus Valerius Martialis**, dem man seit dem 12ten Jahrhundert aus der mißverstandenen Stelle **Ep. VI.** 60, 8. noch den Beinamen **Coquus** hinzugefügt hat[1]), aus Bilbilis in Celtiberien (geb. d. 1. März 43 u. Chr.), der anfangs arm, doch bald durch die Unterstützung der Kaiser Titus und Domitianus und seiner gelehrten Freunde Valerius Flaccus, Silius Italicus, Quinctilianus, Juvenalis und Plinius des Jüngeren in die Höhe kam, i. J. 96 in sein Vaterland zurückkehrte und von hier i. J. 100 n. Chr. das 12te Buch seiner Epigramme nach Rom sendete, aber zu Anfange des folgenden Jahres gestorben zu seyn scheint. Er hinterließ ein **liber Spectaculorum**[2]), von den von Titus und Domitianus gegebenen Schauspielen handelnd, **Xeniorum** und **Apophoretorum libelli** (f. **Epigr. L. XIII u. XIV.**), vor dem 10ten Buche der Epigramme geschrieben und lauter Schmeicheleien gegen Domitian enthaltend, und **Epigrammatum libri XII**, die für uns zwar wegen vieler jetzt nicht mehr zu verstehenden Anspielungen und Persönlichkeiten äußerst schwierig, sowie in mancher Beziehung wegen häufig in ihnen vorkommender Unflätereien und Schmeicheleien widerwärtig sind, im Ganzen aber von gediegenem Witz übersprudeln, Muster wahrer Sinngedichte sind und zugleich das beste Bild der damals in Rom ziemlich allgemeinen sittlichen Verderbniß geben[3]). Entfernt gehört in diesen Bereich auch das **Räthsel**, deren wir noch 100 von einem gewissen **Cälius Firmianus Symposius** aus dem letzten Decennium des 4ten Jahrhunderts übrig haben[4]), die jedoch früher immer grundlos dem Kirchenvater **Lactantius** zugeschrieben worden sind. S. A. L. G. §. 317.

1) S. Schneidewin in Zimmermann's Zeitschr. f. Alt. W. 1840. Nr. 44. p. 363 sq.

2) S. Kehrein in Jahn's N. Jahrb. 1837. Suppl. H. IV. p. 541—553.

3) S. Lessing, verm. Schr. Bd. I. p. 193 sq. Hottinger in d. Schr. d. Mannheim. Gesellsch. Bd. V. p. 347 sq. Maltebrun, Mélanges T. III. p. 60 sq. Quirini, Litt. Brix. T. I. p. 153 sq. Ausg. f. Ed. Pr. s. l. et a. (Rom. 1471.) 4. Ferrar. 1471. 4. Venet. Aldus. 1501. 8. c. not. et ind. abs. op. J. Langii. Argent. 1595. II. 12. ex rec. J. Gruteri. Frcft. 1596. 1602. 12. c. comm. L. Ramirez de Prado. Paris 1617. fol. e mus. et c. not. P. Scriverii. Lugd. B. 1619. III. 16. c. comm. Raderi. [Edit. castrata.] Ingolst. 1607. 1611. Mogunt. 1627. fol. (Dazu Analecta. Col. Agripp. 1628. fol.) c. not. var. ed. Vinc. Colesso, numism. exorn. C. Smids. Paris 1686. 4. Lond. 1701. 8. c. not. var. rec. E. Lemaire. Paris 1826. III. 8. in e. Ausz. Lat. u. Deutsch v. versch. Uebers. herausgeg. v. Ramler. Lpzg. 1787—93. V. 8. (Dazu Nachlese. 1794. 8.) ed. D. F. G. Schneidewin. Grimm. 1842. II. 8. Zur Krit. f. A. de Rooy, Conj. crit. in div. poet. spectacula. Traj. ad Rh. 1764. 8.

4) S. Schelhorn, Amoen. Philol. T. II. p. 469 sq. Heumann, Poecile T. II. p. 256 sq. Wernsdorf a. a. O. T. VI. P. II. p. 410 sq. 423 sq. Withof in d. Relat. Duisburg. 1744. nr. 51 sq. 1746 u. 1747. nr. 2. Ausg. f. (a. d. Zell c. Syri sentent. p. 129 sq. u. Wernsdorf. p. 473 sq.): Symphosii poet. vet. eleg. erud. juxta ac arg. et fest. aenigm. n. prim. inventa et excusa. Acc. VII sapient. sentent. Paris 1537. 8. Sympos. s. l. epigr. tristich. aenigm. q. vero suo auctori (Lactantio) post long. temp. decurs. redd. a libr. mend. cod. ope repurg. suisq. aliorq. not. ill. Ch. A. Heumann. Hannov. 1722. 8.

§. 129.

Endlich erscheint in dieser Periode im Gebiete der Didactif noch eine selbstständige Dichtungsart, nämlich die **Fabel**, und zwar durch einen gewissen **Phädrus** (oder **Phäder**), einen Thracier oder Macedonier, der zu Anfang der Regierung des Augustus nach Rom kam, die Lateinische Sprache erlernte, dann als Freigelassener seine Fabeln in Jamben dichtete (30 enthalten Parallelstücke bei den Griechen, die übrigen 60 [in d. B. I—V.] scheinen von ihm selbst erfunden), aber vom Sejan, den er vermuthlich beleidigt hatte, verfolgt, wahrscheinlich vergeblich durch den Freigelassenen des Caligula, Eutychus, wieder in seine frühere bessere Lage zu kommen versucht hat. Da nun kein gleichzeitiger Schriftsteller seiner erwähnt (unsicher ist **Martial. III. ep. 20.**), so hat man ihm diese Fabeln oft abgesprochen, wie **Cannegieter**, diss. de fab. Aviani ihn für einen Zeitgenossen Seneca's ansieht, weil dieser (**Consol. ad Polyb. 27.**) die Aesopische Fabel ein intentatum romanis ingeniis opus nennt, **Cassitti** (Diss. de vita Phaedri) schreibt sie gar jenem **Polybius** zu, an den Seneca sein Trostschreiben gerichtet hat, und **Christ** (de

Phaedro ejq. **fabulis prolus.** Lips. 1740.), fowie Docen (Allg. Zeit. f. Deutfchland v. Schelling. Nürnb. 1813. I. p. 503 sq.) und Marcheselli (in d. **Nuova Racc.** d'Opusc. scient. **T. XIII. p. 10 sq. 39 sq.**) haben gar nach einer Stelle des Erzbifchoffs von Manfredonia, Nicolaus Perotti († 1480), in feinem **Cornu Copiae (Basil. 1532 fol. p. 963, 34 sq., f. dageg. ib. p. 194, 25 sq.)** fie diefem Ge-lehrten zugefchrieben, was fich jedoch fchon aus dem Alter dreier Handfchriften des Phädrus, die aus dem 9ten und 10ten Jhdt. ftammen, widerlegen läßt[2]). Später hat man zu diefen erften 5 Büchern noch ein 6tes aufgefunden, das 32 neue Fabeln enthält, die mit der Diction des 4ten und 5ten Buches der älteren Fabeln zwar ziemlich genau ftimmen, wohl aber fchwerlich für ein 6tes Buch zu halten feyn dürften[3]). Nach ihm gehört hierher Fla-vius Avianus, grundlos mit dem bereits erwähnten Dichter Avien für eine und diefelbe Perfon gehalten, bald in's 2te Jahrhundert unter die Antoninen(fo von Cannegieter, Diss. de aetate et stilo Fl. Aviani p. 254 sq.), bald in's 5te gefetzt und für einen Zeitgenoffen des bekannten Macrobius angefehen (fo von Werns-dorf, Poet. Lat. Min. T. V. 2. p. 663 sq.), der 42 Aefopifche Fabeln in elegifchen Versmaße abfaßte[4]), welche jedoch Marcheselli dem bekannten Johannes Antonius Campanus, einem Ita-liänifchen Philologen aus dem 15ten Jahrhundert, zufchreiben will und zugleich behauptet, ein gewiffer Flavius Anianus[5]) (fo müffe ftatt Avianus oder Avienus gelefen werden), vermuth-lich der Verfaffer des bekannten Gothifchen Rechtsbuches, fei der Verfaffer der Griechifchen Fabeln, die wir in der abgekürzten Bear-beitung eines Ignatius Diaconus als von Babrius herrührend haben. In fehr genauer Verbindung fteht aber mit Phädrus ein ge-wiffer Romulus, der vor dem 13ten Jahrhundert gelebt haben muß, da ihn Vincent. Bellov. (um 1244—1266) in feinem Spec. Hist. IV. 2. fchon erwähnt, (Marcheselli a. a. O. fetzt ihn gar in's 16te Jhdt.) und 81 Profafabeln nebft einigen Prologen und Epilogen hinterlaffen hat, die mit fo wenig Veränderungen (jedoch find auch einige [22] fremde Fabeln da-bei) aus dem Phädrus paraphrafirt find, daß nicht nur ganze Phrafen, fondern auch oft fogar der jambifche Rhythmus beibe-halten ift[6]). Eine andere Fabelfammlung, welche Nilant i. J.

1707 bekannt machte, enthält gleichfalls 60 in Proſa umgeſtellte Phädriniſche Fabeln, 15 aber finden ſich nicht mehr unter denſelben wieder, wozu er dann noch 45 angeblich dem Romulus angehörige gefügt hat, dem ſie aber ihrer Breite nach nicht angehören können[7]). Endlich hat Nevelet noch in ſeiner **Mythologia Aesopica** einen anonymen Elegiker mitgetheilt, der 60 Fabeln des Romulus (bis zu B. IV.) in elegiſche Verſe gebracht hat[8]). Dieſem hat man bald nach einer Handſchrift des 13ten Jahrhunderts (ſo Dressler) den Namen des Ugobardus Sulmonenſis, bald des Galfredus nach einer Handſchrift des 14ten Jahrhunderts (ſo Robert T. I. p. XCIII., b. auch T. II. p. 475, 489, 520 drei noch unbekannte elegiſche Fabeln von ihm mittheilt), bald des Salo aus Parma, der zur Zeit des Kaiſers Theodoſius oder Juſtinianus I., als er ſich zu Athen aufhielt, den Aeſop überſetzt haben ſoll (ſo nach L. Gyrald. Dial. de poetis V. p. 306. [T. II. Op.] Marcheselli), bald des bekannten Hilbebert von Tours (ſo Schwabe p. 171 sq. u. Docen, Jen. Lit. Zeit. 1812. Int. Bl. Nr. 34. p. 268 sq.) beigelegt und endlich hat Robert a. a. O. p. LXXXV sq. ſeinem oben genannten Galfredus noch eine beſonderere Sammlung von Proſafabeln zugeſchrieben, die derſelbe größtentheils dem Romulus nachgeahmt haben möge. Mit allen dieſen iſt jedoch die von einem gewiſſen Rimicius um b. J. 1480 zu Mailand gemachte Ueberſetzung von 100 Fabeln des Aeſop und der Lebensbeſchreibung deſſelben in Lateiniſche Proſa[9]) nicht etwa zu verwechſeln, welche jedoch Marcheselli a. a. O. T. XXIV. p. 5. sq. einem gewiſſen Alemannus Rinuccinus aus dem 15ten Jahrhundert zuſchreibt. S. A. L. G. §. 316.

1) S. A. C. M. Robert, Essai sur les auteurs, dont les fables ont précédées celles de la Fontaine, b. ſ. Fables inédites des XII, XIII et XIVe siècles et Fables de la Fontaine rapproch. de cell. de tous les auteurs, qui avaient avant lui traité les mêmes sujets. Paris 1825. 8. T. I. p. I—CCXL.

2) S. J. G. S. Schwabe, Vita Phaedri ex Phaedro, b. ſ. X. T. I. p. 1—22. u. de Phaedro antiquitatis scriptore, ib. p. 195—236. Desbillon, Diss. III. de vita, fabulis et editionibus Phaedri, v. b. X. b. Ph. ed. Bothe. Manhem. 1825. 8. p. I—XXXVII. Bernhardy in b. Berlin. Jahrb. 1833. Juli Nr. 4. p. 25 sq. Ausg. ſind: Ed. Pr. Phaedrus, Fabul. Aesopiarum libri V n. prim. in luc. ed. [a Pt. Pithoeo.] Augustob. Tricassium. 1596. 12. emend. atq. illustr. a Cr. Rittershusio. Lugd. B. 1598. 8. rec. et not. illustr. N. Rigalt. Lutet. 1599. 8. emend. a J. Freinshemio. Argent. 1664. 8. c. not. J. Schefferi et

Fr. Guyeti castigat. crit. et gall. vers. Albini. Ed. II. Upsal. 1667. 8. c. integr. comm. M. Gudii, Cr. Ritterhusii, N. Rigaltii, N. Heinsii, J. Schefferi, J. L. Praschii et excerpt. alior. cur. Pt. Burmanno. Amst. 1698. 8. c. not. J. Fr. Gronovii. Acc. N. Dispontini in Phaedrum collect. Amst. 1703. 12. rec. et not. add. R. Bentlejus, c. Ejd. Terentio. Amst. 1727. 4. Fab. Aesop. libri V et nov. fabul. append. cura et st. P. Burmanni. Hag. Com. 1719. 12. Lugd. B. 1766. 12. c. nov. comm. P. Burmanni. Leid. 1726. 4. emend. not. gall. sel. append. P. Syri aliorq. sent. aucta a Cl. Fabro. Paris 1731. 12. rec. et paraphr. expos. J. N. Funccius. Rintel. 1738. 8. rec. atque annot. adj. J. M. Heusinger. Isen. 1740. 8. ex rec. Al. Cuningamii. Acc. P. Syri et al. sentent. Edinb. 1757. 8. c. not. et suppl. Gbr. Brotier. Paris 1783. 12. nov. recogn. et emend. Acc. P. Syri sententiae, Aviani et Anon. vet. fabulae denuo cast. [a Crollio] Bip. 1784. 4. c. not. et emend. Fr. J. Desbillons ex ej. comm. plen. desumtis. Manhem. 1786. 8. c. not. Bentleji, quib. suas add. F. H. Bothe. Lips. 1803. 8. ad codd. mss. et opt. edit. recogn. var. lect. et comm. perp. adj. J. G. S. Schwabe. Acced. Romuli fabul. Aesopiar. lib. IV. ad cod. Divion. et perant. ed. Ulmens. n. prim. emend. et not. ill. Brunsv. 1806. II. 8. c. not. et emend. F. J. Desbillons ex ejus comm. plen. desumtis. Tertia ed. cui access. annot. gall. J. F. Adry. Paris 1807. 12. Fab. Aesop. libri V c. append. recogn. introd. de auct. vita, scriptis et usu agent. not. crit. et aesth. adj. F. N. Titze. Prag. 1813. 8. ex cod. olim Pithoeano, deinde Peleteriano etc. c. Proleg. ann. ind. ed. J. Berger de Xivrey. Paris 1830. 8. c. int. var. codd. et edit. princ. coll. J. C. Orelli. Turici 1831. 8. Ed. II. aucta Phaedri fab. nov. ab A. Majo redintegr. et P. Syri sent. XXX. ib. 1832. 8. fab. c. vet. t. novae ad fid. codd., quorum integra adjecta est varietas, et opt. ed. recogn. lacun. explev. versus a N. Perotto solutos refecit, fab. a M. Gudio et P. Burmanno in versic. red. loc. plur. emend., quas hic praetermisit, libro sing. compreh. add. Chr. T. Dressler. Acc. Ugobardi Sulmonensis fab. Phaedrianae e cod. Haenel. et Duacensi c. utrq. var. acc. ed. Budiss. 1838. 8. Ueberf. f. Metr. v. J. L. Schwarz. Halle 1818. 8. v. L. A. Vogelsang. Lpzg. 1819. 8. überf. u. m. Anmerk. begl. v. J. J. Kerler, Römische Fabeldichter. Stuttg. 1840. Bd. I. u. II. Zur Kritik f. R. Bentleji Not. atq. emend. in Ph. fab. ad exempl. Cant. ed. suasq. observ. adj. G. Pinzger. Acc. P. Syri sent. c. ejd. R. Bentleji not. et epigr. XXIII. aut. ab A. Majo nuper prim. ed. Vratisl. 1833. 8.

3) J. Phaedri fabularum liber novus e ms. cod. Perottino reg. bibl. n. prim. ed. A. Cassitus. Neap. 1808. 8. Ed. III. ib. 1811. 8. Cod. Perottinus ms. reg. bibl. Neapol. XXXII Phaedri fab jam notas, totidem novas, XXXVI Aviani vulgatas et ipsius Perotti carmina inedita cont. dig. et edita C. Jannellii diss. tres ib. 1811. 8. n. prim. in German. ed. cur. H. C. Abr. Eichstaedt. Jen. 1812. fol. in Phaedri fab. ed. Orelli. 1832. p. 113—126. Bester Text b. A. Maji Scr. class. Coll. Nova T. III. p. 278 — 314. Ueberf. b. Kerler a. a. O. Bd. III.

4) C. Cannegieter, de stylo et aetate Aviani, b. f. Ausg. p. 267 sq. Wernsdorf ad Poet. Lat. Min. T. V. P. II. p. 663 sq. Ausg. f. Ed. Pr. Apologus Aviani civis Romani adolescentulis ad mores et latinum sermonem capessendos utilissimus, s. l. (Daventr.) 1494. 4. Aesopi fab. una c. Aviani et Remicii quibusd. fab. p. S. Brant nuper detectae: add. ex var. auct. circa 140 fabell. facete dicta et vers. ac mundi monstr. compl. exempl. Basil. 1501. fol. ed. Th. Pulmann. Antverp. 1572. 16. c. comm. sel. Albini schol. vet. notq. integr. Neveleti et Barthii, quib. suas anim. adj. H. Cannegieter. Amst. 1731.

8. ed. J. A. Nodell. Amst. 1787. 8. c. not. Fr. Tzchucke. Misn. 1790.
12. S. a. F. Hüllemann, de cod. fab. Aviani Lucensi n. pr. coll.
Gotting. 1807. 8. Ueberſ. b. Kerler a. a. O. Bd. III.
    5) Fab. Rom. ex cod. Divionensi. b. Schwabe T. II. p. 583 —
676. XXII fabulae Romuli bibl. Regiae ed. Robert a. a. O. T. II.
p. 547—562. Die 214 profaiſchen Fabeln (Venet. Tacuin. 1519. 4.) eines
zweiten Romulus erklärt Marcheselli a. a. O. für die Arbeit des von Auson.
ep. XVI, 81 erwähnten Rhetors J. Titianus um b. J. 234 n. Chr., die
man für verloren gehalten hatte (ſ. Wernsdorf a. a. O. p. 664 sq).
    6) Fabulae antiquae ex Phaedro fere servatis ejus verbis de-
sumptae et soluta oratione expositae. Inter quas reperiuntur non-
nullae ejd. auctoris et aliorum antea ignotae. Acc. Romuli fab. Aesopiae. Omn. ex mss. depromptae et adj. not. ed. a J. F. Nilantio.
Lugd. B. 1709. 12.
    7) Mythologia Aesopica ed. Is. Neveletus. ap. Commelin. 1610.
8. Frcf. 1660. 8. [Hildebertus] Fabulae Aesopiae. Bonon. 1486. 4
[enthält 2 bei Nevelet fehlende Fabeln, die jedoch auch Leſſing, Beitr. Bd. V.
p. 66. mittheilt] Ed. Pr. iſt: Phrigi AEsopi philosophi moralitas e
graeco in latinum traducta. Rom. 1473. 4. Mediol. 1474. 4. Rom.
1475. 4.
    8) Den Namen des Anian führen dieſe Fabeln in: Aesopi Vita et
Fabulae. Paris 1535. 8. ſ. Robert a. a. O. T. I. p. LXXVIII sq.
    9) S. Vita Aesopi a Rimicio scripta. Mediol. 1476. fol. 1479.
fol. 1491. fol. Venet. 1482. fol. Rom. 1483. 4. ſ. Leſſing Beitr. I. p.
45 sq. u. Verm. Schr. II. p. 269 sq. Freitag, App. Liter. T. III. p.
785 sq.

§. 130.

Wir kommen jetzt zur Lyrik der Römer, von der wir
aber nur wenig zu berichten haben, inſofern außer den Silvae
des Statius, welche wir jedoch ſchon angeführt haben,
und einigen kleineren Gedichten unbedeutender Art nur die vier
Oden de contemtu saeculi eines gewiſſen Veſtritius Spu-
rinna unter Otho und Trajan[1]), die ihm aber hin und wieder
abgeſprochen werden, ſowie einige hierher gehörige Arbeiten des
Auſonius und Claubianus, faſt lauter Hochzeitsgedichte
(Epithalamia), deren überhaupt in dieſem Abſchnitte eine große
Anzahl exiſtirt, hierher zu ziehen ſeyn dürften. Ebenſo ſteht es
mit der Elegie, von welcher wir indeſſen nur unter einer Menge
unbedeutender der fälſchlich dem Virgilius zugeſchriebene Elegia
ad M. Valerium Messalam[2]) zu erwähnen haben. Auch von
der Heroïde giebt es ein Beiſpiel in eines Anonymus Epistola
Didonis ad Aeneam, einer Nachahmung aus Virgil. Aen.
VI. 304 sq. 365 sq[3]). S. A. L. G. §. 318.

    1) Ed. Pr. b. Barth, Adversaria XIV, 5. p. 761 sq. u. Poetae lat. vena-
tici et bucolici. Marb. 1613. 4. u. b. Wernsdorf. T. III. p. 351 — 364. u.

C. A. M. Axt. Vestr. Spur. reliq. lyr. in germ. convert. et c. annot. edid. Frcft. 1840. 8. Für ächt halten ſie Bayer in d. Comm. acad. Petrop. T. IX. 1750. p. 311 sq. u. Axt. p. 1—18., für unächt aber Helb, üb. d. Werth d. Brieffamml. d. jüng. Plinius. Breſl. 1838. 8. p. 25 sq. Otto in Zimmerm. Zeitſchr. 1842. p. 845 sq. Perſch ebb. p. 873 sq.

2) Elegia ad M. V. Mess. ed. et comm. instr. C. Fr. Wagner. Lips. 1816. 4. S. a. Wagner ad Virgil. T. IV. p. 189 sq. Wernsdorf ad Poet. Lat. Min. T. III. p. 117—120.

3) S. Wernsdorf. T. III. p. 439 sq. u. Meyer, Anth. Lat. T. II. p. 214 sq.

§. 131.

Wenden wir uns jetzt zum Drama der Römer und zwar zuerſt zur Tragödie, ſo tritt uns hier zunächſt der unten näher zu beſprechende Philoſoph L. Annäus Seneca entgegen, dem (gegen d. Sidon. Apoll. Carm. IX. 213., welcher ausdrücklich den Tragiker und Dichter Seneca unterſcheidet) gewöhnlich 10 noch erhaltene, aus dem Griechiſchen entlehnte (nur die Octavia iſt Römiſches Original) Trauerſpiele, die indeſſen eher den Namen von Declamationen verdienen, zugeſchrieben werden, welche uns durch ſchlechte Characteriſtik, ſteife Handlung der auftretenden Perſonen und oft lächerliches Haſchen nach Stoiſchem Sittenpredigen unangenehm berühren, übrigens durch ihre lyriſchen Sylbenmaaße und Chöre offenbar ſich als nicht zur ſceniſchen Darſtellung beſtimmt erweiſen[1]). Sonſt werden noch unter vielen anderen Tragikern, deren Werke verloren ſind, genannt Pomponius Secundus[2]), der i. J. 30 n. Chr. Conſul war und 60 n. Chr. verſtorben iſt, und Hoſidius Geta, ein Zeitgenoſſe des Tertullian, von dem ſich eine ganz aus Virgiliſchen Verſen zuſammengeſtoppelte tragiſche Scene, Medea betitelt, erhalten hat[3]). Von den Luſtſpieldichtern und Mimen dieſer Periode, deren Kunſt übrigens jetzt ziemlich in Vergeſſenheit gekommen zu ſeyn ſcheint, hat ſich nichts erhalten. S. A. L. G. §. 319.

1) S. G. C. Klotzsch, Pr. de L. Aen. Seneca, uno tragoediarum, q. supersunt, omnium auctore. Viteb. 1802. 8. D. G. Pilgramm, de vitiis tragoediarum, q. vulgo Senecae tribuuntur. Gotting. 1765. 4. Leſſing's Werke Bd. XXIII. p. 127 sq. (ſtellt ihn zu hoch). Die Namen ſ. Trag. ſ. Hercules Furens, Thyestes, Thebais oder Phoenissae, Hippolytus, Oedipus, Troades, Medea, Agamemnon, Hercules Oetaeus u. Octavia (ſpielt v. 732 auf den Selbſtmord des Nero an, iſt alſo unächt ſ. J. G. G. Klotzsch, Pr. de Octavia L. Ann. Senecae. Viteb. 1804. 4.

hält es für ächt, u. **Withof**, Relat. Duisburg. 1737. nr. 43. u. 44. erklärt d. Lucius Annäus Florus für den Verfaſſer). Ausg. ſ. **Ed. Pr.**
s. l. et a. (Ferrar. 1481 — 84.) fol. e rec. Avantii c. not. **Paris 1514.**
fol. **Venet.** Aldus. 1577. 8. c. anim. Lipsii et Raphelengii not. **Antv.**
1588. **Heidelberg.** 1589. 8. c. cast. J. Scaligeri et D. Heinsii. **Lugd.**
B. 1611. 8. rec. J. Fr. Gronov. **Lugd. B.** 1661. 8. c. not. int. var. ed.
J. G. Schroeder. Delph. 1728. II. 4. (Dazu Vindiciae notar. et anim.
ib. 1730. 4.) recogn. F. H. Bothe. **Lips.** 1829. 8. rec. T. Baden.
Lips. 1821. II. 8. Senec. Op. P. II. s. Opera Trag. ad Paris. codd.
rec. et ill. J. Pierrot. **Paris** 1829. II. 8. Ueberſ. v. J. W. Roſe. Ansbach 1771. III. 8. [Beſſer:] Ueberſ. u. erl. v. W. A. Schwoboda. Wien
1821—30. III. 8. Metr. v. Ed. Sauer. Dresden 1834. I — III. 12.

2) S. J. Fr. Reimert, de vita Terent. Mauri. Lemg. 1804. 4.
(handelt nur vom Pomp.). Fragm. b. **Bothe**, Fragm. Trag. p. 263 sq.
273 sq. u. Comic. p. 279. In e. Bern. Hdſchr. iſt eine Trag. Orestes
in 1000 Hexametern, welche man ihm zuſchreibt, ſ. Seebode, krit. Bibl. 1829.
Nr. 61. p. 244.

3) B. **Bothe**, Fragm. Trag. p. 289 sq. Meyer, Anth. Lat T. I.
p. 81 sq. **Wernsdorf**, Poet. Lat. ed. Paris T. VII. p. 441 sq.

§. 132.

Als Nebendichtungsart des Drama's haben wir früher ſchon das
Hirtengedicht bezeichnet und wir bemerken in Bezug auf dieſes,
daß ein gewiſſer Titus Calpurnius (Serranus b. Juven.
VII. 80.), früher fälſchlich mit dem Beinamen Siculus verſehen und unter Carus (282 — 284 n. Chr.) geſetzt, bereits
um d. J. 54 n. Chr. († 58 n. Chr.) 11 Eclogen im Ge-
ſchmacke des Theocrit dichtete[1]), welche an Erfindung und poetiſcher Darſtellung über den Virgilianiſchen, in Anſehung der
Sprache aber unter ihnen ſtehen. Ein chriſtlicher Dichter, Severus Sanctus, zuweilen mit dem Beinamen Endeleichus
verſehen, aus Aquitanien, gab zwar in einem choriambiſchen Gedichte de mortibus boum bei Gelegenheit einer Viehſeuche eine
Apologie des Chriſtenthums und des Zeichens des Kreuzes[2]),
allein eigentlich gehören hierher nur noch die 20 Idyllen des
Decimus Magnus Auſonius, der, zu Bordeaux i. J.
309 geboren, 30 Jahre lang das Geſchäft eines Grammatifers
übte, dann aber, nachdem er Erzieher des jungen Gratian geweſen,
die Präfectur von Italien und Africa i. J. 377, die von Gallien
378, das Conſulat zu Bordeaux 366 und das zu Rom 379 erhielt und 392 unter Honorius auf ſeinem Landgute als Chriſt
ſtarb. Seine Idyllen zeichnen ſich zwar auf der einen Seite durch
leichte Verſification und geſchmackvolle Darſtellung aus, leiden aber
auf der anderen Seite an Ueberladung von Phraſen und Bildern,

ziemlich häufigen Härten im Ausdrucke und mancherlei Spielereien. S. A. L. G. §. 320.

1) S. Sarpe, Quaest. phil. Rost. 1819. 4. p. 11 sq. Wernsdorf T. II. p. 3 sq. IV. 2. p. 805 sq. V. 3. p. 1449. Ventimiglia dei Poeti sicil. p. 427 sq. Glaeser, Disq. cr. de T. Calp. Sic. eclogis. Vratisl. 1839. 4. Ausg. f. Ed. Pr. post Sil. Italic. Rom. s. a. [1471.] 4. c. var. not. ed. Küttner. Mitav. et Lips. 1774. 8. ed. Wernsdorf a. a. O. T. II. p. 73–214. ed. C. D. Beck. Lips. 1803. 8. Zur Krit. cf. J. M. Hoeffl, Pericula crit. s. l. 1788. 8. Uebers. ist Calp. Sic. ländl. Gedichte, übers. u. erl. v. F. Adelung. Petersb. 1804. 4. v. C. Ch. Wiß Lpzg. 1805. 8. m. d. lat. Text v. G. E. Klausen. Altona 1807. 8.

2) S. Wernsdorf T. II. p. 55 sq. IV. 2. p. 806 sq. u. V. 3. p. 1440 sq. S. Ged. steht b. P. Pitthoeus, Epigr. et poem. vet. Paris 1596. p. 573 sq. Wernsdorf T. II. p. 217 sq. Gallandi Bibl. PP. T. VIII. p. 207 sq.

3) S. Corsini, de Burdigalensi Aus. consulatu. Pis. 1764. Lips. 1776. 8. Puttmann, de epocha Auson. diatr. ib. 1776. 4. Lebeuf, in d. Mém. de l'ac. d. inscr. T. XXVII. p. 152 sq. Böcking, üb. d. A. Leben, b. f. A. d. Mosella. Berl. 1828. 4. p. 39 sq. Heyne, Opusc. Acad. T. VI. p. 19 sq. Seine Idyllen und übrigen Gedichte, unter denen vorzüglich noch Epigrammatum liber, liber epistolarum, und commemoratio professorum Burdigalensium hervorzuheben sind, sind erhalten in: Ed. Pr. Ausonii Epigr. Lib. Probae excerpta e Maron. carm. Ovid. consol. ad Liviam, T. Calphurnii Bucol. carm., P. Greg. Tiferni hymni et al. poëm. (Venet.) 1472. fol. Opera. Ed. Pr. Mediol. 1490. fol. rec. Vinet. Paris 1551. 8. Ed. II. auct. et corr. ex cod. Lugd. Burdig. 1575–80. II. 4. c. Scaligeri Lect. Auson. et not. Turnebi, H. Junii et G. Canteri. ib. 1590. 1604. 4. ed. J. Tollius, c. not. Graevii et Gronov. et al. Amstel. 1671. 8. rec. suppl. emend. J. B. Souchay. Paris 1730. 4. c. not. var. Lond. 1823. III. 8. Einz. Ged. a. d. Wernsdorf. f. d. Verzeichn. ib. T. VI. 2. p. 758 sq.

§. 133.

Obwohl der practische Sinn der Römer sie selbst noch in dieser Periode der Verweichlichung hinderte, wie die Griechen, an Ammenmärchen und Liebesgeschichten Gefallen zu finden, wie denn die Milesischen Märchen des Aristides, die Sisenna nach Rom verpflanzt hatte, nur zur Unterhaltung der gemeinen Soldaten im Lager dienten (s. Plut. Crass. c. 32.) und Clodius Albinus, der Mitbewerber des Severus um die Kaiserkrone, gleichfalls mit seinen jenen vermuthlich nachgebildeten Fabulae Milesiacae (s. Capitol. in d. V. Cl. Alb. c. 11.) nur wenig Beifall erntete, so bildete sich dafür eine Art Sittenroman aus, von dem uns ein Muster liefert C. (P.) Petronius Arbiter aus Massilia, der, zu Rom gebildet, ernstes Studium mit grenzenlosem Leichtsinn und unglaublicher Lüderlichkeit verband, deshalb, nachdem er das Proconsulat von Bithynien und das Consulat

zu Rom mit großer Gewandtheit und Kraft verwaltet, bei Nero
arbiter elegantiae oder maître de plaisir ward, aber dem Neide
des Tigellinus und der ihm drohenden Hinrichtung nur durch
einen freiwilligen Tod zu entgehen wußte (ſ. Tac. Ann. XVI.
18.), obgleich Andere ihn bald in das Zeitalter des Auguſtus,
bald in das des Commodus, bald in die Zeit nach Martial oder nach
Alexander Severus ſetzen wollen.   Sein Satiricon iſt nicht mehr
vollſtändig erhalten, ſondern beſteht nur noch aus einzelnen nicht
zuſammenhängenden Stücken (z. B. der bekannten Geſchichte von
der Wittwe von Ephesus [c. 111.] und der coena Trimalchio-
nis, d. h. Neronis s. Claudii [c. 26.] —), aus denen man
jedoch ſieht, daß er die komiſchen Abenteuer eines jungen Freigelaſſenen, Encolpius, freilich mit beſonderer Vorliebe für ſchmuzige
Situationen habe ſchildern wollen.   Jedenfalls iſt dieſer Roman
wegen ſeiner ausgezeichneten Characteriſtik des damaligen Hof-
lebens und des Sittenzuſtandes überhaupt ein Meiſterſtück; ſeine
Sprache iſt rein und edel, und die hier und da vorkommenden
Provinzialismen und Eigenthümlichkeiten derſelben ſind offenbar
abſichtlich angebracht, um die darin auftretenden Perſonen aus den
verſchiedenſten Theilen Italiens deſto treffender darzuſtellen[1]).
Der zweite Schriftſteller, der ſich in dieſer Proſadichtungsart verſucht hat, iſt aber L. Apulejus (richtiger wohl Appulejus)
aus Madaura in Africa, wahrſcheinlich zur Zeit Hadrian's 126 —
132 geboren, der, nachdem er zu Carthago und Athen ſtudiert, auch
nach Rom kam und daſelbſt mit unſäglicher Mühe Latein lernte
(daher die vielen Barbarismen bei ihm), es bis zum Ad-
vocaten brachte, nachher aber auf Reiſen ging und dabei den
größten Theil ſeines väterlichen Erbtheils verthat, welches er ſpäter durch eine reiche Heirath wieder zu erſetzen befliſſen war,
was ihm jedoch einen Proceß eintrug, da er angeklagt wurde,
ſich die Liebe ſeiner Pudentilla durch Zaubermittel erſchlichen
und ihren Sohn erſter Ehe durch Gift aus dem Wege geräumt
zu haben: indeſſen ward er losgeſprochen und ſcheint als Duumvir
in ſeinem Vaterlande nach 158 verſtorben zu ſeyn.   Dieſer mit ebenſo
großem Talent und ſo reicher Phantaſie als hoher Gelehrſamkeit begabte
Mann hinterließ außer anderen Schriften XI libri Metamorphoseon
sive de aureo asino, eine Nacherzählung der oben p. 241.
erwähnten Geſchichte von dem in einen Eſel verwandelten Lucius,

zwar in einem harten, schwülstigen und metapherreichen Style geschrieben, aber dafür mit vielen Veränderungen und Episoden im Gegensatze des Originales auf das Geschickteste geschmückt, worunter B. IV. c. 83 — VI. c. 125. die wunderschöne, der Dysarestia des Aristophontes (s. Fulgent. Mythol. III. 6. p. 715 sq.) nachgebildete Mythe von der Liebe des Amor und der Psyche gehört, worin er die Allegorie der weiblichen Seele, die, durch ihren Vorwitz der Unschuld verlustig, erst nach vielen Prüfungen und dem figürlichen Tode durch die Berührung des Eros oder der himmlischen Liebe der Unsterblichkeit theilhaftig werden kann, schildert. S. A. L. G. §. 321.

1) S. Cataldi Cod. Perottin. Neapol. 1811. T. II. p. CXXIII sq. Orelli, Coll. Inscr. Lat. T. I. p. 257 sq. Ignarra, de palaestra Neapol. Neap. 1770. 4. p. 182 sq. Wyttenbach, Bibl. Cr. Vol. II. 1. p. 84 sq. Weichert, de Jarbita Timag. aemul. p. 439 sq. Niebuhr in d. Abh. d. Berl. Acad. 1823. Bd. II. p. 230—260. u. in s. Kl. Schrift. I. p. 340 sq. Achard, Hist. de homm. ill. de la Provence T. II. p. 72 sq. Schmidt in d. Wien. Jahrb. 1824. Bd. XXVI. p. 49 sq. Ausg. s. Ed. Pr. Petr. Arbitri satyrici fragmenta quae exstant. Venet. 1499 4. c. J. Dousae Praecidaneis. Lugd. B. 1585. 8. c. not. J. Woweri et alior. Lugd. B. 1596. 12. c. var. not. ed. G. Erhard [h. e. Goldast.] Frcft. 1610. 8. 1621. 8. c. comm. G. de Salas et Scioppii symb. crit. Frcft. 1629. 4. 1643. 4. c. not. rec. J. P. Lotichius. Frcft. 1629. III. 4. [hier fehlt überall noch das erst v. P. Petit entdeckte Fragm. Coen. Trimalch. A. Petr. Fragm. Traguriae inventum: prim. vulg. P. Frambottus. Patav. 1664. 8. ed J. Scheffer. Upsal. 1665. 8] c. not. Bourdelot. et glossar. Paris 1677. 12. c. not. var. cur. P. Burmann. Traj. ad Rh. 1709. II. 4. Ed. nova cur. C. Burmann. Lugd. B. 1743. II. 4. [Dazu s. Reiske in d. Miscell. Lips. Nov. VI, 1. p. 92 sq. 2. p. 272 sq. 3. p. 488 sq. 4. p. 650 sq.] ed. C. G. Anton, Lips. 1781. 8. c. fragm. Petron. et gloss. Paris 1797. II. 18. Die in dem Satir. enthaltenen Gedichte a. b. Wernsdorf T. III. p. 24 sq. IV. 1. p. 283 sq. 2. p. 753 sq. V. 3. p. 1362. VI. 1. p. 183 sq. [s. a. J. G. Moessler, Comm. de Petr. poemate de bello civili. Vratisl. 1843. 8. Zur Kritik s. J. C. Orelli, Lectiones Petronianae. Turici 1836. 4. — Uebers. ist: Begebenheiten d. Enkolp. A. d. Satyr d. Petr. übers. v. W. Heinse. Rom (Schwabach) 1773. 1783. II. 8. Satir. f. Nodot's Ausfüll. neu übers. v. A. Gröninger. Berl. 1796. 8. Blankenb. u. Lpzg. 1798. 1804. 8. Sämmtl. Werke metr. u. prof. übers. m. e. vollst. Commentar v. I. G. E. Schlüter. Halle 1796. II. 8. — Mehrere angeblich später aufgefundne Fragmente sind unächt, so: Petron. Satyr. c. fragm. Albae Graecae recuper. anno 1688 vulg. Fr. Nodot. Paris 1693. 12. Lips. 1731. 8 u. Petron. Fragm. ex bibl. S. Galli ms excerpt. gall. vert. et ill. Lallemand. s. l. [Paris.] 1800. 8. u. c. and. im Gentleman Magaz. 1785. T. I. p. 195 sq.

2) S. D. G. Moller, Diss. de L. Apulejo. Altorf. 1791. 4. J. Bosscha, Comm. de Appul. vita, scriptis, cod. et edit., b. d. A. s. W. v. Oudendorp. T. III. p. 505 sq. J. J. Oberlin [J. J. Jaegle], L. Apulejus Aegyptiis mysteriis ter initiatus. Argent. 1786. 4. C. Hildebrand, Comm de vita et scriptis L. Apuleji epitome. Hal. 1834. 8. Warburton, Divine legat. of Moses T. II. p. 117—131. Einzelnausg. ist Apul. Metamorph. c. annot. J. Pricaei. Goud. 1750. 8.

Ausg. f. Werke f. **Ed. Pr.** cura **J. Andreae.** Rom. 1469. fol. **Venet.Ald.** 1521. 8. c. Beroaldi, Stewechii et alior. not. **Lugd. B.** 1611. II. 8. rec. **G.** Elmenhorst. Frcft. 1621. 8. illustr. **J.** Floridus in usumDelphini. Paris 1688. 4. ex rec. et c. not. Fr. Oudendorp. ed. **J.** Bosscha. Lugd. B. 1784—1823. III. 4. ex fide optim. cod. aut prim. aut denno coll. rec. not. Oudendorp. integras ac caet. edit. excerpt. adj. perp. comm. illustr. proleg. instr. **G. F.** Hildebrand. Lips. 1842. II. 8. Ed. minor. adj. est codd. Parisin. III lect. var. ib. 1843. 8. Ueberſ. iſt: Apul. goldener Eſel, a. d. Latein. v. A. Rode. Deſſau 1783. 8. u. Pſyche n. d. Latein. v. demſ. Berl. 1780. 8. Ob die 23 Jambi lascivi Apuleji ἀνεχομενος ex Menandro (d. Sciopp. Priapeïa. Frcft. ad M. 1606. 12. p. 125 sq. u. **Meyer,** Anth. Lat. T. I. p. 77 sq.) ächt ſind, läßt ſich bezweifeln.

A.b.). Die chriſtlichen Dichter Griechenlands und Roms während dieſer Periode.

§. 134.

Als ſich das Chriſtenthum in Griechenland und Italien allmählich zur Nationalreligion heranbildete, mußte es natürlich, wie es unter ſeinen Anhängern eine große Anzahl profaiſcher Arbeiten hervorrief, ebenſo auch zur Dichtkunſt begeiſtern. Allein, wenn auch das Leben und Leiden Chriſti, des Mittlers zwiſchen Gott und den Menſchen und des Sühners der Sünden der letzteren, die Leiden der Apoſtel und der heiligen Märtyrer an und für ſich jedenfalls hoch poetiſche Stoffe ſind, ſo iſt doch nicht zu leugnen, daß gerade diejenigen Männer, welche zur Verherrlichung derſelben ihre Muſe anriefen, wohl größtentheils nur den guten Willen, nicht das gehörige Talent dazu mitbrachten, denn ihre Nachahmung der claſſiſchen Dichter iſt geſchmacklos, ihre Phantaſie zu ausſchweifend und ihre Sprache zu geſchraubt und ſchwülſtig, ja ſelbſt ihre Verſification zu ſchwerfällig, ſodaß es ſchwer wird, alles Dieſes bei ihrem überſtrömenden frommen Gefühle zu überſehen [1]).

1) S. A. Ch. Eschenbach, Diss. de poetis christianis sacris. Altorf. 1685. 4. u. in f. Diss. Acad. Norimb. 1705. 8. p. 69 sq. **Ch.** Daum, Syllab. poem. christ. vet. et eor. edit., vor. f. A. d. Paul. Petrocor. Lips. 1686. 8. **H.** Muhlius, Diss. de poetis episcopis. Kilon. 1699. 4. Fr. Münter, üb. d. älteſte chriſtl. Poeſie, v. f. Ueberſ. d. Offenbarung Johannis. Kopenh. 1806. II. A. 8. p. 111 sq. **L.** Buchegger, Comm. de origine sacr. christ. poes. Frib. 1827. 4. J. Chr. F. Bähr, die chriſtl. Dichter u. Geſchichtſchreiber Roms. Karlsr. 1836. 8. Samml. f. Poetae graeci christiani una c. Homericis centonibus ex SS. Patrum operibus coll. et utraque lingua seorsim ed. Lut. Par. 1609. 8. Poetar. eccles. opera. Venet. Aldas. 1501. II. 4. Basil. 1541. 4. Poetarum vet. eccles. opera christiana et op. fragm. st. G. Fabricii.

Basil. 1564. 4. Samml. d. Hymnen ſ. J. Wimpheling, **Hymni de tempore et sanctis.** Argent. 1513. 4. **H. Torrentinus, Hymni et se-
quentiae.** Colon. Agripp. 1516. 4. **A. Ellinger, Hymn. eccles. lib.
III. Frcft.** 1678. 8. **C. A. Bjoern, Hymni vet. eccl. latin. sel. ill.**
Hafn. 1818. 8. A. J. Rambach, Anthologie chriſtl. Geſänge a. all. Jhdtn.
d. Kirche n. d. Zeitfolge georbn. u. m. gemeinſch. Erkl. begl. Altona 1817
— 19. III. 8. **Abr. H. Daniel, Thesaurus hymnologicus s. hymno-
rum, canticorum, sequentiarum circa a. MD. usitat. coll. ampliss.
Carm. coll. app. crit. orn. vet. interpr. not. suasq. adj.** Hal. 1841. 44. II. 8.
u. Hymnolog. Blüthenſtrauß a. d. Gebiete altlatein. Kirchenpoeſie geſ. Halle
1840. 8. Im Allg. ſ. G. L. Richter, allg. biogr. Lexicon alt. u. neu geiſtl.
Liederdichter, durchg. v. F. Chr. Fulda. Lpzg. 1804. 8. **A. Gerbert, de
cantu et musica sacra a prima ecclesiae aetate usque ad praesens
tempus.** Typ. San-Blasianis. 1774. II. 4. F. Heybler, üb. d. Weſen u.
b. Anfänge d. chriſtl. Kirchenlieder. E. lit. hiſt. Verſ. Frkft. a. b. O. 1835. 4.

§. 135.

1.) **Griechen.** Wenn die Griechiſchen geiſtlichen Dichter
im Verhältniß zu den Römiſchen der Zahl nach die bei weitem
geringere Anzahl bilden, ſo übertreffen ſie dagegen die letzteren
noch an den Mängeln und Gebrechen, welche ich eben an ihnen
überhaupt gerügt habe. Hierher gehört außer dem ſchon genannten **Nonnus** vorzüglich **Apollinaris** aus **Laodicäa,** der,
durch das Studium der Griechiſchen Philoſophen gebildet, ſich
ſonſt vorzüglich als Apologet des Chriſtenthums gegen die Angriffe der Heiden gezeigt hat und i. J. 39 n. Chr. ſtarb, übrigens auch das Haupt der nach ihm genannten Apollinariſten-
ſecte war, wegen ſeiner epiſchen Paraphraſe der Davidiſchen Pſalmen, die ihm jedoch von Anderen abgeſprochen wird[1]). Neben
ihm verdient eine Stelle der Verfaſſer der ſogenannten Ὁμηρο-
κεντρα oder Ὁμηροκεντρωνες, einer Lebensbeſchreibung Chriſti,
geſchmacklos aus 2343 den Homeriſchen Gedichten entnommenen
Hexametern zuſammengeſtoppelt, die nach Einigen von einem Patricier, **Pelagius,** unter Zeno, nach Anderen aber, was wahr-
ſcheinlicher iſt, von der Gemahlin des Kaiſers Theodoſius des
Jüngeren, **Eudocia** († 460 in Paläſtina), der Tochter des
Athenienſiſchen Philoſophen Leontius, welche vor ihrer Taufe
Athenais hieß und ſonſt noch ein Epos auf den Märtyrertod
des Heiligen Cyprian hinterlaſſen hat[2]), herrühren mögen[3]).
In dieſelbe Zeit fallen auch des unten noch zu nennenden **Am-
philochius** aus Cappadocien Ἰαμβοι προς Σελευκον (333),
Sittenregeln und einen Auszug des Inhalts der Bücher der heiligen
Schrift enthaltend[4]), die Hymnen des **Clemens** von Alexan-

bria⁵), des Athenogenes (in Proſa)⁶), des Biſchoffs von
Ptolemais, Syneſius⁷) aus Cyrene aus dem 4ten Jahrhun‐
dert, und endlich die Oden des Gregorius von Nazianz⁷),
welche beiden letztere Dichter ſich allerdings durch gewählte Sprache,
Erhabenheit der Gedanken, Schwung der Phantaſie und hin und
wieder vorkommende ächt poetiſche Ideen vor den übrigen außer‐
ordentlich hervorthun. S. A. L. G. §. 322. p. 819 — 823.

1) S. G. **Wernsdorf**, Diss. de Apoll. Laodic. Viteb. 1694. 1719. 4.
Basnage, Diss. de haeresi Apoll. Ultraj. 1687. 4. Ed. Pr. Apolinarii
interpretatio psalmorum versibus heroicis. Ex bibl. reg. gr. et lat.
Paris 1552. 8. 1580. 8. 1590. 8. rec. F. Sylburg. Heidelb. 1596. 8. u.
b. **Galland**, Bibl. PP. T. V. p. 359 sq. [ſ. dazu Bandini, Cat. ms. gr.
bibl. Laurent. T. I. p. 62 sq.].

2) Graece ed. M. **Bandini**, Vet. Eccl. Gr. Monum. Flor. 1762. 8.
T. I. p. 129 sq. ſ. dazu Villoison b. Harles, Suppl. ad Introd. in hist.
ling. Gr. T. II. p. 344 sq. S. a. Bandini, Catal. codd. gr. bibl.
Laur. T. I. p. 225 sq.

3) S. **Bourgoin** de Villefore in b. Cont. d. Mém. de litt. de Sal‐
lengre T. VIII. 1. p. 7 — 113. Bibl. Raisonn. T. IX. p. 437 — 468.
Fontanini, Antiq. Hortae p. 259 sq. Ausg. ſ. Ed. Pr. gr. et lat. in
b. Poet. christ. vet. ed. **Aldus** T. I. c. centon. Virgil. et Nonni pa‐
raphr. exc. gr. et lat. H. **Stephanus.** 1578. 12. u. b. b. **Homer.** Carm.
gr. et lat. Amst. 1648. 8. fol. Eee 3 — Iii 4. gr. et lat. c. Prob. Falc.
Virg. Cent. ed. C. H. **Teucher.** Lips. 1793. 8.

4) Ed. Pr. gr. et lat. st. J. **Zehner.** Schleus. 1609. 8. not ill. C
Rittershusius. Ed. III. Altorf 1644. 8. rec. Fr. **Combefis**, in Amphil.
Method. et Andr. Oper. Paris 1644. fol. p. 117 sq. Gr. et lat. c.
not. Billii et Combefisii ed. A. W. **Cuno.** Altorf. 1740. 8. rec. C.
Orelli, Opusc. Graec. sent. T. II. p. 392 — 411.

5) In ſ. Paedagog. III. c. 12. u. b. Lectius, Gr. Poet. vet. Colon.
Allobr. 1614. T. II. p. 751 sq.

6) B. Th. **Smith**, Miscell. priora. Lond. 1686. p. 152. u. Fabric.
Bibl. Gr. T. VII. p. 170 sq.

7) Ed. Pr. gr. et lat. c. Greg. Naz. odis ex vers. et c. not. Aem.
Porti. Paris 1563. 24. gr. et lat. c. Greg. Naz. Odis. ib. 1570. 8. u.
b. **Lectius** T. II. p. 162 sq. u. b. **Boissonade**, Lyrici Graeci p. 97 —
160. gr. et lat. rec. **Clausen**, de Synes. philos. Hafn. 1831. p. 74 sq.

8) S. ſämmtl. Ged. ſ. Greg. Naz. carm. c. vers. lat. Venet. Ald.
1504. 4. Gr. Naz. Graeca et sancta carmina c. lat. J. Langii interpr.
Basil. 1565. 8. Poem. plur. c. vers. lat. et not. gramm. D. **Gaullyer.**
Paris 1718. 12. carm. ined. cygnea ed. Toll. Insign. itin. Ital. Traj.
ad Rh. 1696. 4. p. 1 — 105. Gr. Naz. Carmina selecta. Acc. Nicet.
David. paraphr. u. prim. e cod. ed. Chr. E. **Dronke.** Gotting. 1840.
8. Carm. s. Epigr. CCXXVIII. c. not. ed. **Muratori** Anecd. Gr. Pa‐
tav. 1709. 4. p. 1 — 127. c. vers. lat. Salvinii et not. ed. A. M. **Ban‐
dini**, Monum. Gr. vet. eccl. T. II. p. 113 sq. u. Jacobs, Anth. Gr.
Palat. T. I. p. 539 — 604. Μονοστιχοι ιαμβιχοι ed Orelli, Opusc.
sent. T. II. p. 412 sq. T. I. p. 401 sq. Odae ed. Boissonade a. a.
O. p. 161 sq. Epigr. rec. Boyd im Class. Journ. XV. p. 61 sq. Er‐
klärungen dazu von Cosmas Indopleuſtes b. Mai, Spicil. Vatic. T. II 2.
p 1 — 375. ſ. a. E. **Dronke**, de Niceta Davide et Zonara, interpr.
carm. Greg. Naz. Confl. 1839. 8.

§. 136.

2.) Römer. Höher ſteht jedenfalls, wenigſtens in den 4 erſten Jahrhunderten, die Römiſch-chriſtliche Poeſie, denn ſie behandelt hier ihre Stoffe nicht ſo weitſchweifig wie die Griechiſche, miſcht weniger frembartige Dinge ein und zeigt oft erhabene Würde und Ernſt der Gedanken neben großer Tiefe des Gefühls, ſodaß man ſelbſt an das goldene Zeitalter der Römiſchen Dichtkunſt hin und wieder erinnert zu werden meint. Syſtematiſch kann man freilich dieſe Dichter nicht behandeln, denn faſt nirgends iſt das epiſche und lyriſche Element geſchieden, ſondern es greift immer eins in das andere ein. Zuerſt gehört hierher der unten zu erwähnende Kirchenvater Q. Septimius Florens Tertullianus († 220 n. Chr.), der uns 5 Bücher contra Marcionem, mehr didactiſch gehalten, und die mehr beſchreibenden Gedichte de judicio domini, ſonſt auch einem gewiſſen Biſchoffe Verecundus aus dem 6ten Jahrhundert, und Sodoma, von Anderen dem Salvianus oder H. Cyprianus zugeſchrieben, hinterlaſſen hat[1]). Neben ihm ſteht Commodianus aus Africa (um 267—270), der in politiſchen Verſen LXXX ſehr proſaiſche Instructiones adversus gentium Deos, eine Art moraliſcher Apologie gegen Heiden und Juden hinterlaſſen hat[2]), ferner L. Cälius Firmianus Lactantius[3]), dem das dem Venantius Fortunatus gehörige Gedicht de paschate s. de resurrectione, und ein anderes de passione domini zugetheilt wird, ferner L. Vettius Aquilius Juvencus aus Spanien, Presbyter unter Conſtantin (329 bis nach 332), der mit großer Einfachheit und lobenswerther Nachahmung des Virgilius, Lucretius und Ovidius nach dem Evangelium Matthäi eine Historia evangelica in 4 Büchern und heroiſchem Versmaaße ſchrieb, wozu noch eine Bearbeitung des 1ſten Buches Moſis, Liber in Genesin betitelt, kommen mag[4]), desgleichen Damaſus[5]) aus Spanien (geb. 304 u. 384 geſt.), 366 Biſchoff von Rom, der nicht blos die Pſalmen in den Kirchengeſang einführte, ſondern auch ſelbſt eine Anzahl kleinerer Gedichte, größtentheils beſchreibender und lyriſcher Gattung hinterlaſſen hat. Um dieſelbe Zeit fällt aber C. Marius Victorinus aus Africa, der um 353 Lehrer der Grammatik und

Rhetorik war und erſt ſpät zum Chriſtenthum übertrat[6]), welcher ein epiſch-erzählendes Gedicht de fratribus septem Maccabaeis interfectis ab Antiocho Epiphane hinterließ, welches man fälſchlich dem 330 als Märtyrer verſtorbenen Kirchenlehrer Victorinus Petavionensis (d. h. Biſchoff von Pettau in Steiermark) zugetheilt hat, ſowie Hilarius Pictaviensis (d. h. Biſchoff von Poitiers), der, i. J. 310 zu Poitiers geboren, durch das Leſen der heiligen Schrift von den Eigenſchaften des höchſten Weſens und der Gewißheit eines beſſeren Lebens nach dem Tode überzeugt, zum Chriſtenthum übertrat, i. J. 350 Biſchoff in ſeiner Vaterſtadt wurde, aber, wegen ſeiner Angriffe auf den Arianismus i. J. 356 exilirt, 360 erſt nach Gallien zurückkehrte, und 364 nach Mailand verſetzt wurde, wo er den 13ten Januar 368 verſtorben iſt. Man nennt ihn als Verfaſſer dreier ihm vermuthlich untergeſchobener Hymnen und des von Hilarius, Biſchoff von Arles (429), herrührenden, ihm fälſchlich beigelegten Gedichtes Genesis oder Metrum in Genesin[7]). Weit bedeutender iſt daher in dieſem Stücke Ambroſius (geb. 335 — 340 zu Trier, nach Anderen zu Arles), der, von Anicius Probus und Symmachus gebildet, i. J. 371 die Statthalterſchaft von Ligurien und 374 das Bisthum Mailand erhielt, welches letztere er auch trotz aller Verfolgungen bis an ſeinen den 4ten April 394 erfolgten Tod vom Arianismus rein erhielt[8]). Er machte nicht blos wichtige Verbeſſerungen im allgemeinen chriſtlichen Cultus ſelbſt (Ambrosianum officium, canon missae Ambrosianae), ſondern auch viele treffliche Anordnungen im Kirchengeſange, welche allerdings ſpäter noch von Gregor I. weiter ausgeführt und umgeſtaltet wurden. Ob ihm gleich einige der noch unter ſeinem Namen vorhandenen Hymnen gehören mögen, ſo iſt doch dieſes gewiß nicht der Fall mit dem ſogenannten Ambroſianiſchen Lobgeſang, dem bekannten Te Deum laudamus. Um dieſelbe Zeit (393) trug eine gewiſſe Proba Faltonia (nicht „Falconia") aus Horta bei Viterbo einen ſogenannten Cento Virgilianus historiam novi et veteris Testamenti complectens aus ganzen und halben Virgilianiſchen Verſen zuſammen, legte aber ſchon zu ihrer Zeit keine Ehre damit ein[9]). Ausgezeichnet iſt dagegen Aurelius Prudentius Clemens[10]), der, i. J. 348 zu Cäſarauguſta (Saragoſſa) oder Calagurris

(d. h. Calahorra) in Spanien geboren und in den Rednerschulen
gebildet, anfangs Advocat, dann zweimal kaiserlicher Statthalter
war, sich aber im 57sten Lebensjahre von allen weltlichen Be-
schäftigungen zurückzog und bis an seinen (405 — 413) Tod
blos frommen Betrachtungen und der Andacht lebte, deren Früchte,
seine herrlichen, durch Tiefe der Empfindung, Horatianische Begeisterung, gerundeten Versbau und fließende Sprache gleich ausgezeichneten Dichtungen waren. Sie sind fast sämmtlich lyrisch (nämlich liber cathemerinon, d. i. καθ᾽ ἡμηρων, zum
Absingen an den 12 Tagesstunden bestimmt — liber peri-
stephanon, d. i. περι στεφανων, 14 Gedichte auf 14 Märtyrer, die sich die Himmelskrone erworben — apotheosis von
der Gottheit Christi — hamartigenia, ἁμαρτιγενεια, gegen die
Marcioniten und Manichäer vom Ursprung der Sünde, in
Hexametern — psychomachia, ψυχομαχια, von dem Kampfe
der Tugenden und der Laster in der menschlichen Seele — libri
duo contra Symmachum, der in seiner Rede pro pace den
alten Götterdienst wieder hatte einführen wollen); nur Diptychon
s. tituli historiarum veteris et novi testamenti, ein Abriß
der biblischen Geschichte des alten und neuen Testamentes (der
Verfasser heißt in der Handschrift Amoenus, d. h. der Süße,
Angenehme = Prudentius) ist erzählender Art. Ebenfalls
durch reine Sprache und fließende Versification, wenn auch nicht
gerade durch sehr poetisches Talent thut sich hervor Meropius
Pontius Anicius Paulinus Nolanus[11]), aus Ebro-
magus in Gallien (um 353), der, zu Bordeaux gebildet, bald
bis zum Consul stieg, sich i. J. 389 taufen ließ und, nachdem
er nach Italien gegangen war, daselbst i. J. 409 zum Bischoff
von Campanien gewählt, den 22sten Juli 431 zu Nola starb
und einige 30 Gedichte hinterlassen hat, unter denen 15 im
heroischen Versmaaße, vom Leben des Heiligen Felix handelnd,
die besten sind. Nicht ohne Werth sind des angeblichen Schottländers
Cölius Sedulius's, der gegen d. J. 450 Presbyter zu Rom
gewesen seyn mag, libri V mirabilium divinorum seu operis
paschalis, ferner seine collatio veteris et novi testamenti im elegischen Versmaße und 2 hymni, indem sie sich durchweg durch
einen fast classisch zu nennenden Styl auszeichnen[12]). Leidlich
dichteten der Spanische Presbyter Dracontius um d. J. 431

in heroiſchen Verſen ſeine poetiſche Schilderung der 6 Schöpfungs-
tage nach der Geneſis, Hexaëmeron, das freilich in die jetzige Form
erſt von Eugenius, Biſchoff von Toledo, mit großer Willkühr
gebracht wurde[13]), ſowie wie **Flavius Merobaudes**[14]) ein
Carmen de Christo, **Claudius Marius Victor** aus Marſeille (zwiſchen 430 — 445 — 460) **Commentarii in Genesin
ad filium Aetherenum**, bis auf die Zerſtörung der Städte
Sodom und Gomorrha gehend, und eine **Epistola ad Salamo-
nem abbatem de perversis suae aetatis moribus**[15]), **Prosper Tyro, Aquitanus** nach ſeinem Vaterlande genannt, ein
Biſchoff und Freund Leo's X. (geſt. 463) ein **sacrorum epigrammatum super Augustini sententias liber primus, carmen de
libero arbitrio contra ingratos** (d. i. **qui sunt sine gratia),
cohortatio ad conjugem**, eine Apologie des Cölibats, jedoch
nur in Bruchſtücken, und ein **carmen de providentia divina**,
welches aber einen anderen Verfaſſer haben mag[16]), **Claudianus Ecdicius Mamertus** aus Gallien, i. J. 443 Presbyter zu Vienne[17]), einige kleinere Gedichte und **Benedictus
Paulinus Petrocorius**, Biſchoff von Perigueur in Guienne
um d. J. 470 eine metriſche Verarbeitung der von Sulpicius
Severus geſchriebenen Proſabiographie des Heiligen Martin von
Tours und das von einem anderen **Paulinus** aus Pella,
dem Enkel des Auſonius, um d. J. 456 verfaßte Epos **Eucha-
risticon Deo**, die Lebensgeſchichte des Letzteren enthaltend, ſowie
ein Anonymus[18]) ein **Carmen de laudibus domini**, welches
letztere nicht ohne Anmuth geſchrieben iſt[19]). Viele Epigramme
genannter und ungenannter chriſtlicher Dichter finden ſich nicht
allein in der **Anthologia Latina**, ſondern auch bei **A. Mai,
Class. Auct. e Vatic. cod. T. V. Rom. 1833. 8. p. 367
—478**. ſ. im Allg. m. A. L. S. §. 322.

1) Ausg. iſt: Tertull. opera omnia poetica cura A. Rivini. Lips.
1651. 8. u. b. Maittaire, Corp. poet. lat. T. II. p. 1525 sq. 1537.

2) Ausg. Ed. Pr. cura N. Rigaltii. Tulli Leucorum. 1650. 4. recogn. c. praef. H. L. Schurzfleisch. Viteb. 1705. 4. Dazu Suppl.
quaed. ad Commod. ex bibl. instr. Ez. Spanhemii maj. exp. comm.
Acc. gloss. et ind. rer. ib. 1709. 4.

3) D. Ged. de paschate s. de resurrectione u. de passione domini ſin d. Ausg. b. Lactantius.

4) Ausg. ſ. Ed. Pr. Daventr. 1490. 4. c. not. D. Omeisii et alior.
ed. E. Reusch. Frcft. et Lips. 1710. 8. ad codd. Vatic. rec. F. Arevalus. Rom. 1792. 4. D. Ged. Liber in Genesin b. Martene, Coll.

Nova Vet. Monum. T. IV. p. 15 sq. u. Galland, Bibl. PP. T. IV. p. 587 sq. f. A. R. Gebser, Diss. de C. Vettii Aquil. Juvenci vita et scr. Jen. 1827. 8.

5) Ausg. f. Damasi pap. opera q. exst. et vita ex cod. mss. c. not. M. Miles. Sarazan. Rom. 1638. 4. Opusc. et gesta c. not. Sarazan. coll. auct. et illustr. diatr. duabus de gestis Liberii exulis et an Damasus faverit aliq. Maximo Cynico adv. Gregorium Naz. et Nectarium. Adj. s. etiam opusc. apocr. ejd. st. A. M. Merenda. Rom. 1754. fol. Carmina, hymni, elogia et epigramm. congesta, emac. et ill. ab A. Rivino. Lips. 1652. 8.

6) S. J. Launoy, de Victorino episc. et martyre diss. Paris 1653. 8. u. in f. Oper. T. II. P. I. p. 634 sq. S. ſämmtl. Werke b. Gallaud T. VIII. p. 133 sq. D. Ged. de fratribus VII Maccabaeis interfectis ab Antiocho Epiphane b. J. Sichart, Antidoton contra haeres. Basil. 1528. p. 79 sq. u. Herold, Haeresiol. ib. 1536. fol. p. 243 sq. Die Werke beider f. Sanctae Reliq. duorum Victorinorum Pictav. episc. et Afri alter. Caji Marci, rhet. Rom. c. not. et praef. A. Rivini. Goth. 1652. 8.

7) Hymnen u. Genesis b. Maittaire p. 1559 sq. 1574. Genes. ed. Pr. Hilarii opera ex rec. L. Miraei. Paris 1544. fol. c. not. J. Weitzii. Frcft. 1629. 8.

8) S. Hymnen b. Maittaire T. II. p. 1563 sq. S. a. P. Buſch, theol. u. hiſt. Betracht. b. Te Deum laudamus. Hannov. 1753. 8.

9) S. Fontanini, de antiquitatibus Hortae II. p. 189—245. Th. de Simeonibus Hist. diss. rom. eccl. de tollenda penes graviss. script. inclita ambiguitate et confusione inter duas Romanas matronas, professione christiana celebres, videlicet Aniciam Falcon. Probam, Sexti Petronii Probi V. C. uxorem, Olybrii et Probini, et Probri consulum matrem: et Valeriam Falc. Probam, Adelfii Procous. conjugem, poetriam ingenios. q. centonem Virgil. de Xto confecit. Bonon. 1692. 4. Ausg. f. Ed. Pr. Venet. 1472. fol. Rom. 1481. 4. c. not. var. emend. ab H. Meibom. Helmst. 1597. 4. ex rec. et c. not. J. H. Kromayer. Hal. 1719. 8. u. b. Teucher, Homerocentra. Lips. 1793. 8. u. Maittaire T. II. p. 1654 sq. Ueb. b. Centonen ſelbſt f. Tertull. de praescr. c. 89. Burmann ad Anth. Lat. T. II. p. 624.

10) S. Florez Espanna sagr. T. XXXI. p. 25 sq. J. de Clerc, Vie de Prudence. av. la crit. de ses ouvr. Amsterd. 1689. 12. u. in b. Bibl. Univ. T. XII. p. 136 sq. J. P. Ludovicus, diss. de vita A. Prud. Clem. Viteb. 1641. 4. N. H. Gundling, Observ. sel. T. III. p. 53 sq. H. Middeldorpf, Comm. de Prudentio et theol. Prudentiana. Vratisl. 1829. 4. u. b. Jllgen, Zeitſchr. f. hiſt. Theol. 1832. Bd. II. 2. p. 127 sq. Ausg. f. Ed. Pr. [Daventr. 1472—1492.] s. l. et a. 4. c. not. vir. doct. purg. schol. illustr. a. J. Weitz. Hanov. 1618. 8. emend. Th. Pulmann. et Vict. Giselinus. Antverp. 1664. 8. rec. et anim. adj. D. Heinsius. Amst. 1667. 12. interpr. not. illustr. Ch. Cellarius. Hal. 1703. 8. recogn. et corr. F. Arevalus. Rom. 1788—89. II. 4. Ueberf. iſt: Feiergeſänge, heil. Kämpfe und Siegeskronen. Metr. überf. u. m. Anm. begl. v. J. P. Silbert. Wien 1820. 8.

11) S. La vie de St. Paulin, evêque de Nola, l'analyse de ses ouvrages et III dist. s. quelques points importans de son histoire. Paris 1743. 4. P. Fr. Chifflet, Paulin. illustr. s. app. ad op. et res gest. Paul. Divione 1662. 4. Ausg. f. Paul. Nolani poem. c. Prosp. Tironis epigr. L. I. de ingratis L. I. et S. Hilarii in Genesin carm. Antverp. 1560. 12. Epist. et poem. Paris 1516. 8. Epist. L. V. Homil. de gazophylacio et carmina, in b. Monum. Orthodoxogr. Basil. 1569. T. II. p. 96 sq. c. vita ej. et not. Fr. Ducaei et Hier. Ros-

weydi. Ant. 1622. 8. ad codd. mss. emend. et var. not. illustr. Add. vita et diss. cur. B. Le Brun. Paris 1683. II. 4. ad codd. emend. et aucta prim. quatuor integr. poem. sec. cur. rec. L. A. Muratori. Veron. 1736. fol. (auch in ſ. Anecd. T. I. p. 1 sq.) 2 Elegien b. A. Mai, Episcop. Nicet. et Paulini scripta ex codd. Vatic. ed. Rom. 1827. fol. p. 62 sq. · 3 Reden von ihm b. A. Mai. Spicil. Vatic. T. IV. 309 sq.

12) S. Fontanini, de antiq. Hortae III. p. 225 sq. Ausg. ſ. Ed. Pr. Coel. Sedulius. In librum evangeliorum. s. l. et a. [Ul- traj. 1473.] 4. — Carm. paschale ed. P. Eisenberger. Lips. 1499 — 1510. 4. [unt. b. Titel:] Exhortatorium ad christianos. ib. 1499. 1503. 4. recogn. et var. lect. stud. Th. Pulmann, c. Juvenco. Basil. 1551. 8. Op. pasch. libri V. n. prim. in luc. editi ex vet. cod. P. Pithoei, cura et st. Fr Jureti, cuj. etiam not. adj. s. Paris 1583. 8. mirab. divin. libri pasch. carm. dicti et hymni duo Chr. Cellarius ex mss. codd. rec. et adnot. ill. Hal. 1704. 8. ad codd. mss. rec. lect. var. observ. et ind. adj. J. F. Gruner. Lips. 1747. 8. c. not. var. quib. acced. Th. Wopkensii advers. emend. max. ex parte adhuc inedita cur. H. J. Arntzenio, qui annot. et observ. spec. adj. Leovard. 1761. 8. Opera omn. ad mss. Vatic. aliorq. et ad vet. edit. rec. Proleg. schol. et append. ill. a F. Arevalo. Rom. 1794. 4.

13) S. Florez Esp. sagr. T. V. p. 254 sq. III. p. 264 sq. V. p. 206. Ausg. ſ. Dracont. lib. de opere sex dierum n. pr. e vet. codd. expr. st. et op. G. Morelii, c. Cl. Marii Victoris Comm. in Gene- sin. Paris 1560. 8. c. J. Weitzii not. Frcft. 1620. 8. Hexaëm. Ejd. Monosticha ad Theodos. jun. ex edit. J. Sirmondi c. Eugenii ep. To- let. opusc. poet. Paris 1619. 8. u. b. Sirmond, Op. T. II. p. 890 sq. emend. not. prior. al. select. aux. et ill. A. Rivinus. Lips. 1631. 8. ed. et not.-ill. J. B. Carpzov. Helmst. 1794. 8. rec. et perp. not. ill. F. Arevalus. Rom. 1794. 8. Dazu ſ. Glaeser, Carm. de Deo, quod Dracontius scripsit, librum tertium ex cod. Rhedig. emend. ac suppl. Vratisl. 1843. 8.

14) S. Merob. Carm. de Christo Ed. Pr. b. Claudian. Carm. ed. J. Camers. Vienn. 1510. 8.

15) S. J. Launoy, Oper. T. II. P. I. p. 649 sq. Ausg. ſ. Ed. Pr. stud. J. Gaigneji c. Ejd. Alcimo Avito. Lugd. 1536. 8. (ohne b. Epist. ad Sal.) c. Hilarii Genes., Cyprian. Genes. et Sod., Dracon- tii Hexaëm. e vet. codd. expr. st. G. Morelii. Paris 1560. 8. u. b. Maittaire T. II. p. 1567 sq.

16) Ausg. ſ. Prosp. Carm. de ingratis, c. Matth. Flac. Illyr. lib. de peccato orig. et libero arbitrio. Basil. 1560. 8. u. in b. Oper. Au- gustini. T. XII. p. 1 sq. [ſ. Viat. da Coccaglio Ricerca sist. sul testo e sulla mente di S. S. Prospero d'Aquitania nel suo poemo contro gli ingrati. Bresc. 1756. 4.] Prosp. de vita contemplativa et de septem virtutibus. Taurini s. a. [1486.] 4. de vita et virt. epigr. ex dict. August. Mogunt. 1494. 4. c. Paulini carm. ed. Th. Pulmann. Antv. 1560. 8. Sämmtl. Werke: Prosp. Aquit. Opera omn. ad mss. cod. necnon ad edit. antiq. et castig. emend. n. prim. sec. temp. ord. disp. et chronic. int. ejd. locupl. st. J. Lebrun de Marette et Luc. Urb. Mangeant. Paris 1711. fol. Prosperi Honorati et Honorati Mas- sil. Opera aliquot not. observq. illustr. a J. Salinas. Rom. 1732. 8.

17) S. Hymnus b. Galland T. X. p. 458 sq, S. Carm. contra poetas vanos in b. Carm. Paulini Nol. ed. Pulmann p. 3. u. Ros- weyd. Ed. Paulini p. 352.

18) Ausg. ſ. Carm. Euchar. Ed. Pr. in b. Bibl. Max. PP. Paris 1579. T. VIII. App. p. 1 sq. Carm. c. not. Fr. Jureti. Paris 1585. 4. c. not. Fr. Jureti, C. Barthii et al. ed. Ch. Daum. Lips. 1681. 8.

19) Ed. Pr. c. Mario Vict. Mass. G. Morelli. Paris 1560. p. 85 sq. c. not. ed. A. Rivinus, c. Lactantii Carm. Lips. 1652. 4.

§. 137.

3.) Celten und Germanen. Die alten Celten hatten die löbliche Gewohnheit, die Kämpfe und Heereszüge ihrer Vorfahren (ſ. Jornand. de reb. Get. c. 2. u. 4.) zu beſingen, und beſaßen Hochzeits- und Geburtslieder, Begräbnißgeſänge, Geſänge, die ſie vor und nach dem Kampfe ſangen, Oden zum Ruhme ihrer Götter und Helden, und ſogar ſchmutzige Scherzlieder (Vallemachiae), welche gereimt waren und mit Muſikbegleitung, ja zuweilen unter Tanz abgeſungen wurden. Sie hegten auch wandernde Sänger, welche das Lob ihrer Wirthe und Gönner bei Tiſche ſingen mußten, freilich aber ſpäter zu Luſtigmachern herabſanken[1]. Ebenſo hatten die Germanen Lieder auf ihre Götter (ſ. Tac. Germ. c. 2.) und ihren Arminius und Freudenlieder, die ſie den Abend vor der Schlacht abſangen, von denen aber Julian. im Misopogon. p. 337 eine ſo ſchlechte Meinung hat, daß er ſie dem Krächzen der Vögel gleichſtellt. Auch finden wir bei ihnen ein eigenthümliches Schlachtgeſchrei (barritus), von dem ihre Sänger, die Barden, ſpäter den Namen erhielten[2]. S. A. L. G. §. 323. Ueber ihre Schrift, die Runen, ſ. ebb. Anmerk.

1) S. Pelloutier, Hist. de Celtes T. II. p. 394 sq.
2) S. A. Rühs, ausf. Erläuter. üb. d. erſten 10 Kap. d. Schr. d. Tacitus üb. Deutſchland, Berlin 1821. p. 112 sq.

§. 138.

4.) Syrer. Bei dieſer Nation wurde frühzeitig fleißig für die Begleitung des Gottesdienſtes durch Hymnen geſorgt, und als erſte Dichter derſelben nennt Sozom. III. 16. den Harmonius und Bardeſanes, erhalten ſind jedoch nur noch eine Partie Hymnen von Ephraem[1] aus Niſibis, der i. J. 378 n. Chr. zu Edeſſa als Diaconus verſtarb und ſich ſonſt auch als frommer Theolog und vorzüglicher Prediger ausgezeichnet hat. Er dichtete in der Versart Mimre, d. h. mit gleichen Füßen, oder in der Madroſon genannten, welche aus verſchiedenen Versmaßen beſteht, größtentheils in Heptaſyllaben, bis Baläus um d. J. 400 die Pentaſyllaben und Narſes der Ausſätzige († 496) die Hexaſyllaben erfand. S. A. L. G. §. 325.

1) S. **Assemanni** Bibl. Or. T. I. p. 25 sq. **J. Chr. Coler**, Diss. de Ephraemo et **J. Damasceno** Syro. Viteb. 1714. 4. **M. Hoyer**, Lib. de vita s. Ephr. Duaci 1640. 12. **W. E. Tenzel**, Diss. de Ephraemo S. Arnst. 1685. 4. u. in d. Exerc. sel. T. I. p. 273 sq. **G. Vockerodt**, Comm. de evang. verit. et piet. doct. ant. Ephraemo Syro. Goth. 1710. 4. G. F. Gaab b. Paulus Memor. H. II. p. 136 sq. Ausg. f. W. f. Ephrem Syrus, graece e codd. mss. Bodlej. ed. Edw. Thwaithes. Oxon. 1709. fol. Op. omn. q. exst. graece, syriace, latine in sex tom. distrib. ad mss. codd. Vatic. aliorq. castig. multis aucta, nova interpr. praef. not. var. lect. ill. T. I—III. Gr. et Lat. Rom. 1732—46. T. I—III. Syr. et lat. Syriac. text. rec. Pt. Benedictus, not. vocal. anim. lat. vers. et var. schol. locupl. ib. 1737—43. [Zuf.] VI. fol. Opera omn. n. recens. latin. don. scholiisq. illustr. interpr. et schol. Ger. Vossio. Rom. 1589—98. III. Colon. 1619. fol. Opera omn. lat. mult. aucta et ill. op. et st. **A. M.** Quirini. Venet. 1755. fol. Ueberf. ist: Auserwählte Schriften d. heil. Vaters Ephraem, A. b. Griech. u. Syr. überf. v. P. Pius Zingerle. Insbr. 1830—37. VI. 8.

B) Theologie.

§. 139.

1.) **Juden.** Bei den Juden dauerten auch jetzt die schon früher erwähnten Secten fort. Neue entstanden zwar nicht, allein dafür machte man wegen der von Tage zu Tage zunehmenden Verfälschungen der Septuaginta neue Uebersetzungen des Alten Testamentes in's Griechische. Die erste versuchte ein Jüdischer Proselyt, **Aquila**[1] aus Sinope im Pontus (130 n. Chr.) in einer buchstäblichen, zweimal unternommenen Uebertragung des Urtextes, ohne sich jedoch zu Gunsten seiner neuen Glaubensgenossen eine Verfälschung zu erlauben. Ihm folgte **Theodotion** aus Ephesus (160 n. Chr.), anfangs ein Anhänger des Gnostikers Marcion, später aber zum Mosaismus übergetreten, der jedoch nur eine neue Recension der Septuaginta nach dem Hebräischen Originaltext vornahm und uns in der Griechischen Bibelübersetzung seine Uebertragung des Daniel statt der Alexandrinischen übrig gelassen hat[2], und endlich **Symmachus**[3] aus Samaria (ein Ebionit), der um d. J. 202 n. Chr. den Sinn des Hebräischen Textes freier übertrug und die Hebraismen in reinerem Griechisch wiedergab. Von allen diesen Arbeiten haben sich nur Bruchstücke erhalten. Endlich beschloß **Origenes** aus Alexandria, die vorhandenen Griechischen Uebersetzungen mit dem Hebräischen Originaltexte zu vergleichen, und nachdem er auf seinen, um Stoff zu sammeln, gemachten Reisen noch drei andere Griechische Uebersetzungen gefunden, begann er vermuthlich

i. J. 231 n. Chr. seine große dreifach revidirte Sammlung aller Versionen, nämlich die **Tetrapla** ($\tau\varepsilon\tau\rho\alpha\pi\lambda\alpha$), in vier Columnen die des Aquila, Symmachus, Theodotion und der **LXX** enthaltend, die **Hexapla** ($\xi\xi\alpha\pi\lambda\alpha$), wo er außer jenen 4 noch auf einer 5ten Columne den Hebräischen Text und auf einer 6ten der Aus- sprache wegen denselben mit Griechischen Buchstaben abschrieb, und **Octapla** ($\delta\kappa\tau\alpha\pi\lambda\alpha$), bestehend aus diesen 6, und einer 7ten und 8ten, worauf von jenen Griechischen anonymen Uebersetzungen die erste und zweite (auf die dritte oder **Ed. VII**, als die un- bedeutendste, nahm er keine oder doch nur geringe Rücksicht) als **Edit. V.** und **VI.** beigeschrieben waren, lediglich in der Absicht, die **LXX** zu ergänzen, wobei er jedoch stets den Namen des Ue- bersetzers hinzufügte, die Zusätze durch einen sogenannten Asteriscus (*), das Ueberflüssige aber durch einen sogenannten Obelos (⊥) andeutete. Uebrigens fügte er zu Anfange jeder Uebersetzung ihre Geschichte, zu jedem biblischen Buche Prolegomena und am Rande exegetische Anmerkungen bei. Sein Werk blieb 50 Jahre liegen, dann fanden es Eusebius und Pamphilus und gaben die Columne der **LXX** daraus besonders heraus, jedoch wahrschein- lich mit Beifügung von Stücken aus den übrigen Uebersetzungen und Scholien des Origenes, worauf die folgenden Abschreiber willkürlich Stücke dieser Uebersetzungen dem Texte einfügten, bald etwas wegließen, bald ihn aus anderen Griechischen Versionen, sogar aus den Kirchenvätern interpolirten, sodaß jene Verwirrung in dem Texte der **LXX** entstand, die erst in neuerer Zeit, als man mit Hilfe der Kritik jene Centonen schied, einigermaßen ge- hoben worden ist[4].

1) S. P. Wesseling, Epist. ad Venemam de Aquil. in scriptis Philon. fragm. Traj. ad Rh. 1748. 8. Dathe, de Aquilae interpr. Hoseae reliquiis, in s. Opusc. Lips. 1746. 8. p. 1 sq. Schleussner, Opusc. ad Vers. gr. Vet. Test. pertin. Lips. 1812. 8. u. Capelli, Crit. Sacra ed. Scharfenberg. L. V. c. 3 sq. T. II. p. 805 sq. Wolf. Bibl. Hebr. T. I. p. 958 sq. III. p. 890 sq.

2) S. J. Fr. Buddeus, Diss. de Theodot. Viteb. 1688. 4. u. in s. Parerg. hist. theol. p. 29 sq. Wolf T. I. p. 1156 sq. III. p. 279.

3) S. Thieme, de puritate Symmachi. Lips. 1735. 4.

4) S. J. A. Ernesti, de Origene interpr. libr. SS. grammat. auct., in s. Opusc. philol. p. 288 — 323. J. J. Griesbach, de cod. quatuor evangel. Origenis. Hal. 1761. 4. Ausg. s. Origen. Hexapl. fragm. prim. coll. P. Morinus, b. s. Edit. LXX. Sixtina. Rom. 1587. fol. Orig. Hexapla q. supers. mult. part. auct. quam a Fl. Nobilio [h. e. Morino] et J. Drusio ed. fuer. ex mss. et edit. libr. eruit et not. illustr. B. de Montfaucon. Paris 1714. II. fol. ed. Martianay,

b. b. Ausg. b. Hieron. Opera T. II. p. 830 sq. auct. et emend. ed.
notq. ill. C. F. Bahrdt. Lips. 1769—70. II. 8. f. J. G. Trendelenburg.
Chrestom. hexaplaris. Lub. et Lips. 1794. 8. Zur Kritik f. H. Owen,·
Critical Disquisit. Lond. 1784. 8. Döderlein in Eichhorn's Repert. Bd.
I. p. 217 sq. VI. p. 195 sq. Lorsbach ebb. Bd. XV. p. 38 sq. Matthäi
ebb. Bd. IV. p. 257 sq. Bruns ebb. Bd. XIII. p. 177 sq. Adler ebb.
Bd. XIV. p. 183 sq. f. ebb. p. 249 sq. G. Gfr. Scharfenberg, Animadv. quib. fragm. version. a Montefalconio coll. ill. emend. Spec.
II. Lips. 1776—81. 8. J. F. Fischer, Clavis reliquiarum vers. graec.
V. T. Aquilae, Symmachi, Theodotionis, Quintae, Sextae et Sep-
timae spec. Lips 1758. u. b. Velthusen, Comm. Theol. T. IV. p.
195—263. J. F. Schleussner, Opusc. crit. ad vers. graec. vet. Test.
pertin. Lips. 1812. 8. S. Seemiller, Diss. hist. cr. de graecis bibl.
V. T. version. Ingolst. 1787—88.· II. 4. E. G. A. Böckel, Novae
clavis in graec. interpr. Vet. Test. scriptoresque apocryphos atque
edit. LXX interpr. hexaplaris specimina. Lugd. B. 1819. 4.

§. 140.

Politische Verhältnisse hatten nach und nach eine Art Aus-
sterben der Hebräischen Sprache herbeigeführt, und so schienen
zum Gebrauch in den Synagogen chaldäische Paraphrasen (Targumim) nothwendig, und deshalb verfertigte denn um d. J. 80 n. Chr.
ein gewisser Onkelos[1]) aus Babylon eine wortgetreue Uebersetzung des Pentateuchs und Jonathan, ein Sohn Hillels,
um d. J. 20 v. Chr. eine ziemlich freie Uebertragung der Propheten[2]). Andere Arbeiten dieser Art gehören einer späteren
Periode an[3]). S. A. L. G. §. 326. p. 849.

1) S. A. Winer, de Onkeloso ejusque paraphrasi chald. Lips.
1810. 4. S. D. Luzzato, Philoxenus s. de Onkel. chald. pentat. vers.
diss. herm. crit. Vindob. 1830. 8. Ben Zion Jehuda, Ote Or. Abh.
üb. Onkelos u. Anmerk. zu e. Stell. b. Targ. u. Psalmen, Sprüch. u.
Job. Wilna 1843. 8. Ausg. ist: Thargum, h. e. Paraphr. Onk.
chald. in S. Bibl. ex Chald. in lat. fidel. versa add. ann. aut. P.
Fagio. T. I. Pentateuchus. Argent. 1546. fol.
2) S. J. T. Fischer, Prol. de chald. Onquelosi Jonathanaeque
version. V. T. litt. hebr. scient. intellig. divin. libr. adjutric. Lips.
1774. 4. u. in f. Prolus. V. Lips. 1779. p. 51 sq. Ausg ist: Chald.
Jonathae interpr. in XII prophetas dilig. emend. et punct. not. p.
J. Mercerum. Paris 1557. 4. Unächt ist f. Paraphr. Chald. in Pentateuchum. Venet. 1590. u. in b. Bibl. Polygl. Lond. T. IV. f. G B.
Winer, de Jon in Pentat. paraphr. chald. Spec. I. Erlang. 1823. 4.
J. H. Petermann, de duabus Pent. paraphrasibus chald. P. I. de
indole paraphr. q. Jon. esse dicitur. Berol. 1829. 4.
3) Liber Jjobi chald. et lat. c. not. It. graece στιχηρως op. et
st. J. Terentii. Franeq. 1663. 4. Paraphr. chald. libror. Chronic.
hactenus ined. cura atq. op. M. F. Beckii. Aug. Vind. 1680—83. II.
4. Paraphr. chald. in libr. I et II Chron. aut. R. Josepho in luc.
em. a D. Wilkins. Amst. 1715. 4. Paraphr. Josephi Jachiadae in
Danielem c. vers. et not. Const. l'Empereur. Amst. 1628. 4. f. a.
Ch. Helvicus Tr. de chald. biblior. paraphrasibus. Giess. 1604. 4.

A. Pfeiffer, Opusc. philol. Ultraj. 1704. 4. p. 462 sq. Th. Smith, Diatr. de chald. paraphr. earq. version. Oxon. 1662. 12.

§. 141.

In dieser Periode bildete sich aber die Jüdische Geheimlehre, die Kabbala[1]) (von קבל, d. h. empfangen) aus, die wohl allmälig entstanden und aus der aus Aegyptisch-Chaldäischen Philosophemen geschöpften und auf den Mosaismus zurückgeführten Emanationslehre hervorgegangen seyn mag. Schwerlich darf man ihren Ursprung im Patriarchalischen Zeitalter suchen und als fortgepflanzt durch Tradition annehmen, aber ebensowenig ist Aegypten oder Chaldäa oder auch das Griechische Heidenthum oder endlich der Parsismus alleinige Urquelle derselben, sondern jedenfalls ist sie nur aus vielen identificirten Elementen zusammengetragen. Wann sie jedoch zuerst in ein wirkliches System gebracht worden, ist weniger gewiß, obgleich die Kabbalisten behaupten, schon dem Adam habe sie der Engel Rasiel mitgetheilt, und Abraham habe sie sobann weiter in dem Buche Jezirah fortgepflanzt, eine neue Mittheilung darüber, von Gott selbst an Moses auf dem Berge Sinai gemacht, sei zwar verloren gegangen, dafür aber sei sie von Esra auf Befehl Gottes durch Inspiration in 70 Bücher zusammengeschrieben worden; weil sie aber auf Gottes ausbrücklichen Befehl nur allemal an die Weisesten des Volkes übergehen dürfe, so erkläre sich, warum das Meiste dieser Schriften durch die Länge der Zeit untergegangen und nur ein Coder derselben, der des Rabbi Akibah, übriggeblieben sei. Dieser Jude soll zuerst 40 Jahre ein Hirt, dann ebensolange Schüler dieser Lehre und endlich als Nachfolger des Rabbi Gamaliel auf dem Präsidentenstuhl der Academieen zu Lydda und Jabne ebensolange gelehrt haben, bis er i. J. 120 n. Chr. als ein Anhänger des Pseudomessias Bar Kocheba hingerichtet ward. Er gilt bei den Juden, insofern auch die Mischna durch seine Lehren größtentheils entstanden ist, als die Hauptstütze der Tradition oder des mündlichen Gesetzes, wie denn auch von ihm jenes dem Abraham zugeschriebene Buch Jezirah, von der Schöpfung und Weltbildung in einer Menge von Buchstaben- und Zahlendeutungen handelnd, ihm angehört[2]). Sein Schüler Simeon Ben Jochai ist fast noch berühmter, denn er soll, während er aus Furcht vor der Verfolgung der Römer von d. J. 120—132

n. Chr. in einer Höhle versteckt lebte, das berühmte Buch **Sohar**
(d. i. Licht) geschrieben haben, in welchem eine kabbalistische Erklärung des Pentateuchs, verbunden mit geheimen Aufschlüssen
über Physik, Metaphysik, die Geisterwelt und die weiße Magie
enthalten, jedoch mit vielen späteren Interpolationen und Zusätzen[3]) versehen ist. Es giebt zwar noch andere hierher gehörige
Schriften, allein diese sind im Verhältniß zu den genannten nur
unbedeutend[4]). **S. A. L. G. p. 849—855.**

1) Man theilt die Kabbala auch in cabbala verbalis et realis ein,
von denen sich erstere mit Wortspitzfindigkeiten und Auslegung der heiligen Schrift,
letztere aber mit Sachkenntnissen beschäftigt und deshalb wieder in eine theo-
retica (vom Ursprung der Dinge, Gott und seinen Eigenschaften handelnd)
und practica (welche aus Astrologie, Talismanologie, Magie und Theurgie
bestand) zerfiel. Andere theilen sie (so Kircher, Oedipus Aegypt. T. II.
p. 212 sq. 248 sq.) in Gematria (d. i. Erklärung einer Stelle des A. Test.
durch Buchstabenversetzung), Notariacon (d. i. wenn man aus jedem Buchstaben ein besonderes Wort macht oder ein Wort durch ein zweites, das genau dieselbe Buchstabenzahl enthalten muß, erklärt) und Themura oder
Ziruph (d. h. wo man die Buchstaben verändert und in verschiedenen Combinationen derselben an die Stelle der vorhandenen andere von gleichem Werthe
setzt). Eine dritte Eintheilung bildet die Mercava (d. h. Wissenschaft des [Him-
mels-] Wagens), welche sich mit der intellectuellen Welt, und die Beresith (d. h.
Werk der Schöpfung), welche sich mit der sinnlichen Welt beschäftigt. Im
Allg. f. Reuchlin, de arte cabalistica L. III. Hanov. 1517. fol. J.
Pistorius, Artis cabalisticae, h. e. reconditae theologiae et philoso-
phiae scriptores. Basil. 1587. T. I. fol. J. Gaffarelli, Abdita divinae cabbalae mysteria contra sophistarum logomachiam defensa.
Paris 1623. 4. Ch. Knorr a Rosenroth, Cabbala denudata s. Doctrina
Ebraeorum transscendalis et metaphysica atque theologica. Opus
antiq. phil. barb. var. spec. refertiss. T. I. Solisb. 1677. 4. T. II.
(Liber Sohar restitutus). Frcft. 1684. 4. J. A. Eisenmenger, neuent-
decktes Judenthum. Königsb. 1711. II. 4. De la Nauze in d. Mém. de
l'ac. d. Inscr. T. IX. p. 37 sq. [T. XIII. p. 58 sq. ed. in 8.] A.
Franck, la Cabale. Paris 1844. 8. (D. Kabbala od. Religionsphilosophie
d. Hebräer. A. d. Franz. übers. verb. u. verm. v. Ad. Gelineck. Lpzg. 1844. 8.)
Fr. J. Molitor, über Philosophie der Geschichte oder üb. d. Tradition. Münster 1835—39. III. 8. J. A. Wächter, Elucidarius cabbalisticus s. recond. Hebr. philos. recensio. Hal. 1706. 8. J. G. Stoll, Etwas z.
richtig. Beurtheil. d. Theosophie, Cabbala und Magie. Lpzg. 1785. 8. J.
F. v. Meyer, kurzer Begriff d. Kabb., in s. Blätt. f. höh. Weisheit. Nr. 10.
Horn, Bibl. Gnosis. p. 227 sq. M. Freystadt, Philos. cabbal. et Pantheismus. Ex font. prim. adumbr. atq. comp. Regiom. 1832. 8. A.
Tholuck, Comm. de vi, quam graeca philos. in theolog. t. Muham-
medanorum, tum Judaeorum exercuerit? P. II. de ortu cabbalae.
Hamb. 1837. 8. J. Fr. Kleuker, üb. d. Natur u. d. Ursprung d. Emanationslehre bei den Kabbalisten. Riga 1786. 8. Ph. Moritz, S. Maimon's
Leben. Berl. 1792. II. 8. L. Beer, Geschichte, Lehren und Meinungen aller
bestandenen und noch bestehenden religiösen Secten der Juden und der Geheimlehre oder Kabbala (Brünn. 1822—23. II. 8.) Bd. II. p. 3—196. De
Goulianoff, Essai sur les Hiéroglyphes d'Horapollon et quelques
mots sur la Cabale. Paris 1827. 4. p. 43 sq. Wolf, Bibl. Hebr. T.
I. p. 196 sq. II. p. 1191 sq. III. p. 126 sq. IV. p. 734 sq. Buddeus
in d. Observ. Hal. T. I. p. 1 sq. Matter, Hist. cr. du Gnostic. T. I.

p. 94 sq. Zunz, gottesdienſtl. Vortr. b. Juden p. 157—170. Joſt, Geſch. b. Juden Bd. III. p. 69 sq.

2) S. Joſt a. a. O. Bd. III. p. 226 sq. Anh. p. 164 sq. Liber Jezirah. Ed. Pr. Mant. 1562. 4. Transl. et not. illustr. a. J. St. Rittangelo. Amst. 1642. 4. D. Buch Jez. R. b. 32 Wegen b. Weisheit. Hebr. u. Deutſch, m. Einl. Anm. u. Gloſſar. Lpzg. 1830. 4. Unächt ſind die ihm zugeſchriebenen Litterae s. interpretationes mysticae quaed. litt. alphab. ad recond. doctrin. pertinentes. Hebr. Cracov. 1579. 4. u. c. vers. lat. b. Kircher, Oedip. Aegypt. T. II. p. 225 sq.

3) S. Rappoport im Kerem Chemed. T. VII. p. 182 sq. M. Koniz, Sim. Ben. Jochai. Wien 1815. 8. Ausg. ſ. Zohar s. Sepher Hazohar; liber splendoris s. comm. ant. in Pentateuchum myst. et cabb., cuj. auctorem ajunt esse R. Simeonem filium Jochai, cum Hidduschim s. sec. cur. et observ. var. quae ad recond. scr. myst. et alleg. sens. explic. pertin. Acc. addit. var. Rahia Meemina s. pastor fidelis, opusc. al. cabbal. Hidduscha ex libro Bohir, ex Midrash Ruth, opusculum Tawchazi s. veni et vide, et al. q. c. ind. test. scr. Crem. (1558) 1560. fol. Zohar i. e. splendor chald. serm. scr. Mant. 1560. III. 4. Liber Sohar s. coll. de dictis et gestis R. Simeon, f. Jochai et discip. ej. sec. ord. sect. Pentateuchi in comm. myst. et cabb. form. dig. Sulsb 1684. fol. [iſt die vollſt. Ausg.] Lublin. 1623. fol. Amst. 1714. 1805. Const. 1736. 4. [ſämmtl. n. d. Crem. u. Mant. A.] Inhalt iſt vollſt.: Sohar (Licht), Sifra de Zeniuta (d. h. Buch des Geheimniſſes), Idra Rabba (d. große Verſammlung), Idra Suta (d. kleine Verſammlung), Sabba (d. Greis', Midrasch Rut nur Bruchſtücke, Sefer ha Bahir (Buch der Helle), Tosifta (Zuſaß), Raja Mehimna (d. treue Hirte), Hechalot (Paläſte), Sitre Tora (d. Geheimniſſe d Lehre), Midrasch ha Neelam (d. verborgene Midraſch), Rase de Rasin (Geheimniſſe der Geheimniſſe), Midrasch Chasit (Midraſch zum hohen Lied), Ma'amar ta Chasi (Abhandlung, d. Anfangsworte: komm und ſieh), Jenuka (Knabe', Pekuda (Geſetz-Erklärung), Chibbura Kadma'a (früheres Werk), Matnitin (Lehren). Ueberſ. ſ. nur in's Lateiniſche v. Rosenroth in d. Cabb. denud. T. II. Sifra he Zeniuta, Idra Rabba u. Suta. ſ. a. Leon Modenese, Ari Nohem. Streitſchr. üb. d. Echtheit d. Sohar u. d. Werth d. Rabb. R. e. Höſchr. z erſt M. her. v. J. Fürſt. Lpzg. 1840. 8.

4) Ein ſolch. Schr. ſ. in m. Allg. L. Geſch. p. 853. E. Verz. v. Cabb. Schr. ſ. b. Knorr a Rosenroth. II. p. 9—16. Molitor, Phil. d. Geſch. Bd. I. p. 76—81.

§. 142.

Um dieſelbe Zeit entſtand aber bei den Juden eine geordnete Sammlung der angeblich von Gott dem Moſes gleichfalls auf dem Berge Sinai mitgetheilten und dann in dem Munde der Geſetzausleger fortgepflanzten Ueberlieferungen in Bezug auf Erläuterung und nähere Beſtimmung des Moſaiſchen Geſetzes durch den frommen Rabbi Jehuda Hakkadoſch (d. h. der Heilige), der, i. J. 120 n. Chr. zu Sephoris'in Galiläa geboren, um 190—194 bis gegen 220, wo er geſtorben iſt, lehrte, unter dem Namen Miſchnajoth (משניות, δευτερωσις, zweites Geſetz), welche er in ſeinem 30ſten Lebensjahre begann und i. J. 189 n. Chr. vollendete. Die darin enthaltenen Geſetze bezogen ſich auf die Früchte, Feſte, Weiber, die von Menſchen und Vieh verursachten Schäden, Opfer und Reinigung[1]). Da nun aber diese Sammlung selbst noch viele Dunkelheiten enthielt, so bildete sie selbst wieder häufig den Gegenstand der Erklärungen für die Vorträge der Gesetzlehrer, welche sich natürlich bald zu einer großen Stoffmasse anhäuften, sodaß ein Auszug derselben von Jehuda's Schüler, dem Rabbi Jochanan Ben Eliefer (geb. 184 n. Chr. u. gest. 279 n. Chr.), ausgearbeitet ward, der den Namen Gemara (גְּמָרָא), d. h. Erklärung, führte. Diese macht mit der Mischma zusammen den religiösen Coder der Juden aus, welcher von ihnen fast ebenso hoch, als das Alte Testament selbst geachtet wird, den Namen Talmud (d. h. Unterweisung) bekam und vorzugsweise der Hierosolymitanische genannt wird, seine gesetzliche Kraft aber freilich erst um d. J. 360 — 395 n. Chr. erhielt[2]). Indessen wurde für die außer Palästina lebenden, vorzüglich für die Babylonischen Juden, i. J. 300 n. Chr. zu Tiberias ein zweiter Talmud, der Babylonische, gesammelt und die dazu gehörige Gemara i. J. 406 n. Chr. durch Rabbi Ascher, 476 durch Rabbi Avina und 506 durch Rabbi Joseph nachgetragen. Als Gesetzbuch ist letzterer vollständiger, dagegen aber auch mit weit mehr abergläubischen und sonderbaren Grillen und mit bis in's Absurde laufenden Cärimonialvorschriften angefüllt[3]). Kaum waren aber diese Sammlungen abgeschlossen, als auch die Jüdischen Kritiker, die Masoreten (von מסר, d. h. tradidit, מָסְרָה, d. i. Ueberlieferung), welche sich schon seit dem Rabbi Hillel, um 1 n. Chr., mit Prüfung der Lesarten des Alten Testaments beschäftigt, diese Sprachbemerkungen aber nur von Mund zu Mund fortgepflanzt hatten (daher ihr Name), sich eifriger mit der Untersuchung und Vergleichung der biblischen Handschriften abgaben und daher selbst eigene Conjecturen, bald auch kritische Bemerkungen des Talmud aufnahmen, die Verse, Wörter und Consonanten zählten und ihre Bemerkungen bald in besonderen Büchern niederlegten, bald an den Rand der Bibelhandschriften notirten. Diese Gewohnheit hat nun auch bis zur Herausgabe der großen zweiten Rabbinischen Bibel aus der Bombergischen Druckerei zu Venedig fortgedauert, dann aber aufgehört[4]).

---

1) Ausg. f. Mischna c. comment. Maimonidae. Neap. 1492. fol. c. comm. R. Sal. Isaacidae et exposit. R. J. Schemuelis ben Chages

sub titulo Arbor vitae, quae coll. est ex M. Maimon, R. Schimschon,
R. Bartenora et Tosephoth Jom Tow, etc. Liburn. 1652—58. VI. 8.
Berol. 1717. 8. Mischna s. tot. Hebr. jur. rit. antiquit. ac legum
oralium syst. c. Maimon. et Bartenora comm. integr. lat. don. et
ill. G. Surenhusius. Amstel. 1698—1703. VI. fol. Miſchnah m. Vokal.
u. Leſezeichen u. m. getreuer, möglichſt wörtl. Deutſch. v. J. Moſer berricht.
Ueberſ. u. erkl. Anmerk. in hebr. Spr. Berlin 1831. VI. 4. Miſchnah,
in's Deutſche überſ. v. Rabe. Onolzbach. 1760—63. VI. 4. Ueb. d. Plan
u. d. Anordnung b. Miſchnah ſ. Geiger, Zeitſchr. f. d. Judenthum. Bd. II.
p. 474 sq. Kerem Chemed Bd. II. p. 61—87. Ueb. d. Zeit ihrer Ab=
faſſung ſ. Zunz, Annalen 1839. p. 38 sq.

2) Talmud Hierosolymitanum divisum in IV ordines, 1 de consi-
tionibus, 2 de temporibus, 3 de rebus uxoriis, 4 de damnis: confecit R. Jochanan. Hebr. Venet. Bomberg. 284. (1523.) 4. fol. c. annot.
ad marg. q. non reper. in ed. Veneta. Hebr. Cracov. 1609. fol. Tractat.
Talmudicus Berachot seu de benedictionibus c. commentario R. Salom.
Jarchi Tosaphòt seu additamentis, Piskè Tosaphòth seu decisionibus
additamentorum mischnico textu et R. Mosis Maimonidis commentario in eundem textum. Hebr. Soncini 1484. fol. [ſ. Rossi, Annal.
hebr. Typogr. p. 28.] Ueber den Namen Talmud u. Mischna ſ. Du-
beux im Journ. Asiat. 1843. Octbr. p. 263—274.

3) Ausg. ſ. Talmud Babylonicum integrum, ex sapient. scriptis
et responsis comp. a R. Asche, centum circiter annis post confec-
tum Talmud Hierosolym. add. comm. Mosis Maimon. et Salom.
Jarchi. Venet. 1520—22. u. 1549—50. XII. fol. Talm. Babyl. edit.
ad Venet. expr. sed a M. Marino Brix. ex consilio Conc. Trident.
liberata ill. reb. q. in Christum et res sacras injur. erant. Basil.
1578—80. IX. fol. Ed. altera ad fidem ed. Venet. ex offic. Justiniani,
in qua nihil omissum, nihil truncatum, quemadmodum in ed. Basil. quam inquisitio multis locis mutilavit. Cracov. 1602—5. Vol.
(VII) fol. ib. 1616. VIII. (XXIII) 4. Lublin. 1617. XIV. fol. Amstel.
1644—47. XII. fol. Traj. ad Viadr. 1697. XII. fol. Ed. coepta Amstelod. 1704 continuata et ad finem perd. (st. D. Oppenheimer).
Frcft. ad M. 1721—28. XII. (XXIV) fol. Vindob. 1791. XII. fol. Tal=
mud Babli, Babyloniſcher Talmud Tractat Berachot Segensſprüche. M. Deutſch.
Ueberſ. u. d. Comment. Raſchi u. Toſaphot n. d. verſch. Verbeſſ. all. früh.
Ausg. v. E. M. Pinner. Berl. 1842. Bd. I, fol. Talmud. Babylon. c.
schol. gloss. nec non ind. subj. Berol. 1842. 8. D. Talmud. Tract.
Berachoth u. d. Hierosolymit. u. Babyl. Gemara überſ. v. J. J. Rabe.
Halle 1777. 4. D. Talmud. Tract. Peah überſ. v. Rabe. Ansp. 1781. 4.
D. erſte Abſchn. d. erſt. Tract. v. Babyl. Talm. bet. Berachoth vollſt. überſ.
m. Vorr. Einl. u. 3 Anhängen. Hamb. 1836. 8. Pirka Aboth od. Sprüche
d. Väter, e. Tract. a. d. Miſchnah. Ueberſ. erläut. n. d. punct. Terte u. e.
vollſt. Wortregiſter v. P. Ewald. Erlang. 1825. 8. Le Talmude de
Babylone trad. en lang. franç. p. L. de Chiarini, et compl. p. celui
de Jérusalem et p. d'autres monuments de l'antiq. Judaique. Leips.
1831. II. 8. S. a. J. Weil, Fragm. a. d. Talmud u. d. Rabbinen. Frkft.
1809—11. II. 8. B. Schottländer, Zaphnath Paneach od. Samml. moral.
Lehren, Sprüche, Erzähl. u. Gedichte a. d. Talmud u. a. heil. Schrift. Bd.
I. Hannov. 1804. Bd. II. Hildesh. 1812. 8. Sagen d. Hebräer. A. d.
Schrift. d. alt. Hebr. Weiſen. M. e. Abh. üb. d. Urſpr., d. Geiſt u. Werth
d. Talmuds. A. d. Engl. d. H. Hurwitz. Lpzg. 1828. 8. F. Müller, üb.
d. wichtigſt. Lehren d. Talmud. Berl. 1827. 8. M. F. Landau, Geiſt u.
Sprache d. Hebr. n. d. zweiten Tempelbau. Prag 1822. 8. A. Pfeiffer,
de Talm. Judaeorum. Viteb. 1665. 4. Z. Grapius, Hist. litt. Tal-
mud. Rostoch. 1696. 4. u. Idea Talm. Hierosol. Lips. 1695. 4. M.
Beer, du rabbinisme et des traditions Juives. Paris 1832. 8. Joſt,
(Geſch.) d. Juden Bd. IV. p. 156 sq. 264 sq. 323 sq. Anh. p. 243 sq.

J. H. Otto, Histor. doctor. mischnicorum. Ed. II. Amst. 1698. 8. u.
b. Ugolini, Thes. Antiq. Sacr. T. XXI. p. 1096—1181. Wolf, Bibl.
Hebr. T. II. p. 803 sq. 863 sq. J. H. Dessauer, Leschon Rabbanan
ob. gedrängt. vollſt. Aram. Chald. Deutſches Hdwtbch. a. Hilfsm. z. Erlern.
b. Talmub, b. Targumim u. Mibraſchin. Erlang. 1838. 8. H. S. Hirſch-
feld, b. Geiſt b. Talmud, Auslegung b. Bibel Th. I. Halachiſche Eregeſe.
Berl. 1840. 8. S. a. Pinner, Compendium des Hieroſolymit. u. Babylon
Talmud. Berl. 1832. 8. u. beſſ. Einleit. in b. Talmud, b. ſ. Ausg. Bd. I.
p. 1—24. Ueb. bie Eintheilung ber Talmubiſchen Doctrin in bie Halaca,
das münbliche Geſetz, eine Art bialectiſcher Logik, und Hagada, Sagen aus
alter Zeit, jedoch auch auf bie Trabition gegründet, und mehr beiſpielsweiſe
Rhetorik ſ. Chiarini a. a. O. T. I. p. 61 sq.
   4) S. J. Buxtorf, Tiberias c. comm. Masoret. Basil. 1665. 4.
Fourmont in b. Mém. de l'Acad. T. XX. p. 222 sq. XXX. p. 442
sq. J. Fr. Cotta, de orig. Masor. punctorq. Hebr. Tubing. 1726. 4.
Wolf II. p. 460 sq. Chiarini T. I. p. 201 sq.

§. 143.

2.) **Chriſtliche Lehre.** Da in ber letzten Periobe offenbar ein Fortſchreiten bes menſchlichen Geiſtes in ſeiner Cultur
ſichtbar warb und weber bas Orientaliſche rohere noch bas Grie-
chiſch-Römiſche feinere Religionsſyſtem mehr befriebigen konnten,
inſofern eine Verehrung vieler Gottheiten nur für ungebilbete
Menſchen benkbar iſt, und bie Philoſophen burch ihre Speculationen nach und nach eine beſſere Vorſtellung von bem eigentlichen Weſen ber Gottheit zu verbreiten bemüht geweſen waren,
ſo hätte vielleicht ber Jübiſche Monotheismus bieſem Uebelſtanbe
abhelfen und als bie gewünſchte reinere Gottesverehrung erſcheinen können. Allein berſelbe war eigentlich nur bem Namen nach
noch Monotheismus, inbem ſeit bem Babyloniſchen und Perſiſchen Exile ſo viele phantaſtiſche Ibeen und abergläubiſche Anſichten in benſelben eingezogen und von ben Kabbaliſten und
Talmubiſten angenommen und verarbeitet worben waren, baß er
in ber That ſich nur wenig von bem blinben Heibenthume ber
Orientalen unterſchieb. Als nun mittlerweile burch bie Grie-
chiſch-Römiſche Philoſophie ein freieres und richtigeres Denken
herbeigeführt worben war, inbem ſie manche Anſichten aufſtellte,
welche wenigſtens in moraliſcher Beziehung benen bes Chriſtenthums ziemlich nahe kamen, ſo ging ber alte Götterglaube faſt
ganz unter, ob man ihn gleich in ber Form noch beibehielt, weil
man wohl im Denken vorwärts gehen, aber barum noch keine
neue Religion aufſtellen konnte, ſchlug aber leiber babei einen
falſchen Weg ein, inbem man entweber bas Emanationsſyſtem mit

allen ſeinen Ungereimtheiten annahm oder den Atheismus mit
ſeiner Leere, Ruchloſigkeit und Unbefriedigung wählte, ja ſogar,
wenigſtens im Oriente, ſich dieſer oder jener der Jüdiſchen Religionsparteien anzuſchließen wagte. Da ließ Gott einen Mann
auftreten, welcher eine beſſere Religion zu gründen im Stande
war, die, obwohl einem heißen Klima entſproſſen, welches ſonſt nur
auf Phantaſie und Sinnlichkeit gegründete Religionsphiloſopheme
hervorzubringen pflegt, dennoch die Gottheit rein von allem Materiellen nur geiſtig auffaßte und darum blos eine Religion der
Vernunft und des Ueberſinnlichen war. Daß aber gerade Paläſtina als der Schauplatz ſeiner Wirkſamkeit von Gott auser-
ſehen war, liegt darin, weil der freilich damals ſehr verun-
ſtaltete Glaube deſſelben an einen Gott als die paſſendſte Baſis,
auf welcher er fortbauen konnte, erſchien. Dieſer von Gott ge-
ſandte Mann war aber Jeſus Chriſtus (geb. Olymp. 194,
1 oder 2 = 750 oder 751 n. Erb. Roms = 3983 J. d.
W. zu Bethlehem), der als Kind mit ſeinem Pflegvater Joſeph
und ſeiner Mutter Maria vor der Grauſamkeit des Tetrarchen
Herodes nach Aegypten flüchten mußte, nach ſeiner Rückkehr aber,
obwohl erſt 12 Jahre alt, im Tempel zu Jeruſalem die Schriftgelehrten durch ſeinen außerordentlichen Verſtand und Scharfſinn
in das höchſte Erſtaunen zu verſetzen wußte, dann ſeine Jugend-
jahre unter der muſterhafteſten Aufführung im Stillen zu Nazareth
bei ſeinen Aeltern zubrachte und endlich im 30ſten Jahre ſeines
Alters (im 15ten Jahre der Regierung des Tiberius) als Lehrer auftrat, indem er den Verſtand ſeiner Nebenmenſchen aufzu-
klären und ſie ſomit zu einer reinen Gotteserkenntniß, Tugend und
Vollkommenheit zu führen ſuchte. Er zeigte ſich dabei als Muſter
eines Reformators, indem er keineswegs das Beſtehende gewalt-
ſam umſtürzte, ſondern das allgemein Gültige und Brauchbare
aus dem Moſaismus herausnahm und nur das Entſtellte und
nicht mehr Zeitgemäße wegließ und veränderte, natürlich alſo
den allmächtigen Jehova nicht mehr als den Nationalgott eines
einzigen bevorzugten Volkes, ſondern als den liebevollen Vater
aller Menſchen, den man alſo nicht allein fürchten, ſondern auch lieben müſſe, den man nicht blos mit blutigen Opfern zu verehren,
ſondern im Geiſt und in der Wahrheit anzubeten habe, darſtellte
und zugleich lehrte, daß die einem ſolchen erhabenen Weſen an-

genehmste Verehrung nur darin bestehen könne, edel zu denken, reinen Herzens zu seyn und tugenhaft zu leben, wozu er als Beweggrund die Unsterblichkeit der Seele ansah. Hieraus ergiebt es sich von selbst, daß seine Lehre das Wohl des ganzen Menschengeschlechtes bezweckte und sowohl der Materie als Form nach die Eigenschaften einer Universalreligion besaß, indem sie in Bezug auf erstere, weil sie das Gepräge der Wahrheit trug, dem menschlichen Verstande einleuchtend und dabei allgemein, d. h. zu allen Zeiten, an allen Orten, in allen Zuständen und für jeden Menschen anwendbar, rücksichtlich ihrer Form aber populär vorgetragen (er lehrte, wie die anderen jüdischen Schriftgelehrten aus dem Alten Testamente), auf sinnliche Hilfsmittel, an welche er das Geistige und Moralische knüpfen konnte (Bilder und Gleichnisse) gestützt und endlich positiv war und auf göttliche Auctorität, d. h. auf die moralische Idee von einer Gottheit, deren Gesandter und Interpret er war, gegründet erscheint. Jesus schrieb selbst zwar nichts von seinen Lehren und Vorträgen auf[1]), aber er bildete 12 Männer, zu denen sich später noch 70 andere fanden, welche seine Ansichten und Doctrinen fortpflanzten. Da nun aber seine Lehre so einfach und faßlich, ihr Inhalt so wahr und überzeugend, die Absicht ihres Stifters so lauter und uneigennützig und sein ganzes Betragen so menschenfreundlich und wohlwollend war, so erhielt er bald viele Anhänger, allein es konnte auch nicht fehlen, daß sein Vorhaben, eine neue dem höchsten Wesen angemessenere Art der Gottesverehrung zu bewerkstelligen, dem Jüdischen Priesterstande bekannt werden und diesem gefährlich erscheinen mußte, denn durch ihn drohte ihrer Heuchelei und ihrem Uebermuthe völlige Entdeckung. Sie beschlossen also seinen Tod, und obgleich Jesus sich hätte retten können, so wollte er doch durch Aufopferung seines Lebens seinen Jüngern ein Beispiel geben, wie sie für seine Lehre ungescheut ihr Leben in die Schanze schlagen sollten, und so starb er Olymp. 202, 4 oder n. Erb. Roms 785 oder im J. n. Chr. G. 32 am Kreuze, indem noch sein Tod eine Wohlthat für die Menschheit war, weil Gott mit diesem die Sündenvergebung verkettet hatte, und sein Tod und Leiden als Symbole der Strafen für die Menschen erscheinen sollten, weil sie darin ein Bild derjenigen Strafen erblicken mußten, welche sie durch ihre Vergehungen verdient, aber durch die göttliche Gnade geschenkt erhalten hatten. Am dritten Tage erschien Jesus wieder unter den Menschen und unterhielt sich noch lange mit seinen Jüngern, bis er sich endlich ganz entfernte, um, nachdem er durch seine Auferstehung ihnen den sichersten Beweis seines göttlichen Ursprungs gegeben hatte, in einer besseren Welt den erhabenen Platz, der ihm gebührte, einzunehmen. S. A. L. G. §. 328.

1) Ein Verzeichniß der ihm untergeschobenen Briefe und Reden s. in m. Allg. Lit. Gesch. p. 883 sq.

2) Ueb. s. Leben s. M. F. Roos, Lehre u. Lebensgeschichte d. Sohnes Gottes, n. d. 4 Evangelien. Tübing. 1776. II. 8. J. J. Plank, Gesch. d. Christenthums in d. Periode s. ersten Einführung in die Welt. Götting. 1818. II. 8. J. J. Heß, Lebensgeschichte Jesu. Zürich 1822—23. III. 8. H. E. G. Paulus, das Leben Jesu als Grundlage einer reinen Geschichte des Urchristenthums. Heidelb. 1828. II. 8. K. Hase, das Leben Jesu III. A. Lpzg. 1840. 8. (beide rationalistisch). A. Neander, das Leben Jesu Christi in s. geschichtlichen Zusammenhange u. s geschichtlichen Entwickelung. III. A. Hamb. 1839. 8. D. F. Strauß, das Leben Jesu kritisch dargestellt III. A. Tübing. 1838. II. 8. [rein mythische Auffassung s. A. Tholuck, die Glaubwürdigkeit d. evangelischen Geschichte, zugl. e. Kritik d. Lebens Jesu v. Strauß. Hamb. 1837. 8. Fr. Theile, z. Leben Jesu od. Kritik. d. Straußischen Werkes u. 27 gegen dasselbe gedruckter Streitschriften. Lpzg. 1837. 8. J. Zeller, 42 Stimmen d. Deutschen Kirche über Strauß, Leben Jesu. Zürich 1837. 8. D. einz. Streitschr. s. verzeichn. b. Danz, Wtbch. d. theol. Liter. p. 438 sq. u. Nachtr. p. 52 sq.] Chr. Fr. v. Ammon, die Geschichte d. Lebens Jesu m. steter Rücksicht auf die vorhandenen Quellen dargestellt. Lpzg. 1842—44. II. 8. u. die Fortbildung d. Christenthums zur Weltreligion. II. A. Lpzg. 1836—41. IV 8. Br. Bauer, Kritik der evangelischen Geschichte der Synoptiker. Lpzg 1841. II. 8. (völlig negativ) Reghellini de Schio, Examen du Mosaisme et du Christianisme. Paris 1834. III. 8. (atheistisch) s. a. J. Chr. W. Augusti, D. phil. theol. Christologiae Koranicae lineamenta. Jen, 1799. 4. u. Apolog. u. Parallelen theol. Inhalts. Lpzg. 1800. 8. p. 228 sq. — Historia Jeschuae Nazar. a Judaeis blaspheme corrupta, e ms. hact. ined. ac vers. et not., quibus Judaeorum nequitiae deteguntur, ill. a. J. J. Huldrico. Lugd. B. 1705. 4. A. O. Werner, Jesus in Talmude. Stad. 1781. 4. s. Eisenmenger, Neu. Judenth. I. p. 69—269. S. a. J. Salvador, Jésus Christ et sa doctrine. Paris 1838. II. 8. (Deutsch. Dresd. 1841. II. 8.).

§. 144.

Apostel oder Gesandte (ἀπόστολοι) heißen nach Luc. VI, 13. im vorzüglichen Sinne die 12 ersten Jünger Jesu, die er als Verkündiger seiner Lehre unter die Juden und nach seiner Auferstehung auch unter die Heiden mit höchster kirchlicher Gewalt sandte. Ihre Namen waren Simon Petrus, dessen Bruder Andreas, Jacobus, Sohn des Zebedäus, dessen Bruder Johannes, Bartholomäus (b. Joh. I. 46. Nathanael genannt), Thomas, Philippus, Matthäus, Jacobus, Sohn des Alphäus, Leb-

bäus Thaddäus, für den Lucas VI, 15 sq. den Judas, Sohn
des Jacobus anführt, Simon der Kananit, und Judas Ischariot,
nach dessen Selbstmorde von den übrigen 11 Aposteln für ihn
durch das Loos noch vor Ausgießung des Heiligen Geistes
(Apostelgesch. I, 25 — 26.) Matthias gewählt ward, der aber
diese Stelle nie wirklich bekleidet haben mag. Vielmehr ward der
Heidenapostel Paulus, von Christus selbst zu der 12ten Stelle
berufen (Apocal. XXI, 14. Galat. I, 1.), an diesen Platz gestellt. Von mehreren dieser Schüler Jesu wurden nun, wie gesagt, seine Lehren aufgezeichnet. Diese Schriften, das Neue
Testament genannt, sind theils historischen, theils bidactischen
Inhalts: erstere sind in biographischer Form, letztere in der von
Briefen abgefaßt,- wozu noch eine Art mystischen Gedichtes (die
Offenbarung Johannis) kommt, in welchem der Sieg des Christenthums über das Heiden- und Judenthum gefeiert wird. Um
nun von den einzelnen Schriften zu sprechen, so haben wir zuerst von den historischen zu reden, den sogenannten Evangelien
($εύαγγελιον$ = frohe Botschaft), deren wir noch 4 besitzen. Das
erste derselben ist vom Matthäus (eigentlich Levi genannt und Sohn
des Alphäus, ward er von Jesu, als er noch Zolleinnehmer am See
Genezareth war, bekehrt, verbreitete das Christenthum in Aethiopien, Nubien, Macedonien und Parthien und scheint hier
den Märtyrertod gestorben zu seyn) i. J. 61 n. Chr. in hebräischer
Sprache[2]) niedergeschrieben und später erst in's Griechische übertragen
worden. Das zweite schrieb Marcus (vermuthlich der in der Apost.
Gesch. XII, 12. XV, 25, 37 erwähnte Johannes, ein geborner Jude
aus Cyrene und dem Stamme Levi, von Petrus zum Christenthum
bekehrt, dann einer der 70 Jünger, Begleiter seines Vetters Barnabas und des Paulus auf ihren Reisen, und angeblich um d. J.
60 n. Chr. zu Alexandrien verstorben); ein zu Rom unter Anleitung des Petrus verfaßtes haben wir von Lucas (zu Antiochia als
Heide geboren, einer der 70 Jünger, vermuthlich ein Arzt, schwerlich ein Maler von Profession, Begleiter des Apostels Paulus
auf seinen Reisen und dann in Aegypten, wo er das Evangelium predigte, verschollen) um das Jahr 63 in Aegypten unter
Anleitung des Paulus geschrieben und an einen gewissen Theophilus
gerichtet, wie er denn später noch als Fortsetzung die Apostelgeschichte ($πραξεις των αποστολων$), welche bis zum 13ten

Kapitel die allgemeine Geschichte der christlichen Gemeine, von da an aber nur die Begebenheiten des Paulus enthält (bis z. J. 63), hinzufügte. Endlich hat Johannes (der Sohn des Zebedäus, erst Fischer am See Genezareth, dann Schüler Johannis des Täufers, und nachher der vertrauteste Jünger Jesu, blieb er bis zu Paulus letzter Reise nach Jerusalem daselbst und soll im hohen Alter zu Ephesus gestorben seyn) uns ein ursprünglich Griechisch geschriebenes und dann später in's Hebräische übersetztes Evangelium hinterlassen, das bis zum 20sten Kapitel unbezweifelt ächt, im 21sten aber wohl von fremder Hand ist und vorzüglich die Eigenthüm-lichkeit enthält, daß es die Geschichte Jesu sehr vollständig in Bezug auf seine Reden und Lehrvorträge, weniger hinsichtlich seiner Be-gebenheiten, vorträgt und durchgängig den Beweis zu führen sucht, daß Jesus wirklich Gottes Sohn sey.

Die Briefe zerfallen in 2 Klassen, nämlich in die Pau-linischen und Katholischen (d. h. alle nicht Paulinische). Der Apostel Paulus, früher als Jude Saul genannt, zu Tarsus in Cilicien, von Jüdischen Aeltern aus dem Stamme Benjamin, aber mit Römischem Bürgerrechte gezeugt, hatte sich zwar anfangs als fanatischen Verfolger des Christenthums bewiesen, ward aber dann plötzlich einer der eifrigsten Anhänger und Verbreiter desselben, that deßhalb vier Bekehrungsreisen in Europa und Asien und soll zwischen d. J. 64—68 n. Chr. in der Neronischen Christen-verfolgung seinen Tod gefunden haben. Er hinterließ 2 Briefe an die Thessalonicher, einen an die Galater, 2 an die Korinther, einen an die Römer, einen an Philemon, einen an die Kolosser, einen an die Ephesier, einen an die Philipper, 2 an den Ti-motheus, einen von ihm bekehrten Lycaonier und nachherigen Gefährten im Gefängniß, einen an den Titus, seinen Geschäfts-träger zu Korinth und in Kreta, und einen an die Hebräer (d. h. unvermischte, dem väterlichen Tempeldienste noch zugethane, aber zum Abfall geneigte Judenchristen, oder Ebioniten). Sonst hinterließen noch Jacobus der Jüngere, Sohn des Alphäus, der i. J. 62, als er Christum nicht verleugnen wollte, ermordet ward, einen Brief an die Judenchristen außerhalb Palästina, Petrus, eigentlich Simon genannt, einer der vertrautesten Jünger Jesu, Führer der Gemeinde zu Jerusalem, seit d. J. 44 Heidenbekehrer in Asien und i. d. J. 67—68 n. Chr. zu Rom,

wo er angeblich v. J. 41 an Bischoff der Christengemeinde gewesen
seyn soll, gekreuzigt, 2 Briefe an die heidenchristlichen Gemeinden
in Asien, von Babylon aus geschrieben, und endlich Johannes
3 Briefe an Heidenchristen, seine Schüler, an eine Christin Ky-
ria und an einen gewissen Cajus aus der Gegend von Ephesus
gerichtet. Einer seiner Schüler scheint eine dem Evangelisten ge-
wordene Offenbarung (ἀποκάλυψις) nach dessen Tode (f. 18, 10)
unter Galba's Regierung niedergeschrieben zu haben, worin eine
Prophezeiung vom baldigen Eintritte des Gerichts und Siege
des Gottesreiches zum Troste der Christen gegeben wird.

Die Schriften aber, welche jetzt das Neue Testament[3])
ausmachen, existirten anfänglich nur einzeln und wurden erst
gegen das Ende des ersten Jahrhunderts gesammelt, weil bei
den ersten Christen das alte Testament immer noch einzige Re-
ligionsurkunde blieb, weshalb sich auch nur selten ausdrückliche
Citate neutestamentlicher Schriften bei den apostolischen Vätern,
häufiger allerdings Anspielungen auf apostolische Briefe, dagegen
aber nur schwankende Beziehungen auf Evangelien und zwar
öfters noch auf apocryphische finden. So scheint denn die Ursamm-
lung der neutestamentlichen Schriften vermuthlich in Galatien
und im Pontus entstanden zu seyn, wo Marcion im zweiten
Jahrhundert 10 Paulinische Briefe und das Evangelium des
Lucas vereinigt haben soll. Bald darauf haben jedoch Irenäus,
Clemens von Alexandria und Tertullianus eine
Sammlung der vier Evangelien (το εὐαγγελιον oder instrumentum evangelicum) und der Paulinischen, sowie einiger anderen
Briefe (ἀποστολος oder instrumentum apostolicum) unter einem gemeinschaftlichen Namen zusammengefaßt, welche man von
nun an für heilig und göttlich und als Quellen der dogmatischen und historischen Wahrheit des Christenthums (κανων)
ihrer inneren Wahrhaftigkeit und ihrer Verfasser wegen und im
Vertrauen auf die Ueberlieferung, durch welche man sie erhalten
hatte, ansah. Endlich stellte Origenes noch einen ähnlichen neutestamentlichen Canon auf, in welchem er außer den obigen, allgemein
für gültig anerkannten Schriften noch den Brief an die Hebräer,
2. Petri, 2. und 3. Johannis, den Brief Jacobi und Judä aufnahm, sowie endlich auch Eusebius, welcher alle neutestamentlichen
Schriften, insofern sie in die damals übliche Sammlung gehörten,

in 3 Klaſſen (1. in allgemeine und als ächt apoſtoliſch anerkannte, 2. in nicht allgemein für ächt und apoſtoliſch gehaltene,
aber doch von Vielen geachtete und in den Kirchen vorgeleſene
und 3. in ungereimte, gottloſe und von Ketzern erdichtete) eintheilte. Daß natürlich hier die vielen apocryphiſchen Schriften
des Neuen Teſtamentes nicht in Betracht kommen können[4]), verſteht ſich von ſelbſt. S. A. L. G. §. 329 — 330.

1) S. G. Cave, Antiquitates apostolicae or the history of the
apostles. Lond. 1677. 8. J. J. Heß, Geſch. u. Schriften d. Apoſtel Jeſu.
IV. A. Zürich 1820—22. III Bde. 8. C. Wilhelm, Chriſti Apoſtel und
erſte Bekenner oder die Geſchichte der Apoſtel und deren Briefe in ihr. Zu-
ſammenhange und deren Zeitfolge. Heidelb. 1825. 8. A. Neander, Geſch.
d. Pflanzung u. Leitung d. chriſtlichen Kirche durch d. Apoſtel. Hamb. 1832
—33. II. 8. All. Hänlein, Hdbch. d. Einleitung in d. Schriften d. N. Teſt.
Erlang. 1801—9. III. 8. J. Gfr. Eichhorn, Einl. in ſämmtl. Büch d. N.
Teſt. Lpzg. 1804—27. V. 8. J. L. Hug, Einl. in d. Schriften d. N. Teſt.
Tübing. 1826. III. A. II. 8. K. A. Credner, Einl. in d. N. Teſt. Halle
1836. Bd. I. 8. u. Beitr. z. Einl. in d. bibl. Schriften Bd. I. u. II. ebd. 1832 - 38. 8.
Chr. G. Neudecker, Lehrb. d. hiſt. krit. Einl. in d. N. Teſt. m. Beleg. a.
d. Quell. Schr. Lpzg. 1840. 8. H. E. F. Guericke, Einl. in d. N. Teſt.
Mr. hiſt. krit. erkl. Anmerk. Lpzg. 1842. 8. Ed. Reuß, Geſch. b. heil. Schr.
d. N. Teſt. Hall 1842. 8. W. M. L. de Wette, Lehrb. d. hiſt. cr. Einl. in d. Alt. u.
Neu. T. Bd. I. Berl. V. A. 1840. 8. Bd. II. Neu. Teſt. IV. A. ebb. 1842. 8.
2) Die noch vorhandene Hebräiſche Ueberſetzung: Evangel. secundum
Matthaeum in ling. Hebr. c. vers. lat. et not. S. Munsteri. Basil.
1537. fol. Hebr. c. vers. lat. Paris 1555. 8. iſt viel ſpäteren Urſprungs
und nur Rücküberſetzung aus dem Griechiſchen durch einen Juden.
3) Ausg. ſ. Ed. Pr. Novum instrumentum omne, Diligenter ab
Erasmo roterodamo recognitum et emendatum (gr. et lat. c. anno-
tat.) Basil. Froben. 1516. II Ptes. fol. Test. nov. graece multo q.
antehac diligentius ab Er. Roter. recogn. emend. ac transl. Basil.
1519. fol Tertio recogn. ib. 1522. fol. Graece. Hagen. 1521. 4. Paris
1534. 8. Venet. 1538. II. 8. Lutet. Rb. Stephanus. 1546. II. 16. 1549.
II. 16. 1550. fol. 1568. II. 12. Gr. c. dupl. interpr. D. Erasmi et vet.
interpr. harmon. evangel. et cop. ind. ib. 1551. 8. gr. et lat. c. interpr. Syriaca hebr. typ. descr. et lat. redd. ab J. Tremellio. ib.
1569. fol. Graece Lugd. B. Elzevir. 1624. 1633. 12. ib. 1678. 24. ex
ed. St. Curcellaei. Amst. 1558. 12. ed. J Fell. Oxon. 1675 8. c. var.
et paralip. J. Millii. Oxon. 1707. fol. ed. M. Maittaire. Lond. 1714.
12. ex ed. J. Millii rec. L. Kuster. Amst. 1710. fol. rec. J. A. Bengel. Tubing. 1734. II. 4. c. lect. var. necnon comm. plen. op. et st.
J. J. Wetstenii. Amst. 1751—52. II. fol. ed. II. auct. et emend. cur.
J. A. Lotze. Roterod. 1832. II. 4. Gr. schol. theol. et philol. auct.
Hardy. Lond. 1778. II. 8. gr. et lat. ed. Ch. F. Matthaei. Rig. 1782
—88. XII. 8. Gr. e cod. Alex. descr. a C. G. Woide. Lond. 1786.
fol. Gr. text. ad fid. cod. vers. et patr. recens. et lect. var. adj. J.
J. Griesbach. Hal. 1796—1806. II. 8. ex rec. J. J. Griesbach c. sel.
lect. var. Lips. 1803—7. IV. 4. Gr. ad edit. J. J. Griesbach. c. not.
divers. ed. E. Valpy. Lond. 1815. III. 8. Graece perp. annot. illustr.
a J. B. Koppe. Götting. 1791—1826. 8. (unbeendet, erſchienen iſt nur
T. III—X.) Novi Test. libri hist. gr. text. rec. appos. s. lect. Griesbach. c. comm. D. C. T. Künoel. Lond. 1826. III. 8. Graece: text.
ad fid. test. crit. rec. lect. famil. subj. e graec. cod. mss. qui in
Europae et Asiae biblioth. reper. fec. omnib. e vers. antiq. conc.

sanct. patr. et scr. eccl. quibuscunque vel primo vel iter. coll. cop.
crit. add. atque cond. hor. test. crit. historq. text. N. Test. in proleg. lus. expos. praeterea synaxaria codd. K. M. 262. 274. typ.
exscr. cur. A. Scholz. Lips. 1830—35. II. 4. ad cod. Vindob. var.
lect. add. Fr. C. Alter. Vindob. 1786—87. II. 8. gr. ex rec. C. Lachmann. Berol. 1831. 8. gr. et lat. C. Lachmann rec., Ph. Buttmann
graec. lect. auct. appos. Berol. 1842. II. 8. Nov, Test. gr. et lat. ed.
Ad. Göschen. Praef. est F. Lücke. Lips. 1832. 8. The greek Testam.
accomp. with engl. not. crit. philol. and exeget. by S. T. Bloomfield. Lond. 1834. II. 8. Graece post Tittmann. sec. cur. recogn.
lect. var. not. A. Hahn. Lips. 1840. 12. ex recogn. Knapp. emend.
ed. argum. not. soc. parall. annot. crit. et ind. adj. J. Gfr. Theile.
ib. 1840. 12. Graece et Lat. in ant. text. vers. Vulg. lat. indag.
lection. var. Stephani et Griesbachii not. C. Tischendorf. Paris 1842.
8. Graece rec. atq. int. lect. var. subj. G. Chr. Knapp. Edit. V. Hal.
1840. II 8. Das neue Test. Griech, n. d. best. Hülfsmitteln krit. rev. n.
Deutsch. Uebers. u. krit. u. exeg. Commentar v. H. A. W. Meyer. Götting.
1840. II. 8. Codex Ephraemi Syri rescriptus s. Fragm. N. Test. e
cod. gr. Paris. celeberr. Yti p. Chr. saec. eruit atq. ed. C. Tischendorf. Lips. 1843. 4. (war schon entdeckt u. beschrieben v. Fleck in Umbreit's
Theol. Stud. 1841. H. II. p. 126—141).

4) Verz. d. Apocryphen in m. Allg. Lit. Gesch. §. 331. p. 901—908.
u. §. 330. b. d. Schr. d. einz. Apostel, f. a. Burigny in d. Mém. de l'ac.
d. Inscr. T. XXVII. p. 88 sq. Is. de Beausobre, Diss. de N. T. libris apocryphis. Berol. 1734. 8. J. F. Kleuker, üb. d. Apocryphen d.
N. Test. Hamb. 1798. 8. Ed. W. Reuss, Diss. pol. de libris N. T.
apocryphis perperam plebi negatis. Argent. 1829. 4. Samml. f.
Codex Apocryphus N. Test. coll. cast. et illustr. a J. A. Fabricio.
Hamb. 1703—19. III. 8. A. Birch, Auct. cod. apocr. N. T. Fabriciani. Hafn. 1804. I. 8. (Append. in J Möller, Theol. Bibl. IX. p.
1 sq.) Cod. Apocr. N. T. e libr. ed. et ms. coll. rec. et prol. ill. J.
V. Thilo. Lips. 1832. T. I. 8. J. W. Lersbach, N. Beitr. zu d. Apocr.
d. N. Test. a. d. Schr. d. Johannisjünger. Marb, 1807. 8.

§. 145.

Ob es gleich auch nach den Aposteln nicht an Männern
fehlte, welche im Sinne derselben zu predigen und zu handeln
fortfuhren, so gebrach es diesen doch bei weitem an dem Geiste
derselben, und so kam es denn auch, daß ihre Schriften auf ein
gleiches Ansehen in der Kirche wie jene nicht Anspruch machen
konnten, wie wir sie übrigens auch jetzt kaum noch richtig zu beurtheilen
vermögen, indem ein Theil derselben verloren und der andere
auf uns gekommene wohl fast durchgängig unächt, wenigstens
interpolirt ist. Dieses ist unter jenen apostolischen Vätern[1]),
wie man sie ihres Zeitalters wegen genannt hat, der Fall mit
den 2 Abhandlungen des Linus aus Tuscien in Italien[2]),
mit des Paulus Begleiter, Barnabas aus Cypern, angeblich
dem ersten Bischoff von Mailand, von dem wir noch einen Brief
haben, in welchem er die Aufhebung des Sitten- und Cärimo=

nialgesetzes Mosis verlangt[3]), und mit des Hermas ποιμην genanntem Buche[4]), worin ein Engel in Gestalt eines Hirten die Lehren Christi vorträgt. Von dem dritten Bischoff von Rom, der unter Trajan den Märtyrertod erlitten haben soll, Clemens von Rom, haben sich ächte und untergeschobene Schriften erhalten[5]), wie wir denn auch von Ignatius aus Nora in Cappadocien, der als Bischoff von Antiochia i. J. 116 n. Chr. zu Rom den Löwen vorgeworfen worden seyn soll, noch 7 ächte, wiewohl interpolirte und 8 unächte Briefe[6]) haben. Von Polycarpus, dem Bischoff von Smyrna, der i. J. 147 oder 169 n. Chr. daselbst den Märtyrertod starb, besitzen wir einen ziemlich sicher ächten Brief an die Philipper[7]), von seinem Vertrauten Papias, dem Bischoff von Hierapolis in Phrygien, nur wenige Fragmente[8]) und endlich von Dionysius aus Athen, wo er sogar Mitglied des unter dem Namen Areopagus so berühmten Gerichtshofes war (daher sein Name Areopagita), dem Bischoffe dieser Stadt (seit 50 n. Chr.), als welcher er unter Domitian den Märtyrertod starb, unter anderen[9]) noch die beiden berühmten Schriften περι της ουρανιου und περι της εκκλησιαστικης ἱεραρχιας, die aber jedenfalls wie die übrigen unter seinem Namen vorhandenen Werke das Gepräge des 3ten bis 5ten Jahrhunderts, nicht aber jener frühen Zeit an sich tragen. S. A. L. G. §. 333. p. 912 — 924.

1) S. G. Cave, Apostolici or the history of the primitive fathers. Lond. 1677. 1682. fol. (Deutsch. Lpzg. 1724. fol.) V. A. Winter, krit. Gesch. d. ältest. Zeugen u. Lehrer d. Christenthums nach den Aposteln. München 1814. 8. Ausg. f. SS. Patrum, qui temporibus apostol. floruerunt, Barnabae, Clementis, Hermae, Ignatii, Polycarpi Opera vera et supposita una cum Clem. Ignat. Polyc. Actis atque Martyriis ex mss. eruit ac corr. vers. et not. illustr. J. B. Coteler. Paris 1672. II. fol. Ed. II. auct. Amst. 1724. II. fol. Th. Ittig, Biblioth. patr. apostol. graece et latine. Lips. 1699. 8. SS. PP. apost. op. genuina c. Ignat. et Polyc. vers. ant. et recent. var. lect. et not. ill. J. L. Frey. Basil. 1742. 8. gr. et lat. rec. C. F. Hornemann. Hafn. 1828. II. 8. Clem. Rom., Ignatii, Polycarpi, patr. apost. q. supersunt. Acc. Ignatii et Polycarpi martyria. Ad fid. codd. mss. rec. annot. var. et suis ill. G. Jacobson. Oxon. 1838. II. 8. Patr. apost. Opera, text. rec. brevi annot. instr. C. J. Hefele. Tubing. 1839. Ed. II. auct. et emend. ib. 1842. 8. Die ächten Schriften d. apostol. Väter a. d. Grundspr. übers. u. n. Anm. v. K. Unterkirchner. Lpzg. 1817. 8.

2) D. Lini pont. sec. de sui praecess. Petri apost. princ. et coryph. lib. passione duo. Paris 1566. 8. u. in d. Bibl. PP. Max. T. II. 1. p. 67 sq.

3) S. E. G. Boehme, Sched. hist. de Josepho Ber saba s. Barnaba justo. Weissenfels. 1735. 4. J. A. Saxe, Vind. de adventu

19 *

Mediol. s. Barn. apost. contra nonn. rec. aevi script. Mediol. 1748.
4. Ullmann in f. Stud. u. Krit. Bd. I. 2. p. 377—399. Schulthheß,
Neu. theol. Ann. 1829. p. 943 sq. Barn. ap. ut fertur epist. cath.
prim. e tenebris eruit notq. et observ. ill. H. Menard. Paris 1645.
4. gr. et lat cura Mader. Helmst. 1653. 4. c. Hermae past. cur. J.
Fell. Oxon. 1685. 12. gr. et lat. in Galland. Bibl. PP. T. I. p. 111 sq
G. J. Hefele, b. Sendschreiben b. Ap. Barnabas auf's Neue unterf., überf.
u. erkl. Tübing. 1840. 8. f. E. Henke, Comm. de Epist. q. Barn. trib.
authentia. Jen. 1827. 4. J. R. Rördam, Comm. de auth. Ep. Barnab. Havn. 1829. P l. 8.

4) Herm. Fragm. Ed. Pr. gr. et lat. sub nom. S. Athanas. Alex.
Doctr. ad Antiochum ducem e cod. Colbert. ed. B. Montfaucon, in
f. Ausg. b. Athan. Op. T. III. p. 252 sq. u. Fabric. Bibl. Gr. T. V.
p. 7 sq. — Der ποιμην nur noch in Lat. Ueberf. übrig: Ed. Pr. in J.
Fabric. Liber trium virorum et trium spiritualium virgin. Paris
1513. fol. c. anim. Barthii, b. f. Ausg. b. Claud. Mamert. Cygn.
1655. 8. p. 675 sq. u. c. rel. Fragm. b. Galland T. I. p. 49 sq. f. a.
Fontanini, Hist. litt. Aquilej. p. 63 sq. O. M. Torelli, Diss. hist.
placita quaed. Hermae V. ut habetur apost. exhib. Lond. Goth.
1825. 8. P. A. Gratz, Disq. in Hermae Pastor. P. I. Bonn. 1820. 4.
Zachmann, ber Hirte b. Hermas. Königsb. 1835. 8. Deutsch a. in b. Ber-
leburg. Bib. Bd. VIII. p. 506—556. u J. D. Glüsing, Briefe u. Schrift.
b. apost. Männer. Hamb. 1718. p. 44—226.

5) S. Ph. Rondinini, L. II. de Clemente, papa et martyre ejusque basilica in urbe Roma. Rom. 1706. 4. G. Ch. Neller, Diss. de
Clem. Rom. Trev. 1772. 4. Ausg. f. Br. ist: Clem. Rom. Epist. duae
ad Corinth. expr. ad fid. mss. c. not. var. illustr. et emend. praef.
et diss. praem. H. Wotton. Cantabr. 1718. 8 f a. Schenkel, de ecclesia Corinth. primaeva factionibus turbata. Inest de Clement.
orig. argumentoque disq. Basil. 1839. 8. K. Thöniffen, zwei hist. theol.
Abhandl. üb. b. Authentic. u. Integrit. b. erst. Br. Clem. v. R. a. b.
Corinther. Trier 1841. 8. D. heil. Clemens v. R. Br. a. b. Korinther
u. b. heil. Polycarp. Br. a. b. Philipp. überf. m. Anmerk. v. Eb. Herzog.
Bresl. 1825. 8. Neu überf. u. m. Comm. verf. v. M. J. Wafer. Tübing.
1810. 8. D. 2 Br. b. Clem. v. Rom an b. Jungfrauen. A. b. Syr. überf.
u. m. Anm. verf. v. P. Pius Zingerle. Wien. 1827. 8. Unächt sind: Duae
Epist. S. Clem. Rom. discip. Petri Ap., q. ex cod. mss. Novi Test.
Syr. n. prim. erut. c. vers. lat. ed. J. J. Wetsten. Lugd. B. 1752. fol.
Desgleichen XIX ὁμιλιαι n. c. Briefe b. Clemens an Petrus u. b. Antwort
deffelben b. Coteler T. I. p. 600 sq., sowie auch seine nur noch lateinisch
erhaltenen Recognitionum libri X (Ed. Pr. c. Paradyso Heraclidis,
Epist. Clem., Complem. ep. Clem. Epist. Anacleti. Paris 1504. fol.
Basil. 1526. 1536. fol. cur. E. G. Gersdorf. Lips. 1838. 8. f. J. W.
Feuerlein, Philosoph. potiora recognit. Clem. Rom. falso attrib.
Altorf. 1728. 4.). Aecht scheinen dagegen seine Κανονες εκκλησιαστικοι των
ἁγιων ἀποστολων, eine Sammlung ber ältesten christlichen Kirchengesetze,
angeblich aus bem Munde ber Apostel von ihm niebergeschrieben (Ed. Pr.
graece et lat. Haloandro interpr., b. f. Ausg. b. Justiniani Novell.
Nurnb. 1531. fol. p. 259 sq. u. in b. Ausg. b. Concilien u. b. Bevereg.
Synt. canonum. Oxon. 1672. fol. T. I. p. 1—57. Griech. u. Deutsch
m. Anmerk. v. J. D. Hartmann, Beitr. z. christl. Kirche. Jena 1796. p.
204 sq. Deutsch b. Rößler Bibl. b. K. K. Bb. IV. p. 227 sq. f. a. Spittler, Gesch. b kanon. Rechts p. 61 sq. O. Karsten Krabbe, de cod. canon. qui apost. nom. circumferuntur. Gotting. 1829. 4. E. Regen-
brecht, de canon. apost. et cod. eccl. Hisp. Vratisl. 1829. 8. Nicht
von ihm sind: διαταγαι των ἁγιων ἀποστολων δια Κλημεντος, του Ῥω-
μαιων Επισκοπου τε και πολιτου καθολικη διδασκαλια ober Constitutio-

num apostolicarum libri VIII, deren erſten 7 Bücher planmäßig von einem unbekannten Verfaſſer zur Zeit des Cyprian verfaßt ſind und denen dann im .ten bis 4ten Jahrhundert ein 8tes Buch aus älteren Stücken beigefügt worden iſt (Constitut. SS. Apostol. doctr. cathol. a Clem. Rom. episc. et cive scr. libri VIII, Fr. Turriani proleg. in easdem. Venet. 1563. 4. ed. Fr. Ducaeus, c. J. Zonarae Canon. apostol. et conc. Paris 1618. fol. p. 1 — 45. The constitutions of the holy apostles by Clement in Greek and English with the various readings from all the Mss. publ. by W. Whiston, in ſ. Primitive christian. reviv' d. Loud. 1711. T. II. gr. et lat. c. var. lect. et not. b. Galland. T. III. p. 1 sq. cf. App. p. 249 sq u. Deutſch b. Rößler Bd. IV. p. 237 sq. Aus L. VIII. c. 5 — 15 hat man eine Liturgie gebildet b. Renaudot Coll. liturg. orient. T. II. p. 186 sq.) ſ. D. Krabbe, üb. d. Inhalt u. Urſpr. d. apoſtol. Conſtit. b. Clem. Rom. [eines Collectionamens] Hamb. 1829. 8. cf. J. S. v. Drey, R. Unterſ. üb. d. Conſtit. u. Canones d. Apoſtel. Tübing. 1832. 8. S. a. Ab. Schliemann, d. Clementinen n. d. verw. Schr. üb. d. Ebionitismus. Hamb. 1844. 8.

6) S. Tenzel, Exerc. sel. Lips. et Frcft. 1692. 4. p. 46 sq. C. W. Fr. Walch, Num Ignatius Christum post resurrectionem viderit. Gotting. 1752. 4. J. Pearson, diss. post. de anno, quo S. Ignatius a Trajano, Antiochiae, ad bestias fuit condemn., b. Smith, Edit. Epist. Ignat. Oxon. 1709. 4. p. 58 sq. Ch. Beyer, Diss II. de Ignat. verit. confess. et mart. Lips. 1732. 4. Ausg. ſ. Ignatii Opusc. omn. gr. et lat. op. Val. Pacci. Diling. 1557. 4. c. Barnab. ep. ed Is. Voss. Lond. 1680. 4. Ign. Epist. ed. J. C. Thilo, Hal. 1821. 8. Epist. genuinae c. vers. lat. et ann. J. Pearson et Th. Smith ill. c. Act. mart. Ign. et Polyc. epist. ed. Th. Smith. Oxon. 1709. 4. D. Ignat. Briefe. A. d. Griech, Münſt. 1820. 8. ſ. a. Whiston, an essay upon the epistles of Ignatius. Lond. 1710. 8. J. E. Chr. Schmidt, Verſ. üb. e. dopp. Rec. d. Br. d. Ignatius, in Henke's Magaz. Bd. III. p. 31 — 109. ſ. dazu in deſſ. Bibl. ſ. Krit. Bd I. p. 462 sq. Kiſt in Jllgen, Zeitſchr. ſ. hiſt. Theol. II. 2. p. 47 sq. Netz in d. Theol. Stud. Bd. VIII. p. 881 sq. Meier ebb. IX. p. 340 sq. Rothe, Anfänge d. chriſtl. Kirche. Wittenb. 1837. 8. I. p. 715 — 784.

7) G. G. Groddeck, Diss. de anno et pass. die S. Polycarpi. Gedan. 1709. 4 C. Cruciger, Or. de Polyc. vita. Viteb. 1543. 8. u. b. Melanchthon, Declam. T. II. p. 336 sq. Heumann in d. Bibl. Brem. Cl. III. p. 429 sq. J. T. L. Danz, Eccl. Smyrn. Epist. de mart. S. Polyc. circul. c. lect. var. max. ex Eusebio. Jen. 1818. 4. Ausg. ſ. Br. Ed. Pr. gr. ex msc. cod. b. Halloix, Illustr. eccl. orient. scr. vit. T. I. p. 469 sq. gr. et lat. b. Le Moyne Var. Sacr. T. I. p. 1 sq. u. b. Galland, Bibl. PP T. I. p. 305 sq. ſ. a. W. E. Tenzel, Comm. de Polyc. ep. et mart. Smyrn. Viteb. 1684. 8. u. in ſ. Diss. Sel. T. I. p. 73 sq. Unächt iſt: Doctrina Polyc. de praecipuis fidei capitibus: ed. J. H. Balthasar. Jen. 1738. 8.

8) Fragm. b. Halloix, Scr. Orient. T. I. p. 647 sq. Galland. T. I. p. 316 sq. u. Münter, Fragm. PP. graec. p. 13 sq.

9) S. J. Baptista, de transl. corp. S. Dion. Areop. e Gallia in Bavariam. Ratisb. 1750. 4. [dagegen] Sirmond, Op. T. IV. p. 141 — 260. O. Baumgarten Crusius, de Dionys. Areop. Jen. 1823. 4. u. b. Rosenmüller, Comm. theol. T. II. P. I. p. 268—308. J. Dallaeus, de scriptis q. s. Dionys. Areop. et Ignat. Ant. nom. circumfer. libri II. Genev. 1666. 4. J. Launoy, Judic. de libr. Dion. Areop. scriptisq. Gryphisw. 1708. 4. J. G. V. Engelhardt, de Dion. platonizante. Erlang. 1821. 4. u. de orig. script. Areop. ib. 1822. 4. K. Vogt, Neuplatonismus u. Chriſtenthum. Unterſ. üb. d. angebl. Schr. d. Dion. Areop. Bd. I. Neuplatoniſche Lehre. Berl. 1836. 8. Ausg. ſ. W. ſ. Ed. Pr. graece. Florent. Junt. 1516. 8. Paris 1562. 8. Gr. et Lat. not

theol. ill. a B. Corderio. Antv. 1634. II. fol. Ed. II. emend. et auct. Lutet. 1644. II. fol. gr. et lat. c. schol. var. lect. st. Constantini. Venet. 1755—56. II. fol. D. angeblichen Schriften d. Areop. Dionysius, überf. u. m. Anmerk. begl. v. J. G. Veit Engelhardt, Sulzb. 1823. II. 8.

§. 146.

Ehe wir jetzt zu den einzelnen eigentlichen Kirchenvätern[1]) dieser Periode fortgehen, wird es nothwendig seyn, Einiges über diejenigen Schriftsteller vorauszuschicken, welche uns
geschichtliche Nachrichten über die Fortbildung und Begebenheiten
der christlichen Religion hinterlassen haben. Unter den Kirchen-
historikern[2]) steht aber obenan Eusebius Pamphili
(d. h. nicht etwa filius, Sohn, sondern amicus, Freund), ohngefähr i. J. 264 n. Chr. in Palästina geboren, mit Pamphilus,
dem Aeltesten der Gemeinde von Cäsarea befreundet und deshalb
i. J. 315 n. Chr. zum Bischoff dieser Stadt erwählt und als
solcher um d. J. 340 verstorben. Er hinterließ, außer mehreren
anderen sehr wichtigen Werken[3]), eine Kirchengeschichte in 10
Büchern, worin er in chronologischer Ordnung mit Benutzung
aller vorhandenen Quellen die Geschichte der christlichen Kirche
von ihren Anfängen an bis z. J. 324 n. Chr. fortführte, wobei er
sich aber doch theilweise parteiisch und einseitig gezeigt hat[4]).
Neben ihm gehört hierher noch Salamanes Hermias Sozomenus aus der Gegend von Gaza in Palästina und Scholasticus und Sachwalter in Constantinopel, der die Geschichte der
Kirche v. J. 323 — 425 n. Chr. mit ebenfalls bedeutender
Parteilichkeit und großem Mangel an Urtheilskraft schilderte[5]),
sodaß ihm hierin Socrates, Scholasticus nach seiner Wirksamkeit genannt (scholasticus, d. h. rhetor, advocatus, legis
peritus) und i. J. 390 zu Constantinopel geboren, in seiner
die Jahre 304 — 439 begreifenden Kirchengeschichte in 7 Büchern weit vorzuziehen ist[6]). Außer diesen sind hier noch zu
nennen Theodoretus aus Antiochia (geb. i. J. 393, seit
423 Bischoff von Cypern und 457 n. Chr. als solcher verstorben), der mit großer Genauigkeit, Klarheit und Parteilosigkeit eine
Ergänzung der Werke des Socrates und Sozomenus oder die Geschichte
der Kirche seit Entstehung des Arianismus bis auf Theodosius II.
(v. 325 — 428) in 5 Büchern abgefaßt hat[7]), sowie Phi-
lostorgius aus Borissus in Cappadocien, von dessen die Jahre

300—425 umfaſſenden Kirchengeſchichte wir allerdings nur noch
die Auszüge des Photius übrig haben⁹). In dieſelbe Categorie
gehört gewiſſermaßen auch Palladius aus Galatien (geb. um
367, ſeit ſeinem 20ſten Jahre Mönch, ſeit 400 Biſchoff von
Hellenopolis in Bithynien und 431 zu Aspona in Galatien
verſtorben), indem er um d. J. 420 ein Werk von dem Leben
der Mönche und Nonnen dem Kammerherrn des Theodoſius,
Lauſus, dedicirte (daher *Λαυσαϊκον* genannt), das jedoch nur
in einem ſehr arg interpolirten und verſtümmelten Terte auf uns
gekommen iſt⁹). Endlich hinterließ noch Gelaſius aus Cyzicus
in Bithynien, unter der Regierung des Kaiſers Baſiliscus Biſchoff von Cäſarea, eine Geſchichte der Kirchenverſammlung von
Nicäa in 3 Büchern¹⁰), welche, wie alle eben genannten in Griechiſcher Sprache geſchrieben iſt. In Lateiniſcher Sprache haben
wir als Kirchenhiſtorifer nur zu nennen den Tyrannius Rufinus aus Aquileja, der die Kirchengeſchichte des Euſebius in's
Lateiniſche überſetzte (in 9 B.) und dieſelbe dann noch ſelbſtſtändig von dem Urſprunge des Arianismus bis auf den Tod
des Kaiſers Theodoſius des Großen fortſetzte¹¹) (in 2 B.), ſowie den Severus Sulpicius aus Touloufe (geb. um 343,
ſeit 392 Mönch oder Ascet und um 410 n. Chr. verſtorben),
der in ſeiner Historia oder Chronica sacra in 2 Büchern in
einem dem Salluſt nachgeahmten Style die Begebenheiten der
Kirche bis 400 n. Chr. berichtet hat¹²). Mehr ſ. Allg. Lit.
Geſch. §. 327.

1) Die Literatur der Kirchenväter (patres genannt bis zum 12ten Jhdt.,
dann im Mittelalter scholastici und ſeit der Reformation theologi) enthalten R. Bellarminus, de script. eccles. lib. unus c. adj. ind. Lugd.
1663. 8. (Dazu Ph. Labbei Diss. phil. et hist. de scr. eccles. q. atti-
git Bellarminus. Paris 1660. II. 8.) L. Ell. du Pin, Nouv. Bibl. d.
auteurs eccles., cont. l'hist. de leur vie, le catal. la crit. et la chronol. de leurs ouvr. etc. Paris 1686—1711. XLVII. Amsterd. 1690—
1715. XIX. 4. Paris 1699—1736. LXI. 8. [Dazu R. Simon, Crit. de
la Bibl. d. Aut. eccles. Paris 1730. IV. 8.] R. Ceillier, Hist. gener.
d. Aut. eccles. qui cont. leur vie, le catalogue, la critique etc. de
leurs ouvr. Paris 1729—63. XIII. 4. [Dazu Table génér. d. mat. ib.
1782. II. 4.] Le Nain de Tillemont, Mém. p. servir à l'hist. eccl.
des VI prem. siècles. Paris 1693—1712. XVI. 4. 1701—30. X. 4.
Pl. Sprenger, Thes. rei patristicae. Wirceb. 1784—92. III. 8. D.
Schramm, Anal. op. SS. PP. et scr. eccl. Augsb. 1780—92. XV. 8.
G. Lumper, Hist. theol. crit. de vita, scr. et doctr. SS. PP. aliorq.
scr. III. prior. saec. Augsb. 1783—99. XIII. 8. J. W. Goldwitzer,
Patrologie verbunden m. Patriſtik. Nürnb. 1834. II. 8. u. Bibliogr. d.
Kirchenväter u. Kirchenlehrer v. 1ſten bis 13ten Jhdt. Landshut 1828. 8.

J. B. Busse, Grdr. d. christl. Lit. v. ihr. Urspr. an b. z. Erfind. b. Buchdrk. Münster 1828. II. 8. C. Oudin, Comm. de script. eccl. antiq. illorq. scr, t. impr. t. mss. adh. exst. Bellarmino et al. omiss. ad a. 1460. Lips. 1722. III. fol. G. Cave, Script. eccl. hist. litt. a Chr. n. usque ad XIV saec. Ed. noviss. Oxon. 1740—43. II. Basil. 1741—45. II. fol. J. G. Walch, Bibl. patrist. litt. ann. instr. Ed. nova em. et auct. J. Fr. L. Danz. Jen. 1834. 8. (Dazu Supplem. b. J. T. L. Danz, Initia doctr. patrist. ib. 1839. 8.). J. A. Möhler, Patrologie ob. christl. Lit. Gesch. A. s. hint. Hbschr. m. Ergänz. her. v. Fr. X. Reitmayr. Res gensb. 1839. II. 8. J. G. B. Engelhardt, Lit. Leitfaden z. Vorles. üb. d. Patrist. Erlang. 1826. 8. J. N. Locherer, Lehrb. d. Patrologie. Mainz 1837. 8. M. Permaneder, Bibl. patristica. Landshut. 1841. II. 8. (b. z. 3. G.) J. G. Oelrichs, Comm. de scr. eccl. lat. prior. VI saec. cur. A. H. L. Heeren. Lips. 1791. 8. C. Fr. Schoenemann, Bibl. hist. litt. patr. lat. a Tertulliano usque ad Gregor. M. et Isidor. Hisp. Lips. 1782—94. II. 8. (nur b. z. 4ten Jhdt.) u. J. Chr. F. Bähr, d. christl. Röm. Theologie. Karlsr. 1837. 8. Samml. s. ihr Inhalt, d. h. d. früh. größt. b. Th. Ittig, de bibliothecis et catenis patrum. Lips. 1707. 8. u. b. Fabric. Bibl. Gr. T. XIII. p 849 sq. [ed. Harles T. VII. p. 1 sq.].) Magna Bibl. vet. patr. et antiq. scr. eccl. pr. a M. de la Bigne (Paris 1575. VIII. fol.) coll. et ed. n. plus q. C auct. et opusc. locupl. Colon. Agripp. 1618—22. XV. fol. (Nova Bibl. vet. Patr. s. Suppl. bibl. PP. ex ms. er. op. Morelli. Paris 1639. II. fol.) Magna Bibl. vet. PP. Paris 1654. XVII. fol. (Fr. Combefis, Graeco-lat. PP. bibl. nov. auct. Paris 1648. II. fol. u. Bibl. gr. lat. auct. noviss. ib. 1672. II. fol. L. Dacher. Vet. al. script. qui in Gall. bibl. latuer. spic. Paris 1655—77. XIII. 4. Ed. nova acc. p. de la Barre. ib. 1723. III. fol.) Maxima Bibl. Vet. PP. Lugd. 1677. fol. (J. B. Coteler, Eccl. gr. monum. e mss. cod. in luc. prod. Paris 1677—86. III. 4. J. J. Grabe, Spic. patr. ut et haeret. saec. I—III. Ed. II. Oxon. 1714. II. 8.) Bibl. vet. PP. antiq. scr. op. A. Gallandii. Venet. 1763—88. XIV. fol. (M. J. Routh, Reliq. sacr. s. auct. fere jam deperd. scr. II et III fragm. Oxon. 1814—18 IV. 8. Ed. II. ib. 1840. II. 8.). Ueberf. Sämmtliche Werke d. Kirchenväter, in's Deutsche überf. v. G. Waitzmann. Kempt. 1837—41. XXV. 8. Auszz. in F. L. Rößler, Bibl. d. Kirchenväter. Lpzg. 1776. 8. S. a. Concilior. omn. coll. regia. Paris 1644 XXXVII. fol. Sacr. concil. nova et ampl. coll. cura J. D. Mansi. Flor. et Venet. 1759. XXXI. fol.

2) S. Stäudlin, Gesch. u. Liter. d. Kirchengesch. herausg. v. J. X. Hemsen. Hannov. 1827. 8.

3) S. J. Chr. Ernesti, Diss. II. de Eusebio ep. Caes. Viteb. 1688—1703. 4. Möller, Diss. de fide Euseb. Caes. in rebus christ. enarr. Hafn. 1813. 4. J. Tr. L. Danz, de Euseb. Caes. hist. eccl. scr. ejq. fide hist. Jen. 1815. 8. Chr. A. Kestner, Comm. de Euseb. hist. eccl. auctor. et fide dipl. Gotting. 1806. 4. B. Reuterdahl, de font. hist eccl. Euseb. P IV. Lund. 1826. 4. B. Rienstra, Disq. de font. ex quib. hist. eccl. opus hausit Euseb. Pamph. et de ratione, qua iis usus est. Traj. ad Rh. 1833. 8. Jachmann in Jllgen's Zeitschr. f. hist. Theol. 1839. II. p. 10 sq. Ausg. s. Edit. Princ. Argent. 1514. fol. emend. lat. vert. et annot. ill. H. Valesius Ed. II. emend. Paris 1677. fol. c. Ejd. de vita Constantini libr. IV. rec. G. Reading. Cantabr. 1720. Turin. 1748. III. fol. gr. et lat. c. vita Constant. et Const. orat. ad sanctos et paneg. ed. Zimmermann. Frcft. ad M. 1822. 8. recogn. c. proleg. Vales. comm. aliorq. sel. not. ed. F. A. Heinichen. Lips. 1827—28. III. 8. (Dazu dess. Supplem. notarum). ib. 1840. 8. ad fid. codd. mss. rec. Ed. Burton. Oxon. 1839. II. 8. Deutsch überf. m. Anm. v. A. Closs. Stuttg. 1839. 8. Noch gehört dazu

seine Geschichte Constantin's d. Gr. περι του κατα θεον βιον του μακαριον Κωνσταντινου του βασιλεως (Euseb. de vita Const. M. libri IV et panegyr. atq. Constantini M. ad sanctorum coetum or. ed. F. A. Heinichen. Lips. 1830. 8.) u. περι των εν Παλαιστινη μαρτυρησαντων, d. h. von den Märtyrern in Paläftina während der Christenverfolgung v. 303 — 310 (b. Reading a. a. O. T. I. p. 406 sq.).

4) Von seinen übrigen Schriften, zu denen auch seine unten zu nennende Chronik gehört, führen wir hier an seine Praeparatio evangelica (εὐαγγελικης αποδειξεως παρασκευη), eine Vergleichung der heidnischen und christlichen Religion (Ed. Pr. gr. Lut. Paris. 1544. fol. ex mss. codd. rec. et not. ill. Fr. Viger. Paris 1628. Colon. Agr. 1688. fol. ad codd. mss. rec. Th. Gaisford. Acc. Fr. Vigeri vers. lat. et not. et L. C. Valckenarii Diatr. de Aristobulo. Oxon. 1843. IV. 8.), Demonstratio evangelica (εὐαγγελικη αποδειξις), Beweis aus d. A. Teft., daß Jesus der wahre Messias sei (Ed. Pr. graece ed. H. Stephanus. Lut. Paris 1545. fol. Gr. et lat. c. ejd. libr. II. contra Marcellum de eccles. theologia, rec. et not. ill. R. Montacutius. Paris 1628. Lips. 1688. fol. (b. fehl. Praef. u. I. cap. 1. stehen b. Fabric. Del. argum. et scr. de verit. relig. chr. p. 1 sq.); gegen den Hierocles, der den Apollonius von Tyana Christo gleichgestellt hatte (Ed. Pr. c. Philostrati Vita Apoll. Venet. Ald. 1501. fol. u. c. Phil. Op. ed. Olearius. p. 428 sq.), 2 Bücher von den Oertern, welche in der heiligen Schrift vorkommen, von denen aber das zweite von Hieronymus mit mancherlei Veränderungen bearbeitet ward (Ed. Pr. in Bonfrerii Comm. in Josuam, Judices et Ruth. Paris 1631. fol. App. p. 1—244. in Hieronymi Oper. ed. Martianay T. II. p. 386 sq. ed. Vallarsi T. III. p. 121 sq.), seine Eclogae propheticae in IV Büchern, eigentlich Fragm. e. verloren gegangenen Werkes περι της καθολου στοιχειωδους εισαγωγης (e cod. mss. bibl. impr. Vindob. nunc. prim. ed. Th. Gaisford. Oxon. 1842. 8.) und einige andere in d. A. L. G. p. 865 sq. angeführte unbedeutendere Sachen. S. a. C. G. Haenell, de Eus. Caes. relig. christ. defensore. Gott. 1843. 8.

5) Ausg. f. Ed. Pr. graece c. Eusebio, Sozomeno, Theodoreto, eclogis Theodori Lect. atque Evogrio ed. R. Stephanus. Paris 1544. fol. p. 169 sq. Socratis et Hermiae Sozom. hist. eccl. H. Valesius text. gr. coll. mss. emend. lat. vert. ann. ill. Paris 1668. 1686. fol. crit. plur. ed. observ. locupl. G. Reading. Cantabr. 1720. fol. (ist T. II. f. Euseb.).

6) Ed. Pr. c. Euseb. Paris 1544. fol. u. ed. Reading.] a. a. O. P. II. p. 1 sq. u. in b. genannt. Ausg.

7) S. F. A. Holzhausen, Comm. de fontibus, quib. Socrates, Sozomenus et Theodoretus in scribenda hist. sacra usi sunt, adj. cor. epicrisi. Gotting. 1825. 4. S. Kirch. steht als: Ed. Pr. gr. ed. B. Rhenanus, c. Hist. Euseb. Rufiniana. Basil. 1535. fol. u. b. Reading, Ed. Euseb. T. III. Seine übrigen in das Fach der Exegese, Apologetik und Dogmatik schlagenden Schriften st. Ed. Pr. Op. Latine. Rom. 1556. Colon. 1573. II. fol. gr. et lat. cura Sirmondi. Lut. Paris. 1642. IV. fol. (Dazu Garnier, Auct. oper. Theodoreti. Paris 1684. fol.) gr. et lat. c. var. lect. ed. J. L. Schulze et cont. Noesselt. Hal. 1769—74. V. 8. (Dazu C. L. Bauer, Glossar. Theod. ib. 1775. 8.).

8) Phil. Hist. n. prim. ed. a J. Gothofredo. Genev. 1643. 4. Excerpta emend. c. vers. sua et not. ed. H. Valesius a. a. O. (b. Reading, Ed. Euseb. T. III. p. 475 sq.).

9) S. G. Chr. Martini, de vita fortunisque Palladii Hellenopolitani, Origenianismi et Pelagianismi iujaste accusati. Altorf. 1754. 4. Ausg. f. Ed. Pr. Gr. Palladii Hist. Lausiaca. J. Meursius, prim. gr. vulg. et not. adjec. Lugd. B. 1616. 4. u. Oper. T. VIII. p. 1616. Graece ed. Fr. Ducaeus, Auct. bibl. PP. T. II. p. 893 sq. Ed. Pr. Lat.: Heraclidis eremitae liber, qui dicitur Paradisus ad Lausum s. Palla-

dii Galatae hist. Lausiaca s. de vitis patrum: epist. Clementis, re-
cognitiones Petri Apost. Compl. epist. Clem. et epist. Anacleti, lat
ex ed. J. F. Stapulensis. Paris 1504. fol. Noch giebt es angeblich von
ihm eine Geſchichte der Indiſchen Stämme und Brahmanen (Pallad. de
gentibus Indicis et Brachmanibus; gr. c. interpr. lat. et not. J.
Camerarii, b. f. Libell. gnomolog. Lips. s. a. 8. p. 110—149. 253.
294. Pall. de gentibus Indiae et Bragmanibus. Ambrosius de moribus Brachmanorum. Anonymus de Bragmanibus. Quor. prior. et
postr. n. prim. in luc. prot. Ed. Bissaens. Lond. 1668. 4.) oder περὶ
τῶν τῆς Ἰνδίας ἔθνων καὶ τῶν Βραχμάνων, bei welcher frühere Nachrichten, vorzüglich aus Cteſias zum Grunde liegen, angeblich aus dem Berichte
eines Thebaniſchen Scholaſticos geſchöpft und im Ganzen erſt vom (Pſeudo-)
Ambroſius wiederholt, ſodaß es erſt von dieſem in's Griechiſche überſetzt worden zu ſeyn ſcheint.

10) Gelas. Cyz. Comment. act. Nic. concilii c. coroll. Theodori
presb. de incarnatione domini n. pr. ed. gr. et lat. ex interpr. et
c. not. R. Balforei. Lutet. 1599. 8. Graece. Heidelb. Comm. 1604.
fol. u. in b. Samml. b. Conc.

11) Tyrannius Rufinus war vermuthlich zu Concordia bei Aquileja geboren, trat i. J. 371 daſelbſt in ein Mönchkloſter, hielt ſich dann
längere Zeit in Aegypten und Jeruſalem auf, kehrte 397 nach Rom zurück
und ſtarb 410 in Sicilien. Er iſt vorzüglich durch ſeine Schutzſchriften für
Origenes und Ueberſetzungen der Werke deſſelben bekannt, ſ. Fontanini,
Hist. litt. Aquilej. p. 148—440. J. Fr. B. de Rubeis, Diss. II. quar.
pr. de Tyrannio s. Tyr. Ruf monacho et presb. alt. de vet liturg.
sacr. rit. Venet. 1754. 4. J. H. Marzuttini, de Tur. Rufini presb.
Aquil. fide et religione. Patav. 1835. 8. E. J. Kimmel, de Ruf. Eusebii interprete libri duo. Ger. 1838. 8. P. Peturson, Symb. ad
fidem et studia Ruf. ill. Hafn. 1840. 8. Ausg. ſ. Ed. Pr. s. l. [Ul-
traj.] 1474. fol. Euseb. Pamph. Eccl. Hist. libri IX Ruf. interpr. ac
duo ipsius Rufini libri ad codd. mss. Vatic. exact. notq. ill. st. P.
Th. Cacciari. Rom. 1740—41. II. 4.

12) S. D. W. Moller, Diss. de Sulpicio. Altorf. 1666. 4. Le
Clerc in b. Bibl. Chois. T. XX. p. 325 sq. Ch. Breithaupt, Diss.
q. stilus Sulp. Sev. omn. eleg. liter. cult. commend. Halis 1713. 4.
Ausg. ſ. Ed. Pr. c. append. de re liturg. ed. M. Flacius. Bas. 1536. 8.
c. comm. Sigon. et var. vir. doct. et Vorstii not. Bonon. 1581. Frcft.
1592. 8. c. comm. et not. ed. emend. J. Drusius. Arnhem. 1604. 8.
Das unter ſeinem Namen b. Florez, Esp. Sagr. T. IV. p. 431 sq. ab-
gedruckte Chronicon iſt unächt, nicht ohne Werth iſt indeſſen noch ſeine Vita
S. Martini Turonensis. Ausg. ſ. ſämmtl. W. ſind: Ed. Pr. in b. Orthodoxogr. Basil. 1569. Vol. I. 2. p. 497. Opera omn. emend. et
ill. V. Giselin. Antv. 1574. 8. c. comm. cur. P. Horn. Ed. III. auct.
et emend. Amst. et Lugd. B. 1665. 8. c not. J. Vorstii et J. Clerici.
Lips. 1709. 8. st. et lab. H. de Prato. Venet. 1741—54. 4. [ohne ſ.
Briefe mit dieſen b.] Galland. Bibl. PP. T. VI. p. 855 sq.

§. 147.

Die ſchnelle Verbreitung der chriſtlichen Religion verſchaffte
ihr natürlich viele Feinde unter den Juden und Heiden, welche
beiderſeits die Vernichtung ihrer Religionen durch dieſelbe fürch-
teten. Erſtere traten mehr in ihrer Geſammtmaſſe gegen daſſelbe
auf, bei letzteren übernahmen es vorzüglich die Philoſophen, welche

es eigentlich mehr darum mit verfolgt zu haben ſcheinen, weil es aus dem ihnen ſo verhaßten Judenthume hervorgegangen war. Vorzüglich traten aber gegen daſſelbe auf der Epicuräer oder Platoniker und Freund Lucian's, Celſus, deſſen Schrift wir dermalen nur noch aus der Widerlegung des Origenes kennen, Lucian in ſeinen, Alexander, Peregrinus und wahre Geſchichte überſchriebenen Dialogen (b. Dial. Philopatris, gleichfalls gegen die Chriſten gerichtet, iſt nicht von ihm), Porphyrius Malchus in ſeinen verlorenen 15 Büchern gegen die Chriſten und mittelbar in dem noch erhaltenen Werke $\pi\varrho o\varsigma\ M\alpha\varrho\varkappa\varepsilon\lambda\lambda\alpha\nu$ $\gamma\upsilon\nu\alpha\iota\varkappa\alpha$, Hierocles, deſſen Angriffe wir jedoch auch nur aus der Gegenſchrift des Euſebius kennen, Libanius in ſeiner Schutzrede für die heidniſchen Tempel, Symmachus in ſeiner Bitte für die Wiederherſtellung des Altars der Siegesgöttin zu Rom und endlich der berüchtigte Kaiſer Julianus Apoſtata, deſſen 7 Bücher wider die Chriſten wir jedoch ebenfalls nur aus der Vertheidigung und Widerlegung des Cyrillus von Alexandria kennen. Dieſe Angriffe (ſ. A. L. G. §. 336.) riefen nun aber von Seiten der Chriſten ähnliche hervor und ſchufen ſo eine neue Nebenwiſſenſchaft der Theologie, die Apologetik[1]). Unter den Griechen zeichneten ſich aber als Apologeten, die verlorenen Schriften des Quadratus (127 Biſchoff von Athen), Ariſtides, Ariſto, Melito, Claudius, Apollinaris, Miltiades, Apollonius, Hippolytus[2]), Macarius Magnes, Theodorus von Mopfueſtia und Iſidorus Pelusiota (449 n. Chr.) aus Aegypten, gar nicht zu erwähnen, vorzüglich aus Juſtinus mit dem Beinamen Martyr, i. J. 89 n. Chr. zu Sichem (Flavia Neapolis) in Paläſtina als Samariter geboren, von ſeinen Aeltern mit allen Lehren der damaligen Philoſophenſecten bekannt gemacht, durch Polycarp bekehrt und i. J. 161 oder 166 zu Rom hingerichtet, als deſſen ächte Schriften 2 Reden gegen die Griechen, 2 Apologieen für die Chriſten, über die Herrſchaft Gottes, eine Rede an den Juden Tryphon, des Akibah Lehrer, und ein Brief an des Antoninus Lehrer, Diognetus, vorzüglich berühmt ſind[3]). Weniger bedeutend iſt Athenagoras, Vorſtand der katechetiſchen Schule zu Alexandria um d. J. 177[4]). Sehr würde dagegen Irenäus aus Aſien, ein Schüler des Polycarpus und Papias um d. J. 147, ſeit 158 Presbyter zu

Lyon und unter Alexander Severus hingerichtet, für uns gewinnen, wenn wir sein Werk über die Ketzereien (ελεγχος [I] και
αποτροπη [B. II. — V.] της ψευδωνυμου γνωσεως, letzt. nur
Fragm.), noch vollständig besäßen[5]).   Des Theophilus, eines
Bischoffs von Alexandria, Schrift über den Christenglauben ist
ziemlich schwach[6]), plan- und ordnungslos aber die dunkle Rede
gegen die Christen des Tatianus aus Syrien, eines Schülers
des Justinus Martyr zu Rom und nachherigen Stifters der gnostischen Encratitensecte[7]), dem man auch, wiewohl ohne Grund,
eine noch unter seinem Namen vorhandene Evangelienharmonie
zugeschrieben hat[8]), deren wahrer Verfasser Ammonius aus
Alexandria um d. J. 250 war.   Ebenso sophistisch tritt sein
Nachahmer Hermias, der unter Antonin den Märtyrertod er-
litt, auf in seinem Διασυρμος των εξω φιλοσοφων, worin
er die widerstreitenden Meinungen der Philosophen über die Principien der Dinge, die Seele und die Gottheit zu widerlegen
sucht[9]), sodaß ihn bei weitem überragt Titus Flavius Clemens aus Athen, anfangs heidnischer Philosoph, dann Christ
und nach längeren Reisen Presbyter der Kirche zu Alexandria,
sowie Vorsteher der katechetischen Schule daselbst und zwischen
d. J. 212 — 220 verstorben, indem er seine Lieblingsidee, daß
Moses und die Propheten den Griechischen Philosophen sehr viele
Lehren und Ansichten an die Hand gegeben, in seinem λογος
παραινετιχος προς Ελληνας, dem Παιδαγωγος und στρωματεις η των κατα την αληθη φιλοσοφιαν γνωστικων
υπομνηματων trefflich durchführt und durch die darin enthaltenen
vielen Notizen über heidnische Philosophie und Archäologie auch für die
Profanliteratur sehr wichtig geworden ist[10]).   Nicht unbedeutend
sind auch des Origenes von Alexandria (geb. 185 v. Chr.,
203 Katechet aus Alexandria, mehrmals vertrieben und endlich
254 zu Tyrus verst.) 8 Bücher gegen den Celsus und sein nur noch
im ersten Buche vorhandener ελεγχος κατα πασων αιρεσεων,
der ihm jedoch hin und wieder abgesprochen worden ist[11]).   Ferner
gehört hierher der fruchtbare Kirchenschriftsteller Athanasius
aus Alexandria (geb. 296, 326 Bischoff daselbst und nach dreimaliger
Vertreibung und Wiedereinsetzung 372 gestorben), ein heftiger Gegner
des Arianismus, wegen seiner Rede gegen die Griechen oder gegen die
Bilder[12]), und Gregorius von Nazianzus (geb. 329, Bischoff

von ſeiner Vaterſtadt, dann von Sacimes in Cappadocien, auch
Patriarch von Conſtantinopel und, nachdem er freiwillig dieſe
Stelle niedergelegt hatte, 391 verſt.), unter deſſen Reden, die
den Titel ἀπολογητικοι eigentlich ohne Grund führen, vorzüglich 2 gegen den Kaiſer Julianus von ſeiner Begeiſterung für
das Chriſtenthum zeugen[13]).   Von ihm iſt zu unterſcheiden ein
anderer Gregorius, der Bruder Baſilius des Großen, der
nach ſeinem Bisthum gewöhnlich von Nyſſa genannt wird,
und noch nach d. J. 394 am Leben war, und ebenfalls mehrere
apologetiſche Schriften verfaßt hat[14]), aber offenbar ſeinem Bruder Baſilius dem Großen aus Neocäſarea (geb. 316 n. Chr.
und von 370 bis an ſeinen 379 erfolgten Tod Biſchoff von
Cäſarea) nachſteht, deſſen ὁμιλιαι εἰς την ἑξαημερον vorzugsweiſe gegen Atheiſten gerichtet ſind[15]), der aber unterſchieden werden
muß von dem gleichnamigen Biſchoff von Seleucia, von welchem
ebenfalls einige Homilien dieſen Gegenſtand betreffen[16]). Ebenſo
hat auch Johannes Chryſoſtomus (geb. 352 zu Antiochia,
398 — 402 Biſchoff von Conſtantinopel, dann aber abgeſetzt
und 407 im Exile verſtorben) unter der großen Anzahl ſeiner
Schriften (mit den unächten zuſammen 1452) mehrere in dieſes
Feld gehörige hinterlaſſen[17]). Ebenſo gehört auch Theodoretus
wegen einer Schrift gegen den Julian hierher[18]), gegen welchen letzteren auch der Dogmatiker Cyrillus aus Alexandria, wo er auch
i. d. J. 412 — 444 Biſchoff war, geſchrieben hat[19]). Endlich
hat Nemeſius, Biſchoff von Emiſa in Phönicien, noch vor
400 n. Chr. in ſeiner Schrift über die menſchliche Natur die
Angriffe der Heiden auf die chriſtlichen Lehren über Unſterblichkeit,
Vorſehung, Willensfreiheit und ihre Annahme eines Fatums
nicht ohne guten Erfolg zu widerlegen geſucht[20]). S. A. L. G.
§. 335. p. 931 — 961.

1) S. J. A. Fabricius, Delectus argument. et syllabus scriptorum,
qui veritatem religionis christianae asseruerunt. Hamb. 1725. 4.
Ad. Reichenberg, Diss. de apolog. doctorum eccles. Lips. 1685. 4.
u. in ſ. Exerc. in Nov. Test. p. 305 sq. A. N. Clausen, Apolog.
eccl. christ. Ante-Theodos. Platon. ejdq. philos. arbitri. Hafn. 1817.
8. H. G. Tzſchirner, Geſch. d. Apologetik. Lpzg. 1805. Bd. I. 8. u. d.
Fall d. Heidenthums, herausg. v. Lindner. Bd. I. Lpzg. 1823. 8. G. W.
Bechter in d. theol. Stud. u. Krit. 1839. p. 395—662. J. Tholuck, üb.
Apolog. u. ihre Liter. in ſ. Verm. Schr. I. Nr. 3.
2) S. Basnage in d. Lect. Antiq. Canis. T. I. p. 3—12. C. G.
Haenell, de Hippol. episc. tertii saec. scriptore. Gotting. 1839. 4.
E. J. Kimmel, de Hipp. vita et scriptis. Jen. 1839. I. 8. Ausg. ſ.

302   Theologie. Chriſtliche Lehre. Apologetik.

Werke: S. Hippol. episc. et mart. Opera n. prim. e mss. gr. et lat.
ed. c. not. et comm. vir. doct. cur. J. A. Fabricius. Hamb. 1716—
18. II. fol.
    3) S. Halloix, vita et documenta Justini mart. Duaci 1622. 8.
u. III Eccles. Orient. Script. ib. 1636. fol. T. II. p. 151 sq. Le
Clerc, Bibl. Univ. T. VII. p. 15 sq. Some account of the live and
writings of J. M. Lond. 1836. II Ed. 8. J. J. A. Junius, de Justino
mart. apologeta adv. ethnicos. Lugd. B. 1836. 8. L. Semiſch in b.
theol. Stud. u. Krit. 1835. H. IV. u. Juſtin. b. Märt. E. kirchenh. u. dogmen=
geſch. Monographie. Bresl. 1840—42. II. 8. J. C. Th. Otto, de Just.
Mart. scriptis et doctrina. Jen. 1841. 8. Stieren in Jlgen's Zeitſchr.
f. hiſt. Theol. Bd. XII. 3. p. 3—47. Ausg. ſ. Werke: Ed. Pr. gr. Rh.
Stephanus. Lutet. Paris. 1551. fol. Gr. et Lat. c. var. lect. et oper.
Athenagorae, Theophili, Tatiani et Hermiae. ib. 1615. 1636. fol.
Basil. 1686. fol. c. ms. coll. op. et st. Pr. Marani. Paris 1742. fol.
Gr. et lat. ed. Oberthür, Coll. PP. Gr. Wirceb. 1777. T. I—III. 8.
u. b. Galland. T. I. p. 411 sq. Gr. et Lat. rec. Otto. Jen. 1842—
44. II. 8.
    4) S. Th. A. Clarisse, Comm. de Athenag. vita et scriptis et
ej. doctrina de relig. christ. Lugd. B. 1819. 4. A. P. Leyser, Diss.
de Athenagora. Lips. 1736. 4. Ausg. ſ. Ed. Pr. gr. et lat. H. Stephani. Paris 1557. 8. ad fid. mss. rec. J. Fell. Oxon. 1682. 12. c.
annot. L. A. Rechenberg. Lips. 1685. II. 8. c. vers. lat. var. lect.
emend. annot. instr. Ed. Dechair. Oxon. 1706. 8. Gr. et lat. ed.
Maranus, c. Justino. p. 277 sq. u. Galland. T. II. p. 3 sq.
    5) S. H. Dodwell, Diss. in Irenaeum. Oxon. 1689. 8. Gervaise,
la vie de St. Irénée. Paris 1723. II. 8. J. M. Prat, Hist. de St.
Irénée, second evêque de Lyon. Lyon et Paris 1843. 8. Ausg. ſ.
Iren. Adv. Haereses libri V c. codd. mss. coll. et auct. repurg. c.
omn. fragm. gr. et lat. et scr. Polycarpi ined. Acc. Arnobii cath.
et Serapionis Aeg. st. Fr. Feu-Ardentii. Paris 1639. fol. 1675. fol.
Text. Gr. rest. vers. lat. emend. fragm. al. tract. subj. not. var. et
s. ill. J. Ern. Grabe. Oxon. 1702. fol. cast. et expurg. ad codd. mss.
et edit. auct. nov. fragm. graec. observ. et not. st. R. Massuet.
Paris 1710. II. Venet. 1734. II. fol.
    6) S. A. Stieren, de Theoph. adversus haereses oper. fonte,
indole, doctr. et dignit. Gotting. 1837. 4. Th. Grabener, de Theoph.
Ant. diss. Dresd. 1744. 4. Ausg. ſ. Ed. Pr. gr. et lat. in Sentent.
s. Capit. theol. p. Antonium et Maximum coll., c. Max. philos.
Aphorism. et Tatiano. Tiguri 1546. fol. p. 244 sq. c. Just. Mart.
ed. Maranus a. a. O. p. 338—400. recogn. et not. ill. J. Fell. Oxon.
1684. 12. Gr. ad fid. cod. Bodlej. rec. vers. lat. notq. alior. et suis
instr. J. Chr. Wolf. Hamb. 1724. 8. W. F. Thienemann, b. Theoph.
v. Antiochien Vertheid. b. Chriſtenthums m. Erl. u. Einleit. Lpzg. 1834. 8.
    7) S. J. Fr. Seiler, Christologia Tatiani, Athenagorae et Theo-
phili Ant. Erlang. 1775. 8. H. A. Daniel, Tatian b. Apologet. Halle
1837. 8. Ausg. ſ. λογος προς Ελληνας. Ed. Pr. gr. et lat. in Anton.
sentent. a. a. O. p. 276—291. c. Justino ed. Maranus a. a. O. p. 241
—270. Galland. T. I. p. 627 sq. ex vet. exempl. rec. et annot. var.
snisq. instr. W. Worth. Oxon. 1700. 8.
    8) Ausg. ſ. Evangelienharmonie in b. Monum. Orthodoxogr. Basil.
1559. T. 1. P. II. p. 659 sq. Tat. S. Harm. evang. e lat. Victor.
Cap. vers. transl. in ling. theod. antiq. Ed. nova emend. et cura J.
Schilteri [Thes. Antiq. Teut. T. II.] post. stud. rec. Acc. fragm.
al. theotisca. Ulm. 1727. fol. ſ. Zahn in Keil's Anal. II. 1. p. 164 sq.
Ammonius (al. Tatian.) Harmonia evangel. in ling. lat. et inde ante annos 1000 in francicam transl. Ind. add. J. Ad. Schmeller. Vindob. 1841. 8.

9) Ausg. ſ. Ed. Pr. gr. et lat. p. R. Seilerum, c. Cydon. Or. de morte contenn. Basil. 1553. p. 81 sq. c. not. var. et var. lect. ed. Worth, c. Tatiano. p. 213 sq. ad codd. mss. coll. rec. Pr. Maranus, c. Justino p. 402 sq. gr. et lat. b. Galland. T. II. p. 68 sq. c. annot. Wolf., Galei, Wörthii gr. ed. J. C. Dommerich. Hal. 1774. 8. Herm. Verſpottung d. heidn. Phil. überſ. m. e. Einl. u. Erl. verſ. v. W. F. Thienemann. Lpzg. 1828. 8.

10) S. J. A. Dietelmair, Pr. q. vet. in schola Alex. doctor. series brev. expon. Altorf. 1742. 4. J. G. Michaelis, Or. de schol. catech. Alex. orig. Hal. Magd. 1739. 4. C. F. G. Hasselbach, de schola, q. Alex. flor., catech. Stett. 1826. P. I. 4. H. E. F. Guericke, Comm. hist. de schola q. Alex. flor. catech. Halis 1824—25. II. 4. J. B. Bernhold, Hypomn. de S. Flav. Clem. utrq. in eccl. cathedr. ornam. Altorf 1726. 4. J. Trippechovius, Diss. de vita et scr. Clem. Alex. Hal. Magd. 1706. 4. Ach. F. Bielcke, Diss. de Clem. Alex. ejq. erroribus. Jen. 1737. 4. P. Hofstede de Groot, Disp. de Clem. Alex. phil. christ. Groning. 1826. 8. R. Eylert, Clem. v. Aler. als Philoſ. u. Dichter. Berl. 1832. 8. Thienemann in Schuderoff, R. Jahrb. ſ. Relig. ꝛc. 1826. Bd. X. 2. p. 175 sq. Kaye, Life and writings of Clement of Alex. Cambr. 1836. 8. John, bish. of. Lincoln, Some account of the writings and opinions of Clem. of Alex. Oxford 1835. 8. Ausg. ſ. Schriften ſ. Ed. Pr. graece. Flor. 1550. fol. rec. Fr. Sylburg. Heidelb. 1592. 1616. Lut. Par. 1629. fol. gr. et lat. post Heinsii rec. Lut. Par. 1641. fol. recogn. et ill. p. J. Potter. Oxon. 1715. II. fol. Venet. 1757. II. fol. gr. et lat. ed. Oberthür. Wirceb. 1780. III. 8. recogn. R. Klotz. Lips. 1831 — 34. IV. 8. Der Name στρωματεις, d. h. Tapeten, iſt dem Werke nach d. Verſchiedenheit des in ihm enthalt. Stoffs und der plan-, ordnungs- und ſyſtemloſen Behandlung des Inhalts gegeben worden, ſ. Foertsch in ſ. Dec. diss. theol. Tub. 1704. 4. p. 389 sq.

11) S. P. D. Huet, Origeniana s. de vita, doctrina et scriptis Orig. libri III. b. ſ. Ausg. p. 1 — 278. P. Halloix, Orig. defensus. Leod. 1648. fol. P. Th. du Fossé, Hist. de Tertullien et d'Origenes. Lyon. 1691. 8. Le Clerc in b. Bibl. Univ. T. VI. p. 31 sq. Heigl, der Bericht d. Porphyrius üb. Orig. Regensb. 1835. 8. Gfr. Thomaſius, in Umbreit's theol. Stub. u. Krit. 1838. p. 1030 sq. E. R. Redepenning, Origenes. E. Darſt. ſ. Lebens u. ſ. Lehre. Bonn 1841 — 42. II. 8. Ausg. ſ. Werke ſ. Opera onm. q. graece vel lat. tant. exst. ex edit. et codd. coll. rec. lat. vers. et ann. illustr. c. ind. vita auct. et mult. diss. op. et st. C. Delarue. Abs. C. V. Delarue. Paris 1733 — 59. IV. fol. rec. ad ed. Paris. gr. et lat. Oberthür. Wirceb. 1786 — 88. XV. 8. gr. et lat. ad ed. Delar. denuo rec. emend. cast. C. H. E. Lommatzsch. Berol. 1831 sq. T. I — XVII. 8. (unvollendet) Contra Celsum. Ed. Pr. c. Gregor. Thaum. Paneg. in Orig. lat. et gr. c. not. D. Hoeschel. Aug. Vind. 1605. 4. c. Philocalia rec. et ann. adj. G. Spencer. Cantabr. 1758. 4. Orig. Philosoph. prim. ed. J. Gronov. in Thes. Antiq. Graec. T. X. p. 248 — 291. rec. et not. ill. corr. a J. M. Chr. Wolf. Hamb. 1706. 8.

12) S. G. Hermant, Vie de St. Athanase, patr. d'Alexandrie. Paris 1671. II. 4. Wegnelin in b. Nouv. Mém. de l'ac. de Berlin. 1784. 4 p. 517 sq. J. A. Möhler, Athan. d. Gr. u. d. Kirche ſ. Zeit, beſ. im Kampf m. d. Arianismus. Tübing. 1827. II. II A. 1844. 8. S. Schriften ſind d. Zahl nach 43 ächte, 13 zweifelhafte und 34 untergeſchobene. Ausg. ſ. Ed. Pr. gr. et lat. Acc. fragm. et not. var. Heidelb. 1601. II. fol. ad codd. mss. cast. auct. not. var. ill. Onom. et ind. locupl. p. B. de Montfaucon. Paris 1698. III. fol. Noviss. cur. emend. et quarto vol. auct. op. N. A. Giustiniani. Patav. 1777. IV. fol.

13) S. Theoduli mon. s. Thom. Mag. laudat. Greg. Naz. interpr. L. Normanno. Upsal. 1693. 4. Thomas. Observ. sel. T. III. p.360 sq. Le Clerc in b. Bibl. Univ. T. XVIII. p. 2 sq. J. G. Schubart, Diss. de Greg. Naz. cogn. Theologo. Giess. 1721. 4. L. Ullmann, Gregor v. Naz. b. Theolog. Darmst. 1825. 8. J. R. Banduer, Vie de St. Greg. de Naz. extr. de ses propr. oeuvr. Lion. 1827. 8. Ausg. f. Ed. Pr. graece. Basil. 1550. fol. gr. et lat. ex Billii emend. coll. et interpr. ed. F. Morell. Paris 1609—11. II. fol. ad mss. cod. et edit. cast. multo auct. op. mon. ord. S. Bened. Paris 1778. T. I. fol. Opera omn. q. exst. vel ejus nom. circumfer. ad mss. codd. cast. multisque aucta post op. et stud. monach. ord. S. Benedicti e congr. S. Mauri ed. et cur. A. B. Cailleau. ib. 1840. II. fol.

14) Vorzüglich geh. hierher f. Abh. προς Ἕλληνας ἐκ τῶν κοινῶν ἐννοιῶν, f. ἀπολογητικος περι της ἑξαημερου, f. Gespräch περι ψυχης και ἀναστασεως (Greg. Nyss. de anima et resurrectione c. sorore sua Macrina dial. gr. et lat. ad codd. rec. et ann. instr. J. G. Krabinger. Lips. 1837. 8.) u. f. Schr. περι κατασκευης ἀνθρωπου (Greg. Naz. Op. de opificio hominis interpr. J. Leunclavio c. annot. Basil. 1567. 8.) Ausg. f. Werke: Ed. Pr. Oper. gr. et lat. c. var. vir. doct. not. Paris 1615—18. II. fol. [Dazu Append. ad Greg. Naz. Op. non ita pridem vulg. ed. et interpr. est Th. Gretser. ib. 1618. fol.) Op. n. den. corr. et acc. ed. aucta et ind. orn. ib. 1638. III. fol. Ein. Opusc. b. Galland T. III. p. 385 sq. VI. p. 571 sq.

15) S. G. Hermant, Vie de S. Basile le Gr. et celle de Greg. de Naz. Paris 1674. II. 4. Apoll. Agresta, Vita del protopatr. S. Basilio M. Messana 1681. 4. J. El. Feisser, Diss. hist. theol. de Basilii M. Groning. 1828. 8. G. del Pozo, Diluc. crit. istor. della vita di S. Basilio M. Rom. 1746. 4. Fr. Jahn, Basilius M. platonizaus. Bern 1838. 8. L. N. W. Klose, Basil. b. Gr. nach f. Leben u. f. Lehre dargestellt. Stralf. 1835. 8. Ausg. f. W. Ed. Pr. Graece. Basil. 1551. fol. Gr. et Lat. c. mss. coll. corr. et ill. st. Fr. Ducaei et Fr. Morelli. Paris 1648. II. fol. ad codd. mss. coll. cast. auct. interpr. praef. crit. not. var. lect. ill. op. J. Garnier. Paris. 1721—30. III. fol. Gr. et lat. Ed. II. Bened. Paris 1839. III. fol.

16) Ausg. f. Opera Ed. Pr. graece. Heidelb. 1596. 8. Orat. XL. gr. c. vers. lat. et not. Cl. Dausqueji, c. Greg. Thaumat. et Macar. Oper. Paris 1622. fol.

17) S. G. Hermant, Vie de St. Jean Chrys. Paris 1664. Leyde 1683. II. 8. J. A. Cramer, Ueberf. b. Pred. b. Chryf. Leipz. 1748. X. E. Bd. I. p. 1—96. A. Neander, b. heil. Chrysostomus u. b. Kirche f. Zeit, bef. b. Orients. Berl. 1827. II. 8. Ch. G. Volland, Diss. V. de vita, elogio, vet. ac fide dign. vit. Chrys. scriptor, script. et ort. Chrys. edit. Viteb. 1710—11. 4. J. van Voorst, Chrys. Selecta. Lugd. B. 1827. T. II. p. 49—144. Ausg. f. Ed. Pr. Op. gr. et lat. cura Fr. Ducaei. Paris 1609—31. VI. fol. Gr. c. not. et add. H. Savilii. Eton. 1612. VIII. fol. Gr. et lat. Fr. Ducaeus. var. lect. sel. interpr. vet. rec. nov. add. utrq. illustr. Paris 1636. XII. Frcft. 1698. XII. fol. Op. omn. ad mss. codd. et edit. cast. aucta interpr. praef. not. var. lect. ill. Op. B. de Montfaucon. Paris 1718 – 38. XIII. Venet. 1734 — 35. XIII. ib. 1780. XIV. fol. Ed. II. gr. et lat. Paris 1834—40. XIII. 4. Opera praest. ed. F. W. Lomler. Rudolst. 1837. 8. Dazu Homil. V. e cod. mss. u. prim. ed. et lat. redd. W. Th. M. Becher. Lips. 1839. 8.

18) Von ihm gehören hierher f. 10 λογοι περι προνοιας, vorzüglich aber seine 12 Bücher der Ἑλληνικων Θεραπευτικη παθηματων ἡ εὐαγγελικης ἀληθειας ἐξ ἑλληνικης φιλοσοφιας ἐπιγνωσις.

19) S. Le Quien, Oriens christ. T. II. p. 407 sq. Renaudot, Hist. patr. Alex. p. 106 sq. Ausg. f. S. Patr. Cyrilli Alex. archiep. Opera gr. et lat. cura J. Auberti. Lutet. 1638. VII. fol. (f. Villoiſon in Wolf's Lit. Anal. Th. I. p. 413 sq.) Dazu Homiliae XIX in Jeremiam hact. ined. gr. et lat. vers. B. Corderii. Antv. 1648. u. Epist. II. in b. Veter. PP. eccles. script. Anal. Nov. Venet. 1781. fol. p. 150 sq.

20) Ausg. Ed. Pr. gr. et lat. per Nicus. Ellebodium Casletanum. Antv. 1565. 8. gr. et lat. b. Galland. T. VII. p. 351 sq. recogn. et mss. coll. rest. annot. ill. cura J. F. Fell. Oxon. 1671. 8. gr. et lat. adh. codd. et vers. vet. emend. ed. et anim adj. Ch. F. Matthaei. Hal. 1802. 8. (f. Lit. Anz. 1811. Nr. 6. p. 54 sq.) U. b. Griech. überſ. m. Anm. v. Oſterhammer. Salzb. 1819. 8.

§. 148.

Auch in Lateiniſcher Sprache haben ſich die Schriften mehrerer Apologeten erhalten, unter anderen nennen wir als ſolchen den O. Septimius Florens Tertullianus aus Carthago in Africa (geb. 160 ob. 135 n. Chr.), der anfangs als Heide Rhetor und Advofat, dann als Chriſt Presbyter in ſeiner Vaterſtadt war, aber in die Secte der Montaniſten verfiel, von denen er ſich jedoch ſpäter losgeſagt haben mag. Er ſtarb 218 n. Chr. Von ſeinen Schriften gehören hierher beſonders ſeine Bücher ad martyres, de spectaculis (Abmahnung, die heidniſchen Schauſpiele zu beſuchen), de idololatria, apologeticus adversus gentes und eine Umarbeitung deſſelben Gegenſtandes ad nationes betitelt, de testimonio animae, liber ad Scapulam und adversus Judaeos[1]). Weniger bedeutend, doch für den Antiquar durch die vielen von ihm bewahrten archäologiſchen Notizen ſehr wichtig iſt M. Minucius Felix aus Cirta in Africa (geb. 161—180), ſpäterhin Advocat zu Rom, mit ſeiner, Octavius nach einer darin auftretenden Perſon betitelten, Schutzſchrift für die Chriſten[2]), ſowie Arnobius der Aeltere aus Africa, der, anfangs Heide und Rhetor, um d. J. 297 oder 310 n. Chr. ſeine wichtigen 7 Bücher adversus gentes ſchrieb[3]). Wichtiger für die Doctrin der Glaubenslehre iſt aber Thascius Cäcilius Cyprianus aus Carthago, der, um d. J. 200 geboren und anfangs Lehrer der Rhetorik in ſeiner Vaterſtadt, hierauf, i. J. 244 befehrt und ſeit 248 Biſchoff daſelbſt, 257 enthauptet ward, in ſeinen Büchern de idolorum vanitate, testimoniorum adversus Judaeos libri III, ad Donatum de gratia und liber ad Demetrianum[4]). Einer der bedeutendſten unter den hierher gehörigen Schriftſtellern iſt aber

L. Cölius Firmianus (d. h. aus Firmium im Picentinischen Gebiete) Lactantius[5]), Schüler des Arnobius, dann Lehrer der Beredtsamkeit zu Nicomedia, hierauf aber Christ und um d. J. 312 Erzieher des Sohnes Constantins, Crispus, als welcher er um d. J. 330 zu Trier gestorben seyn soll. Seine Schriften, die, in einem beinahe Ciceronianischen Style geschrieben, in dogmatischer und exegetischer Hinsicht wenig Ausgezeichnetes bieten', gehören fast alle in dieses Gebiet und sind darunter vorzüglich hervorzuheben Institutionum divinarum libri VII, die auch noch in einem Auszuge vorhanden sind, de ira Dei ad Donatum, de opificio Dei ad Demetrianum und de mortibus persecutorum, welche letztere ihm aber gewöhnlich abgesprochen wird. Sehr wichtig für Archäologie ist auch das in sehr schwülstigem Style geschriebene Werk des unten zu nennenden Astrologen Julius Firmicus Maternus[6]), de errore profanarum religionum ad Constantium et Constantem Augustos, wie denn auch von Ambrosius, dem schon genannten Bischoff von Mailand, vorzüglich zwei Briefe (Nr. 17 und 18), worin er die vom Symmachus beantragte Wiederherstellung des Altars der Siegesgöttin widerräth, seine Abhandlung über die Schöpfung (Hexaemeron) und die vielleicht unächten 2 Bücher de vocatione gentilium[7]) hierher zu rechnen sind. Sehr bedeutend tritt aber noch gegen diesen hervor Aurelius Augustinus aus Tagaste in Numidien (geb. d. 13. Novbr. 354), der, frühzeitig zu Madaura durch das Lesen der heidnischen Dichter gebildet, dann zu Carthago von seinem 18ten bis 27sten Jahre der Secte der Manichäer angehörte und dabei der Aristotelischen Philosophie anhing. Im Jahre 383 ging er nach Rom und 384 nach Mailand als Lehrer der Rhetorik, wo er, vorzüglich durch Ambrosius dem Platonismus zugeführt, sich 387 taufen ließ, 388 nach Tagaste zurückkehrte, 393 Bischoff von Hippo ward und als eifriger Vertheidiger der orthodoxen Lehre des Christenthums den 28sten August 430 in dieser Stadt verstarb. Von seinen Schriften sind indessen nur sehr wenige unmittelbar rein apologetisch, sondern die meisten streifen auch in die Gebiete anderer theologischen Disciplinen hinüber[8]), indessen kann man sich von seinen Kämpfen, theils mit sich selbst, theils mit seinen Gegnern, ein gutes Bild entwerfen aus den von ihm selbst geschriebenen 13 Büchern

Confessionum, 2 Büchern Retractationum, einer Art Apologie
derſelben, und aus ſeinen Briefen. Lediglich den Zweck der Verherrlichung des Chriſtenthums auf Koſten der Fehler und Mängel
ſeiner Gegner hatte aber **Paulus Oroſius** aus Braga in Portugal oder Tarragona in Spanien vor Augen, der, durch die Pris-
cillianiſtiſchen Streitigkeiten aus ſeinem Vaterlande vertrieben, nach
415 einige Zeit bei dem Auguſtinus in Hippo und bei dem Hieronymus zu Bethlehem lebte[9]), in ſeinen Historiarum libri VII
adversus paganos oder de cladibus et miseriis mundi, worin er
beweiſen will, daß die Welt von ihrer Erſchaffung an (bis 417
n. Chr.) von jeher der Schauplatz aller möglichen Thorheiten,
Laſter und Beſchwerden geweſen und alles Dieſes keineswegs durch
die Einführung des Chriſtenthums vergrößert, geſchweige denn
erſt entſtanden ſei. Um nicht des **Prudentius** zu gedenken,
der gleichfalls gegen das vom Symmachus geſtellte Verlangen
auftrat, nennen wir noch den **Salvianus**, einen Galliſchen
Presbyter zu Marſeille, der noch 480 oder 496 lebte und libri
VIII de gubernatione Dei et de justo Dei praesentique
judicio oder de providentia[10]) hinterließ, worin er die Chriſten
bei dem Einfall der Barbaren (452) zum Verharren im wahren
Glauben zu ſtärken und zu ermuntern ſucht, ſowie den Gallier
Evagrius (um 420), der eine Vergleichung des Juden- und
Heidenthums mit der chriſtlichen Religion hinterlaſſen hat[11]).
S. A. L. G. §. 336. p. 961 — 977.

1) S. P. Allix, de Tert. vita et scriptis, in ſ. Diss. Lutet. Paris.
1680. 8. nr. 3. De la Motte, Hist. de Tert. et d'Origenes. Paris.
1675. Leyd. 1701. 8. J. A. Noesselt, Diss. de vera aetate ac doctrina script. q. supers. Q. Sept. Fl. Tert. Hal. 1757. 4. u. in ſ. Comm.
III. ad hist. eccl. pert. Hal. 1817 8. p. 8 sq. J. A. Coenen, Comm.
de Tert. christian. et relig. christ. adv. gentes Apologeta, in b.
Annal. Acad. Rheno-Traj. 1823—24. 4. Hefele in b. Theol. Quart.
Schr. 1838. Bd. I. p. 30 sq. A. Neander, Antignoſticus. Geiſt. d. Tert.
Einl. in deſſ. Schr. m. archäol. u. dogmenhiſt. Unterſ. Berl. 1825. 8. Leopold in Jügen's Zeitſchr. f. hiſt. Theol. 1838. II. p. 12 sq. Ausg. ſ. W.
ſ. Op. Ed. Pr. p. Beat. Rhenan. Basil. 1521. fol. ex ed. J. Pamel.
c. ann. Rhenani et not. Fr. Junii. Franeq. 1597. fol. N. Rigalt. observ. ill. Lutet. 1634. fol. ed. emend. Ph. Priorii. ib. 1675. fol. rec.
J. S. Semler. Hal. 1770. VI. 8. cura Fr. Oberthür. Wirceb. 1780. II.
8. cur. E. F. Leopold. Lips. 1830—41. IV. 8. Sämmtl. Schr. überſ. v.
Fr. At. v. Beénard. Augéb. 1837. II. 8. Apolog. emend. D. Herald.,
c. Min. Fel. Par. 1613. 4. st. Sig. Havercamp. Lugd. B. 1718. 8. c
var. lect. ed. J. J. Ritter. Elberf. 1827. 8.

2) S. J. D. ab Hoven, Ep. hist. cr. de vera aetate, dignitate et patria
M. Min. Felicis. Camp. 1762. 4. Meier, Comm. de M. Min. Fel. Turici

1824. 8. Ausg. s. Ed. Pr. c. Arnobio. op. F. Sabaei. Rom. 1543. fol. rec. Fr.
Balduin. Heidelb. 1560. 12. rec. J. a Wower, c. Cypr. de idol. Basil.
1603. 8. emend. D. Herald. Lut. Par. 1605. 8. 1613. 4. c. Cypr. de
idol. e rec. et c. obs. N. Rigalt. Lut. 1643. 4. 1685. 8. c. integr.
omn. not. e rec. J. Ouzelii, c. Firm. Materno. Lugd. B. 1672. 8. p.
1 sq. rec. J. Davis. Cantabr. 1707. 1712. 8. c. var. not. e rec. J. Gronov. Lugd. B. 1709. 8. c. Cypr. ed. c. not. var. J. G. Lindner. Lon-
gosal. 1760. 1773. 8. Neu herausg. erkl. u. überf. v. H. L. Lübkert. Lpzg.
1835. 8. rec. et var. lect. add. Ed. de Muralto. Praef. est J. C.Orelli.
Tur. 1836. 8. u. b. Galland. T. II. p. 377 sq.

3) P. Kroy Meyer, de ratione et argum. Apolog. Arnob. Hafn.
1818. 8. Ausg. s. Ed. Pr, Arnob. disp. adv. gent. libri VII. Rom.
1542. fol. recogn. et aucti ex bibl. Th. Canteri et c. ejd. not. Antv.
1582. 8. c. anim. et castig. D. Heraldi. Paris 1605. 8. rec. G. Elmenhorst. Hamb. (1603.) 1610. fol. c. rec. viri celeb. [Salmasii] et
integr. omn. comm. Lugd. B. 1651. 1657. 4. (s. Fabric. Ed. Hippo-
lyti T. II. p. 122 sq.) u. b. Galland T. IV. p. 133 sq. rec. Fr. Oberthür. Wirceb. 1783. 8. c, var. not. et s. ed. J. C. Orelli. Lips. 1816.
II. 8. Dazu Append. ib. 1817. 8.

4) S. Annales Cypriani p. J. Castrensem (h. e. Pearson). Oxon.
1684. II. 8. Le Clerc in b. Bibl. Univ. T. XII. p. 345 sq. J. Ger-
vaise, la vie de St. Cyprien. Paris 1717. 4. F. J. Reuchlin, Diss.
III. de doctrina Cypriani. Argent. 1751 — 56. 4. F. W. Rettberg,
Th. Sac. Cyprian. Darg. n. s. Leb. u. Wirk. Götting. 1831. 8. J. Ed.
Huther, Cypr. Lehre v. b. Kirche. Hamb. 1839. 8. Ausg. s. Ed. Pr. Oper.
Paris 1512. 4. stud. D. Erasmi. Basil. 1520. Colon. 1545. fol. c. ann.
J. Pamelii. Antv. 1568. fol. ill. observ. N. Rigalt. Lut. Paris. 1648.
fol. st. Ph. Priorii. ib. 1666. fol. st. et lab. St. Baluzii abs. Pr.
Maranus. ib. 1726. Venet. 1728. 1758. fol. cur. Fr. Oberthür. Wir-
ceb. 1782. II. 8. ed. D. F. H. Goldhorn. Lips. 1838. II. 8. Op. omn.
acc. J. Firm. Mat. juxta Baluz. et Rigalt. edit. Besançon et Paris
1837. 8.

5) S. Ed. a S. Xaverio, in Lact. Opera diss. praev. dec. I. et
II. Rom. 1754 — 57. 8. J. A. Krebs, de stilo Lact. Hal. 1706. 4.
H. J. Spyker, de pretio instit. divin. Lact. statuendo. Lugd. B.
1826. 8. J. G. Geret, Var. de Lact. ejq. theol. judicia. Viteb. 1722.
4. Ausg. s. Op. Ed. Pr. Rom. 1465. fol. c. comm. X. Betuleji. Basil. 1563. fol. rec. J. G. Walch et crit. comm. al. et s. ill. Lips.
1715. 8. emend. et ill. a Chr. A. Heumann, c. ann. crit. M. Thomas.
et Chr. Cellar. Gotting. 1736. 8. c. not. var. doct. rec. et not. cr.
instr. J. L. Bünemann. Lips. 1739. 8. ad codd. et edit. rec. et emend.
et not. ill. J. B. le Brun et N. Lenglet Dufresnoy. Lut. Par. 1748. II.
8. cur. Fr. Oberthür. Wirceb. 1783. II. 8. u. b. Galland T. IV. p.
229 sq. Op. omn. acc. Arnob. libri VII adv. gent. necnon Minucii
Fel. Octavius juxta prob. edit. Besanç. 1836. 8. emend. et c. sel.
lect. var. ed. O. Fr. Fritzsche. Lips. 1842. II. 8. Lact. Epit. Instit.
div. ad Pentadium fratr. c. al. ined. ex ant. bibl. Taur. eruit rec.
et diss. ill. Chr. M. Pfaff. Paris 1712. 8.

6) S. J. M. Hertz Pusch van Ripen, de Jul. Firm. Mat. ejq. de
errore prof. relig. lib. diss. Hafn. 1817. 8. Ausg. s. Ed. Pr. c. praef.
et op. st. M. Fl. Illyrici. Argent. 1562. 8. ex rec. J. A. Wower. Basil. 1603. 8. u. b. Galland T. V. p. 23 sq. ed. Fr. Münter. Hafn.
1826. 8.

7) S. Vita di S. Ambrogio scr. da Paulino trad. sec. il testo
dell' ult. ediz. accr. di alc. note de R. M. di S. Gaetano. Pav. 1789. 4.
G. Hermant, Vie d'Ambroise. Paris 1678. 4. C. Val. Michelsen,
de Ambr. fid. cathol. adv. Arianos vindice. Hamb. 1825. 8. J. P.

Gilbert, das Leben d. H. Ambroſius, Wien 1841. 8. Ausg. ſ. W. Oper.
Ed. Pr. Basil. 1492. III. fol. Op. pr. p. D. Erasmum, mox p. S. Ge-
lenium, deinde p. al. erud. n. v. p. J. Costerium ad pl. ant. cod.
coll. et emend. Basil. 1555. V. fol. ad codd. coll. rep.emend. auct.
et ind. ill. st. et op. J. Gillotii, Paris 1569. fol. ad vet. ms. et emend.
codd. fid. rest. cura Fel. Card. de Monte Alto. (T. I—IV., T. V—VI.
cur. J. B. Bandini). Rom. 1579—87. VI. fol. em. st. et lab. mon.
Ord. S. Bened. e congr. S. Mauri. Paris 1646—90. Π. fol. Ambr. de
Offic. et Hexaemeron emend. et lect. var. adj. Rb. O. Gilbert. Lips.
1840. 8.

8) S. Vita Aur. August. auct. inc. ex ant. codd. n. pr. ed. H.
G. Cramer. Kil. 1832. 8. J. L. Bret, de reb. gest. S. August. librq.
ab eo conscr. Venet. 1756. 4. Fr. C. van Goens, Disp. hist. theol.
de A. Aug. apologeta sec. libr. de civit. Dei. Amst. 1838. 8. A.
Roux, Diss. de A. Aug. adversario Donatistarum. Leid. 1838. 8.
Fr. A. Gr. Kloth, d. h. Kirchenl. Auguſtin. Aachen 1840. II. 12. S. Win-
demann, d. heil. Auguſtin dargeſt. Berl. 1844. II. 8. Ausg. ſ. Op. Ed.
Pr. Basil. 1506. XI. fol. ex emend. D. Erasmi. Basil. 1523. X. fol.
e codd. emend. ill. et X Tom. compr. p. theol. Lovan. Antverp.
1577. XI. fol. (Dazu Aug. Oper. omn. ante 1614. ed. suppl. ed. H.
Vignerius. Paris. 1654. II. fol.) Denuo cast. op. et st. mon. Ord. S.
Bened. e congr. S. Mauri. Paris 1679—1700. XI. fol. cura J. Phe-
reponi (h. e. J. Clerici). Antv. (Amst.) 1703. XI. fol. (Dazu T. XII.
App. Augustin. ib. 1703. fol.) Op. omn. denuo ad mss. cod. Gall.
Vatic. Belg. nec non ad ed. ant. et cast. op. et st. mon. Bened. Paris 1835—40. XI. 4. S. A. Aug. Confessiones ed. A. Neander. Berol. 1823. 8. ed. C. H. Bruder. Lips. 1837. 12. post ed. Paris. nov.
ad fid. codd. Oxon. recogn. et post. ed. M. Dubois ex ipso Aug.
ill. Oxon. 1838. 8. überſ. m. e. Vorw. v. H. Kunz. Arnsb. 1840. II. 12.

9) S. D. Pablo Ign. de Dalmasses y Ros, Diss. hist. por la
patria di P. Orosio que fue Tarragona in Catalunna y no Braga
en Portugal. Barcel. 1702. fol. Ch. A. Heumann, Pr. q. Oros. tertium nomen Hormisdae restit. Gott. 1732. 4. u. Syll. Diss. T. II.
p. 485 sq. Withof, Relat. Duisb. 1762. nr. 47—52. N. G. Gundling, Gundlingiaua. P. XXV. p. 439 sq. J. Dieckmann, in b. Bibl.
Brem. Cl. l. fasc. III. p. 325. f. IV. p. 465 sq. D. G. Moller, Diss.
de P. Orosio. Altorf. 1789. 4. H. Beck, Diss. de Oros. fontibus et
auct. et altera de Antonii Raudens. op. ined. c. Hilar. carm. in na-
tal. matr. Goth. 1834. 8. Ausg. ſ. Ed. Pr. Aug. Vind. 1471. fol.
Vicent. 1475. fol. vet. libr. aux. a mendis vind. et ann. ill. op. et
st. Fr. Fabricii. Mogunt. 1615. 8. c. Apolog. contra Pelag. ad fid.
mss. adj. not. Fabricii et Lautii int. rec. sq. anim. add. J. Havercamp. Lugd. B. 1738. 1767. 4. u. b. Galland T. IX. p. 63 sq. ſ. a. E.
Grubitz, Emend. Orosianae. Numb. 1834. 4.

10) S. Heyne, Opusc. T. VI. p. 119 sq. Ernesti Opusc. theol.
Lips. 1773. p. 560 sq. Ed. Pr. L. VIII. de gubern. Dei cura J. A.
Brassicani. Basil. 1530. fol. Ausg. ſ. ſämmtl. W. Ed. Pr. ex bibl.
P. Pithoei. Paris 1580. 8. cura C. Rittershusii, qui et libr. comm.
adj. Altorf. 1611. Norimb. 1623. 8. c. Vinc. Lirin. Op. ad fid. codd.
emend. notq. ill. St. Baluze. Paris 1663. 1669. 8. p. 1—312. c. comm.
Rittersh. et not. vir. doct. Brem. 1688. 4. Oeuvr. de Salvien.; av.
le texte en regard, not. et préf. p. Grégoire et Collombat, Paris et
Lyon 1836. II. 8.

11) S. Fontanini, Hist. litt. Aquil. p. 316 sq. D. Altercatio in-
ter Judaeum Simonem et Theophilum christianum b. Galland T.
IX. p. 250 sq. u. b. L. III Consultationum Zachaei christiani et
Apollonii philosophi. ib. p. 206 sq.

Anmerkung. Auch bei den **Armeniern** ſchrieb ein gewiſſer **Eſſnig aus Golp** († 441, ſ. St. Martin in d. **Journ. d. Sav. 1829. p. 453 sq.)** 4 Bücher *Widerlegungen verſchiedener Secten* (Heiden, Parſen, Griechiſcher Philoſophen und der Marcioniten und Manichäer) oder Zerſtörung der Ketzer (**Armen. Smyrn. 1762. 8.** Venet. **1826. 24.**).

§. 149.

Während durch Erhebung des Chriſtenthums zur Staats‑ religion die Kämpfe deſſelben mit den Heiden und Juden theilweiſe zwar noch fortdauerten, aber doch in ihrer Heftigkeit bedeutend verloren, weil Letztere erſterem eigentlich doch nichts mehr anhaben konnten, entſtanden dagegen im Schooße des Chriſtenthums ſelbſt vielerlei verſchiedenartige Anſichten über einzelne Punkte der Glaubenslehre, und dieſe gaben wieder Veranlaſſung zu gelehrten Streitigkeiten unter den Gliedern deſſelben ſelbſt, und es bildete ſich alſo allmälig eine neue theologiſche Wiſſenſchaft aus, die Polemik oder Streittheologie. Indeſſen zerfallen die Kir‑ chenväter, welche ſich in dieſer vorzugsweiſe auszeichneten, in zwei Klaſſen, nämlich in ſolche, welche gegen Andersdenkende oder Ketzer (Häretiker) überhaupt, und in ſolche, welche nur gegen ein‑ zelne Parteien ſchrieben[1]).

1) S. G. **Arnold,** unparteiiſche Kirchen‑ und Ketzerhiſtorie. Lpzg. 1696. II. fol. (bis 1688.) J. **Vogt,** Bibl. hist. haeresiologicae. Hamb. 1725. II. 4. u. I. fol. J. L. v. **Mosheim,** Verſ. einer unparteiiſchen und gründ‑ lichen Ketzergeſchichte. Helmſt. 1746. II. 4. u. Streittheologie d. Chriſten, m. Anm. v. Ch. F. v. **Windheim.** Erlang. 1763. III. 4. Chr. W. Fr. **Walch,** Entw. e. vollſt. Hiſt. d. Ketzereien, Spaltungen und Religionsſſtreitigkeiten, b. a. d. Zeit b. Reformation. Lpzg. 1762—85. XI. 8. (nur b. z. 8ten Jhdt.) S. J. **Baumgarten,** Geſch. d. Religionsparteien od. gottesdienſtl. Geſellſchaf‑ ten u. derſ. Streitigk. ſow. als Spaltungen außer u. in d. Chriſtenheit. Halle 1766. 4. J. S. **Semler,** hiſt. Einleit. in S. Baumgarten's Unterſ. theol. Streitigkeiten. Halle 1762. III. 4. (b. z. 5ten Jhdt.) J. F. **Gaab,** Ueb. d. Parteien, mit welchen das Chriſtenthum in den 3 erſten Jhdtn. u. im Anfang d. 4ten zu ſtreiten hatte. Tübingen 1801. 8.

§. 150.

Wenn wir nun vor Allem die Häretiker im Allgemeinen betrachten, gegen welche chriſtliche Lehrer als Polemiker auftraten, ſo werden wir zuerſt ſolche zu nennen haben, welche in Grie‑ chiſcher Sprache ſchrieben. Dieſes that außer dem Clemens von Alexandria, Irenäus, Origenes und Athanaſius vorzüglich Epiphanius aus Eleutheropolis in Paläſtina, von 367—403 Biſchoff von Conſtantia auf Cypern, in ſeinem παναριον oder Brodkorb von Mitteln gegen 80 Ketzereien, wovon er ſelbſt noch

einen Auszug fertigte[1]). In Lateinischer Sprache schrieben hier
Augustinus seine Schriften de haeresibus (87) und de
praedestinatione, Philastrius aus Spanien, 380 bis vor
387 Bischoff von Brescia, seine Beschreibung aller Ketzereien
(130) vom Anfange der Welt an[2]) (de haeresibus), der
Gallier Vincentius, der, weil er lange als Mönch im
Kloster Lerins († 450) lebte, Lirinensis genannt wird,
seine nicht mehr vollständig erhaltene und unter dem Namen
eines gewissen Peregrinus verfaßtes Commonitorium pro ca-
tholicae fidei antiquitate et universitate adversus profanas
omnium gentium novitates[3]), und sein Landsmann Arnobius der Jüngere, der um d. J. 461 wahrscheinlich Bischoff
von Marseille und Verfasser des Praedestinatus (Schilderung
von 90 Ketzereien bis auf den Prädestinationsstreit, Schrift
unter des Augustinus Namen für die Prädestination und Widerlegung derselben), also heftigster Gegner des Augustinus war[4])
S. A. L. G. p. 979 sq.

1) S. Fr. Gervaise, l'hist. et la vie de S. Epiphane, archev. de
Salamine et docteur de l'eglise. Paris 1738. 4. Rosenmüller, Hdbch.
f. bibl. Krit. Bd. II. p. 370. 412 sq. S. Schrift f. herausgg: Oper.
Ed. Pr. rec. lat. vert. et anim. ill. D. Petavius. Paris 1622. II. fol.
Ed. II. c. app. Colon. Brandenb. (Lips.) 1682. II. fol.
2) Ausg. f. Ed. Pr. c. Lanfranci lib. de sacr. euchar. adv. Beren-
gar. cura J. Sichard. Basil. 1528. 8. lib. de haeres. c. emend. et not.
I. A. Fabric. Hamb. 1721. 8. c. Fabricii not. post. var. lect. ex ms.
cod. Corbeiensi et P. Galeardi spicil. ed. A. M. Quirini, Coll. vet.
PP. Brixiens. ib. 1738. fol. p. 1—138. u. Galland T. VII. p. 480 sq.
3) Ausg. f. Ed. Pr. in Sichard, Antid. contra haeres. Basil. 1528.
fol. p. 203 sq. c. comm. Filesaci. Paris 1619. 4. c. August. lib. c.
haereses ed. St. Baluze. Cantabr. 1687. 8. u. b. Galland. T. X. p.
103 sq. c. Hilarii Arel. Oper. rec. ac not. observ. ill. a J. Salinas.
Rom. 1731. 8. p. 3 sq. not. ill. E. Klüpfel. Vienn. 1809. 8. Ed. nova
c. not. e Baluz. sel. Avenione 1821. 8. Oeuvr. de St. Vinc. de Lerins et de St. Eucher de Lyon. Trad. franç. av. le texte en reg.
et préf. p. J. F. Grégoire et E. Z. Collombat. Lyon. 1834. 8. rec. et
c. not. sel. ed. Aug. Vind. 1843. 12. Vinc. v. Ler. Ermahnungsbuch,
f. Leben u. f. Lehre. Her. v. Fr. X. Elpelt. Breslau 1840. 8. Common.
ed. Ed. Herzog. ib. 1839. 4.
4) S. Mém. de Trevoux. 1750. Novbr. 2. p. 2568 sq. 2801 sq.
Ausg. f. Praedestinatus s. praed. haeresis et libri S. August. temere
adscr. refut. ab auct. ante a. MCC. conscr. n. in luc. ed. cur. et st.
J. Sirmond. Paris 1643. 8. u. in Sirmond. Oper. T. I. p. 447 sq. u.
Galland. T. X. p. 357 sq. ed. de Barcos. s. l. 1645. 8. (Dazu f.
S. Picinardi, de novitio op. q. inscr. Praedestinatus, cens. Patav.
1686. 8.). Die ihm zugeschr. Altercatio c. Serapione Aeg. de Deo
trino et uno et duabus in Christo naturis (Ed. Pr. c. not. Feuarden-
tii, b. f. Ausg. b. Irenaeus. Colon. 1596. Lut. Paris. 1675. fol. p.
517 sq.) ist unächt.

§. 151.

Wenn wir nun zu den einzelnen Secten übergehen, welche die christlichen Lehrer als ketzerisch verfolgten, so werden die Gnostiker, von denen unten die Rede seyn wird, obenan stehen. Da diese aber in mehrere Unterabtheilungen zerfallen, so haben wir[1]) vorzüglich des **Augustinus** Schrift adversus **Marcionitas** als Hauptbuch, aus welchem sich die Lehre der Marcioniten kennen lernen läßt, des **Archelaus**, Bischoffs von Carrha (um 278), noch in einem Lateinischen Auszuge vorhandene Unterredung mit dem Manes[2]), des berühmten **Didymus** von Alexandria (war um d. J. 392 noch im 83sten Lebensjahre Catechet in seiner Vaterstadt) nur noch fragmentarisch erhaltenes Werk gegen die Manichäer[3]), von dem (371 †) Bischoff von Bostra in Arabien, **Titus**[4]), ein gleichfalls nicht mehr vollständiges Werk gegen dieselben und endlich von **Serapion**, dem Bischoff von Thmuis in Aegypten († 358), ebenfalls eine sehr heftige Schrift gegen dieselben[5]), eine andere des **Gregor** von **Nyssa** gar nicht zu rechnen.   S. A. L. G. p. 983 sq.

1) Der dem Origenes Abamantius (d. h. dem jüngeren), der aber nicht vor Constantin lebte, gehörige διαλογος κατα Μαρκιωνιστων ἠ περι της εις θεον ὁρθης πιστεως (Gr. c. vers. lat. et not. pr. ed. J. R. Wetsten. Basil. 1674. 4.) ist gleichfalls nicht unwichtig.

2) Fragm. ed. Valesius, Not. ad Socrat. H. Eccl. p. 197—203. emend. et integr. ed. L. A. Zacagni, Coll. vet. mon. eccl. gr. et lat. Rom. 1698. 4. p. 1—102. u. Hippol. Op. ed. Fabric. T. II. p. 34 sq. Routh, Reliq. Sacr. T. IV, p. 115 sq. Galland. T. III. p. 569 sq.

3) Ed. Pr. lat. b. Possevin, App. sac. T. I. p. 488 sq. Ed. Pr. gr. et lat. b. Combefis, Auct. bibl. PP. noviss. P. II. p. 21 sq. u. Galland. T. VI. p. 309sq. f. a. F. Mingarelli, Vet. testim. de Didymo Alex. coeco, ex quibus tres libri de trinitate nuper detecti [Didymi Al. de trin. I. III. n. pr. gr. et lat. ed. D. J. Mingarelli. Bonon. 1769. fol.] eidem asser. Rom, 1764. 4.

4) Ed. Pr. lat. b. Canis. Lect. Ant. T. V. p. 36 sq. gr. et lat. b. Canis. ed. Basnage T. I. p. 59 sq. u. Galland. T. V. p. 269 sq. Blos B. I. II. u. ein Theil v. III. ist erhalten, das IVte verloren.

5) Ed. Pr. lat. in b. Bibl. PP. Max. T. IV. p. 160 sq. Gr. et lat. b. Canis. ed. Basnage T. I. p. 43 sq. Galland. T. V. p. 52 sq. u. Routh. T. I. p. 464 sq. Ein Brief v. ihm b. Mai, Spic. Vat. T. IV. p. XLIV sq.

§. 152.

Mittlerweile hatte der frühere Stoiker **Novatianus** aus Phrygien, als er getauft und i. J. 251 zum Gegenbischoff des

Cornelius zu Rom erwählt worden war, das nach ihm benannte Schisma herbeigeführt, nach welchem seine Anhänger annahmen, daß Niemand, der sein Taufgelübde durch eine grobe Sünde verletzt, je wieder in die Kirchengemeinschaft aufgenommen oder der Sündenvergebung theilhaftig werden könne[1]). Gegen ihn traten unter den Römischen Kirchenschriftstellern außer Cyprian in seinen Briefen (Nr. 41 — 52), Cornelius, Bischoff von Rom (254 † zu Civita Vecchia)[2]), Pacianus, um d. J. 373 Bischoff von Barcellona in Spanien[3]), und unter Anderen auch noch Ambrosius mit seinen lib. II de poenitentia auf. S. A. L. G. p. 987 sq.

1) Opera omn. corr. notq. ill. Ed. Welchmann. Oxon. 1724. 8. p. Pamelii rec. cast. et expurg. obs. et not. adj. J. Jackson. Lond. 1728. 8. u. b. Galland. T. III. p. 287 sq. S. Lib. de trinitate u. de cibis Judaicis Ed. Pr. b. Tertull. Basil. 1550. fol. p. 596. 782 sq.

2) 2 Briefe u. d. b. Cyprian Nr. 46. u. 48. (49. u. 50.) u. ein b. Euseb. H. E. VI. 43. unvollst.

3) Opera omn. Ed. Pr. J. Tilii. Paris 1538. 8. f. a. Galland. T. VII. p. 257 sq.

§. 153.

Um dieselbe Zeit hatte Sabellius, Presbyter zu Ptolemais, um d. J. 250—260 gelehrt, daß im göttlichen Wesen zwar drei verschiedene wirkende Kräfte, jedoch nicht Personen seien, und Christum nur für einen mit göttlicher Kraft ausgestatteten Menschen erklärt[1]), allein er ward von Athanasius, Basilius, Eusebius, Dionysius von Alexandria, Theodoretus und dem Papst Dionysius (um 250) kräftig zurückgewiesen. Ziemlich gleich war die Lehre des im J. 272 excommunicirten Bischoffs von Antiochia (um 260), Paulus von Samosata, und die seiner Anhänger, der Samosatenianer, vollkommener Antitrinitarier, gewesen[2]), welche vorzüglich Dionysius von Alexandria, wo er v. J. 248 — 265 auch Bischoff war[3]), Athanasius und der Bischoff von Cäsarea, Firmilianus[4]), widerlegten. Gegen das Schisma des Meletius, Bischoffs von Lycopolis in Aegypten, der gelehrt hatte (304), wer aus Furcht Christum verleugnet habe, sei nicht zur Buße zuzulassen, schrieben in Griechischer Sprache Petrus[5]), Bischoff von Alexandria (300 — 311), und Phileas[6]), Bischoff von Thmuis, seiner Vaterstadt (296 — 311). In Aegypten hatte übrigens Origenes in verschiedenen Schriften, von denen jedoch dermalen nur die eine, περι αρχων, übrig ist[7]), angesteckt durch Neuplatonische Philosopheme, gelehrt, daß in den christlichen Religionsurkunden die Neuplatonische Trias (d. h. ein buchstäblicher Sinn, der den Leib, ein sittlicher, der die Seele, und ein geistiger, der den Geist des Menschen repräsentire) gefunden werden könne, war zwar von Einigen vertheidigt worden (s. A. L. G. p. 995 sq.), ward aber dafür von Eustathius aus Side in Pamphylien, der anfangs Bischoff von Berrhoe, dann aber von Antiochia war und im J. 360 im Exile zu Trajanopolis starb[8]), und von Methobius, Bischoff von Patara[9]) (311 zu Chalcis enthauptet) heftig angefeindet, obgleich Hieronymus aus Stridon in Dalmatien (geb. 331, zu Rom gebildet, lebte er 374 —379 in einer Wüste bei Chalcis, dann seit 379 3 Jahre in Constantinopel, ward 382 Geheimschreiber des Bischoffs Damasus von Rom, ging 386 über Aegypten nach Palästina und hielt sich daselbst in einem von ihm gegründeten Kloster bis an seinen 420 erfolgten Tod auf), der gelehrteste aller Kirchenväter, ihn in seinen Briefen und einigen anderen Schriften wo möglich noch mehr mitgenommen hat[10]). Ueber diese und noch andere Schriften s. A. L. G. p. 989—996.

1) S. Ch. Worm, Historia Sabellianismi. Frcft. 1696. 8. L. Lange, Gesch. d. Unitarier vor d. Nicänischen Synode. Lpzg. 1831. 8. u. in Jllgens, Zeitschr. f. hist. Theol. Bd. III. 1. p. 64 sq. u. 2. p. 178 sq. f. a. K. R. W. Klose, Geschichte u. Lehre d. Marcellus u. Photinus. Hamb. 1837. 8.

2) S. J. D. Winckler, Disq. philol. Hamb. 1741. 8. p. 148 sq. R. E. Jablonski, Diss. exhib. genuinam Pauli Sam. doctrinam. Frcft. ad V. 1736. 4.

3) S. J. H. Ostermannn, Diss. de Dion. Alex. Rost. 1736. 4. Ausg. Dionys. Alex. Epist. q. supers. gr. et lat. n. prim. ed. S. D. de Magistris. Rom. 1790. fol.

4) Ein Brief b. Fr. Ducaeus, Auct. bibl. PP. T. I. p. 302 sq. u. Labb. Conc. T. I. p. 843.

5) Lib. de poenitentia cap. 1—15. gr. et lat. ed. Bevereg. Synt. canon. T. II. p. 8 sq. u. Galland. T. IV. p. 169 sq. f. a. Mai, Spicil. Vatic. T. III. p. 671 sq.

6) Ein Brief b. Routh, Rel. Sacr. III. p. 373 sq. u. Galland. T. IV. p. 67 sq.

7) Nur lateinisch. Ed. Pr. Orig. Periarchon s. de principiis, c. Apolog. Orig. per Euseb. interpr. Rufino. Venet. 1514. fol. Or. de princ. separ. ed. R. Redepenning. Lips. 1836. 8. cf. K. F. Schnitzer, Orig. üb. d. Grundlehren d. Glaubenswissenschaft, c. hist. Vers. Stuttg. 1836. 8. f. a. C. Ullmann, de Beryllo Bostreno ejq. doctrina. Hal. 1836. 4. S. Melander, Vind. conc. Constant. II. Oecum. V. in causa Origenist. Lund. 1740. 4. M. J. Norup, de Origenianis et Origenistis. Hafn. 1770. 4.

8) S. Schr. κατα Ωριγενους διαγνωστικος εἰς το της ἐγγαστριμυθου θεωρημα Ed. Pr. Eust. Alex. in Hexaemeron ac de Engastrimytho adv. Origenem. It. Orig. de eadem Engastr. an videlicet anima ipsa Samuelis vere fuerit evocata incantationibus Pythonissae, de qua I Reg. c. 28. L. Allatius prim. in luc. prot. lat. vert. not. ill. Lugd. 1629. 4. u. b. Galland. T. IV. p. 541 sq.

9) S. Schr. συμποσιον δεκα παρθενων περι της ἀγγελομητου παρθενιας και ἀγνειας gr. et lat. c. not. et diatr. de Methodii scriptis pr. vulg. L. Allatius. Rom. 1656. 8. ed. P. Possinus. Paris 1657. 8. S. a. Amphilochii, Methodii et Andr. Cret. Opera n. prim. gr. et lat. redd. ac recogn. notq. ill. op. et st. Fr. Combefis. Paris 1644. fol. P. I. p. 283—448. f. a. J. A. Sixt, Diss. de Methodio, Tyri quond. episc. Altorf. 1707. 4.

10) Er nennt ſich ſelbſt Apol. III. adv. Rufin. c. 2.: „ego philophus, rhetor, grammaticus, dialecticus, Ebraeus, Graecus, Latinus, trilinguis". S. a. Martianay, Vie de St. Jérôme, prêtre, solitaire et Dr. de l'église. Paris 1706. 4. S. Dolci, Max. Hieronym. vitae suae scriptor s. de moribus, doctrina et reb. gest. D. Hier. comm. ex ips. oper. dec. ill. ed. Acc. ejd. P. P. Vindiciae adversus Dallaeum aliosque. Ancon. 1756. 4. (Fournier) Eloge de St. Jérôme. Paris 1817. 12. L. Engelstoft, Hier. interpres, criticus, exegeta, apologeta, historicus, rhetor, doctor, monachus. Hafn. 1797. 8. Zimmermann, üb. d. Einſamkeit Bd. I. p. 261—326. Stollberg, Geſch. d. Lehre Jeſu Bd. XIII. p. 201—254. XIV. p. 255—286. XV. p. 143—147. Ausg. ſ. Ed. Pr. Oper. ex emend. argum. ac schol. D. Erasmi. Basil. 1516. VIII. fol. (Dazu Index p. J. Oecolampadium. Basil. 1520. fol.) emend. p. Marian. Victorium Reat. Antv. 1579. IX. fol. c. not. et schol. var. Frcft. ad V. 1584. XI. fol. ad codd. vet. et edit. vet. emend. st. et lab. mon. S. Bened. [J. Martianay et A. Pouget.] Paris 1693—1706. V. fol. ad codd. mss. et prior. edit. cast. auct. not. et obs. st. D. Vallarsi. Veronae 1734—42. Venet. 1766—72. XI. fol.

§. 154.

Ein weit gefährlicheres Schisma hatte aber der berüchtigte Arius aus Lycien, im J. 313 Presbyter zu Alexandria († 336 zu Conſtantinopel) i. J. 318 in der Kirche herbeigeführt, indem er gelehrt hatte, der Sohn Gottes ſei vor der Weltſchöpfung von Gott vermöge ſeines freien Willens aus nichts geſchaffen worden, alſo einſt nicht da geweſen und das erſte aller Geſchöpfe, obſchon einzig in ſeiner Art, dennoch dem Gott Vater in Bezug auf die Ewigkeit nachſtehend[1]). Gegen ihn traten nun vorzüglich, das Verdammungsurtheil des Nicäniſchen Concils über ſeine Lehre (325) ungerechnet, Athanaſius in ſeinen Briefen und Reden und der Geſchichte der Arianiſchen Lehre, Gregor von Nazianz, Baſilius der Große, der mit ſyllogiſtiſchen Gründen zu beweiſen ſuchte, der Sohn ſei Gott, Cyrillus von Alexandria und unter Anderen auch Epiphanius mit ſeinem Glaubensanker (ἀγκυρωτος) auf, am heftigſten jedoch ſein eigener

Biſchoff zu Alexandria, Alexander (v. 312 — 325)[2]), von deſſen Schriften jedoch nicht viel mehr übrig iſt. Bei den Römern waren vorzüglich gegen ihn thätig Hilarius von Poitiers[3]), Euſebius (geb. 283 in Sardinien) von 340 — 371, wo er als Märtyrer ſtarb, erſter Biſchoff von Vercelli[4]), Phöbadius, Biſchoff von Agen in Gallien (noch 392 am Leben)[5]), Potamius, um b. J. 355 Biſchoff von Liſſabon[6]), Martinus aus Sabaria in Pannonien, in b. J. 375 — 397 Biſchoff von Tours[7]), Fabius Marius Victorinus[8]), Fauſtinus, ein Spaniſcher Presbyter, oder Gregorius, Biſchoff von Elvira in Spanien[9]), um 357 — 359, die aber ſelbſt der Secte der Luciferianer angehörten, Auguſtinus, Ambroſius, Hieronymus in mehreren in ihren Werken enthaltenen Schriften, und beſonders noch Leo der Große[10]), der in ſeiner Vaterſtadt Rom (geb. 390) als Biſchoff daſelbſt von 440 — 461 ſich ſogar die Achtung des rohen Attila und Genſerich zu erwerben verſtanden hatte. S. A. L. G. p. 996 — 1002.

1) S. Semler, de Arii Thalia, libello carminum ad religionis infectionem et injuriam excogitato. Numb. 1730. 4. And. Fragm. v. ihm b. Fabric. Bibl. Gr. T. VIII. p. 309 sq. cf. J. A. Stark, Verſ. e. Geſch. des Arianismus. Berl. 1783—85. II. 8. L. Lange in Jllgen's Zeitſchr. f. hiſt. Theol. IV. 2. p. 75 sq. V. 1. p. 26 sq. J. H. Newman, On the doctrine and conduct of the Arians of the fourth century chiefly as exhibited in the councils of the church between 325—381. Lond. 1833. 8. Th. Ittig, Hist. conc. Nicaeni. Lips. 1712. 4.

2) Fragm. v. ihm b. Coteler, Not. ad Patr. Apost. Op. T. I. ed. 1698. p. 410 sq. Fabric. T. VIII. p. 341. u. Maximi Opusc. theol. et pol. T. II. p. 152 sq. u. Mai, Spic. Vatic. T. III. p. 699 sq.

3) Ausg. ſ. W. ſ. Ed. Pr. Paris 1520. fol. emend. p. Des. Erasmum Rot. Basil. 1523. fol. (Dazu Hil. Fragm. ex op. hist. nunq. ed. e bibl. P. Pitthoei st. N. Fabri. Paris 1598. 8.) ad ms. codd. et vet. edit. cast. auct. praef. et not. st. et lab. mon. ord. S. Benedicti. (P. Constant.) Paris 1693. fol. Ed. Nova cura Sc. Maffei. Veron. 1730. fol. rec. cur. Fr. Oberthür. Wireeb. 1785. III. 8.

4) S. Fragm. b. Galland. T. V. p. 78 sq. u. in b. Bibl. PP. Max. T. V. p. 1227 sq.

5) S. liber contra Arianos, Ed. Pr. c. Athanas. de S. Trinit. Paris 1570. 8. p. 433 sq. rec. C. Barth. Frcft. 1623. 8. u. b. Galland. T. V. p. 250 sq. Zweifelhaft ſind ſ. Liber de fide orthodoxa u. libellus fidei, in Gregor. Naz. Oper. App. T. I. p. 894. 905 sq.

6) S. Schr. b. D'Achery, Spic. T. II. p. 366 sq. [III. p. 299 sq. ed. II.] u. 2 Reden b. Zenon, Op. p. 297 sq.

7) Seine Libri IV de trinitate ad Candidum Arianum, Ed. Pr. Basil. 1538. 8. u. Galland. T. VIII. p. 133 sq. Mehr ſ. A. L. G. p. 827.

8) Expositio fidei de S. Trinitate. Ed. Pr. Jod. Clichtovei. Paris 1511. 4. u. b. Galland. T. III. p. 599 sq.

9) S. Flori, Diss. de S. Gregorio, Illib. lib. de fide auct. necnon de SS. Hillario et Hieronymo, Orig. interpretibus. Bonon.

1789. 4. **Florez, Esp. Sagr. T. XII.** p. 116 sq. 424 sq. Ausg. s. Gregor. [s. Faustini] **Lib.** de trinitate s. de fide, n. pr. ed. st. **Ach. Statii.** Rom. 1575. 4. u. c. lib. precum in b. Bibl. PP. **Max. T. V.** p. 637 sq. S. **Fides Theodosio** imp. oblata, Ed. **Pr. Quesnel, Op. Leon. T. II. App.** ed. **Ballerini T. III.** Sermo in epiphania domini b. Mai, Spic. Vat. **T. V.** p. 98 sq. S. **Libellus precum** b. **Marcellini et Faustini** lib. precum ad imp. **Valent. Theod.** ad **Arcadium** n. pr. in luc. ed. st. et op. **J. Sirmond.** Paris 1650. 8. u. Opera **T. I.** p. 230 sq. Ausg. s. **W.** Opera c. not. Oxon. 1678. 8. u. **Galland. T. VIII.** p. 441 sq.

10) S. **Heyne,** Opusc. **T. III.** p. 127 sq. **L. Sergardi,** Ragguaglio della solenne transport. del corpo di **S. Leone M.** seguita gli 11. Apr. 1715. nella **Basil. Vaticana.** Rom. 1715. 4. Hierher gehört nur s. **Breviarium** adversus haereticos ob. fidei br. advers. Arianos Ed. **Pr.** b. Sirmond, Op. **T. I.** p. 224. u. Op. ed. Ballerini, App. **T. II.** Ausg. s. **W.** s. Op. Ed. pr. p. can. regul. **S. Martini** opp. et univ. Lovan. ex ms. cod. Lovan. 1575. Antverp. 1583. 8. u. Bibl. PP. Max. **T. VII.** p. 980 sq. c. Hilar. Arelat. Opusc. et cod. canon. et const. sed. apost. auct. exp. et diss. not. observ. ill. a Paschasio Quesnel. Paris 1675. II. 4. Ed. II. auct. et emend. 1700. Lugd. II. fol. ed. Th. Cacciari. Rom. 1751—55. II. fol. cur. fr. Ballerini. Venet. 1757. III. fol. s. a. B. R. Abeken, Biogr. v. Leo b. Gr., in d. Zeitgenoss. 1829. Bd. I. H. 8. A. Arend, Leo b. Gr. u. s. Zeit. Mainz 1835. 8.

§. 155.

Von anderen Häresiarchen kennen wir noch den Cunomius[1]), der um b. J. 383 mit Aetius gelehrt hatte, es sei in Christo keine göttliche Wesenheit (τῳ πατρι ἀνομοιος) anzunehmen, gegen welchen dann Basilius, Gregor von Nazianz und Nyssa, Johannes Chrysostomus und vielleicht auch Athanasius auftraten; ferner den Macedonius[2]), der im J. 361 zum Bischoff von Constantinopel erwählt, 361 abgesetzt und 381 verdammt wurde, weil er gelehrt hatte, der Sohn sei dem Vater ὁμοιουσιος, aber nicht ὁμοουσιος, der heilige Geist aber ein κτισμα und ποιημα, gegen welchen vorzüglich Athanasius, Amphilochius aus Cappadocien, Bischoff zu Iconium (bis nach 394)[3]) und Didymus[4]) auftraten, und den Priscillianus, einen Spanier, der, von Gnostischen Ideen angesteckt, im J. 379 gelehrt hatte, das Fleischessen und die Ehe seien sündhaft, aber dafür im J. 381 zu Trier enthauptet ward[5]). Gegen diesen traten außer dem Augustinus und Orosius auf Bacchiarius, ein Irischer Mönch[6]), und Turibius, um b. J. 447 Bischoff von Astorga in Spanien[7]). Neben diesen ist der oben schon erwähnte Apollinaris hier nicht mit Stillschweigen zu übergehen, welcher gelehrt hatte, der λογος habe bei Chriſtus die Stelle der vernünftigen Seele vertreten[8]) und dafür die heftigen Angriffe eines Athanaſius, Baſilius, Gregor von Nyſſa und Nazianz, Johannes Chryſoſtomus und des gleichfalls schon genannten Römers Damaſus aushalten mußte. S. A. L. G. p. 1003 sq.

1) S. berühmte ἔκθεσις πιστέως b. Socrat. H. E. V. 10. u. Canis. Lect. Ant. ed. Basnage T. I. p. 172 sq. cf. p. 767 sq. S. ἀπολογητικος gr. et lat. b. Fabric. Bibl. Gr. T. VIII. p. 262 sq., wo auch p. 253 sq. ſ. ἔκθεσις ſ. C. R. W. Kloſe, Geſch. u. Lehre b. Eunomius. Kiel 1833. 8.
2) S. C. L. Dryander, Vind. Conc. Constant. Oec. II. in causa Macedonica. Lund. 1737. 4.
3) S. H. Ph. Chr. Hanke, Narr. de vita et scr. Amphil., vor ſ. A. b. Amph. Or. in Sabb. Helmst. 1782. 4. p. 1 sq. Ausg. ſ. W. Amphiloch. Method. et Andr. Cret. Op. omn. n. pr. gr. et lat. rec. notq. ill. st. Fr. Combefis. Paris 1644. fol. P. I. p. 1—236.
4) S. Schr. de Spiritu Sancto Ed. Pr. lat. Colon. 1531. 8. st. J. a Fuchte. Helmst. 1618. 8. u. b. Hieron. ed. Vallarsi T. II. p. 105 sq. Did. Al. libri III de sp. s. n. prim. gr. ed. lat. conv. et not. ill. Bonon. 1769. fol.
5) S. Fr. Girvesi Diss. chron. de hist. Priscill. Rom. 1750. 8. de Vries, Diss. cr. de Priscill. Traj. ad Rh. 1745. 4. J. H. B. Lübkert, de haeresi Prisc. ex fontibus denno coll. Hafn. 1840. 8.
6) Ausg. iſt: Bacchiarii Opusc. ed. Fr. Florius. Rom. 1748. 4. u. Galland. T. IX. p. 183 sq.
7) Eine Epist. v. ihm b. Leon. Ep. nr. 16. u. Aguirre, Conc. Hisp. T. II. p. 218.
8) S. Fragm. b. Galland, Bibl. PP. T. V. p. 536—565.

§. 156.

Bei den Römern und in der Africaniſchen Kirche hatten mittlerweile die beiden Donatus[1]) genannten Irrlehrer aus der Novatianiſchen Ketzerei eine förmliche ſeparatiſtiſche Schwärmergeſellſchaft conſtituirt, gegen welche vorzüglich Auguſtinus (ſ. A. L. G. p. 1007.) und angeblich auch der Biſchoff von Mileve in Numidien, Optatus (nach 370)[2]) geſchrieben haben. Von anderen gleichzeitig entſtandenen kleineren Secten zeichnen wir noch aus die des Mönchs Jovinian († 406 — 413), der um d. J. 388 das Mönchsleben und Cölibat heftig angegriffen hatte, worin der Presbyter Vigilantius zu Barcellona (um 404) mit ihm übereinſtimmte[3]). Gegen Erſteren traten vorzüglich Ambroſius und Auguſtinus, gegen Beide aber Hieronymus auf. Ein sehr heftiger Eiferer war aber auch der Biſchoff von Cagliari, Lucifer, ein eifriger Anhänger des Athanaſius († 371), deſſen Behauptung, man dürfe mit einem Bi-

ſchoffe, der irgend einmal einen Arianer in ſeine Gemeinde aufgenommen habe, durchaus keine Gemeinſchaft haben[4]), ſo ſtreng
ſchien, daß ſich ſogar Hieronymus gegen ihn auszuſprechen für
nöthig erachtete.

1) S. Valesius, Diss. de Schism. Donat., b. ſ. Ausg. d. Euseb.
App. p. 1 sq., Du Pin, Hist. Donat. c. Monum. vet. ad eam. spect.,
v. ſ. A. b. Optatus p. 1 sq.

2) S. W. de schismate Donatistarum adversus Parmenianum
libri VII. Ed. Pr. ed. J. Cochlaeus, c. C. Bruni L. VI de haereticis.
Mogunt. 1549. fol. f. * ij sq. c. obs. et not. vir. doct. Ph. Priorius
praef. et ann. adj. Acc. Facundi Opusc. st. J. Sirmond. Paris 1679.
fol. rec. cur. E. Oberthür. Wirceb. 1790. 8. u. b. Galland. T. V. p.
461 sq.

3) S. B. Lindner, de Joviniano et Vigilantio purioris doctrinae
quarto et quinto saec. antesignanis. Lips. 1839. 8. R. J. Walch,
de Vigilantio haeretico-orthodoxo. Jen. 1756. 4.

4) S. Erh. A. Frommann, de Lucifero, Calar. olim praesule,
epist. Cob. 1767. 4. Ausg. ſ. Werke Luc. Opusc. Ed. Pr. c. schol. J.
Tilii. Paris 1568. 8. cura J. Domin. et Jac. Coletis. Venet. 1778. fol.
u. b. Galland. T. VI. p. 155 sq.

§. 157.

Einer weit größeren Verbreitung im Vergleich mit den eben
genannten erfreute ſich aber die Lehre des Pelagius, eines
Engliſchen Mönchs, der zu Anfange des 5ten Jahrhunderts zu
Rom gelehrt hatte, die Lehre von der ſeit Adam auf alle Menſchen übergegangenen Erbſünde ſei unrichtig, die menſchliche Natur ſei alſo keineswegs verderbt, ſondern vielmehr noch in ihrem
urſprünglichen reinen Zuſtande, und es hänge folglich von uns
ſelbſt ab, unſere ſittlichen Anlagen auszubilden und ſomit durch
die Gnade Gottes ſelig zu werden. Dieſes lehrte er i. J. 410
in Sicilien und Africa, dann auch in Paläſtina, von wo er im
J. 417 vertrieben ward und gegen 421 ſtarb. Da ſeine
Schriften nur noch in Bruchſtücken vorliegen, ſo läßt ſich jetzt ſchwer
vollkommen über ihn urtheilen[1]), wie dieß auch mit den Werken
ſeiner Schüler Cöleſtius aus Irland, Anianus, Diaconus
zu Celeda in Unteritalien, und Julianus, Biſchoffs zu Eclanum
der Fall iſt[2]). Nichts deſtoweniger kann man aber Vieles über
ihn aus den Schriften ſeiner Gegner abnehmen, unter denen
außer den gleichzeitigen Biſchöffen von Rom, Aurelius, In-
nocentius I., Zoſimus, Bonifacius und Sixtus III.,
und dem Hieronymus und Auguſtinus vorzüglich zu nennen
ſind der Africaner Marius Mercator (zwiſchen 418—450)[3]),

der im J. 418 durch den Augustin vom Pelagianismus bekehrte Gallische Mönch Leporius aus Marseille[4]) und der Biograph des Ambrosius, Paulinus (um 410), vermuthlich ebenfalls aus Africa[5]). Indessen schien doch manchen Anhängern des Pelagius seine Behauptung über die Erbsünde zu stark, und so kam es denn, daß einige derselben einen Mittelweg einzuschlagen dachten, wenn sie die Freiheit des Willens neben der göttlichen Gnade annähmen, und so entstand denn die Secte der Semi-pelagianer[6]), zu denen Johannes Cassianus (aus Athen, Rom oder der Provence, der, zu Bethlehem erzogen, vom J. 390 an auch in Aegypten das Anachoretenleben practisch hatte kennen lernen, später in Constantinopel, dann zu Rom und endlich i. J. 415 bis an seinen 430—435 erfolgten Tod zu Mar-seille lebte und in seinen Collationes patrum als Apologet des Mönchs- und Ascetenlebens auftritt) den Grund gelegt hatte[7]). Gegen ihn erklärte sich außer Augustin am Heftigsten Pros-per aus Aquitanien. S. A. L. G. p. 1010—1017.

1) S. J. G. Voss. Hist. de controv. q. Pelagius ejq. reliq. mover. libri VII. Lugd. B. 1618. 4. auct. ed. J. Voss. Amst. 1655. 4. H. Noris. Hist. Pelagiana et diss. de syn. V oecumen. Patav. 1677. fol. aucta V diss. Lovan. 1702. fol. J. Garnerii Diss. VII, quib. integra cont. Pelag. hist., in s. A. d. Mercator. T. I. App. p. 123—433. G. F. W. Wiggers, Vers. e. pragm. Darst. d. Augustinismus u. Pelagia-nismus n. ihr. gesch. Entwickelung. Hamb. 1821—33. II. 8. J. G. Voigt, Comm. de theoria August. Pelag. Semipelag. et Synergist. in doctr. de peccato originali, gratia et libero arbitrio. Gotting. 1829. 4. J. H. Leutzen, de Pelag. doctr. princip. diss. Colon. 1833. 8. Stäublin in Tzschirner's Archiv. Bd. I. 3. p. 102 sq. J. L. Jacobi, b. Lehre d. Pe-lagius. Lpzg. 1842. 8. Fragm. s. Schr. b. Garnier a. a. O. p. 370—382. u. Hieron. Op. ed. Martianay T. V. p. 11 sq. (ed. Vallarsi T. XI. p. 835 sq.) Pel. Epist. ad Demetriadem et lib. fidei rec. J. S. Sem-ler. Hal. 1775. 8.

2) Fragm. b. Garnier. App. ad Mercat. p. 313 sq. (u. ad Julian. p. 232 sq.) 334 sq. Juliani Lib. fidei c. not. J. Garnier. Paris 1668.8. u. b. s. A. b. Mercator. I. p. 320 sq.

3) Ausg. s. Ed. Pr. Acta Marii Mercat. c. not. Righerii. Bruxell. 1673. 12. (unvollst.) Op. omn. n. pr. st. J. Garnerii, qui not. et diss. add. Paris 1673. fol. ad fid. codd. mss. emend. et not. add. St. Ba-luze. Paris 1684. 8. u. Galland. VIII. p. 615 sq.

4) S. Libellus emendationis et satisfactionis ad episcopos Gal-liae: Ed. Pr. J. Sirmond, in b. Vet. Opusc. Dogm. Paris 1630. 8. u. b. Garnier, Merc. Oper. P. I. p. 214 sq. u. Galland. T. IX. p. 396 sq.

5) Sein lib. Zosimo p. gratias agens ob damnatos Pelagium et Coelestinum b. Galland. IX. p. 28 sq.

6) S. J. Geffken, Histor. Semipelagianismi antiquiss. Gotting. 1826. 4.

7) S. Pr. **Prantner**, Diss. in qua P. Joa. **Cass.** mens de divina gratia expenditur. Monach. 1765. 4. (Dagegen P. **Landfried** Heinrich, **J.** Joa. Cass. vindic. et ab omn. Semipel. error. immunis declar. ib. 1767. 4.) F. **Wiggers**, de J. Cass. Mass., qui Semipel. auctor vulgo perhibetur. Rost. 1824—25. II. 4. **J. B. Quesnay**, Cass. ill. s. chron. vit. Joa. Cass. Lugd. 1652. 4. Ausg. ſ. ſämmtl. W. ſ. Ed. **Pr.** Basil. 1559. fol. op. et st. H. **Cuykii**. Antv. 1578. 8. c. not. **M. Gazaei**. Duaci 1618. II. 8. Atreb. 1628. fol. **Lips.** 1733. fol.

8) Ausg. ſ. W. Ed. Pr. Lugd. 1539. fol. Ex cod. mss. emend. sec. temp. ord. disp. st. J. le **Brun** et D. **Maugeant** mon. ord. Benedict. Paris 1511. fol. c. Honor. Mass. Op. al. not. observ. ill. a. J. **Salinas**. Rom. 1732. 8. p. 1—235.

§. 158.

Während die eben genannten Sectirereien vorzüglich den Occident beunruhigten, erhoben ſich nun auch ähnliche Stürme im Orient. Es hatte nämlich **Neſtorius** aus Geomanicia in Syrien und im J. 428 Biſchoff von Conſtantinopel († 436 oder 439 in der Libyſchen Wüſte) die Anſicht ſeines Presbyters **Anaſtaſius**, daß Maria ein menſchliches Weſen geweſen ſei, von einem ſolchen aber kein Gott geboren werden könne, angenommen und hierauf gelehrt, Maria ſei nicht θεοτοκος, ſondern nur χριστοτοκος zu nennen, und die zwei Naturen in Chriſto ſeien nicht ὑποστασει oder in abstracto, ſondern allein durch Gewohnheit und in concreto verbunden. Obgleich durch die Synode zu Epheſus im J. 431 ercommunicirt, gewann er doch bei ſeinen Landsleuten in Syrien viele Anhänger, ſodaß bald die ganze Perſiſche Kirche oder die chaldäiſchen Chriſten ſich für ſeine Lehre erklärten[1]). Im Orient traten in Griechiſcher Sprache gegen ihn auf der ſtrenge Biſchoff von Conſtantinopel (434— 446), **Proclus**[2]), **Cyrillus** von Alexandria[3]), **Theodotus**, Biſchoff von Ancyra in Galatien, ſein heftigſter Widerſacher auf der genannten Synode[4]), und in Lateiniſcher Sprache im Occident außer dem Biſchoff von Rom, **Cöleſtin** (423—432), vorzüglich **Marcus Mercator**, **Johannes Caſſianus** mit ſeinen libri **VII** de incarnatione Christi und unter Anderen noch **Capreolus**, Biſchoff von Carthago (um 431)[5]). Eine ziemlich der des Neſtorius ähnliche kezeriſche Lehre ſtellte aber **Eutyches**, Archimandrit zu Conſtantinopel, obwohl ſonſt Gegner des Neſtorius, auf, indem er lehrte, daß vor der, Gottheit und Menſchheit vereinigenden Menſchwerdung Chriſto zwei Naturen, dann aber nur eine beizulegen ſei, da alles Menſchliche im göttlichen Wesen desselben aufgegangen und mit diesem zu einer Natur geworden sei[6]). Auch er wurde auf dem vierten öcumenischen Concil zu Chalcedon im J. 451 excommunicirt und gewann dabei sehr viele Anhänger im Orient, was man schon daraus abnehmen kann, daß unter den Römern nur gegen ihn auftraten Leo der Große und Petrus (aus Jmola, geb. 405) von Ravenna, Chrysologus wegen seiner trefflichen Predigten genannt und 451 — 458 verstorben[7]), sowie in zwei Griechisch und Lateinisch geschriebenen, an Leo gerichteten Briefen der Bischoff von Constantinopel Flavianus (seit 447, aber 449 wegen seines Eifers gegen Eutyches abgesetzt), welche ziemliches Licht hierüber verbreiten[8]). S. A. L. G. p. 1017—1023.

1) S. P. Lagerbohm, Vind. Ephes. Oecnm. III in causa Nestorii. Lugd. 1738. 4. S. Fragm. größtentheils b. Garnier, Ed. Mar. Merc. T. II. p. 116 sq. 80. 44. 57. I. p. 66. 69. 71. II. p. 5. 8. 11. 26. 29. 31. 34. 65. 66—68. 76. 80. 84. 85. 93. 103 sq. 110 sq. Assemanni Bibl. Or. T. II. p. 40 sq. s. a. L. Doucin, Hist. du Nestorianisme en VI livres av. d. rem. Rotterd. 1698. Utrecht. 1716. 4.

2) Ausg. f. W. f. Procli arch. Const. Opuscula, q. reper. not. n. prim. gr. et lat. ed. et rec. G. Elmenhorst. Lugd. B. 1617. 8. (unvollst.) Analecta a N. Riccard. ex bibl. penu eruta n. prim. gr. et lat. ed. comm. ill. Rom. 1630. 4. Opusc. ed. Galland. T. IX. p. 603 sq. Einiges auch b. Mai, Spic. lat. T. IV. p. LXXVII sq.

3) S. A. Joensson, Vindic. Cyrilli. Lund. 1740. 4.

4) Vorr. εἰς τὸ σύμβολον τῶν ἁγίων ἐν Νικαίᾳ πατέρων τῶν τιῆ (h. e. CCCXVIII.) Ed. Pr. gr. et lat. Fr. Barberini. Rom. 1669. 8. u. Bibl. PP. Max. T. XXVII. p. 173 sq.

5) S. Schr. b. Galland. T. IX. p. 490 sq. s. a. Sirmond. Op. T. I. p. 361 sq.

6) S. C. J. Blohm, Vind. Chalced. Oecnm. IV. in causa Eutychis. Lund. 1739. 4. Ch. A. Salig, Eutychianismus ante Eutychen. Guelpherb. 1723. 4. Th. Alethusius (i. e. M. Zimmermann) Hist. Eutych. Lips. 1659. 4. Pr. Eutych. de unione natur. in Christo seut. ill. Jen. 1741. 4. Galland. T. X. p. 665 sq. S. Glaubensbekenntniß b. Labb. Conc. T. IV. p. 244. 250.

7) S. Ginanni, Mem. de scr. Ravenn. Faenza 1769. 4. p. 187 sq. S. Pauli, de patena argentea Forocorneliensi olim, ut fertur, S. Petri Chr. Neap. 1745. 8. Ausg. f. Serm. Ed. Pr. op. D. Agapiti. Bonon. 1534. 4. Opera rec. Seb. Pauli. Venet. 1750. fol. Op. omn. c. observ. D. Mitae. Acc. S. Valeriani homil. omnes. Venet. 1742. fol. S. Epist. ad Eutych. a. b. Labb. IV. p. 35 sq.

8) S. noch erh. Br. u. Glaubensbekenntniß b. Harduin, Conc. T. II. p. 3 sq.

§. 159.

Wir haben aus der Geschichte der Polemik gesehen, daß die christliche Lehre nur im ersten Jahrhundert einfach blieb, nachher aber bald Speculationen über einzelne Punkte derselben an-

geſtellt wurden, woraus nun bald eine gelehrte Unterſuchung derſelben entſtand, welche eine neue Wiſſenſchaft, die Dogmatik
erzeugte. Dieſe ward vorzüglich von ſolchen angebaut, die vom
Griechiſchen Heidenthum zum Chriſtenglauben übertraten, vorher
aber durch Griechiſche Philoſophen gebildet worden waren, dann
aber auch von den chriſtlichen Religionslehrern ſelbſt, welche durch
eine wiſſenſchaftliche Einkleidung des chriſtlichen Dogma's daſſelbe
den gebildetern Heiden angenehmer und genießbarer zu machen
ſuchten. Mittlerweile hatten dieſelben auch, weil die meiſten Angriffe auf das Chriſtenthum von den Philoſophen ausgegangen
waren, eingeſehen, daß, wolle man dieſen gebührend und wirkſam
begegnen, man ebenfalls Philoſophie treiben müſſe, und ſo fing
denn ſeit dem 2ten Jahrhundert dieſe Wiſſenſchaft an, ſich in
die chriſtliche Theologie, einzuſchleichen und bildete dieſelbe eigentlich erſt zur wirklichen Wiſſenſchaft aus. Allerdings ſagte der
Platonismus mit ſeinen Anſichten über Gott, Vorſehung und Unſterblichkeit den meiſten Kirchenlehrern am Beſten zu, allein es waren
doch auch viele zu anderen philoſophiſchen Anſichten ſich Be-
kennende übergetreten, und ſo kam es, daß ſie die heterogenſten
Meinungen über den Sinn der Lehren des Heilandes und der Apoſtel
aufſtellten und auf dieſe Weiſe die verſchiedenſten Ketzereien in's
Leben riefen. Dazu kam noch, daß die Platoniſche Philoſophie
jener Dialectik und Logik ermangelte, welche zur Beſtreitung
mancher gerade in dieſen Fächern gewandten Gegner des Chriſtenthums unumgänglich nothwendig war, und alſo die Kirchenlehrer
zuletzt, vorzüglich ſeit dem Beginn der Arianiſchen Streitigkeiten, ſich
wieder der Ariſtoteliſchen Philoſophie zuzuneigen genöthigt wurden,
wobei ihnen freilich wieder der Umſtand entgegen war, daß ſie
bei großem Mangel an den zu einer richtigen Exegeſe nothwendigen Kenntniſſen ſich auf's Allegoriſiren legten und nebenbei auch den
ſchlechten Geſchmack an mährchenhaften Wundererzählungen einreißen
ließen[1]). Gehen wir nun die einzelnen Kirchenväter als Dogmatiker ſelbſt durch, ſo wird, um zuerſt von denen zu reden, die
ſich der Griechiſchen Sprache bedienten, leicht einzuſehen ſeyn, daß
faſt die meiſten der bereits von uns genannten Kirchenſchriftſteller,
ſowohl der Polemiker als Apologeten, ſich mit der Erklärung,
Bearbeitung und Vertheidigung der einzelnen chriſtlichen Dogmen
beſchäftigten, wenn ſie ſelbſt auch kein eigentliches, abgeſchloſſenes

21*

System der Dogmatik zu Tage fördern wollten. Solches gilt vorzugsweise von den apostolischen Vätern, von Athanasius[2]), Cyrillus und Didymus von Alexandria, Gregor von Nazianz und von Nyssa, Theodoretus und Anderen; hier nennen wir jedoch noch den Meletius[3]) aus Melita in Armenien, Bischoff von Antiochia (359 — 381), wegen seiner noch bei Epiphan. Haer. LXXII. 29 — 33. aufbewahrten Rede über den wahren Glauben, vorzugsweise gegen die Arianer gerichtet, den Vater des Mönchs- und Ascetenlebens, Antonius[4]) aus Koma (251 geb.?, lebte er von seinem 18ten Jahre bis an seinen den 17ten Januar 356 erfolgten Tod in einer Wüste) in Mittelägypten, dessen noch erhaltene Schriften wohl schwerlich durchgängig ächt seyn mögen, wie dieß vermuthlich auch mit des Bischoffs von Jerusalem (386), Johannes, Buche über die Erziehungsweise der ersten Mönche der Fall ist[5]). Bedeutender wäre Theophilus (385—412), Bischoff von Alexandria und heftiger Gegner des Chrysostomus und Origenes, wenn noch Alles, was er geschrieben hat, vollständig vorhanden wäre[6]). Die Schriften des Pachomius[7]), eines Mönchs zu Tabennesus in Aegypten (340—360) und Freundes des Athanasius, und des Oresiesis[8]), der um d. J. 344 gleichfalls in Aegypten Mönch war, beziehen sich ebenfalls nur auf Ascetik und Mönchleben; daher nennen wir nur noch den Kaiser Constantin den Großen (geb. 274 zu Naisis in Dacien, 306 Kaiser, 312 zum Christenthum bekehrt und 337 verstorben), weniger wegen seiner allerdings für die Erhebung des Christenglaubens zur Staatsreligion wichtigen Edicten, als vorzüglich wegen der, wahrscheinlich unächten, **Donatio Sylvestro papae facta**[9]), welche später einen so wichtigen Platz unter den Beweismitteln für die Hierarchie eingenommen hat. Sonst hat noch Macarius der Jüngere aus Alexandria, Schüler des genannten Antonius und Abt von Nitria (im J. 404 n. Chr. gestorben), manche für das Mönchsthum wichtige Verordnungen hinterlassen, wie denn auch noch Johannes Chrysostomus hierher zu ziehen ist[10]). Von allen diesen sind jedoch, wie gesagt, nur einzelne Partieen des christlichen Dogma's behandelt worden, von den abgeschlossenen Systemen werden wir nachher einige anzuführen Gelegenheit haben.

---

1) S. Chr. Fr. Roessler, Diss. de philosophia vet. eccl. de Deo. Tubing. 1782. 4, u. de originibus philos. eccles. ib. 1781. 4. u. Diss. de

phil. vet. de spiritu et de mundo. ib. 1782. 4. u. Lehrbegriff d. christl.
Kirche in d. erst. Jhdtn. Frkft. 1774. 8. u. Abh. üb. d. Philof. d. erst.
christl. Kirche, in s. Bibl. d. K. B. Bd. VI. p. 403 sq. J. G. Rosenmüller, de christ. theol. origine. Lips, 1786. 8. Ph. Marheincke, üb.
d. Urspr. u. d. Entwickelung d. Orthodoxie u. Heterodoxie in d. erst. 3 Jhdtn.
d. Christenthums, in s. Studien. Heidelb. 1807. Bd. III. 8. C. Fr. Stäudlin, de philos. Platon. cum doctrina Judaica et Christ. cognatione.
Gotting. 1819. 4. J. L. Mosheim, Comm. de turbata per recentiores
Platonicos ecclesia, in s. Diss. hist. eccl. T. I. p. 85 sq. Kramer,
Fortf. v. Bossuet's Weltgesch. Bd. II. p. 286 sq. C. A. Keil, Opusc.
Acad. Lips. 1821. 8. T. II. p. 391 — 438. u. 439 sq.

2) S. Ed. Harwood, Abh. üb. d. Lehre d. Ath., in s. 4 Abhandl. A.
d. Engl. Berl. 1774. 8. p. 3 — 63.

3) VII epistolae et oratio de vanitate mundi et resurrectione,
Ed. Pr. Lat. G. Voss. c. Greg. Thaumat. p. 128 sq. u. Bibl. PP.
Max. T. IV. p. 77 sq. 85 sq. Exhortatio ad monachos lat. ed.
Hoeschel, b. Athanasii vita S. Antonii Erem. gr. et lat. 1610. 4. u.
Regula monachis praescripta b. Holsten, Coll. Reg. S. Bened. P. I.
p. 1 sq. s. a. Regulae, sermones, documenta, admonitiones, re-
sponsiones, et vita duplex. Omn. n. prim. ex Arab. lat. redd. st.
Abr. Echellensis. Paris 1646. 8. Alles zuf. b. Galland. T. IV. p.
633 sq.

4) S. lib. de institutione primorum monachorum b. P. Wach-
tel, Joh. Nepotis Sylvani Hieros. Episc. XLIV. Opera omn. q. hactenus incogn. inveniri potuerunt, in unum coll. suoq. autori trib.
et vind. Bruxell. 1643. II. fol. T. I. p. 1—32. u. Th. a Jesu Carmel.
Opera. Colon. 1684. T. I. p. 116. sq.

5) S. einz. Schrift. s. verzeichn. in d. Allg. L. G. p. 1029. Nr. 24.

6) S. Hoffmann b. Geier, nützl. Anm. üb. allerh. Mater. a. d. Kirch.
Gesch. Lpzg. 1735. 8. II. Samml. nr. X. p. 209 sq. u. Varia sacra.
Viteb. 1752. 4. p. 267 sq. S. Monita spiritualia, lat. b. J. Voss.
Op. Greg. Thaum. p. 30 sq. S. Regula monachorum b. Holsten.
Cod. Regul. p. 33 sq.

7) S. Regulae de institutis monasticis b. Holsten p. 119 sq. u.
Bibl PP. Max. T IV. p. 92 sq.

8) S. J. C. F. Manso, Leb. Const. d. Großen. Bresl. 1817. 8. Fr.
Balduin, Const. M. s. de Constant. Imp. legibus eccles. atq. civil.
comm. L. II. Basil. 1536. 8. u. b. Heineccius, Jurisprud. Rom. et
Att. T. II. p. 569 sq. D. Donat. wird zuerst 854 b. Aeneas Paris.
Lib. adversus objectiones Graecorum in D'Achery, Spicil. T. VII.
p. 111 erwähnt. Sie steht b. Justell. Bibl. Canon. T. II. p. 929 sq.
u. Fabric. Bibl. Gr. T. VI. Ed. I. p. 5 sq. c. vers. dupl. et Othonis
donat. comm. ampl. ill. ed. M. Freher. Heidelb. 1607. 4. s. G. Münch,
üb. d. erdicht. Schenkung Const. Freib. 1824. 8. u. Werm Schr. Bd. II.
p. 183 sq. Arendt, üb. Const. d. Gr. u. s. Verhältn. zum Christenthume
b. Drey, Theol. Quart. Schr. 1834. p. 387 sq. N. C. Kist, Diss. de
commutatione, quam Const. M. auct. societas subiit christ. Traj. ad
Rh. 1818. 8. And. Schr. üb. ihn b. Meusel. Bibl. Hist. T. V. I. p.
178 sq.

9) Regula monastica b. Holsten. p. 43 sq. Eine andere ebb p. 23
sq. u. Galland. T. VII. p. 243 sq. Eine Rede gr. et lat. b. Toll. Insign. itin. Ital. p. 192 sq.

10) Vorzüglich wegen seinen 6 Büchern περι ιερωσυνης (das 7te bei
Montfaucon, Op. Chrys. T. I. p. 805 sq. ist unächt): Joh. Chrys. de
sacerdotio libri VI ex rec. Bengel. c. ejd. prol. anim. iut. notq. adj.
Aeu. Ed. Leo. Lips. 1834. 8. cur. Lomler. ib. 1838. 8.

§. 160.

Unter den in Lateiniſcher Sprache ſchreibenden Kirchenvätern gehören hierher, außer Tertullian wegen der Mehrzahl ſeiner Schriften, Pius[1]) von Aquileja, i. d. J. 127 — 142 Biſchoff von Rom, der eifrige Gegner der Montaniſten[2]), deſſen noch erhaltene Schriften indeſſen unächt ſind, Cyprian, vorzüglich durch ſeine Bücher de unitate ecclesiae, de lapsis und durch ſeinen Briefwechſel mit Cornelian und Stephanus, der aber unächt ſcheint[3]), Ambroſius, Auguſtinus, Hieronymus[4]), der Arianer Candidus mit ſeinem libellus de generatione divina[5]), ein gewiſſer um d. J. 400 vom Judenzum Chriſtenthum bekehrter Schriftſteller, Iſaac, der über die Dreieinigkeit ſchrieb[6]), Hilarius, zwiſchen 429—449 Biſchoff von Arles[7]), und vorzüglich Leo der Große, da wir über die Anſichten des Spaniers Hoſius (305 Biſchoff von Bätica), eines eifrigen Anhängers des Athanaſius, inſofern nur noch ein Brief von ihm vorhanden iſt, jetzt nicht mehr genau urtheilen können[8]). S. A. L. G. p. 1032 sq.

1) 4 Briefe in d. **Monum. Patr. Orthodox. T. I.** 2. **p. 11 sq. Constant. Epist. Pont. App. p.** 19 sq. ſ. a. **Fontanini, Hist. litt. Aquilej. p.** 70 — 105.

2) Montanus, ein Phrygier, Biſchoff von Pepuza i. d. J. 140—165, war ein Schwärmer, der ſich die Gabe der Weiſſagung beilegte und behauptete, den Paraklet empfangen zu haben, durch den er das, was Chriſtus unvollendet ließ, ausführen ſolle. Er verſtand unter Frömmigkeit eigentlich nur Märtyrertod und ein freudiges in den Tod Gehen, ſ. **G. Wernsdorf**, de **Montanistis saec. II. haeret. Ged.** 1751. 4. **Du Four de Longuerue, Diss. ed. Winkler. Lips.** 1750. p. 254 sq. **C. M. Kirchner,** de **Montanistis Spec. I. Jen.** 1832. 8. **F. K. A. Schwegler,** d. Montaniſmus u. d. chriſtl. Kirche d. 2ten Jhdts. Tübing. 1841. 8.

3) S. Liter. Zeit. f. kath. Relig. Lehr. 1822. **VII.** p. 65 — 120. 1823. **IV.** p. 33 — 77. **Th. Ittig, Suppl. Op. Clem. Alex. Lips.** 1700. 8. p. 209 — 223. **R. Missorii Diss. crit.** in duas celeb. epist. SS. Firmiliani et Cypriani adv. decretum S. Stephani papae I. de non iterando haeret. baptismo. **Venet.** 1733. 4.

4) Er ſchrieb die erſte Mönchsregel, **Regula S. Pachomii** (in ſ. **Oper. T. I.** p. 53 sq.), die jedoch von einer unächten (**T. XI. App.** p. 371.) unterſchieden werden muß.

5) **B. B. Ziegler, Concept.** in **Genes. et Exodum. Basil.** 1548. fol. u. **Reliq. Mar. Victorin.** ed. **A. Rivinus** p. 223 sq.

6) **De S. Trinitatis tribus personis et incarnatione domini, Ed. Pr.** b. **J. Sirmond, Vet. aliq. theolog. scr. dogm. Paris** 1630. 8. u. **Oper. T. I.** p. 401 sq. u. **P. Pithoeus, Cod. canon. vet. eccl. Paris** 1687. fol. p. 262 — 365.

7) **Opusc.** in b. **Bibl. PP. Lugd. T. VIII.** p. 1228 sq. rec. et not. ill. **Salinas, c. Vinc. Lerin. Rom.** 1731. 8. p. 119 sq.

8) S. **Florez, Esp. Sagr. T. X. p.** 165 sq. **M. J. Maceda, Hosius S. Athanas. in Apol. de fuga et in epist. ad solitar. h. e. Hosius vere innocens, vere sanctus. Diss. II. Bonon. 1790. 4.** S. Brief iſt in d. **Athanas. Ep. ad Solitarios** mit enthalten.

§. 161.

Gehen wir jetzt aber zu denjenigen Kirchenſchriftſtellern fort, welche die Dogmatik bereits in ein ſelbſtſtändiges Syſtem zu bringen ſuchten, ſo wird vorzüglich außer des **O r i g e n e s** bereits genannter Schrift περι αρχων und den nur in einem Auszuge bei **Photius cod. CVI.** erhaltenen ὑποτυπωσεις des Vorſtehers der katechetiſchen Schule zu Alexandria (um 283), **T h e o g n o ſ t u s,** hierher gehören **G r e g o r i u s,** mit dem Beinamen **T h a u m a t u r g u s** (d. h. Wunderthäter), aus Neocäſarea im Pontus, Schüler des Origenes und ſpäter Biſchoff von Neocäſarea († 270), als welcher er ſich vorzüglich als Heidenbekehrer einen großen Namen gemacht hat. Er iſt hier zu nennen wegen ſeines zwar kurzen, aber ſcharf ausgeſprochenen Glaubensbekenntniſſes[1]. Neben ihm gebührt hier ein Platz dem Biſchoff von Jeruſalem (349 — 386) **C y r i l l u s,** deſſen katechetiſche Reden von den Hauptſtücken der chriſtlichen Lehre und von der Taufe, den Pflichten der Neugetauften, der Salbung und dem Abendmahl beſonders wichtig ſind[2], ſowie endlich dem **D i o n y ſ i u s** dem Areopagiten, deſſen ſchon oben erwähnte Schriften bekanntlich den meiſten Einfluß auf die Ausbildung der ſogenannten myſtiſchen Theologie gehabt haben. Unter den Lateiniſch ſchreibenden Kirchenvätern dürfte **L a c t a n t i u s** mit ſeinen **Libri VII de doctrina christiana, de civitate Dei libri XXII, de fide et symbolo liber** und **Enchiridion s. de fide, spe et caritate** vorzugsweiſe hier zu nennen ſeyn. Bei den **A r m e n i e r n** endlich hat **G r e g o r** der Erleuchter, ſeit d. J. 302 erſter Patriarch von Armenien, in ſeinen heiligen Reden[3] etwas Aehnliches bezweckt. S. A. L. G. p. 1035 sq.

1) S. **N. M. Pallavicini, Vita Greg. Thaum. Rom. 1644. 8. J. L. Boye, Diss. I. de Greg. Thaum. episc. Neocaesar. Jen. 1703. 4.** S. Glaubensbek., ed. **N. Glaser c. Epist. Leonis ad Flavium. Hamb. 1614 8. p. 1—5. Fabric. Bibl. Gr. T. V. p.** 249 sq. (**T. VII. p.** 253 sq. ed. **Harles**). Sonſt nennen wir noch ſeine πιστις κατα μερος und die dazu gehörigen **XII capitula de fide** oder **anathematismi** gegen die Apolliniſten, Neſtorianer u. Eutychianer gr. et lat. b. **Bevereg. Pand. Canon. T. II. p.** 24 sq. Ausg. f. W. **Ed. Pr. Op. gr. et lat. interpr. et schol. G. Voss. Mogunt.** 1604. 4. c. **Macar. Aegypt. et Basilii**

Seleuc. Op. et Zonar. Expos. canon. epist. Paris 1621. fol. f. **A** sq.
gr. et lat. b. Galland. T. III. p. 383 sq. XIV. p. 119 sq.

2) *Κατηχησεις* **XVIII** *φωτιζομενων σχεδιασθεισαι* und *κατηχησεις
μυσταγωγικαι* V. Ausg. f. W. Ed. Pr. Op. gr. et lat. auct. et emend.
st. J. Prevot. Lut. Paris. 1631. fol. ex mss. codd. edid. emend. notq.
ill. Th. Milles. Oxon. 1703. fol. ad mss. codd. et edit. cast. diss.
et not. ill. cura A. Touttée. Absolv. Pr. Maranus. Paris 1720. fol.
(enthält jene gen. W. nicht f. Deyling, Observ. sacr. T. V. p. 116—
178.) Venet. 1763. fol. Im Allg. f. M. G. Grancolas, Vie de St. Cy-
rille, in f. Catech. de St. Cyrill. trad. en franç. Paris 1715. 4. p.
I sq. A. Touttée, Diss. III. de vita et rebus gestis, scriptis et dog-
matibus Cyrilli, b. f. A. p. ij—CCXViij. S. a. b. Schrift. b. h. Cyrill. überf. u. m. Anm. begl. v. J. M. Feder. Bamb. 1780. 8.

3) S. J. M. Longo, Dettaglio ist. della vita, martirio di S. Greg.
Patr. primo ed apostolo delle Armenie. Palermo 1756. 8. S. Neb.
f. gebr. u. b. T. Haschapadam. Armen. Constant. 1737. 8.

§. 162.

Da die Aufnahme derer, welche zum Chriſtenthume übertraten, einen Unterricht derſelben in den chriſtlichen Glaubenslehren nothwendig machte, ſo wurde hier bei ihrer Belehrung die
Frag- und Antwortsmethode in der Weiſe, wie ſie ſchon Jeſus Chriſtus
angewendet hatte, gebraucht. Um nun aber geſchickte Männer zu
bilden, welche die neu zum Chriſtenthum Uebergetretenen in die
Lehren deſſelben einführen könnten, ſo errichtete man zu Alexandria, Antiochia und Rom dazu eine Art theologiſcher Semi-
nare, die ſogenannten catechetiſchen Schulen, und hieraus bildete
ſich dann als förmliche Wiſſenſchaft die Catechetik aus[1]).
Für dieſe Wiſſenſchaft waren vorzüglich thätig Cyrillus von
Jeruſalem, Gregor von Nazianz und von Nyſſa, Baſilius
der Große, Johannes Chryſoſtomus, und bei den Römern Auguſtinus, Pacianus und Ambroſius. Da nun
aber jeder Täufling ein Glaubensbekenntniß abzulegen hatte, ſo
fing man an, beſtimmte, als Erkennungszeichen der zu einer und
derſelben Religionspartei Gehörigen, aufzuſetzen und gab dieſer
Wiſſenſchaft nach dem Namen derſelben, *συμβολα* (oder tesserae),
d. h. die Parole (im Kriegsweſen), den Namen Symbolik[2]). Man
unterſchied aber bald Symbola privata, wie die einzelner Kirchenlehrer, bald symbola orthodoxa und heterodoxa (die
der Häretiker, wie des Neſtorius ꝛc.) und symbola publica, und
particularia und universa, zu welchen letzteren das symbolum
apostolicum, Nicaeno Constantinopolitanum und Athanasianum
gehörten. Als ſolche aber, welche dieſen Zweig der theologiſchen

Literatur ausbildeten, werden **Amphilochius**, **Athanasius**, **Theodotus** von **Ancyra**, **Johannes Chrysostomus** und **Eusebius** von **Emisa** (um 360), der als Bischoff daselbst vorzüglich die Semiarianer begünstigte, genannt³). In Lateinischer Sprache schrieben hierüber vorzüglich **Tyrannius Rufinus**⁴) seine Expositio Symboli ad Laurentium papam, **Augustinus**, **Ambrosius** mehrere Abhandlungen und der als Homiletiker besonders berühmte Bischoff von Turin (um 422), **Maximus**⁵). Eine dritte Wissenschaft endlich des äußeren Theiles der Theologie ist noch die **Liturgik**, welche sich mit Erklärung der, seitdem das Christenthum eine complicirtere Form angenommen hatte, bedeutender und umfangreicher gewordenen heiligen Handlungen und Cärimonieen beschäftigte. Aus dieser gingen nun die vorzüglich in der Orientalischen Kirche häufigen und verschiedenartigen libri liturgici und in der Römischen des **Ambrosius** berühmte Missa und **Leo's** des Großen Sacramentarium hervor⁶). S. im Allg. A. L. G. p. 1039—1054.

1) S. C. Fr. Zachariae, de methodo catechet. vet. christianorum. Gotting. 1765. 4. J. P. Miller, de catechet. vet. eccl. docendi genere. Helmst. 1758. 4. Ph. H. Schuler, Gesch. d. catechet. Religionsunterrichts u. d. Protestant. b. z. J. 1762. Halle 1802. 8. J. F. Chr. Gräffe, Gebr. d. allgem. Catechetik p. 267—424. G. Langemack, Histor. catechet. ob. gesamm. Nachr. zu e. catechet. Hist. Stralf. 1729. Bd. I. II. Bd. III. v. D. G. Geißmar. ebd. 1740. 8. F. Münter, Comm. de schola Antiochena. Hafn. 1811. 4. u. in Tschirner's Arch. f. ält. u. neu. Kirch. Gesch. Bd. I. 1. p. 1 sq. Ueb. d. Aler. Sch. f. ob. §. 147. Anm. 10.

2) Libri symbol. eccl. rom. cathol. ed. J. T. L. Danz. Vimar. 1836. 4. cong. atq. not. et proleg. ind. instr. F. W. Streitwolf (et R. E. Klener) Gotting. 1835. II. 8.

3) 2 Homil. de symbolo in d. Bibl. PP. Max. T. VI. p. 628 sq. vermuthlich unächt, s. J. L. Thilo, üb. d. Schriften d. Euseb. v. Alexandria n. Euseb. v. Emisa. Halle 1832. 8.

4) Ed. Pr. (s. nom. Hieronymi) Exposicio in Simbolo apostolorum. Oxon. 1468. 8. c. Hier. Epist. Rom. 1470. fol. — Opera ad cod. emend. D. Vallarsi. Veron. 1745. T. I. fol.

5) Ausg. ist: Max. Taurin. Opus insigne homiliarum. Colon. 1535. 8. Rom. 1564. fol. Max. Taur. Opera aucta atq. annot. ill. a Brunone Bruni. Rom. 1784. fol.

6) S. Leo Allatius, Diatr. de libris ecclesiasticis Graecorum. Paris 1664. 4. ed. Fabricius. 1722. 4. N. B. Sibbern, de libris latin. eccles. et liturg. Viteb. 1706. 8. Chr. M. Pfaff, de liturg. missal. agendis et libr. eccles. orient. et occident. eccl. Tubing. Ed. II. 1721. 4. A. A. Krazer, de apostol. necnon antiq. eccl. occident. liturgiis, illarum origine, progressu, ordine. Aug. Vindel. 1786. 8. u. De vestib. vet. liturgicis. Morgenth. 1774. 4. Fr. X. Schmid, Liturgik d. christl. kath. Religion, Passau 1840. III. 8.

§. 163.

Wir gehen jetzt zu einer neuen Wiſſenſchaft der Theologie fort, nämlich zur **Moral**[1]), welche jedoch von den Kirchenlehrern keineswegs ſyſtematiſch, ſondern nur gelegentlich mit behandelt wurde, vorzüglich von den Homiletikern. Doch nahmen dieſe viel zu ſehr auf das Alte Teſtament, die Begebenheiten der Märtyrer ꝛc. Rückſicht, als daß ſie nicht ſehr bald von der einfachen Lehre Jeſu und der Apoſtel hätten abweichen ſollen. Daher artete ſie ſehr bald in eine finſtere, ſchwärmeriſche, fanatiſche, ihren Zweck in Vorſchriften über Tödtung der ſinnlichen Begierden, Kaſteiungen, Abſonderung von der Welt, Pönitenzen und Cärimoniendienſt ſuchende Hyperphyſik aus. Sie begründete alſo die ascetiſche Unthätigkeit und legte ſomit zu der **myſtiſchen Theologie**, die ſich bis auf unſere Zeit fortgebildet hat, den erſten Grund[2]).

1) S. **F. Staeudlin, de patrum eccles. doctrina morali. Gotting.** 1796. 4. u. Geſch. d. Sittenlehre Jeſu. Götting. 1799—1823. **IV.** 8. u. Geſch. d. philoſ. hebräiſch. u. chriſtl. Moral im Grdr. Hannov. 1826. 8. u. Geſch. d. chriſtl. Moral ſ. d. Wiederaufleben d. Wiſſ. Götting. 1808. 8. Verf. e. Geſch. d. chriſtl. Moral, Ascetik u. Myſtik vorz. in lit. Hinſ. Dortmund 1798. Bd. I. 8. C. Ph. Marheinecke, allg. Darſt. d. theol. Geiſtes, d. kirchl. Verf. u. d. canon. Rechts in Beziehung a. d. Moral. b.Chriſtenth. u. d. ethiſche Denkart d. Mittelalters. Sulzb. 1806. 8. **Jani van Gilse, St. P. Heyns et Fr. J. J. Alb. Junius, de patrum apostol. doctr. morali. Lugd. B.** 1833. 4.

2) J. Chr. A. Heinroth, Geſch. u. Kritik d. Myſticismus all. bekannten Völker u. Zeiten. Lpzg. 1830. 8. **G. Arnold, Historia et descr. theol. myst. Frcft.** 1602. 4. F. J. M. Helffrich, die chriſtl. Myſtik in ihr. Entwickelung u. in ihren Denkmälern. Hamb. 1842. II. 8. J. v. Görres, die chriſtl. Myſtik. Regensb. 1837—42. **IV.** 8.

§. 164.

Es iſt ſchon bemerkt worden, daß von den älteren Kirchenlehrern die meiſten in allen ihren Werken die Sittenverbeſſerung bezweckten, allein natürlich mußte dieſes mehr denen, die unmittelbar zum Volke ſprechen konnten, möglich ſeyn, als ſolchen, welche nur durch die Schrift mit demſelben redeten, wiewohl hiervon die Werke der apoſtoliſchen Väter eine Ausnahme machten. Es wird alſo hier nur darauf hinzuweiſen ſeyn, daß die meiſten Homilien der uns bereits bekannten Kirchenlehrer, wie des **Athanaſius, Baſilius, Gregor von Nyſſa** und **von Nazianz, Johannes Chryſoſtomus,**

Ephraem, Gregorius Thaumaturgus, Amphilochius, Cyrillus ꝛc. in dieſes Fach zu ziehen ſind, allein wir werden hier nur die nennen, welche geradezu zum Asceten⸗ oder Mönch⸗ leben aufgefordert haben. Unter dieſen ſteht aber obenan der Schüler des heiligen Antonius, Macarius aus Thebaïs in Aegypten, ſeit ſeinem 40ſten Jahre Presbyter in einem Kloſter in der Wüſte Scithi (v. 331 — 391), deſſen ſämmtliche Reden und ascetiſchen Werke in dieſes Genre gehören[1]). Ebenſo ſind die Homilien des Aſterius aus Antiochia, der bis nach 399 Biſchoff von Amaſea im Pontus war[2]), und des 311 als Märtyrer geſtorbenen frommen Biſchoffs von Alexandria, Petrus[3]), Pönitenzbuch, des Biſchoffs von Gabala in Syrien, Se⸗ verianus († 404), Homilien[4]), des Biſchoffs von Photice in Illyrien, Diadochus (um 440), Erklärungen von zehn Cardinaltugenden und Anweiſung zu einem geiſtigen Leben[5]), des Marcus (um 401), eines Mönchs im Kloſter Nitria, der gewöhnlich ἀσκητης oder exercitator genannt wird, ascetiſche Abhandlungen[6]), des Evagrius aus Iberi am Pontus Euxinus, der im J. 385 Archidiaconus von Conſtantinopel war, aber 388 in das Kloſter Nitria ging, Abhandlung über das beſchauliche Leben[7]), die moraliſchen Schriften des Nilus aus Conſtantinopel, der, nachdem er hier Präfect geweſen, in das Kloſter Nitria trat und im J. 451 bei dem Biſchoff von Eluſa ſtarb[8]), die asceti⸗ ſchen Sittenregeln des zu Alexandria geborenen Spaniers Eſaias[9]), der im J. 371 mit ſeinem Bruder Paulus in der Aegyptiſchen Wüſte ein Kloſter gründete, die ähnlichen Werke des Syrers Iſaac[10]), eines Presbyter zu Antiochia (440—456) und des berüchtigten Asceten Simeon Stylites[11]) des Aelteren aus Suſan in Syrien, der bekanntlich, nachdem er 37 Jahre auf einer hohen Säule bei Antiochia ſtehend zugebracht hatte, um d. J. 467 verſtarb. Die Schrift des Biſchoffs von Epheſus (402—404), Heraclides aus Cypern, eines Schülers des ebengenannten Evagrius, über das Leben der Väter iſt größten⸗ theils mit unter die Historia Lausiaca des Palladius gekom⸗ men[12]), die von Cäſarius, einem Bruder des Gregor von Nazianz, der erſt Mathematiker und Leibarzt des kaiſerlichen Hofes, auch Quäſtors von Bithynien († 369) geweſen war, hinterlaſſenen Fragen und Antworten betreffen zwar auch Moraltheologie, mehr aber noch philoſophiſche und naturwiſſenſchaftliche Gegenſtände [13]), und die Schriften des Syneſius aus Cyrene (geb. 379, um 397 als berühmter Rhetor zu Rom, dann 404 in ſeinem Vaterlande getauft und 410 — 412, wo er ſtarb, Biſchoff von Ptolemais, als welcher er eine ſehr ſonderbare Anſicht von der Auferſtehung gehabt zu haben ſcheint) ſind auch nur zum kleinſten Theile (Homilien, Briefe, Gedichte) hierher zu ziehen, da ſeine früheren Arbeiten mehr ein rhetoriſch=philoſophiſches Gepräge an ſich tra= gen [14]). S. A. L. G. p. 1046 — 1064.

1) Wir haben noch L ὁμιλιαι, u. VII opuscula ascetica et apoph- thegmata, zuſ. b. Macar. Aeg. opera omn. gr. et lat. ex rec. J. G. Pritii. Lips. 1698. 1714. 8. u. Galland. T. VII. p. 3 sq. ſ. a. J. S. Semler, Spec. exam. cr. oper. Macar. Hal. 1745. 4. u. Spec. anim. in aliquot op. gr. Macar. ib. 1746. 4.

2) S. Homil. b. Auct. Bibl. PP. Fr. Ducaei T. II. p. 563 sq. u. Combefis, Auct. Bibl. PP. Nov. T. I. p. 1—266. 283 sq. II. p. 1—81.

3) Erhalten ſind noch 15 canones a. ſ. B. περι μετανοιας b. Th. Balsamon, Synt. Canon. Paris 1620. fol. p. 887 sq. u. Routh, Reliq. Sacr. T. III. p. 317 sq. ſ. a. Lambec. Bibl. Vind. T. VIII. p. 676 sq.

4) Reden b. Combefis, Auct. Nov. Bibl. PP. T. I. p. 211 sq. u. b. Chrysost. Op. ed. Savil. T. VII. p. 448 sq. 587 sq. 689 sq. VII. p. 948 sq. 305 sq. V. p. 846. 898 sq. u. Galland. T. XIV. p. 147 sq.

5) Capita de perfectione spirituali cum X definitiones de totidem virtutibus. Ed. Pr. lat. interpr. Fr. Turriano. Flor. 1570. 8. Antv. 1575. 12. Graece c. II centur. spirit. Nili, coll. c. mss. et schol. app. Flor. 1570. 8. p. 17—108.

6) S. Opuscula, gr. ex bibl. Reg. Par. Paris 1563. 8. Gr. et lat. b. Galland. T. VIII. p. 3 sq. (vollſt.).

7) S. Schr. μοναχος ἡ περι πρακτικης, ἀντιῤῥητικος contra tenta- tores daemonum u. στιχηρα s. sententiarum libri II. zuſ. b. Galland. T. VII. p. 551—581.

8) S. Leo Allatius, Diatr. de Nilis, b. Fabric. Bibl. Gr. T. V. p. 4 sq. (T. X. p. 3 sq. ed. Harles). Am berühmteſten ſind ſeine χρυσα κεφαλαια ἡ παραινεσις (229 gr. et lat. prim. ed. M. Neander. Basil. 1559. 8. u. Opus Aureum. Lips. 1779. P. II. p. 7 sq. gr. c. vers. lat. N. Glaseri. Hamb. 1614. 8. gr. et lat. ed. J. C. Orelli, Coll. script. sentent. gr. T. I. p. 320—375. 99 [andere] gr. et lat. ed. X. Werfer in b. Act. Philol. Monac. T. III. P. I. p. 63—118. ſ. a. Sinner, Cat. mss. Bern. p. 120 sq.), ſ. Tractatus de monastica institutione s. lib. asceticus (b. Nili abb. Tract. s. Opuscula ex mss. eruta J. M. Sua- resius gr. prim. edid. lat. vert. ac not. ill. Rom. 1673. fol. p. 1— 85.), Epicteti enchiridion s. Manuale concisum ac interpolatum (b. Suaresius p. 327—355. u. Epicteti Op. ed. Schweighaeuser. T. V. p 98—138. ſ. ebb. ib. p. LXI sq. XCVIII sq. CII sq.) und Briefe (Ed. Pr. gr. et lat. ex interpr. et c. not. P. Possini. Paris 1667. 4. Epist. L. IV. gr. et lat. interpr. Leone Allatio. Rom. 1668. fol.

9) 19 Capit. ascetica b. Possin. Thes. Ascet. Paris 1684. 4. p. 315 sq. LXVIII praecepta pro tironibus, lat. b. Holsten. Cod. Regul. Rom. 1661. p. 11 sq. u. XIX sermones ad fratres in eremo degen- tes in b. Bibl. PP. Colon. T. XII. p. 384 sq.

10) Περι λογισμων, gr. et lat. b. Possin. Thes. Ascet. p. 308 sq., περι φυλακης καρδιας (Fragm. b. Niceph. Mon. de cust. cord. p.

420 sq.) u. de contemtu mundi etc. liber (lat. in d. Bibl. PP. Lugd.
T. XI. p. 1019 sq.). Seine Homilien ſollen zuerſt arabiſch niedergeſchrie-
ben, dann von einem gewiſſen Patricius in's Griech.iſche überſeßt ſeyn. Ausg.
*Του ὁσιου πατρος ἡμιν Ισαακ ἐπισκ. Νινευι του Συρου, τα εὑρηϑεντα
Ασκητικα, ἐπιμ. Νικηφορου μον. πρωτον τυποις ἐκδοϑεντα.* Lips. 1770. 4.
11) S. Fr. G. Lautensac, Diss. de Simeone Styl. Viteb. 1700. 4.
Münter, Misc. Hafn. T. II. 1. p. 227 sq. Nur noch eine Rede, lat. b.
Bibl. PP. Lugd. T. VII. p. 1229 sq.
12) S. Hist. Laus. hat deßhalb auch als Titel: Heraclidis eremitae
liber, qui dicitur Paradisus ad Lausum s. Palladii Galatae Hist.
Laus., de vit. patrum etc. Latine ex ed. Fabri Stapulensis. Paris
1504. fol. Der übrige Theil Gr. u. Lat. b. Coteler, Monum. Eccl. T.
III. p. 171 — 184.
13) Ed. Pr. Quaest. (85) theol. et phil. gr. et lat. ab El. Ehin-
ger. Aug. Vind. 1626. 4. Quaest. CXCV. gr. et lat. in d. Bibl. PP.
Paris. 1654. T. XI. p. 565 sq. u. b. Galland. T. VI. p. 3 sq. f. Lambec. de Bibl. Vind. T. IV. p. 32 sq.
14) S. Historiola de Synesio episc. et Evagrio phil. ex cod.
Barocc. bibl. Bodlej. gr. et lat. ed. Chr. Woog. Lips. 1758. 4. P.
Al. Boysen, Philosophumena Syn. phil. Cyren. Hal. 1714. 4. M.
Chladny [C. Richter.] Diss. de Synes. Cyr. *ϑεολογουμενοις.* Viteb.
1713. 4. Aem. Th. Clausen, de Synes. phil. Libyae Pentapoleos
metropol. comm. Hafn. 1831. 8. Ausg. f. Opera Ed. Pr. Graece.
Paris 1553. fol. gr. et lat. rec. et not. ill. a D. Petavio. Lutet. 1612.
1631. 1633. 1640. [c. Cyrillo Hierosol.] fol. *Λογος περι βασιλειας,*
Griech. u. Deutſch n. Hdſchr. verb. u. erläut. v. J. G. Krabinger. München 1825. 8. *Φαλακρας ἐγκωμιον* (ſatiriſche Antwort auf des Dio Chryſoſtomus *κωμης ἐγκωμιον*) ad fid. cod. rec. interpr. germ. instr. et
Petav. annot. adj. J. G. Krabinger. Stuttg. 1834. 8. *Αιγυπτιος ἠ
περι προνοιας,* Syneſ. d. Kyrenäers Aegypt. Erzählungen üb. b. Vorſehung.
Gr. u. Deutſch. n. Hdſchr. verbeſſ. u. erl. v. J. G. Krabinger. Sulzb. 1835. 8.

§. 165.

Gehen wir nun zu denjenigen Kirchenvätern fort, welche in
Lateiniſcher Sprache über denſelben Gegenſtand ſchrieben, ſo gehören hierher vorzüglich die von den Apologeten geſchriebenen
Werke, wie die des Tertullian, Cyprian, Paulinus, Hieronymus[1]), Auguſtinus, Hilarius, Caſſianus, Leo
des Großen und des Prosper von Aquitanien, überhaupt die
meiſten der oben angeführten geiſtlichen Dichter. Sonſt werden noch
hier zu nennen ſeyn Zeno aus Africa, von 362 — 380 Biſchoff
von Verona[2]), Gaudentius[3]) von 387 — 427 Biſchoff
von Brescia, Rufinus[4]), wegen ſeiner früher dem Hieronymus
zugeſchriebenen Historia Eremitica oder Vitae patrum, einer
Bearbeitung des Palladius und Heraclides, Chromatius[5]),
um d. J. 401 Biſchoff von Aquileja, ein heftiger Gegner des
Origenes und warmer Anhänger des Chryſoſtomus, Faſtidius[6]),
mit dem Beinamen Priscus, ein Britanniſcher Biſchoff um

b. J. 420, deſſen Werk de vita christiana et viduitate co-
lenda Beachtung verdient, Eucherius[7]), Sohn eines Galliſchen
Präfecten, anfangs verheirathet, dann aber ſeit b. J. 409 Ana-
choret auf der Inſel St. Margarita und von 434—456 Biſchoff von Lyon, einer der gelehrteſten Leute ſeiner Zeit und ſonſt
auch als Geſchichtsſchreiber der Legende von der Thebaniſchen
Legion berühmt, ſein Landsmann Valerianus, Biſchoff von
Cemele bei Nizza von 439—455[8]), wie jener ein Beförderer
des Anachoreten- und Kloſterlebens, und endlich Patricius
(eigentlich Succath) aus Bovanem oder Nemthur, einem Dorfe
bei Glasgow (geb. 372—375), der 432, als er Rom be-
ſuchte, vom Papſte Cöleſtin zum Apoſtel Irlands beſtellt wurde
und 439, nachdem er eine Menge Iren bekehrt und eine große
Anzahl Kirchen, Klöſter und Bisthümer geſtiftet hatte, verſtorben
iſt und heute noch als Schutzpatron Irlands betrachtet wird[9]).
S. A. L. G. p. 1061—1071.

1) Er gehört hierher wegen ſeines Martyrologium (Op. T. XI. p.
473 sq. — Vetust. occid. eccl. mart. D. Hieronymo a Cassiodoro,
Beda, Walfrido, Notkero aliisq. script. trib., quod nuncupandum
esse Romanum a Magno Greg. descr. ab Adone laud. etc. Fr. M.
Florentinius ex codd. not. et exerc. expl. vulg. Luc. 1668. fol.),
weniger wegen des ihm erſt im Micrologus c. 25 zugeſchriebenen Liber
comitis, d. h. Sammlung der von der Gemeinde vorzuleſenden Abſchnitte
der heiligen Schrift, beſ. b. Evangelien und Epiſteln (Op. T. XI. p. 523
sq. — Ed. Pr. in J. Pamel. Rituale SS. PP. Lat. T. II. p. 1 sq. —
Comes ab Albino ex Caroli M. imp. praecepto emend., b. J. M.
Cari, id est, Thomasii Antiq. Lib. Miss. Rom. Eccl. Rom. 1691. 4.
u. in ſ. Oper. T. V. p. 297 sq.), da es mehr zur Liturgik zu ziehen iſt.
2) S. Sermones u. Tractatus gehören m. Ausn. ein. b. Arianiſchen
Streitigkeiten betreffenden ſämmtl. hierher. Ed. Pr. p. Guarinum Vero-
nensem. Venet. 1508. fol. cura R. Bagatae et B. Peretti. Veron.
1586. 8. Patav. 1710. 4. Serm. n. pr. dilig. cod. cons. rec. et diss.
perp. annot. ill. P. et H. fratres Ballerini. Veron. 1739. 4. u. b.
Galland. T. V. p. 109 sq.
3) Gaud. Serm. Ed. Pr. in Grynaei Orthodoxogr. Basil. 1569.
T. VI. p. 1793 sq. Serm. q. exstant n. pr. ad fid. mss. rec. et emend.
Access. Ramperti et Adelmanni vener. Brixiae episc. opusc. rec. ac
ill. P. Galeardus. Patav. 1720. 4. Aug. Vind. 1757. 4. Denuo rec.
in b. Coll. Brixian. Eccl. Quirin. p. 185—379.
4) Gehört ihm nach der Stelle in ſ. Hist. Eccl. XI. 4. b. meiſt. Ausg.
u. b. Nam. b. Hieronymus: Ed. Pr. Incipit prologus in vitas Sanctorum patrum. s. l. et a. [Colon. Ulr. Zell.] fol. Nürnb. Coberger.
[1478.] fol. Beſte Ausg. Vitae patr. Libr. X. op. et st. H. Rosweydi.
Antv. 1615. Lugd. B. 1617. Antv. 1628. fol.
5) Conciones et tractatus. Ed. Pr. st. J. Sichard. Basil. 1528. 8.
c. Symmachi Apolog. p. M. Lypsium. Lovan. 1546. 8. u. b. Galland.
T. VIII. p. 333 sq.

6) Ed. **Pr.** in b. **August.** Op. ed. **Basil. T. IX.** p. 888 **sq.** u. b.
Galland. T. IX. p. 481 sq. **Fast.** de vita christ. lib. denuo ed. et
auct. rest. op. **L. Holsten. Rom.** 1663. 8.

7) Ausg. f. W. **Eucher.** lib. formul. intellig. spiritualis: ejd. lib.
de quaest. **V.** et **N. Test.** interpr. nom. hebr. et aliar. sacr. litt.
cont. et ep. ad Valerianum de contemtu mundi ex ed. et c. schol.
D. Erasmi. Basil. 1540. 4. **Opusc.** omn. ex emend. **A.** Schotti, in
b. **Bibl. PP. Max Lugd. T. VI.** p. 822 sq. **Oeuvr.** av. l. oeuvr. de
Vincent de Lerins, texte en reg. not. et préf. p. Grégoire et Collombat. **Paris** 1834. 8.

8) Homiliae var. arg. **XX** et epist. paraenet. ad monachos. Ed.
Pr. J. Sirmond. Lut. **Paris.** 1612. 8. u. **Oper. T. I.** p. 604 sq. u. b.
Galland. T. X. p. 123 sq.

9) S. **R.** Stanihurst, de vita **S.** Patricii libri **II.** Antv. 1587. 8.
The life and Acts of **S.** Patrick, now first translat. from the orig.
lat. of Jocelin with the eluc. of Dr. Rothe by Edm. Swift. **Lond.**
1810. 8. Th. Wright, St. Patrick's purgatory, an Essay on the Le-
gends of purgatory, hell and paradise current during the middle
ages. **Lond.** 1844. 8. Ausg. f. W. **S.** Patricii, qui Hibernos ad fid.
Christi conv. adscr. Opusc. quor. aliq. n. pr. in luc. emissa s. rel.
coll. recogn. not. ill. st. **J.** Waraei. **Lond.** 1556. 8. u. b. Galland.
T. X. p. 159 sq. f. a. Bolland, Acta **SS.** Antverp. 17. **Mart. T. II.**
p. 533 sq.

Anmerkung. Auch der oben ſchon als Polemiker genannte Armenier
Eſſnig hat moraliſche Anweiſungen hinterlaſſen, welche mit ſeiner Widerlegung
der Kezer (Smyrn. 1762. 8. Venet. 1826. 12.) zuſammen gedruckt ſind.

§. 166.

Obgleich die Bibel natürlich ſogleich in den erſten Jahrhunderten des Chriſtenthums von den jungen Chriſten eifrig ge-
leſen wurde, ſo ſuchte doch ein Jeder nur den Sinn der ihm ſchwer
erſcheinenden Stellen nach ſeiner Weiſe aufzufaſſen und zu verſtehen,
ſodaß erſt mit O r i g e n e s das Studium der bibliſchen Kritik,
Eregetik und Hermeneutik beginnt und ſeitdem mit dem größten
Eifer fortgeſetzt ward. Da von der Kritik ſchon oben die Rede war und
unten noch ſeyn wird, ſo wird hier zuerſt von der E r e g e t i k geſprochen
werden müſſen, als derjenigen Wiſſenſchaft, welche die Regeln
angiebt, nach welcher die Bibel erklärt werden muß, und dem
Erklärer die dazu nothwendigen Quellen zeigt. Bei den Griechen hat nur der Zeitgenoſſe des N i l u s, A d r i a n u s, eine ſchon
von Cassiodor. **Inst. Div.** c. 10 empfohlene Einleitung in
die Heilige Schrift[1]) geliefert, unter den Lateiniſchen Kirchenvätern dagegen haben der Africaner T y ch o n i u s, ein Zeitgenoſſe des Rufinus, Septem regulae ad investigandam et in-
veniendam intelligentiam **S.** Scripturarum[2]) und der ſchon
genannte E u ch e r i u s mehrere hierher gehörige Werke[3]) hinterlaſſen.

1) Adriani Isagoge sacr. litter. et antiq. Graec. in **Prophetas** fragm. **Gr.** op. **D. Hoeschel.** Aug. Vind. 1601. 4. u. in b. **Crit. Sacr. T.** VIII. p. 10 sq. [ed. Frcft. **T. VI.** p. 9 sq.].
2) Sie ſtehen b. Grynaei Orthodoxogr. **T. V.** p. 1352 sq. u. **Gal-**land. **T.** VIII. p. 107 sq. ſ. Semler, Diss. de septem Tych. regulis. Altorf. 1757. 4.
3) Nämlich **Liber** formularum spiritualis intelligentiae **ad filios** suos Veranium et Salonium, ferner Instructionum ad Salonium fil. S. übrigen Schriften, wie Commentarii ad Genesin u. in **Libros regum** u. einige Epistolae ſind unächt.

§. 167.

Die mit der Exegetik eng verbundene **Hermeneutik**[1]), d. h. die Kunſt, die einzelnen bibliſchen Schriften zu erklären, blieb natürlich in den erſten Jahrhunderten des Chriſtenthums ebenfalls ganz unberührt, weil ein Bedürfniß derſelben eigentlich weniger da war, und wenn es geſchah, ſo wählte man die alle-goriſch-myſtiſche Interpretationsmethode, welche vorzüglich die Neuplatoniker und Neupythagoräer für Juden und Heiden ein-geführt hatten. Dieß iſt der Fall bei den hin und wieder in den Schriften der apoſtoliſchen Väter[2]) vorkommenden und alſo erklärten Bibelſtellen, obgleich man Solches noch mehr in de-nen der Gnoſtiker wahrnehmen kann. Dabei hatte man jedoch keine beſtimmten Regeln vor Augen, ſondern erſt dem Origenes war es vorbehalten, dieſe ganze Wiſſenſchaft in ein ordentliches ſchulgerechtes Syſtem zu bringen. Dieſer, der ſchon durch ſeinen Lehrer Clemens von Alexandria in jenes allegoriſche Dunkel der Interpretation, welches wir in den Werken deſſelben erblicken, eingeführt worden war, übrigens auch eine wörtliche Deutung der Bibel für die Quelle aller Kezereien anſah und nun dabei noch den Zweck hatte, die Neuplatoniſchen Anſichten wo möglich mit den chriſtlichen Dogmen in Einklang zu bringen, ſchlug alſo eine dreifache Methode der Erklärung, nämlich eine buchſtäbliche, eine moraliſche oder myſtiſche und endlich die buch-ſtäbliche und myſtiſche mit einander vereinigt vor und hat die-ſelbe in allen ſeinen noch vorhandenen Commentaren bethä-tigt und durchgeführt[3]). Daſſelbe thaten Gregorius Thau-maturgus, weit weniger Euſebius, Dionyſius von Alex-andria, der vorzüglich die Apocalypſe auf dieſe Weiſe erklärte[4]), Atha-naſius, Theodorus, Biſchoff von Heraclea in Thracien, ein Semiarianer († 355)[5]), Apollinaris, Titus von

Bostra, Basilius der Große, Gregor von Nyssa und Didymus von Alexandria. Eine bessere Methode brachte aber des Eusebius Nachahmer, Diodorus, Bischoff von Tarsus (378—394) auf, indem er nur den wörtlichen und historischen Sinn, keineswegs aber den allegorischen zu entziffern trachtete, noch mehr aber sein Schüler Theodorus aus Antiochia (392 — 428), Bischoff von Mopsuestia, von dessen trefflichen Bibelcommentaren leider nur wenig übrig ist, da er von der Griechischen Kirche als Vater des Nestorianismus angesehen und verketzert ward[6]). Ziemlich in gleichem Geiste, wenn auch nicht mit demselben Erfolge arbeitete sein Bruder Polychronius aus Antiochia, Bischoff von Apamea in Syrien († 431)[7]) und mehr noch sein Schüler, der berühmte Johannes Chrysostomus[8]), den wieder Isidorus Pelusiota[9]) copirte, dabei aber, wenn auch wider Willen, sich abermals zum Allegorischen hinneigte, worin ihn jedoch Cyrillus von Alexandria noch weit übertraf, dessen Verfechtung der Orthodoxie sich hin und wieder nicht entblödet, geradezu zu Unsinn seine Zuflucht zu nehmen. Endlich versuchte der eifrige und thätige Ephraem der Syrer eine Art Vermittelung beider Methoden, indem er nämlich neben der wörtlichen und historischen Exegese noch eine moralische und allegorische als zulässig statuirte[10]). Nachdem zu gleicher Zeit Epiphanius in seinem mystischen Tractat περι των δωδεκα λιθων[11]), Victor, Presbyter von Antiochia (um 401)[12]), Andreas, Bischoff von Cäsarea in Cappadocien, etwas später als Basilius der Große am Leben[13]), Philo, Carpathius genannt, weil er im J. 401 Bischoff von Carpasia auf Cypern geworden war[14]), und Severianus von Gabala[15]) wieder zur Allegorisationsmethode zurückgekehrt waren, wie dieß auch von dem Dichter Nonnus geschah, hat endlich Theodoretus in seinen Commentaren die Bevorzugung des Wortsinnes zu Ehren gebracht. S. A. L. G. p. 1074—1085.

1) S. R. Simon, Hist. crit. d. principaux commentateurs du N. Test. depuis le commencement du christianisme jusqu'à notre temps. Rotterd. 1693. 1703. 4. u. Hist. crit. du vieux Testam. Amsterd. 1685. 4. J. G. Rosenmüller, Pr. XVI de fatis interpretationis S. Litt. in eccl. christ. Lips. 1780. 4. u. Ed. II. ib. 1795—1813. IV. 8. S. F. N. Morus, Super hermen. N. T. acroases acad. ed. apt. praef. est et add. instr. H. K. Abr. Eichstaedt. Lips. 1797—1802. T. II. 205—340. H. Meyer, Gesch. d. Schrifterklärung f. Wiederherstellung d. Wissenschaften. Götting. 1802—6. V. 8.

2) S. S. Basch, Diss. de interpr. N. T. ex PP. Apostol. Lips.
1726. 4.

3) C. J. Fr. Buddeus, de allegoriis Origenis. Viteb. 1689. 4.
J. Chr. Pfister, de origin. et princip. alleg. sacr. litt. interpretatione.
Tubing. 1795. 4. C. A. Hagenbach, Obs. hist. herm. circa Origen,
Adam. methodum interpr. S. Script. Basil. 1823. 8. J. J. Bochinger,
de orig. alleg. script. interpr. diss. I. Argent. 1829. 4. J. Matten-
dam, Disq. de ortu, progressu et noxis interpr. alleg., in b. Annal.
Acad. Groning. 1816. p. 213 — 309.

4) S. J. J. Munster, de Dion. Alex. circa Apocalypsin sententia hujq. vi in serior. libri aestimat. Hafn. 1836. 8.

5) Comment. zu b. Pfalm. gr. et lat., b. B. Corderii Catena patrum in Psalmos. Antv. 1635 — 43. III. fol.; f. Comm. zu Matthäus
und Lucas b. Corderius, Symb. in Matthaeum. Tolos. 1646 — 47. II.
fol. und zum Johannes b. Corder. Catena PP. Graec. in Johannem.
Antv. 1630. fol.

6) S. F. L. Sieffert, Theod. Mops. Vet. Test. sobrie interpre-
tandi index. Regiom. 1827. 8. O. Fr. Fritsche, Comm. de Theod.
Mops. comm. in psalmos et libros N. Test. Hal. 1836. 8. J. Chr.
Meisner, Diss. de Theod. M. Viteb. 1714. 4. Le Bret, de fragm.
Theod. Mops. Tubing. 1790. 4. R. E. Klener, Symb. litt. ad Theod.
Ant. pertin. Goth. 1736. 8. O. F. Fritzsche, de Theod. Mops. vita
et scriptis comm. Hal. 1836. 8.

7) Fragm. zum Hiob b. Junii Catena PP. Graec. in Johnm, gr.
et lat. Lond. 1637. fol. ben Sprüch. Sal. Lat. b. Th. Peltani Cat.
PP. Graec. ad Proverb. Antv. 1614. 8., bem hohen Liebe (vollst. Comm.
in Cant. Cant. gr. prim. ed. J. Meursius c. Euseb. et Pselli Expos.
in Cant. Cant. Lugd. B. 1617. 4. p. 77 — 112.), bem Daniel (b. Mai,
Script. Vet. Coll. Nov. T. II. 2. p. 105—160.), und Jeremias (b. Ghis-
ler, Catena in Jeremiam. Lugd. 1623. III. fol.).

8) S. G. H. Meyer, de Chrys. litt. sacr. ac potiss. V. Test. interprete. Norimb. 1806. 8.

9) In f. Briefen Ausg. f. Isid. Pel. Epist. libri III de interpret.
divin. script. gr. et lat. ed. J. Billius. Paris 1585. fol. Vollst. Lib. V.
epist. (2093) quor. tres priores ex interpr. J. Billii, IVtus a Chr.
Rittershusio et Vtus ab A. Schotto n. prim. prod. Paris 1638. fol.
Venet. 1745 fol. (Dazu Fr. Arcadii Isidor. Collat. quib. Isid. ep.
c. Mss. codd. compar. suppl. aut emend. Rom. 1670. 8.). Seine
Manier ist zu hoch gestellt von Niemeyer, de Isid. Pel. vita et scr. Hal.
1825. 8. p. 207, zu niedrig von Heumann, Diss. de Isid. Pel. et epist.
q. max. part. fictitias esse demonstr. Gotting. 1737. 4. p. 23 sq.

10) S. G. L. Spohn, de ratione text. bibl. in Ephraemi S. comm.
obvii ejq. usu crit. Lips. 1716. 4. C. a Lengerke, Comm. crit. de
Ephr. S. Sacr. Scr. interprete. Hal. 1828. 8. u. de Ephr. S. art. her-
meneutica. Regiom. 1831. 8.

11) Gr. et lat. in f. Oper. T. II. p. 225 sq. u. b. Hiller, Lib. de
XII gemmis in pectorali summi pontificis. Tubing. 1698. 4. Ed. Pr.
ex vers. lat. op. Fr. Foggini, qui et not. adj. Rom. 1743. 4. f. a.
Meusel, Bibl. Hist. T. I. 2. p. 163 sq. Nicht übel ist bagegen fein
Opusc. de LXX interpretibus et de iis, qui prave interpretati sunt,
gr. et lat. ed. Montfaucon c. Origen. Hexapl. T. 1. p. 86 sq., verschieden von f. Scholion de LXXII prophetis et X prophetissis b. Coteler. Const. Apostol. IV. 6. p. 298. f. a. H. A. Hamaker, Comm. in
lib. de vita et morte prophet. qui graece circumfertur. Amstel. 1833. 4.

12) Comm. in Marcum, Ed. Pr. c. Titi Bostr. Comm. in Luc.
st. Th. Peltani. Ingolst. 1580. 8. c. al. patr. comm. gr. ex cod.
Mosq. ed. Chr. Fr. Matthaei. Mosq. 1775. 8.

13) Comm. in Apocal. Ed. Pr. Lat. interpr. Th. Peltano. Ingolst. 1584. 4. gr. et lat. c. not. Fr. Sylburg. Heidelb. 1596. fol.

14) Comm. in Cant. Cant. Gr. et lat. pr. ed. c. not. M. A. Giacomellus. Rom. 1772. 4. Fragm. ex Phil. op. dep. ed. Galland. a. a. O. T. VIII. p. 256 sq.

15) Fragm. b. Fr. Zephyrii Catena in Pentateuch. Colon. 1572. fol. u. P. Comitoli Cat. lat. in Jobum. Venet. 1587. 4.

§. 168.

Unter den Römiſchen Kirchenvätern finden wir durchgängig bis auf Hieronymus eine fortgehende Abhängigkeit von den Griechiſchen bei der Erklärung der Heiligen Schrift ausgeſprochen und überhaupt nur da einige definitive Grundſätze angewendet, wo es ſich etwa um dogmatiſche Gründe handelt; ſonſt beſteht ihr Verdienſt hauptſächlich nur darin, eine Menge übereinſtimmender Stellen zur Erhärtung irgend einer Lehre zuſammengebracht zu haben. Unter dieſen ſteht aber Tertullianus[1]) obenan, der zwiſchen allegoriſcher und wörtlicher Interpretationsmethode ſchwankt, indem er zwar die Schrift ſelbſt für ihre eigene beſte Erklärerin hält, aber doch behauptet, jede Schriftauslegung müſſe mit dem Begriffe der katholiſchen Lehre übereinſtimmen. Cyprianus folgt in ſ. Testimon. adversus Judaeos mehr der allegoriſch-myſtiſchen Methode, Lactantius mehr einer philoſophiſchen Richtung, das Fragm. de canone S. Scripturae des Römiſchen Presbyters Cajus[2]) (um 210) iſt untergeſchoben, die Commentare des Victorinus, des ſchon genannten Biſchoffs von Pettau, tragen Spuren chiliaſtiſcher Anſichten an ſich, die des Hilarius von Poittiers und des Ambroſius ſind voll von Origeniſtiſcher Myſtik und ebenſo die Werke der ſchon genannten chriſtlichen Dichter Juvencus, Sedulius und Dracontius. Nun folgt Hieronymus, der ſich zwar ebenfalls an die Erklärungsweiſe des Origenes anſchließt, dabei aber doch die grammatiſch-hiſtoriſche nicht aus den Augen verliert und ſomit die Hermeneutik immerhin auf einen Gipfel der Vollendung erhob, den ſie nachher in der katholiſchen Kirche in dieſer Beziehung wenigſtens nicht wieder erſtiegen hat[3]). Er gehört hierher vorzüglich durch ſeine Epistola (101) ad Pammachium de optimo interpretandi genere, de nominibus hebraicis (Erklärungen und Etymologie der in der Heiligen Schrift vorkommenden Eigennamen), de situ et nominibus locorum Hebraicorum, liber quaestionum he-

22 *

braicarum in Genesin etc. Ziemlich Hand in Hand mit ihm
geht Auguſtinus, nur daß er bei ſeiner myſtiſchen Methode
durch eine gewiſſe oft wiederholte Dialectik die Gott= und Men=
ſchenliebe zu befördern trachtet, dabei aber zuweilen verworren
und dunkel erſcheint[4]). Von den folgenden Kirchenvätern zeich=
net ſich nur Pelagius aus, indem man in ſeinen Schol. ad
epistolas Pauli, trotzdem, daß wir ſie nur in der von Caſſio=
dorus emendirten Redaction vor uns haben, wo dieſer natürlich
faſt Alles, was auf ſeine Anſichten Bezug hatte, weggelaſſen hat,
durchgängig ein Streben, den Wortſinn zu finden, wahrnehmen
kann[5]). Erbärmlich ſind dagegen die Commentare des Presby=
ters Philippus, eines Schülers des Hieronymus[6]) und des
Salonius, eines Sohnes des Eucherius und Biſchoffs von
Genua (um 453)[7]), indem ſie die Allegorie bis zum Unſinn
ausdehnen. S. A. L. G, p. 1085 — 1090.

1) S. J. S. Semler, Diss. de antiquit. hermeneut. ex Tertull.
quib. N. T. quaedam illustr. Hal. 1765. 4.
2) Fragm. b. Muratori, Antiq. med. aevi Ital. T. III. p. 854 sq.
3) S. J. Clericus, Quaestiones Hieronymiauae. Amstel. 1700. 8.
p. 43 sq. u. J. Zwinger, Apol. D. Hieron. adv. J. Clericum. Frib.
1752. 8.
4) H. N. Clausen, A. Augustin. Hipp. S. Script. interpres. P. I.
Hafn. 1822. 8. S. C. W. Bindesboell, August. et Hieron. de S. Scr.
ex hebr. interpret. disputantes. ib. 1825. 8.
5) In d. Oper. Hieronym. ed. Vallarsi a. a. O. p. 835 — 1069. u.
August. Op. Antv. 1700. T. XII. App. p. 317 — 458. Vergleich. v.
Stellen a. beib. Recenſ. ebb. p. 258 sq.
6) Lib. III comm. in Jobum, Ed. Pr. J. Sichard. 1527. 8. u. b.
Bedae Oper. T. IV. p. 447 sq.
7) Exposit. myst. in parabolas Salomonis et Ecclesiasten in bia=
logiſcher Form b. Grynaei Orthodoxogr. p. 1010 — 1037. u. Bibl. PP.
Lugd. T. VIII. p. 401 sq.

§. 169.

Daß die bibliſche Kritik in dieſer Zeit nur auf Ue=
berſetzungen der Bücher des alten Teſtaments und Reinigung
derſelben von Interpolationen Bezug haben konnte, haben wir
oben bereits geſehen. Hier kann daher nur von jener alten La=
teiniſchen Bibelüberſetzung, welche Auguſtinus (de doctr. christ. II.
c. 11. u. 15.) unter dem Namen der Itala allen anderen
damals exiſtirenden vorzieht, die Rede ſeyn. Sie war nach der
Alexandriniſchen Ueberſetzung in Africa, wie ſich aus dem bar=
bariſchen Latein ergiebt, gemacht und bekam ihren Namen daher,

weil man sie bei den verschiedenen Christengemeinden Italiens
auctorisirte, ist jedoch gegenwärtig nur noch in Fragmenten übrig[1]).
Da aber ihr Text als häufig fehlerhaft und von der LXX ab=
weichend erkannt wurde, so unternahm Hieronymus selbst
eine kritische Bearbeitung des Textes, wobei er sich zuerst an
das neue Testament machte (s. de vir. ill. c. 135.), dann aber
das alte Testament vornahm und zwar zuerst den Psalter, jedoch ohne
kritisch zu verfahren, nachher nochmals nach dem Hexaplarischen
Texte und mit den kritischen Zeichen des Origenes (Psalterium
Romanum — Gallicanum). Beides hat sich erhalten[2]), des=
gleichen die Uebersetzung des Hiob[3]) und die Vorrede zu den
Sprüchen, dem Prediger und hohen Liede, sowie den Paralipo=
mena[4]), während ihm alles Uebrige noch bei Lebzeiten entwendet
ward. Mittlerweile hatte er aber auch eine Uebersetzung der
Bibel aus dem Hebräischen Urterte mit Zuziehung der Grie=
chischen Uebersetzungen und eines gelehrten Juden zu Tiberias
unternommen, welche beendigt (Bibliotheca divina) den Namen
Vulgata s. communis (versio) bekam und die Itala gänzlich
verdrängte[5]); allein da sich durch das häufige Abschreiben viele
Fehler einschlichen, so mußte sie zuerst durch Alcuin, dann durch
Lanfrancus im 11ten Jahrhundert, im 12ten durch den Cardinal
Nicolaus und seitdem durch die sogenannten Epanorthotae oder
Correctoria biblica fortwährend verbessert werden, bis, nachdem
das Tridentische Concil (s. Sarpi Hist. conc. Trident. II. p.
174 sq.) dieselbe zum authentischen Texte erhoben, aber zugleich
eine nochmals verbesserte Ausgabe derselben befohlen hatte, eine solche
zuerst durch den Papst Sirtus V (Biblia sacra vulgatae ed.
ad Conc. Trident. praescr. emend. Rom. 1590. fol.), und
als sich auch hier noch Fehler eingeschlichen hatten, eine noch=
malige Textrevision durch Clemens VIII. besorgt wurde (Bibl.
S. vulg. ed. s. B. S. vulg. Sixti V pontif. M. jussu re=
cogn. atq. ed. et Clement. VIII auct. recogn. et recusa.
Rom. 1592. fol. ib. 1593. 1598. 4. s. a. Th. James,
Bellum papale s. concordia discors Sixti V et Clementis
VIII. circa Hieron. editionem. Lond. 1600. 4. 1678. 8.)[6]).
Einen anderen Weg zur Verbesserung des neuen Testamentes schlug
Euthalius, Bischoff von Sulca (um 456), ein, indem er im
J. 458 eine Ausgabe der Paulinischen Briefe mit einer Vorrede

und der Geschichte des Paulus und später eine Ausgabe der Apostelgeschichte und katholischen Briefe veranstaltete, die er nach richtigen Exemplaren der Bibliothek von Cäsarea berichtigt hatte, und in
Lectionen, Capitel und Verse abtheilte, wobei er zugleich den
Inhalt der Capitel anzeigte und selbige mit Verzeichnissen von
Stellen aus dem alten Testamente versah. Auch diese Recension
ist noch übrig[7]). S. A. L. G. p. 1090 — 1094.

1) S. Bibliorum S. Latin. vers. antiq. s. vetus Itala etc. quae-
cunque in cod. Ms. et antiq. libr. reperiri potuer. Acc. praef. observ. et not. ind. nov. ad vulg. e regione ed. op. Sabatier. Rom.
1743. III. ib. 1749—53. III. fol. Evangeliarium quadruplex vers. lat.
antiq. S. Vet. Ital. n. prim. in luc. ed. ex codd. mss. aur. argent.
purpur. al. n. pr. in luc. ed. ex codd. mss.-st. J. Blanchini. Rom.
1749. IV.-fol. (Dazu Vindiciae canon. script. vulg. edit. s. Vet. Bibl.
Fragm. juxta Graec. vulg. et hexaplar. lat. antiq. Italam Lat. du-
plicemque S. Eusebii et Hieronymi translat. n. prim. in luc. ed. et
ill. Rom. 1740. II. fol.) s. J. Ch. Mittenzwey, Diss. Anti-Blanchin.
Lips. 1760. 8. Fr. Münter, Fragm. vers. lat. antiq. Ante-Hieronym.
Prophet., Jeremiae, Ezech., et Hos. e cod. rescr., in b. Misc. Hafn.
T. I. 1. p. 81 sq.

2) J. M. Cari (Tommasi) Psalterium juxta dupl. ed. Roman. et
Gallic. una c. Cantic. ex dupl. edit. et Hymnarium atq. Orationale.
Rom. 1683. 4. u. c. emend. Tommasi et not. Vezzosi et Holstenii
in Tommasi Oper. Rom. 1747. 4. T. II. Psalter. c. antiq. vers. prisco
more dist. argum. et orat. a vetust. novaq. litt. expos. diluc. Rom.
1697. 4. Vienn. 1735. 4. u. Tommasi Op. T. III.

3) B. Hieron. Op. ed. Martianay T. I. p. 1186 sq. ed. Vallarsi
T. X. p 21 sq. 105 sq.

4) Ebb. p. 435 sq. 431 sq. s. a. Hieron. Ep. 134, 2.

5) S. S. G. Frondlin, de version. S. Bibl. Lat. Upsal. 1764. 4.
G. Riegler, krit. Gesch. d. Vulgata. Sulzb. 1820. 8. A. Wisell, de latin. vulg. vers. bibl. Upsal. 1761. 4. J. Brunati, de nomine, auctore,
emendatoribus et authentia vulg. diss. Vienn. 1827. 8. L. van Eß,
Pragm. krit. Gesch. d. Vulgata. Tübingen 1824. 8. s. a. Schelhorn, Amoen.
litt. T. IV. p. 433 sq. Winer, Hdbch. d. theol. Lit. p. 61 sq.

6) Ed. Pr. Biblia Latina. s. l. et a. [Mogunt. 1455.] fol. Mogunt.
1462. II. fol. 1472. II. fol. s. l. 1475. II. fol. Rom. 1471. II. fol. Pla-
cent. 1475. 4. Venet. 1475. fol. Nurnb. 1475. II. fol. c. interpr. hebraic. nom. et epist. Joh. Andreae episc. Aleriensis. Nurnb. 1475.
II. fol. Paris 1475. II. fol. Venet. 1476. fol. Vicent. 1476. fol. Neap.
1476. fol. Basil. 1477. II. fol. Lugd. 1479. fol. Biblia Sacra. Paris
1527—29. IX. 16. Biblia integra Vet. et Novi Test. multoq. antehac diligentius recogn. una c. sing. cap. argum. Euseb. tab et mar-
gin. annot. plus mille nunc locis locupl. Colon. 1529. fol. em. st. et
op. R. Stephani. Paris 1538—40. IV Ptes. fol. (1556—57. Ed VIIIa.
ib. II. fol.) Lugd. 1556. fol. ex sec. recogn. Is. Clarii c. ejd. praef.
et schol. Venet. 1557. fol. ad vetust. exempl. n. rec. castig. p. J.
Huntenium. Frcft. 1566. fol. ex sec. recogn. theol. Lovaniensium.
Antv. 1583. fol. c. dupl. translatione et schol. Fr. Vatabli n. den.
a plur. error. repurg. doct. theolog. t. univers. Salmantic. q. Com-
plut. judicio. Salmant. 1584. II. fol. Biblia Sacra vulg. edit. Venet.
1608. fol. Mogunt. 1609. 4. Colon. Agripp. 1647. 1658. 12. Paris
1642. VIII. fol. 1672. VIII. 12. Biblia latina (jussu ducis de Richelieu

edita) Paris 1656. III. 8. Biblia sacra Vulg. Edit. Paris. 1664. 12. Colon. Agripp. 1670. VI. 24. 1639. 1646 — 47. VI. 24. ib. 1666. VIII. 12. 1682. 8. Paris 1725. VII. 24. c. sel. annot. proleg. nov. tab chron. hist. et geogr. ill. auct. J. B. du Hamel. Paris 1706. fol. Lovan. 1740. fol. Madrit. 1767. 1783. 1790. II. fol. ad instit. Delphini. Paris. 1785. II. 4. 1785. VIII. 8. juxta exemplar Vatican. Rom. 1816. III. 8. Biblia sacra latina vulg. edit. Lugd. (Paris) 1828. 8. u. VI. 32. Biblia sacra vulg. Edit. c. comment. Menochii, quibus acced. suppl. a P. Tournemio coll. Alost. 1726—29. XV. 8. Bibl. S. vulg. edit. juxta exempl. Vat. 1592. ed. L. van Ess. Tubing. 1822. III. 8. Vienn. 1822. III. 8. Ed. nova vers. dist. Tulli Leucor. 1825. 8. Ed. nova auct. cur. S Pontif. Leonis XII excusa. Frcft. 1836. 8. c. ind. Plautin. Ed. nova not chron. hist. et geogr. ill. juxta ed. Paris. Ant. Vitré n. ordin. B. Galura denuo adorn. Oeniponti. IV. 4. Biblia sacra Vulg. ed. Sixti V. et Clementis VIII. auct. recogn. Ed. nova not. chron. ill. Besançon et Paris 1837. II. 4. Nov. Test. vulg. Edit. juxta text. Clem. VIII. c. var. lect. antiquiss. et praest. cod. Bibl. Florent. Laur. Praem. comment. de hoc cod. et vers. lat. vulg. Ed. Fl. Fleck. Lips. 1840. 8. S. a. F. P. Dutripon, Concordantiae bibl. vulg. edit. rec. et emend. not. hist. geogr. hist. chronol. Paris 1838. 4.

7) Euthal. Ep. Sulc. Actuum Apost. et quatuordecim S. Pauli aliarq. VII cathol. epist. ed. ad Athanasium juniorem ep. Alexandr. gr. et lat. interpr. L. Al. Zacagni, c. Ejd. anim. in f. Collect. vet. monum. eccl. p. 405 sq. u. Galland. T. X. p. 199 sq.

§. 170.

Indeſſen war die Lateiniſche Bibelüberſetzung nicht die einzige, welche in dieſer Periode entſtand, und zwar nennen wir hier zuerſt die Gothiſche des Ulphilas oder Ulfilas (Wulfilas, d. Wölflein), der, von chriſtlichen Aeltern in Cappadocien entſprungen und um d. J. 318 geboren, 348 — 383 Biſchoff der chriſtlichen Gothen in Dacien, Thracien und Möſien war und ſich vermuthlich zur Secte der Arianer bekannte, überdieß auch nicht blos die Bibel in ſeine Mutterſprache überſetzte, ſondern auch das Gothiſche Alphabet ſelbſt erfunden haben ſoll[1]). Vollſtändig iſt ſie nicht mehr vorhanden, ſondern nur noch Stellen aus Esra und Nehemia, die Evangelien in dem Codex argenteus zu Upſala, ein Theil des Hebräer-Briefs, Fragmente aus dem 2ten Briefe an die Korinther, der erſte Brief an die Korinther, Philipper, Coloſſer und an die Theſſalonicher[2]). Außerdem haben wir in derſelben Sprache noch Bruchſtücke einer Auslegung des Evangelii Johannis nach dem Griechiſchen des Biſchoffs Theodorus von Heraclea[3]), welche außer einigen Urkunden und anderen Bruchſtücken[4]), dem angeblich Gothiſchen Geſange bei Constant. Porphyrog. II. 83. und einem Epi-

gramm bei Burmann. Anthol. Lat. V. 161. die einzigen Reste
der Sprache sind [5]).

1) S. Socrat. H. Eccl. IV. 33. Sozom. VI. 37. Philostorg. II. 5.
Sein Leben von seinem Schüler Aurentius, Bischoff von Dorostorus an der
Donau, geschrieben, ist aufgenommen in die Apologie des Arianismus eines
Illyrischen Bischoffs Maximinus a. b. 4ten Jhdt. und daraus edirt von G.
Waitz, üb. d. Leben u. d. Lehre d. Ulfila. Hannov. 1840. 4.
2) Ueb. d. Einzelnausg. f. m. A. L. G. p. 1094 sq. Ausg. d Evangel. Quatuor D. N. Jesu Chr. Evang. vers. perantiquae duae, Gothica sc. et Anglo-Saxonica, quar. ill. ex cel. cod. argent. n. prim.
deproms. Fr. Junius, hanc autem ex codd. mss. coll. emend. rec.
cur. Th. Mareschallus. Acc. et gloss. Gothicum. op. Fr. Junii. Dordr.
1665. 4. Evang. sec. Matth. vers. franc. saec. IX necnon Goth. saec.
IV ed. J. A. Schmeller. Stuttg. et Tubing. 1827. 8. Ulfilas, Goth. Bi-
belüberf. d. älteste German. Urkde. n. Jhren's Text m. e. gramm. wörtl.
Ueberf. zwisch. d. Zeil., e. Glossar. ausgearb. v. Fr. K.
Fulda u. umgearb. v. W. F. H. Reinwald u. d. Text sorgf. bericht., verb.
u. ergänzt, m. Anmerk. u. e. hist. krit. Einl. herausgeg. v. Chr. Zahn. Weißen-
fels u. Lpzg. 1805. 4. Vollst. Ausg. ist Ulfilas Vet. et Novi Test. vers.
goth. fragm. q. supers. c. comm. et gloss. ed. H. C. de Gabelentz
et J. Loebe. Altenb. et Lips. 1836 sq. II. 4.
3) Skeireins Aivaggeljons thairh Johannen. A. Röm. u. Mailänd.
Hdschr. n. lat. Ueberf. Beleg. Anmerk. gesch. Unterf. Goth. Lat. Wtbch. u.
Schriftprob. herausg. v. K. Maßmann. München 1834. 4. f. Löbe, Beitr.
z. Textbericht. n. Erklär. Skeirins. Altenb. 1839. 8.
4) S. J. Chr. Zahn, Verf. ein. Erläut. d. Gothischen Sprachüberreste
in Neapel u. Arezzo. Braunschw. 1804. 8. Frabauhtabokos, d. h. Kauf-
brief ob. d. Goth. Urkbn. v. Neapel u. Arezzo herausg. v. Maßmann. [Münch.
1837.] Wien 1838. fol. Gothica Minora bei Haupt, Zeitschr. Bd. I. 2. p.
294—393.
5) S. Ihre, Diss. de reliq Ling. Goth. Upsal. 1758. 4. u. Scripta
Ulph. illustrantia ed. Büsching. Berol. 1773. 4. Löbe in d. Blätt. f.
Liter. Unterh. 1843. nr. 110—112.

§. 171.

Auch die Syrer haben eine Uebersetzung des alten Testaments, Peschito [1]), d. h. die einfache genannt, welche frühzeitig nach
dem Hebräischen Originaltexte und vielleicht mit Vergleichung
der **LXX** gemacht wurde. Die des neuen Testaments [2]) führt
denselben Titel und ist, da sie Ephraem dem Syrer schon bekannt
war, vermuthlich von demselben Verfasser. Auch diese ist sehr treu und
wörtlich, erstreckt sich aber nur auf die 4 Evangelien, die Apostelgeschichte, die Paulinischen Briefe, den an die Hebräer, den ersten
Petri, den ersten Johannis und den Brief Jacobi, die der katholischen Briefe und der Apocalypse aber ist aus späterer Zeit.

1) S. Hirzel, de vers. Syr. Pentat. q. voc. Peschito, indole.
Lips. 1825. 8. Credner, de prophet. minor. vers. Syr. q. Pesch. voc.
indole. Gotting. 1827. 8. G. L. Spohn, Coll. vers. Syr. q. Pesch-
voc. c. fragm. in comm. Ephraemi S. obv. inst. Spec. I. II. Lips.

1785 — 94. 4. N. Wisemann, Horae Syriacae. Rom. 1825. T. I. p.
77 — 157. Ausg. Test. Vet. Syr. eos tantum libr. sistens q. in cau.
disp. in usum eccl. Syr. Malab. rec. ad fid. mss. cod. ed. S. Lee.
Lond. 1823. 4.

2) S. Storr, Observ. sup. N. T. vers. Syr. Stuttg. 1772. 8. G.
Ridley, de Syr. N. T. rec. vers. indole atque usu. Oxon. 1761. 4.
Winer, de vers. N. T. syr. usu crit. caute instit. Erlang. 1823. 4.
G. H. Bernstein, de Charklensi N. T. interpretatione Syr. comm.
Lips. 1837. 4. Ausg. f. Liber sacros. evang. de Jesu Christo — char.
et ling. Syr. scr. prelo dilig. expr. cur. J. A. Widmanustadt. Vin-
dob. (1555) 1562. 4. Nov. Test. Syr. c. punct. voc. et vers. lat.
Matthaei emend. ed. acc. Aeg. Gutbirio. Hamb. 1664. 8. Nov. Test.
vers. Syr. simpl. Philoxen. et Hierosol. denuo exam. et ad fid. codd.
mss. nov. obs. atq. novem tab. ill. a J. G. Chr. Adler. Hafn. 1759. 4.
Text. Evang. vers. simpl. Syr. coll. c. II. codd. mss. bibl. Bodlej.
necnon c. cod. ms. Greg. Bar-Hebraei a R. Jones. Oxon. 1805. 4.
Epist. IV Petri sec. Joh. sec. et tert. et Judae una ex bibl. Bodl.
depr. et char. hebr. vers. lat. atq. not. E. Pococke. Lugd. B. 1630. 4.
Apocalypsis S. Joh. ex mss. exempl. bibl. Scal. depr. char. Syr.
et Hebr. c. vers. lat. et not. op. L. de Dieu. ib. 1627. 4.

§. 172.

Auch die Aethiopier erhielten bereits im 4ten Jahrhundert in ihrer heiligen Sprache, Geez, durch einen übrigens unbekannten, vermuthlich chriſtlichen Verfaſſer eine Ueberſetzung des
alten Teſtamentes nach der Griechiſchen Uebertragung der LXX,
die zwar in Handſchriften vollſtändig exiſtirt, von der aber nur
einige Capitel der Geneſis, die apocryphiſchen Bücher Esra, Enoch,
die Viſion des Johannes, die Pſalmen, das hohe Lied, die Propheten Joel, Jonas, Zephanja und Malachia gedruckt vorliegen[1]).
Das neue Teſtament iſt dagegen nicht allein vollſtändig im Alt-
äthiopiſchen Dialecte, ſondern auch ein Stück im Amhariſchen
vorhanden[2]).

1) Quatuor prima capita Genes. Aethiop. et Lat. ed. a G. Bürck-
lin. Frcft. ad M. 1696. 4. Liber Ruth aeth. et lat. e vet. Ms. er.
et lat. ver. et ed. a J. G. Nissel. Lugd. B. 1666. 4. Psalter. David. Aethiop. et lat. c. codd. coll. emend. et var. lect. et not. phil. ill. Acc.
aeth. hymni aliq. et orat. Vet. N. Test. it. cant. cantic. c. var. lect.
not. cur. H. Ludolf. Frcft. ad M. 1701. 4. (f. O. A. Dorn, de psalter. aethiop. comm. Lips. 1825. 4.) Cant. Cant. Schelom. aethiop. e
vet. cod. erut. a mend. purg. ac u. prim. lat. interpr. don. a J. G.
Nissel. Lugd. B. 1656. 4. Proph. Joel. aethiop. interpr. lat. don.
st. Th. Petraei. Lugd. B. 1661. 4. Prophetia Jonae aethiop. et lat.
not. atq. adag. ill. Cui adj. IV Genes. cap. n. prim. publ. a Th.
Petraeo. Lugd. B. 1660. 4. Proph. Sophoniae Aeth. et Lat. a J. G.
Nissel. ib. 1660. 4. Vaticinium Malach. aeth. lat. idiom. don. a Th.
Petraeo. ib. 1661. 4. Fragm. Vet. Test. ex vers. aeth. interpr. ut
et al. quaed. opusc. aeth. ex aeth. ling. in lat. transt. C. A. Bode.
Helmst. 1735. 4. The book of Enoch the prophet, new first transl.
from an Ethiop. ms. by R. Lawrence. Oxford 1833. 8. u. Libri

Enoch proph. Vers. aethiop. q. saec. sub finem nov. ex Abyss. in Britann. adv. Oxon. 1838. 4. Edw. Murray, Enoch restit. Lond. 1836. 8. A. G. Hoffmann, das Buch Henoch. Jena 1833. 8.

2) Nov. Test. c. epist. Pauli ad Hebr. tantum c. concord. evangel. Euseb. et num. omn. verb. Missale c. bened. Rom. 1548. 4. N. Test. ex vers. aeth. interpr. in bibl. Polygl. Anglic. ed. ex Aethiop. ling. in lat. transl. a Chr. A. Bode. Brunsv. 1752—55. II. 4. Ein Stück b. Evang. Lucä im Amhar. Dial. b. J. Chr. Schmidt, Bibl. f. krit. Exeg. u. Kirch. Gesch. Bd. I. p. 307 sq. s. Th. Pell Platt, Catal. of the Ethiop. Bibl. Mss. in the roy. Libr. of Paris and in the libr. of the Brit. and foreign Bible-Society also some acc. of those in the Vatican libr. at Rome, with rem. and extr. Lond. 1823. 4.

§. 173.

Auch die **Armenier** erhielten in diesem Jahrhundert bereits eine Bibelübersetzung, nachdem ein gewisser **Mesrop** mit dem Beinamen **Maschdoz**, Schreiber des Königs Chosro von Armenien und später bis 397 Einsiedler, das erste vollständige Armenische Schriftalphabet erfunden und dasselbe zuerst bei der Uebersetzung der Sprüche Salomo's angewendet hatte. Hierauf übertrug er mit seinen Schülern, zu denen auch der berühmte Historiker Moses von Chorene gehört (s. dess. Hist. Arm. III. 53. u. 61.), das aus 22 Büchern bestehende alte Testament wörtlich aus der LXX, jedoch mit Vergleichung des Hebräischen Originaltextes, und später gegen d. J. 410 auch noch das neue Testament. Beide Testamente wurden aber im 6ten Jahrhundert aus der Peschito, im 13ten aus der Vulgata und zuletzt durch ihren Herausgeber Uskan interpolirt [1]).

1) Vet. et Nov. Test. sec. nostr. vet. interpr. jussu Agopi (Jacobi) patr. Armen. ed. p. Yuschavan (Uskan s. Osgan.). Amstel. 1115. (b. h. 1666.) 4. Const. 1154. (1705.) 4. Bibl. Armen. juxta ed. 1666 jussu Abrahami patr. c. loc. parall. rec. st. Mikhitar. Venet. 1733. fol. Jussu S. Steph. Akon, archiep. S. Lazari st. J. Zohrabi. Venet. 1805. IV. 8. Nov. Test. arm. ed. Yuschavan. Amst. 1668. 8. 1698. 12. op. L. Nuridsjan. ib. 1698. 12. ed. a J. Zohrabo. Venet. 1816. 8.

§. 174.

Als sich das Christenthum in Aegypten unter den vorzüglich durch die vielen Anachoreten hier getauften jungen Christen, den sogenannten **Kopten**, immer mehr verbreitet hatte, entstanden seit dem 4ten Jahrhundert auch Uebersetzungen der Bibel im Niederägyptischen (Memphitischen), Oberägyptischen (Sahidischen oder Thebaischen) und Basmurischen (oder Ammonischen) Dia-

lecte, welche, durchweg nach der ihnen so nahe liegenden LXX
gemacht, vollständig nur noch in Handschriften vorliegen, allein
zugleich auch außer einigen Legenden und ascetischen Abhandlungen
die ganze Koptische Literatur ausmachen[1]). Im Memphitischen
Dialecte liegen noch vor die 5 Bücher Mosis, die Psalmen, Bruchstücke des Daniel, Jeremias, Jesaias, die 12 kleinen Propheten
und das ganze neue Testament[2]), im Sahidischen Dialect die
Psalmen, Bruchstücke aus den Büchern Mosis, Hiob, der Könige,
den Sprüchen, dem Prediger und hohen Liede, dem Ezechiel, Amos,
Haggia, Zacharias, Jeremias, Jesaias und Daniel, aus Matthäus, Johannes, die Apostelgeschichte vollständig und Stücke aus
dem Hebräerbriefe, 1. Korinther, an die Ephesier, die Apocalypse
und 2. Timotheus[3]). Aus der Uebersetzung im Basmurischen
Dialect endlich besitzen wir noch Bruchstücke aus dem ersten
Briefe an die Korinther, Jesaias, Johannes, dem Briefe an die
Ephesier, Philipper, 1. Thessalonicher, Hebräer, Jeremiä (5)
Klagelieder und Briefe desselben[4]).

1) S. Mingarelli, Aegypt. cod. reliquiae Venet. in bibl. Naniana
asserv. Bonon. 1785. II. 4. Tromler, Spec. bibl. Copto-Jacobiticae.
Lips. 1767. 4. Engelbreth, Verz. kopt. bibl. Mscr. d. Mus. Borgia, in
Ammon, N. theol. Journ. Bd. VI. p. 844 sq. Vollst. Zoega, Catal. cod.
copt. mss. qui in museo Borgiano Velitris asserv. Rom. 1810. fol.

2) V libri Moysis proph. in ling. Aegypt. ex mss. descr. ac
lat. vert. D. Wilkins. Lond. 1731. 4. Libri psalm. copt. et arab.
ed. R. Tuki. Rom. 1744. 4. Fr. Münter, Spec. vers. Danielis copt.
IX ej. cap. memph. et sahid. exhib. Rom. 1786. 8. Engelbreht,
Fragm. Basmurica-Coptica Vet. et N. Test. Hafn. 1811. 4. [p. 2 —
19. Fr. a. Jesaias] Proph. min. duodecim. Aegypt. edid. H. Tattam.
Lond. 1836. 8. N. Test. vulgo Copt. ex mss. Bodlej. descr. c. Vatic. et Paris. coll. et in lat. vert. D. Wilkins. Oxon. 1716. 4.

3) Psalter. ad cod. fid. rec. lect. var. et psalm. apocr. Sahid. diat.
conscr. ac prim. a Woide ed. adj. J. L. Ideler. Berol. 1837. 4. Die
übr. Fragm. b. Zoega, Mingarelli, Engelbreht, Münter a. a. O. u. bess.
Comm. de indole vers. Sahid. N. T. acc. fragm. ep. Pauli ad Ti-
moth. Hafn. 1789. 8. Georgi Fragm. evang. S. Johann. Graeco-Copto-
Thebaic. Rom. 1789. 4. Append. ad edit. N. Test. gr. e cod. mss. Alex.
a C. G. Woide descr. in qua contin. fragm. N. T. juxta interpr.
dial. super. Aegypti. Oxon. 1799. fol. [Apostelgesch. u. Fragm. a. d. He-
bräerbrief).

4) Fragm. b. Zoega, Engelbreht, Münter, Georgi u. Quatremère,
Rech. s. la lang. d. Egyptiens p. 228 — 253. (Jeremiä Klagel. u. Br.)

§. 175.

Ziemlich eng mit der biblischen Exegese und Hermeneutik
verbunden waren aber jene populären Volksbelehrungen und freien
Vorträge, welche man im Gegensatze zu den meditirten Reden

nur Besprechungen oder Gespräche, Homilieen, (ὁμιλιαι von ὁμι-λος, d. h. das versammelte Volk), nannte, indem man eine beliebige Stelle des neuen Testamentes kurz erklärte und dann dieselbe auf's Leben anwendete. Berühmt waren als solche Volksredner unter den Griechischen Kirchenvätern Origenes, Eusebius von Cäsarea, Athanasius, Macarius der Aeltere und Jüngere, Cyrillus von Jerusalem und von Alexandria, besonders Ephraem der Syrer, die beiden Basilius, Eusebius von Emisa, Gregor von Nazianz und Nyssa, Asterius, Severianus, Johannes Chrysostomus, Theodoretus und Proclus, unter den Römischen aber Ambrosius, Zeno, Gaudentius, Hieronymus, Augustinus, Petrus Chrysologus, Cäsarius, Valerianus, Marimus und Leo der Große, wie wir aus den unter ihren anderen Werken schon genannten hierher gehörigen Homilieen derselben sehen können[2]).

1) S. B. Eschenburg, Vers. e. Gesch. d. öffentl. Religionsvorträge in d. Griech. u. Lat. Kirche v. d. Zeit. Christi b. z. Reformation. Erst. Abschn. Jena 1785. 8. P. H. Schuler, Gesch. d. Geschmacks im Predigen. Halle 1792—94. III. 8. J. W. Schmid, Anleit. zu populären Kanzelvorträgen. Dritt. hist. Theil. Jena 1800. 8. Ammon, Gesch. d. Homiletik. Götting. 1804. Bd. I. 8. L. G. H. Lenz, Gesch. d. christl. Homiletik, ihr. Grundf. u. d. Ausüb. bes. in all. Jhdtn. d. Kirche. Brnschw. 1839. H. 8. A. F. W. Paniel, Pragm. Gesch. d. geistl. Beredtsamkeit u. d. Homiletik v. d. erst. Zeit. d. Christenthums b. a. unf. Zeit. m. Proben. Lpzg. 1839 sq. II. 8.

2) S. M. N. S. Guillon, Biblioth. chois. d. pères de l'église Grecque et Latine ou Cours d'éloq. sacrée. Paris 1822—29. XXVI. 8. 1828—32. XXXVII. 16. J. Weissenbach, de eloquentia patr. lib. XIII. Aug. Vind. Vol. I—IX. 1775. 8. H. G. Tzschirner, de claris vet. eccl. orator. comm. I—IX. Lips. 1817—21 4. u. Opusc. 1829. 8. p. 193—282. A. B. Caillau, Introd. ad SS. Patr. lect. qua eor. scripta et concion. modus et praedicaudi praecepta describ. Paris 1825. 8.

C) Philosophie.
§. 176.

1.) Orient. In dieser Periode entstand durch mystische Auslegung der Emanationslehre, vorzüglich in Persien, die vorzugsweise so genannte orientalische Philosophie, welche sich nach Aegypten und Palästina verbreitete und hier theilweise das Entstehen, wo nicht die völlige Bildung der Kabbalistik, unter den Christen die gnostischen Secten und unter den Griechischen Philosophen (Platonikern, Pythagoräern, Peripatetikern) die sogenannte Alexandrinische oder Eclectische Philosophie veranlaßte[1]).

1) S. Walch, in Michaelis Synt. comm. P. II. p. 277 sq. Buhle, Gesch. d. Phil. IV. p. 93 sq. Tennemann. VI. p. 438 sq. Dagegen, Tiedemann, Geist d. spec. Phil. III. p. 98 sq.

§. 177.

Um nun zuerst von den **Juden** zu sprechen, so ist von der Kabbala und ihren Bearbeitern oben schon die Rede gewesen, daher sind hier blos noch einige, mehr dem Gebiete der Ethik angehörige Schriftsteller derselben zu nennen. Zuerst gehört hierher der Karait **Eliefer Ben Hyrkan**[1] († 73 zu Cäsarea in Palästina), der das von Anderen erst in d. J. 700 n. Chr. gesetzte Werk **Pirke Elieseris** schrieb. Neben ihm gebührt eine Stelle dem angeblichen Verfasser des berühmten Commentars zum Leviticus **Siphra**, dem Rabbi **Jehuda Ben Elai**[2], und besonders dem Rabbi **Nathan** aus Babylon, der im J. 121 zu Jerusalem pater domus judicii war und einen Auszug der Jüdischen Sittenlehre in 6 Capiteln, **Pirke Aboth** oder capitula patrum lieferte[3] und endlich noch einen allerdings wie jene interpolirten Commentar, der zugleich eine Schilderung der Schicksale und Thaten der Väter des alten Testaments enthält, dazu schrieb, welche beide solches Ansehen erlangten, daß sie in den Talmud eingeschaltet wurden (**Mischna** ed. **Surenhus.** T. IV. p. 409 sq.).

1) Ed. Pr. Hebr. Venet. 1544. 4, c. vers. lat. et not. ed. W. H. Vorst. Lugd. B. 1644. 4.

2) S. P. Rau, de auctore atque usu antiq. in Levitic. comm. Judaeis Siphra dicti deque nomine adyti רביד. Ultraj. 1751. 4. Ausg. Liber ספרא, Comm. in Leviticum, aliter dictus כהנים הורת, i. e. lex sacerdotum. Venet. 1550. fol. u. b. Ugolini Thes. Hebr. Ant. T. XIV. p. 587 sq.

3) Capit. patr. hebr. et lat. ed. op. Fr. Tayleri una c. annot. Lond. 1651. 4. Tr. Talm. Pirke Aboth s. cap. patr. una c. vers. hebr. duor. cap. Danielis aut. J. Leusden. Ultraj. 1665. 4. c. vers. lat. annot. et loc. parall. V. et N. Test. ill. a J. Ph. Hartmann. Giess. 1706. 4. Latine b Orelli, Opusc. Gr. Sentent. T. II. p. 448 —480. — Massecheth Aboth R. Nathan c. comm. S. Jacobi et Judae Gaon. Hebr. Cracov. 1569. fol. lat. c. not. marg. op. Fr. Taileri. Lond. 1564. 4.

§. 178.

Gehen wir nun zu den **Gnostikern**[1] über, so haben wir hier das Wort γνωσις, Erkenntniß, im weitern Sinne zu fassen und eine höhere oder geheimere Erkenntniß vom Wesen Gottes und von der

Welt darunter zu verstehen, bei welcher eine abenteuerliche Vermischung von Persisch-Chaldäischen Religionsideen mit Griechisch-Christlichen stattfindet. Alle Anhänger dieser Lehre zerfallen aber in zwei Klassen, in solche, welche, obgleich Christen sich an das Judenthum anschlossen, unter denen vorzüglich der Alexandriner Basilides[2]), Valentinus[3]), sein Schüler Heracleon[4]) und der berühmte Syrische Hymnograph Bardesanes[5]) zu nennen sind, und in antijüdische Gnostiker, zu welchen der berüchtigte Marcion (140 n. Chr.) aus Sinope[6]), die sogenannten Nicolaiten[7]) und Ophiten[8]); wenn nicht Clemens von Alexandria[9]) selbst gehört. Andere eclectische Secten bildeten der schon in der Apostelgeschichte VIII. 9. erwähnte Betrüger Simon Magus und seine Anhänger, die Simonianer[10]), die sogenannten Zabier oder Johannesjünger oder Mendäer[11]), der Alexandrinische Jude Corinthus[12]), gegen den vorzugsweise die Schriften des Apostels Johannes gerichtet waren, Karpocrates aus Alexandria und sein Sohn Epiphanes aus dem 2ten Jahrhundert[13]) und der berüchtigte Persische Magier Manes oder Mani[14]), der sich für den von den Christen erwarteten vollkommenen Lehrer (παρακλητος) ausgab, aber, weil der Sohn des Königs Sapor von Persien, den er durch seine Gebete zu heilen unternommen hatte, unter seinen Händen gestorben war, im J. 277 n. Chr. lebendig geschunden ward. Letzterer war der Stifter der Manichäer, die im Ganzen fast vollständig den Altpersischen Dualismus auf das Christenthum anwendeten. Betrachtet man nun die Systeme dieser verschiedenen Parteien, so hat man sie in solche zu unterscheiden, welche das Christenthum mit dem Juden- und Heidenthum (d. h. Vernunft und religiöses Bewußtseyn mit dem bloßen Verstand und der Anschauung) zu verbinden suchten, in solche, welche das Christenthum streng vom Juden- und Heidenthum schieden (Marcion), und endlich in solche, welche das Christen- und Judenthum identificirten und beide dem Heidenthume entgegensetzten (Cerinthus). Ihre verschiedenen Träumereien hier weiter zu berühren, würde zu weit führen. S. A. L. S. p. 1109—1115.

1) **J. D. Michaelis**, de judiciis Gnost. Philos. tempore LXX. interpr. et Philonis, b. Michaelis Synt. Comm. (Gotting. 1759—67. II. 4.) P. II. p. 249 sq. F. Münter, Vers. üb. b. kirchl. Alterth. b. Gnostiker. Anspach. 1790. 8. **E. A. Lewald**, Comm. ad hist. relig. vet.

ill. pert. de doctrina Gnosticorum. Heidelb. 1818. 4. **J. A. Neander,**
de fidei gnoseosque idea et ea qua ad se invicem atque ad philosophiam referuntur, rat. sec. mentem Clem. Alex. ib. 1811. 8. u.
Genet. Entwickel. b. vornehmst. gnost. Systeme. Berl. 1818. 8. u. dess. Allg.
Gesch. b. christl. Relig. Hamb. 1826. 8. I. p. 627 — 812. Lücke, Kritik b.
bisher. Untersuchungen üb. bie Gnostiker, in Schleiermacher, be Wette ꝛc.
theol. Zeitschr. Berl. 1820. 8. H. I. 2. p. 132 sq. **J. Matter,** de l'ini-
tiation chex les Gnostiques. Paris 1834. 8. u. Hist. crit. du Gnosticisme et de son influence sur les sectes religieuses et philos. des
six prem. siècles de l'Ere chrét. Paris 1826. III. 8. [Deutsch v. Chr.
H. Dörner. Heilbr. 1833. II. 8.] Strassb. 1842 — 44. Ed. II. III. 8. **F.
Chr. Baur,** Comm. I. de Gnosticorum christianismo ideali. Tubing.
1827. 4. u. b. christl. Gnosis ob. b. christl. Religionsphilos. in ihr. geschichtl.
Entwickelung. Tübing. 1835. 8. u. Krit. Stub. üb. b. Begriff b. Gnosis,
in b. Theol. Stub. u. Krit. 1837. p. 511 sq. **J. Hildebrand,** Philos.
Gnost. origines. Berol. 1839. 8. J. A. Möhler, Vers. üb. b. Urspr. b.
Gnosticismus, in s. Gesamm. Schr. München. 1839. I. p. 403 — 435. Vgl. a.
J. Chr. L. Georgii, üb. b. neuest. Gegenf. in b. Auffaß. b. Alexandr. Religionsphilos., in Jllgen's Zeitschr. f. hist. Theol. 1839. H. III. p. 3 — 99. IV. p.
3 — 99.

2) S. **P. Hunderupe,** de Basilide et myster. Basil. Abraxas.
Hafn. 1710. 4. Fragm. a. s. Schrift. b. Grabe, Spic. patr. P. II. p.
37 sq.

3) S. **Hooper,** de Valentinianor. haeresi. Lond. 1711. 4. Buddeus,
Hist. philos. Hebr. p. 409 sq. Fragm. b. Grabe. P. II. p. 50 sq.

4) Fragm. b. Grabe. P. II. p. 83 sq.

5) S. **Hahn,** Bardesanes gnost. Syror. pr. hymnologus. Lips.
1819. 8. Fr. Struntz, Hist. Bardes. et Bardesanistarum. Viteb.
1710. 4. C. Kühner, Vestig. Astronom. et Astrolog. in doctr. Gnost.
P. I. Bardes. gnost. numina astralia. Hildburgh. 1833. 4. Ein Fragm.
gegen bie Astrologen üb. b. Schicksal b. Grabe. I. p. 290 sq. Galland.
T. I. p. 681 sq. u. c. Alex. Aphrod. et al. de fato opusc. rec. J. C.
Orelli. Turici 1834. 8. p. 202 sq.

6) S. **Du Four de Longuerue,** Diss. de orig. haeres. Valent.
Cerd. et Marcion., b. Winckler, Tempe-Anecdot. p. 277 sq. A.
Hahn, de gnosi Marc. Antinomi. Regiom. 1820. II. 4. u. de canone
Marc. Antin. ib. 1824 — 26. II. 4. u. Antitheses Marcionis Gnost. lib.
deperd. n. quoad ejus fieri potuit, rest. ib. 1823. 4. Marc. Glaubens-
system m. e. Anh. üb. b. Verhältn. b. Lehre Mani's z. Parsismus dargest.
v. Essnig, e. Arm. Bisch. b. 5ten Jhdts. a. b. Armen. üb. v. C. F. Neumann, in Jllgen's Zeitschr. IV. 1. p. 71 sq.

7) S. **Chr. A. Heumann** in b. Act. Erudit. 1712. p. 179 sq. Scheff-
ler-Tiburtius, de Nicolaitis a nonn. ex haeret. catal. expunct. Gotting. 1825. 4.

8) S. **J. H. Schumacher,** Erklär. b. dunkeln u. schweren Lehrtafel b.
Ophit. ob. Schlangenbrüder n. b. geh. Grundf. b. Kabbalisten abgef. Wol-
fenb. 1756. 4. v. Hammer in b. Fundgr. b. Orients VI. p. 37 sq. C.
Gfr. Kelle, Oph. mysteria detecta, contagii myst. remedia. Frib.
1832. 4. A. H. L. Fuldner, Comm. de Oph. Rintel. 1834. II. 4.

9) S. A. **Fr. Daehne,** de γνωσει Clem. Alex. et de vestigiis
Neoplat. phil. in ea obviis. Hal. 1831. 8.

10) S. **C. G. Hallmann,** de apost. S. Petri c. Sim. Mago cert.
Upsal. 1723. 4. A. van Dale, de Idololatria p. 245 sq. Heumann
in b. Act. Erudit. 1712. p. 181 sq. Struntz, de Simonianis diss., in
s. Controv. p. 30 sq. H. Schlurick, de Sim. M. fatis Romanis comm.
hist. et crit. Miseu. 1844. 4.

11) Ihr Religionsbuch ist: Codex Nasaraeus Liber Adami appella-
tus Syriace transscriptus, lat. redd. a M. Norberg. Lond. Goth.
1815. V. 4. f. Norberg in d. Comm. soc. Reg. Gotting. T. III. 1780.
Walch. ib. 1781. Tychsen in Stäudlin's Beitr. III. p. 289 sq. III. p. 1 sq.
V. p. 257 sq. 208 sq. Bruns in Paulus, Memor. III. p. 51 sq. 91 sq.
185 sq. Schmidt, Bibl. f. Krit. I. 1. p. 266 sq. 420 sq. Lorsbach in
Stäudlin's Beitr. V. p. 1 sq. u. b. Arnoldi, Muf. f. bibl. u. morgenl. Lit.
Bd. I. St. I. Grégoire, Hist. d. Sect. Relig. T. IV. p. 239 sq. Bram-
mer in d. Theol. Stud. VII. p. 991 sq.

12) H. Eb. Gl. Paulus, Comm. potiss. hist. Cerinthi, Judaeo-
Christiani et Judaeo-Gnostici atq. finem Johann. in N. T. libr. ill.
Jen. 1795. 8. J. F. Stiebritz, de Platonismo in Cer. redivivo. Hal.
1736. 4. Schmidt, Bibl. f. Krit. p. 181—226. Gl. Ch. Storr, üb. d. Zweck,
d. Evang. Gesch. u. d. Pr. Joh. Tübing. 1809. 8.

13) S. G. Gesenius, de inscr. Phoen. Gr. in Cyrenaica nuper
reperta ad Carpocrat. haer. pert. Hal. 1825. 4. G. H. L. Fuldner
in Ilgen's Hist. Theol. Abh. Lpzg. 1824. p. 180—290.

14) Fragm. a. f. Brief. b. Fabr. Bibl. Gr. T. VII. p. 315 sq. a. f.
theosophischen Abhandl. b. Augustin. Contra epist. fundamenti et c.
Faustum, Fortunatum etc. in f. Op. T. VIII. p. 75—549. f. a. J. C.
Wolf, Manichaeismus ante Man. et in christianismo rediv. Hamb.
1707. 4. Foucher in d. Mém. de l'ac. d. Inscr. T. XXXI. p. 443 sq.
Beausobre, Hist. cr. du Manichéisme et de Manichée. Amst. 1734
—39. II. 4. N. A. v. Reichlin Meldegg, b. Theologie b. Mag. Manes u.
ihr Urspr. Frkft. a. M. 1825. 8. F. L. Baur, b. Manich., Relig. Syst.
n. b. Quellen neu unterf. u. entw. Tübing. 1831. 8. Fr. Ed. Colditz, d.
Entfteh. b. Manich. Rel. Syst. Lpzg. 1838. 8. A. F. W. de Wegnern,
Man. indulgentiae c. br. tot. Manich. adumbr. ib. 1827. 8. F. Trech-
fel, üb. b. Canon, b. Kritik u. b. Exegefe b. Manichäer. Bern 1832. 8.
Zingerle, üb. d. Ablässe b. Man. u. ihre Vergl. m. b. b. Kath. K., in d.
Theol. Quart. Schr. 1841. IV. p. 574.

§. 179.

Wenn wir nunmehro zu den Griechen kommen, so ist
vor Allem zu bemerken, daß durchaus keine neuen Systeme entstanden, sondern die älteren entweder noch unverändert fort-
bestanden oder sich einander zu nähern suchten. Sprechen
wir aber zuerst von den Aristotelikern, so haben wir vorzüglich in's Auge zu faffen, daß das Bedeutendste, was von
dieser Schule geleistet wurde, immer noch in Sichtung und sorg-
fältiger Commentirung der Schriften ihres Meisters bestand.
Unter diesen ist vorzüglich hervorzuheben Alexander von Aphrodisias (um 210 n. Chr.), vorzugsweise ὁ ἐξηγητης genannt,
obgleich er in seinen Schriften über das Schicksal und die Seele
keineswegs mit den Ansichten seines Lehrers übereinstimmt, dessen Schüler darum auch eine besondere Schule, die der Alexandreer bildeten[1].
Mehr synkretistisch verhielten sich der berühmte Arzt Galenus
und die Neuplatoniker Dexippus, ein Schüler des Jamblichus,

Ammonius Hermeä (d. h. filius), im J. 476 Lehrer der Platonisch-Aristotelischen Philosophie zu Alexandria, der Redner Themistius, der sich um d. J. 384 gleichfalls mit den Systemen des Plato und Aristoteles beschäftigte, und Syrianus aus Alexandria, der Nachfolger des Plutarch auf dem Lehrstuhle der Platonischen Philosophie zu Athen († 450), der, während jene die Academische und Peripatetische Philosophie mit strenger Unparteilichkeit neben einander gelehrt hatten, dagegen in seinem nicht mehr vollständig erhaltenen Commentar zur Aristotelischen Metaphysik den Plato gegen die Peripatetiker in Schutz nahm. S. A. L. G. p. 1115—1120.

1) *Περι ειμαρμενης και του εφ' υμιν*, Gr. c. Themist. Op. Venet. 1534. fol. ed. J. Caselius. Rost. 1588. 4. c. Ammon. Herm. Plot. etc. de fato rec. J. C. Orelli. Turici 1824. 8. p. 1 sq. — *Περι ψυχης βιβλια β'*. 2. versch. Werke dess. Inhalts, Gr. c. Them. Venet. 1534. fol. 2 Cap. b, Orelli p. 124 sq. Ueb. f. Comm. f. A. L. G. p. 1117.

§. 180.

Nach der Zerstörung der letzten oder skeptischen Academie bildete sich zu Anfang der Regierung des Kaisers Augustus eine neue Platonische Schule, die sogenannte Neuplatonische, welche trotz ihrer Annäherung an die Neu-Pythagoräer und Peripatetiker, mit denen sie sich zu vereinigen drohte, viele Anhänger fand. Als der Gründer derselben, wenigstens als der, welcher sie in ein bestimmtes System brachte, ist ein gewisser Jude Philo (geb. im J. 30 v. Chr. zu Alexandria, Pharisäer und um d. J. 40—41 Gesandter seiner Glaubensgenossen wegen Streitigkeiten mit den Christen bei dem Kaiser Caligula in Rom) zu nennen, der anfangs Neupythagoräische Philosophie studierte, dann sich aber so auf die Platonische legte und sie dermaßen mit seiner Rationaltheologie verschmolz, daß man sagte, er platonisire so sehr, daß Plato selbst zu philonisiren anfange. Sein Hauptzweck war hierbei, zu beweisen, daß die Ansichten und Lehren der vornehmsten Griechischen Philosophen schon in den Jüdischen Religionsbüchern vorhanden seien, wobei er sich nun jener mystisch-allegorischen Erklärungsart bediente, welche später Origenes bei der Deutung der christlichen Dogmen anwendete, und die Veranlassung gegeben hat, ihn selbst häufig für einen Christen zu halten. Seine vielen Schriften, unter denen sich die über die Mosaische Schöpf-

ung, über das Reich Gottes, das beschauliche Leben, über die drei
Tugenden, den Adel, über die Welt, die Vorsehung und darüber, daß
man an Träume glauben müsse, besonders auszeichnen, hat er
selbst in κοσμοποιητικα (von der Erschaffung der Welt), ιστορικα
(geschichtliche, nämlich in Bezug auf die Juden) und νομοθετικα
(in Bezug a. d. Mos. Gesetz) eingetheilt[1]). Neben ihm ist noch
Sextus aus Chäronea unter den Antoninen anzuführen, von
dem noch 5 im Dorischen Dialecte abgefaßte ethische Abhandlungen
vorliegen[2]), sowie ein gewisser Alcinous wegen einer Einleitung in
die Platonische Philosophie[3]). Außer diesen nennen wir noch den Sophisten Maximus von Tyrus, der zur Zeit der Antonine und des
Commodus vermuthlich als Lehrer der Rhetorik lebte und uns 41
philosophisch-rhetorische, nicht ohne Geist, aber in einem überla-
denen und gezierten Style geschriebene Abhandlungen hinterlassen
hat[4]). Als der letzte und bedeutendste der ganzen Neuplatonischen Schule, der sich völlig rein von der Ansteckung gnostischer
Ideen, welche die späteren Philosophen derselben in sie einführten,
erhalten hat, erscheint uns aber Plutarchus aus Chäronea
in Böotien (geb. 49—50 n. Chr., Schüler des Ammonius in
der eclectischen Philosophie, unter Vespasian Lehrer der philosophischen Wissenschaften zu Rom, unter Trajan Präfect von
Illyrien, unter Hadrian Procurator von Griechenland und im
80sten Lebensjahre um 130—135 gest.), der in seinen Schriften, deren eine sehr große Menge existirt haben muß, wie wir
aus dem noch vorhandenen, von seinem Sohne Lamprias auf-
genommenen Verzeichniß sehen können, vorzügliche Gelehrsamkeit
und Belesenheit zeigt, aber doch nicht eben großen Scharfsinn
besessen haben mag und sich leider allzusehr zur Schwärmerei und
zum frommen Aberglauben hinneigt, als daß wir immer mit ihm
übereinstimmen könnten. Wir haben seine Werke zwar nur noch zum
kleinsten Theile vor uns, allein dennoch sind der historischen, von
denen unten noch die Rede seyn wird, und der moralischen, in
denen er aber auch politische, pädagogische, mythologische, natur-
wissenschaftliche und historisch-philosophische Gegenstände abhandelt,
völlig genug, um ein klares Bild von seinen Ansichten zu erhalten, die sich vorzüglich in Bezug auf die Moral als die eines
trefflichen Herzens kund geben[5]). Bis hierher waren nun diese
Neuplatonifer, mit Ausnahme des Philo, der ein besonderes
Stadium dieser Philosophie gebildet hat, reine Eclectifer gewesen

obwohl der Versuch des Potamo aus Alexandria, eines Lehrers
der Stiefsöhne des Augustus, der aus allen damals vorhandenen
Systemen sich das Vorzüglichste herausnahm und daraus ein
neues schuf[6]), jedenfalls auf sie ohne Einwirkung geblieben war,
allein nunmehr schloß sich der Platonismus, indem das Christenthum immer siegreicher fortschritt, nach und nach den schwärmerischen Gnostikern und Juden im Oriente mehr und mehr
an und begann, um einen Gegensatz gegen jenes festzuhalten,
darin die Bestimmung des Menschen zu suchen, daß er das Absolute möglichst genau zu erkennen und sich mit demselben zu
vereinigen streben müsse. S. A. L. G. p. 1120 sq.

1) S. J. A. Fabricius, Diss. de Platonismo Philonis. Lips. 1693.
4. J. Bryant, the sentiments of Philo Judaeus. Lond. 1797. 8. C.
Planck, Comm. de principiis et causis interpretationis Philonianae
allegoricae. Gotting. 1807. 4. Ch. G. L. Grossmann, Quaest. Philoneae. P. I. de theologiae Phil. fontibus et auctoritaie. P. II. De
Λογω Philonis. Lips. 1829. 4. G. Scheffer, Quaest. Philon. P. I. et
II. Marburg. 1829—31. 8. (E. G. Stahl, Verf. e. system. Entwurfs d.
Lehrbegriffs Ph. v. Aler., in Eichhorn, Allg. Bibl. d. bibl. Lit. Bd. IV. 5.
p. 769 sq. s. a. J. Ch. Schreiter in Keil u. Tzschirner's Analecten Bd. I.
2. p. 95—146. 1. p. 105—152. u. Bd. III. 2. p. 103—171. A. Gfrörer,
Philo u. d. Alexandrinische Theosophie. Stuttg. 1831. II. 8. J. A. Müller,
üb. d. Tertes Kritik d. Schriften d. Juden Philo. Basel 1839. 4. H. Denzinger, Diss. de Phil. philosophia et schola Judaeorum Alexandrina.
Herbipol. 1840. 4. Ausg. s. Ed. Pr. Philon. in libros Mosis de mundi
opificio, historicos, de legibus. Ejd. libri singulares. Graece. Paris
1552. fol. Op. omn. ex vers. T. Geleni edid. Adr. Turnebus et D.
Hoeschel. Frcft. 1691. fol. Opera q. reper. pot. omn. Text. c. mss.
cont. ined. adj. interpr. emend. et not. observ. ill. Th. Mangey.
Lond. 1742. II. fol. gr. et lat. ad ed. Mangey. cur. Pfeiffer. Erlang.
1785—92. V. 8. ib. 1819. V. 8. (unbeendet) Graece ad codd. mss. rec.
E. Fr. Richter. Lips. 1828—31. VII. 8.
2) Ed. Pr. Gr. c. Diog. Laert. ed. H. Stephanus. Paris 1570. 8.
p. 470 sq. ex vers. et c. not. J. North, b. Gale, Opusc. Myth. Fragm.
p. 47—76. (p. 704—731. ed. 1688.) u. b. Orelli, Opusc. Graec. sentent. T. II. p. 210 sq.
3) Εισαγωγη των δογματων Πλατωνος Ed. Pr. c. Apulejo. Venet.
1521. 8. ex rec. D. Heinsii c. Ficini vers., b. s. Ausg. b. Max. Tyr.
p. 437—534. Gr. et Lat. acc. Platon. aliquot, qui etiamnunc supers. auth. Graec. impr. mox et lat. syll. alphab. p. J. Langban.
et J. Fell. Oxon. 1667. 8. gr. et lat. rec. Orelli, b. s. A. b. Alex.
Aphrod. p. 220 sq.
4) S. Fr. A. Bornemann, de gemina Xenoph. Cyrop. et Max.
Tyrii recens. Nivem. 1815. II. 8. Knebel, In Max. Tyr. diss. I —
XX. P. I. in b. Allg. Schulz. 1833. Nr. 33—37. P. II. in diss. XXI
—XXX. Confl. 1833. 4. Ausg. s. Ed. Pr. gr. H. Stephan. Paris
1557. 8. ex interpr. D. Heinsii rec. et not. ill. J. Davis. Cantabr.
1703. 8. Ed. alt. aucta Marklandi annot. Lond. 1740. 4. Ed. III. ad
II mss. emend. c. J. Marklandi anim. rec. cur. et ann. add. J. J.
Reiske. Lips. 1774—75. 8. Ezд. υπο Νεοφυτου Λουκα. Vindob.1820.8.
S. a. §. 183. Nr. 5.

5) S. J. Ruald, de vita Plut. liber, in b. Ausg. b. Opera Plut.
ed. Ph. J. Maussacus. Paris 1624. fol. T. I. Ed. Corsini, Vita Plut.
v. s. X. b. Plut. de placit. philos. Florent. 1750. 8. J. E. Müller,
Pr. de Plutarcho. Rudolst. 1697. 4. J. J. Zimmermann, Diss. de
religione Plut. in b. Mus. Helvet. T. IV. P. XV. p. 379 sq. J. Vo-
gelhaupt, Plut. Chreiologus. Friberg. 1666 — 68. VII. 4. L. Castil-
hon, Essai s. la philos. et la morale de Plut., im Rec. I. de la soc.
typogr. de Bouillon p. 133 sq. Eichhoff, üb. b. relig. sittliche Weltan-
sicht b. Plut. v. Chäronea. Elberf. 1833. 4. Th. H. Schreiter, Doctr.
Plut. theol. et moralis, in Jlgen's Zeitschr. f. hist. Theol. Bd. VI. 1.
p. 1 sq. Ausg. s. W. s. Ed. Pr. Oper. omn. gr. et lat. H. Stephanus.
Paris 1572. XIII. 8. gr. et lat. c. G. Xylandri et vir. doct. var. lect.
ex mss. cod. et ind. ex rec. Ph. Maussaci. Acc. Plut. vita a Rualdo
coll. et dig. et Rualdi anim. ad insign. Plut. σφαλματα II et LXX.
Lut. Par. 1624. II. fol. gr. et lat. pr. ex edit. castig. vir. doct. annot. iustr. J. J. Reiske. Lips. 1774 — 82. XII. 8. c. annot. vir. doct.
add. var. lect. op. J. Hutten. Tubing. 1791—1805. XIV. 8. Moralia.
Ed. Pr. Opuscula LXXXXII. gr. Venet. Aldus. 1509. fol. Mor. Op.
gr. emend. not. emend. et lat. Xylandri interpr. cast. subj. anim.
expl. reb. et verb. it. ind. cop. adj. J. D. Wyttenbach. Oxon. V.
(VI) 1795—1800. XII. Voll. 4. Dazu Anim. II Voll. u. Ind Gr. T.
VIII. ib. 1821—1830. 8. Gr. et lat. Paris. 1842. II. 4. Zur Kritik s.
Gf. Fachse. Observ. cr. in Plut. Op q. inscr. Moral. et in Hesych.
Lexicon. Lips. 1820. 8. u. Anim. in Plut. Op. Lips. 1825 8. Em-
perius, Conj. cr. in Plut. Mor., in b. Act. Soc. Gr. Lips. Vol. I. s.
2. p. 351 — 370. s. a. Wyttenbach, Opusc. T. I. p. 266 — 462.

6) S. C. G. Glöckner, Diss. de Potamone, Alex. phil. eclect.
recent. Plat. discipl. admodum dissimili. Lips. 1745. 4. St. Croix,
Lettre à Mr. du Theil sur une nouv. edit. de tous les ouvr. d. phil.
eclectiques. Paris 1797. 8. G. Olearius, Diss. de philos. eclectica
in s. Vers. hist. phil. Stanlej. p. 1205 sq. (G. Mateville) Hist. crit. de
l'Eclecticisme ou des nouv. Platoniciens. Avignon. (Londr.) 1766. II. 12.
G. G. Fülleborn, Neuplatonische Philosophie, in s. Beitr. z. Gesch. b. Phil. III. p.
70 sq. Ch. Meiners, Beitr. z. Gesch. b. Denkart b. erst. Jhdts. n. Chr. Geb. in
ein. Betracht. üb. Neuplat. Philos. Lpzg. 1782. 8. J. A. Dietelmair,
Pr. q. seriem vet. in phil. schola Alexandr. doct. exponit. Altorf.
1746. 4. J. Fichte, de philos. nov. Plat. orig. Berol. 1818. 8. Fr.
Bouterwek, Phil. Alex. ac Neo-Platon. rec. accur., in b. Comm. Soc.
Reg. Gott. rec. T. V. p. 227 sq.

§. 181.

Der Erste, der solche Ansichten hatte, war aber Ammonius aus Alexandria, von gemeiner Abkunft, daher Saccas
(Lastträger, von seiner Beschäftigung) genannt, der unter Commodus eine Schule stiftete, worin er die Uebereinstimmung zwischen Plato und Aristoteles nachzuweisen suchte[1]). Von ihm,
wie von seinen nächsten Schülern, ausgenommen dem (Christen?)
Herennius[2]), haben sich keine Schriften erhalten, wogegen seine
späteren Anhänger aus ihren Schriftüberresten besser bekannt sind.
Unter diesen steht obenan Plotinus (195 n. Chr. zu Lycopolis in Aegypten geboren, Begleiter des Gordianus auf seinem

Perſiſchen Feldzuge, nach deſſen Ermordung Lehrer der Philoſophie, die er ſeit d. J. 232 n. Chr. beim Ammonius ſtudiert hatte, zu Rom, im J. 269 in Campanien mit der Abſicht, eine nach den in Plato's πολιτεια aufgeſtellten Regeln eingerichtete Stadt zu gründen, und 270 verſtorben), der ſeine Philoſophie in dialogiſcher Methode in einer dunkeln, räthſelhaften und ſchwerfälligen Sprache entwickelt hat und durch ſie eine durch unmittelbare Anſchauung des Einen oder des Weſens aller Dinge bewerkſtelligte Vereinigung der menſchlichen Natur mit dem göttlichen Weſen bezweckte[3]). Sein Schüler war Porphyrius, zu Batanea im J. 233 n. Chr. geboren, mit dem Syriſchen Beinamen Malchus (d. h. König), der bis 263 zu Athen bereits Schüler des Longinus, dann, wie bemerkt, zu Rom unter Plotin's Einfluſſe lebte. Er ging nach Sicilien, um ſich von ſeiner Schwermuth zu heilen, kehrte hierauf wieder nach Rom zurück, wo er Philoſophie und Beredtſamkeit lehrte, und ſtarb als hoher Siebziger daſelbſt. Sein philoſophiſches Syſtem ſtellt den Satz auf, daß Seligkeit das Ziel des vernünftigen Weſens ſei, die jedoch nicht durch Speculation und Kenntniſſe, ſondern durch innige Vereinigung mit dem Weſen der Weſen und der intelligibeln Welt, welche man durch theurgiſche Mittel erlangen könne, bewerkſtelligt werde[4]). Beiden Vorhergehenden ſtellt ſchon Auguſtin. de civ. Dei VIII. 12. den Schüler des Letzteren, den Jamblichus aus Chalcis in Cöleſyrien an die Seite, der bis an ſeinen um d. J. 333 erfolgten Tod zu Alexandria lebte und die Neuplatoniſche, Neupythagoräiſche und Aegyptiſch-Chaldäiſche Philoſophie zu vereinigen ſuchte, indem er lehrte, Philoſophie ſei gleich der Erkenntniß der Principien und Begriffe, die dazu gehörige Theologie und Theurgie aber die Erkenntniß deſſen, was über den Grenzen der Vernunft liege, müſſe aber mit der Vollbringung geheimnißvoller, den Göttern wohlgefälliger Handlungen verbunden ſeyn[5]). Weniger der Theurgie, mehr der myſtiſchen Schwärmerei ergeben war aber der bereits genannte Syneſius, aufgeklärter zwei ſchon unter den Kirchenſchriftſtellern ebenfalls Erwähnte, Cäſarius und Nemeſius, ziemlich dunkel dagegen ein gewiſſer Salluſtius in ſeinem Buche über die Götter und die Welt[6]). Einzelner Erklärer Platoniſcher Dialogen, wie des Chalcidius, Hermeias ꝛc., gedenken wir nur dem Namen nach und würden auch den **Hierocles**, der um b. J. 450 Lehrer der Platonischen Philosophie zu Alexandria und das Vorbild des Aeneas Gazäus war, wegen seines Commentars zu den Sprüchen des Pythagoras nicht erwähnen, wenn er nicht in seinem blos im Auszuge vorhandenen Buche über die Vorsehung und das Schicksal sich ganz als Synkretist gezeigt hätte[7]). Gewöhnlich rechnet man noch zu dieser Schule den ebenso gelehrten als witzigen Feind des Christenthums, den Kaiser **Julianus** (geb. 331, seit 351 von dem Philosophen Maximus von Ephesus und dem Sophisten Libanius zu Nicomedia gebildet, seit 360 — 363, wo er starb, wüthender Gegner des Christenthums), allein seine berühmtesten Werke, die Spottschriften $Καισαρες$ und $Αντιοχικος$ $η$ $Μισοπωγων$, gehören doch weit mehr dem satirischen Elemente an, als daß sich eigentlich eine besondere philosophische Richtung aus ihnen erkennen ließe[8]). Derjenige aber, welcher unter den Philosophen dieser Schule zuletzt genannt werden muß, **Proclus** (412 zu Constantinopel geboren, zu Xanthus in Lycien erzogen und zu Alexandria und Athen in den grammatischen und philosophischen Wissenschaften gebildet, wo er als Nachfolger des Syrianus auf dem philosophischen Lehrstuhle den Beinamen $διαδοχος$, Nachfolger, bekam und 485 starb), hob auch dieselbe wieder gewissermaßen, obgleich er als Gegner des Christenthums vorzüglich den chaldäischen und theurgischen Wissenschaften huldigte und sich einbildete, daß diese in einer ununterbrochenen Kette von Ueberlieferungen vom Hermes Trismegistus an ($σειρα$ $ Ἑρμαϊκη$) sich bis auf ihn fortgepflanzt hätten[9]). S. A. L. G. p. 1130 —1140.

1) S. C. F. Roessler, Diss. de commentit. philos. Ammon. fraudibus et noxis. Tubing. 1786. 4. L. J. Dehaut, Essai hist. s. la vie et la doctrine d'Ammon. Saccas. Bruxell. 1836. 4.

2) E. Metaphysik n. d. Grundsätzen d. Neuplatoniker b. Mai, Class. Auct. ex codd. Vatic. T. IX. 8. p. 513—593.

3) S. J. F. Winzer, Adumbr. decretorum Plot. de rebus ad doctr. mor. pertin. Sp. I. Viteb. 1809. 4. Fr. Kreuzer, in Daub u. Kreuzer's Stud. Bd. I. p. 24—28. u. v. s. Ausg. T. I. p. XIX—XLI. Bouterwek in s. N. Mus. f. Philos. u. Lit. Bd. I. p. 83—90. G. W. Gerlach, de differentia, q. inter Plotin. et Schelling. doctr. de summo numine intercedit. Viteb. 1811. 4. C. H. A. Steinhart, Quaest. de dialect. Plot. rat. lib. I. Numb. 1829. 8. Ausg. s. Ed. Pr. Opera, Latine interpr. Mars. Ficino c. argl. argum. et comm. Flor. 1492. fol. Ed. Pr. Graece, Op. philos. omn. L. LVI in IV Enneades distrib. ex antiq. codd. fide graece ed. c. comm. et interpr. Mars. Ficini. Basil. 1580. fol. Gr. et Lat. ad fid. codd. mss. emend. proleg. in-

trocL. annot. indic. atque Niceph. Nathanielis antithet. adversus Plotin. et dial. gr. script. anon. de anima adj. Fr. Creuzer. Oxon. 1835. III. 4. Die Enneaden d. Plotinus, überf. u. m. fortlauf. b. Urtext erläut. Anmerk. begl. v. J. G. v. Engelhardt. Erlang. 1820—23. II. 8.

4) S. Holsten. de Porphyr. vita et scriptis, b. Fabric. Bibl. Gr. T. IV. p. 207 sq. (T. V. p. 725 sq. ed. Harles). Hierher gehören we= niger seine Schriften über Homer, als s. Πυθαγορου βιος (Ed. Pr. gr. c. not. Rittershusii. Altorf. 1610. 8. c. ejd. Sentent. ad intelligibilia duc. et de autro nymph. lat. vert. diss. et observ. adj. L. Holsten. Rom. 1630. 8.), επιστολη προς Ανεβω τον Αιγυπτιον (gr. ed. Gale c. Jambl. de Mysteriis f. b 2 sq.), περι αποχης των εμψυχων (Gr. et lat. ed. L. Holsten. c. Epictet. Enchir. p. 1—179. c. not. Victorii et Valentini cur. sec. ed. J. de Rhoer. Traj. ad Rh. 1767. 4.) und seine Commentare über einige Categorieen des Aristoteles.

5) S. G. E. Hebenstreit, Diss. de Jamblichi Syri phil. doctr. christ. relig., q. imitari studet, noxia. Lips. 1704. 4. cf. Athanasii rhet. Deliciae animae s. hortus ex iis, quae Jamblicho elaborata sunt, consitus. gr. et lat. Paris 1639. 4. Hierher gehören sein Buch περι μυστηριων Αιγυπτιακων η Αβαμμωνος διδασκαλου προς την Πορφυριου προς Ανεβω επιστολην αποκρισις και των εν αυτη αποραπσειων λυσεις (Ed. Pr. gr. et lat. c. not. Th. Gale. Praem. Porph. epist. ad Aneb. Oxon. 1678. fol.), περι του Πυθαγορικου βιου und Πυθαγορειων υπομνηματων λογος δευτερος περιεχων τους προτρεπτικους λογους εις φιλοσοφιαν (Jambl. de vita Pythag. et protrept. orat. ad phil. L. II. gr. et lat. prim. ed. c. castig. et not. a J. Arcerio Theodoreto. Hei= delb. 1598. 4. Exhort. ad philos. Text. ad fid. codd. rec. interpr. lat. et anim. instr. Th. Kiessling. Lips. 1813. 8. Jambl. de vita Pythag. gr. et lat. Text. ad fid. codd. rec. vers. lat. mut. vir. doct. suasq. anim. adj. Th. Kiessling. Acc. Porphyr. et anon. de vita Pyth. Lips. 1815—16. II. 8. s. a. Hemsterhusii Not. et emend. ad Jambl. Protr. b. Zimmermann, Zeitschr. f. Alt. W. 1840. Nr. 1—5.

6) Ed. Pr. gr. et lat. Leo. Allatius. Rom. 1638. 12. c. not. gr. ed. Gale, Opusc. myth. p. 237—280. Gr. et lat. emend. ed. L. Hol= sten. c. not. vir. doct. ed. J. C. Orelli. Turici 1821. 8

7) Hier. de provid. et fato deque liberi arbitrii c. divina guber= natione convenientia comm. in comp. red. et n. pr. gr. et lat. ed. interpr. F. Morello. Lut. 1597. 8. Seine Werke, unter denen auch die 28 αστεια, die aber unächt sind (Les facéties d'Hiéroclés en grec, av. une trad. franç. p. A. Coray. Paris 1812. 8.), her. als: Op. gr. et lat. cast. rec. not. et ind. adj. P. Needham. Cantabr. 1709. 8.

8) Ph. Réné de la Bletterie, Vie de l'emp. Julien. Paris 1746. 12. Deutsch v. Pfeil. Frkft. 1752. 8. A. Neander, üb. d. Kaiser Jul. u. s. Zeit= alter. Heidelb. 1812. 8. Sadelin u. Bloch in Jens Möller Theologisk Bibl. XX. p. 1 sq. 35 sq. C. H. van Herwerden, de Jul. imp. relig. chr. hoste eodemque vindice. Lugd. B. 1827. 8. J. Körner, Kais. Jul. b. Abtrünnige ob. b. traurigen Folgen b. Verunstaltung b. rein. Christenthums Schneeb. 1830. 8. H. Schulze, de philosophia et morib. Jul. Apost. Sund. 1839. 4. Hegewisch. in b. Berl. Mon. Schr. 1794. Bd. I. p. 349. 470 sq. Ausg. s. W. Ed. Pr. gr. et lat. a P. Martinio Morent. et C. Cantoclaro lat. facta emend. et aucta. Paris 1583. 8. Op. q. rep. pot. omn. part. antehac ed. p. n. prim. ex mss. er. et cast. gr. et lat. c. not. ib. 1530. 4. Jul. imp. op. q. supers. omn. et S. Cyrilli Alex. contra imp. Julian. L. X. Acc. D. Petav. in Jul. not. et alior. praef. et not. Ez. Spanhem. gr. rec. sec. codd. mss. lac. suppl. et observ. add. Lips. 1696. fol. (Dazu D. Wyttenbach, Epist. crit. Gotting. 1769. 8. u. b. Wyttenbach, Opusc. T. I. p. 1 sq.) Jul. Caes. gr. et lat. c. annot. vir. doct. ed. J. M. Heusinger. Goth. 1736. 1741.

8. ex rec. et c. ann. Th. Chr. Harles. Erlang. 1785. 8. Epist. gr.
et lat. illustr. L. H. Heyler. Acced. ej. fragm. brev. c. poem. Mogunt. 1828. 8.

9) S. Marini Neapol. *Προκλος ἡ περι εὐδαιμονιας.* Ed. Pr. gr. et
lat. c. Marc. Anton. Tiguri. 1558. 8. p. 157—181. Vita Procli gr.
et lat. ad fid. libr. mss. rec. annot. et ind. adj. J. Fr. Boissonnade.
Lips. 1814. 8. Burigny in b. Mém. de l'acad. T. XXXI. p. 139 sq.
Ausg. Procli phil. Op. e cod. mss. bibl. reg. Paris. prim. ed. lect.
var. vers. lat. et comm. instr. V. Cousin. Paris 1820—27. VI. 8.
Ueb. f. einz. Commentare zu d. Plat. Schr. f. A. L. G. p. 1138 sq.

§. 182.

Gehen wir nun zu der Neupythagoräischen Schule
fort, so muß zuerst bemerkt werden, daß die Bestrebungen derselben einen ganz verschiedenen Zweck hatten. Während nämlich Einige
offenbar durch sie nur eine sittliche Reform bewerkstelligen wollten,
wandten sie Andere auf die Naturforschung, noch Andere sogar
auf die Erkenntniß der in den Zahlen angeblich verborgen liegenden Weisheit an. Zu der ersten Klasse gehörten Secundus
mit seinen *γνωμαι,* Democrates mit seinen *γνωμαι χρυσαι*
und Demophilus mit seiner *βιου θεραπεια*[1]), sowie Quintus Sextius aus Rom (um 2 n. Chr.) mit seinen Sittensprüchen, die von Rufinus unter dem Titel eines Enchiridion
Xysti oder Sixti in's Lateinische übersetzt und dem angeblichen
Nachfolger des Papstes Stephan zu Rom, Sixtus II. aus
Athen, (um 257), zugeschrieben worden sind[2]). Zu der zweiten
oder dritten Klasse dagegen gehört der berüchtigte Apollonius
von Tyana (um 2 n. Chr. geb.), der, nach langen Reisen in
Indien und Babylonien, in Rom, Spanien, Sicilien, Griechenland, Aegypten als Wunderthäter auftrat und um d. J. 98
n. Chr. auf eine sonderbare Weise verschwunden seyn soll, auch
von den Feinden des Christenthums häufig in ihrer frevelhaften
Frechheit mit dem Heilande verglichen worden ist[3]). Schriften
sind nicht mehr von ihm erhalten, wenn man nicht einige noch
vorhandene, wahrscheinlich unächte Briefe in diese Categorie rechnen will[4]). S. A. L. G. p. 1140—1143.

1) Ed. Pr. Demoph. Democr. Secundi vet. phil. sent. mor. gr.
et lat. L. Holsten. Rom. 1638. 8. gr. et lat. c. not. ed. Gale Opusc.
myth. p. 610 sq. u. b. Orelli, Opusc. gr. sent. T. I, p. 227. 77. 1.
36 sq. Gr. u. Deutsch v. J. Fleischner. Nürnb. 1827. 8.

2) Gr. et lat. b. Orelli a. a. O. p. 244 sq. u. Class. Journ. nr.
XXI. p. 166. Enchir. Sixti II. Ed. Pr. Symph. Champerii, c. Ejd.
Lib. de quadrupl. vita. Lugd. 1507. 4. f. g iij sq. c. Laur. Pisani

et Thalassii ep. sentent. ed. J. a Fuchte. Helmst. 1615. 8. u. b.
Gale p. 643 sq. u. Orelli p. 247 sq. ed. U. G. Siber. Lips. 1725. 4.
3) Sein Leben schrieb **Philostratus** als βιος Ἀπολλωνιου, Ed. Pr.
gr. et lat. c. Euseb. L. contra Hieroclem. Venet. Ald. 1501—2. fol.
gr. et lat. c. not. Olearii, b. s. Ausg. b. Op. Phil. p. 1 sq. (Dazu s.
G. J. Becker, Spec. var. lect. et obs. in Phil. Vit. Apoll. Heidelb.
1818. 8. **H. A. Hamaker**, Lectiones Philostrat. Lugd. B. 1816, 8.
Fr. Jacobs, Observ. in Ael. Hist. An. et Philostr. V. Apoll. ep. ad
Schneider. Jen. 1804. 8.) s. a. Gewißheit b. Beweise des Apollonismus
v. Aem. Lic. Cotta, Oberpriester b. d. Tempel b. Jupiters zu Rom. A. b.
Lat. übers. v. b. Verf. b. Hierokles. Frkft. u. Lpzg. 1787. 8. J. W. Lü-
derwald, Anti=Hierocles ob. Jesus Christus u. Apoll. v. Tyana in ihr. groß.
Ungleichheit. Halle 1793. 8. F. Chr. Baur, Apoll. v. T. u. Christus ob.
b. Verhältniß b. Pythagoräismus z. Christenthum. Tübing. 1832. 8. **J. L.**
Mosheim in b. Bibl. Brem. T. III. p. 1. V. p. 216. Observ. Sacr.
L. I. p. 260. 383. u. Comment. et Orat. var. argum. p. 347. 455.
4) Ed. Pr. graece b. Aldus, Coll. Epist. Venet. 1499. P. I. s.
ξα sq. gr. et lat. c. not. Olearii, b. s. Ausg. b. Philostr. p. 385 sq.

§. 183.

Der **Stoiker** dieser Periode giebt es nur wenige, auch
können wir nicht ganz genau über ihre Ansichten entscheiden,
weil von den Schriften des geistreichsten derselben, des **Mu-
sonius Rufus** aus Volsinium in Tuscien, der vom Vespasian
aus seinem ihm vom Nero dictirten Exil zurückgerufen, später
allein von allen Philosophen die Erlaubniß erhalten hatte, in
Rom zu bleiben, nur noch Fragmente übrig sind[1]), und das
Werk des **Cornutus** aus Leptis in Africa (fälschlich oft **Phur-
nutus** genannt), eines Lehrers des Lucan und Persius, über die
Natur der Götter sehr schwer zu verstehen ist[2]). Daher bleibt
als eigentlicher systematischer Philosoph immer noch der bedeutendste
Epictetus aus Hierapolis in Phrygien, der anfangs als
Sclave, dann als Freigelassener zu Rom die Philosophie studierte,
94 n. Chr. bei der Vertreibung der Philosophen aus Italien
nach Nicopolis ging, wo er die vom **Arrianus** niedergeschrie-
benen Abhandlungen vortrug[3]), dann nach Rom zurückkehrte
und in besonderer Gunst bei Hadrian gestanden zu haben scheint[4]).
Den Beschluß dieser Schule macht der Kaiser **Marcus Aurelius Antoninus** (geb. 121 u. gest. 180), der ihr von
seiner frühesten Jugend an angehört hatte und nach dem
Muster derselben die moralische Verbesserung des Staates zu dem
Hauptzweck seiner Regierung gemacht hatte, sodaß man (s. **Capitol. Vita. Ant. c. 28.**) von ihm sagen konnte, er habe die
schlechten Bürger zu guten, die guten aber zu den besten gemacht.

Seine tugendhaften Gesinnungen hatte er in seinen Mußestunden in einer Anzahl philosophischer Betrachtungen niedergelegt und diesen, welche noch vorliegen, nach dem Muster des Solon den Titel των εἰς ἑαυτον gegeben⁵). S. A. L. G. p. 1143—1148.

1) S. P. Nieuwland, Diss. ph. cr. de Musonio R. phil. St. q. praes. D. Wyttenbach propon. Amst. 1783. 4. Burigny in b. Mém. de l'Acad. T. XXXI. p. 131 sq. s. a. C. Mus. Ruff phil. St. reliq. et apopth. ed. J. Venhuizen Peerlcamp. Harlem. 1822. 8.

2) Θεωρια περι της των θεων φυσεως, Ed. Pr. Gr. c. Aesopi fab. Venet. Ald. 1505. fol. p. 59—81. gr. et lat. ed. Gale, Opusc. myth. p. 137—236. Gr. ex sched. Villoison. comm. ill. Fr. Osann. Gotting. 1844. 8. s. a. J. G. Martini, Disp. de L. Ann. Corn. phil. St. Lugd. B. 1825. 8.

3) Ed. Pr. Ἀῤῥιανου Ἐπικτητος. Venet. 1535. 8. Gr. et Lat. c. Epict. Ench. J. Scheggio interpr. Basil. 1554. 4. Epict. q. supers. diss. ab Arriano coll. necnon enchir. et fragm. gr. et lat. c. integr. vir. doct. not. rec. annot. et ind. ill. J. Upton. Lond. 1739—41. II. 4. Epict. phil. monum. ad codd. mss. fid. rec. vers. lat. ann. ind. ill. J. Schweighaeuser. Lips. 1799—1800. V. 8. Les quatre livres d'Arrien, intit. diss. d'Epictète rev. et corr. p. A. Coray. Paris 1827. II. 8.

4) Das ihm zugeschriebene ἐγχειριδιον, ein Compendium der Stoischen Sittenlehre, theilt Simplic. Praef. comm. in Epict. ench. p. I. ebenfalls b. Arrian zu. Ed. Pr. Graece c. Simpl. comm. Venet. 1528. 4. gr. et lat. c. Cebet. Tab. emend. not. al. et suis ill. A. Reland. Traj. Bat. 1711. 4. c. schol. gr. et anim. nov. ed. Ch. G. Heyne. Dresd. et Lips. 1751. 4. 1776. 4. Manuale et Ceb. Tab. gr. et lat. ad fid. mss. lect. var. coll. emend. et ill. J. Schweighaeuser. Lips. 1798. 8. gr. c. Cebet. Tab. et Cleanth. hymn. em. A. Coray. Paris 1826. 8. s. G. Boileau, Vie d'Epictète et sa philosophie. Ed. II. rev. et augm. Paris 1667. 12. M. Rossal, Disq. de Epict. qua probatur eum non fuisse christianum. Groning. 1708. 4. S. Ch. A. Heumann, Diss. de philos. Epict. Jen. 1703. 4. J. J. Sutro, üb. Epictet u. s. Lampe (Luc. adv. Ind. c. 13.) Brandenb. 1759. 8. J. F. Mieg, üb. Epict. Char. u. Denkart, im Pfälz. Mus. Th. I. Abth. IV. J. Fr. Beyer, üb. Ep. u. s. Hdbch. b. stoischen Moral in biogr. u. lit. Hinsicht. Marb. 1795. 8. H. Kunhardt, üb. b. Hauptmomente b. stoischen Sittenlehre u. Ep. Hdbch., in Bouterwek, N. Mus. s. Phil. u. Lit. Bd. I. 2. Bd. II. 1. u. 2. Garnier in b. Mém. de l'ac. d. Inscr. T. XLVIII. p. 408 sq. Ueberf. v. Snell. Frkf. a. M. 1798. v Junker. Mannh. 1826. 8.

5) S. N. Schlichtegroll, üb. Kaiser M. Aurel's Größe als Mensch u. Herrscher. Landshut. (1813.) 8. Gautier d. Sibert, Vie d. emper. Tite-Antonin et Marc-Aurèle. Paris 1769. 8. Meiners in b. Comm. soc. reg. Gotting. T. VI. p. 107 sq. J. D. Koeler, Diss. de philos. M. Aur. Anton. in theoria et praxi. Altorf. 1717. 4. L. M. Ripault, Marc-Aurèle ou hist. phil. de l'emp. Ant. ouvr. où l'on presente en entier et selon un ordre nonveau les maximes de ce prince, en les rapp. aux actes de sa vie publ. et priv. Paris 1820. IV. 8. u. Tite Ant. le pieux et M. Aur. Ant. Somm. hist. Paris 1823. 8. N. Bach, de M. A. Anton. imp. phil. ex ips. ej. comm. scr. phil. Lips. 1826. 8. H. C. Abr. Eichstaedt, Exercit. Anton. P. I—VI. Jen. 1821 — 22. VI. fol. Ausg. s. Ed. Pr. gr. et lat. c. Mariui Vita Procli et ann. G. Xylandri. Tiguri 1558. 8. gr. et lat. repurg. suppl. rest. lect. var. adj. atq. comm. perp. expl. et ill. st. Th. Gataker. Cantabr. 1652. 4. Ed. II. c. Casaub. et Xylandri anim., in Gataker.

Oper. crit. Traj. ad Rh. 1698. P. II. fol. gr. et lat. ad codd. mss. emend. var. lect. suas et al. not. adj. J. M. Schulz. Slesvici 1802. I. 8. Gr. ed. Coray. Paris 1816. 8. *Μαρκου Αντωνινου αυτοκρατορος των εις εαυτον βιβλια ιβ', περισσι μεθερμηνευσαντος Ιωσηφ Αμμερ. Εν Βιεννη.* 1831. 8. (m. Griech. Text.) Theophr. Char. Antonin. Epictet. Arrian. Simplicius, Cebes et Maxim. Tyr. gr. et lat. ad codd. rec. Schulz et Dübner. Paris 1840. 4. Uebers. v. Schulthess. Zürich. 1779. 8. v. Schulz. Schlesw. 1797. 8.

§. 184.

Da wir von den Cynikern dieser Periode durchaus keine schriftlichen Ueberreste mehr vor uns haben, so würden wir auch über das Thun und Treiben derselben in dieser Periode völlig in Dunkelheit seyn, wenn uns nicht Lucian in seinen Dialogen *Δημονακτος βιος*, *Περεγρινος* und *Δραπεται* hierüber manche Aufschlüsse gegeben hätte. Der bedeutendste derselben war jedenfalls jener **Peregrinus Proteus** aus Parium, der sich um **166 — 168** n. Chr. öffentlich verbrannt haben soll[1].

1) S. Capperonnier in b. **Mém. de l'ac. T. XXVIII. p. 69 sq.**

§. 185.

Was die **Skeptiker** anlangt, so gehörten diese auch in dieser Periode noch fast durchgängig der Classe der Aerzte an, jedoch hat nur einer von ihnen das Object, den Zweck und die Methode dieser Schule festgesetzt und sie dem Dogmatismus schroff gegenübergestellt. Dieses war **Sextus**, gleichfalls nach der ärztlichen Schule, der er angehörte, **Empiricus** genannt, obwohl er sich selbst (ad math. I. 260. VIII. 156. 191.) zu den Methodikern zählte. Er stammte aus Mitylene und als ein Schüler des Skeptikers Herodotus von Tarsus legte er seine Ansichten (um 193) in seinen *Πυῤῥωνειων υποτυπωσεων βιβλια* III, einem Lehrbuche über den Skepticismus überhaupt, und der Fortsetzung desselben, seinen *ενδεκα βιβλια προς τους μαθηματικους*, gegen die Lehrer der encyclischen Künste gerichtet, nieder, welche wir noch besitzen[1]. Leider erlosch aber diese von ihm errichtete Schule nach seinem Tode sogleich wieder. Um dieselbe Zeit entstand nun aber auch eine sonderbare Philosophensecte, die der **Elpistiker** (von *ελπις*, Hoffnung), welche meinten, das Leben werde einzig durch die Hoffnung aufrecht und zusammengehalten und sei ohne dieselbe unerträglich. Zu welcher Schule sie gehörten und ob sie gar christliche Ansichten gehegt haben mögen, ist unbekannt[2]. Eine ähnliche Schule war früher die von Anaxarchus aus Abdera (um 300 v. Chr.) gestiftete gewesen, die, weil sie sich nur mit Aufsuchung der Mittel, durch welche man zum Glück gelangen könne, beschäftigte, die der Eudämoniker genannt wurde[3]. S. A. L. G. p. 1148 sq.

1) S. G. Ploucquet, Comm. hist. phil. sel. p. 259 sq. J. G. Buhle, Cert. Emp. ob. d. Skepticismus d. Griechen a. d. Griech. m. Anm. u. Abh. herausg. v. J. G. Buhle. Lemgo 1801. Bd. I. 8. Ausg. s. Sexti Emp. Op. q. exst. c. Pyrrh. vita et Cl. Galeni libr. de opt. gen. dicendi gr. et lat. interpr. Gent. Herveto. Paris 1621. fol. Gr. et Lat. ex codd. mss. cast. vers. emend. suppl. et not. add. J. A. Fabricius. Lips. 1718. fol. ex rec. Fabric. cur. et comm. ill. J. G. Mund. Vol. I. P. I. Pyrrh. Hypotyp. Hal. 1796. 4. Op. gr. et lat. gr. ex mss. cast. vers. emend. suppl. et toti op. not. add. J. A. Fabricius. Ed. II. emend. Lips. 1842. II. 8. Gr. ex rec. J. Bekker. Berol. 1842. 8.
2) S. Heumann, Act. phil. T. XVIII. p. 911 sq. Leuschner, Comm. sup. Elpist. de christ. secta recte explic. Cervim. 1750. 4. u. Pro Elpist. sent. defensa — Elpist. Sect. Opera. Lips. 1755. 4. Brucker in d. Misc. Berol. T. V. p. 223 sq. Joecher, Pr. de philos. Elpist. Lips. 1743. fol. Lessing, Leb. u. Lit. Nachl. II. p. 119 sq. (Sämmtl. W. Bd. IV. p. 201 sq.).
3) S. J. A. Dathe, Prol. de Anaxarch. phil. Eudaem. Lips. 1762. 4.

§. 186.

Wir kommen endlich zu den Epicuräern. Da aus der Mitte derselben unten noch Diogenes von Laerte genannt werden wird, so können wir hier nur den größten Satiriker und besten Witzkopf seiner Zeit, den Lucianus von Samosata in Syrien (geb. um 120—130), anführen, der, anfangs der Bildhauerkunst ergeben, dann in Antiochia die Rechtswissenschaft studierte, darauf mehrere Reisen machte, um sich in der Rhetorik auszubilden, aber, als er die Erbärmlichkeit der damaligen Sophisten und Rhetoren erkannt hatte, sich zur Philosophie wandte, die er jedoch nicht aus Büchern, sondern aus dem Leben studierte, da er seinen Character und Zweck (Reviviscent. c. 20.) selbst so schildert: μισαλαζων ειμι και μισογευδης, και μισοτυφος — φιλαληϑης δε και φιλαπλοικος και οσα τω φιλεισϑαι συγγενη. Er starb, nachdem er unter Marc Aurel Procurator von Aegypten gewesen war, hochbejahrt am Podagra. In seinen größtentheils noch vorhandenen, meistens in dialogischer Form abgefaßten Schriften, die in völlig reinem und beinahe Attischem Griechisch geschrieben sind, zeigt er eine außerordentliche Belesenheit und Gelehrsamkeit, geht aber überall darauf aus, die Gebrechen und Fehler seiner Zeitgenossen nach Kräften lächerlich zu

machen, und greift daher fast alle damaligen Philosophen-, Red-
ner- und Sophistenschulen, natürlich auch die Christen an, ja er
schont selbst Staatsmänner nicht und hat sich überall als ausgezeichneten Freidenker, Feind der Finsterlinge und furchtlosen Lobredner der Wahrheit gezeigt. Unter seinen Dialogen sind die anziehendsten
der Traum, die wahre Geschichte, der Hahn, die Gespräche der Götter, der Meerdämonen, der Todten und der Buhlerinnen, Ni-
grinus, Timon, Toraris oder über die Freundschaft, der Esel,
die gelehrtesten aber die vom Tanz, von den Ringschulen, wie man
eine Geschichte schreiben solle rc.[1]). S. A. L. G. p. **1150** sq.

1) S. Phot. Myriob. cod. 128. Struve, de aetate Luciani spec.
I. II. Gorlic. 1829—30. 4. Clemann, Comm. hist. phil. de Luciano.
Dresd. 1753. 4. J. Chr. Tiemann, Vers. üb. Luc. Philos. u. Sprache.
Zerbst 1804. 8. T. Menz, de Luc. disp. Lips. 1735. 4. L. G. Jacob,
Characteristik Luc. v. S. Hamb. 1832. 8. Gf. Wetzlar, vita,
scriptisque Luc. Sam. Marb. 1834. 8. Wieland a. a. O. Bd. II. p. I
—XLVI. Ausg. s. Ed. Pr. Luc. Op. Gr. Flor. 1496. fol. Graece c.
Phil. et Callistr. Venet. 1503. fol. Gr. et Lat. c. not. Cognati et
Sambuci. Basil. 1563. IV. 8. gr. et lat. c. codd. cont. emend. suppl.
J. Bourdelot. Adj. s. ejd. not. Lut. Paris. 1615. fol. Gr. et Lat. c.
not. integr. vir. doct. Acc. ined. schol. cura Clerici. Lugd. B. 1687.
II. 8. Gr. et Lat. gr. schol. et not. omn. comm. et al. vir. doct.
Cujus prior. part. cur. et ill. T. Hemsterhusius, caet. ord. notq. adj.
J. Fr. Reitz. Acced. Lex. Lucian. Amst. et Traj. ad Rh. 1743—46.
IV. 4. Bipont. 1789—91. X. 8. Gr. ad codd. Paris. rec. F. Schmieder.
Hal. 1800—1. II. 8. Gr. et Lat. post Hemsterhus. et Reitz. denuo cast.
c. var. lect. schol. gr. annot. et ind. adj. J. Th. Lehmann. Lips.
1822—31. (T. I—IX.) 8. Gr. rec. C. Jacobitz. Lips. 1836—38. III.8.
Gr. et Lat. ex codd. bibl. reg. Par. rec. G. Dindorf. Paris 1841. 4.
Deutsch übers. B. C. M. Wieland. Lpzg. 1788 — 89. VI. 8. Zur Kritik s.
J. Jensius, Lect. Lucian. Hag. Com. 1609. 8. Fr. V. Fritzsche,
Quaest. Lucian. Lips. 1826. 8. u. in s. Ausg. d. Luc. Alex. Demon.
etc. ib. 1826. 8. p. 2—216. T. Hemsterhus. Anim. in Luc. append.
coll. disp. et ed. J. Geel. Lugd. B. 1824. 4. u. in d. Anecd. Hemsterh. ed. Geel. ib. 1828. 8. p. 1—164. Struve in Seebode et Friedemann. Misc. Crit. T. II. 2. p. 206—252. Ueb. d. Hdschr. s. Schubart
in Zimmermann's Zeitschr. 1834. Nr. 140—142. u. in d. Jen. Lit. Zeit.
1835. Nr. 44 sq.

§. 187.

Nachdem wir jetzt die einzelnen Philosophenschulen durch-
gegangen haben, ist im Allgemeinen zu bemerken, daß aus dieser
Periode sich auch noch einige biographisch-literarische Werke über
das Leben und die Schriften der einzelnen zu denselben gehörigen
Glieder erhalten haben. Das bedeutendste schrieb **Diogenes**
aus **Laerte** in Cilicien im 3ten Jahrhundert, nicht wie Andere
wollen, unter Marc Aurel oder Septimius Severus und Caracalla
fallend, als eine φιλοσοφος ιστορια περι βιων, δογματων και

ἀποφϑεγματων των ἐν φιλοσοφιᾳ εὐδοκιμησαντων βιβλια ί, worin er, nach einer Einleitung von dem Ursprunge der Philo= sophie und der verschiedenen Secten, in 7 Büchern von den Philosophen der Jonischen, in den übrigen 3 aber von denen der Italischen Schule, so jedoch, daß Epicur allein das ganze 10te Buch einnimmt, handelt[1]). Weit unbedeutender sind des unten zu nennenden Philoſtratus βιοι σοφιστων[2]) und des Eunapius aus Sardes in Lydien, eines Verwandten des So= phisten Chrysanthius, seines Erziehers, der übrigens bis um d. J. 404 selbst mehr als Lehrer der Rhetorik thätig war, mit auf= fallender Vorliebe für den Neuplatonimus geschriebenen βιοι φι= λοσοφων και σοφιστων[3]). S. A. L. G. p. 1158 sq.

1) S. G. H. Klippel, de Diog. Laert. vita, script. atque in hist. philos. Graece scrib. auct. Nordh. 1831. 4. J. G. Schneider, in Wolfs Lit. Anal. Bd. II. p. 227—255. J. Rossi, Comment. Laertianae. Rom. 1788. 8. G. E. Lessing, Bericht. u. Zuskl. zu Diog. Laert., in s. Leb. u. Philol. Nachl. Bd. III. p. 384 sq. Ausg. s. Ed. Pr. Graece. Basil. 1533. 4. Gr. et Lat. c. annot. H. Stephani et Pythagor. fragm. gr. et lat. ex ed. Is. Casauboni not. multo auct. et emend. ib. 1598. 8. Gr. et Lat. c. integr. annot. Casauboni etc. Lat. vers. Meibom. seors. exc. A. Menagii in Diog. Observ. auct. hab. Vol. II. ut et ejd. synt. de mulier. phil. et J. Kuhn. not. ad Diog. Amst. 1692. II. 4. Gr. et lat. ad fid. opt. libr. rec. a P. D. Longolio. Cur. Regnit. 1739. 8. 6r. emend. ed. not. emend. lat. Ambros. interpr. cast. app. crit. atq. ind. instr. H. G. Huebner. Lips. 1828—31. II. 8. Dazu Comment. ib. 1830— 34. II. 8.
2) Gr. et lat., b. d. A. s. Oper. p. 479 sq. ed. Ol. s. a. C. L. Kayser, Not. cr. in Phil. vit. Soph. Heidelb. 1831. 8. A. Jahn, Symb. ad emend. et ill. Phil. de vit. soph. Bern. 1837. 8.
3) S. V. Cousin, Eunape, p. serv. à l'hist. de la phil. d'Alex=andrie. Paris 1827. 4. u. Oeuvr. Bruxell. 1841. 4. T. II. p. 325 sq. Ausg. s. Ed. Pr. gr. et lat. interpr. H. Junio. c. ind. Antv. 1568. 8. Gr. et Lat. c. mss. Palat. comp. auct. et emend. H. Commelin. op. rec. acc. ejd. auct. Legationes e bibl. A. Schotti. Genev. 1616. 8. Eun. Sard. Vit. soph. et fragm. hist. rec. notq. ill. J. Fr. Boisson-nade. Acc. D. Wyttenbach annot. Amst. 1822. II. 8.

§. 188.

2.) Römer. Von diesen wurde die Philosophie nur sehr wenig getrieben, und was wir über das von Tacitus, den man für einen Skeptiker, und von Plinius, welchen man für einen Stoiker angesehen hat, hierin Geleistete wissen, besteht nur in einigen aus ihren übrigen Werken spärlich zusammengebrachten Notizen. Der einzige hierher gehörige Schriftsteller ist daher nur L. Annäus Se= neca, als Sohn des gleichnamigen Rhetors M. Ann. Seneca um d. J. 2 n. Chr. zu Corduba in Spanien geboren und zu

Rom von Mitgliedern verschiedener Philosophenschulen gebildet, der frühzeitig dem Stoicismus, obwohl er es (de vita beata c. 3. u. Ep. 45.) leugnet, zugewandt, das Amt eines Sachwalters und nach achtjähriger Verbannung das eines Erziehers des jungen Nero zu Rom bekleidete, aber im J. 65 n. Chr. auf Befehl desselben, der nach seinem großen Vermögen lüstern war, mit seiner Frau in einem heißen Bade erstickt wurde. Unter seinen Schriften, zu denen auch die oben angeführten Tragödien und die erste und einzige, freilich aus den Büchern Griechischer Philosophen zusammengetragene Naturlehre der Römer (Quaestionum naturalium libri VII) gehört, sind als besonders trefflich hervorzuheben seine 3 Bücher de ira, de providentia, de animi tranquillitate, de constantia sapientis, de clementia, de brevitate vitae, de vita beata, de beneficiis etc., worin er sich durchweg als einen über die Schwächen der Menschheit weit erhabenen Mann gezeigt hat[1]). Ob sich neben ihm Apulejus aus Madaura, dessen orat. de magia, Florida, de dogmate Platonis und de mundo (eine fast wörtliche Paraphrase der Pseudoaristotelischen Schrift περι κοσμου) hierher gehören, als Eclectiker einen besonderen Platz erworben hat, läßt sich in Zweifel ziehen. S. A. L. G. p. 1154 sq.

1) S. F. Rüsseler, Seneca d. Sittenlehrer n. d. Char. s. Schr. u. s. Lebens. Zürich. 1783. Bd. I. 8. J. G. C. Klotzsch, L. Ann. Seneca. Wittenb. 1799—1802. 8. M. Ph. Conz, üb. S. Leb. u. Char., b. s. Ueberf. d. Trostschr. an Marcia rc. Tübing. 1792 8. H. A. Schiek, Diss. de causis, quibus Zeno et Seneca in phil. discrepant. Marb. 1822. 4. E. J. M. Werner, de Sen. phil. Vratisl. 1826. 8. J. Weber, b. einzig wahre Philof. in d. W. d. Seneca. Münch. 1807. 8. M. A. Bouchaud in d. Mém. de l'inst. Paris T. IV. p. 403 sq. Herder, W. z. Phil. u. Gesch. XIII. p. 150 sq. Th. T. G. Reinhard, de Sen. vita atq. scriptis. Jen. 1817. 8. Fickert, Prol. in nov. Sen. phil. edit. Nürnb. 1839. 8. Ausg. f. Ed. Pr. Sen. phil. op. mor. ac epist. et rhet. declam. s. dom. Blas. Romero mon. Populeti. Neap. 1475. fol. M. A. Sen. rhet. suasor. controv. declam. exc. ab A. Schotto ad vet. exempl. cast. gr. hist. expl. not. cur. sec. expl. annot. Petreji et conj. J. Lipsii. L. A. Sen. phil. Op. ab A. Mureto corr. et not. ill. Acc. anim. Gruteri, Fabri, Jureti, Christiani. Adj. et not. Rom. vet. Heidelb. 1605. fol. L. A. Sen. Op. q. exst. int. J. Lipsii, J. Fr. Gronov. et sel. comm. var. ill. Acc. L. Fromondi in Quaest. nat. not. et emend. Amstel. 1672. III. 8. rec. F. E. Ruhkopf. Lips. 1797—1811. V. 8. Op. phil. c. not. var. illustr. M. N. Bouillet. Paris 1829. IV. 8. Op. phil. recogn. E. F. Vogel. Lips. 1830. 8. ad libr. mss. et impr. rec. comm. cr. subj. disp. et ind. add. C. R. Fickert. Lips. 1842 sq. T. I. II. 8. f. Lib. consol. ad Marciam not. ill. ed. A. C. Michaelis. Harl. 1840. 8. Lib. de prov. rec. var. lect. et annot. instr. B. A. Nauta. Lugd. B. 1828. 8. (f. Nauta, Spec. exhib. Sen. libr. de provid. Lugd. B.

1825. 8.) F. Schulze, Prol. in Sen. libr. de vita beata. Lips. 1797. 4. Epist. c. not. ed. J. Schweighaeuser. Bip. et Argent. 1809. II. 8. Quaest. natur. l. VII. emend. et ill. G. D. Koeler. Gott. 1818. 8. Cic. Liv. et Senec. fragm. ed. B. G. Niebuhr. Rom. 1820. 8. Werke, Deutsch übers. v. Moser u. Pauli. Stuttg. 1828 sq. XV Thle. 12.

D) Mathematische Wissenschaften.

§. 189.

a. Arithmetik.

1.) Griechen. Von dem Platonischen Philosophen Theon aus Smyrna (117 n. Chr.) sind nur noch zwei Bruchstücke über Arithmetik und Musik übrig[1]), die wenig über seine Kenntnisse beweisen können; daher nennen wir sogleich den Pythagoräer Nicomachus aus Gerasa in Arabien, dem man gewöhnlich das dem Jamblichus zugehörige mystische Werk, $\vartheta\varepsilon o\lambda o\gamma o\nu$-$\mu\varepsilon\nu\alpha$ $\tau\eta\varsigma$ $\alpha\rho\iota\vartheta\mu\eta\tau\iota\varkappa\eta\varsigma$, zuschreibt[2]), und der unter Trajan um d. J. 117 n. Chr. fallend, uns eine Arithmetik in 2 Büchern hinterlassen hat[3]), worin er die Eigenschaften der Zahlen nach den Grundsätzen seines Lehrers darstellt. Bei weitem wichtiger ist aber Diophantus aus Alexandria, der um d. J. 365 gelebt haben mag und im 84sten Lebensjahre starb, indem zuerst von ihm bei den Alten unbestimmte Aufgaben (d. h. nicht durchweg, denn alle d. I. B. sind bestimmt u. a. d. b. and. nur größtentheils unbestimmt), behandelt worden sind, sodaß er sowohl von den Arabern als auch von den Späteren für den wahren Erfinder der Algebra angesehen worden ist[4]). Indessen sind nicht mehr alle seine 13 Bücher arithmetischer Probleme vorhanden, sondern nur die 6 ersten, zu denen dann noch ein 7tes (vielleicht das 13te) über die Polygonalzahlen gekommen ist. Im Gegensatz mit ihm sind die in diese Wissenschaft gehörigen noch erhaltenen Werke des Jamblichus[5]) fast werthlos zu nennen. S. A. L. G. §. 350.

1) Ed. Pr. c. vers. lat. et not. J. Bullialdi. Lutet. Paris. 1644. 4. Theon. Smyrn. Plat. expos. eor. q. in arithmet. ad Plat. lect. util. s. Bull. interpr. lat. lect. div. suasq. adnot. add. J. J. de Gelder. Lugd. B. 1827. 8.
2) Ed. Pr. Paris 1543. 8. Theol. arith. ad rar. exempl. Paris. emend. descr. Acc. Nicom. Geras. arithm. L. II. Graece ed. Fr. Ast. Lips. 1818. 8.
3) Ed. Pr. Graece. Paris. 1538. 4. ed. Ast. a. a. O. p. 65—154. f. a. C. F. A. Nobbe, Spec. arithm. Nicom. e duob. codd. ms. ed. Lips. 1828. 4. Ch. G. Müller, Not. et rec. codd. mss. Numb. Ciz.

Lips. 1819. 8. P. IX. Dazu die *ἐξήγησις* eines *γραμματικος Ἰωαννης* (Philoponus) aus Alexandria b. Mai, Spic. Vatic. T. II. p. 392 sq.

4) Arab. Wort aus Al Dschebr Al Mokabalat, d. h. Hinwegnehmung und Entgegensetzung, oder die Kunst, unbekannte Größen durch Gleichungen zu finden oder durch die unbestimmte Analysis zu erhalten.

4) S. J. de Billy Dioph. geometra s. op. cont. ex arithm. et geom. simul. Paris. 1660. 4. u. Diophanti redivivi pars prior. Lugd. 1670. 8. u. redivivi P. II. ib. 1670. 8. C. Renaldini, Algebra Dioph. s. numerosa. Ancon. 1644. 4. Nesselmann, Gesch. d. Algebra. Berlin. 1842. 8. Bd. I. (nur v. Nicom. u. Dioph.) Libri Hist. d. scienc. math. en Italie T. I. p. 118 sq. (spricht ihm die Erf. d. eigentl. Algebra ab). Ausg. f. Ed. Pr. Lat. Dioph. Alex. Arithm. L. VI. quor. duo adj. hab. schol. Max. Planudis. It. lib. de numeris polygonis s. multiangulis lat. redd. et comm. expl. a G. Xylandro. Basil. 1575. fol. N. pr. gr. et lat. ed. atq. comm. ill. auct. G. Bachet de Meziriac. Lut. Paris. 1621. fol. c. observ. D. P. de Fermat. et comm. Bacheti. Tolos. 1670. fol. D. Dioph. arithm. Aufg. u. deff. Schr. üb. b. Polygon. Zahlen. A. d. Griech. überf. m. Anmerk. v. Schulz. Berl. 1821. 8. Dioph. v. Alex. Abh. üb. d. Polyg. Zahl. überf. m. Zuf. v. F. Th. Poselger. Lpzg. 1810. 8.

6) *Περι της κοινης μαθηματικης ἐπιστημης λογος τριτος* (d. h. von seinen *περι της Πυθαγορειου αἱρεσεως λογοι λ*) b. Villoison, Anecd. T. II. p. 188 sq. u. b. J. G. Frisius, Introd. in Jambl. libr. III de gener. math. scient. Hafn. 1790. 4. u. *περι της Νικομ. ἀριθμ. εἰσαγωγη ἡτις περιεχει τ. ἁπλως μαθημ. διδασκ. ἀρχικους λογους, λογ. τεταρτος.* (Ed. Pr. gr. et lat. not. ill. a. S. Tennulio, Arnhem. 1688. 4.).

§. 190.

2.) **Römer.** Bei diesen hat **Marcianus Mineus Felix Capella** im 7ten Buche seiner unten zu nennenden, **Nuptiae philol. et Mercurii** betitelten, Encyclopädie eine Nachahmung der Nicomachischen Arithmetik geliefert, sonst aber ist durchaus nichts Bemerkenswerthes von Römischen Arithmetikern erhalten.

§. 191.

b. Geometrie.

1.) **Griechen.** Obwohl im Ganzen in dieser Wissenschaft nicht sonderlich viel geleistet wurde, muß doch **Pappus** von Alexandria hierher gezogen werden, welcher eine Sammlung aller bis auf seine Zeit gemachten mathematischen Entdeckungen mit Beifügung der Lebensumstände ihrer Urheber und Ergänzungen und Verbesserungen anlegte, die aber freilich nicht mehr vollständig erhalten ist[1]). Sonst hinterließ noch **Serenus** von Antiochia 2 Bücher *περι τομης κυλινδρου και κωνου*[2]), **Theon** von Alexandria und **Proclus Diadochus** kommentirten den Euclid, und **Menelaus** von Alexandria bildete unter Trajan die Trigonometrie zu der Theorie von den sphärischen Dreiecken in seinen 3 Büchern σφαιρικα soweit aus, daß man sie nunmehr ziemlich sicher auf die Astronomie anwenden konnte[3]), nachdem früher schon der bereits oben genannte **Theodosius** von **Tripolis** dadurch, daß er die Eigenschaften untersucht hatte, welche Kreise, die durch jede beliebige Durchschneidung der Kugel entstehen, in Beziehung auf einander haben, eine Art von Einleitung dazu gegeben hatte. S. A. L. G. p. **1165 sq.**

1) Von den συναγωγαι μαθηματικαι ist B. III—VIII. und die letzten Sätze v. B. II. in der Ursprache hdschr. erhalten, die Gesammtausgabe v. B. III—VIII. aber enthält nur die Lateinische Uebersetzung des Commandinus (Pappi Alex. math. coll. a Fed. Commandino Urb. in Latin. conv. et comm. ill. Pisauri, 1588. 1602 fol. cur. C. Manolessius. Bonon. 1650. fol.) Ueb. d. noch vorhandenen Stücke d. Griech. Textes. S. A. L. G. p. 1165 sq. Fragm. περι μουσικης b. Cramer, Anecd. Gr. e codd. mss. bibl. Paris, T. I. p. 47 sq. S. a. Bredow, Epist. Paris, p. 177 sq. Reimer, Hist. probl. de cubi dupl. p. 186 sq.

2) Gr. b. Halley, Ed. Apollon. Conicor. Oxon. 1710. fol. f. [ ] a sq.

3) Sphaerica, lat. ex vers. Arab. b. Mersenne, Univ. Geom. mixt. math. Synops. Paris 1644. 4. p. 205 sq. c. Theod. Trip. Oxon. 1707. 8. Menel. Sph. L. III. q. ol. coll. mss. hebr. et arab. typ. expr. cur. Ed. Halley. Praef. add. G. Costard. Oxon. 1758. 8.

§. 192.

2.) **Römer.** Von eigentlich geometrischen Schriften finden sich bei den Römern durchaus keine Spuren aus dieser Periode mehr vor, obgleich sie dergleichen wohl, wie sich aus **Boeth. de Interpr. I. 1. u. Augustin. Retract. I. 6.** ergiebt, gehabt haben mögen, allein dafür haben wir bei ihnen die sogenannten Ackervermesser mit ihren Schriften darüber, oder die **Scriptores gromatici**[1]), deren besonders unter den Kaisern seit Domitian mehrere genannt werden[2]).

1) Non. Marcell. s. v. gruma nr. 316. p. 518. sagt: Grumae sunt loca media, in quae directae quatuor congregantur et conveniunt viae. Est autem gruma mensura quaedam, qua flexae viae ad lineam diriguntur, ut est agrimensorum et talium etc. S. a. Abeken, Mittelitalien p. 207 sq.

2) S. Exerc. jurid. antiq. de agrimensoribus Rom. Brem. 1771. 8. Niebuhr, Kl. Schrift. Bd. II. p. 81 sq. u. Röm. Gesch. II. p. 381 sq. Zeiß, üb. d. Röm. Agrimensoren u. d. vorzüglich noch vorh. Schriften ders., b. Zimmermann, Zeitschr. f. Alt. W. 1840. Nr. 106—108. Samml. s. de condition. agror. et constit. limitum libri. Paris 1554. 4. Auctores finium regundarum c. N. Rigalt. observ. Lutet. 1614. 4. Rei agrar. auct. legg. var. cura W. Goesii c. ined. et not. una c. Rigalt. obs. Amst. 1674. 4.

§. 193.

c. Optik.

Von der Optik wußten die Alten nicht sonderlich viel, soweit sich aus dem noch erhaltenen Auszuge aus der Ὀπτικη πραγματεια des Ptolemäus[1]) abnehmen läßt, aber bei alledem ist es merkwürdig, wie Lucian. de electro c. 6. die Ausdehnung des Schattens für den Grund ansieht, warum alle Gegenstände im Wasser größer erschienen, als sie wirklich sind, und Seneca, Quaest. Nat. VI. 1. schon die Fernröhre oder Vergrößerungsgläser gekannt zu haben scheint.

1) Von Delambre in d. Mém. de l'instit. 1822. T. VI. u. Venturi in d. Mem. del Istit. Naz. Ital. T. I. P. II. 1813. f. Gilbert's Annal. 1812. Bd. 40. p. 371. Bd. 52. p. 402.

§. 194.

d. Mechanik und Kriegswissenschaften.

Ueber die erstere Wissenschaft schrieben bei den Griechen Ptolemäus und Pappus, allein dermalen ist nichts mehr von ihnen hierüber erhalten. Dafür besitzen wir von dem Platoniker Onosander einen nach dem Muster des Xenophon gearbeiteten λογος στρατηγικος[1]), von dem Erbauer des Forum Trajani, dem berühmten Apollodorus von Damascus, ein Werk über Belagerungsmaschinen[2]), von einem gewissen Urbicius (zwischen 491—518) ein früher dem Hadrian zugetheiltes Handbuch von der Kriegskunst[3]), von dem unten noch zu nennenden Flavius Arrianus eine Taktik[4]) und von dem Claudius Aelianus (unter Nerva lebend), der fälschlich zuweilen mit dem noch anzuführenden gleichnamigen Schriftsteller verwechselt worden ist, ein gleichartiges Buch[5]). Gewissermaßen könnte man noch des Macedoniers Polyänus (unter M. Antonius und Verus) Sammlung von Kriegslisten hierher ziehen[6]), wenn diese auch mit Mathematik eigentlich nichts zu thun haben. Bei den Römern liegt es in der Natur ihres kriegerischen Sinnes, daß sie sich mit den Kriegswissenschaften beschäftigten, allein theoretisch scheinen sie dieselben erst dann bearbeitet zu haben, als sie practisch bereits anfingen, zu jener Schwäche herabzusinken, welche ihnen bald eine ihrer Eroberungen nach der

24 *

anderen entreißen ließ. Darum wird auch hier zuerſt nur Sertus Julius Frontinus, der im J. 97 zweimal die Con-
ſulariſche Würde erhielt und ſonſt auch curator aquarum oder
Aufſeher über die Römiſchen Waſſerleitungen war, über deren Bau
er ſelbſt ein Buch ſchrieb[7]), und der um d. J. 106 als Augur ſtarb,
erwähnt werden können. Er hinterließ ein unter Domitian geſchrie-
nes Werk von Kriegsliſten[8]). Es werden zwar noch einige andere unbedeutendere Kriegsſchriftſteller genannt, allein der Erwähnung iſt
nur Flavius Vegetius Renatus[9]) würdig, der eine epitome institutionum rei militaris um d. J. 375 dem Kaiſer
Valentinian II. widmete, worin er (I. 8.) einen Auszug aus
den früheren hierher gehörigen Schriften des Cato, Celſus, Frontinus, Paternus und aus den Conſtitutionen des Auguſtus, Tra-
janus und Hadrianus geben zu wollen verſichert. S. A. L. G.
p. 1170 — 1174.

1) Ed. Pr. Lat. Onos. ad Q. Veranium de optimo imperatore
ejq. officio p. N. Saguntinum e Graeco in lat. trad., c. Vegetio.
Rom. 1494. 4. Ed. Pr. Graeca. Publ. N. Rigalt. lat. interpr. et not.
illustr. Lut. Paris. 1599. 4. ad codd. mss. expr. et not. perp. crit.
emend. una c. vers. gall. ed. N. Schwebel. Paris 1762. fol. Gr. ed.
A. Coray. Paris 1822. 8. f. a. de Zurlauben in b. Hist. de l'ac. d.
inscr. T. XXXVI. p. 159 sq.
2) Πολιορκητικα b. Thevenot, Coll. vet. math. p. 13 — 48.
3) S. Muratori, Antiq. Ital. T. II. Diss. XXVI. p. 538 sq. XXXII.
p. 1109 sq. S. ἐπιτηδευμα b. Rigalt. Ed. Onosandri p. 69 sq. u. b.
Scheffer, Ed. Mauritii p. 364 sq. S. Buch περι των περι το στρατευμα
ταξεων b. Labbaei Glossar. ed. Lond. p. 945 sq.
4) Arriani Tact. et Mauric. Art. Milit. l. XII. omn. nunq. ante
publ. gr. prim. ed. vers. lat. notq. ill. J. Scheffer. Upsal. 1664. 8.
u. in b. Ausg. f. W., wozu auch noch ſeine ἐκταξις κατ' Ἀλανων, ein
Bruchſt. f. Ἀλανικα, gehört.
5) Ταχτικα Ed. Pr. gr. c. Thoma Mag. Moschopulo etc. Lutef.
1532. 8. ed. Fr. Robortellus. Venet. 1552. 4. c. vers. lat. et not. S.
Arcerii. Lugd. B. 1613. 4. f. A. M. Bandini, de celeb. cod. Tact.
bibl. Laurent. Flor. 1766. 8. u. in b. Catal. codd. graec. Bibl. Med.
Laur. T. II. p. 230 sq. Müller, Rec. codd. bibl. Numburg. Ciz.
asserv. Lips. 1815. 8. nr. VI.
6) S. G. F. Kronbiegel, Disp. de dict. Polyaen. virtut. et vitiis.
Lips. 1770. 4. Matthäi im Allg. Lit. Anz. 1801. p. 401 sq. Ausg. f.
Ed. Pr. Is. Casauboni, gr. et lat. emend. et not. ill. Lugd. 1589. 12.
rec. P. Maasvicius c. Casaub. et s. not. Lugd. B. 1690. 8. rec. S.
Mursinna. Berol. 1756. 8. ed. Ad. Coray. Paris 1805. 8. f. a. G. A.
Blume, in Pol. observ. crit. Sund. 1824. 8.
7) De aquaeductibus urbis Romae l. II. c. not. Keuchen. b.
Graev. Thes. Antiq. Rom. T. IV. p. 1625 sq. ex fide codd. c. not.
ed. J. Polenus. Patav. 1722. 4. c. Pol. aliorq. not. ed. Adler. Alton.
1792. 8. Fragm. s. les Aqueducts av. le texte latin p. Rochefort.
Paris 1820. 4. ad codd. mss. et vetust. edit. fid. rec. ill. et germ.

redd. A. Dederich c. annot. Heinrich. et comm. Schulzii. Vesal.
1841. 8. ſ. Jahn in Zimmermann's Zeitſchr. f. Alt. W. 1841. Nr. 117.

8) S. D. G. Moller, Disp. de Frontino. Altorf. 1690. 4. Dederich
b. Zimmermann. 1839. Nr. 105 sq. p. 834 sq. Nr. 134 sq. p. 1077 sq.
Ausg. ſ. W. iſt Front. Op. ed. Keuchen. Amst. 1661. 8. Bipont. 1788. 8.
S. L. IV. Strat. Ed. Pr. Rom. 1487. 4. c. not. var. cur. Fr. Oudendorp. Lugd. B. 1731. 8. c. script. R. Mil. ed. Vesal. p. 149 sq. ed.
Scriver. p. 3 sq. c. not. var. et Fr. Herel. anim. cr. cur. N. Schwebel. Lips. 1772. 8.

9 Ed. Pr. Ultraj. 1473. fol. Rom. 1477. 4. c. Front. Strat. emend.
ed. P. Scriver. c. comm. et not. Stewech. et Modii. Antv. 1607. II.
4. p. 1 — 102. c. not. var. ed. Scriver. Vesal. 1670. 8. p. 1 — 145. c.
not. var. ed. Schwebel. Norimb. 1767. 4. c. int. not. vir. doct. Argent. 1806. 8. ſ. a. Turpin de Crissé, Comm. s. l. instit. milit. de
Vegèce. Montargis 1779. Paris 1783. II. 4. Bessel. Miscell. Amst.
1740. 8. p. 111 — 264. Deutſch m. erl. Anm. v. F. J. Lipowsky. Sulz.
1827. 8. Geſammtauſg. b. Scr. R. Milit. Ed. Pr. Vegetii epit. instit.
rei mil. Rom. 1487. 4. Aeliani de instit. aciebus opus. ib. eod. 4.
Front. Strat. libri IV. ib. eod. 4. u. Modesti lib. de vocab. rei milit. ib. eod. 4. ad antiq. codd. max. Budaei. Paris 1534. fol. recogn.
emend. et not. ill. a Fr. Modio. Colon. 1580. 8. ope vet. codd. rec.
G. Stewechius. Antv. 1585. 4. Lugd. B. 1592. 8. emend. ed. a J.
Scriverio c. comm. et not. G. Stewech. et Modii. ib. 1607. 4. ex rec.
A. Scriverii. Acc. al. ejd. argum. vet. scripta. Lugd. B. 1633. 1644.
12. c. God. Stewech. Modii et Scriver. anim. Vesal. 1670. 8.

§. 195.

e. Aſtronomie.

Ueber dieſe Wiſſenſchaft finden ſich zwar in mehreren älteren
Griechiſchen Schriftſtellern dieſer Periode Notizen, aber als be-
ſonderes Werk iſt hier doch nur erſt des Cleomedes $K\upsilon\varkappa\lambda\iota\varkappa\eta$
$\vartheta\varepsilon\omega\varrho\iota\alpha$ $\mu\varepsilon\tau\varepsilon\omega\varrho\omega\nu$ zu nennen, worin er in zwei Büchern nach
den Anſichten der Stoiker die damals bekannten Kenntniſſe von
der Welt und von der Größe und Bewegung der Erde und
der Geſtirne entwickelt hat[1]). Allein das Bedeutendſte leiſtete
ohne Zweifel Ptolemäus aus Peluſium, der unter M. Aurel.
Antoninus im J. 139 n. Chr. zu Alexandria aſtronomiſche Beobachtungen anſtellte und früher und ſpäter vorzüglich in gleicher
Hinſicht zu Canopus thätig geweſen ſeyn ſoll. Er hat uns
zwar über das, was er ſelbſt beobachtet und bemerkt hat, nichts
Näheres hinterlaſſen, allein dafür beſitzen wir in ſeiner $\mu\varepsilon\gamma\alpha\lambda\eta$
$\sigma\upsilon\nu\tau\alpha\xi\iota\varsigma$ $\tau\eta\varsigma$ $\dot\alpha\sigma\tau\varrho\upsilon\nu\upsilon\mu\iota\alpha\varsigma$, von den Arabern auch Almageſt
(v. Artikel al und $\mu\varepsilon\gamma\iota\sigma\tau\upsilon\varsigma$, ſehr groß) genannt, das vollſtändigſte
Syſtem aller Theorieen und Beobachtungen älterer Zeit in Verbindung
mit ſeinen eigenen Forſchungen über die Beſchaffenheit der Him-
melskugel und die Bewegung der Planeten um die Erde, welche

sich nach seiner Meinung im Mittelpunct der Welt befindet, dar-
gelegt[2]). Von seinen übrigen Schriften gehören fast alle ebenfalls in dieses Feld[3]). Weniger wichtig sind Hypsikles von
Alexandria (unter M. Aurel. Antonin u. Verus)[4]), Theon der
Jüngere aus Alexandria[5]), der bereits angeführte Proclus
Diadochus[6]) und ein unbekannter Astronom Achilles[7]).
Bei den Römern haben Hyginus in seinen Poeticon astro-
nomic. L. IV., sowie Vitruvius, Seneca, Macrobius
und Marcianus Capella manche nützliche, allerdings von
den Griechen entlehnte Bemerkungen gemacht, allein Censorinus
in dem unten zu nennenden Werke hat immer noch die bedeutendsten Notizen zusammengebracht, die wir über die Berechnungen
der Tage, Monate und Jahre bei den Römern, ja bei den Alten überhaupt besitzen. S. A. L. G. p. 1174 — 1181.

1) Ed. Pr. gr. et lat. c. Aristot. de mundo. Basil. 1533. 8. c.
Procli Sphaera. Basil. 1547. 8. p. 47 sq. gr. et lat. c. comm. et vers.
lat. perp. R. Balfour, Burdig. 1605. 4. rec. interpr. lat. comm. Balfour. sq. anim. adj. J. Bake. Lugd. B. 1820. 8. c. script. discrep. et
annot. ed. C. Th. Schmidt. Lips. 1831. 8. f. a. C. Ch. G. Schmidt,
de rer. math. stud. add. s. pauca de Cleomedis, math. gr., libro denuo ed. Schlens. 1816. 4. u. Ueb. d. alt. Math. Cleomedes u. f. Schr.
Naumb. 1828. 4. Letronne im Journ. d. Sav. 1821. p. 713. fetzt ihn in's 4te Jhdt.
2) S. Ideler, Unterf. üb. d. astron. Beobacht. d. Alt. Berl. 1806. p.
5 sq. 278. Ausg. ist: Ed. Pr. gr. ed. S. Grynaeus c. Theon. Alex.
in eosd. libr. comm. cur. J. Camerario. Basil. 1538. fol. Comp. math.
de Cl. Ptolemée ou astron. anc. trad. p. la prem. f. du Grec en
franç. sur les Mss. av. le texte gr. à côté du franç. et les var. d.
mss. p. Halina et d. not. p. Delambre. Paris 1813 — 16. II. 4.
3) Κανων βασιλεων, d. h. chronol. Verzeichn. v. assyr. med. perf. u.
röm. Königen von Nabonassar b. Antonius Pius u. zugleich c. Theil f.
προχειροι κανονες oder Handtafeln, Gr. b. Scaliger, Isag. Canon. p.
291 sq. gr. et lat. c. not. Dodwell., App. ad Diss. Cyprian. Oxon.
1684. 4. p. 84 sq. Table chron. d. regnes prol. jusqu'à la prise de
Constantinople p. les Turcs. Apparition d. fixes de Cl. Ptol. Theon
etc. Introd. de Geminus aux Phén. célestes trad. p. la prem. f. de
grec en franç. s. l. Mss. p. Halma. Paris 1819. 4. — Φασεις απλανων
αστερων και συναγωγη επισημασιων, wahrscheinlich unächt, gr. et lat. b.
Petav. Uranol. Paris 1630. p. 71 sq. (b. hier fehlt. Anf. b. Fabric. Bibl.
Gr. III. p. 420 sq.) u. vollst. b. Halma a. a. O. — Ὑποθεσεις των
πλανωμενων αρχαι Ed. Pr. gr. c. Sphaera Procli ed. Bainbridge.
Lond. 1620. 4. p. 1 — 46. Hypothéses et époques des planètes de
Cl. Ptol. et Hypotyposes de Procl. Diad. trad. p. la prem. f. du
Grec en franç. s. l. mss. p. Halma. Paris 1820. 4. — Περι αναλεμ-
ματος (üb. b. Sonnenuhren) Lat. Cl. Ptol. lib. de anal. a F. Comman-
dino Urb. inst. et comm. ill. q. n. pr. op. ej. in luc. prod. Ejd. Comm.
lib. de horol. descr. Rom. 1562. 4. — Απλωσις επιφανειας σφαιρας
(b. h. planisphaerium) Ed. Pr. lat. Commandini. Venet. 1558. 4. —
Περι κριτηριου και ηγεμονικου (h. e. de judicandi facultate et animi
principatu) Ex bibl. reg. n. pr. ed. et lat. vers. et comm. ill. J.
Bullialdus. Paris 1663, 1683. 4. Im Allg. f. Buttmann in Wolf's Muf.

d. Alterth. Bd. II. p. 455 sq. J. K. Schaubach, üb. d. Griech. Aſtron. Kl. Ptol. Meining. 1825. 4. u. üb. d. Begriffe d. Alt. v. d. Beweg. d. Erde n. Ptol. ebd. 1828. 4.

4) Ἀναφορικος oder de ascensione, Ed. Pr. gr. et lat. p. J. Mentel. Paris 1657. 4. u. c. Heliod. Opt. ed. Bartholin. ib. 1680. 4.

5) S. J. v. d. Hagen, de canon. reg. astron. ejq. auct. edit. mss. et q. eo pert. diss. in qua dupl. can. astron. prim. ed. ex codd. mss. et ej. cod. ampla not. exhib., in ſ. Observ. ad Theon. Fast. gr. prior. et in ejd. fragm. in exped. canon. Amst. 1735. 4. Ausg. ſ. Comment. zu B. I. II. IV. Theil v. V. VI. VII. VIII. IX. X. u. XIII. des Almageſt in d. angef. Ausg.

6) Ὑποτυπωσεις των ἀστρονομικων ὑποθεσεων Gr. Basil. 1540. 4. u. in d. Ausg. d. Hypoth. d. Ptol. — Περι σφαιρας Ed. Pr. gr. et lat. Venet. Ald. 1499. fol. in b. Astron. scr. isagog. gr. et lat. in off. Santandreana. 1589. 8. p. 1—35. c. Ptol. de Hypoth. planet. et Ejd. Canon. regn. rest. lat. redd. et ill. J. Bainbridge. Lond. 1620. 4. ſ. a. Gutenäcker, Comm. Προκλου σφαιρα j. pr. in ling. vern. transl. notq. ill. Wirceb. 1830. 4.

7) Εἰσαγωγη εἰς τα Ἀρατου φαινομενα b. Victor. Ed. Hipparchi p. 81 sq. u. Petav. Uranol. p. 121 sq.

§. 196.

f. Aſtrologie.

Dieſe Wiſſenſchaft, jedenfalls in Aegypten, wenn nicht entſtanden, doch beſonders gepflegt, hatte bereits ſeit Cicero's Zeit in Rom und Italien bedeutende Wurzeln geſchlagen und eine ſo große Menge abergläubiſcher Menſchen zu Anhängern erhalten, daß ſich die Kaiſer Diocletian, Maximian, Conſtantius, Conſtantin und Theodoſius genöthigt ſahen, die Ausübung dieſer Kunſt geradezu zu unterſagen[1]). Nichts deſtoweniger ſind noch mehrere in dieſe Wiſſenſchaft einſchlagende Schriften vorhanden, ſo vom Claudius Ptolemäus[2]), Bettius Valens, den einſt Conſtantin der Große über die Zukunft Conſtantinopels befragte[3]), Paullus von Alexandria[4]) und Proclus Diadochus[5]). Bei den Römern iſt außer dem unten zu nennenden Cenſorinus hier nur Julius Firmicus Maternus aus Sicilien zu erwähnen, der, ehe er Chriſt ward, um d. J. 334 ſeine Libri VIII matheseos verfaßte, worin er nach den Lehren der Chaldäer von dem Einfluſſe der Geſtirne auf die Schickſale der Menſchen und dem Stellen der Horoſkope handelt[6]). S. A. L. G. p. 1183 — 1185.

1) S. U. Junius, de maleficis et mathematicis diss. II. Lips. 1715. 4.

2) Τετραβιβλος συνταξις μαθηματικη (d. h. die Kunſt, die Zukunft einzelner Individuen und ganzer Reiche durch verſchiedene Aspecten der Planeten

und Geſtirne vorherzuſagen) und *καρπος* oder fructus librorum suorum
(d. h. 100 aſtrologiſche Aphorismen), wahrſcheinlich beide unächt. **Ed. Pr.**
Gr. c. vers. lat. J. Camerarii et Jov. Pontani. Norimb. 1534. 4. gr.
et lat. mend. innum. purg. Basil. 1553. 8.
3) *Ἀστρολογικαι ἀνθολογιαι* in VIII Büchern. **Fragm. gr. b. Roe-**
ther. Ed. Laur. Lydi de mens. p. 335 sq. Latine, b. Camerarii
Astrologica. Norimb. 1532. 4. p. 48 sq.
4) *Εἰσαγωγη εἰς την ἀποτελεσματικην.* **Ed. Pr. Paulli Alex. Introd.**
in doctrin. de viribus et effectibus astrorum gr. c. vers. A. Scha-
tonis. Viteb. 1586. 8. Rudimenta in doctr. de praedictis natalibus
prim. gr. et lat. ex bibl. Rauzov. Acc. ejd. H. Rauzov. horoscopo-
graphia. Viteb. 1588. 4.
5) *Μεταχειρησις των ἀσαφως εἰρημενων Πτολ. και δυσπαρακολου-*
θητως ἐν τη αὐτου τετραβιβλῳ εἰς το σαφεστερον και εὐπαρακολουθητον.
Ed. Pr. Graece. Basil. 1554. 8. gr. et lat. Leone Allat. interpr.
Lugd. B. 1635. 1654. 8. und ſ. de effectibus eclipsium solis et lunae
juxta signorum triplicitates et decauos, nur latein. hinter **J. Schroe-**
ter, Tab. astrol. Vienn. 1551. 8.
6) S. Walch in b. **Comm. soc. reg. Gotting. T. I. hist. cl. p.**
1 sq. Zwei Perſonen machen aus dem Mathematiker u. d. Verfaſſer d.
Schr. de errore prof. relig., **Miinter, Praemon. ad Firmic. de prof.**
rel. err. p. XI. u. Hertz, Diss. de J. Firm. Materno ejq. de err.
prof. rel. libello. Hafn. 1817. p. 11 sq. Ausg. ſ. **Ed. Pr. J. Firm.**
jun. Math. L. VII. Venet. 1497. fol. Astron. L. VIII. integri et
emend. Venet. Ald. 1499. fol. Rhegii. 1503 fol. c. Ptolem. Tetrab.
ed. Prückner. Basil. 1551 fol. (Dazu Ergänz. v. Leſſing, Beitr. z. Lit.
Bd. III. p. 227 sq. u. ſämmtl. W. Bd. IX. p. 228 sq.).

§. 197.

g. Muſik.

Auch in dieſer Periode wurde bei den **Griechen** faſt
von allen Gliedern ihrer Philoſophenſchulen dieſem Zweige der
Mathematik Aufmerkſamkeit geſchenkt, und ſo kommt es denn,
daß nicht blos von Mathematikern von Fach, wie von **Nico-**
machus von **Geraſa**[1] ein *ἐγχειριδιον ἁρμονικης* und von
Ptolemäus[2] drei Bücher *Ἁρμονικα,* wozu dann **Porphy-**
rius noch einen Commentar gefügt hat[3], ganz im Geiſte der Pytha-
goräiſchen Schule geſchrieben, vorliegen, ſondern auch von **Ariſtides**
Quintilianus (um 117 n. Chr.), **Alypius, Bacchius**[4]
und **Gaudentius,** die vermuthlich ſämmtlich Philoſophen waren,
mehrere theoretiſche Schriften, und endlich von **Plutarch** ein für die
Geſchichte der Muſik unendlich wichtiger Dialog *περι μουσικης*[5], wozu
man noch des **Lucian** Dialog *Ἁρμονιδης* rechnen kann. Bei den
Römern haben außer **Vitruvius** und **Macrobius,** die mehrere Notizen über Muſik ihren größeren Werken einfügten, ſpeciell
nur **Marcianus Capella** in ſeiner Encyclopädie, wo er
einen Auszug aus Ariſtides Quintilianus giebt, und **Aurelius**

Auguſtinus in ſeinen 6 Büchern de musica[6]) hierüber gehandelt. S. A. L. G. p. 1186 sq.

1) Die meiſten Muſikſchriftſteller zuſammen b. Meursius, Coll. auct.
music. antiq. Lugd. B. 1616. 4. u. M. Meibom. Antiq. musicae authores septem gr. et lat. rest. et not. expl. Amst. 1652. II. 4.

2) Ed. Pr. Graece, vers. et not. ill. J. Wallis. Acc. app. de vet.
harmonica ad hod. compar. Oxon. 1682. 4. c. Porphyrii comm. ed.
Wallis, Opera. T. III. p. 1 sq. Uebrigens hatte Nicephorus Gregoras
L. III. c. 14—16. zur Ergänzung hinzugefügt ſ. Franz, de music. Graec.
Berol. 1840. 8. p. 10 sq.

3) Ed. Pr. Graece b. Wallis, Op. T. III. p. 1 sq.

4) Ed. Pr. graece M. Mersenne, in ſ. Comm. ad VI priora Genes. cap. Paris 1603 fol. p. 1887 sq. rec. cast. vert. et not. ill. Fr.
Morell. Lut. 1623. 8.

5) In d. Ausg. ſ. W. Sehr wichtig dazu ſ. b. Bemerk. v. Burette
in b. Mém. de l'ac. T. X. p. 111 sq. VIII. p. 44. X. p. 180. XIII. p. 173.
XV. p. 293. XVII. p. 31. VIII. p. 27. XVII. p. 61. 83. 107. u. VIII.
p. 80 sq.

6) Basil. 1521. 4. p. rec. Benedict. ad mss. reg. Paris. Paris
1837. 12.

E) Naturwiſſenſchaften.

§. 198.

a. Phyſik und Naturgeſchichte.

Bei den Griechen wurden in dieſen Wiſſenſchaften durchaus nach dem, was Ariſtoteles und Theophraſtus geleiſtet, keine
Fortſchritte, ſondern eher Rückſchritte gemacht, man beſchäftigte ſich
eher mit Erzählungen von wunderbaren Geſchöpfen und Begebenheiten,
als mit gründlichen und ſelbſtſtändigen Unterſuchungen und Forſchungen, und ſo wimmeln die Schriften des Sotion (unter Tiberius)[1]), des Freigelaſſenen Hadrians, des Phlegon aus Tralles
in Lydien[2]) und des Apollonius, der wohl nicht mit dem Ap. Dyscolus[3]) zu verwechſeln iſt, von ſolchen mährchenhaften Berichten.
Daher iſt außer dem ſchon erwähnten Dichter Oppianus der Einzige,
der wirklich wichtige Beobachtungen angeſtellt hat, nur Claudius
Aelianus aus Präneſte in Italien, der nach Einigen ſein
Vaterland nie verlaſſen haben ſoll (ſ. Philostr. Vit. Soph. II.
31.), nach ſeiner eigenen Aeußerung (Hist. Anim. XI. 40.)
aber Aegypten bereiſt hat. Jedenfalls muß er die Griechiſche
Literatur eifrig ſtudiert und gepflegt haben, denn er ſchreibt mit
beſonderer Eleganz in faſt Attiſchem Style. Er ſtarb unter He-
liogabal und hinterließ ποικιλης ιστοριας βιβλια ιδ, die wahrſcheinlich nicht mehr vollſtändig vorhanden und nur zum Theil

hierher gehörig ſind, aber außerdem noch 17 Bücher über die Thiere
und ihre Eigenſchaften, die mit beſonderer Berückſichtigung des
Ariſtoteles ohne ſyſtematiſche Aufeinanderfolge Alles, was damals
als Naturmerkwürdigkeit Aufmerkſamkeit zu verdienen ſchien, enthalten[*]). S. A. L. G. p. 1189 sq.

1) Περι ποταμων και κρηνων και λιμνων παραδοξολογουμενων,
Graece ed. H. Stephanus, in Aristot. et Theophr. Scr. quaed. Paris
1557. 8. p. 158 sq. u. b. Westermann, Παραδοξογραφοι. Brunsv.
1839. 8. p. 183 sq.

2) Περι θαυμασιων (in 35 Capp.), περι μακροβιων (in 4 Cap.) u. c.
Fragm. περι των Ολυμπιαδων, wahrſcheinlich die Vorr. f. verlorenen Ολυμ-
πιονικων και χρονικων συναγωγη. Zuſ. in: Phleg.] Trall. de mirabil.
et longaev. lib. gr. et lat. G. Xylandro interpr. c. ejd. annot., b. d.
Ausg. d. Ant. Liberal. Basil. 1568. 8. p. 55—101. Opusc. q. exst.
J. Meursius rec. et not. add. Lugd. B. 1620. 4. u. b. Meurs. Op. T.
VII. p. 72 sq. Gr. et Lat. ex rec. J. Meurs. c. G. Xylandri anim.
et J. Meibom. de long. epist. it. ed. anim. ind. adj. J. G. F. Franz.
Hal. 1775. 8. Ed. II. emend. et Bast. observ. aucta. ib. 1822. 8. u.
b. Westermann a. a. O. p. 117 sq. 197 sq.

3) Κατεψευσμενη ιστορια η ιστοριαι θαυμασιαι gr. et lat. c. annot.
Xylandri, a. a. O. p. 102—115. J. Meursius rec. synt. de ej. nom.
scr. et comm. add. Lugd. B. 1620. 4. u. in Meurs. Op. T. VII. p.
139 sq. Gr. et lat. c. not. Xylandri et Meurs. ed. Teucher. Lips.
1792. 8. u. b. Westermann a. a. O. p. 103 sq.

4) S. V. H. Thryllitius, de aetate Aelianorum eorq. scriptis in
b. Misc. Lips. T. IV. p. 120 sq. C. G. Kühn, de via ac ratione,
qua Ael. in hist. anim. conscr. usus est. Lips. 1777. 4. H. Sander,
Nachr. v. Ael. Beitr. z. Nat. Geſch. Karlsr. 1776. 8. u. in ſ. Kl. Schr.
herausgeg. v. Göß. Bd. I. p. 84 sq. Schneider, üb. d. eig. Werth d. 17
B. d. Ael., in Meineke's neu. Mannigfaltigk. Berl. 1782. 8. I. p. 392.
Ausg. ſ. 17 B. περι ζωων η περι ζωων ιδιοτητος. Ed. Pr. Gr. et
Lat. P. Gillio et C. Gesnero interpr. Genev. 1611. 12. Coll. Allobr.
1616. III. 12. c. anim. Gesneri et Trilleri cur. A. Gronov. Lond. 1744.
Basil. 1750. 4. Gr. et Lat. c. s. et pr. interpr. anim. ed. J. G. Schneider. Lips. 1784. 8. (Dazu Auctarium, in b. Reliq. Frid. II. de arte
venandi ed. Schneider T. II. p. 159 sq.) Gr. et Lat. ad opt. libr. fid.
c. not. vir. doct. ed. F. Jacobs. Jen. 1831. II. 8. Ausg. ſ. ποικιλη
ιστορια. Ed. Pr. Graece c. Heraclide de reb. publ. Polem. Adam.
etc. Rom. 1545. 4. p. 1—72. gr. et lat. c. not. Schefferi var. lect.
cur. J. Kühn. Argent. 1685. 8. Ed. II. cur. J. H. Lederlin. ib. 1718.
8. Gr. et Lat. ad mss. rec. et cast. et perp. comm. Perizonii instr.
Lugd. B. 1701. II. 8. gr. et lat. c. not. var. cur. A. Gronov. ib. 1731.
II. 4. Var. Hist. et fragm. c. integ. vir. doct. comm. ed. C. G. Kühn.
Lips. 1780. II. 8. Gr. c. Heracl. Pont. et Nic. Damasc. c. not. A. Coray. Paris 1802. 8. p. 1—200. Grec et franç. av. d. not. p. Dacier. ib. 1827.
8. ſ. a. M. Schmidt, Pr. de Ael. V. H. et ips. Ael. Vita a Philostr.
descr. Helmst. 1671. 4. Fr. Passow, Aelianea. Vratisl. 1819. 8. u.
Opusc. p. 215—224. Seine 20 Briefe gr. in b. Coll Epist. Gr. Aldi.
Venet. 1499. 4. u. Cujacii Coll. Epist. Genev. 1606 fol. p. 417 sq.
Op. q. exst. omn. gr. et lat. cura. C. Gesneri. Tiguri 1556. fol.
Ueberſ. Ael. Verm. Erz. v. Meineke. Quedl. 1775. (1787.) 8.

§. 199.

Wenden wir uns zu den Römern, ſo haben wir eigentlich nur einen Naturforſcher zu nennen, aber dafür einen ſolchen,
wie wir in Rückſicht ſeiner Zeit und des damaligen Standes
der Naturwiſſenſchaften ſchwerlich in ſpäterer Zeit einen zweiten
antreffen. Es iſt dieſer Lucius Plinius Secundus (major,
um ihn von ſeinem Neffen zu unterſcheiden) aus Verona (nach
Anderen aus Como), der, im J. 23 n. Chr. geboren, frühzeitig
als praefectus alae in Deutſchland diente, dann, vom Vespaſianus
hochgeehrt, Procurator von Spanien ward und als Opfer ſeiner
Wißbegierde im 56ſten Lebensjahre, den 23ſten Auguſt 79
n. Chr. ſtarb, indem er als Oberadmiral der zu Miſenum ſtationirten Flotte ſich zu nahe an den Veſuv, der damals gerade
Herculanum und Pompeji verſchüttete, gewagt hatte und durch
den furchtbaren Rauch und Schwefeldampf erſtickt wurde (ſ. Plin.
Epist. VI. 16.). Von ſeinen vielen von ſeinem Neffen (Ep. III.
5.) aufgezählten Schriften, die ihm bei Gell. N. A. IX. 16.
den Namen des doctissimus aetatis suae verſchafft haben, iſt
nur noch ſeine Historia Naturalis oder Naturgeſchichte übrig,
die er aus mehr als 2000 Werken gezogen hat und welche
darum eine wahre Encyclopädie zu nennen iſt, obgleich ſie eben
deshalb in Bezug auf die Auswahl und Benutzung der Quellen
unkritiſch und zugleich in einem ſchwerfälligen, harten und gezierten
Style geſchrieben iſt. Er behandelt, nachdem er (B. I.) ein Regiſter der benutzten Schriftſteller vorausgeſchickt hat, (II.) Aſtronomie, Meteorologie und Cosmogonie, (III — VI.) Geometrie,
(VII.) Anthropologie, (VIII — X) Thiergeſchichte, (XI — XIX)
Pflanzenkunde und Botanik, (XX — XXXII) Arzneimittellehre
aus dem Pflanzen- und Thierreiche und (XXXIII — XXXVII)
Mineralogie, Metallurgie, Bildhauerkunſt und Malerei, verbunden
mit der Geſchichte der vorzüglichſten Künſtler und Kunſtwerke[1].
Ihn compilirte faſt gänzlich der Grammatiker Solinus aus
Rom um d. J. 218 n. Chr., in einem Werke, das wahrſcheinlich zuerſt Collectanea rerum memorabilium hieß, dann aber
in einer zweiten Recenſion den auch auf ſeinen Verfaſſer mit
übergetragenen Titel Polyhistor bekam und noch erhalten iſt[2].
Erwähnung verdient noch der Zeitgenoſſe des Arcadius Julius

Obſequens aus Rom, der ein faſt wörtlich aus Livius com=
pilirtes, wenn auch mit manchen Abweichungen verſehenes Liber
prodigiorum hinterlaſſen hat, in dem er in ziemlich reiner Sprache
die Wunder, welche ſich 453—742 n. Erb. Roms zugetragen
haben, berichtet[3]). S. A. L. G. p. 1192 — 1196.

1) S. P. Cigalini, de vera patria Plin. Sec. nat. hist. scr. ejq.
fide et auct. Comi 1605. 4. O. Palermus, de vera C. Plin. Sec. super. patria atq. ea Verona L. III. quib. Cigalini et al. sent. refut.
Veron. 1608. 4. D. G. Moller, Diss. de C. Plin. Sec. Altorf. 1688.4.
Ajasson de Grandsagne, de la vie et des ouvr. de Plin., ver. f. Trad.
de l'Hist. Nat. de Pline. Paris. 1829. 8. T. I. p 1 sq. Ausg. f. Ed.
Pr. Plin. Sec. Natur. Hist. L. XXXVII. Venet. 1469. fol. ex rec. J.
Andreae episc. Aleriensis. Rom. 1470. fol. ab Al. Benedicto emend.
redd. Lugd. 1510. II. 8. e castig. Hermolai Barbari. Hagen. 1518.
fol. post omn. edit. felic. restit. aux. vet. cod. et doct. omn. dilig.
Paris 1532. fol. a P. Manutio mult. in locis emend. Castig Sig. Galenii. Venet. 1559. fol. ed. Joa. de Laet. Lugd. B. 1635. III. 12. interpr. et not. ill. J. Harduin. Paris 1685. V. 4. Ed. II. emend. Paris
1723. III. fol. c. comm. et annot. Herm. Barbari, Pintiani, Rhenani,
Galenii, Dalechampii, Scaligeri, Salmasii, Is. Vossii et var. Acc.
var. lect. ex mss. it. J. Fr. Gronov. Not. lib. sing. Lugd. B. 1669.
III. 8. rec. et not ill. G. Brotier. Paris. 1779. VI. 12. c. interpr. et
not. int Joa. Harduin. et var. ex rec. J. G. Fr. Franz. Lips. 1778 —
91. X. 8. c. sel. comm. J. Harduini et rec. interpr. novq. anthol. ed.
Lemaire. Paris 1827—31. X. (XIII.) 8. rec. et var. lect. adj. J. Sillig.
Acc. excerpta e cod. Bamberg. c. annot. L. de Jan. Lips. 1831—36.
V. 8. f. a. J. Chr. Elster, Proleg. ad Exc. Plin. ex L. XXXV. Hist.
Nat. Helmst. 1835. 4. Cl. Salmas. Exerc. Plinianae. Paris 1629.
Traj. ad Rh. 1689. II. fol. A. J. a Turre Rezzonico Disquisit. Pli-
nianae. Parm. 1763—67. II. fol. Ueberf. v. Gf. Groſſe. Frkft. a. M. 1781—88.
XII. 8. S. a. A. L. Ap. Fée, Eloge de Pline le Natural. Paris 1821. 1827.8.

2) S. D. G. Moller, Diss. de Solino. Altorf. 1693. 4. Ausg. Ed.
Pr. J. Solinus, de situ orbis terrarum et memorabilibus, quae mundi
ambitu continentur. Venet. 1473. fol. ad vetust. exempl. fid. rec.
part. schol. illustr. p. J. Camertem. Lugd. 1539. 8. ex aut. Burdeg.
cod. restit. ab El. Vineto. Pictav. 1554. 4. emend. a M. A. Delrio.
Antv. 1572. 8. emend. et ill. J. Grasser. Genev. 1605. Paris 1621.12.
e rec. Salmas. cur. A. Goetz. Lips. 1777. 8. f. a. Cl. Salmas. Exercit. Plin. in C. J. Polini Polyh. Item C. J. Solini Polyh. ex vet.
libr. emend. Acc. huic edit. de homonym. hyles iatr. exercit. antehac ined. Traj. ad Rh. 1689. II. fol.

3) Ausgefüllt ſind von Conrad Lycoſthenes die Lücken c. 1—54. 57—
58. 60. 61. 63. 64. 65. 69. 88. 116. 117. Ausg. f. Ed. Pr. c. Plin.
Epist. Venet. Aldus. 1508. 4. c. not. J. Scheffer. Amstel. 1679. 8. c.
conj. ex var. auct. exc. ed. Th. Hearne, c. Eutrop. Oxon. 1703. 8.
c. anim. J. Schefferi et suppl. C. Lycosthenis cur. Fr. Oudendorp.
Lugd. B. 1720. 8. c. not. Schefferi et Oudendorp cur. J. Kapp.
Curiae 1772. 8. c. not. et praef. ed. C. B. Hase, c. Val. Maxim.
Paris 1822—23. 8. Vol. II. 2. p. 1—208.

§. 200.

Der myſtiſche Geiſt, den die Neuplatoniker und Neupytha=
goräer in Griechenland in die Philoſophie eingeführt hatten,

verbreitete sich nun aber auch auf die Naturwissenschaften und
erzeugte so ein besonderes Studium der geheimen Naturkräfte,
welches sich vorzüglich nach drei Seiten hin verbreitete. Die erste
bezog sich auf die Traumdeutung ($\acute{\eta}$ $\acute{o}\nu\epsilon\iota\varrho o\chi\varrho\iota\tau\iota\chi\eta$), worüber, da das in 101 jambischen Trimetern abgefaßte Ὀνειρο-
χριτιχον eines gewissen Astrampsychus[1]) mit Sicherheit weder dieser noch der vorhergehenden Periode vindicirt werden kann,
besonders wichtig ist Artemidorus aus Ephesus, der, weil
er zu Daldia in Lycien, der Vaterstadt seiner Mutter, erzogen war,
gewöhnlich $\varDelta\alpha\lambda\delta\iota\alpha\nu o\varsigma$ genannt wird. Man hat ihn bald unter
Commodus, bald gar erst unter Constantin setzen wollen, allein
sein Zeitalter fällt jedenfalls unter die beiden Antoninen, in seinem Werke aber, worin er die auf seinen Reisen durch Griechenland, Asien, Italien und die Inseln gesammelten Nachrichten über
die Traumdeutung zusammengestellt hat, erscheint er durchaus als
anmaßend, indem er seine Beobachtungen allein im Gegensatze
zu denen seiner Vorgänger als unfehlbar und untadelhaft her-
vorhebt. Sein Werk zerfällt in 5 Bücher, von denen 4 über
die Theorie und Praxis der Traumauslegung handeln, das 5te
aber eine Auswahl wirklich in Erfüllung gegangener Träume
giebt[2]). Ein zweiter Punkt, worauf, wie bemerkt, jenes Studium
der geheimen Naturkräfte gerichtet war, bezog sich auf die allerdings schon früher angeblich vom Aristoteles selbst wissenschaftlich betriebene Kunst, aus den Gesichtszügen und den Linten
in den Händen der Menschen denselben ihre künftigen Schicksale
vorauszusagen, die sogenannte Physiognomik. Von denen,
welche sich hiermit beschäftigten, gehören vorzugsweise ein gewisser
Polemo[3]), der vor Origenes gelebt haben muß, und sein Paraphrast Adamantius[4]), ein vom Judenthum zum Christenglauben übergetretener Arzt zu Alexandria (im 4ten Jhdr), hierher. Der dritte allerdings bedeutend materiellere Zweck, der den
Meisten bei diesen geheimen Studien vorschwebte, bezog sich aber
auf die allerdings in früherer Zeit schon entstandene Idee von
der Möglichkeit, Gold zu machen, oder auf die Alchimie, worüber bereits Plin. II. N. XXXIII. 4. uns einen Versuch des
Caligula berichtet hat. Schriften müssen über diese Kunst viele
existirt haben, denn Diocletianus hätte sonst (296 n. Chr.) nicht
den Befehl geben können, alle in Aegypten vorgefundene alchi-

mistische Bücher zu verbrennen (s. Oros. VIII. 16.). Dergleichen
sind nun zwar bereits oben einige angeführt worden, hier aber er=
innern wir noch außer an den bereits erwähnten Dichter Heliodor
vorzüglich an des schon genannten Bischoffs Synesius Commentar
zu der Pseudodemocritischen Schrift[5]), und an eines gewissen Zo=
simus von Panopolis bei Theben in Aegypten alphabetisch ab=
gefaßtes und χημευτικα betiteltes Werk, von dem jedoch nur
noch Fragmente erhalten sind[6]). S. A. L. G. p. 1196 sq.

1) Ed. Pr. 84 vers. in b. Epigr. Vet. poet. Basil. 1538. 8. p.
138 sq. C vers. gr. et lat. ed. F. Morell. Paris 1599. 8. gr. et lat.
ed. Hase, c. Val. Max. T. II. P. II. p. 395 sq.

2) Ed. Pr. Artemid. de somn. interpr. L. V. de insomniis, quod
Synesii cujd. nom. circumfertur. Graece. Venet. Aldus 1518. 8. Ach-
met. Oneirocr. Astrampsychi et Nicephori vers. Oneirocr. gr. et lat.
Acc. N. Rigalt. ad Artemid. not. Lutet. 1603. 4. Graece ex duob.
cod. mss. Venet. rec. emend. pol. not. int. N. Rigalt. et J. J. Reiskii
suisq. ill. J. G. Reiß. Lips. 1805. II. 8. f. a. Tr. Fr. Benedict, Not. crit.
ad Artem. Oneirocr. Nivem. 1821. 8.

3) II L. Physiognomica. Ed. Pr. c. Ael. Var. Hist. ed. Camillus
Peruscus. Rom. 1545. 4. p. 79—91. rec. Fr. Sylburg, in b. Arist.
Oper. T. VI. p. 156 sq. gr. et lat. rec. anim. vir. doct. sq. adj. J.
G. Fr. Franz, c. Script. Physiogn. Altenb. 1780. 8. p. 167—310. f.
a. Fr. Passow in Seebode's Arch. f. Phil. u. Päd. 1825. I. p. 7—9. u.
in f. Verm. Schr. Lpzg. 1843. 8. p. 137 sq.

4) II L. Physiogn. Ed. Pr. Graece. Paris 1540. 8. Gr. et Lat. p.
J. Cornarium. Basil. 1544. 8. gr. et lat. c. Aeliano a. a. O. p. 92 sq.
u. b. Sylburg a. a. O. p. 188 sq. gr. et lat. c. not. ed. Franz a. a.
O. p. 311—448. f. Meister in Millin, Mag. Encycl. XI an. 1806. T.
III. p. 239 sq.

5) Συνεσιου φιλ. προς Διοσκορον εις βιβλιον Δημοκριτου ως εν
σχολιοις. Gr. et lat. ed. Fabric. Bibl. Gr. ed. I. T. VIII. p. 233 sq.
Democritus de arte magna s. de reb. natural. necnon Synesii, Pe-
lagii et Stephani Alex. et Mich. Pselli in eund. comm. D. Pizi-
mentio interpr. Latine. Patav. 1573. 8. u. in A. Mizaldi Mirabilia.
Col. 1574. 12. p. 218 sq.

6) S. Phot. cod. 188. — Fragm. de cupri tinctura ed. Schneider,
Anim. ad Eclog. Phys. (II) p. 95 sq. — Zos. Pan. de Zythorum
confectione fragm. n. pr. gr. et lat. c. Hist. Zythor. ed. Ch. Gf.
Gruner. Solisb. 1811. 8. Περι αρετης και συνθεσεως υδατων πραξεις,
gr. b. Hoefer, Hist. de la chimie. Paris 1842. 8. T. I. p. 498 sq. cf.
ebb. p. 254 sq.

§. 201.

Die Haus= und Landwirthschaft kann gewiß nicht
mit Unrecht in den Bereich der Naturwissenschaften gezogen werden,
und darum bemerken wir, daß für diese, wenn wir einige in den
einer späteren Zeit angehörigen Γεωπονικα enthaltene Fragmente
älterer Schriftsteller, mehrere bei Plutarch gelegentlich vorkommende
Notizen und des Arrian Abhandlung über die Jagd[4]) ausnehmen,

bei ben Griechen gar nichts geschehen ist. Darum können wir nur bei ben Römern ben L. Junius Moderatus Columella[2]) aus Cadix unter Tiberius erwähnen, ber uns 12 practisch geschriebene Bücher de re rustica, zu benen noch als Ergänzung (v. B. V.) aus einem anberen seiner Werke ein liber de arboribus kommt, hinterlassen hat. Neben ihm gebührt ein Platz bem Palladius Rutilius Taurus Aemilianus[3]), ber um b. J. 395 aus früheren Quellen 14 Bücher über ben Felbbau schrieb und nach einer Einleitung (I.) bie einzelnen Geschäfte bes Landmannes nach ben 12 Monaten (II — XIII.) burchgeht und hierzu noch ein XIVtes B. in Versen, de insitione, gefügt hat. Wie Columella's Sprache rein und fließend war, ebenso hart und schwerfällig ist ber Styl bes Palladius. Eine Quelle bes Letzteren war aber Gargilius Martialis unter Alexanber Severus, aus bessen Buch de hortis noch ein Stück de arboribus pomiferis vorliegt[4]). Endlich kann man in Bezug auf bie aus ihm zu ziehenbe Kenntniß ber Römischen Nahrungsmittel noch hierher rechnen ben Cölius Apicius[5]), nach Einigen jenen berüchtigten Schlemmer unter Tiberius, nach Anberen einen Africaner aus bem 3ten Jahrhundert, ber wahrscheinlich anonym bas noch vorhanbene, aber in barbarischem Latein und mit für uns fast unverständlichen Ausbrücken geschriebene Kochbuch abfaßte und, um bemselben Eingang bei seinen Zeitgenossen zu verschaffen, ihm jenen berühmten Namen als Empfehlung an bie Stirne setzte. S. A. L. G. p. 1200 — 1203.

1) Graece interpr. L. Holsten. Paris 1644. 4. u. in b. Werk. b. Arr. s. a. W. Blane, Cynegetica, an account of the Hare-Hunting and Coursing of the ancients, from Xenophon and Arrian. Lond. 1788. 8.

2) S. Mohedano, Hist. lit. de Espanna T. VIII. p. 1 sq. Grotefend in Zimmermann's Zeitschr. 1835. Nr. 22. p. 179 sq. Ausg. f. Ed. Pr. Regii. 1482. fol. cur. Gesnero, c. not. ed. J. H. Ress. Flensb. 1795. T. I. 8. rec. et ill. J. G. Schneider, c. Scr. R. Rust. T. II. XII B. v. b Lanbw. übers. m. Anm. v. Curtius. Hamb. 1789. 8. Abh. v. b. Bäumen a. b. Lat. v. Riem. Dresben 1791. 8.

3) Pall. de R. R. Paris 1536. 4. Heidelb. 1598. 4. rec. et comm. ill. Schneider a. a. O. T. III.

4) Garg. Mart. q. supers. e cod. Neap. et Vatic. eruit A. Majus. Luneb. 1832. 8. u. Coll. Class. Auct. T. I. p. 387 sq. III. p. 416 sq. O. Fragm. c. W Curae boum (b. Gesner, Scr. R. R. T. II. p. 305 sq. u. Schneider T. IV. p. 168 sq.) gehören ihm nicht.

5) Libri decem de opsoniis et condimentis s. arte culinaria. Ed. Pr. Mediol. 1498. 4. c. annot. G. Humelberg. Tiguri 1542. 4. c. annot. M. Lister. et not. select. var. lect. vir. doct. Lond. 1705. 8.

Ed. II. cur. J. ab Almeloveen. Amstel. 1708. 8. c. not. ed. Bernhold. Baruth. 1791. Ausb. 1800. 8. f. a. J. G. Dierbach, Flora Apiciana, ein Beitr. z. Kenntn. b. Nahrungsm. b. Römer. Heidelb. 1831. 8.

F) Beredtsamkeit.

§. 202.

1.) Griechen. Da der Zusammenhang zwischen Mathematik und Naturwissenschaft auch in dieser Periode ein solcher ist, daß er nicht füglich eine Trennung derselben zuläßt, so lassen wir jetzt erst die Rhetorik folgen, die trotz der vielen Rednerschulen zu Athen, Marseille, Tarsus, Mitylene, Pergamus ꝛc. und der Masse der von den Rhetoren und Sophisten neu aufgestellten Regeln und Gesetze, die man beim Sprechen zu beobachten habe, dennoch immer mehr sank, weil es ihren Gliedern an Geist fehlte, und sich deshalb zuletzt in bloße Declamationen auflöste. Betrachten wir zuerst die Practiker, so wird unter diesen der langweilige Nachahmer älterer Muster, Lesbonax, ein Zeitgenosse des Tiberius[1]), zuerst erwähnt werden müssen, dann aber Dio mit dem Beinamen Chrysostomus (χρυσοστομος) aus Prusa in Bithynien, der nach längeren Reisen, von Trajan hochgeehrt, im J. 117 zu Rom verstorben ist, folgen. In seinen noch vorhandenen (80) Reden, von denen mehrere wirklich gehalten worden sind, zeigt er durchgängig rednerische Geschicklichkeit und fleißiges Studium der Alten, aber Künsteleien im Ausdruck und lange Perioden verrathen doch den Asianischen Rhetor[2]). Höchst bedeutend war für die Bildung einer besonderen Rednerschule Tiberius Claudius Herodes Atticus[3]) aus Marathon, der sogar im J. 143 das Consulat erreichte, sich aber nachmals in's Privatleben zurückzog und uns nur eine einzige Rede περι πολιτειας von zweifelhafter Aechtheit hinterlassen hat. Unbedeutend sind die Ueberreste seines Schülers Adrianus von Tyrus, der im J. 188 als Geheimsecretär des Commodus starb[4]), und des Antonius Polemo aus Laodicäa, der sich zwischen d. J. 117—138 meistens zu Smyrna aufhielt und in besonderer Gunst bei Trajan, Hadrian und den Antoninen stand[5]). Weit mehr Ehre und Ruhm erwarb sich aber bei seinen Zeitgenossen noch P. Aelius Aristides aus Adriani in Mysien (geb. 129, gebildet von Herodes und Polemo und nach längeren Reisen hochgeehrt von Marc

Aurel 189 gest.), obgleich seine jetzt noch vorhandenen (60) Reden zwar von fleißiger Nachahmung der Alten und nicht geringem Talent, dagegen aber auch von Unklarheit und Verworrenheit im Denken, Bombast und Schwulst des Styles und Unverständlichkeit in den Bildern, an welchen er sehr reich ist, zeugen. Neben ihm sind noch drei Männer zu nennen, die ihm gewissermaßen seinen Ruhm streitig machen, nämlich H i m e r i u s , T h e m i s t i u s und L i b a n i u s . Ersterer, zu Prusias in Bithynien um 315 geboren, bildete sich unter seinem nachherigen Nebenbuhler Proäresius zu Athen aus, machte dann nach der Weise der damaligen Sophisten und Rhetoren längere Reisen und ließ sich endlich als besoldeter Lehrer der Rhetorik zu Athen nieder, wo unter Anderen Gregor von Nazianz, Basilius der Große und der Kaiser Julian seine Schüler waren, und starb im J. 386. Seine Reden sind größtentheils Prunk- und Gelegenheitsreden, sonst aber geschmacklos und durch die vielen eingeflochtenen Allegorieen und poetischen Floskeln unverständlich[7]). T h e m i s t i u s dagegen, E u p h r a d e s wegen seiner fließenden Beredtsamkeit genannt, aus Paphlagonien, gehörte früher der Schule der Peripatetiker an und lebte endlich eine Zeit von 40 Jahren, die nur von einigen Reisen unterbrochen war, von den Kaisern Constantius, Julian und Theodosius hochgeschätzt, bis zum Jahre 387 zu Constantinopel, wo er die meisten seiner noch erhaltenen (34) Reden[8]) verfertigt und gehalten hat, die theils philosophische, theils politische Tendenz haben und überall den sophistischen Philosophen documentiren, wiewohl mehr im guten Sinne, sodaß man auf sie das anwenden kann, was Themist. selbst p. 366. von den exoterischen Reden des Aristoteles gesagt hat: Πλατωνι συνων τῳ θεσπεσιῳ και Ἀριστοτελει συνδιαιτωμενος, Ὁμηρου δε ἐχων δυσαπαλλακτως. Der letzte Sproß dieses Kleeblattes ist L i b a n i u s aus Antiochia (geb. 316), der, durch eigenes Lesen der alten Classiker gebildet, zu Athen, Constantinopel und Nicomedia abwechselnd lehrte und, obgleich von den Kaisern Julian, Valens und Theodosius hochgeschätzt, doch von den Sophisten und Römischen Präfecten verschiedentlich angefeindet und gekränkt, im J. 391 zu Constantinopel verstorben ist. Von seinen Reden haben wir noch 67, dann 1607 Briefe und auch noch eine Biographie seines

Vorbildes Demosthenes, sowie eine Partie Musterstücke zu rhe=
torischen Vorübungen übrig, in denen er trotz seiner sich bis
auf die Phraseologie erstreckenden Nachahmung der alten Redner
den Mangel an Gedanken und logischem Zusammenhang, sowie
überhaupt an Geist nicht zu verbergen im Stande ist[9]. S. A.
L. G. p. 1281 — 1287.

1) Noch 2 Declamationen περι πολεμου Κορινθιων und προτρεπτικος
λογος Graece, in b. Rhet. Atd. Venet. 1513. fol. T. II. p. 155 sq.
Reiske, Or. Att. T. VIII. p. 1 sq. u. in d. übr. Samml. d. R. Lesb.
q. supers. annot. var. et s. adj. J. C. Orelli. Lips. 1820. 8.
2) Ed. Pr. Graece. Mediol. 1476. 4. c. vet. codd. mss. coll. eorq.
ope a mend. lib. restit. auct. ex interpr. Th. Naogeorgii recogn.
F. Morelli. Acc. Casauboni diatr. et Morelli schol. anim. et conj.
Lutet. 1604. fol. Gr. ex rec. Reisk. c. ej. alq. not. Lips. 1784. II. 8.
εκδ. υπο Νεοφυτου Δουκα. Εν Βιεννη. 1810. III. 8. Opera graece ex
rec. Ad. Emperii. Brunsvig. 1844. II. 8. Dion. Chrys. Ολυμπικος rec.
et expl. comm. de reliq. Dion. Chr. orat. adj. J. Geel. Lugd. B.
1840. 8. Zur Kritik f. Ad. Emperius, Observ. in Dion. Chrys. Lips.
1830. 8. u. de orat. corinth. falso Dion. Chrys. adscr. comm. Brunsv.
1832. 8. Jacobs in Zimmermann's Zeitschr. 1836. Nr. 138 sq. 1837. Nr.
140. 1841. Nr. 1 sq. Unger, Epist. cr. de Dione Chrys. Lips. 1841. 8.
J. Geel, Lettre à Mr. Hase sur le discours de D. Chrys. intit. Eloge
de la chevelure. Leyde 1839. 8. Im Allg. f. üb. ihn Lamy, Vies
des anc. orat. grecs. Paris 1752. 8. T. II. p. 378 sq. Emperius, de
exsilio Dion. Chrys. Brunsv. 1840. 8.
3) Ed. Pr. Or. περι πολιτειας gr., b. Aldus Rhet. Gr. T. I. p.
160 sq. Herod. Att. q. supers. annot. ill. R. Fiorillo. Lips. 1801. 8.
f. a. Burigny in d. Mém. de l'acad. T. XXX. p. 1 sq.
4) Fragm. f. Declam. b. Leo Allat. Excerp. var. gr. sophist. et
rhet. Rom. 1641. 8. p. 238 sq. J. C. Orelli, Philo Byz. de VII. orbis spect. Lips. 1816. 8. p. 43 sq. Walz, Rhet. Gr. T. I. p. 526 sq.
5) 2 Leichenreden εις Κυναιγειρον και Καλλιμαχον. Ed. Pr. Graece,
c. Himerio. Lut. Paris. 1567. 4. p. 1 — 19. Gr. et Lat. not. ill. P.
Possinus. Tolos. 1637. 8. Graece. Text. rec. vers. lat. Possini et
Stephani not. sq. ad. J. C. Orelli. Lips. 1819. 8.
6) S. Malacarne, in d. Mém. de l'ac. T. XXVIII. p. 69 sq.
A. Koenig, de Arist. incubatione. Jen. 1818. 4. Thorlacii Opusc.
T. III. p. 125 sq. Ausg. f. Ed. Pr. Graece ed. E. Bonino. Flor.
1517. fol. interpr. G. Cantero. Lutet. 1604. III. 8. Gr. et lat. c. not.
et emend. var. vet. schol. et prol. Sopatri. Gr. c. mss. coll. rec. et
obs. s. adj. S. Jebb. Oxon. 1722—30. III. 8. (Dazu II Orat. ined. b.
A. Mai, Nova Coll. Scr. Vet. T. I. P. III. p. 1 sq. u. Class. Auct.
T. IV. p. 448 sq. 526 sq.) Gr. et lat. ex rec. G. Dindorf, Lips 1820. III.-8.
S. a. G. Frommel, Schol. in A. Arist. Panath. et Plat. Or. Frcft.
ad M. 1826. 8.
7) Uebrig noch XXIV vollst. Reden, XXXV εκλογαι und X in Fragm.
Ed. Pr. Graece μελετων, c. Polem. declam. ed. H. Stephanus. Lut.
Paris. 1567. 4. p. 27 — 72. (unvollst.) Eclog. et Declam. Gr. et Lat.
rec. et comm. perp. instr. G. Wernsdorf. Gotting. 1790. 8. Dazu noch
ein λογος προς Αλεξανδρον, gr. ed. Boissonnade, Anecd. Gr. T. I. p. 172 sq.
8) Ed. Pr. Themist. Op. omn. h. e. paraphr. et orat. (8) Graece.
Venet. Ald. 1534. fol. Orat. XXXIII. e quib. XIII. n. prim. in luc.
ed. D. Petav. lat. pler. redd. ac not. ill. Acc. obs. J. Harduin. Paris
1684. fol. (Dazu noch Them. Or. XXXIVta gr. et lat. ed. c. interpr.
annot. et praev. diss. ab A. Majo. Mediol. 1816. 8. u. in d. Class. Auct.

e cod. Vat. T. IV. p. 306—355.) Orat. XXXIV gr. ex cod. ms. emend.
a G. Dindorf. Lips. 1832. 8. Zur Kritik s. Peyron, Not. libr. Val-
perg. Calns. p. 63. Jacobs b. Goeller, Ed. Dion. Hal. de comp.
verb. Jen. 1815. p. 247 sq. u. Roulez, Spec. litt. exh. obs. crit. in
Themist. Orat. Lovan. 1828. 8.

9) Ausg. ist: Liban. Soph. Orat. et declam. Gr. ad fid. codd. rec.
et perp. ann. instr. J. J. Reiske. Attenb. 1791—97. IV. 8. (enth. 65
Reden T. I—III., b. 66ste b. Siebenkees, Anecd. p. 75 sq. u. b. 67ste
b. Front. Ep. ed. A. Mai. Rom. 1823. 8. p. 421 sq.) ferner L μελεται
ober declamationes (48 b. Reiske T. IV. nr. 49. gr. ed. Morell. c.
Arist. Or. adv. Leptin. p. 190 sq. nr. 50. b. Boissonnade, Anecd. Gr.
T. I. p. 165 sq., 1607 Br. b. Liban. Epist. MDCV gr. et lat. not. ill.
J. Chr. Wolf. Amst. 1738. 8. (Unb. b. Münter, Misc. Hafn. T. I. 2.
p. 139 sq. u. Allg. Lit. Anz. 1801. p. 377 sq.), u. 47 προγυμνασματα,
27 ηθοποιιαι, 33 εκφρασεις u. 36 διηγηματα b. Reiske T. IV. (4 St. b.
Mai, Spic. Vat. T. II. 2. p. 388 sq. u. 11 cbb. V. p. 410 sq. herausg.
gehören dem Choricius s. Mai T. V. Prol. p. XXVIII.). Im Allg. s. J. G.
Berger, de Liban. disp. VI. Viteb. 1696—98. 4. F. C. Petersen,
Comm. IV de Liban. soph. Hafn. 1807—28. 4. Zur Kritik cf. Friedemann et Seebode, Misc. crit. I. 4. p. 637 sq. II. 2. p. 371 sq.
Acta Monac. T. II. p. 435 sq. 471 sq. Porson Adv. p. 321 sq. Todd
in b. Transact. of the roy. soc. of Liter. T. I. 1. p. 161 sq.

§. 203.

Wenden wir uns jetzt zur Technik der Redekunst bei den
Griechen, so ist zuerst zu bemerken, daß außer den theoretischen
Abhandlungen über Ausbruck, Gesticulation ꝛc. auch in den Rednerschulen noch practische Einübungen von Kunstregeln nach gegebenen Mustern stattfanden, die man προγυμνασματα nannte
und aus 14 Theilen bestanden, deren vollständige Kenntniß den
jungen Redner zu den ἀγωνες νομικοι (im sophistischen Sinne
erfundene Rechtshändel), ἀγ. ηθικοι (moralische Abhandlungen),
ἀγ. λογικοι (Declamationen) führte und mit den ἐπιδειξεις
ober Lobreden auf Kaiser und Vornehme endigte[1]). Unter den
theoretischen Lehrern der Rhetorik[2]) steht aber obenan Hermoge-
nes aus Tarsus († 161), dessen Lehrbücher von gründlichem
Studium der Alten zeugen, aber Jugendarbeiten sind, da ihn im
25sten Lebensjahre eine Krankheit des Gedächtnisses und der
Sprache beraubte[3]). Neben ihm verdienen unter der Masse unbedeutender Schriftsteller noch Erwähnung der erwähnte Aristides[3]),
Alexander, der Sohn des Numenius um 172 n. Chr.[5]), Demetrius von Alexandria unter den Antoninen, der wirkliche Verfasser der gewöhnlich dem Demetrius von Phaleros zugeschriebenen Abhandlung περι ἑρμηνειας[6]), und vorzüglich Dionysius
Cassius Longinus[7]) aus Athen, ein Schüler des Ammonius

Saccas und Origenes (um 213), später Rathgeber der bekannten Zenobia von Palmyra und deßhalb im J. 273 auf Befehl
des Kaisers Aurelianus hingerichtet, dessen Schrift περι υψους
ihm ohne Grund abgesprochen wird, ob sie gleich von einem
Geiste früherer Zeit zeugt. Ihm gehört auch eine in der Rhetorik
des Apsines aus Gadara in Phönicien (235 n. Chr. Lehrer
der Rhetorik zu Athen)[8] enthaltene Schrift über die Erfindung an.
Als Verfasser von Progymnasmen zeichneten sich aus Aphthonius aus Antiochia[9] (um 315) und sein Zeitgenosse Theon
aus Alexandria[10]. Sonst sind noch die Grammatiker Phrynichus und Valerius Harpocration wegen ihrer unten
zu nennenden Schriften hierher zu ziehen, sowie darauf aufmerk-
sam zu machen seyn wird, daß nunmehr auch die Commentatoren und Scholiasten der alten klassischen Redner beginnen,
unter denen besonders ein gewisser Ulpianus[11] hervorzuheben ist.
S. A. L. G. p. 1287 — 1293.

1) S. M. Fritzsche, Comm. de origine atque indole progymn.
rhetor. P. I. Grimm. 1839. 4.

2) Samml. d. Rhetoren sind: Ed. Pr. Rhetores Graeci. Venet. Ald.
1508 – 9. II. fol. Rhet. Gr. ex codd. mss. emend. et auct. ed. suis
aliorq. annot. instr. Chr. Walz. Stuttg. et Tubing. 1832—36. IX. 8.

3) Τεχνη ῥητορικη περι των στασεων, 4 B. περι ευρησεως, 2 B.
περι ιδεων, περι μεθοδου δεινοτητος u. προγυμνασματα. Opera b. Walz,
Rhet. T. III. p. 1 sq. Herm. Ars rhet. c. vers. lat. et comm. G.
Laurentii. Col. Allobr. 1614. 8. Gr. c. anal. Demosth. et Liban. orat.
aliq. et Aphthonii progymn. cur. Athanasius. Venet. 1799. 4. Hρο-
γυμν. Ed. Pr. fragm. lat. b. Priscian. Lib. de XII praeexercit. rhet.
ex Hermogene, b. Putsche, Gramm. Lat. p. 1329 sq. Ed. Pr. gr. e
cod. Taur. in Heeren's Bibl. d. alt. Lit. Bd. VIII. Ined. p. 3—19. u.
IX. Ined. p. 3—21. rec. et Heeren. sq. anim. ill. G. Veesenmeyer.
Norimb. 1812. 8. gr. et lat. c. not. ed. Krehl, c. Prisciano T. II. p.
419 sq. u. Walz T. I. p. 9—54.

4) Περι πολιτικου u. περι αφελους λογου b. Aldus Rhet. T. I. p.
641 sq. u. Rhet. gr. ed. Walz. T. IX. p. 340 sq.

5) Περι των της διανοιας και της λεξεως σχηματων (b. Ald. Rhet.
T. I. p. 574 sq. Gr. et Lat. c. Phoebamm. et Minucian. not. ill. L.
Normann. Upsal. 1790. 8., περι ῥητορικων αφορμων (b. Aldus Rh.
p. 594 sq.) u. περι επιταφιου (b. Aldus p. 610 sq.) von zweifelhafter
Aechtheit (b. Walz. T. VIII. p. 414. IX. p. 331 sq.).

6) Ed. Pr. Gr. b. Aldus T. I. p. 573 sq. Gr. et Lat. not. ill.
Th. Gale, Rhet. sel. Oxon. 1676. 8. p. 1—177. gr. rec. Walz T. IX.
p. 1—126. Gr. ed. Fr. Goeller. Lips. 1837. 8. f. J. Ph. Fr. Dettmers,
de merit. Demetr. sic dicti Phal. in arte rhet. recte aest. Frcft.
ad V. 1777—78. II. 4.

7) S. J. W. Knox, Rem. on supposed D. Long. with an attempt
to restore the treatise on sublimity to its orig. state. Lond. 1826. 8.
cf. P. G. Schardam (D. Ruhnken) Diss. de vita et scriptis Long.
Lugd. 1776. 4. u. in f. Opusc. T. II. p. 412 sq. Περι υψους. Ed.
Pr. gr. c. annot. Fr. Robortelli. Basil. (1554.) 4. Gr. et Lat. not.

ill. G. Langbaine. Oxon. 1638. 8. Gr. c. not. emend. et praef. T. Fabri. Salm. 1663. 12. Gr. et Lat. e V codd. emend. et not. var. subj. J. Toll. Traj. ad Rh. 1694. 4. Gr. et lat. c. praef. not. et var. lect. J. Hudson. Oxon. 1710. 1730. 8. Gr. et Lat. rec. not. atq. anim. adj. J. Toup. Acc. emend. D. Ruhnken. Oxon. 1778. 4. Gr. et Lat. rec. et anim. vir. doct. instr. B. Weiske. Lips. 1809. 8. S. Schr. περι ευρεσεως (b. Aldus p. 707 sq. u. Walz T. IX. p. 543 sq. s. Finckh in Zimmermann's Zeitschr. 1837. p. 612 sq. 617. 619 sq.) zuerst b. Apsines entdeckt von Ruhnken. in b. Bibl. d. Scienc. T. XXIV. P. I. 1765. p. 273 sq. u. Opusc. ed. Kidd. Lugd. B. 1823. 8. p. 183 sq.

8) Τεχνη ῥητορικη περι προοιμιου u. περι των εσχηματισμενων προβληματων b. Walz. T. IX. p. 467 sq. 534 sq.

9) Ed. Pr. Graece in b. Rhet. Aldi T. I. p. 1 sq. Gr. et Lat. ed. D. Heinsius. Lugd. B. 1616. 8. gr. c. not. J. Scheffer. Upsal. 1670. 8. Gr. b. Walz. T. I. p. 29—130. rec. et ann. instr. C. Fr. Petzholdt. Lips. 1839. 8. Sonst giebt es noch 40 Fabeln von ihm (gr. et lat. c. Babrio, Phaedro et Aviano. Hanov. 1603. 8. p. 6—46. Gr. et Lat. c. Progymn. not. et comm. Hadamarii. Heidelb. 1697. 8. auct. et recogn. Paris 1648. 12.

10) Ed. Pr. Graece. Rom. 1520. 4. Gr. et Lat. mend. rep. a J. Camerar. Basil. 1541. 8. Gr. annot. var. et schol. add. Chr. E. Finckh. Stuttg. 1834. 8. u. b. Walz T. I. p. 155—257.

11) S. Chapman Obs. in comm. ad Demosth. gr. Ulpiano vulgo adscr. Cantabr. 1730. 8. Becker, Lit. b. Demosthenes. p. 64 sq. 71 sq.

§. 204.

2.) Römer. Auch hier sank die politische und gerichtliche Beredtsamkeit zu schriftlichen Uebungen in den Rednerschulen, nach ihrem Inhalt in suasoriae und controversiae geschieden, herab und beschränkte sich zuletzt auf elende Lob- und Anreden an die Kaiser oder auf kurze Erkenntnisse und Vorschläge, welche von letzteren ausgingen und im Senate gehalten wurden[1]). Als practischer Redner gehört hierher M. Annäus Seneca aus Corduba in Spanien, der sich unter Augustus zu Rom aufhielt, dann aber noch in seinem Vaterlande bis unter Tiberius gelebt haben mag, und uns X libri controversiarum und liber suasoriarum über erdichtete Gerichts- und Staatshändel hinterlassen hat[2]). Neben ihm stehe hier Marcus Fabius Quintilianus aus Calagurris in Spanien (geb. 42), der, frühzeitig zu Rom gebildet, mit Galba im J. 61 nach Spanien ging, aber, im J. 68 zurückgekehrt, zu Rom gerichtliche Praxis übte, damit eine Rednerschule verband und hier die Söhne der vornehmsten Römer zu Schülern hatte, unter denen auch Plinius der Jüngere war. Er war ein Schmeichler des Domitian, der ihm im J. 118 das Consulat übertrug; sein Todesjahr ist unbekannt. Er hat uns 19 größere und 145 kleinere decla-

mationes hinterlaſſen, die zwar ſeinem unten zu nennenden theo-
retiſchen Werke unähnlich ſind, ihm aber nicht abgeſprochen werden können[3]).   Da jedoch neben dieſem noch eine große Anzahl
anderer Redner erwähnt wird, von deren Schriften indeß nichts
mehr vorliegt, ſo müſſen wir zu der Afterberedtſamkeit der Panegyriker oder Lobredner fortgehen, unter denen L. Plinius
Cäcilius Secundus[4]) obenan ſteht. Dieſer Mann, welcher
ſeine Hauptbildung jedenfalls ſeinem oben erwähnten Onkel verdankte, war 62 n. Chr. zu Comum geboren, betrat im 19ten
Lebensjahre bereits die öffentliche Laufbahn und beſchloß ſie, nachdem er im J. 100 n. Chr. Conſul und 103 Statthalter von
Pontus und Bithynien geweſen war, um 113—117, von dem
Ruhme, ein ebenſo rechtſchaffener als vielſeitig gebildeter Gelehrter geweſen zu ſeyn, begleitet.   Seine Studien waren faſt nach
allen Seiten der ſchönen Künſte und Wiſſenſchaften hin gerichtet,
und ſo mußte er natürlich, bei der ihm eigenen Sucht zu glänzen,
ſich auch der Staats- und gerichtlichen Beredtſamkeit zuwenden
und ſcheint ſo eine ſehr große Anzahl von Reden geſchrieben zu
haben, von denen jedoch nur ſeine Dankrede an Trajan für das
ihm übertragene Conſulat vorhanden iſt, die ihm die etwas zweifelhafte
Ehre, der Vater der Panegyriker geweſen zu ſeyn, eingebracht hat und
allerdings an Weitſchweifigkeit, Schmeichelei, rhetoriſchem Gepränge,
poetiſchen Floskeln und ſchwülſtigen und dunkelen Worten ihres
Gleichen ſucht. Von ihm und ſeinem Zeitgenoſſen Fronto aus
Cirta in Numidien, der, zu Alexandria gebildet, ſpäter der Erzieher des Marc Aurel und Verus war und zu ſeiner Zeit als
Muſter der Beredtſamkeit angeſtaunt ward, wovon allerdings die
noch erhaltenen Bruchſtücke ſeiner Schriften keinen Beweis liefern
können[5]), wenden wir uns nun zu den eigentlichen Panegyriſten
der Galliſchen Rednerſchulen, welche ihr Plinianiſches Muſter an
höfiſchen Schmeichelworten, unſinniger Kriecherei und blümelndem
Bombaſt noch bei Weitem überbieten[6]).   Die Verfaſſer dieſer
noch erhaltenen Machwerke ſind Claudius Mamertinus
aus Sicilien oder Gallien (um 289), Eumenius aus Autun in Gallien, Rhetor daſelbſt († 311), Nazarius, ein
Gallier aus Aquitanien oder der Provence, Lehrer der Beredtſamkeit zu Bordeaur (um 321), Mamertinus, wahrſcheinlich Sohn des Vorhergenannten, im J. 362 Conſul und 367

als des Unterschleifs schuldig verurtheilt, Latinus Pacatus Drepanius aus Aquitanien, um 390 Proconsul, und unter anderen noch sein Freund Ausonius. Ueber Aurelius Symmachus (314 zu Rom geboren und nach einer sorgfältigen Erziehung 368 Corrector von Campanien, 391 Consul und bis 397 am Leben), der durch seine strenge Rechtlichkeit, seine Treue gegen seine Freunde und seine ausgebreitete Belesenheit sehr wichtig ist, können wir, was er als Redner geleistet, aus den noch erhaltenen Bruchstücken seiner Reden und seiner Relatio pro ara victoriae (unt. f. Brief. X. 61.) jetzt nicht mehr ein bestimmtes Urtheil fällen[7]). S. A. L. G. p. 1293 sq.

1) S. C. A. Bonnell, Comm. hist. de mutata sub prim. Caesar. eloq. Rom. inprimis de rhetorum scholis. Berol. 1836. 4. O. v. Boeckelen, de oration. principum. Argent. 1660. 4. Dirksen üb. d. Red. d. Röm. Kaiser, im Rhein. Muf. 1828. H. I. p. 94 sq.

2) S. Mohedano, Hist. litt. de Esp. T. VI. p. 1 sq. VII. p. 61 sq. 220 sq. 275 sq. 285 sq. Cic. Fragm. ed. Niebuhr. Rom. 1820. 8. p. 104 sq. Ausg. f. Ed. Pr. Venet. 1490. fol. ed. A. Schottus. Heidelb. 1604. c. not. Fabri et al. Paris 1604. 4. Opera. Bip. 1783. Argent. 1810. 8.

3) S. Mohedano T. V. p. 436 sq. H. Dodwell, Annal. Vellej. Quinct. Stat. Oxon. 1698. 8. p. 69 sq. Florez, Esp. Sagr. T. XXXIII. p. 55—112. Manso, üb. c. b. Quintil. betreff. Meinung. Bresl. 1821. 8. Hummel, Quint. Vita. Gotting. 1843. 4. Ausg. (f. Maittaire, Diss. de antiq. Quint. edit. Lond. 1719. 8.) f. Ed. Pr. Instit. et declam. recogn. G. Bucoldianus. Colon. 1527. fol. Opera c. R. Agricolae comm. P. Mosellani annot. et J. Camerarii et Pini not. Paris 1549. fol. De instit. orat. L. XII. declam. XIX. maj. et q. ex CCCLXXXVIII. supers. CXLV min. et Calp. Flacci declam. c. not. vir. doct. cur. R. Burmann. Lugd. B. 1720. II. 4. ex rec. Ulr. Obrecht. Argent. 1698. II. 4. Declamat. CXXXV. Ed. Pr. Parm. 1494. fol. Decl. q. ex CCCLXXXVIII sup. CXLV ex vet. exempl. rest. Calp. Flacci excerpt. X rhet. min. LI. n. pr. ed. dial. de orat. ex bibl. P. Pithoei. Lutet. 1580. 8. c. not. Oxon. 1692. 8. Declamat. XV. c. anal. annot. et in sing. decl. antilog. auct. Patarol, in f. Oper. T. II. p. 93—402. Zur Kritik f. Friedemann, Misc. Crit. T. I. 4. p. 749 sq. u. Orelli, Ep. ad Madvig., b. f. Ausg. b. Cic. Orat p. XCV sq. Ueb. b. von Poggius vollst. entdeckte Hbschr. O. f. Krause, Bücherhist. Bd. I. p. 15 sq.

4) S. J. Masson, Vita Plinii ord. chr. digesta. Amst. 1709. 8. A. Jaeschke, de Plin. judic. rhet. Lips. 1698. 4. G. Richter, de glor. laudisq. stud. Plin. jun. quid sit censendum. Guben. 1804. 4. J. Mansionari in b. Racc. d'Opusc. scient. e filol. T. XXVIII. p. 22 sq. (Chr. B. Lehmus, Char. b. jüng. Plin. Soest 1776.4. J. A. Schafer, üb. d. Char. b. jüng. Plinius. Ansbach 1786—91. IV. 4. G. E. Gierig, Leb. u. Char. u. schriftst. Werke b. jüng. Plin. Dortmund. 1796.8. Thierfeld, Ein. üb. b. Leben u. b. sittl., sowie wissenfch. Werth b. jüng. Pl., vor f. Ueberf. München 1828. Bd. I. p. XIII—LXVIII. M. C. van Hall, Pl. le jeune, esq. litt. trad. du Holland, p. Wallez. Paris 1824. 8. Ausg. f. Ed. Pr. Plin. Epist. et Paneg. Venet. 1485. 4. c. J. M. Catanei expos. Mediol. 1506. fol. ap. H. Stephan. c. not. Casauboni.

Paris 1591. 12. rec. ac novo comm. instr. Ch. Cellar. Lips. 1693. 12.
c. var. lect. et ann. ed. Th. Hearne. Acc. Massoni Vita Pl. Oxon.
1703. 8. c. annot. perp. J. M. Gesner. Lips. 1739. 8. ex rec. Gesner.
c. not. var. ed. G. H. Schaefer. Lips. 1805. 8 rec. et prol. instr.
G. E. Gierig. Lips. 1806. 8. ed. N. Lemaire. Paris 1822 — 23. II. 8.
Panegyr. Ed. Pr. c. XII. Paneg. vet. s. l. et a. (Mediol. 1482.) 4.
Paneg. c. not. int. var. cur. J. Arntzen q. s. annot. adj. Amst.
1738. 4. ex XII codd. rec. ac not. observ. ill. adj. vir. doct. comm.
Chr. G. Schwartz. Norimb. 1746. 4. emend. a J. M. Gesner. Gott.
1749. 8. rec. G. E. Gierig. Lips. 1796. 8. Zur Krit. s. J. Held, Obs.
misc. in Plin. Paneg. Baruth. 1829. 4. C. Fuldner, Lect. ad Pl.
Paneg. P. I. Rintel. 1825. 4.

     5) E. Roth, Bemerk. üb. b. Schr. Fronto's u. b. Zeitalter. b. Anto-
ninen. Nürnb. 1817. 4. Eichstaedt, M. C. Front. Op. not. et spec.
Jen. 1816. fol. Niebuhr, Kl. Schr. Bb. II. p. 52. sq. Ausg. s. Opera
pr. ed. A. Majus c. comm. Mediol. 1815. II. 8. Frcft. 1816. II 8.
(Dazu Mai, App. ad VI Cic. Orat. ined. fragm. Rom. 1817. 8. p. 11
—34.) Ed. I. Rom. A. Mai plus C epist. auct. Rom. 1823. 8. in ord.
dig. c. not. ed. B. Niebuhr. Acc. lib. de differ. verbor. et Symmachi VIII orat. fragm. Berol. 1816. 8. M. C. Front. et M. Aur.
imp. Veri et Antonini etc. epist. reliq. cur. A. Mai. Ad ed. Mediol.
et Niebuhr. suppl. cur. A. Spangenberg. Cell. 1832. 8. Lettres inédites de M. Aurèle et de Front. trad. av. le texte lat. en reg. et
d. not. p. St. Cassan. Paris 1830. II. 8. s. Orelli, Chrest. Front. b.
s. A. b. Dial. de orat. Tur. 1830. 8. p. 115 sq. L. Schopen, Anim.
ad Front. ep. Bonn. 1830. 4.

     6) S. J. E. Walch, de orat. paneg. vet. in s. Parerg. Acad. Lips.
1721. p. 849 sq. J. G. Moerlin, de Paneg. vet. Norimb. 1738. 4. u.
C. G. Heyne, Cens. XII paneg. vet. Gott. 1803 — 5. II. fol. u. in s.
Opusc. T. VI. p. 80 sq. Ausg. s. Ed. Pr. s. l. et a. [Mediol.] 1482.4.
J. Livineius rec. et not. ill. Antv. 1599. 8. XIV Paneg. (c. Auson.
et Ennod.) op. J. Gruter. c. not. var. Paris 1643. II. 12. c. not. Chr.
G. Schwarz. et suis ed. W. Jaeger. Norimb. 1779. II. 8. (Dazu Jaeger, App. observ. ad paneg. vet. ib. 1791. 8.) c. not. var. et s. ed.
H. J. Arntzen. Traj. ad Rh. 1790 — 97. II. 4. Paneg. XIII. not. ac
numism. ill. c. interpr. ital. L. Patarol, in s. Opuscul. T. I. p. 153
—487.

     7) E. Susiana ad Symm. IV Pr. ed. J. Gurlitt. Hamb. 1816. 4.
Fr. Juret. Miscell. ad Symm. Epist. Paris 1604. 4. J. Gothofredus,
Vita Symm. b. s. Epist. Neapol. Venet. 1617. 4. Ch. G. Heyne,
Censura ing. et mor. Symm. Gott. 1801. fol. u. Opusc. T. VI. p.
1 — 18. Ausg. Q. A. Symm. VIII orat. ined. part. inv. notq. decl.
A. Mai. Mediol. 1815. 8. Frcft. 1816. 8. c. Heindorf. emend. ed.
Niebuhr, c. Front. Berol. 1816. 8. App. p. 1—61. Auct. ed. A. Mai,
b. b. Jur. civ. Antejust. Reliq. Rom. 1823 8. App. p. 3—70. u. App.
ad Cic. Orat. VI. ined. p. 35. Peyron, Annot. ad invent. bibl. Bo-
biens. p. 182 sq.

§. 205.

     Gehen wir jetzt zu den Technikern in der Redekunst bei
den Römern fort, so wird hier obenan stehen der Verfasser des
noch vorhandenen und im 6ten Regierungsjahre des Vespasian
75 n. Chr. geschriebenen Dialogus de oratoribus, in welchem

die Vorzüge der antiken vor der modernen Redekunſt durch die
feinſte Kritik der damaligen Redner und ſomit zugleich auch die
Gründe des Sinkens derſelben dargeſtellt werden. Man ſchreibt
dieſes treffliche Buch mit Recht dem Geſchichtſchreiber L. Cornelius Tacitus zu, obwohl von Anderen bald Quintilianus, bald der jüngere Plinius, bald Suetonius
als Verfaſſer angeſehen worden iſt[1]). Ein ähnliches Werk verfaßte M. Fabius Quintilianus in ſeinen (92 — 93
n. Chr. geſchr.) Libri XII institutionis oratoriae, worin er,
alles damals über Redekunſt Bekannte zuſammenfaſſend, ein
vollſtändiges Lehrgebäude derſelben giebt und hierauf baſirt im
10ten Buche eine Kritik der Griechiſchen und Römiſchen Claſſi-
fer verſucht[2]). Sonſt haben noch viele Schriftſteller, vorzüglich ſpätere Grammatiker und Kirchenlehrer, über einzelne Theile
der Redekunſt geſchrieben, die hier anzuführen der Raum verbie-
tet, weßhalb wir nur als ein Muſter dieſer Art aus der früheſten
Zeit den (Grammatiker?) P. Rutilius Lupus (um 16 n. Chr.)
nennen wollen, deſſen II L. de figuris sententiarum et elo-
quutionis wir noch in einer Umarbeitung vor uns haben[3]). S.
A. L. G. p. 1302 — 1306.

1) S. Fr. A. Eckstein, Prol. in Taciti, qui vulgo fertur, dial.
de orator. Hal. Sax. 1835. 4. Ruperti Prol. ad Tacit. T. I. p. LXIII sq.
Einzelnausg. f. c. not. var. ed. E. Benzel. Upsal. 1706. 8. ed. et ill.
J. H. A.Schulze. Lips. 1788. 8. rec. et ann. instr. E. Dronke. Confl.
1828. 8. rec. et ann. cr. instr. Fr. Osann Giess. 1829. 8. repurg. op.
J. C. Orelli. Turici 1830. 8. ed. G. Boetticher. Berol. 1832. 8. rec. Fr.
Ritter. Bonn. 1836. 8. Deutſch m. e. Realcomm. v. Hübſch. Nürnb. 1837. 12.
2) Ed. Pr. Rom. 1470. fol. emend. ab Omnib. Leonic. ed. N.
Jenson. Venet. 1471. fol. rec. Cl. Capperonnier. Paris 1725. fol. ed.
M. Gesner. Gott. 1738. 4. ad codd. fid. rec. et annot. expl G. L.
Spalding, c. ann. et ind. cur. C. F. Zumpt. Lips. 1798—1829. V. 8,
(Dazu E. Bonnell, Lex. Quinctil. ib. 1834. 8.) ex Spalding. rec. cur.
G. A. B. Wolff. Lips. 1816—21. II. 8. rec. not. max. part. crit. adj.
A. G. Gernhard. Lips. 1830. II. 8. ad fid. codd. mss. rec. C. T.
Zumpt. Adj. est var. script. Spalding. et br. ann. cr. Lips. 1831. 8.
ad codd. fid. rec. et ill. H. Meyer. ib. 1833. I. 8. ad codd. Paris. rec. cr.
not. var. J. J.Dussault. Paris 1821—25. VII. 8. De inst. orat. L. X. ex
rec. et c. comm. C. H. Frotscher. Lips. 1826. 8. rec. et ann. cr. et
gramm. instr. C. G. Herzog. ib. 1830. 8. comm. perp. instr. F. G.
Augusti (i. e. Schneidewin). Helmst. 1831. 8. rec. et expl. G. A.
Herbst. Hal. 1834. 8. m. krit. u. gramm. Bem. v. Herzog. Lpzg. 1829. 8
3) Ed. Pr. cur. N. Roscius. Venet. 1519. 8. ed. M. Gesner, Pr.
Lin. art. orat. Jen. 1745. 8. p. 55 sq. rec. et ann. adj. D. Ruhnken.
Lugd. B. 1768. 8. c. Ruhnken. annot. ed. C. Fr. Frotscher. Lips.
1831. 8. explan. Fr. Jacob. Lub. 1837. 8. f. a. C. Schoepfer, annot.
cr. in Vell. Pat. Acc. Rut Lupi de fig. sent. et eloc. L. I. fragm.
in vet. membr. rep. Quedlinb. 1837. 8.

§. 206.

Da man zur Theorie der Rhetorik bisher immer auch die Epiſtolographie gerechnet hat, ſo wollen wir hier gleich mit berühren, was in dieſem Felde bei den Römern Wichtiges geleiſtet worden iſt, inſofern zwar bei den Griechen Leute, wie Alciphron, Ariſtänetus, Julianus Apoſtata, Philoſtratus, Aelianus ꝛc. ſich in dieſem Theile der Literatur verſucht haben, allein bereits bei anderen Gelegenheiten angeführt worden ſind. Unter den Römiſchen Epiſtolographen werden wir, da des Seneca 124 Briefe eigentlich nur ebenſoviele philoſophiſche Abhandlungen ſind, demnächſt zuerſt den jüngeren Plinius zu nennen haben, welcher uns 10 Bücher epiſtolae, die äußerſt wichtige Beiträge zur Kenntniß des Staats- und Familienlebens jener Zeit liefern, deren Styl jedoch allzu gekünſtelt und geziert iſt, um zur Nachahmung empfohlen werden zu können[1], hinterlaſſen hat. Ebenſoviele Bücher Briefe ſind noch vom Symmachus übrig, die jedoch erſt nach ſeinem Tode von ſeinem Sohne geſammelt und herausgegeben wurden und uns in einem conciſen, aber blühenden und lebendigen Style wichtige Aufſchlüſſe über die Rechts- und Staatsverhältniſſe ſeiner Zeit geben[2]. Eine dritte Sammlung, die zwar ebenfalls für die Kenntniß der Zeitverhältniſſe jener ſpäteren Periode wichtig iſt, aber in Hinſicht der Sprache und des Ausdrucks weit hinter ihren Muſtern, den Briefen des Plinius und Symmachus, zurückſteht, hinterließ uns C. Sollius Apollinaris Modeſtus Sidonius[3] aus Lyon in Gallien (geb. um 428), Schwiegerſohn des nachmaligen Kaiſers Avitus (ſ. 455.), 467 Präfect von Rom und ſeit 472 bis an ſeinen, 482—484 erfolgten Tod Biſchoff von Clermont in der Auvergne. S. A. L. G. p. 1306 sq.

1) S. E. Moeller, Diss. de eo quod interest inter dicendi genus epistolare Cicer. et Plin. Sec. Hafn. 1790. 8. J. Held, üb. d. Werth d. Briefſamml. d. jüng. Plin. Berl. 1833. 8. Ausg. ſ. Plin. Ep. LL. VIII e rec. L. Carbonis. Venet. 1471. 4. Ep LL. IX. rec. Jun. Majns. Neap. 1476. fol. L. X. c. not. var. et J. Fr. Gronov. cur. J. Veenhusen. Lugd. B. 1669. 8. c. not. var. suisq. ill. G. Cortius et P. D. Longolius. Amst. 1734. 4. rec notq. ill. Gierig. Lips. 1800. II. 8. ex rec. et c. annot. vir. doct. ed. G. H. Schaefer. Lips. 1805. 8. ad fid. codd. Prag. et cet. libr. not. instr. F. N. Titze. Prag. 1820. 8. Plin. Epist. sel. spec. nov. ed. crit. off. J. C. Orelli. Turici 1833. 8. (ſ. J. Held, Prol. ad libr. epist. q. mutuo sibi scrips. Plin. jun. et Traj. Caes.

viri docti credunt. Suidnicii. 1835. 4.) Plin. Caec. Sec. Epist. M. krit.
Tert erl. v. M. Döring. Freyb. 1843. II. 8. Plin. Epist. et Paneg. c.
var. ann. sq. ed. E. Gros. Paris 1838. II. 8.

2) Ed. Pr. rest. et not. adj. Fr. Juret. Paris 1580. 4. Ed. II. auct.
X libr. Miscell. Paris. 1604. 4. rec. cura rec. J. Lectius not. emend.
epist. aux. Add. s. not. Jureti. S. Gervasii. 1601. 12. ex nova rec.
J. Ph. Parei. Acc. vita Symm. et Parei Electa Symm., Calligraphia
Symm. et Lexic. Symm. Neap. Nemet. 1617. 8.

3) S. Ph. Chasles im Journ. d. Debats. 1838. 25. Mai u. 28. Aout.
Ausg. f. Ed. Pr. Sidon. Apoll. poema aureum ejq. epist. Mediol.
1498. 4. cast. rest. et ed. st. El. Vineti. Lugd. 1552. 8. castig. rec. et
libr. comm. adj. J. Savaro. Ed. II. auct. et emend. Paris 1609. 4.
ex postr. rec. J. Wower. ed. et not. ill. J. Sirmond. Ed. II. Paris.
1652. 4. u. b. Sirmond. Op. T. I. p. 466 sq. u. b. Galland. Bibl. PP.
T. X. p. 461 sq. Oeuvres de C. Soll. Apoll. Sid. trad. en franç.
av. le texte en reg. et d. not. p. J. F. Grégoire et T. Z. Collom-
bet. Lyon et Paris 1838. III. 8.

G) Geſchichte.

§. 207.

1.) Juden. Obgleich die Juden eigentlich kein Volk ſind,
das ein beſonderes Talent für die Hiſtoriographie gezeigt hat, ſo ſind
doch in dieſer Periode mehrere Hiſtoriker bei ihnen aufgetaucht,
von denen der eine wenigſtens noch jetzt für uns eine ganz beſondere Wichtigkeit hat. Wir müſſen ſie jedoch hier in zwei
Klaſſen eintheilen, nämlich in ſolche, welche ſich der Hebräiſchen,
und in ſolche, die ſich der Griechiſchen Sprache bedient haben.
Zur erſteren gehört Rabbi Joſe Ben Chelpeta aus Zippora,
der im 2ten Jahrhundert die allgemeine Weltgeſchichte größtentheils nach altteſtamentlichen Nachrichten bis auf den Aufſtand
des Bar Cocheba unter Hadrian geſchildert hat[1]. Neben ihm
wird gewöhnlich noch ein gewiſſer Joſeph Ben Matthatia
Ben Gorion genannt, der eine Hebräiſche Ueberſetzung der
(von Rufinus in's Lateiniſche übertragenen) Geſchichte des Jüdiſchen
Krieges des gleich zu nennenden Flavius Joſephus gemacht haben
ſoll, allein dieſes Buch ward erſt um d. J. 887 von Joſeph
Ben Gorion Ha Cohen, einem Provençaliſchen Juden, angefertigt, ſpäter aber oft verändert und verfälſcht, vermuthlich
auch erſt mit jenem Titel verſehen und liegt jetzt in einer ſeiner
früheren ganz unähnlichen Geſtalt vor[2]. Dagegen ſchrieb
Flavius Joſephus (i. J. 37 n. Chr. zu Jeruſalem geboren, Phariſäer, ſehr angeſehen bei der Gemahlin des Nero,
der Poppäa, in Rom um d. J. 63 n. Chr., ſpäter Statthalter von Galiläa, bei der Eroberung von Jotapata von Titus

und Vespasian gefangen und Zeuge der Erstürmung Jerusalems,
später in Rom, wo er die Griechiſche Sprache erlernte, und 93
n. Chr. geſtorben) 7 Bücher über die Geſchichte der Belagerung
und Eroberung Jeruſalems in Hebräiſcher Sprache, trug ſie dann
aber in's Griechiſche über und überreichte ſie dem Vespaſian,
wozu er noch in 20 Büchern eine Schilderung der Jüdiſchen
Geſchichte vom Anfange der Welt bis zum 12ten Jahre der
Regierung Nero's fügte, welche wir nebſt einigen weniger bedeutenden Schriften deſſelben noch jetzt vor uns haben³). S. A.
L. G. p. 1221 sq.

1) סדר עולם Seder Olam Rabbah, d. i. Ordo Saeculi, Hebr.
et Lat. b. Chron. Hebraeor. maj. et min. Lat. vert. et comm. perp.
ill. J. Meyer. Amst. 1699. 4. p. 1—94.

2) Früh. Anſichten b. Wolf, Bibl. Hebr. T. I. p. 508 sq. III. p.
387 sq. Basnage, Hist. de Juifs. T. V. p. 1540 sq. Voss. de Hist.
Graec. ed. Westermann p. 204 sq. Neue Eikl. b. Zunz, Gottesd. Vortr.
b. Hebr. p. 146 sq. u. Carmoly in Zunz, Annal. 1839. p. 149 sq. Ausg.
ſ. Ed. Pr. Hebr. Mant. (s. a. v. 1480.) fol. (unvollſt.) Const. 1510. 4.
Hebr. et Lat. c. vers. et not. S. Münster. Basil. 1541. fol. Josippon.
s. Josephi Ben Gorionis Hist. Jud. L. VI. ex Hebr. lat. vert. praef.
et not. ill. J. Gagnier. Oxon. 1706. 4. Hebr. et Lat. juxta ed. Venet. (1544. 4.) coll. c. exempl. Constant. a J. Fr. Breithaupt. Acc.
ejd. not. Goth. 1707. 4. Als סדר תנאים ואמור אים m. Var. u.
Not. im Kerem Chemed. T. IV. nr. 24. ſ. dazu Rappoport ebb. Nr. 25.

3) S. A. Ernesti, Exerc. Flavianae de font. arch. fide et dictione
Jos., in ſ. Opusc. phil. et crit. Ed. II. Lugd. B. 1776. 8. p. 359 sq.
(Dageg. J. S. Semler, Spic. cr. theol. de auct. arch. ad Flav. exerc.
Lips. Hal. 1758. 4.) Chr. G. Steuber, Disq. de script. Fl. Jos. et
fide. Rintel. 1754. 4. Ph. Chasles, de l'autorité hist. de Fl. Jos.
Paris 1843. 8. Joſt, Geſch. d. Jſrael. Bd. II. Anh. p. 55—73. — Ἰου-
δαϊκῆς ἱστορίας περὶ ἁλώσεως libri VII Ausg. Fl. Josephi de Bello Jud.
L. VII. ad fid. codd. emend. var. lect. instr. et not. al. et s. ill.
Edv. Cardwell. Oxon. 1837. 8. (Deutſch v. A. Fr. Gfrörer u. W. Hoffmann. Stuttg. 1836. II. 8.) ſ. a. Egesippi (h. e. Josippi. = Ἰωσηπου)
historiogr. int. script. eccl. vetust. de reb. a Judaeorum principibus
in obsidione fortiter gestis deque excidio Hieros. alq. civit. adjac.
L. V. divo Ambrosio episc. interpr. Colon. 1525. fol. u. b. Galland.
T. VII. p. 655 sq. — Ἰουδαϊκῆς ἀρχαιολογιας βιβλια XX, περι ἀρχαιο-
τητος Ἰουδαιων κατα Ματεθανος και Ἀπιωνος, εἰς Μακκαβαιους λογος
ἢ περι ἀυτοκρατορος λογισμου, Φλαβιου Ἰωσηπου βιος, von ihm ſelbſt
geſchrieben (Gr. rec. et var. lect. adj. J. Ph. C. Henke. Brunsv. 1786.
8.) u. e. Fragm. περι παντος. Ausg. ſ. Opera. Ed. Pr. Graece. Basil.
1544. fol. Gr. et Lat. Palat. bibl. codd. mss. cast. Aurel. Allobr.
1611. fol. Gr. et lat. ad mss. cast. expurg. prol. et app. aucta
(cura Th. Ittig). Lips. 1691. fol ad codd dil. rec. nova vers. don.
et not. ill. J. Hudson. Oxon. 1720. II. fol. Gr. et Lat. c. not. et
vers Hudson., not. int. var. disp. et rec. notq. adj. S. Havercamp.
Amst. et Ultraj 1726. II. fol. Gr. et Lat. cur. Fr. Oberthür. Lips.
1782—85. III. 8. gr. rec. C. E. Richter. Lips. 1825—27. VI. 8.
Sämmtl. W. neu überſ. m. Anmerk. v. J. F. Cotta. Tübing. 1736. fol.

§. 208.

2.) **Armenier.** Bei den Armeniern iſt die Hiſtoriographie[1]) faſt das einzige Selbſtſtändige, welches ihre im Ganzen
allerdings reiche Literatur hervorgebracht hat, da ihr Patriotismus
und Nationalſtolz ſie frühzeitig veranlaßten, die Thaten ihrer Nation ſchriftlich aufzuzeichnen. Da jedoch ihre älteſten Geſchichtsdenkmäler verloren ſind, ſo wird außer **Agathangelos** aus Rom
(Geheimſchreiber des Königs Tiridates des Großen von 286 —
342), der die Geſchichte der Bekehrung ſeines Herrn, des Königs
Tiridates[2]), ſchrieb, und ſeinem Fortſetzer (von 344 — 392)
Fauſtus von Byzanz[3]), noch **Zenob**, genannt **Klag**, Biſchoff
von Niſtra in Kleinaſien, der die Geſchichte der Einführung des
Chriſtenthums in der Armeniſchen Provinz Daron hinterlaſſen
hat[4]), und **Moſes von Chorene** (370 — 489) zu nennen
ſeyn, welcher in 3 Büchern die Begebenheiten des Armeniſchen
Volkes von Haik, dem Stammvater deſſelben, bis zum J. 441
n. Chr. auf eine Weiſe geſchildert hat, die ihn noch heute als
das Muſter der Hiſtoriographen ſeines Vaterlandes erſcheinen
läßt[5]). Er hinterließ auch ein ebenfalls noch vorhandenes
Handbuch der Geographie, welches aus der Geographie des
Pappus von Alexandria entlehnt iſt, ſowie ein Lehrbuch der
Rhetorik in 10 Büchern, im Geſchmack des Theon von Alexandria und Libanius geſchrieben[6]). S. A. L. G. p. 1224 sq.

1) S. J. M. Chahan de Cirbied et F. St. Martin, Rech. cur. s.
l'hist. ancienne de l'Asie. Paris 1806. 8.
2) Ed. Pr. Armen. Const. 1709. 8. Ed. II. ib. 1824. 8. Ex mss.
emend. Venet. S. Lazaro. 1835, 12.
3) Ed. Pr. Armen. Const. 1730. 8. Venet. St. Laz. 1832. 12. ſ.
Neumann in d. Wien. Jahrb. Bd. 62. p. 58 sq.
4) Ed. Pr. c. continuatione Johannis Mamigonii. Armen. Const.
1719. 8. ex codd. emend. Venet. St. Lazar. 1832. 12.
5) Ed. Pr. Genealogia prosapiae Japheticae s. hist. Armen. nat.
L. II. Armen. Amst. 1695. 8. c. praef. etc. ex codd. mss. integre divulg. Armen. edid. lat. vert. notq. ill. G. et G. G. Whistoni filii.
Lond. 1736. 4. Armen. c. geogr. opere. Venet. 1752. 8. Ed. II. 1827.
8. Moïse de Khorène, Hist. d'Arménie, texte arm. et trad. franç.
p. P. E. le Vaillant de Florival. Venise 1841. II. 8.
6) Ed. Pr. Synopsis geogr. univ. Mosis Chor. cur. Uskan. Amstel. 1668. 12. u. b. Whiston, Ed. Mos. Ch. p. 335 — 368. u. b. St.
Martin, Mém. hist. et géogr. sur l'Arménie, suiv. du texte armen.
de l'hist des princes Orpélians p. Et. Orpélian et de celui des
géographies attribuées à Moyse de Khoren et à Dr. Vartan, acc.
d'une trad. franç. et d. not. Paris 1818 — 16. II. 8. Inst. Orator s.
Chreiae, c. comm. armen. ed. Zohrab. Venet. 1796. 12.

§. 209.

3.) **Chineſen.** Bei den Chineſen ward ſowohl in dieſer Periode als auch in den folgenden die Kunſt der Geſchichtſchreibung fleißig gepflegt, wiewohl ſie nicht erſt in derſelben auch entſtanden iſt, denn bereits im J. 145 v. Chr. war unter dem Kaiſer Wou-ti China's Herodot zu Laug-men in Schen-ſi zur Welt gekommen, Sſe-ma-thſian[1]), der nach längeren Forſchungsreiſen durch ſein Vaterland im J. 104 v. Chr. ſeine geſchichtlichen Denkwürdigkeiten als Reichshiſtoriograph unter dem Titel Sse-ki aufzuzeichnen begann, worin er, da die alten geſetzlich von den früheren Reichsannaliſten verfaßten Chroniken bei dem großen Bücherbrande (213) mit vernichtet worden waren, aus allen noch vorhandenen Schriftdenkmälern und Traditionen ſein großes Werk in 130 Büchern zuſammenſtellte. Es zerfällt in 5 Theile, von denen der erſte in chronologiſcher Ordnung die Kaiſerchronik in 12 Büchern (XI. XII. ſ. verl.) von Hoang-ti (2697) bis zu Hiao-Wu-ti aus der Dynaſtie Han (140 — 188) begreift, der zweite in 10 Büchern (X. iſt verl.) Zeittafeln, der dritte in 8 Büchern von den 8 Zweigen der Wiſſenſchaften, der vierte in 30 Büchern von der genealogiſchen Geſchichte aller größeren Familien des Reichs und der fünfte in 70 Büchern von der ausländiſchen Erdbeſchreibung und allgemeinen Biographie handelt. Von dieſer Zeit an wurden jene Annalen von verſchiedenen Hiſtoriographen ſo fortgeführt, daß, nachdem eine Dynaſtie aufgehört hatte zu herrſchen, auch die Geſchichte derſelben erſchien, worauf, nachdem (1739?) die Geſchichte der Dynaſtie Ming geſchloſſen war, die ganze Sammlung den Namen der Nián-óil-sze oder die 22 Geſchichtswerke oder Nian-sse-sse, d. h. die 24 Geſchichtswerke und von 2637 — 1644 reichend, empfangen hat und in ſolcher Geſtalt noch auf mehreren Bibliotheken Europa's vorliegt[2]). Aus dieſer großen Sammlung machte ein zweiter großer Hiſtoriker Sſema-kuang, anfangs Gouverneur der Stadt Honan, dann Cenſor und Hiſtoriograph des Kaiſers Schin-Tſung einen Auszug in ſeinem Tſeu-tſchi-thung-kian, d. h. allgemeiner Spiegel zum Gebrauch der Regierenden, in 292 Büchern Text, 36 Büchern Regiſter und 30 anderen, Abhandlungen und Discuſſionen enthaltend, welchen er 1084 n. Chr. unter Schin-Tſung zu Ende brachte und der noch in einem modernen Auszuge vorhanden iſt[3]).

1) S. A. Remusat, Not. s. Sse-matsian. Paris 1833. 8.
2) S. A. Fourmont, Gramm. Sinica p. 377 sq. Endlicher, Verzeichn. d. Japan. u. Chines. Münz. d. Ant. Kab. zu Wien. Wien 1837. 4.
p. 123 sq. Klaproth, Verzeichn. d. Chines. u. Mandschu Büch. d. Berl.
Bibl. Paris 1822. fol. p. 1—55.
3) Histoire de la Chine trad. p. le père de Mailla av. une descr.
p. l'abbé Grosier. Paris 1757. XIII. 4.

§. 210.

4.) Griechen. Wenn auch die Geschichte bei dieser Nation nicht mehr Männer wie Herodot und Thucydides erzeugen
konnte, so wurde sie doch noch fleißig geübt, und so nennen
wir außer dem nur noch nach Fragmenten zu beurtheilenden
Nicolaus von Damascus[1]), einem Peripatetiker und Freund
des Augustus, und Memnon aus Heraclea am Pontus, unter
den Antoninen[2]), deren allgemeine Geschichtswerke fast gänzlich
verloren sind, sogleich den bereits angeführten Plutarchus[3]),
der uns 44 $\beta\iota o\iota$ $\pi\alpha\rho\alpha\lambda\lambda\eta\lambda o\iota$ hinterlassen hat, d. h. Lebens-
beschreibungen Griechischer und Römischer ausgezeichneter Helden
und Staatsmänner, die in einem ächt historischen, pragmatischen
und weit einfacheren Style, als dieß bei seinen moralischen
Schriften der Fall ist, geschrieben sind. Es zeigt sich dabei überall
eine gut angelegte und gehaltene Characterschilderung, wiewohl
seine Unparteilichkeit noch Manches zu wünschen übrig läßt.
Mehr Geschichtschreiber als Biograph ist aber Flavius Arrianus aus Nicomedia, wo er Priester der Ceres und der
Proserpina war, später Römischer Senator und Consul und
wahrscheinlich bis unter Marc Aurel am Leben, in seinen 7
Büchern der $\alpha\nu\alpha\beta\alpha\sigma\iota\varsigma$ $\H{}A\lambda\epsilon\xi\alpha\nu\delta\rho ov$, die er größtentheils aus
den Werken des Ptolemäus Lagi und Aristobulus entlehnt
hatte. Sonst hinterließ er noch $\H{\eta}$ $\H{}I\nu\delta\iota\kappa\eta$, wahrscheinlich aus
der verlorengegangenen Schrift des oben genannten Nearchus ge-
zogen und obwohl im Ionischen Dialecte geschrieben, doch nicht mit
Unrecht gleichsam für das 8te Buch seines größeren Werkes zu betrachten[4]). Da von seinen übrigen Werken nur noch Bruchstücke
vorhanden sind, so wenden wir uns sogleich zu Flavius Ap-
pianus aus Alexandria, der anfangs Sachwalter, dann aber
Procurator von Aegypten war und um d. J. 147 in 24
Büchern eine Römische Geschichte von Aeneas bis Augustus
schrieb, der er einige oberflächliche Notizen über die Nachfolger

desselben bis auf Trajan beifügte. Sein Werk, das nicht mehr vollständig vorhanden ist und nach den Provinzen, wo die Haupt-ereignisse, die er darstellt, vorgefallen waren, eingetheilt war, ist in ziemlich gutem Griechisch geschrieben, allein nimmt allzusehr Partei für die Römer und scheint seine Quellen, die übrigens fast nie genannt sind, allzu unkritisch benutzt zu haben. In der ganzen Darstellungsweise beurkundet sich Appian übrigens als eifrigen Nachahmer des Herodot und Polybius[5]). Ziemlich um dieselbe Zeit fällt Herodianus von Alexandria (um 170 — 240), der mit großer Wahrheitsliebe, gesundem Urtheile und ziemlicher Unparteilichkeit die Geschichte der Römischen Kaiser vom Tode des Marc Aurel bis auf die Regierung des Gordianus nepos dargestellt hat[6]). An Gelehrsamkeit übertrifft ihn Dio Cassius[7]), mit dem Beinamen *Κοκκειανος* aus Nicäa in Bithynien (geb. 155 n. Chr.), der, im J. 180 bereits Se-nator, 193 Prätor, 223 Consul und Proconsul von Africa, 229 das zweite Consulat, wozu er bereits designirt war, nur darum nicht erhielt, weil die Prätorianer seine strenge Disciplin haßten, und der dann, aus Rom entfernt, in seiner Vaterstadt verstor-ben ist. Er verfaßte eine Römische Geschichte, zu der er 10 Jahre hindurch Material gesammelt und an welcher er ebenso lange gear-beitet hatte, und schrieb, was er selbst gesehen, gehört oder gelesen hatte (s. LVII. p. 510.) nach dem Muster des Polybius. Er ist in Bezug auf alle die Römische Staatseinrichtung betreffen-den Gegenstände wohl unterrichtet, für manche Partieen derselben glaubwürdig, wenn auch zuweilen unkritisch, in Beziehung auf seinen Styl aber allzu gekünstelt, um zur Nachahmung empfohlen werden zu können. Von anderen Historikern, wie dem P. He-rennius Dexippus (um 270) aus Athen, dem Olympio-dorus aus Theben (um 412), dem schon genannten Euna-pius, dem Priscus aus Panium in Thracien (um 422)[8]), sind nur noch Bruchstücke vorhanden, der Paraphrast des Eu-tropius aber, Päanius[9]), verdient kaum Erwähnung, sodaß nur noch Zosimus übrig ist, der als comes und exadvocatus fisci zu Constantinopel um d. J. 434 eine Geschichte der Rö-mischen Kaiser von Augustus bis 410 n. Chr. in 6 Büchern geschrieben hat, worin er, dem Polybius nicht ohne Glück nach-ahmend, sich durch Wahrheitsliebe, richtiges Urtheil und für

ſeine Zeit ziemlich reine Sprache ausgezeichnet hat[10]). S. A. L.
G. p. 1227 — 1240.

1) S. Hauptwerk war ἱστορια καϑολικη in 144 Büchern. **Fragm. gr.**
et lat. ed. **H. Valesius**, Exc. Peiresc. Paris. 1634. 4. p. 414—527.
Nic. Dam. hist. fragm. et exc. q. supers. Gr. n. pr. separ. ed vers.
lat. dupl. Vales. et Grot. not. vir. doct. et s. adj. J. C. Orelli, Lips.
1804. 8. (Dazu Supplement. ib. 1811. 8.) Gr. c. not. ed. **A. Coray**,
c. Ael. Var. Hist. Paris. 1805. 8. p. 228 sq. ſ. Sevin in d. **Mém. de**
l'acad. d. Inscr. T. VI. hist. p. 486 sq.

2) A. ſ. W. ἱστορικον in 16 B. Auszüge a. B. IX — XVI. b. Phot.
cod. 224. Fragm. ed. Pr. Graece c. Ctesia, Agatharch. et App.
Paris. 1557. 8. p. 76 sq. Gr. et Lat. Acc. script. Heracl. Nymph.
Promathidae et Dom. Callistr. fragm. et Chionis, q. fer., epist. Ed.
J. C. Orelli. Lips. 1816. 8. p. 1—91. ſ. a. Gedoyn in d. Mém. de
l'ac. T. XIV. p. 279 sq. H. L. Polsberw, de rebus Heracleae Ponti
L. VI. Spec. I. Brandenb. 1833. 8.

3) S. H. S., on the character of Plut. as an historian im **Class.**
Journ. nr. 32. p. 278 sq. 38. p. 102 sq. Weguelin in b. Mém. de
l'ac. de Berlin. 1780. p. 504 sq. A. H. L. Heeren, de fontib. et
auctor. vitar. parall. Plut. comm. IV. Gott. 1820. 8. u. in b. Comm.
Soc. Reg. Getting. Rec. T. IV. p. 65 sq. A. Lion, Comm. de ordine, quo Plut. vitas scripserit. Gotting. 1819. 8. Ed. II. ib. 1837.
8. R. Schäfer, üb. Biographien überh. u. b. d. Plut. insbeſ. Erlangen
1834. 4. Geſ. Ausg. b. Vitae ſ. Ed. Pr. Graece. Flor. 1517. fol. **Gr.**
et lat. add. var. lect. ex mss. codd. vir. doct. not. et emend. rec.
R. Bryan. Lond. 1723—29. V. 4. Graece c. anim. A. Coray. Paris
1809—15. VI. 8. Gr. cur. Gr. H. Schaefer. Lips. 1825 — 30. VI. 8.
Vit. parall. ex rec. C. Sintenis. Lips. 1839 sq. T. I—III. 8. Gr. et
Lat. Paris. 1840. II. 4. Deutſch v. J. Fr. S. Kaltwaſſer. Magdeb.
1799 —1806. X. 8. v. J. Klaiber. Stuttg. 1827 sq. X. 12.

4) Ἀναβασις Ἀλεξανδρου. Ed.Pr. Graece. Venet. 1535.8. Gr. et Lat.
c. Ejd. Indicis, N. Blancard. rec. emend. VIII L. anim. adj. Amst.
1668. 8. Gr. et Lat. c. ejd. Ind. ex mss. rest. J. Gronov. Lugd, B.
1704. fol. Gr. et Lat. c. annot. Raphelii. Acc. eclog. Phot. ad Arr.
pert. c. lect. var. J. Hoeschel. Amst. 1757. 8. Gr. rec. et not. ill.
Fr. Schmieder. Lips. 1798. 8. Graece rec. et not. ill. crit. t. al. t. s.
J. E. Ellendt. Regiom. 1832. II. 8. emend. et expl. ed. C. G. Krüger. Berol. 1835. T. I. 8. (ſ. a. O. O. van der Chys, Comm. geogr.
in Arr. de Exp. Al. Lugd. B. 1828. 4.) Ἰνδικα Arr. Indica Gr. et Lat. rec.
et ill. Fr. Schmieder. Hal. 1798. 8. Opera. Gr. st. A. Ch. Borheck.
Lemg. 1792 —1811. III. 8. ed Neoph. Ducas. Vindob. 1810. VII. 8.
Werke, überſ. v. Dörner. Stuttg. 1826 sq. VI. 12. ſ. a. C. A. Mauer-
mann, Arr. Nic. et Q. Curtius script. Rer. ab Alex. gest. comp.
Gorlit. 1835. 4. J. E. Ellendt, de Arrian. libr. reliq. comm. Regiom.
1836. 4.

5) ʽΡωμαϊκων βασιλικη, II. ʽΡωμ. Ἰταλικη, III. ʽΡ. Σαυνιτικη, IV. ʽΡ.
Κελτικη, V. ʽΡ. Σικελικη (nur Fragm.), VI. ʽΡ. Ἰβηρικη (vollſt.), VII.
ʽΡ. Ἀννιβαϊκη (vollſt.), VIII. ʽΡ. Καρχηδονικη(vollſt.), IX. ʽΡ. Μακεδονικη
(Fragm.), X. ʽΡ. Ἑλληνικη και Ἰωνικη (fehlt), XI. Συριακη και Παρϑικη
(erſt. vollſt. letzt. unächt u. im 9ten Jhdt. aus Plutarch entlehnt), XII.
ʽΡ. Μιϑριδατειος (vollſt.), XIII — XXI. ʽΡ. Ἐμφυλιων ʽα—ϑ' (noch 5
Bücher), XXII. Ἑκατονταετια, XXIII. Δακικη, XXIV. Ἀραβιος (ſind
verloren). Ausg. ſ. Ed. Pr. App. Celtica, Lybica, Illyrica, Syriaca,
Parthica, Mithridatica, Civilis V. L. dist. cur. ac dil. G. Stephani.
Lutet. 1551. fol. c. H. Stephani annot. ib. 1592. fol. Dazu Illyr. q.

hactenus nonnisi fragm. exst. e cod. a. **D. Hoeschel gr. n. pr. ed.
Aug. Vindel. 1599. 4. Gr. et lat. emend. corr. et H. Stephani aliorq.
not. adj. A. Toll. Amst. 1670. II. 8.** (D. Illyr. fehlen). **Q. supers.
conquis. dig. ad fid. mss. rec. suppl. emend. var. lect. adj. lat. vers.
emend. ann. var. sq. ill. ind. instr. J. Schweighaeuser. Lips. 1785.
III. 8. App. Fragm. gr. et lat. ed. A. Mai, Script. Vet. Coll. N.
T. II. p. 367 sq.** Recogn. **J. F. Lucht, c. Polyb. Fragm. Alton.
1830. 8. p. 96 sq.** f. a. **J. Schweighaeuser, Comm. hist. cr. de impr.
ac mss. hist. App. Al. cod. Argent. 1781. 4. u. Exerc. in App. Rom.
Hist. ib. 1786. 4. u. in** f. **Opusc. Acad. T. II p. 97 sq. u. p. 3 sq.**
Ueberſ. v. L. J. Dilleniuß. Stuttg. 1828—30. VIII. 12. v. C. Hammer=
börfer. Prenzl. 1829—30. V. 12.

6) S. Schirach, hiſt. Zweif. u. Beobacht. Halle 1768. 8. Th. I. p.
20 sq. **J. F. Leisner, de Herod. ejq. vers. Bergler. Lips. 1761. 4.**
Außg. f. Ed. **Pr. Graece, c. Xenoph. Hist. Gr. et Gem. Pleth. Venet.
Ald. 1503. fol. Gr. et Lat. c. Zosimo, ex emend, H. Stephani. Paris. 1581. 4. p. 1—321. Gr. et Lat. c. H. Stephani not. Er. Memmii
et A. Schotti emend. notq. Sylburg., in** f. **Coll. Script. Hist. Rom.
T. III. p. 453 sq. gr. et lat. cast. et ill. op. D. Parei. Frcft ad M. 1627. 8.
Gr. et lat. c. not. J. Boecleri. Acc. prompt. Herod. Argent. 1662. 8.
ad opt. cod. rec. et emend. Eton. 1724. 8. Gr. ex rec. H. Stephani
c. var. lect. III cod. nova Bergleri vers. not. var. ind. cur. Th. W.
Irmisch. Lips. 1789—1805. V. 8. rec. Fr. A. Wolf. Hal. 1792. 8. c.
anim. ed. G. E. Weber. Lips. 1816. 8. text. recogn. ed. G. Lange.
Hal. 1824. 8. gr. ad cod. Venet. rec. J. Bekker. Berol. 1826. 8.** Ue=
berſ. v. Oſſander. Stuttg. 1830. II. 12. v. J. H. Cunradi. Frkft. a. M.
1784. 8.

7) S. Werk beſtand a. 80 B., v. B. 1—34 nur Bruchſt. **(Gr. c. not.
Ursini in** f. **Excerpt. de legat. Antv. 1582. 8. p. 373 sq. Gr. et lat.
c. not. H. Valesii, b.** f. **Excerpt. ex coll. Const. Aug. Porphyrog.
Paris 1634. 4. p. 568—769. 770—777. Gr. et Lat. ed. A. Mai, Script.
Vet. coll. N. T. II. p. 135—196. 527—567. u. Spic. Vatic. T. V. 2.
p. 464.),** theilweiſe noch **B. XXXV. u. XXXVI., B. XXXVII—LIV.**
beinahe vollſt., **Fragm. LIV. c. 10. LV. c. 3. LVI. c. 2. gr. et lat. c.
not. J. Morelli, b. Dion. Cass. Hist. fragm. c. nov. [XLIV—LX.]
ear. lect. Bassan. 1798. 8. Ed. II. cur. Ch. de la Rochette. Paris
1800. fol. (**f. **D. Mel. de crit. T. II. p. 222 sq.), B. LV. unvollſt., B.
LVI—LX. vollſt. ob. wenigſt. in e. auſführl.** Tusz., **B. LXI—LXXX.**
in einem dergl. von einem gewiſſen **Johannes Xiphilinus** auß Trapezunt um
1070 gemacht, erhalten. D. angebl. Fund v. **B. 78—80. (Durch N. C. Falco,
Cass. Dion. Rom. Hist ult. L. III. Rom. 1724. 4.)** iſt eine Compilation auß
Dionyſ. v. Halicarnaſſuß, Plutarch, Zonaraß u. Tzezeß (f. **Sc. Maffei, Tre
lettere. Veron. 1748. 4. u. H. S. Reimari Epist. ad M. M. Quirini.
Hamb. 1746. 4.)** D. Fortſetz. e. Ungenannten b. **Mai a. a. D. p. 234—246.**
Cin. and. Fragm. a. Pariſ. Höſchr. b. **F. Haase, Dion. Cass. Libr. de-
perd. fragm. Bonn. 1840. 8.** Im Allg. f. **H. S. Reimar. Dio de se et
sua historia, a. a. D. T. II. p. 15.8 sq. u. Comm. de vita et scr.
Dion. Cass. T. II p. 1533 sq. (T. VII. p. 306 sq. ed. Sturz.) G. de
Moulines, in b. Mém. de Berlin. 1790. u. 1793. p. 489, 493. 505 sq.
R. Wilmans, de D. Cass. fontib. et auctor. Berol. 1836. 8.** Außg.
f. **Ed. Pr. Graece Dion. Cass. Rom. Hist. L. XXIII et XXXVI ad
LVIII usq. ed. H. Stephanus. Paris 1548. fol. Q. Cass. Dion. Cocc.
Rom. Hist. T. I. cont. libr. XXI ab U. C. ann. DCX. n. pr. defect.
restit. conc. et nova vers. et perp. s. varq. not. auct. st. N. Carm.
Falconii. Neapol. 1747. fol. Dion. Cass. Hist. Rom. q. supers. Vol
I. q. compl. Fragm. L. I—XXXIV. c. annot. Vales., L. XXXVI—
LIV int. c. not. F. A. Fabricii ac pauc. al. Graece ex cod. mss. e**

fragm. suppl. emend. lat. vers. Xylandro-Leunclav. lim. var. lect. not. vir. doct. et s. c. app. adj. H. S. Reimarus. Hamb. 1750—52. II. fol. Graece ex cod. mss. aliisq. subsid. suppl. et emend. Xiphilini epit. libr. Dion. Cass. atq. emend. add. lat. vers. adj. fragm. et ind. aux. annot. ex ed. Reimar. rep. multq. Reiskii et al. q. s. not. adj. F. G. Sturz. Lips. 1824—43. IX. 8. Ausg. b. Xiphil. f. Ed. Pr. Graece. Dion. Cass. Rer. Rom. a Pomp. M. ad Alex. Mam. epit. gr. et lat. ex mss., in Sylburg. Rom. Hist. Script. T. III. p. 137— 452. u. b. Reimar. T. II. p. 1368 sq. u. Sturz. T. IV. p. 4 sq. Deutſche Ueberſ. v. Penzel. Lpzg. 1786. II. 8. v. F. Lorenz. Jena 1826. III. 8.

8) Vollſt. Ausg. b. Fragm. Dexippi, Eunapii, Petri Patr., Prisci, Malchi, Menandri Hist. q. supers. ex rec. J. Bekker. et B. G. Niebuhr. c. vers. lat. Acc. eclog. Phot. ex Olympiod. Cand. Nonnoso et Theoph. et Procop. paneg. gr. et lat. Prisciani paneg. c. ann. H. Valesii, Labbei et Villoisonis. Bonn. 1829. 8.

9) Μεταφρασις εἰς την του Ἐυτροπιου ῥωμαϊκην ἱστοριαν (m. Lücken in b. Mitte u. ohne b. Ende) Ed. Pr. Graece ed. Fr. Sylburg, in b. Hist. Rom. Scr. Min. T. III. p. 62 sq. ed. S. Havercamp c. Eutropio. Lugd. B. 1729. 8. p. 577 sq. Graece c. Eutrop. ed. H. Verheyck. Lugd. B. 1762. 8. p. 529 sq. Gr. c. ind. ed. Kaltwasser. Goth. 1780. 8. ed. Neoph. Ducas. Vienn. 1807. II. 8.

10) S. St. Croix in b. Mém. de l'ac. d. Inscr. T. XLIX. p. 466 sq. J. F. Reitemeier, Comm. de Zosimi fide, stilo et histor. q. sec. est, scriptor. in Vollborth, Bibl. Phil. Lips. 1780. T. II. p. 225 sq. Ausg. ſ. Ed. Pr. Zos. Hist. nov. L. II. Gr. et Lat. c. H. Stephani Herod. Lut. Par. 1581. 4. p. 322 sq. Zos. Hist. L. VI. J. Leunclav. ab interitu vind. op. gr. et lat. n. prim. interpr. rec. publ. jur. fec. Fr. Sylburg. ad cod. bibl. Vindob., b. ſ. Hist. Rom. script. Gr. Min. T. III. p. 623 sq. Gr. not. ill. Th. Spark. Oxon. 1679. 8. Gr. et Lat. c. sel. var. not. accur. Chr. Cellar. Ciz. 1679. 8. Ed. III. Jen. 1729. 8. Gr. et Lat. rec. not. cr. et comm. hist. ill. J. Fr. Reitemeier. Subj. s. anim. C. G. Heynii. Lips. 1784. 8. A. b. Griech. überſ. v. Seybold u. Heyler. Frkft. 1804—5. II. 8.

§. 211.

5.) Römer. Obgleich auch noch in dieſer Periode die Hiſtoriographie bei den Römern fleißig betrieben wurde, ſo geſchah dieß doch keineswegs mehr in der Ausdehnung wie früher, indem man mit Ausnahme weniger größeren Geſchichtswerke der früheren Zeit ſpäter entweder nur kurze Biographieen und Panegyriken einzelner Kaiſer geben oder doch nur ſehr kurz abgefaßte, mehr oder weniger zuſammenhängende Notizen über einzelne hiſtoriſche Ereigniſſe liefern wollte. Eigentlich nehmen nur noch zwei Hiſtoriker Roms unter der Menge der kleineren Geſchichtsſchreiber dieſes Zeitalters einen ehrenvollen Platz ein, nämlich M. Vellejus Paterculus und Cajus Cornelius Tacitus. Erſterer[1], im J. 19 v. Chr. geboren (735 n. Erb. R.), diente 9 Jahre im Germaniſchen Kriege als praefectus equitum, ward 758 n. Erb. R. zur Quäſtur, die er 760 antrat, deſignirt,

768 vom Tiberius zum Prätor gemacht und ſcheint 784 u. Erb.
R. oder 31 n. Chr. mit Sejan gefallen zu ſeyn. Sein Geſchichtswerk, Historiae Romanae L. II, das nicht vor 783 vollendet
worden iſt, ſoll ein Abriß der allgemeinen Weltgeſchichte mit beſonderer Rückſicht auf ſeine Römiſchen Leſer ſeyn und umfaßt die Zeit
von der Zerſtörung Troja's bis z. J. 30 n. Chr.; leider fehlt
uns der Anfang, und auch nach L. I. c. 8. findet ſich eine bedeutende Lücke. Er iſt der erſte Hiſtorifer dieſer Zeit, der witzig
und geiſtreich zu ſchreiben verſucht hat, ſein Styl iſt anziehend
und gewählt, ſeine Sprache nach den beſten Muſtern gebildet
und ſeine Darſtellung lebendig und faſt poetiſch, jedoch ſein Plan
ſehr ungleichartig. Den Vorwurf der Schmeichelei gegen Tiberius heben das Gefühl ſeiner Dankbarkeit und eine beſſere Anſicht
über die Handlungsweiſe deſſelben, die er ſicherlich gehabt haben
mag, auf. Uebertroffen wird er jedoch noch weit vom C. Cornelius Tacitus aus Interamna (geb. 59 — 61 oder
ſchon 47 n. Chr.), der frühzeitig die Poeſie, Rechtswiſſenſchaft
und Beredtſamkeit ſtudierte, unter Vespaſian im Felde war,
im J. 88 n. Chr. Prätor wurde und von 89—93 mit ſeiner
Gattin und ſeinem Schwiegervater Agricola in Britannien um-
herzog, 97 consul suffectus ward und um 117 geſtorben zu
ſeyn ſcheint. In ſeinen Schriften, der Vita Agricolae (ſehr
wichtig für die frühere Geſchichte von Britannien), de situ, moribus et populis Germaniae (der älteſten Quelle über Deutſche
Geſchichte), den Historiarum libri V (von der Thronbeſteigung
des Galba bis zum Tode des Domitianus) und den nicht vor d.
J. 115 bekannt gemachten Annales in 16 Büchern, welche die
Römiſche Geſchichte von Auguſtus' Tode bis Nero umfaſſen
(B. 1 — 4 vollſt, ein kleiner Th. v. B. 5., B. 6. u. B. 11
—16 vorhanden, B. 11 u. 12 am Ende verſtümmelt), hat
er ſich durchweg als den beſten Hiſtorifer dieſer Zeit und einen
wahren Römer kundgegeben. Als Patriot im wahren Sinne des
Wortes, nicht wie ſo viele Schreier unſerer Zeit, charakteriſirt
er die Fehler und Gebrechen ſeiner Zeit ohne Anſehen der Perſon;
ſeine Darſtellung trägt überall das Gepräge der Wahrheit und
hat dabei eine ſolche Lebendigkeit, daß man einen begeiſterten
Redner zu hören glaubt und unwillkürlich zum Mitgefühl hin-
geriſſen wird. Sein Styl iſt ſo präcis, gerundet und dabei er-

haben, daß er, kaum den Livius ausgenommen, unter allen
Römiſchen Hiſtorikern am Meiſten zur Lectüre der ſtudierenden
Jugend empfohlen werden mag.

1) S. H. Dodwell, Annal. Vellejani, Quintil. et Statiani. Oxon.
1698. 8. p. 1 — 68. C. Morgenstern, Comm. cr. de fide hist. Velleji
Pat. inpr. de adulatione ei objecta. Dantisci 1798. 8. J. F. Herel,
Kr. Betracht. üb. d. Geſch. d. Vell. Erfurt 1790. 4. J. C. Schedel,
Comm. de C. Vell. Pat. qui stud. juvent. comm. digniss. Helmst.
1819. 4. Sauppe im Schweiz. Muſeum f. hiſt. Wiſſ. Frauenfeld. 1837.
Bd. I. 2. p. 153—180. Ueb. f. Quellen f. Guillaume in Erhard's Zeitſchr.
f. Geſch. v. Weſtfalen. 1838. Bd. I. p. 301—322. II. p. 263—324. Ausg.
f. Ed. Pr. C. Vell. Paterc. Hist. rom. duo volum. ad M. Vinicium
Cos. progener. Tiberii Caesaris p. Beat. Rhenanum, Selestad., ab
interitu utc. vindic. [c. Ejd. marg. adj. brev. castig. et not. Add.
s. var. lect. ex cod. Morbac. coll. a J. A. Burerio] Basil. 1520. fol.
ed. J. Lipsius. Lugd. B. 1591. 8. ex rec. J. Gruter. c. ejd. et al.
not. Frcft. 1607. 12. c. not. var. ed. A. Thysius. Lugd. B. 1653. 8.
e rec. et c. castig. N. Heinsii. Amstel. 1678. 12. e rec. Hudson. c.
var. lect. et sel. var. not. Acc. Dodwell. annot. Vellej. Oxon. 1693.
8. 1711. 8. c. var. lect. ed. M. Maittaire. Lond. 1713. 12. 1744. 12.
c. not. var. cur. O. Burmann. Acc. Dodwelli Ann. Lugd. B. 1719. 8.
Ed. II. 1744. Roterd. 1756. 8. rec. et c. s. aliorq. anim. ed. D.
Ruhnken. Acc. Dodwelli Ann. Lugd. B. 1778 — 79. II. 8. Denuo
ed. C. Frotscher. Lips. 1830—39. II. 8. comm. perp. ill. a C. D. Jani
et J. C. H. Krause. Acc. Morgenstern. comm. et Herel. annot. cr.
Lips. 1803. 8. Text. rec. var. lect. ed. Cludius. Adj. s. Ruhnk. not.
int. Hannov. 1815. II. 8. ex cod. Amerbach. add. var. ed. expr. J. C.
Orelli. Acc. Cr. Sallustii Or. et epist. Lips. 1835. 8. (f. C. M. Laurent, Loci Vellejani. Alton. 1836. 8. p. 181 sq.) Denuo rec. atq.
epist. ad Orelli. praem. J. Th. Kreyssig. Misen. 1836. 8. emend.
Fr. H. Bothe. Turici 1837. 8. ad ed. princ. et apogr. Amerbach.
fid. et ex doct. com. conj. rec. acc. ind. instr. Fr. Kritz. Lips.
1840. 8. 3. Krit. f. C. Schoepfer, Annot. crit. quib. Vell. Paterc.
ex hist. Rom. L. II. q. supers. prist. integr. restit. Acc. Rutil. Lupi
de figuris sentent. et elocut. L. I. fragm. In vetust. membr. rep.
Quedlinb. 1837. 8. Fr. Halm, Emend. Vellej. Monach. 1836. 4. J.
W. L. Jeep, Emend. Vellej. Guelpherb. 1839. 4. Ueberſ. v. Fr. K.
v. Strombeck. Braunſchw. 1826. 1830. 8.

2) S. C. Tacitus, eine biogr. Unterf. in d. Allg. Schulz. 1834. II. p.
105—109. J. S. Gestrich, Diss. de vita et scr. Taciti. Lond. 1805. 8.
D. G. Moller, Diss. de Tacito. Altorf 1686. 4. Hegewiſch, Hiſt. u.
Lit. Aufſ. Kiel 1801. p. 70 sq. Meierotto, Comm. de moribus Taciti. Berol. 1790. 8 u. de fontib. q. Tac. vid. secutus. ib. 1795 8.
Wernike, de elocutione Tac. Thoruni. 1829. 4. Süvern in d. Abh.
d. Berl. Acad. 1822. Hiſt. Ph. Kl. p. 73 sq. u. Humboldt. ebd. 1820. p.
303 sq. Daunou in d. Biogr. Univ. T. XLIV. p. 165—382. G. Boet-
t'cher, Lex. Tacit. s. de stilo Tac. praem. de Tac. vita et scrib.
gen. prol. Berol 1830. 8. u. Lib. de vita, scriptis ac stilo Tac. adj.
emend. rec. Bekker. ib. 1834. 8. Ruperti, de Tac. vita et scr.
praef, b. f. A. T. I. p. 1—CXLVI. Zell, Ferienſch. III. Samml. p.
67 sq. Ausg. f. Ed. Pr. s. l. et a [Venet. 1470.] fol. ed. Fr. Pu-
teolanus. (Mediol. 1475.) Venet. 1497. fol. ed. Beat. Rhenan. Basil.
1519. 1523. fol. rec. J. Lipsius add. comm. Acc. Vell. Paterc. c. ejd.
Lipsii not. auct. Ant. 1607 fol. juxta vet. mss. emend. notq. ill. p.
Curt. Pichenam. Frcft. 1607. 4. ex rec. et c. anim. Th. Ryckii

Lugd. B. 1687. 12. comm. int. vir. doct. ill. ex rec. et c. not. J.
Gronov. Traj. Bat. 1721. II. 4. ex rec. J. A. Ernesti c. not. int. J.
Lipsii et Gronov. quib. s. adj. Lips. 1752. 8. denuo cur. J. J. Oberlin. ib. 1801. II. (IV) 8. rec. emend. suppl. not. illustr. G. Brotier. Paris 1771. IV. 8. c. sel. var. not. cur. P. F. de Calonne. Paris 1824.
V. 12. rec. et comm. adj. G. H. Walther. Hal. 1831—33. IV. 8.
emend. et ill. ad codd. antiq. rec. J. Bekker. Berol. 1831. II. 8.
rec. et ann. perp. tripl. ind. instr. G. A. Ruperti. Hannov. 1832—
34. IV. 8. emend. et ill. N. Bach. Lips. 1834—36. II. 8. rec. breviq.
annot. instr. Fr. Ritter. Bonn. 1834—36. II. 8. Germania, rec. var.
lect. annot. Bredov. s. instr. Fr. Passow. Vratisl. 1817. 8. text. ref.
var. lect. et not. adj. P. C. Hess. Lips. 1824. 8. m. krit. u. gramm.
Anm. v. J. v. Gruber. Berl. 1832. 8. Urſchr. Ueberſ. u. e. Abh. üb. ant.
Darſt. v. G. L. Walch. Berl. 1829. 8 comm. instr. Th. Kiesling. Lips.
1829. 12. Lat. u. Deutſch überſ. u erl. v. Gerlach u. Wackernagel. Baſel
1835—37. II. 8. ed. J. Grimm. Gott. 1835. 8. rec. Fr. Ritter. Bonn.
1836. 8. — Agricola, c. lect. var. atq. annot. ed. Dronke. Conil.
1824. 8. Iter. rec. atq. annot. ill. E. Dronke. Fuld. 1844. 8. rec.
ad fid. cod. Vat. et not. adsp. U. G. H. Becker. Hamb. 1826. 8.
ed. et ann. ill. P. Hofman Peerleamp. Lugd. B. 1827. 8. m.
Erl. u. Excurſ. v. L. G. Roth. Nürnb. 1833. 8. Lat. u. Deutſch. m. Anm.
v. G. L. Walch. Berl. 1828. 8. — Annal. rec. et ann. add. Th. Kiessling. Lips. 1829. 12. Tac. Werke überſ. v. W. Bötticher. Berl. 1831—
34. IV. 8. v. Ricklefs. Oldenb. 1825—27. IV. 8.

§. 212.

Nachdem wir jetzt die beiden Coryphäen der Römiſchen Hiſtoriographen dieſer Periode vorausgeſchickt haben, laſſen wir auch die
weniger bedeutenden folgen. Man kann ſie in Annaliſten, Biographen,
Sammler hiſtoriſcher Notizen, Mythographen und Chroniſten
eintheilen. Zur erſten Klaſſe gehört aber Lucius Annäus
Florus, nach Einigen ein Gallier, nach Anderen aber aus
Spanien und Verwandter des Seneca, der unter Hadrian oder
Trajan einen Auszug der Thaten des Römiſchen Volks v. Erb. R.
bis 725 n. Erb. R. größtentheils aus früheren Hiſtorikern compilirte
und mit großer Parteilichkeit ſchrieb[1]. Ihm ähnelt Eutropius,
ein Italiener, Secretär des Conſtantin und Julian (bis unter
Valens 370 n. Chr. leb.), der ein Breviarium historiae Romanae
in 10 Büchern auf Befehl des Valens von Erbauung Roms
bis auf Jovian verfaßte, deſſen Styl freilich weniger rhetoriſch
geſchmückt, dafür aber auch für ſeine Zeit einfacher und correcter iſt,
als der des Florus[2]. Zur Ueberſicht dient auch das von einem
gewiſſen, übrigens unbekannten Manne, Sextus Rufus Feſtus
auf Befehl deſſelben Valens gelieferte Breviarium rerum gestarum populi Romani v. Erb. d. Stadt bis auf Jovian gehend,
welches aber freilich noch kürzer davon gekommen iſt[3]. Endlich
gehört hierher noch Ammianus Marcellinus, wahrſchein-

lich aus Antiochia ſtammend, der von Conſtantius bis auf Ju=
lian in den kaiſerlichen Armeen diente, dann aber zu Rom
ſeinen hiſtoriſchen Studien gelebt zu haben ſcheint. Er verfaßte
Rerum gestarum L. XXXI. oder eine Geſchichte der Thaten
des Römiſchen Volks von der Thronbeſteigung des Nerva an bis
auf den Tod des Valens, in welcher er vor Allem eine der
Wahrheit getreue pragmatiſche Darſtellung derſelben beabſichtigte.
Obgleich die erſten 13 Bücher über die Jahre 91 — 352 fehlen,
ſo haben wir dafür doch die folgenden noch, welche um ſo wich=
tiger ſind, als er darin als Augenzeuge auftritt; ſein Styl iſt
jedoch erbärmlich und faſt barbariſch zu nennen[4]).

1) S. D. G. Moller, Disp. de L. Ann. Floro. Altorf. 1684. 4.
F. N. Titze, Quaest. nov. III. de Epit. Rer. Rom. q. s. nom L.
Ann. s. Flori s. Senecae fertur aetate probaliss. viro auct. op. ant.
forma. Linz. 1804. 4. Ch. H. Hausotter, Diss. de susp. Fl. fide.
Lips. 1747. 4. Heintze, de Fl. non histor. sed rhetore. Vimar. 1787.
4. Gossrau, de Flori qua vixerit aetate. Quedlinb. 1837. 4. Ausg.
ſ. Ed. Pr. Paris. 1470. 4. c. not. Camertis et var. vir. doct. exc.
chron. et var, lect. J. Freinshem. Argent. 1636. 8. interpr. et not.
ill. A. T. Fabri. Paris 1674. 4. ex rec. N. Blancard, Acc. Cl. Salmas. aliorq. not. Franeq. 1690. 4. ex rec. Graevii c. ejd. annot.
Acc. not. int. Salmasii Freinshem. et al. c. var. lect. Add. est L.
Ampelius. Amst. 1702. II. 8. ex rec. obs. corr. notq. var. ed. L.
Beyer. Col. March. 1704. fol. c. int. vir. doct. comm. rec. suasq.
annot. add. C. A. Duker. Lugd. B. 1722. 8. Ed. alt. auct. cur. C.
Hübner et Fr. Jacobitz. Lips. 1832. II. 8. ex rec. Graev. c. ejd.
anim. et lib. var. lect. ed. J. F. Fischer. Lips. 1769. 8. aevo August. vind. prim. form. redd. rec. prol. et not. cr. add. F. N. Titze.
Prag. 1819. 8. ed. J. A. Amar. Paris 1822. 8. ad libr. mss. rec. ed.
var. lect. Duker. adj. Gf. Seebode. Lips. 1822. 8. c. var. not. sq.
ed. Langlois. Paris 1838. 8.

2) S. D. G. Moller, Diss. de Eutrop. Altorf. 1685. 4. C. H.
Tzschucke, Diss. de Eutr. vor ſ. A. p. III—CXVI. Ausg. ſ. Ed. Pr.
Eutrop. historiogr. et post eum Paul. Diac. de hist. Ital. prov. ac
Rom., c. Ter. Varr. de Ling. Lat. Rom. 1471. fol. c. Suet. cur. J.
B. Egnatius. Venet. 1516. 8. (erſte v. d. Interpolat. d. Paul Warnefrid
gerein. A.) c. not. A. Schonhov. Basil. 1546. 1552. 8. ed. El. Vinet.
Pictav. 1563. 8. c. metaphr. Paeanii rec. Chr. Cellar. Ciz. 1678.
1697. 8. c. not. et emend. A. T. Fabri. Paris 1683. 1726. 4. c. Mess.
Corv. Jul. Obseq. c. var. lect. et ann. ed. Th. Hearne. Oxon. 1703.
8. c. Mess. Corv. Paean. S. Rufo not. var. rec. S. Havercamp, qui
s. et Heumanni not. adj. Lugd. B. 1729. 8. rec. et not. ill. J. Fr.
Gruner. Cob. 1752. 8. c. not. var. ed. H. Verheyck. Lugd. B. 1752. 8.
rec. et var. doct. not. ill. s. adj. ed. C. H. Tzschucke. Lips. 1796. 8.
m. Erl. v. Große. Halle 1813. 8. rec. lect. div. annot. G. F. W. Grosse.
Lips. et Hann. 1816. 8. m. krit. geprüft. Text v. J. Hermann. Lübeck
1818. 8. c. var. lect. ed. C. Zell. Stutt. 1829. 8. herausg. m. hiſt. u.
geogr. Anm. v. Ramshorn. Lpzg. 1837. 8.

3) S. D. G. Moller, Diss. de S. Rufo. Altorf. 1637. 4. Ausg.
Ed. Pr. s. l. et a. (Neap. 1471.) 4. coll. var. cod. corr. et comm.
instr. a J. Cuspiniano, in d. Oper. Frcft. 1601. fol. rest. P. Pithoeus,

in ſ. Op. Paris 1609. 4. p. 311 sq. c. not. Chr. Cellar. Ciz. 1678. Hal. 1698. 8. b. Havercamp. Ed. Eutrop. p. 507 sq. u. Verheyck, Ed. Eutr. p. 688 sq. subj. not. ed. Cl H. Tzschucke. Lips. 1793. 12. rec. C. Münnich. Hann. 1815. 8.

4) S. D. G. Moller, Diss. de A. Marcell. Altorf. 1685. 4. Cl. Chifflet, de A. Marc. vita et libr. rer. gest. monob. Lovan. 1627. 8. Heyne, Opusc. T. VI. p. 35—71. Ausg. ſ. Ed. Pr. Rom. 1474. fol. mend. purg. et libris V auct. ult. n. prim. ab M. Accurs. invent. Aug. Vind. 1533. fol. Amm. Marc. L. XVII. rec. S. Gelenius. Basil. 1533. fol. c. cast. et not. J. Gruteri, in ſ. Script. Hist. Aug. T. II. p. 453 sq. ad fid. mss. rec. et obs. ill. Fr. Lindenbrog. Hamb. 1609. 4. emend. ab H. Vales. Fr. Lindenbrog. observ. et coll. var. lect. adj. et benef. cod. Colbert. Amm. emend. notq. expl. Paris 1681. fol. ope codd. mss. emend. rec. J. Gronov., qui et s. not. ins. Lugd. B. 1693. fol. ex rec. Gronov. c. gloss. ed. H. G. Ernesti. Lips. 1772. 8. c. not. var. ed. J. A. Wagner, abs. Erfurdt. Lips. 1808. III. 8.

§. 214.

Auch die Biographen, von denen in dieſer wie in der vorigen Periode viele verloren gegangen ſind[1]), kann man in zwei Klaſſen eintheilen, nämlich in ſolche, welche ſich mit Fremden, und ſolche, die ſich mit Einheimiſchen beſchäftigt haben. Unter jenen ſteht obenan Quintus Curtius Rufus, entweder unter Claudius oder unter Vespaſian fallend, obgleich ihn Andere bald unter Auguſtus, bald unter Tiberius, bald unter Trajan oder gar unter Septimius Severus, Theodoſius und Conſtantin den Großen ſetzen wollen, wahrſcheinlich der Sohn des von Tac. Ann. XI. 21. angeführten Rhetors. Wir haben von ihm eine romanhafte und nach ſehr unſicheren Quellen gearbeitete Geſchichte Alexanders des Großen (De rebus gestis Alexandri M.), die urſprünglich aus 10 Büchern beſtand, deren erſten beiden aber jetzt fehlen, welche, obwohl in einer ſehr gezierten, aber dabei doch nicht uneblen und reinen Sprache geſchrieben ſind[2]). Eine ähnliche Arbeit unternahm im 3ten (ob. 9ten?) Jahrhundert der Africaner Julius Valerius, der aber nur aus dem Griechiſchen überſetzte[3]). Zu der zweiten Klaſſe gehört aber C. Suetonius Tranquillus, der unter Trajan Tribun ward, unter Habrian aber ſeine Stelle als magister epistolarum wieder verlor. Wir haben von ihm die Lebensbeſchreibungen der 12 erſten Kaiſer, die er nach den zuverläſſigſten Quellen mit großer Unparteilichkeit und ohne Anſehen der Perſon in einer einfachen und correcten Sprache abgefaßt hat[4]). Darum ſtechen die Fortſetzer deſſelben, die ſogenannten Scriptores Histo-

riae Augustae gar sehr von ihm ab, welche die Geschichte
der Kaiser von Hadrian bis auf Carus und seine Söhne (117 —
285 n. Chr.) beschrieben haben und zwar in Beziehung auf die
Kunst der historischen Darstellung und des Styls ohne Werth
sind, dafür aber manche Notizen enthalten, welche wir ohne dieselben
entbehren würden, da sie, freilich mit großem Mangel an Kritik,
Senatsbeschlüsse, Briefe, Zeitungen und ältere Geschichtswerke auf
gleiche Weise ausgebeutet zu haben scheinen, indem von ihnen nur
Vopiscus allein als Augenzeuge spricht, die übrigen aber sich nicht
über gewöhnliche Compilatoren erheben. Ihre Namen sind Aelius Spartianus (unter Diocletian), Vulcatius Galli-
canus, Trebellius Pollio, seine Zeitgenossen, Aelius
Lampridius, Julius Capitolinus (unter Diocletian
und Constantin) und Flavius Vopiscus (um 291)[5]. Der
letzte hierher gehörige Schriftsteller ist Sextus Aurelius
Victor aus Africa, seit d. J. 361 Statthalter von Pannonien
und später Präfect von Rom, der eine Kaisergeschichte von Augustus bis auf das 3te Regierungsjahr des Julianus verfaßt
hat, welche jedoch nur noch in dem von einem Späteren daraus
gemachten Auszuge vorliegt[6].

1) S. Wiese, de vitarum scriptor. Romanis. Berol. 1840. 4.
2) S. G. Moller, Diss. de Curtii aetate. Altorf. 1683. 4. (hält
ihn für eine fingirte Person u. setzt das Buch in's 13te Jhdt. s. a. M. D.
Omeisius [H. Brever.], Diss. de Curt. aet. ib. 1683. 4.) U. Hirt, üb.
d. Leb. d. Geschichtschr. Q. Curt. Ruf. Berl. 1820. 8. (s. ihn u. August.)
Niebuhr in d. Abhandl. d. Berl. Acad. 1825. p. 231 sq. u. Kl. Schrift.
Bd. I. p. 305. (u. Sept. Sev.) Bagnolo, della gente Curzia et dell'
eta di Q. Curzio. Bologna 1741. 8. (u. Constantin d. Gr.) Ph. Buttmann, üb. d. Leb. d. Gesch. Q. Curt. Berl. 1820. 8. u. Pinzger in Sec-
bode, Arch. f. Phil. u. Pädag. 1824. Bd. I. p. 91—104. (u. Vespasian).
Mützell, Vorr. p. 61—69. u. St. Croix, Exam. d. hist. d'Alex. le gr.
p. 102 sq. (u. Claudius) s. a. W. Jeep, Quaest. cr. de Q. C. Rufi
Hist. fragm. Guelpherb. 1833. 4. S. P. Berg, Hist. cr. Q. Curt. R.
Gryphisw. 1802. 4. Ausg. s. Ed. Pr. Venet. 1471. fol. acc. castig.
a B. Merula. Venet. 1496. fol. c. annot. D. Erasmi. Argent. 1518.
fol. ex rec. Asulani. Venet. Aldus 1520. 8. c. not. ed. Fr. Modius.
Colon. 1599. 1597. 8. ed. M. Raderus. Colon. 1623. 8. c. comm. et
suppl. Freinshem. Argent. 1640. 1670. II. 4. c. not. var. cur. Schrevel. Lugd. B. 1658. 8. c. comm. ed. S. Pitiscus. Ultraj. 1635. 1654. 8.
Hag. Com. 1708. 8. c. not. Chr. Cellar. Lips. 1688. 12. c. not. var.
ed. H. Snakenburg. Delph. et Lugd. B. 1724. 4. c. comm. ed. Fr.
Schmieder. Gott. 1803. 8. rec. et comm. adj. J. C. Koken. Lips.
1828. 8. ed. C. Th. Zumpt. Berol. 1826. 8. appos. Freinsh. Suppl.
et var. lect. ed. A. Baumstark. Stuttg. 1829. III. 8. emend. ed. et
anim. adj. F. H. Bothe. Manhem. 1823. 8. m. erkl. Anmerk. u. Var.
v. J. Seibt. Prag. 1826. 8. ed. Lemaire. Paris 1832. 8. not. ill. A.

Hedner. Oerobroae. 1838. 8. c. Freinshem. suppl. s. et var. not. ill.
A. Huguet. Paris 1836—37. II. 8 L. q. supers. VIII. m. krit. u. exe=
get. Anmerk. v. J. Mützell. Berl. 1842 II. 8. (f. deſſ. de translationibus
q. voc. ap. Curt. comment. ib. 1842. 4.) Deutſch überſ. v. Oſtertag.
II. A. Frkft. a. M. 1799. 8.

3) J. Valerii Res gestae Alex. Maced. transl. ex Aesopo Graeco.
Prim. ed. A. Majus. Mediol. 1817. 8. (u. in b. Class. Auct. ex cod.
Vat. T. VII. p. 59—320.) Frcft. 1818. 8. Dazu ein Itinerarium Alexandri in b. Class. Auct. a. a. O. p. 1—58. u. c. Val. Frcft. 1818. 8.
Supplem. zu B. in b. Spicil. Vatic. T. VIII. p. 513 sq. Der Ver=
faſſer b. Itiner. iſt ein anderer, Letronne im Journ. d. Sav. 1818. Octbr.
p. 609—620. weiſt übrigens nach, daß jener Jul. Valerius im 9ten Jhdt. erſt
ben Pſeudocalliſthenes aus b. Griech. überſetzt haben könne, f. hier. m. Sagen=
kreiſe p. 441 sq.

4) Wir haben von ihm noch: Vitae XII imperatorum, liber de
illustribus grammaticis, de claris rhetoribus und aus ſeinem Werke
de poetis, noch bie Vitae Terentii, Persii, Lucani, Juvenalis, Horatii,
Plinii. Im Allg. f. D. G. Moller, Diss. de Suet. Altorf. 1685. 4.
Laisne, in b. Nouv. Rec. de pièc. fugit. de M. Archimbaud. Paris
1717. 12. p. 23 sq. Fr. A. L. Schweiger, de fontibus atque auctor.
vit. XII imper. Suet. comm. Gotting. 1830. 4. R. Krause, de Suetonii fontibus et auctor. Berol. 1834. 8. Ausg. f. Ed. Pr. Rom. 1470.
fol. c. comm. Beroaldi. Bonon. 1493. fol. c. Is. Casauboni anim. et
diss. pol. Boecleri. Argent. 1688. 4. c. not. var. cur. P. Burmann,
qui s. annot. adj. Amstel. 1736. II. 4. ex rec. Fr. Oudendorp., qui
var. ann. Graev. et Gronov. necnon Dukeri add. Lugd. B. 1751. 8.
not. ill. J. A. Ernesti. Lips. 1748. 1775. 8. rec. Fr. A. Wolf. Lips.
1802. IV. 8. comm. ill et clav. adj. D. C. G. Baumgarten-Crusius.
Lips. 1816. III. 8. erl. v. J. G. Bremi II. umg. u. beſ. Ausg. Zürich
1821. 8. c Baumg. Crusii comm. exc. Ernestii et al. not. ill. C. B.
Hase. Paris 1828. II. 8. Op. sel. var. anim. sq. ill. E. Gros. Paris
1836—37. II. 8. Zur Kritik f. D. Ruhnken, Schol. in Sueton. vit. ed.
J. Geel. Lugd. B. 1828. 8. Ueberſ. in's Deutſche v. Oſtertag. Frkft. a. M.
1788—99. II. 8.

5) S. G. Mascow, Or. de usu et praest. script. hist. August.
in jure civili. Harder. 1733. 8. u. in f. Opusc. ed. Püttmann. p.
327 sq. Chr. G. Heyne, Opusc. T. VI. p. 52—79. D. G. Moller,
Diss. de A. Spart. Altorf. 1687. 4. Diss. de Vulc. Gall. ib. 1689. 4.
D. de Treb. Poll. ib. 1689. 4. D. de Fl. Vop. ib. 1687. 4. D. de Ael.
Lampr. ib. 1688. 4. u. D. de Jul. Capit. ib. 1689. 4. Moulines, in
b. Nouv. Mém. de l'acad. de Berlin. 1780. p. 534 sq. Ausg. f. Ed.
Pr. Hist. Aug. Scr. VI, c. Suet. Eutrop. et Paulo Diac. Mediol.
1475. III. fol. castig. ab J. B. Egnatio, b. f. L. de Caesar. III. Venet. 1516. 8. ex vet. mss. rec. Is. Casaubon. qui libr. emend. et
not. adj. Paris 1603. 4. Cl. Salmas. ex vet. libr. rec. et libr. not.
et emend. adj. Adj. s. not. et emend. Casaub. Paris 1626. fol. c.
int. not. Casaub. Salmas. et Gruteri. Lugd. B. 1671. II. 8. c. not.
U. Obrecht. Argent. 1677. 8. cura Püttmann. Lips. 1774. 8. Deutſch
überſ. u. erl. v. Oſtertag. Frkft. a. M. 1790—93. II. 8.

6) Der Ausz. h. de vita et moribus imper. rom. epit. ex libris
S. Aur. Vict. a Caes. Augusto usque ad excess. Theodos. imp. Sonſt
ſchreibt man ihm noch, wiewohl grundlos, zu De viris illustribus urbis
Romae, wahrſcheinlich einen Auszug aus bes Suetonius ebenſo betit. Werke,
und de origine gentis romanae. S. a. D. G. Moller, Diss. de Aur.
Vict. Altorf. 1685. 4. Meyer in Zimmermann's Zeitſchr. f. Alt. W.
1835. Nr. 130. p. 1043 sq. Ausg. f. Ed. Pr. c. cast. El. Vineti
ex bibl. A. Schotti, cui not. s. adj. Antv. 1579. 8. interpr. et not.

ill. A. T. Fabri. Paris 1681. 4. c. vir. doct. comm. int. rec. S. Pitiscus. Traj. ad Rh. 1696. 8. c. not. var. c. J. Arntzen. Traj. B.
1733. 4. ex rec. et c. anim. cr. et hist. ed. J. Gruner. Coburg. 1757.
8. c. anim. ed. Harles. 1787. 8. rec. anim. cr. hist. instr. Fr. Schroe-
ter. Lips. 1829—31. II. 8.

§. 215.

Zu den Notizenſammlern für politiſche und ſittliche Geſchichte des Alterthums rechnen wir, da Julius Erſuperantius[1]) (um 420) in ſeinem Buche über die Bürgerkriege nur
einen Auszug aus Salluſt gegeben hat und die Notitia dig-
nitatum omnium tam civilium quam militarium in partibus
orientis atque occidentis um 425 — 52 geſchrieben nur ein
Staatskalender ohne Angabe der Namen iſt[2]), eigentlich nur
einen einzigen Schriftſteller, nämlich den Valerius Maximus[3]),
der, nachdem er früher unter Sextus Pompejus um d. J. 18
n. Chr. in Aſien gedient, zu Rom bis nach d. J. 31 n. Chr.
entfernt von Staatsgeſchäften gelebt zu haben ſcheint und als
ein eifriger Anhänger und Schmeichler des Tiberius auftritt in
ſeinen Factorum dictorumque memorabilium L. IX. ad Ti-
berium Caes. Aug., worin er aus anderen Schriftſtellern eine
Menge einzelner Züge aus dem Leben mehr oder weniger berühmter Männer mit großer Parteilichkeit und bedeutendem Hange
zum Wunderbaren in einem allzu ſteifen und declamatoriſchen
Style compilirt hat. Als 10tes Buch findet ſich ein Auszug eines
Werkes de nominibus oder über die Römiſchen Namen beigefügt,
welches wahrſcheinlich den Valerius von Antium zum Verfaſſer gehabt
hatte. Uebrigens exiſtiren von dem größeren Werke zwei Auszüge, die
in nicht viel ſpäterer Zeit Julius Paris und Junius Nepo-
tianus[4]) gemacht haben mögen, von denen vermuthlich auch das
genannte 10te Buch in ſeiner jetzigen Geſtalt herrührt. In die Zahl der
Mythographen gehören die Verfaſſer von zwei ziemlich erbärmlichen
Machwerken über den Trojaniſchen Krieg, welche die Namen des Dictys[5]) von Creta und Dares[6]) aus Phrygien, zweier Vorhomer-
iſcher Dichter, an der Stirn tragen. Die Historia belli Trojani
des Erſteren, welche angeblich ein gewiſſer Creter, Praxis oder
Euprarides, bearbeitet und dem Nero überreicht hatte, ſoll ein
gewiſſer Septimius im 2ten bis 3ten Jahrhundert, die Historia excidii Trojani des Dares aber gar Cornelius Nepos aus dem Griechiſchen übertragen haben, allein der Styl

verräth ein weit späteres Zeitalter, das bei Dictys um 400 — 430, bei Dares aber um 600—700 anzunehmen seyn dürfte. Uebrigens gehörten diese Werke sowohl als die des Valerius Maximus zu den gelesensten Büchern des Mittelalters.

1) De Marii, Lepidi et Sertorii bellis civilibus in d. Ausg. d. Sallust. ed. Wasse p. 145 sq. u. Frotscher T. I. p. 253 sq.

2) Ed. Pr. S. Gelen. Basil. 1552. fol. c. comm. G. Pancirolli. Venet. 1593. 1602. Lugd. B. 1608. Genev. 1623. fol. ex rec. Ph. Labbei. Paris 1651. 12. u. Graev. Thes. Antiq. Rom. T. VII. p. 1309 sq. Not. dignit. et administr. omn. t. civil. q. milit. in partibus Orient. et Occid. Ad codd. mss. editq. fid. rec. comm. ill. Ed. Böcking. Bonn. 1839 –40 III. 8. f. Ed. Böcking, üb. d. N. D. U. J. Bonn 1834. 8.

3) S. D. G. Moller, Diss. de Val. Max. Altorf. 1684. 4. Ausg. f. Ed. Pr. s. l. et a. [Argent. 1470.] fol. Mogunt. 1471. fol. a St. Pighio emend. et post Lipsii et Mitalleri edit. coll. adj. anim. a Chr. Colero. Hanov. 1614. 8. c. not. J. Vorstii. Berol. 1672. 8. c. not. int. vir. doct. et observ. perp. Perizonii ad plur. mss. fid. rec. et not. adj. A. Torrenius. Leid. 1726. 4. c. not. ed. P. Cantelius. Paris. 1679. 4. c. var. lect. notq. perp. ed. J. Kapp. Lips. 1782. 8. c. sel. vir. ann. et s. ed. J. Th. B. Helfrecht. Cur. Regn. 1799. 8. rec. C. B. Hase. Paris 1822. III. 8. Opera c. var. suisq. not. ed. Salv. de Lennemas. Paris 1838. II. 8. Deutsch überf. Frkft. a. M. 1805 sq. II. 8.

4) Jun. Nepot. Epit. Hist. Val. Max. Acc. Exc. e Jul. Parid. epit. cord. libr. Cell. 1831. 4. u. b. A. Mai, Coll. Scr. Vet. N. T. III. P. III. p. 1 sq. 93 sq.

5) S. G. M. Boraenius, Ex. cens. de Dict. Cret. Upsal. 1725. 4. u. Dederich, Disp. b. f. X. p. XI sq. (f. dagegen Hildebrand in Jahn's Jahrb. Bd. XXIII. p. 278 sq.) Ausg. Ed. Pr. c. Darete. Mediol. 1477. fol. c. not. J. Merceri, C. Barthii, U. Obrechti et P. Vinding. Acc. Dar. Phryg. in us. Delphini. Acc. not. var. necnon Joseph. Iscan. c. not. S. Dresenii ed. L. Smids. Amst. 1702. 4. rec. gloss. Septim. obs. hist. adj. A. Dederich. Bonn. 1833. 8.

6) S. a. J. J. de Brincken, Pr. de Dar. Phr. Lunaeb. 1736. 4. J. G. Eccii Diss. de Dar. Phr. Lips. 1768. 4. Dederich. Disp. v. f. A. p. VII sq. Class. Journ. T. XXX. p. 92 sq. Ausg. Ed. Pr. s. l. et a. (Colon. 1470.) 4. ad libr. fid. rec. et ann. instr. A. Dederich. Bonn. 1835. 8. Ueberf. v. Hermstädt. Heröf. u. Lpzg. 1774. 8.

§. 216.

Es ist schon bemerkt worden, daß in dieser Periode bereits nüchterne Chronisten aufzutauchen beginnen, und wir haben hier daher blos die Namen derselben hinzuzufügen. Diese sind außer Paulus Orosius und des Hieronymus Uebersetzung des gleich zu nennenden Werkes des Eusebius Pamphili, Prosper von Aquitanien, der eine Weltchronik von der Schöpfung bis z. J. 455, worin er die Jahre nach Römischen Consuln zählt (chronicon Consulare), schrieb, diese aber auch noch in einer zweiten Recension mit besonderer Rücksicht auf Gallien, in der nach Kaisern gezählt wird (chronicon imperiale), abfaßte[1],

und Flavius Dexter, ein Sohn des Bischoffs von Barcellona, Pacianus, und um d. J. 392 praefectus praetorio,
welchem eine Historia omnimoda v. Erb. Roms 752—1182
oder b. 430 n. Chr. (mit Fortsetzungen bis 668) zugeschrieben
wird, die aber jedenfalls einem anderen Verfasser angehört[2]).
Darum ist weit bedeutender ein gleichartiges Werk des Eusebius Pamphili in Griechischer Sprache, eine Hauptquelle
des Prosper, nämlich die sogenannte παντοδαπη ιστορια, bestehend aus einer χρονογραφια oder Geschichte aller Völker von
Abraham bis z. J. 325 n. Chr., und dem κανων χρονικος, einer
Reihe von synchronistischen Tabellen vom Jahre 2017 v. Chr.
an. Dieses Werk hatte man früher nur in der von Hieronymus angelegten und bis z. J. 378 n. Chr. fortgeführten
Uebersetzung und einigen bei Syncellus und Eusebius (in d.
Praep. Evang.) erhaltenen Bruchstücken des Originals[3]), seit
1792 aber kannte man es auch in einer zu Constantinopel
entdeckten Armenischen Uebersetzung des 5ten Jahrhunderts[4]),
und endlich hat es A. Mai selbst aufgefunden und 1833 herausgegeben[5]), nachdem er bereits früher einen im 9ten Jahrhundert gemachten und bis z. J. 854 n. Chr. fortgeführten
Auszug, gleichfalls in Griechischer Sprache, bekannt gemacht hatte[6]).
Von eigentlichen Chronologen gehören bei den Römern
nur noch einige Calendaria der früheren Zeit und von den
Griechischen und Römischen Kirchenschriftstellern haupt-
sächlich diejenigen hierher, welche die Griechische Zeitrechnung mit der
Hebräisch-christlichen in Verbindung zu bringen suchten, um eines
Theils die Vorzüge des Christenthums vor dem Heidenthume auch
hierdurch in's Licht zu stellen, anderen Theils aber für die lange
streitig gewesene Zeit der Osterfeier einen bestimmten Tag fest-
zusetzen, woraus sich die Menge der nun beginnenden sogenannten canones paschales von selbst erklärt[7]). Der wichtigste der
Griechischen Chronographen ist aber jedenfalls Sertus Julius
Africanus, Bischoff der Stadt Emaus in Syrien (um 221
n. Chr.) gewesen, da sein Chronicon paschale oder πεντα-
βιβλον χρονολογικον (von den ältesten Zeiten bis z. J. 221
n. Chr.) nicht blos von Eusebius, sondern auch von den späteren Chronisten der Byzantinischen Geschichte, wie sich aus den
bei ihnen aus demselben noch vorhandenen Bruchstücken ergiebt,

faſt allein als Hauptquelle benußt worden iſt[8]). S. A. L. G.
p. 1258. 975. 862. 1276 sq.

1) Chron. integr. Ed. Pr. Ph. Labbeus, Bibl. Mss. T. I. p. 16 sq.
u. b. Canis. Lect. Ant. T. I. p. 252 sq. u. Roncalli, Vet. Lat. Scr.
Chron. ad mss. emend. Patav. 1787. 4. T. I. p. 522 sq. Ein zweiter
Text b. Canis. T. I. p. 306 sq. u. Roncalli p. 678 sq., wo ſich auch noch
ein dritter abgekürzter u. entſtellter Text p. 706 sq. findet. D. zweit. Rec. ob.
Chron. Imperiale Ed. Pr. b. P. Pitthoeus, Op. p. 327 sq. u. Roncalli T. I. p. 738 sq. ſ. a. Ch. F. Roesler, Chr. Med. Aevi. Tubing.
1798. I. p. 75 sq. J. van der Hagen, Observ. in Pr. Aquit. Chron.
int. ejq. LXXXV ann. cyel. Amst. 1733. 4.

2) Flav. D. Chr. omnim. hist. c. M. Maximi contin. ab a. Chr.
usque ad a. 612. ed. J. Calderon. Caesaraug. 1619. 4 c. not. R. Caro.
Hisp. 1627. 4. op. et st. Fr. Bivarii comm. ill. Lugd, B. 1627. 4.

3) Die Fragm. a. b. Griech. b. Scaliger, Thes. Tempor. Lugd. B.
1608. Amst. 1658. fol. Add. p. 213. Vollſt. u. beſſ. b. Cramer, Anecd.
e bibl. reg. Paris. T. II. p. 115—163. Ausg. ſ. Euseb. Chron. lat. p.
Ph. Lavaniam. s. l. et a. [Mediol. 1475.] 4 Chron. trium ill. auct.
Euseb. Pamph. D. Hieron. interpr., D. Eusebii Hieronymi pres-
byteri, D. Prosperi Aquit. ab Arn. Pontaco emend. et not. ill.
Burdig. 1604. fol. Chron. Lat. a S. Hieron. redd. et ad sua usq.
temp. perd. adj. etiam cont. Prosp. Aquit. ed. Vallarsi, in ſ. A. b.
Hieron. Opera. Veron. 1740. fol. T. VIII (Dazu ſ. H. L. Schurzfleisch, Not. bibl. princ. Vimar. Ed. II. Jen. 1715. 4. p. 59 sq.) Verſ.
e. Wiederherſtell. b. Originaltertes a. b. Griech. Fragm. u. Rücküberſ. b.
Hier. in's Griech. v. St. Goar, Not. ad Syncell. Chr. p. 504 sq. ſ. a.
H. d. Prato, de chron. L. II. ab Euseb. scr. et ed. diss. Veron.
1750. 8. u. T. L. Spittler in b. Comm. soc. Gotting. T. VIII. Cl. Ph.
p. 39 sq., welche ihm ben erſten Theil ober die χρονογραφια abſprechen.

4) Euseb. Chron. bipart. lat. et armen. ed. J. P. Aucher. Venet. 1818. II. fol. ſ. A. Mai, Phil. Jud. de virt. ejq. part. Mediol.
1816. p. XVI sq. u. Niebuhr. in b. Abhandl. b. Berl. Acad. 1820—21.
p. 37 sq. u. Kl. Hiſt. Schr. p. 179 sq.

5) Euseb. Chron. L. II. gr. et lat. adj. not. et Hieron. addit.
ed. Mai, Class. Scr. Vet. Coll. Nova T. VIII. p. 1—406.

6) Chron. breviatum ex Euseb. lucubrationibus ed. Mai a. a. O.
T. I. 2. p. 1—40.

7) S. Mosheim, de rebus christ. ante Const. M. p. 435 sq. A.
Schott, Moment. const. Nicaen. de tempore celebr. Pasch. Tubing.
1770. 8. Walch in b. Comm. soc. Reg. Gott. 1769. T. I. p. 10 sq.
33 sq. H. E. Rumpel, Pr. de diversis vet. in defin. pasch. temp. opin.
Erfurt. 1764. 4. Neander in Stäublin, Kirch. Arch. 1823. H. II. Rettberg
in Jllgen's Z. ſ. hiſt. Th. Bd. II. 2.

8) Fragm. a. ſ. Chron. Pasch. ed. Scaliger, hint. b. Chron. Hieron. p. 58 sq. Das lateiniſch b. Canis. Lect. Antiq. T. II. p. 579.
erhaltene Liber de divisionibus et generationibus gentium gehört ihm
nicht. Sein zweites größeres Werk in 9 Büchern, κεστοι betitelt (v. κεστος,
Gürtel ber Venus), eine Art Encyclopädie b. Naturwiſſenſchaften iſt bis auf
e. Fragm. b. Thevenot, Coll. Math. p. 275 sq. verloren ſ. Niclas ad
Geopon. b. XLV sq. Lambec. de bibl. Vindob. T. VII p. 476 sq.
422 sq.

§. 217.

Unter ben Nebenwiſſenſchaften ber Geſchichte ſteht obenan
bie Geographie, für welche in bieſer Periobe bei ben

Griechen viel gethan wurde. Auch hier können wir jedoch
die in dieses Fach gehörigen Schriftsteller in mehrere Klassen
eintheilen. Denn wir haben nicht allein noch solche vor uns,
welche nach der Sitte früherer Zeit sogenannte Umschiffungen
oder περίπλοι verfaßten, sondern begrüßen auch jetzt bereits
einen Mann, der an ein abgeschlossenes geographisches System
dachte und seine Forschungen in einem besonderen Handbuche
niederlegte, und endlich haben wir noch außer einer Art geographischen Wörterbuchs eine besondere und dabei genaue Topographie
Griechenlands vor uns, die auch noch in anderer Beziehung für
uns sehr wichtig ist. Ehe wir jedoch zu dem Einzelnen fortgehen, müssen wir bemerken, daß ein gewisser Marinus aus
Tyrus (um 130 n. Chr.), von dessen Werken freilich nichts mehr
erhalten ist, durch die von ihm erfundene neue Art von Charten,
die allerdings Ptolemäus später verbessert hat, der Gründer der
vierten Periode der alten Geographie oder der geometrischen geworden ist[1]). Zur vorhingenannten ersten Klasse der nautischen
Reisebeschreiber gehören aber Isidor von Charax (37 n. Chr.),
der Parthien schilderte[2]), Arrianus[3]), der seine Reise von
Trapezunt über Dioscurias, den Thracischen und Cimmerischen
Bosporus nach Byzanz beschrieb, ein ungenannter Kaufmann, der
noch vor ihm ein Journal über seine Reise durch das rothe Meer auf-
setzte[4]), Marcianus aus Heraclea im Pontus, der mit Benutzung
des Ptolemäus eine Seereise von der Meerenge von Cadix aus
längs der östlichen und westlichen Küste des Oceans auf der
einen Seite nach dem heutigen Preußen, auf der anderen nach
China zu darstellt[5]), und Dionysius von Byzanz, welcher in
der späteren Kaiserzeit eine Fahrt auf dem Bosporus beschrieben
hat[6]). Das bedeutendste Werk dieser Periode aber bleibt des Claudius Ptolemäus Erdbeschreibung[7]), worin er vorzüglich die
mathematische Geographie für der Aufklärung werth gehalten hat,
indem er zuerst (I. 6, 18.) die Ausdrücke „Länge und Breite"
anwendet und im 8ten Buche sogar eine Anweisung zur Anfertigung von Landcharten giebt[8]). Was die von ihm mitgetheilten Nachrichten anlangt, so ist er vorzugsweise in Bezug auf
die Küstenländer zuverlässig. Manches Neue, wiewohl im Ganzen
nur dem Ptolemäus nachschreibend, giebt noch Agathemerus[9])
in seinem unter Septimius Severus gefertigten Auszuge der

Erdbeschreibung, wie wir denn auch noch die ähnliche Arbeit eines Ungenannten, jedoch freilich nur in Lateinischer Sprache, übrig haben[10]). Etwas später als Marcian schrieb ein gewisser **Stephanus** aus Byzanz ein grammatisch-geographisches Lexicon, welches bis zum Buchstaben *O* schon 36 Bücher zählte, aber nur noch in einigen Fragmenten aus Buch 10 oder 13 vorliegt[11]), obwohl ein Grammatiker **Hermolaus** unter Anastasius oder Constantin einen Auszug aus diesem Werke angefertigt hat, den wir, wenn auch mit einigen Lücken (in den Buchstaben *K* und *A*) noch besitzen[12]). Endlich gehört hierher noch **Pausanias** aus Cäsarea in Cappadocien[13]), ein Schüler des Herodes von Athen, der nach vielen Reisen durch Europa und Asien bereits ziemlich bejahrt um d. J. 174 n. Chr. zu Rom eine Topographie von Griechenland in 10 Büchern, deren jedes nach dem darin beschriebenen Theile dieses Landes betitelt ist, schrieb, worin er vorzüglich auf Kunstdenkmäler und Mythengeschichte Rücksicht nimmt, so daß er in ersterer Hinsicht für uns fast Hauptquelle zu nennen ist. S. A. L. G. p. 1260 sq.

1) S. Gosselin im Journ. d. Sav. 1791. P. XII. p. 719 sq. u. 1831. p. 239 sq. E. Verf. d. Herstellung s. Charte von ebend. in s. Rech. s. la géogr. system. et pos. d. anc. T. II. p. 31 sq. s. a. Humboldt a. a. O. I. p. 108, 117, 347 sq.

2) Σταθμοι παρθικοι oder Entfernung d. Local. b. 18 damals d. Parth. Reiche einverleibten Länder v. einander, e. Auszug a. s. größ. Παρθιας περιηγητικον, Gr. c. not. ed. D. Hoeschel, in d. Geogr. Graec. Aug. Vind. 1600. 8. p. 183 sq. u. in d. Samml. v. Hudson ꝛc.

3) Ἐπιστολη προς Ἀδριανον ἐν ἡ και περιπλους Εὐξεινου ποντου. Graece b. Blancard, Ed. Op. Arr. p. 113 sq. u. in d. Samml. s. de Brosses in d. Mém. de l'acad. T. XXXII. p. 627 sq. XXXV. p. 475 sq.

4) Περιπλους της ερυθρας θαλασσης, früher auch dem Arrian zugeschr. b. Blancard a. a. O. p. 143 sq. u. in d. Samml. s. Dodwell b. Hudson, Geogr. Gr. Min. T. I. p. 85—105. Bredow, Ep. Paris. p. 16. Dem Arrian schrieb man sonst auch noch einen ebenfalls in d. Samml. steh. περιπλους ποντου Εὐξεινου και Μαιωτιδος λιμνης zu, der jedoch, obwohl unächt, nicht zu verwechseln ist mit der späteren gleichfalls so betitelten Compilation eines Ungenannten aus den Werken des Scymnus von Chios, Arrianus und Marcianus (beide b. Hudson T. II. u. III.) s. Dodwell ebb. T. III. p. 158 sq. J. G. Hager, de Arr. geogr. antiquiss. illiusque periplis. Chemn. 1766. 4. u. Geogr. Büchersaal II. 2. p. 140 sq. 3. p. 163 sq.

5) Περιπλους της ἐξω θαλασσης ἑωου τε και ἑσπεριου και των ἐν αὐτη μεγιστων νησων. Ed. Pr. Gr., b. D. Hoeschel, Geogr. p. 31 sq. Gr. et Lat. rec. c. not. ed. F. Morell. Paris 1606. 8. Gr. et Lat. c. not. ed. Vinding. Hafn. 1662. 8. Périple de Marcien d'Heraclée, epitome d'Artemidore, Isidore de Charax etc. d'après un ms. grec de la bibl. Roy. publ. p. Miller. Paris 1839. 8. Marc. Periplus, Menippi Peripli fragm. q. Artemid. nom. circumferuntur, Peripli,

qui Stadiasmus magni maris inscr. solet fragm. gr. et lat. ed. c. not. et diss. var. suisq. S. T. G. Hoffmann. Lips. 1841. 8. p. 25—153., ber b. noch erh. π. aber (p. VIII.) nur für einen Auszug erklärt. D. Auszug, welchen Marcian aus b. Geographie b. Artemidorus anfertigte, ist bis auf wenige Stücke verloren (b. Hoffmann a. a. O. p. 1—24. 154—165.) f. Fabricius im Rhein. Muf. 1842. H. III. p. 366 sq.

6) Nur noch ein Stück b. *Ἀναπλους Βοσπορου* b. **Hudson** T. III. u. **Du Cange,** Constantin. christ. Paris 1681. fol.

7) *Βιβλια ἡ γεωγραφικης ὑφηγησεως.* Ed. Pr. Gr. et Lat. Basil. 1533. 4. Gr. et lat. rec. et emend. c. tab. geogr. a P. Montano. Frcft. 1605. fol. Gr. et Lat. ad cod. Palat. coll. auct. et emend. ed. P. Bertius, im Theatr. Geogr. Vet. Amst. 1619. fol. T. I. Ptol. Geogr. gr. ed. C. Fr. A. Nobbe. Lips. 1843. T. I. 12. Gr. et Lat. ad codd. mss. fid. edd. Fr. G. Wilberg et C. H. Fr. Grashof. Essend. 1841 sq. 4. (noch unvoll.) Traité de geogr. de Cl. Ptol. d'Alex. trad. p. la prem. f. du grec en franç. s. l. mss. de la bibl. du Roi. Paris 1831. 4. f. a. C. Fr. A. Nobbe, Cl. Ptol. Geogr. fragm. ed. maj. et min. spec. Lips. 1837. 8. u. Litter. Geogr. Ptol. ib. 1838. 8. C. Crusius, Opusc. p. 251 sq. Heeren in b. Comm. soc. Reg. Gott. T. VI. p. 59 sq. (f. deff. Ideen Bb. III. p. 383 sq.) G. M. Raidel, Comm. litt. de Cl. Ptol. geogr. ejq. codd. t. mss. t. typ. expr. Norimb. 1737. 4. Schubart in Zimmermann's Zeitschr. 1840. Nr. 74.

8) Seine Charten (26) waren vom Agathodämon gezeichnet, und bezogen sich (10) auf Europa, (4) Africa und (12) Asien, allein die noch jetzt vorhandenen sind nur die hiervon durch Mercator genommenen Copieen, f. Mollweide in Zachs monatl. Corresp. XI p. 319 sq. 504 sq. Murr, Memorab. bibl. Norimb. II. p. 86. Aretin, Beitr. Bb. V. p. 497. 608. Wilberg, die Construction der Charten des Eratosthenes u. Ptolemäus. Essen 1834. 4. Seit 1486 wurden jedoch ben Ausgaben des Ptolemäus auch Charten vom neueren Europa und seit 1508 auch von Amerika beigegeben und diesen kurze kosmographische Abhandlungen hinzugefügt, Alles aber, was den Alten unbekannt geblieben war, mit dem Namen Regiones extra Ptolemaeum versehen, f. Humboldt, Gesch. b. naut. Kenntnisse. Bb. II. p. 364.

9) *Ὑποτυπωσεων της γεωγραφιας ἐν ἐπιτομη* L. II., Ed. Pr. gr. et lat. cura S. Tennulii. Amst. 1671. 8. u. in b. Samml. f. St. Croix in b. Mém. de l'ac. T. XLII. p. 374 sq.

10) Fälschlich schreibt man es einem gewissen Alypius unter Julian zu in: Alypii gr. script. vet. orbis descr. lat. c. vers. gr. et not. J. Gothofredi. Genev. 1678. 4.

11) *Ἐθνικα*, Ed. Pr. Fragm. St. de urbib. depromt. ex bibl. Seguier. interpr. et not. S. Tennulii. Amst. 1669. 4. Genuina Steph. Byz. de urb. et pop. fragm. Abr. Berkel. interpr. lat. et anim. adj. Acc. Hannon. peripl. et Ptol. Energ. monum. Adul. Lugd. B. 1674. 8. f. Schirlitz in b. Allg. Schulz. 1824. II. p. 385. 393 sq.

12) Ed. Pr. Graece. Aldus. Venet. 1502. fol. Gr. G. Xylandri lab. repurg. Basil. 1568. fol. St. Byz. de urb. q. prim. Th. de Pinedo Latii jure don. et observ. ill. Amst. 1678. fol. Gr. et Lat. ex mss. codd. Palat. et man. Voss. rest. suppl. ac int. comm. ill. A. Berkel. Acc. coll. var. lect. J. Gronov. Lugd. B. 1694. fol. Gr. et Lat. c. annot. L. Holsten. Abr. Berkel et Th. de Pinedo c. G. Dindorf. praef. cui ins. lect. libri Vratisl. Lips. 1825—26. IV. 8. Graece rec. Westermann. Lips. 1839. 8. f. a. Passow, Opusc. p. 232 sq. u. Wellauer in Friedemann et Seebode, Misc. Crit. T. II. P. IV. p. 692 sq.

13) *Περιηγησις Ἑλλαδος* in X Büchern, nämlich I *Ἀττικα*, II. *Κορινθιακα*, III. *Λακωνικα*, IV. *Μεσσηνικα*, V. u. VI. *Ἡλιακων 'α* u. *'β*, VII. *Ἀχαϊκα*, VIII. *Ἀρκαδικα*, IX. *Βοιωτικα*, X. *Φωκικα*, f. a. H. **Boeckh,**

de stylo Pausan. Berol. 1824. 4. u. in Seebode's Arch. f. Phil. u. Päd. 1828. 3. p. 109 sq. **Ch. Koenig,** de Paus. fid. et auct. in hist. mythol. artisq. graec. trad. praest. comm. Berol. 1832. 8. **C. G. Siebelis,** Quaest. de Paus. patria, aetate et qual. script. esse vid. Budiss. 1819. 4. Ausg. f. Ed. Pr. **Graece. Venet. Aldus. 1516. fol. Gr. et Lat.** acc. **Xylandri et Sylburg.** annot. ac nov. not. **J. Kuhn.** Lips. 1696. fol. **Gr.** rec. ex codd. emend. expl. **J. Fr. Facius.** Lips. 1794—96. IV. 8. Trad. nouv. avec le texte grec coll. s. les mss. de la bibl. du Roi p. **Clavier. Paris 1814—23. VI. 8.** Dazu Supplément. ib. 8. **Gr. et Lat.** ed. annot. atq. ind. subj. **C. G. Siebelis.** Lips. 1822—28. V. 8. **Gr.** rec. **J. Bekker.** Berol. 1828. II. 8. ad codd. mss. et edit. fid. rec. app. crit. et ind. instr. **J. H. Chr. Schubert et Chr. Walz.** Lips. 1838 sq. III. 8. Deutsch überf. u. m. Anm. erl. v. E. Wiebasch. München 1826 sq. V. 12.

§. 218.

Wenden wir uns jetzt zu den Römern, so werden wir zugeben müssen, daß ihre Eroberungen und Feldzüge in vielen früherhin unbekannten Ländern jedenfalls ebensoviel Licht über die Wissenschaft der Geographie verbreitet haben[1]), als dieß einst durch Alexander den Großen und seine Generale geschehen war, allein an einer wissenschaftlichen Bearbeitung derselben fehlte es lange, obgleich bereits von Julius Cäsar eine Ausmessung und Beschreibung aller Provinzen des Römischen Reiches beschlossen[2]), vom M. Vipsanius Agrippa wirklich angefangen und vom Augustus durch Griechische Landesvermesser auch vollendet worden war, die aber freilich ebenso wenig noch vorhanden ist, wie des Augustus Breviarium imperii selbst. Darum müssen wir es dankbar erkennen, daß uns **Pomponius Mela**[3]) aus Tingentera in Spanien, nach Einigen der dritte Sohn des Rhetor Seneca, nach Anderen der Enkel des gleichnamigen Philosophen um d. J. 48 n. Chr. in seinen 3 Büchern de situ orbis einen Abriß hinterlassen hat, in welchem er nach den besten ihm zugänglichen Quellen in etwas kurzem, aber doch reinem Style die ganze damals bekannte Erde beschrieben hat. Ihm folgte Plinius der Aeltere in Buch 2—5 seiner bereits erwähnten Naturgeschichte und natürlich viel kürzer sein Compilator **Solinus,** während **Tacitus** in seiner Germania Deutschland schilderte und der Philosoph **Seneca** in seinen Quaest. naturales eine halb physische, halb mathematische Erdbeschreibung lehrte. Erbärmlich ist dagegen des Scythen **Aethicus Ister** (a. d. 4ten Jhdt.) cosmographia[4]), eine bloße Nomenclatur der verschiedenen

Länder, Flüsse und Oerter der alten Welt. Sonst sind noch als Specialtopographen zu nennen Sertus Rufus[5]) und Publius Victor[6]), ein Zeitgenosse jenes oben schon angeführten Historikers, wegen ihrer Beschreibungen von Rom, wie denn auch ein gewisser Vibius Sequester (389 n. Chr. oder a. d. 7ten Jhdt.?) eine Erklärung der bei den Dichtern vorkommenden geographischen Eigennamen geliefert hat[7]). Um diese Zeit entstanden nun auch jene Itineraria oder Reiserouten der Römischen Kaiser, von denen wir noch Proben besitzen[8]), unter denen die berühmte Tabula Peutingeriana das wichtigste Denkmal ist[9]). S. A. L. G. p. 1266 sq.

1) S. E. W. W. Dacheröden, von den Verdiensten der Römer um Ausbreitung u. Berichtigung der Erdkunde. Erlangen 1780. 8. Schirlitz, Hist. increment. q. geogr. ap. vet. Roman. cepit. Wetzlar. 1831. 4.

2) S. Kruse, Arch. f. A. Gesch. u. Geogr. Bd. III. p. 86 sq. Später wurden von vielen Ungenannten dergleichen Notitiae provinciarum häufiger entworfen, deren wir auch noch mehrere besitzen. S. A. L. G. p. 1268.

3) Ed. Pr. Mediol. 1471. 4. c Herm. Barbari castig. int. Vienn. Pann. 1512. 4. c. comm. J. Vediani castig. Lut. Paris. 1530. fol. c. obs. Is. Voss. Acc. ejd. observ. ad Pomp. M. app. Ed. II. Franeq. 1700. 8. c. not. int. var. Acc. J. Honorius, Aethicus et anon. Geogr. cur. Abr. Gronov. Lugd. B. 1722. 8. c. not. ed. Fr. Titze. Lips. 1804. 8. c. not. var. sq. ed. Tzschucke. Lips. 1807 sq. VII. 8. comm. Tzschuck. brev. instr. A. Weichert. Lips. 1816. 8. f. a. J. A. Müller, Anim. ad P. M. c. var. lect. cod. Ciz. Misn. 1789—1802. XVIII. 4. f. a. Tzschucke, diss. de P. M., vor f. A. T. I. p. I—CLIV. Hager, Geogr. Büch. S. I. 7. p. 483 sq. 9. p. 700 sq. Mohedano, Hist. litt. d'Espanna. T. IX. p. 156—287.

4) Ed. Pr. c. Anton. Itiner. e bibl. P. Pitthoei. Basil. 1575. 12. u. c. Mela ed. Voss. p. 705 sq. f. Bayer in d. Act. Boruss. T. I. p. 885 sq.

5) De regionibus urbis Romae b. Graev. Thes. Ant. Rom. T. III. p. 25 sq. u. Adler, Beschr. v. Rom. Hamb. 1781. 4. p. 3—28.

6) Libellus de regionibus urb. Rom. Ed. Pr. c. Pomp. Mela. Venet. Aldus. p. 201—215. u. Graev. T. III. p. 37—52.

7) Liber de fluminibus, fontibus, lacubus, nemoribus, paludibus, montibus, gentibus, quorum apud poetas mentio fit. Ed. Pr. cur. J. Mazocchi. Rom. 1505. 4. c. Solino. Pisauri 1512. fol. c. Pluf. Lib. de flumin. ed. J. Ch. Maussacus. Tolos. 1615. 8. p. 97—126. ex rec. Fr. Hessel, c. ejd. ann. Roterod. 1711. 4. c. var. lect. ie comm. ed. J. J. Oberlin. Argent. 1778. 8. f. Hager, Geogr. Büch. S. Bd. III. 5. p. 341 — 346.

8) Sie waren entweder itineraria adnotata, d. h. Verzeichnisse der nach den Nachtquartieren bestimmten Entfernungen der wichtigsten Plätze von einander, zu welchen man von einem bestimmten Orte aus kommen konnte, oder itineraria picta, d. h. gezeichnete Charten, auf welchen die Namen der Länder neben einander angegeben waren, wie sie sich den Reisenden auf den Haupt- und Nebenstraßen zeigten, ohne Rücksicht auf ihre geographische Lage, Länge und Breite. Von letzterer Art ist die Tabula Peutingeriana (f. Anm. 9.) und eine ähnliche des Unterrichts wegen in der Schule zu Autun auf einer Marmortafel aufgestellt gewesene Charte (ein Fragm. im Journ.

27 *

d. **Trevoux.** 1706. p. 2097 sq. beschr.), von ersterer die beiden vermuthlich erst unter Constantin geferdigten Itineraria Antonini Augusti (Ed. Pr. b. **Aunii** Comm. sup. Op. div. auct. **Venet.** 1494. 4. b. **Pomp. Mela** ed. **Aldus.** p. 129 sq. c. Itiner. Burdig. ad mss. codd. coll. emend. et H. **Suritae** comm. expl. ed. A. **Schottus.** Col. Agripp. 1600. 8. p. 1 sq. u. in d. **Vet. Roman.** Itineraria cur. J. P. **Wesseling,** qui et s. add. annot. **Amstel.** 1735. 4. p. 1 sq. 487 sq.), b. **Itinerarium Hierosolymitanum** ob. **Burdigalense** (Ed. Pr. H. **Suritae** a. a. O. p. 139 sq. u. **Wesseling** p. 549 sq.) u. b. **Itinerarium Alexandri** für Constantius zum Behufe s. Zuges nach Persien (b. **Muratori,** Antiq. Ital. T. III. p. 957 sq. n. prim. c. not. ed. A. **Mai.** Mediol. 1807. 8. Frcft. ad M. 1818. 8.), bereits oben erwähnt.

   9) Diese Tabula fällt weder um 161—180 (nach **Katancsich** a. a. O.), noch 276—282 (nach **Jordan,** Orig. Slav. T. II. 3, p. 145 sq.), noch 435 (nach **Bertius** b. Gori Symb. litt. Rom. T. VI. p. 1 sq.), sondern um 230 unter Severus. Sie ist übrigens in ihrer jetzigen Gestalt kein Original, sondern eine von einem Mönche b. 13ten Jhdts. auf 12 Pergamenttafeln in fol. treu nachgemachte Copie. Sie ward zuerst von C. Celtes in einem Kloster zu Speier entdeckt, kam dann in die Hände Peutinger's, hierauf an Welser und befindet sich seit 1738 auf d. Wien. Bibl. Sie ist ziemlich vollständig erhalten, nur Portugal, Spanien und die Westküsten von Africa und England fehlen. Ausg. s. Ed. Pr. fragm. tab. antiq. in quis aliquot per Rom. prov. itinera. Ex Peuting. bibl. ed. et expl. M. **Velser.** Venet. 1591. 4. u. b. Velser, Opera p. 705 sq. u. Bertius, Theatr. geogr. Vet. Lugd. B. 1718. fol. T. II. p. 47 sq. C. Bergier, Hist. des grand chemins de l'emp. Romain. Bruxell. 1728. 4. T. II. Tab. Peuting. prim. aeri incisa et ed. a Fr. Chr. de Scheyb. Vienn. 1753. fol. denuo coll. emend. et nova C. Mannert. introd. instr. st. et op. acad. litt. reg. Monac. Lips. 1824. fol. ed. J. D. Podocatharius Christianopulos. Aesii in Picenis. 1809. fol. sumt. reg. et scient. univ. Hungar. typogr. recus. 1825, b. M. P. Katancsich Orbis antiq. Budae. 4. s. a. Vandellius b. Calogera, Opusc. scient. e filol. T. XLII. p. 283 sq. Haeffelin, Observ. s. l'itin. de Theodose, in b. Act. acad. Theod. Palat. T. V. p. 105 sq. Buat in b. Mém. de l'inst. T. V. p. 53 sq. C. Mannert, de tab. Peuting. aetate. Norimb. 1783. 4. u. Res Trajani ad Danub. gest. Norimb. 1793. 8. p. 103 sq. G. Avienti, Osserv. intorno all' opinione del S. G. Meermann (b. Burmann. Anth. Lat. T. II. p. 392 sq.) sopra la tav. Peut. Rom. 1809. 8.

§. 219.

Eine andere Nebenwissenschaft der Geschichte ist die Mythengeschichte, aus deren Bereiche wir noch ein von Photius (cod. 190) im Auszuge erhaltenes Werk des Ptolemäus[1]), eines Sohnes des Grammatikers Hephästion (um 117 n. Chr.) und eines kaiserlichen Freigelassenen, Antoninus Liberalis (um 147), Sammlung von Verwandlungen[2]), gleichfalls in Griechischer Sprache geschrieben, übrig haben. Bei den Römern ist jedoch nur außer dem bereits erwähnten Hyginus ein ungenannter Compilator, der aber in den Handschriften auch C. Hyginus heißt und etwas später als Orosius gelebt haben muß, zu nennen, wenn wir die schon genannten Historiker Dares und Dictys nicht mitrechnen wollen. S. A. L. G. p. 1271 sq.

1) *Περι της εἰς πολυμαθιαν καινης ἰστοριας λογοι* Z. Ed. Pr. Fragm. coll. et ed. Th. Gale, Hist. poet. Scr. p. 303 sq. ed. et comm. ill. J. J. Roulez. Lips. 1834. 8. Rec. A. Westermann, *Μυθογραφοι*. Brunsv. 1843. 8. p. 182 — 199.

2) *Μεταμορφωσεων συναγωγη*. Ed. Pr. gr. et lat. G. Xylandri, c. Phleg. Trall. Apoll. Antig. Basil. 1568. 8. p. 1 — 54. Gr. et Lat. emend. Abr. Berkel. Lugd. B. 1674. 12. Gr. et lat. c. not. Th. Gale a. a. O. p. 403 — 480. Gr. et Lat. rec. et not. adj. Th. Munker. Auist. 1676. 12. Gr. et Lat. c. not. Munker. ed. Th. Verheyck. Lugd. B. 1774. 8. gr. c. not. var. cur. C. H. Teucher. Lips. 1791. 8. Gr. et Lat. e cod. Paris. auct. atq. emend. ed. ann. instr. var. sel. Bast. et s. adj. G. A. Koch. Lips. 1832. 8. rec. A. Westermann a. a. O. p. 200 — 238. Zur Kritik f. Bast, Epist. Crit. p. 99 — 204. Roulez in b. Bull. de l'ac. de Bruxell. T. II. p. 408 sq. Die angebl. Anecdota b. Lessing, Beitr. z. Gesch. u. Lit. I. p. 185 — 198. u. sämmtl. Schr. Bb. XIV. p. 216 sq. beziehen sich auf den M. Aurel. Antoninus.

3) Mythographus Vatic. b. A. Mai, Class. Auct. e Vatic. Cod. ed. T. III. p. 1 — 82. u. b. G. H. Bode, Script. Rer. Myth. Rom. rep. ad fid. codd. mss. integr. ed. ac schol. ill. Cell. 1834. 8. T. I. p. 1 — 73.

§. 220.

Wir kommen endlich zur Literatur- und Kunstgeschichte dieser Periode, für welche bei den Griechen während dieses Zeitalters ziemlich Bedeutendes geleistet worden ist, und zwar vorzüglich durch Athenäus aus Naukratis in Aegypten, der um 222 n. Chr. unter dem Titel *Δειπνοσοφισται* in 15 Büchern die Beschreibung eines kostbaren Gastmales lieferte, worin er nach dem Vorgange ähnlicher Arbeit des Plato, Plutarch, Lucian, Xenophon 2c. (f. Athen. IV. p. 1156. *E.*) angeblich gegen einen ihn befragenden Freund Timocrates den Schatz seiner großen Belesenheit in fingirten Unterhaltungen der Gäste bei dem genannten Schmauße über Gegenstände der Literärgeschichte, Antiquitäten, des öffentlichen und Privatlebens, der Naturwissenschaften 2c. vorträgt. Dieses Werk ist nur nach einer einzigen Handschrift der St. Marcusbibliothek in Venedig, in welcher die 2 ersten Bücher, der Anfang des 3ten und das Ende des 15ten fehlen, worüber nur der sehr kurze Auszug eines ziemlich unverständigen Epitomators vorliegt, für uns erhalten, aber eine Fundgrube einer unglaublichen Menge von Notizen über alle möglichen Gegenstände des Alterthums[1]). Rein kunsthistorisch sind des Flavius Philostratus aus Lemnos, des schon genannten Sophisten und Biographen des Apollonius von Tyana (193

—244 n. Chr.), der anfangs zu Athen, dann zu Rom lebte, Beſchreibungen von 66 in einer Gemäldegalerie zu Neapel be⸗ findlich geweſenen Gemälden, in 2 Büchern, die er bei Ge⸗ legenheit eines Sophiſtenwettkampfes abgefaßt hatte[2]), wozu noch die Nachahmungen ſeines Neffen Philoſtratus des Jüng⸗ eren aus Lemnos (212—221), 18 Gemälde betreffend[3]), und eines ſpäteren Rhetors (?) Calliſtratus[4]), der 14 Beſchreibungen von Gemälden, die er übrigens nicht einmal ſelbſt geſehen hatte, hinter⸗ laſſen hat, gehören. Bei den Römern iſt eigentlich nur Plinius der Aeltere wegen der in ſeiner Naturgeſchichte B. 33—35 eingerückten Kunſtgeſchichte zu erwähnen und unter den Kirchen⸗ vätern Hieronymus zu nennen, der in ſeinem Liber de viris illustribus s. de scriptoribus ecclesiasticis[5]) die erſte chriſtliche Literärgeſchichte zu ſchreiben verſucht hat. S. A. L. G. p. 1272 sq.

1) S. Morell. Bibl. Mss. gr. T. I. p. 312. Schweighaeuser, Proleg. T. I. p. I—CXX. Bentley, Opusc. p. 223 sq. Ausg. ſ. Ed. Pr. Graece. Venet. Ald. 1514. fol. c. anim. vir. doct. Basil. 1535. fol. (eine Lücke ausgef. b. Canter. Nov. Lect. L. IX. b. Gruter, Lampas T. III. p. 691 sq.) cura Is. Casauboni gr. c. interpr. lat. J. Dale-champii. Adj. s. Casaub. Anim. in Athen. L. XV. Heidelb. 1597. fol. Ed. II. rec. Lugd. 1612. fol. Gr. et Lat. ex opt. codd. n. pr. coll. emend. ac suppl. anim. Casaub. et s. ill. J. Schweighaeuser. Biponti 1801—7. XIV. 8. emend. ed. c. comment. Casaub. et not. Villebrun, rec. 6f. H. Schaefer. Lips. 1796. III. 8. (T. I. enth. L. I—V. Text. T. II. b. Not. Vill. u. T. III. Casaub. comm. Dazu Is. Casaub. Anim. in Ath. Deipnos. L. XV. Ed. II. app. aucta. T. II—III. Anim. L. VI—XV cont. Lips. 1843. II. 8.) Gr. ex rec. G. Din-dorf. Lips. 1827. III. 8.

2) Ausg. iſt auß. in ſ. W. Philostrateorum Imagines et Callistr. statuae. Text. ad fid. mss. libr. rec. et comm. adj. Fr. Jacobs. Obs. praem. archaeol. add. Fr. Th. Welcker. Lips. 1825. 8. ſ. a. T. Ba-den, Comm. de arte ac jud. Fl. Philostr. in describ. imag. Hafn. 1792. 4. Heyne, Opusc. T. V. p. 158 sq. Fr. Paſſow in Zimmermann's Zeitſchr. ſ. Alt. W. 1836. Nr. 71—73. u. Verm. Schr. Lpzg. 1843. 8. p. 223 sq. Wir haben von ihm noch Ἡρωϊκα, d. i. Geſpräche eines Winzers mit einem Phönizier in der Nähe der Thraciſchen Stadt Eleus über 21 Hel-ben des Trojaniſchen Krieges, größtentheils Liebesangelegenheiten betreffend und rein ſophiſtiſch gehalten, theilweiſe auch dem anderen Ph. angehörig (Gr. et Lat. ad fid. codd. mss. IX. rec. schol. gr. et not. add. J. Fr. Boissonnade. Paris 1806. 8.) und Fragm. eines Buches περι γυμναστικης (Phil. L. de Gymn. q. supers. n. pr. ed. et interpr. est C. L. Kay-ser. Heidelb. 1840. 8.).

3) S. Heyne, Opusc. T. V. p. 159—193. M. F. J. Rehfues, üb. b. jüng. Phil. u. ſ. Gemäldebeſchr. Tübing. 1800. 8. ſ. a. üb. Beide, Göthe, Kunſt u. Alterth. Bb. II. 1. p. 27 sq. 3. p. 159 sq.

4) Ἐκφρασεις ἀγαλματων in b. ang. A. ſ. Jacobs in b. Bibl. f. A. Lit. u. K. Bb. V. p. 36—43. Morelli, Mem. delle imp. reg. istit. del regno Lomb. Venet. T. II. p. 17 sq. Heyne, Opusc. T. V. p. 196—221.

5) C. Graeca Vers. Sophronii ed. Vallarsi, in Hieron. Oper. T. II. p. 807 sq. c. not. A. Miraei et al. et E. S. Cypriani. Helmst. 1700. 4. c. not. ed. A. Fabricius, Bibl. Eccles. Hamb. 1718. fol. p. 13—224.

H) Medicin.
§. 221.

1.) **Griechen.** Während in dem ersten Jahrhundert dieser Periode noch die Schule der Empiriker fortdauerte, erhob sich daneben noch nach den Grundsätzen des Asclepiades durch dessen Schüler **Themison** aus Laodicäa und seine Anhänger[1]), von deren Schriften aber fast gar nichts mehr vorliegt, die sogenannte **methodische** Schule, welche blos allgemeine Beschaffenheiten des Körpers (d. h. Strictur und Schlaffheit und Mischung aus diesen Zuständen) als Ursache der Krankheiten ansah[2]). Wir nennen außer einem nicht in sie gehörigen **Apollonius** aus Cittium[3]) aus derselben den **Soranus** aus Ephesus unter Trajan[4]) und **Moschion**[5]), von dem wir angeblich noch eine Schrift über Weiberkrankheiten besitzen. Im Gegensatze zu dieser Schule bildete sich auf der Seite der Dogmatiker eine neue aus, die nach ihrem Hauptsatze, daß im menschlichen Körper ein Princip ($\pi\nu\varepsilon\nu\mu\alpha$) von geistiger Beschaffenheit vorhanden sey, auf dessen Verhältniß Gesundheit und Krankheit beruhe, den Namen der **pneumatischen** erhielt[6]). Von den Schriften des Stifters derselben, des **Athenäus** aus Attalia in Cilicien, und der meisten seiner Schüler hat sich fast nichts erhalten[7]), nur von einem gewissen **Aretäus** (zwischen Nero und Titus fallend) aus Cappadocien besitzen wir 4 Bücher von den hitzigen und langwierigen Krankheiten und ebenso viele über ihre Behandlung[8]), von dem sonst unbekannten **Cassius**, mit dem Beinamen $\iota\alpha\tau\rho\sigma\sigma\sigma\varphi\iota\sigma\tau\eta\varsigma$, 84 Lösungen medicinischer Probleme[9]) und von **Ruphus** aus Ephesus unter Trajan einige Schriften über Anatomie und Pathologie[10]), während die Werke des unter Trajan berühmten Wundarztes **Heliodorus** und des in vieler Beziehung merkwürdigen **Antyllus**[11]) fast gänzlich verloren sind. Eine Vermittelung oder Vereinigung der streitenden Schulen ward jedoch von **Claudius Galenus**, dem größten Arzte des Alterthums, herbeigeführt, indem er die Platonischen und Aristotelischen Dogmen mit den in den unächten Hippocratischen

Schriften enthaltenen in Einklang zu bringen suchte und dabei soviel
Autorität erhielt, daß sein System fast 1500 Jahre lang von den
späteren Griechen, Arabern und Arabisten beinahe ohne Ausnahme
sclavisch nachgeahmt wurde. Er war zu Pergamus um d. J.
131 n. Chr. geboren und reiste von 151—158 nach einer
bereits in allen schönen Wissenschaften voraus empfangenen Vor-
bildung in Asien, Griechenland und Aegypten herum, um für
seinen ärztlichen Beruf Kenntnisse einzusammeln, hielt sich dann
bis 164 in seiner Vaterstadt auf, worauf er nach Rom ging
und dasselbe mit drei Unterbrechungen, wo er es zweimal der
Pest wegen, aber nicht aus Furcht verließ, bis an seinen um
203 fallenden Tod bewohnt haben mag[12]). In der Folgezeit
schrieb zwar noch Alexander von Aphrodisias, der Peripatetiker, über die Fieber[13]) und ein Ungenannter eine Einleitung in
die Anatomie[14]), allein im Ganzen kam die Arzneikunde trotz der
Einführung einer geregelten medicinischen Polizei[15]) und der
Errichtung von ordentlichen Feldarzneischulen[16]) theils durch das
Eingreifen des orientalischen Emanationssystems, theils durch die
Verbreitung des Christenthums, vorzüglich aber durch die immer-
mehr einreißende Ueppigkeit der Nation und den Despotismus
der Kaiser in Verfall, sodaß Oribasius aus Sardes oder
Pergamus (geb. um 326 u. gest. 405 od. vor d. Mitte des
5ten Jhdts.), der Freund des Kaisers Julian und auch unter
Valens und Valentinian noch wegen seiner Gelehrsamkeit sehr angesehen, aus allen medicinischen Schriften der früheren Zeit Auszüge zu machen für gut fand, selbige in eine wissenschaftliche
Ordnung brachte und in 70 Bücher abtheilte (f. Phot. cod.
216—219.), die jedoch nicht mehr vollständig, sondern nur
noch in einzelnen Büchern und in einem für seinen Sohn Eustathius gemachten Auszuge (Synopsis) in 9 Büchern erhalten sind[17]).
Für die sogenannte materia medica haben wir außer den Gedichten des
Servilius Damocrates[18]), des älteren Andromachus[19]),
des Herennius Philo, des Marcellus von Sidä und Ru-
phus von Ephesus[20]), die im Ganzen nicht eben viel bedeuten wollen,
den Erklärungen Hippocratischer Ausdrücke durch Erotianus,
Galenus und Herobotus[21]), und einer nicht eben wichtigen
Schrift des Xenocrates aus Aphrodisias unter Tiberius[22]),
nur des Dioscorides, (mit dem Beinamen Pedacius aus

Anazarbus in Cilicien) um b. J. 63 n. Chr. allerdings in einem barbarischen Style abgefaßten 5 Bücher περι ύλης ιατριχης, da die ihm sonst noch zugeschriebenen Schriften, vorzüglich aber das Verzeichniß von Pflanzennamen lateinischen, thracischen, celtischen und ägyptischen Ursprungs, welches wir unter dem ominösen Namen νοθα kennen, unächt sind [23]). S. A. L. G. p. 1203 — 1214.

1) S. Pr. Alpinus, de medicina method. L. XIII. Lugd. B. 1719. 4. Werlhof, Opusc. ed. Wichmann. T. I. p. 1 sq. Ackermann in Wittwer's Archiv. St. I. p. 36 sq. J. Chr. A. Clarus, Momenta quaed. hist. de method. schol. principibus. Lips. 1799. 4. J. Fr. Zehler, Diss. de med. sect. method. vet. Erlang. 1827. 8.

2) S. Kühn, Opusc. T. II. p. 17.

3) S. Chr. Fr. Harless, Anal. hist. cr. de Archigene med. et de Apollon. med. Bamb. 1816. 4. Außer einem Methodiker b. O. sind zu unterscheiden Apollonius aus Kitton auf Cypros um 100 v. Chr. Er schrieb της περι αρθρων πραγματειας L. III. s. in Hippocr. Lib. de articulis L. III. (Apoll. Cit. de artic. reponend. comm. e bibl. Laur. er. gr. et lat. ed. C. Gl. Kühn. Lips. 1837 sq. XIII. Pr. 4. [unvollst.] Apoll. Cit., Stephani, Palladii, Theophili, Meletii, Damascii, Joannis, alior. schol. in Hipp. et Galen. e codd. mss. ed. Fr. R. Dietz. Regiom. 1834. 8. p. 1—50). Ein anderer Apollonius aus Memphis, ein Erasistrateer, hinterließ ein Fragment περι εγχαραξεως (b. Harless. a. a. O. u. b. Matthaei a. a. O. p. 144 sq.).

4) Man unterscheidet gewöhnlich 3 Schriftsteller gleiches Namens, sämmtlich aus Ephesus, welchen περι σημειων καταγματων oder von den Zeichen der Knochenbrüche (Gr. b. A. Cocchi, Graec. chirurg. libr. e coll. Nic. Florent. 1754. fol. p. 43 sq.), περι γυναικειων παθων oder von den Zufällen der Weiber (Sor. Ephes. de arte obstetricia morbisque mulierum q. supers. Ex apogr. J. R. Dietz ed. Regiom. 1838. 8. f. a. H. Haeser, Pr. de Sor. Ephes. ejq. π. γ. π. libro nuper repert. Jen. 1840. 4.) und ein früher bekannt gewordenes Fragm. derf. Schr. (c. 4. u. 5.) περι μητρας και γυναικειου αιδοιου, vom Uterus n. b. weibl. Schaam (Gr. ed. pr. c. Rupho Ephes. Paris 1554. 8.) zugetheilt werden. Unächt ist die in den Samml. v. Torinus u. Aldus stehende Sorani in artem medendi isagoge.

5) Περι των γυναικειων παθων über Weiberzufälle, der älteste Hebammenkatechismus. Ed. Pr. Mosch. de morb. muliebr. L. unus c. Gesneri schol. et emend. n. pr. edit. op. ac st. Csp. Wolphii. Basil. 1566. 4. (b. fehl. Vorr. v. Fabric. Bibl. Gr. T. XII. p. 703 sq.) Gr. et Lat. ed. J. O. Dewez. Vienn. 1793. 8.

6) S. J. C. Osterhausen, Hist. sectae medic. pneumat. Altorf. 1792. 8.

7) Ihre Fragm. m. and. b. Ch. F. de Matthaei, XXI veter. et clar. medic. Graecor. varia opuscula. Prim. ex Oribas. cod. Mosq. gr. edid. interpr. lat. Rasarii et anim. s. adj. Mosq. 1808. 4.

8) S. C. Gl. Kühn, Epist. de dubia Aret. aetate const. Lips. 1779. 8. u. Opusc. T. I. p. 13—46. Pt. H. Suringar, Diss. de Aret. med. diagnost. summo. Lugd. B. 1837. 8. Περι αιτιας και σημειων οξεων και χρονιων παθων und περι θεραπειας οξεων και χρονιων παθων. Ed. Pr. Graece ed. J. Goupylus. Paris 1554. 8. Gr. et Let. ed. G. Henisch. Aug. Vind. 1603. fol. c. diss. et not. gr. et lat. rec. J. Wigan. Oxon. 1723. II. fol. Gr. et Lat. ed. H. Boerhave c. Petiti comment. Lugd. B. 1731. 1735. fol. Gr. et Lat. ed. C. G. Kühn. Lips. 1828. II. 8. Deutsch v. J. O. Dewez. Wien 1780—1802. II. 1803. 8.

9) Ἰατρικαι ἀποριαι και προβλήματα φυσικα, Fragm. aus der Medicin u. Naturkunde. Ed. Pr. graece p. J. Tusanum. Paris 1541. 12. ed. B. Vulcanius. Lugd. B. 1595. 12. Gr. et Lat. interpr. Cr. Gesner. Tiguri 1562. 8. ed. A. Rivinus. Lips. 1653. 4.

10) Περι ὀνομασιας των του ἀνθρωπου μοριων, von den Benennungen der Theile des menschlichen Körpers, περι των ἐν νεφροις και κυστει παθων, von den Krankheiten der Nieren und der Harnblasen, und περι των φαρμακων καθαρτικων, von abführenden Mitteln. Opera Ed. Pr. Graece. Paris 1554. 8. Gr. et Lat. ed. G. Clinch. Lond. 1726. 4. Opusc. et Fragm. gr. auct. ex cod. Mosq. et August. Acc. div. lect. ad Galen. etc. ed. Ch. F. de Matthaei. Mosq. 1806. 8.

11) S. Antylli, vet. chir. τα λειψανα praes. C. Sprengel, ventil. exb. Panagiota Nicolaides. Halis 1799. 4.

12) Im Ganzen 181 Schriften, nämlich 83 ächte, 19 zweifelhafte, 45 unächte, 19 Bruchstücke und 15 Commentare über 13 hippocratische Schriften, s. a. S. Campegii Speculum s. epitome Gal. s. Galen. abbreviatus. Lugd. 1516. 8. 1547. 8. Abr. Werner, Or. de vita Gal. Viteb. 1570.8. Ph. Labbei Elog. chronol. Gal. Paris 1660. 8. u. Vita Gal. ex propr. oper. coll. ib. 1660. 8. Ausg. f. Opera Ed. Pr. Lat. Venet. 1490. fol. Ed. Pr. Graece. Venet. 1525. Aldus. fol. Basil. 1538. V. fol. Gr. et Lat. c. Hippocr. Op. ed. Rn. Charterius. Paris XIV. (IX). 1679. fol. ed. C. Gl. Kühn. Lips. 1821—33. XX. (XXII.) 8. f. a. Gal. de dissect. muscul. et de consuetud. libri ad fid. codd. mss. alt. secundum, primum alter. gr. ed. F. R. Dietz. Lips. 1832. 8. W. übers. v. J. F. Nöldecke. Oldenb. 1805. Bd I. 8.

13) Περι πυρετων, Ed. Pr. Lat. b. L. Vallae Synt. med. vet. Arab. et Lat. Venet. 1489. fol. Gr. prim. ed. Georg. Schinas im Mus. Crit. Cantabr. 1821. T. VII. p. 362 sq. Gr. ed. Fr. Passow. Vratisl. 1822. 8. u. Opusc. p. 521—611.

14) Εἰσαγωγη ἀνατομικη, Gr. et Lat. prim. ed. P. Lauremberg. Hamb. 1616. 4. Gr. et Lat. c. Hypato de part. corp. c. not. D. W. Triller. et J. St. Bernard. Lugd. B. 1744. 8. p. 1—141. f. a. Schraber in Hecker's Annal. 1828. Decbr. p. 153 sq.

15) S. Ackermann in Pyl's Rep. f. öffentl. u. gerichtl. Med. Bd. II. 2. p. 161 sq.

16) S. Hecker, Gesch. d. Arzneikde. Bd. II. p. 270—290. C. G. Kühn. de medic. milit. ap. Graec. et Rom. cond. Lips. 1824—27. X. 4.

17) S. Hecker a. a. O. Bd. II. p. 52—170, u. Lit. Annal. d. ges. Heilkde. Berl. 1825. Bd. I. p. 1—28. Rust, Hdbch. d. Chirurgie Bd. XII. p. 542 sq. Συναγωγαι ἰατρικαι. Ed. Pr. (L. XXIV. und XXV.) Collect. art. med. lib. quo totius corp. hum. sectio explic. ex Galeni comm. Paris 1556. 8. u. Or. Anat. ex libr. Galeni c. vers. lat. Rasarii ed. G. Dundass. Lugd. B. 1735. 4. (L. I—XV. in:) XXI vet. et clar. med. graec. var. opusc. ed. Ch. Fr. de Matthaei. Mosq. 1808. 8. (L. XLIV.) Diss. exh. L. XLIV coll. medic. Orib. nuper ab A. Majo Rom. Gr. edit. c. adj. vers. lat. annotatq. ed. U. Cats Bussemaker. Groning. 1835. 8. XLVI. u. XLVII. u. Fragm. ex L. XLVIII. et XLIX. gr. et lat. ed. Cocchi a. a. O. p. 153. 129. 172 sq. L. XLIII. n. XLV. lat. ed. Vid. Vidius, Chirurg. Paris 1544. fol. u. Oribas. Op. Lat. T. I. L. XLIV. XLV. XLVIII. XLIX. et Part. L. et LI. ed. A. Mai. Class. Auct. e cod. Vatic. Rom. 1831. 8. T. IV. p. 1—198. 276—279. Die συνοψις Lat. Orib. Synops. ad Eustathium fil. L. IX. quib. tota medic. in comp. red. contin. Venet. 1554. 8. Paris 1554. 12. Sonst schreibt man ihm noch εὐποριστα, d. h. üb. d. leicht anzuschaffenden Arzneimittel (Orib. ad Eunapium L. IV. Ltaine ed. J. Sichard. Basil. 1529. fol. ed. J. B. Rasarius. Venet. 1558. 8.), Commentare zu d. Aphorismen d. Hippocrates (Or. Comm. in

aphorismos Hipp. hactenus non visa. Paris. 1533. 8. 1658. 12. u. in
f. Opera Omn. Lat. Basil. 1557. III. 8.) und de victus ratione per
quodlibet anni tempus (Lat. ed. A. Torin. Collect. f. 10.), sämmtlich
vermuthlich unächt, zu, was gewiß ist v. d. unt f. Namen gebr. L. V. de
simplic. virtut. q. medicis praecipue in usu sunt (Lat. c. Phys. S.
Hildegardis. Argent. 1533. fol. p. 123 sq.).

18) Serv. Damocrat. q. supers. carm. medicin. gr. et lat. pr.
coll. et seors. edid. c. proleg. C. F. Harless. Bonn. 1835. 4. (nicht
ganz vollst. f. Choulant, Hdbch. d. Bücherkde. f. ält. Med. II. A. p. 70 sq.).

19) Περι της Θηριακης oder v. Theriak. Gr. et Lat. ed. Fr. Tidicaeus. Tiguri 1607. 4. ed. J. S. Leinker. Norimb. 1754. fol.

20) Ruphi Carm. περι βοτανων rec. J. Sillig, c. A. Macro ed.
Choulant. p. 200 sq.

21) Erotiani, Galeni et Herodoti Gloss. in Hippocr ex rec. H.
Stephani gr. et lat. access. emend. vir doct. ed. J. G. F. Franz.
Lips. 1780. 8.

22) Περι της απο ενυδρων τροφης ob. üb. d. Nahrungsmittel, die v.
Wasserthieren genommen sind. Ed. Pr. Xenocr. de alim. ex aquatil.
animant. lib. Gr. et Lat. ed. Gesner. Tiguri 1559. 8. Gr. et Lat.
anim. ill. et gloss. adj. J. G. F. Franz. Lips. 1724. 8. c. lect. var.
et anim. Coray. n. pr. ed. Neap. 1794. 8. u. b. Matthaei a. a. O. p.
7—29. 357—359. c. Galeno. gr. ed. A. Coray. Paris 1814. 8. f. a.
Gruner, Lect. Xenocr. Jen. 1777. 8.

23) Ed. Pr. Opera Gr. Venet. Ald. 1499. fol. ib. 1518. 4. Basil.
1529. 4. Gr. et Lat. Colon. 1529. fol. Paris 1549. 8. ed. J. A. Sa-
racenus. Frcft. ad M. 1598. fol. ad fid. codd. mss. et Aldin. ed.
princ. et interpr. prior. text. rec. var. lect. add. interpr. emend.
comm. ill. C. Sprengel. Lips. 1829—30. II. 8. (a. d. Kühnsch. Samml.
T. 25. u. 26.).

§. 222.

Auch für Thierarzneikunde[1]) geschah Manches in
dieser Periode, und obgleich von Leuten, wie von Apsyrtus[2])
(a. d. 4ten Jhbt.) und Hierocles, nur noch in der unter
Constantin VII. im 10ten Jahrhundert gemachten Sammlung von
Auszügen aus thierärztlichen Schriften älterer Zeit einige Fragmente erhalten sind, so haben wir doch noch von Hippokrates[3])
(Hippiater) eine um 319 — 321 in Griechischer Sprache geschriebene vollständige Schrift über (Pferde-) Thierkrankheiten und
von dem bereits bei Vegetius angeführten Pelagonius[4]) eine
andere in Lateinischer Sprache übrig, die recht brauchbar sind.
Von Vegetius f. nachher.

1) Veter. medic. L. II. a J. Ruellio Suess. ol. lat. don. n. et
Graece in luc. ed. S. Grynaeus. Basil. 1537. 4.

2) S. Hecker a. a. O. II. p. 245. C. Sprengel, Pr. de Aps. Bithynio.
Hal. 1832. 4.

3) Hipp. Veterinaria gr. lat. et ital. redd. P. Al. Valentini.
Rom. 1814. 8.

4) Pelag. Veterin. ex Richard. cod. exscr. et mend. purg. ab J.
Sarchiniano n. pr. ed. cura C. Cionii. Acc. ejd. vers. ital. Flor.
1826. 8. f. a. Wien. Jahrb. 1824. Bd. 26. A. Bl. p. 25 sq. 1828. Bd. 44.
p. 141 sq. u. A. Bl. p. 46.

§. 223.

2.) Römer. Obwohl nicht in dem Grade, wie für die Griechische medicinische Literatur durch Galenus und Dioscorides
gesorgt wurde, so hat doch auch für die Römische nicht Unwichtiges geleistet der Methodiker A. Cornelius Celsus aus Rom oder Verona,
unter Augustus fallend, der, eigentlich wohl mehr Encyclopädiker
und Grammatiker als Arzt, unter dem Titel Artes ein Handbuch der Oeconomie, Philosophie, Rechtskunde, Medicin, Redekunst und der Militärwissenschaften schrieb (s. Quinctil. Inst.
Or. XII. 11, 24.), von dem jetzt nur noch seine 8 Bücher
von der Medicin (I. II. Diätetik, III. IV. Pathologie, V. VI.
Pharmacie, VII. VIII. Chirurgie) übrig sind, worin er in
classischem, concisem Style die gesammte Arzneiwissenschaft seiner
Zeit nach den Grundsätzen des Hippocrates und Asclepiades abhandelt und als Einleitung eine meisterhaft geschriebene Geschichte
derselben giebt. Was sein Urtheil angeht, so ist dieses fast
durchweg richtig und gesund, und in Bezug auf Chirurgie verräth er offenbar eine genaue Kenntniß der hierin einschlagenden
Operationen[1]), sodaß er den derselben Schule angehörigen Cälius Aurelianus aus Sicca in Numidien, der noch vor
Galen 3 Bücher über acute und 5 Bücher über chronische Krankheiten, größtentheils nach den Grundsätzen des Soranus geschrieben zu haben scheint, völlig in den Schatten stellt, da dieser
durch sein barbarisches Latein kaum dem durchgebildeten practischen Arzte verständlich ist, wenn er auch in Beziehung auf die
Darstellung der Krankheitsgeschichte Meister genannt werden mag[2]).
Was jedoch von diesen beiden Männern für Pathologie und
Medicin im Allgemeinen geleistet wurde, ist auch Alles, was wir
überhaupt hierüber anführen können, nur für die materia medica
ist mehr gethan worden. Hier waren vorzüglich thätig Lucius
Apulejus Barbarus (oder Apulejus Celsus aus Cen-
torbi in Cilicien, der Zeitgenosse des Augustus?), der angebliche Verfasser des fälschlich früher dem Philosophen Apulejus zugeschriebenen
Herbarium[3]), der Schüler des Apul. Celsus, Scribonius Lar-
gus Designatianus, einst der Begleiter des Kaisers Claudius auf dessen Britannischem Feldzuge, der in seinen compo-
sitiones medicamentorum Arzneivorschriften in Hinsicht auf das

Mengenverhältniß der einzelnen Bestandtheile empirisch nach den Krankheiten zusammenstellte[4]), die Dichter Serenus Sammonicus (s. oben p. 249.) und Bindicianus, Leibarzt Valentinian's I.[5]), Theodorus Priscianus (um 375 zu Byzanz lebend), ein Methodiker mit seinen früher unter dem Namen des O. Octavius Horatianus bekannten L. IV. rerum medicarum und der vermuthlich unächten diaeta[6]), Sextus Placitus Papyriensis (a. d. 4ten Jhdt.) mit seinem Buche de medicamentis ex animalibus (22 Säugethieren, inclusive der Menschen, und 12 Vögeln), größtentheils aus Plinius excerpirt und voll der albernsten Ideen[7]), Plinius Valerianus, ein Gallischer Empiriker, der mit Benutzung des Dioscorides aus Plinius eine Medicina Pliniana in 5 Büchern zusammentrug[8]), der schon genannte Pseudo-Aemilius Macer[9]) und endlich Marcellus, mit dem Beinamen Empiricus, aus Bordeaux, ein Christ und unter Theodosius I. Leibarzt und magister officiorum, später aber abgesetzt, der eine größtentheils aus Zaubermitteln (nach Hermes Trismegistus im Kiranides und des Pseudodemocritus Ars magna) bestehende Receptsammlung hinterlassen hat, die ebenso wenig reellen Werth hat[10]), als die Werke seiner eben genannten Vorgänger. Noch mag in Bezug auf Veterinärkunde hierher gezogen werden können ein gewisser Vegetius[11]), der um d. J. 410 n. Chr. aus mehreren älteren, in der vorhin genannten Griechischen Sammlung der Thierärzte noch in Auszügen vorhandenen, in dieses Fach schlagenden Schriftstellern eine vorzüglich in Bezug auf die Anatomie des Pferdes sehr brauchbare Ars veterinaria s. mulomedicina in 4 Büchern von den Krankheiten der Pferde und Rinder zusammengestellt hat. S. A. L. G. p. 1214—1218.

1) S. J. L. Bianconi, Lettere sopra Celso. Roma 1779. 8. (Deutsch m. Vorr. v. C. Ch. Krause. Lpzg. 1781. 8.) G. Ant. del Chiappa, Intorno alle opere e condiz. pers. di Celso. Milano 1819. 12 W. Schilling, de C. Celsi vita. Lips. 1824. 8. u. in Ersch u. Gruber, Encycl. Bd. XVI. p. 23 sq. H. Paldamus, de A. C. Celso. Gryphisw. 1842. 8. G. Ackermann, Diss. qua Celsus medic. Cicero latinorumque Hippocrates propon. Upsal. 1758. 4. Al. Lullier Winslow, Expos. de la doctrine de Celse. Paris 1810. 8. R. Kissel, A. C. Celsus, eine historische Untersuchung. Gießen 1844. 8. Ausg. s. Ed. Pr. Florent. 1478. fol. rec. J. B. Egnatius. Venet. 1528. 4. ed. J. Caesarius. Hagen. 1528. 8. ed. J. Ruellius. Paris 1529. fol. ed. G. Pautinus. Basil. 1552. fol. ed. Rb. Constantinus. Lugd. B. 1566. 8. ed. B. Rousseus. Lugd. B. 1592. 4. ed. J. A. van der Linden. Lugd. B. 1657. 12. ed. Th. J. ab Almeloveen. Amst. 1687. 12. 1713. 8. ed. J.

B. **Vulpius. Patav.** 1722. 8. 1750. 8. Venet. 1763. 12. ed. C. Ch.
Krause. Lips. 1766. 8. rec. J. Valart. Paris 1772. 12. ex rec. L. Tar-
gae. Patav. 1769. 4. Ed. II emend. Veron. 1810. 4. cura A. v. Haller.
Lausann. 1772. (1787.) 8. (v. f. Coll. T. VIII. u. IX.) ed. C. Delatre.
Paris 1826. 8. ed. Ed. Milligan. Edinb. et Lond. 1826. 8. ed. G. F.
Collier. Edinb. et Lond. 1830. 16. Ed. II. 1833. 8. ed. F. Ritter et
H. Albers. Colon. ad Rh. 1835. 12. Deutsche Ueberf. m. Anm. v. Rit=
ter. Stuttg. 1840. 8. f. a. L. Choulant, Prodromus novae edit. A.
Corn. Celsi. Inest app. crit. Cels. tent. bibliogr. Lips. 1824. 4. u.
C. G. Kühn, Pr. 1—IV. A. C. Celsi Edit. nova. exopt. Lips. 1821 sq.
I—IV. 4.

2) S. Kühn, Opusc. T. II. p. 1 sq. Ausg. f. Cael. Aur. Tardar. Pass.
libri V. Ed. Pr. ed. J. Sichard. Basil. 1529. fol. Celer. Pass. L. III. Ed.
Pr. Paris. 1533. 8. ed. C. Delatre. Paris 1826. 8. Opera. Lugd.
1566. 8. cur. J. Cr. Amman. Amst. 1709. 4. Venet. 1757. 4. ed. Haller.
Laus. 1774. II. 8. (in f. Coll. X. u. XI.).

3) Ed. Pr. Rom. s. a. 4. Paris. 1528. fol. ed. G. Humelberg.
Tiguri 1537. 4. Paris 1543. 8.

4) Ed. Pr. Scr. Largi de composit. medicam. ed. J. Ruellius.
Paris. 1529. fol. Basil. 1529. 4. ed. J. Rhodius. Patav. 1655. 4. ed.
J. M. Bernhold. Argent. 1786. 8.

5) Carmen de medicina in 78 Hexametern c. Marcell. Emp. Basil.
1536. c. Celso. Paris. 1529. fol. u. Venet. 1763. 12. Fabric. Bibl.
Gr. T. XIII. p. 446 sq.

6) Oct. Horat. rer. med. L. IV. ed. H. Comes a Neuenar. Argent.
1532. fol. ed. S. Gelenius. Basil. 1532. 4. (f. unvollst.) Theod. med.
antiq. lat. diaeta s. de salutar. rebus liber. ed. G. Eb. Schreiner.
Hal. 1632. 8. Opera ed. J. M. Bernhold. s. l. et a. (Ansb. 1791.)
8. T. I.

7) Ed. Pr. ed. Fr. Emericus. Norimb. 1538. 4. ed. Alb. Torinus.
Basil. 1538. 8. ed. G. Humelberg. Tiguri 1539. 4. u. b. Fabric. Bibl.
Gr. T. XIII. p. 395 sq. Parabil. medic. script. ant. Sexti Pl. Pap.
de medic. ex anim. lib. L. Apulej. de medic. herb. lib. ex rec. et
c. not. J. Chr. G. Ackermann. Norimb. et Altorf. 1788. 8.

8) Nach J. Gf. Günz, de auct. op. de re med. vulgo Plin. Val.
adscr. lib. Lips. 1736. 4. war der Verfasser ein christlicher Gallier, Si=
burius. Ausg. (in b. Samml. b. Torinus u. Aldus) ed. Th. Pighi-
nuccius. Rom. 1509. fol.

9) S. oben p. 157. n. 4. und Choulant, Hbbch. f. b. ält. medic. Bücherkde.
p. 233 sq.

10) De medicamentis empiricis, physicis ac rationalibus (b. h.
v. b. Arzneien a. b. Volkserfahrung u. b. ärztlichen Schulen) Ed. Pr. ed.
J. Cornarius. Basil. 1536. fol. u. in b. Samml. b. Aldus (1547.) u.
Stephanus (1567.)

11) Ed. Pr. Basil. 1528. 4. ed. J. Sambucus. Basil. 1574. 4.
Manhem. 1781. 8. ed. J. G. Schneider, Script. R. Rust. Lips. 1797.
8. T. IV.

I) Philologie.

§. 224.

1.) Griechen. In dieser Periode war die Griechische
Sprache, die sich vorzüglich in Asien verbreitete und eins der
vorzüglichsten Hilfsmittel ausmachte, wodurch sich das Christenthum

ausbreiten konnte, in Rom Hofsprache geworden und verdrängte beinahe das einheimische Latein. Natürlich mußte sie deshalb auch vielfach
bearbeitet werden und daher erklärt sich die Menge der Grammatiker, Kritiker und Lexicographen dieses Zeitraums. Unter erstere
zählen wir Tryphon aus Alexandria, den Zeitgenossen des
Augustus, der vorzüglich über Dialecte geschrieben hatte[1]), und
den Apollonius Dyscolus aus Alexandria (160 n. Chr.),
der kurz vor Phlegon von Tralles gelebt haben muß und wichtige Schriften über die Syntax, das Pronomen, die Conjunctio-
nen und Adverbien hinterlassen hat[2]). Noch bedeutender und wichtiger
ist aber sein Sohn Aelius Herodianus (um 161 n. Chr.)
gewesen, von dessen Schriften aber bis jetzt blos wenige kleinere
Stücke bekannt gemacht worden sind[3]). Etwas älter als diese
war Draco aus Stratonice in Karien, von dem noch ein
Werk über die Metrik, das aber unächt scheint, vorliegt[4]). Ueber
letztere schrieb auch Hephästion, der Lehrer des Kaisers Verus,
ein besonderes Handbuch, wozu der bekannte Longinus Prolegomena gab, die aber nicht mehr vollständig vorhanden sind[5]).
Von dem fleißigen Arcadius aus Antiochia, der eine Syntax
und ein nach Materien geordnetes Wörterverzeichniß geschrieben
hatte, liegt jetzt nur noch ein unächter Tractat über die Accente vor,
der übrigens nur ein Auszug aus des Aelius Herodianus
προσωδια καϑολικη ist[6]). Ebenso haben wir von dem Grammatiker Dositheus Magister, der um d. J. 207 n. Chr.
für seine Landsleute, welche Freunde der Lateinischen Sprache
wären, 3 Bücher Worterklärungen (ἑρμηνευματα) geschrieben
hatte, nur noch das 3te Buch, die Rescripte des Kaisers Hadrian enthaltend, übrig[7]). Vom Lesbonax existirt nur ein
kleines Werkchen über die Redefiguren[8]), dagegen von Georgios
Chöroboscos[9]) aus Byzanz (um 400) mehrere die Syntax
und Formenlehre betreffende größere und kleinere Arbeiten. Was
die Lexicographie anlangt, so ist zu bemerken, daß die nun entstandene Meinung (s. **Dio Chrys. Diss. XII. p. 213.**), Homer
sei derjenige Schriftsteller gewesen, der die bis auf ihn geschieden
gewesenen Dialecte der Griechischen Sprache unter einander gemischt
habe, nicht blos Schriften über die in seinen Gedichten vorkommenden verschiedenen Dialectformen, sondern auch Wörterbücher
über die bei ihm sich findenden Ausdrücke hervorrief. Zuerst

trat der Judenfeind Apion[10]) aus Alexandria unter Tiberius mit derartigen λεξεις Ὁμηρικαι hervor, von denen jedoch nur noch Bruchſtücke erhalten ſind, wiewohl aus dem vollſtändigen Werke bereits Apollonius aus Alexandria ſein noch vorhandenes, ebenſo betiteltes Homeriſches Lexicon zuſammengeſtellt hatte[11]). Aehnlicher Art waren die bereits oben genannten Gloſſarien des Erotianus (60 n. Chr.), Galenus (150 n. Chr.) und Herodotus (unter Hadrian) über die Werke des Hippocrates. In gleicher Weiſe ſchrieb Julius Pollux aus Naucratis in Aegypten, ein Rhetor, der uns ein in 10 Bücher eingetheiltes Ὀνομαστικον hinterlaſſen hat, welches die werthvollſten antiquariſchen Notizen über das Staats- und Privatleben, das Theaterweſen ꝛc. der Griechen enthält[12]). Ganz anderer Art iſt des Phrynichus, mit dem Beinamen Ἀραβιος, der unter M. Aurel und Commodus fällt, um d. J. 180 geſchriebene ἐκλογη ῥηματων και ὀνοματων ἀττικων, womit er die Reihe der ſogenannten Atticiſten, d. h. derjenigen Grammatifer eröffnete[13]), welche die Attiſchen Wörter mit den in dem Κοινη oder Ἑλληνικη διαλεκτῳ, der nur die von allen mit Griechiſcher Zunge redenden Völkern gemeinſchaftlich gebrauchten Wörter und Wortformen, niemals aber diejenigen, welche einem beſonderen oder einzelnen Dialecte angehören, aufgenommen hat, vorkommenden vergleichen. In gleicher Weiſe verſuchte Aelius Möris etwas ſpäter eine Vergleichung des Attiſchen Dialects mit dem gemeinen Griechiſchen und empfing deshalb den Beinamen Atticiſta[14]). Ebenſo unternahm ein übrigens unbekannter Grammatifer, Timäus[15]), ein Lexicon der im Plato vorkommenden Ausdrücke, und Valerius Harpocration[16]) aus Alexandria, der von Einigen für den gleichnamigen Lehrer des Kaiſers Verus (um 170 n. Chr.) gehalten, von Anderen aber richtiger um d. J. 350 n. Chr. geſetzt wird, verfaßte ein Wörterbuch zu den zehn großen Attiſchen Rednern. Eine Synonymik in alphabetiſcher Ordnung ſtellte der Lehrer des Kirchenhiſtorikers Socrates, Ammonius (um 389)[17]) zuſammen, und um dieſelbe Zeit (um 390, nicht erſt zwiſchen dem 9ten u. 10ten Jhdt.) compilirte Heſychius aus Alexandria aus den Werken des Apion, Apollonius, Ariſtarchus, Pamphilus, Diogenianus ꝛc. in alphabetiſcher Ordnung ein Vocabularium oder Wörterbuch, das jedoch auf uns erſt in bedeutend veränderter

Gestalt und mit vielen fremden Einschiebseln gekommen ist[18]). Etwas später (um 450) verfaßte Orion aus Theben in Aegypten, der Lehrer der Kaiserin Eudoxia, sein etymologisches Wörterbuch, das besonders viel wegen seiner Klarheit von den späteren Lexicographen gebraucht wurde, aber nur noch in Fragmenten vorliegt[19]). Aus ungewisser Zeit, nach Einigen aus dem 10ten Jahrhundert, stammt des Philemon λεξικον τεχνολογικον, von dem noch ein Stück über die Namen und Worte vorhanden ist[20]), und endlich gehören noch außer der sonderbaren Chrestomathie des Proclus[21]) die Sprüchwörtersammlungen mehrerer Grammatiker hierher, unter denen der Versuch des Pseudo-Plutarchus obenan steht[22]), obgleich die Arbeiten des Zenobius (unter Hadrian) und des Diogenianus aus Heraclea im Pontus (um 200), der übrigens erst durch den Auszug eines Ungenannten an uns gelangt ist, weit vollständiger sind[23]). Endlich dürfte hierher noch die Erklärung der Aegyptischen Hieroglyphen des Aegyptischen Philosophen Horapollo aus Phebenethis (um 394), welche ein gewisser Philippus in's Griechische übertrug, zu rechnen seyn, wenn uns auch dieses Werk selbst schwerlich einen sicheren Schlüssel zum Verständniß derselben liefern wird[24]). Uebrigens ist, was die Lexicographie anlangt, noch in Bezug auf die Stadien dieser Wissenschaft festzuhalten, daß dieselbe in den γλωσσαι, d. h. den Erläuterungen fremdartiger oder ungebräuchlicher Wörter, bereits zur Zeit des Comikers Strato in Athen auftrat, dann in die sogenannten Ὀνομαστικα, d. h. Aufführung einzelner Wörter und Erklärung derselben nach einer selbst erfundenen Materieneintheilung, überging, und zuletzt in den eigentlichen Λεξικα (κατα στοιχειον), in welchen die einzelnen Wörter zwar in alphabetischer Reihenfolge, aber doch nur mit Berücksichtigung des Anfangsbuchstabens oder der ersten Sylbe geordnet waren, erschien[25]). S. A. L. G. p. 725—736.

1) Περι τροπων u. περι παθων λεξεων noch übrig im Mus. crit. Cantabr. 1813. Maj. p. 32. Bachmann, Anecd. T. II. p. 423 sq. Ammon. ed. Valcken. p. 205 sq.

2) Περι συνταξεως των του λογου μερων Ed. Pr. c. Theod. Gaz. Gramm. Introd. L. IV. Venet. Aldus. 1495. fol. c. Procli Chrestom. ed. Fr. Sylburg. Frcft. 1590. 4. p. 1—336. ex rec. J. Bekker. Berol. 1817. 8.; περι αυτωνομιας ed. J. Bekker. Berol. 1814. 8. u. b. Fr. A. Wolf, Mus. Antiq. Stud. Berol. 1811. 8. T. I. 2. p. 261—408. Περι συνδεσμων u. περι επιρρηματων b. Bekker, Anecd. T. II. p. 470 sq. 527 sq. f. J. Bekker, de Apoll. Alex. Libr. Synt. Hal. 1806. 8.

3) **S. A. Wettin**, de Herodiano gramm. Hal. 1842. 8. Unt. f.
viel. Schr. (f. A. L. G. p. 726 sq.) f. besonders wichtig *περι μοιηρους
λεξεως* b. Dindorf, Gramm. Gr. T. I. p. 3—47., *επιμερισμοι* (Gr.
ed. J. Fr. Boissonnade. Lond. 1819. 8. Unächt) b. Cramer, Anecd.
Oxon. T. I. vermuthlich nach einer späteren Bearbeitung. Anb. b. Cramer T. III.
Sein Hauptwerk war wohl f. *καθολικη προσωδια* f. Gött. Gel. Anz. 1842.p.1974.

4) **Drac.** Strat. Lib. de metris poet. et J. Tzetz. Exeg. Hom.
Iliad. pr. ed. G. Hermann. Lips. 1812. 8. f. Hase in b. Not. et Extr.
d. Mss. T. VIII. 2. p. 33—77. Zimmermann's Zeitschr. f. A. W. 1840.
p. 934 sq.

5) *Εγχειριδιον περι μετρων και ποιηματων.* Ed. Pr. Graece. Florent. 1526. 8. c. schol. antiq. et anim. ed. J. de Panw. Traj. ad Rh.
1726. 4. (f. d'Orville, Vann. crit. p. 405—543.) c. not. var. cur Th.
Gaisford. Acc. Procli Chrest. Oxon. 1810. 8. Ed. II. auct. Lips.
1832. 8.

6) *Περι τονων* f. Arcad. de Accent. e codd. mss. Paris. pr. ed.
E. H. Barker. Add. est. epist. ad J. T. Boissonnade. Lips. 1820. 8.
f. C. E. Göttling, de Arcad. quibd. accent. praeceptis. Bonn. 1823. 4.
Barker im Class. Journ. nr. LIV. p. 203 sq. LV. p. 183 sq. Ist wahrscheinlich von einem viel späteren Grammatiker gefertigt, f. Preller a. a. O.
p. 13. Pezhold in Jahn, Jahrb. Suppl. Bd. VII. p. 115 sq.

7) Gr. ed. Fabric. Bibl. Gr. T. XII. p. 516 sq. Labb. Gloss.
p. 401 sq. Jus Civ. Antejust. ed. Bonn. p. 39—228. Blondeau,
Inst. T. II. p. 325 sq. *Λοσιθεου τον γραμμ. ερμηνευματων βιβλιον γ'*
prim. ed. Ed. Böcking. Bonn. 1832. 12. f. Lachmann, Verf. üb. Dositheus. Berlin 1837. 4.

8) *Περι σχηματων* b. Valckenaer, Ed. Amni. p. 177 sq. u. Labb.
Gloss. p. 821 sq.

9) Stücke von ihm b. Bekker, Anecd. T. II. p. 703 sq. III. p.
1209 sq. Ammon. ed. Valckenaer. p. 205 sq. Cramer, Anecd. Paris.
T. II. p. 167 sq. u. im Thes. Cornu Copiae. Ven. Ald. 1496. fol. Georg.
Choerob. Dictata in Theodos. Canones necnon Epimerismi in psalmos
e codd. mss. ed. Th. Gaisford. Oxon. 1842. III. 8. f. a. Preller,
quaest. de hist. gramm. Byzant. Dorpat. 1840. 4. p. 6 sq. 29 sq.

10) S. Lehrs. Quaest. Epic. p. 1—34. Fragm. b. Sturz, Etym.
Gudian. p. 601 sq. cf. Burigny in b. Mém. de l'acad. T. XXXVIII.
p. 171 sq.

11) Ausg. f. λεξεις Ομηρικαι κατα στοιχειον. Apoll. Lexic. Graec.
Iliad. et Odyss. e mss. ed. lat. vert. emend. et not. ill. J. C. d'Ansse
Villoison. Paris 1772. II. 4. Ed. II. H. Toll. Lugd. B. 1788. 8. Ed.
III. J. Bekker. Berol. 1834. 8.

12) S. C. F. Ranke, Pollux et Lucianus. Quedlinb. 1839. 4.
Ed. Pr. Poll. Onom. Graece. Venet. Aldus. 1502. fol. gr. et lat. c.
not. Jungermanni, Kühnii, Lederlin. et T. Hemsterhus. Amst. 1706.
II. fol. (f. dazu Bentleji Epist. Lond. 1807. 4. p. 280—318. u. Class.
Journ. nr. XXIII. p. 157 sq. XXIV. p. 438 sq.) c. annot. interpr.
cur. J. Dindorf. Lips. 1824. V. 8. f. a. Hemsterhus. Anecd. ed. Geel.
p. 164—220.

13) *Εκλογη ρηματων και ονοματων αττικων.* Ed. Pr. Z. Calliergi.
Rom. 1517. 8. ed. J. C. de Pauw. Ultraj. 1739. 4. c. not. var. ed.
et expl. Chr. A. Lobeck. Acc. parerg. gramm. Lips. 1820. 8. (f. dazu
Bachmann, Anecd. T. II. p. 382 sq.). Andere Schriften von ihm b.
Bekker, Anecd. T. I. p. 1—476. u. Bachmann, Anecd. Gr. T. I.
p. 1—422.

14) *Λεξεις Αττικων και Ελληνων.* Moer. Att. Lex. Att. c. vir.
doct. not. rec. ord. mss. rest. emend. et anim. ill. J. Pierson. Lugd.
B. 1759. 8. Ed. II. Lips. 1831. 8. c. ann. s. et Fischer. denuo ed.
G. A. Koch. Lips. 1830. 8. (Addit., b. Koch, Observ. ad Timaeum

p. 58 sq.) rec. J. Bekker, c. Harpocrat. Berol. 1833. 8. f. J. Teng-stroem, Obs. in Moer. Att. Abo 1829. II. 4.

15) *Λέξεις ἐκ τῶν τοῦ Πλάτωνος*. Ausg. Tim. Soph. Lex. Voc. Platon. ex cod. Sangall. pr. ed. atq. anim. ill. D. Ruhnken. Lugd. B. 1756. 8. Ed. II. cur. G. A. Koch. Lips. 1828. 8. (Dazu G. Aen. Koch, Observ. in Tim. Soph. et Moer. Attic. Lips. 1833. 8.).

16) *Λεξικὸν τῶν δέκα ῥητόρων*. Ed. Pr. c. Ulpiano in Dem. Phil. Venet. Ald. 1503. fol. c. Ph. Maussac. et Vales. not. ɩd. N. Blan-card. Lugd. B. 1683. 4. c. not. et observ. J. Gronov. Acc diatr. H. Stephani et Vales. not. Lugd. B. 1696. 4. c. ann. interpr. et lect. libr. Vratislav. ms. Lips. 1824. II. 8. ed. M. Ducas, in f. A. b. Orat. Attici. Vindob. 1812. 8. T. X. rec. J. Bekker. Berol. 1833. 8. f. a. Passow, Opusc. p. 270 sq. u. Werfer in b. Act. Monac T. II. P. II. p. 235—270. Schleussner b. Friedemann, Misc. Crit. T. II. p. 744 —754. Kiesling, Quaest. Att. Spec. Ciz. 1832. 4. p. 26.

17) *Περὶ ὁμοίων καὶ διαφόρων λέξεων*. Ed. Pr. c. Diction. Graec. Cop. Venet. Aldus. 1497. fol. ed. F. Ammon. Erlang. 1787. 8. ed. et opusc. nonn. med. add. adj annot. L. III. C. Valckenaer. Lugd. B. 1739. II. Ed. II. emend. cur. G. H Schaefer. Lips. 1822. 8. u. b. Labbaei Gloss. p. 717—936. f. a. Segaar, Epist. cr. ad Valcken. compl. coll. Msti Etym. Traj. c. Ammon. et c. Etymol. M. Traj. ad Rh. 1766. 8.

18) S. Valckenaer, b. Ursini Virgil. Coll. praef. p. 150—163. Sallier in b. Mém. de l'ac. T. V. p. 205 sq. C. F. Ranke, de lexici Hesych. vera orig. et gen. forma. Quedl. et Lips. 1831. 8. (f. Welcker im Rhein. Muf. 1834. H. II. p. 292 sq. III. p. 411 sq.) N. Schow, Epist. cr. ad Heyn. et Tychsen. Rom 1790. 4. Ausg. f. Ed. Pr. Gr. M. Musurus. Venet. Aldus. 1514. fol. gr c. not. var. cur. C. Schrevel. Lugd. B. 1668. 4. c. not. var. rec. J. Alberti et D. Ruhn-ken. Lugd. B. 1746—66. II. fol. Hesych. Lex. ex cod. ms. bibl. D. Marci restit. et ab omn. Musuri conj. expurg. s. suppl. ad edit. Hesych. Albert. auct. N. Schow. Lips. 1792. 8.

19) S. F. Ritschl, de Oro et Orione comm. op. hist. gramm. gr. Vratisl. 1834. 8. Ausg. b. Fragm. Orion. Theb. Etym. ex Mus. F. A. Wolf. prim. ed. annot. vir. doct. adj. F. G. Sturz. Acc. Larcheri obs. cr. in Etym. M. et Peyroni comm. in Theodos. Alex. tract. de pros. Lips. 1820. 4. f. a. Etym. Gud. ed. Sturz. p. 611—668.

20) S. Osann, Proleg. p. XVII sq. Nach Schneider in Walch's Phil. Bibl. Bd. II. 6. p. 523 sq. a. b. 10ten Jhdt. Ausg. Phil. Lex. technol. pr. ed. Burney. Lond. 1812. 4. Vollst. als Phil. gramm. q. supers. vulgo emend. et auct. ed. Fr. Osann. Berol. 1821. 8.

21) *Χρηστομαθία γραμματικὴ* vielleicht dem Lehrer des M. Antoninus, Eutychius Proclus, angehörig. Fragm. b. Phot. cod. 239. (ob. Ed. Bekker. T. II. p. 318 sq.) a. b. Hephaestion ed. Gaisford. p. 366. 465 sq. (ed. Lips. p. 413. 516 sq.).

22) *Παροιμίαι, αἷς Ἀλεξάνδρεις ἐχρῶντο* (in Plut. Op. ed. Hutten T. XIV. p. 586 sq.) find wohl unächt, ebenso die *ἐκλογὴ περὶ τῶν ἀδυνάτων ἐπὶ τῶν ῥεπόντων εὐκόλως, ἐπὶ ἀδυνάτων πραγμάτων* b. Boissonnade, Anecd. T. I. p. 394.

23) *Παροιμίαι Ἑλληνικαί*. Adagia s. proverbia Graec. ex Zenobio s. Zenodoto, Diogeniano et Suidae coll. gr. et lat. schol. ill. A. Schottus. Antv. 1612. fol. Paroemiographi graeci, quor. pars u. pr. ex codd. mss. vulg. Ed. Th. Gaisford. Lond. 1836. 8. Corpus Paroem. Graec. Ed. E. L. a Leutsch et F. G. Schneidewin. T. I. Zenobius, Diogenianus, Plutarchus, Gregorius Cyprius. C. App. prov. Gotting. 1839. 8.

24) *Ἱερογλυφικὰ Ὥρου Ἀπόλλωνος Νειλώου*. Ed. Pr. c. fabulis Aesopi et Gabriae, Phurnuto, Heracl. Pont. proverb. Graec. coll.

28*

Venet. Aldus. 1505. fol. p. 121—142. gr. et lat. c. obs. J. Merceri.
Paris. 1548. 8. 1552. 8. ed. D. Hoeschel. Aug. Vind. 1595. 4. 1609. 4.
gr. et lat. c. not. var. cur. J. C. de Pauw. Traj. ad Rh. 1727. 4.
rec. et not. vir. doct. adj. C. Leemanns. Amst. 1835. 8. f. a. Bachmann, Anecd. T. II. p. 406 sq. Lenormand, Anal. d. hiéroglyphes
d'Horap. Paris 1838. 8. Goulianof, Essai s. l. hiérogl. d'Horapollon.
Paris 1827. 4. The Hieroglyphics of Hor. Nil. by A. S. Cory.
Lond. 1830. 8.

25) S. Ernesti, de glossar. graec. vera indole et recto usu in
interpr. diss. Lips. 1742. 4. u. in f. Opusc. var. arg. p. 61 sq. Osann,
Prol. ad Philem. p. XIX sq. Ranke, de lex. Hesych. p. 1—7.
Hemsterh. ad Polluc. T. I. p. 33 sq.

§. 225.

2.) Römer. Nachdem die Grammatiker und Rhetoren
unter Vespasian angefangen, vom Staate eine feste Besoldung zu
erhalten, und der Kaiser Hadrian eine Schule für den Unterricht in
den freien Künsten, Athenaeum genannt, errichtet hatte und selbiger
von den Kaisern Valentinian II. und Valens eine höhere Ausdehnung gegeben, ja ihr von Theodosius II. und Valentinian III.
(415) zu Constantinopel eine ähnliche Academie an die Seite
gesetzt worden war[1]), kam das Studium der Grammatik und
Philologie immer mehr in Aufschwung. Als ausgezeichneten
Kritiker der früheren Zeit (um 43 n. Chr.) haben wir den
Commentator der Ciceronianischen Reden, Q. Asconius Pe-
dianus[2]) zu nennen, neben welchem Leute wie Q. Rhem-
nius Fannius Palämon[3]) und dessen Zeitgenosse (? 60 n. Chr.)
M. Valerius Probus aus Berytos[4]), sowie M. Cornelius
Fronto[5]) völlig in den Schatten treten. Wichtig dagegen ist für uns
Aulus Gellius (fälschlich Agellius)[6]) aus Rom, der, obwohl in der Redekunst und Grammatik wohl bewandert, doch
später ein Richteramt angenommen hatte, aber noch vor seinem
Lehrer, dem berüchtigten Philosophen Peregrinus, also vor 165
n. Chr., gestorben zu seyn scheint. Er hat uns ein Collecta-
neenbuch hinterlassen, das er auf einem Landgute bei Athen
während der langen Winternächte aus einer Menge älterer
Schriftsteller zusammengetragen hatte (deshalb Noctes Atticae genannt), und welches für uns die wichtigsten Notizen aus jedem Zweige
der Alterthumswissenschaft enthält. Aehnlicher Art ist des Censorinus[7]) (um 238) gelehrtes, aber in einem fast ganz unverständlichen, schwülstigen Style geschriebenes Compendium der
alten Chronologie, Astronomie, Arithmetik und Physik, de die

natali betitelt. Rein grammatisch ist dagegen des Nonius
Marcellus, mit dem Beinamen Tiberiensis peripateticus,
nicht um d. J. 195, sondern im 5ten Jahrhundert geschriebenes Werk
de proprietate sermonis[8]), wenn es auch an Vollständigkeit den
von Sextus Pompejus Festus aus dem großen Werke des
Verrius Flaccus noch vor Macrobius gelieferten Auszügen de
significatione verborum nachsteht, welche wir freilich nicht mehr
vollständig im Original (unvollständig vom Buchstaben M an),
sondern nur in einem abermaligen Auszuge des Paulus Warnefrid (diaconus) besitzen[9]). Im Mittelalter hatte einen außerordentlichen Ruf des Hieronymus Lehrer, der Grammatiker Aelius Donatus (um 354), der Scholiast des Terenz, dessen
Ars in ihrer Editio prima et secunda die Grundlage des
ganzen grammatischen Schulunterrichts bildete, deshalb seit
der Erfindung der Buchdruckerkunst äußerst häufig gedruckt wurde
und im Gegensatze der II L. de summa grammatices des
Rhemmius Palämon, die den Namen Ars secunda führten, Ars prima genannt wurde[10]). Uebrigens ist von dem
älteren Donatus ein jüngerer Scholiast und Commentator des
Virgilius, Tiberius Claudius Donatus wohl zu unterscheiden[11]). Eine recht brauchbare Theorie der lateinischen Metrik lieferte Terentianus Maurus aus Africa, wahrscheinlich
zu Anfange des 2ten Jahrhunderts Präfect von Syene, in
einem Gedichte de litteris, syllabis, pedibus et metris[12]),
welches ein ungenannter dactylischer Dichter (de figuris et
schemate) nachgeahmt zu haben scheint[13]), wie auch in Prosa
Flavius Mallius Theodorus, ein Römischer Consul
(um 399), und ein gewisser Julius Severus über Metrik
geschrieben haben[14]). Ein sonderbares Buch ist des Lucius
Ampelius, vor der Theodosianischen Theilung des Römischen
Reiches geschriebenes, Liber memorialis, ein Compendium des
Wissenswürdigsten aus der Geschichte und den Naturwissenschaften[15]),
sowie besonders wichtig für Grammatik und Philologie im weitern Sinne des Macrobius Ambrosius Aurelius Theodosius[16]), der um d. J. 422 als praefectus sacri cubiculi
vorkommt und uns auch einen Commentar zu des Cicero Somnium Scipionis hinterlassen hat, Saturnaliorum conviviorum L.
VIII. oder Tischgespräche während der Saturnusferien, ein ziemlich

guter, wiewohl nicht allumfaſſender Penbant zu bemoben genannten
Werke des Athenäus. Sonſt werden als fleißige Grammatiker F a b i u s
M a r i u s V i c t o r i n u s [17]), ein Rhetor, der Commentator des
Virgil, S e r v i u s M a r i u s H o n o r a t u s [18]), der Zeitgenoſſe
des Macrobius und Commentator des Donat, M a r i u s S e r -
g i u s [19]), C l e d o n i u s [20]), F l a v i u s S o ſ i p a t e r C h a r i -
ſ i u s [21]) aus Campanien, der aber nur dem C o m m i n i a n u s
nachgeſchrieben hatte, deſſen Zeitgenoſſe D i o m e d e s [22]), A g r ö t i u s,
ein Gallier (um 434), der eine Fortſetzung des C a p e r lieferte[23])
und P. C o n ſ e n t i u s, der Zeitgenoſſe des Sidonius Apollinaris[24]),
zu nennen ſeyn, indem die Abhandlung des A u g u ſ t i n u s über
die Grammatik untergeſchoben zu ſeyn ſcheint[25]). Uebrigens kann
man unter die Philologen noch die zwei Encyclopädiker dieſer
Periode rechnen, nämlich den unter den Aerzten ſchon genannten
A. C o r n e l i u s C e l ſ u s und den M a r c i a n u s M i n e u s
F e l i x C a p e l l a aus M a b a u r a in Africa[26]), der um d. J.
460 unter dem Titel Satiricon oder Satirae, nach dem Muſter
der Varronianiſchen Satire, in einem barbariſchen, mit Proſa und
Verſen vermiſchten Style in 9 Büchern, deren erſten 2 de nup-
tiis philologiae et Mercurii nur eine Art allegoriſcher Einleitung bilden, einen kurzen Abriß aller damals bekannten Wiſſenſchaften (Grammatik, Dialectik, Rhetorik, Geometrie, Arithmetik,
Aſtronomie und Muſik) gegeben hat. S. A. L. G. p. 737—748.

1) S. H. Conring, Diss. de stud. liberal. urbis Romae et Con-
stantinopolis, in ſ. Oper. T. VI. p. 4 sq. Ch. Cellarius, Diss. de
stud. litt. Rom. in urbe et provinciis. Halis 1698. 4. u. Diss. Acad.
p. 341 sq.
    2) S. Fragm. b. Orelli, Op. Cic. T. V. 2. p. 1295. ſ. a. J. M. Mad-
vig, de Q. Asc. Ped. et alior. vet. interpr. in Cicer. Orat. comm.
disp. cr. Acc. App. cr. Hafn. 1828. 8. Unächt ſind die ihm zugeſchriebenen Commentare zu Cic. divin. in Caecil. u. Verr. Act. I. Act. II.
L. I. u. II. u. b. Scholia Bobiensia s. Ambrosiana et Vaticana u.
b. Scholiasta Gronovianus (b. Orelli p. 215. 377 sq.) ſ. a. Jacobs, Beitr.
a. b. Schätz. b. Goth. Bibl. Bd. II. 1. p. 205 sq.
    3) De summa grammatices b. Putsche, Gramm. Lat. p. 1366 sq.
Früher ſchrieb man ihm das dem P r i ſ c i a n gehörige Lehrgedicht de pon-
deribus et mensuris zu, ſowie eine Schrift Differentiae sermonum in
b. Misc. Obs. Nov. T. IX. p. 977 sq.
    4) S. Oſann p. 166 sq. Angeblich Verfaſſer der Differentiae Probi
(in b. Misc Obs. a. a. O. p. 996 sq.), de Grammaticarum institutionum
L. II. (ed J. Parrhasius. Vienn. 1509. fol. ed. Ascensius. Paris 1516.
fol. u. b. Putsche p. 1386 sq. u. Lindemann I. p 1386 sq.) Ars minor
(b. Mai, Class. Auct. T. V. 1833. p. 153 sq. u. Endlicher, Anal. Gramm.
p. 227 sq.) u. de interpretandis notis Romanorum (ed. Fr. Tiliobroga
[Lindenbrog]. Lugd. B. 1699. 8. Putsche p. 1494 sq. u. Meermann,
Nov. Thes. Jur. T. I. p. 87 sq).

5) De differentiis verborum (b. **Putsche** p. 2291 sq. u. Front. Fragm. ed. Mai. a. a. O.) Die ihm noch zugeschriebene Quadriga s. exempla eloquutionum ex Virgilio, Sallustio, Terentio, Cicerone per litteras digesta (b. Putsche p. 487 sq. Lindemann T. I. p. 199 sq.) gehört einem späteren Grammatiker Arusianus Messus.

6) S. Falster, Amoen. philol. T. II. p. 241 sq. C. de Silvestris, in b. Racc. d'Opusc. scient. e filol. T. VI. p. 239 sq. Ausg. Ed. Pr. rec. J. A. Aler. Rom. 1469, fol. c. not. var. suisq. ed. A. Thysius. Cur. J. Oiselius. Lugd. B. 1666. 8. c. J. Fr. Gronov. aliorq. not. ed. J. Gronov. Lugd. B. 1706. 4. Ed. Gronov. rep. et excurs. add. J. S. Conradi. Lips. 1762. II. 8. rec. et ann. crit. ill. A. Lion. Gott. 1825. II. 8.

7) Ed Pr. Bonon. 1497. fol. rec. et ill. H. Lindenbrog. Hamb. 1614. 4. Cantabr. 1695. 8. c. not. var. ex rec. S. Havercamp. Lugd. B. 1743. 8. ex rec. et c. anim. J. S. Gruber. Norimb. 1805. 1810. 8. (f. J. A. Nagel, Disp. de loc. quibd. Cens. Altorf. 1753. 4.) Das Fragm. einer Art Auszug daraus in 5 Cap. (b. Censor. ed. Haverc. p. 129 sq. u. Putsche p. 2715 sq.) hat L. Carrio in f. Ausg. b. Ceus. (Paris 1583. 8.) zuerst ausgeschrieben. Erhalt. u. e. Fragm. de metris b. Putsche p. 2728 sq., verloren ab. f. Schr. de geometria (f. Sinner b. Seczbobe, Krit. Bibl. 1829. Nr. 61. p. 243.)

8) De varia significatione verborum oder (b. all. richt.) de compendiosa doctrina per litteras ob. de proprietate sermonis. Ed. Pr. s. l. 1471. fol. rec. D. Gothofredus. Paris. 1586. 8. u. in f. Auct. Lat. L. p. 461 sq. 1335 sq. c. not. sel. ed. J. Mercer. Paris. 1614. 8. Lips. 1826. 8. (f. a. Chr. Wase, Strict. Non. Oxon. 1685. 4.). S. Osann II. p. 381 sq.

9) Ed. Pr. Mediol. 1471. fol. [nur b. Ausz. b. Paulus] c. anim. A. Augustini. Venet. 1560. 8. ed. J. Scaliger. Paris 1575. 1585. 4. emend. et ill. A. Dacier. Lut. 1681. 4. c. not. var. Amst. 1699. 4. c. not. var. ed. Lindemann. Corp. Gr. Lat. T. II. P. I. p. 1 — 279.

10) Ars s. editio prima de litteris syllabisque pedibus et tonis u. Editio secunda de octo partibus orationis b. Putsche p. 1735 sq. 1743 sq. u. Lindemann. T. I. p. 1—36. u. c. Sergii et Servii comm. ap. R. Stephanum. Paris. 1536. 1543. 8. f. a. Fischer, Essai sur les monum. typogr. p. 57 sq. 68 sq. 75. 84. u. in Millin, Mag. Encycl. VII an. 1801. T. III. p. 475 sq. Sonst noch de schematibus et tropis b. Putsche p. 1767 sq.

11) S. C. G. Schwetschke, de Don. Minoris fragm. Halis nuper rep. excurs. Hal. 1839. 4

12) Ausg. f. Ed. Pr. Mediol. 1497. fol. b. Putsche p. 2383 sq. in Maittaire, Corp. poet. Lat. T. II. p. 1247 sq. ex rec. et c. not. L. Santen. absolv. D. J. van Lennep. Traj. ad Rh. 1825. 4. rec. C. Lachmann. Berol. 1836. 8. Corp. script. lat. de re metrica coll. et rec. Th. Gaisford, Oxon. 1836. 8.

13) De figuris et schemate, ed. Quicherat, Bibl. de l'école de chartes. Paris 1839. 8. T. I. p. 51 sq. u. Sauppe, Ep. cr. ad G. Hermann. Lips. 1844. 8. p. 159 sq. cf. ib. p. 156 sq.

14) S. A. Ruben, de vita Fl. M. Theod. ed. Graevius. Ultraj. 1694. 12. ed. Fr. Platner. Lips. 1754. 8. Ausg. ist Mallii lib. de metris c. anim. ed. J. F. Heusinger. Guelpherb. 1756. 8. Ed. auct. Lugd. B. 1766. 8. Ebd. b. Jul. Severus Expositio de pedibus p. 56 sq.

15) S. Tzschucke vor f. A. p. V—XXXII. Ausg. f. Lib. Memorialis. Ed. Pr. c. Floro cur. Cl. Salmasius. Lugd. B. 1638. 12. c. comm. ed. C. H. Tzschucke. Lips. 1793. 8. ed. C. D. Beck. Lips. 1726. 8.

16) S. Mahul im Class. Journ. T. XX. p. 105 sq. XXI. p. 81 sq. XXII. p. 51 sq. Opera. Ed. Pr. Saturn. et de somm. Scip. Venet.

1472. fol. Op. rec. J. Pontanus c. not. J. Meurs. Lugd. B. 1597. 8.
1628. 8. emend. atq. c. not. var. ed. J. Gronov. Lugd. B. 1670. 8.
Lond. 1694. 8. ed. J. C. Zenne. Lips. 1774. 8.

17) **De orthographia et ratione metrorum L. IV.** (b. Putsche
p. 2450 sq.) Dem Maximus B. sind zugeschr. b. Schr. de re grammatica
s. orthographia, de carmine heroico u. de ratione metrorum comment. (b. Putsche p. 1939 sq. u. Lindemann T. I. p. 266 sq.). s.
Osann p. 352 sq.

18) **Interpretatio in secundam Don. editionem** (b. Putsch. p.
1779 sq. u. Lindemann. c. Pompeji Comm. art. Don. p. 481 sq.),
de ratione ultimarum syllabarum lib. (b. Putsch. p. 1797 sq.) u.
Ars de pedibus versuum s. centum metris (ib. p. 1815 sq. ed. L.
v. Santen. Lugd. B. 1788. 8. ed. F. N. Klein. Coust. 1824. 4.).

19) **Comment. in primam et secundam Don. edit.** (b. Putsch.
p. 1826, 1838 sq.).

20) **Ars** (b. Putsch. p. 1856 sq.). S. Osann, Beitr. z. gr. u. röm.
L. G. Bd. II. p. 314 sq.

21) S. Osann p. 317 sq. **Institut. grammatic. ad filium L. V.** (b.
Putsch. p. 1—270. u. Lindemann, Corp. gramm. vet. Lat. T. IV.
f. 1. Lips. 1839. 4. Ueb. e. spät. aufgef. Bruchst. s. Zimmerm. Zeitsch. f.
Alt. W. 1841. p. 372 sq).

22) **De oratione, partibus orationis et vario rhetorum genere
ad Athanasium** (b. Putsche p. 270 sq. Ein Stück b, Hephaest. ed.
Gaisford p. 431 sq.). S. Osann p. 341 sq.

23) **De orthographia, proprietate et differentia sermonis** (b.
Putsche p. 2266 sq.). Die Schriften des Flavius Caper (um 300 n. Chr.)
heißen de orthographia u. de verbis dubiis (ib. p. 2239. u. 2247 sq.).

24) **De duabus orationis partibus, nomine et verbo** (b. Putsch.
p. 2018 sq.) u. **Ars. s. de barbarismis et metaplasmis** (ed. Ph. Buttmann. Berol. 1817. 8.). S. Osann p. 344 sq.

25) **De grammatica** (b. Putsche p. 1975 sq.).

26) Ed. Pr. Vicent. 1499. fol. ex emend. et c. not. H. Grotii.
Lugd. B. 1599. 8. cura L. Walthard. Bern. 1763. 8. ed. M. Maittaire,
Corp. poet. Lat. T. II. p. 1442 sq. rec. et ill. G. A. Goetz. Norimb.
1794. 8. ad codd. mss. fid. rec. c. not. var. et comm. perp. ed. U.
F. Kopp. Frcft. ad M. 1835. II. 4.

K) Rechtswissenschaft.

§. 226.

Es ist schon in der vorigen Periode bemerkt worden, daß
diese Wissenschaft nur in Rom blühen konnte, allein trotzdem,
daß sie sich in der gegenwärtigen dem Umfange nach mehr ausbildete, so hörte natürlich unter der Kaiserherrschaft die Führung
politischer Processe auf, und der Rechtsgelehrte mußte sich lediglich
auf Privatsachen beschränken, für welche man als Material ältere und neuere Rechtssprüche und Rechtsfälle zusammentrug und
die Kaiserverordnungen mit Erklärungen versah. Uebrigens stiegen
die Juristen nun auch in der Achtung der Römischen Herrscher[1]),
denen sie sich bald als Rathgeber ziemlich unentbehrlich zu machen
wußten. Von Staats wegen sorgte man aber für eine wissen-

schaftliche Ausbildung der Rechtsgelehrten durch Rechtsschulen zu Rom (s. 150 n. Chr.), Berytus (231 n. Chr.) und Constantinopel (s. 425), bei welchen Lehrer (antecessores genannt) fest angestellt und besoldet waren[2]. In der früheren Zeit dieses Zeitabschnitts aber, wo noch die frische Erinnerung an die einstige republicanische Freiheit vorhanden war, gab es indessen noch Männer, welche dem Alleinherrscher jene Alles auf sich beziehende Gewalt zuzugestehen keine Lust bezeigten, und darum bildeten sich unter den Juristen selbst zwei Parteien, von welchen die eine aus solchen bestand, welche mit äußerster Strenge an der alten Observanz festhielten, und die andere aus denen, welche milder gesinnt waren und die aequitas als Hauptrichtscheit empfahlen. Die orthodore Schule hieß die der Proculianer nach einem gewissen Proculus unter Claudius[3], obwohl sie von dem D. Antistius Labeo, einem Schüler der oben genannten Rechtsgelehrten Ofilius, Tubero und Trebatius Testa, gegründet worden war[4]. Zu derselben Schule gehörten noch M. Coccejus Nerva unter Tiberius[5], Pegasus unter Vespasian[6], Juventius Celsus der Vater und Sohn, unter Nero und Trajan[7], Fabius Mela, noch vor die Antoninen[8] fallend, und Neratius Priscus, unter Trajan Consul und consiliarius[9], sowie auch Titus Aristo, der Zeitgenosse des jüngeren Plinius[10], und Ulpius Marcellus, unter den beiden Antoninen und Commodus berühmt[11], wiewohl letztere beiden mehr der rechten Mitte huldigten. Die Gegenpartei, die der Sabinianer, verdankt ihre Entstehung dem Masurius Sabinus[12], der eigentlich nur die von seinem Lehrer, dem Günstling des Augustus, C. Atejus Capito gegründete Schule in seinen freilich verlorenen 3 Büchern de jure civili weiter ausgebildet hat. Neben ihm machte sich Cassius Longinus[13] (30 n. Chr. Consul, vom Nero nach Sardinien exilirt, aber vom Vespasian zurückberufen) so berühmt, daß seinetwegen die Schule des Sabinus einen zweiten Namen, den der Cassianer, erhielt. Wichtig soll auch Priscus Javolenus[14] gewesen seyn, der aber, obgleich einer der Räthe des Antoninus Pius, doch wohl, weil er zuweilen an Geisteszerrüttung litt, eigentlich nicht sehr viel Ansehen unter seinen Zeitgenossen genießen konnte, sein Schüler Aburnus Valens[15] und vorzüglich Salvius Julianus aus Hadrumetum in

Africa, wahrscheinlich der Urheber des Interdictum Salvianum, sicherlich aber der, welcher die Veränderung des Edictum Praetorium unter Hadrian redigirt hat [16]). Eine ganz schroff der alten Observanz sich entgegenstellende Abtheilung derselben Schule war die von Minucius Natalis unter Trajan (f. Plin. Ep. VII. 12.) gegründete, welche viele Anhänger zählte, unter denen (angeblich der Zeitgenosse des Alexander Severus, aber wohl eher des gen. Julian), Sextus Cäcilius Africanus [17]) und Volusius Mäcianus [18]), der Lehrer des Marc Aurel im jus civile (175 in Aegypten getödtet) die bedeutendsten waren. Mittlerweile machte aber Hadrian durch seine Bekanntmachung des Edictum perpetuum [19]) diesen Schulen ein Ende, und so entstand aus denselben eine Art juste milieu, die sogenannten miscelliones oder ereiscundi, welche nach Verhältniß der Umstände streng oder mild richteten [20]). Der bedeutendste unter denselben, den Sextus Pomponius [21]), einen Zeitgenossen des gen. Julianus ausgenommen, war aber jedenfalls Gajus, unter den Antoninen, dessen für die Kenntniß des Römischen Privatrechts unendlich wichtigen 4 Bücher institutiones bis auf ihre Entdeckung durch Niebuhr (1816) in einem codex rescriptus der Briefe des Hieronymus zu Verona, nur noch in dem daraus im Breviarium Alarici und den darnach gearbeiteten Institutionen Justinian's bekannt waren [22]). Außer ihm gehörten noch in diese Schule Aemilianus Macer (um 224) [23]), Junius Mauricianus unter Antoninus Pius [24]), seine Zeitgenossen Q. Claudius Saturninus [25]) und Q. Venulejus Saturninus, Papirius Justus unter Marc Aurel [26]), Taruntenus Paternus [27]), Cervidius Scävola [28]), einer der Räthe des Marc Aurel und wegen seiner Rechtskunde sehr berühmt, Septimius Florens Tertullianus [29]), Messius [30]), Claudius Tryphoninus [31]), Arrius Menander unter Caracalla [32]), Papirius Fronto [33]), Furius Anthianus [34]), Rutilius Marimus [35]), Sextus Pedius [36]), Aelius Marcianus [37]) und der berühmte auf Befehl des Caracalla ermordete Aemilius Papinianus aus Syrien [38]). Als der berühmteste Jurist seiner Zeit wird Julius Paulus [39]), der Freund des Alexander Severus, gerühmt, doch wird ihm allerdings große Dunkelheit zur Last gelegt, wie sich freilich auch aus dem im Breviarium Alarici erhaltenen

Auszuge seiner 5 Bücher sententiae receptae ad filium ergiebt[40]). Um dieselbe Zeit fällt der oft mit dem gleichnamigen Scholiasten des Demosthenes verwechselte Domitius Ulpianus aus Syrien (228 von den Prätorianern ermordet, nachdem er praefectus annonae und praefectus praetorio gewesen war), von dem sich außer einigen Fragmenten nur noch 29 tituli ex corpore regularum erhalten haben[41]). Sonst werden noch aus derselben Zeit Callistratus[42]), Florentinus[43]), Paconius[44]), Licinius Rufus[45]), Arcadius Charisius (unter Constantin)[46]), Julius Aquila (unter Septimius Severus)[47]), und der Schüler des Ulpian, Herennius Modestinus (um 244) angeführt, aus dessen Griechisch geschriebenen Büchern περὶ εὑρηματικῶν und d. L. VI excusationum noch einige Fragmente vorliegen[48]). Endlich sind aus derselben Zeit noch wichtig das Fragm. de juris speciebus et manumissionibus[49]) und (?) das Fragm. de jure fisci[50]). Mittlerweile hatte sich aber die Zahl kaiserlicher Verordnungen (constitutiones), Edicte, Decrete und Bescheide (rescripta), welche von dem geheimen Rath der Kaiser (consistorium) auf die seit Septimius Severus besonders häufig gewordenen Anfragen der Juristen gegeben zu werden pflegten, außerordentlich vermehrt[51]), und so schien es nothwendig, eine Sammlung derselben anzulegen, welche Gregorianus in seinem codex Gregorianus[52]) (Rescripte von Caracalla bis Maximian) und Hermogenianus[53]) in seinem erst nach d. J. 364 geschriebenen codex Hermogenianus (Constitutionen von Aurel bis Maximian, jedoch auch eine von Valentinian enthaltend) versuchten, leider aber uns nicht vollständig hinterlassen haben. Eine Fortsetzung haben wir in dem von einem gewissen Antiochus (431 n. Chr. Consul) auf die wiederholten Befehle des jüngeren Theodosius (429 u. 435) 438 n. Chr. bekanntgemachten Codex Theodosianus[54]), welcher alle Verordnungen von Constantin bis auf jene Zeit herab in 16 Büchern (I. Officia, II. Jurisdictio, Judicium, Res creditae, III. Emtio, Matrimonium, Tutela, IV. Bonorum possessio, Testamentum, Interdictio, V. Intestaterbfolge und Personenzustand, VI — XV. öffentliches Recht, XVI. Kirchenrecht) enthält, die theils ächt (B. VI. verstümmelt) vorkommen, theils abgekürzt im Breviarium Alarici enthalten sind. Die nach der Publication dieses codex erschienenen Verordnungen (von Theodosius 48, Valentinian 18, Marcianus 5, Majorian 8, Severus 2, Anthemius 3) wurden im J. 468 n. Chr. unter dem Titel Novellae demselben weiter beigefügt[55]). Endlich fällt noch um dieselbe Zeit (426 — 438) die dem **Licinius Rufus** fälschlich zugeschriebene Collatio legis Mosaicae et Romanae[56]), die, um das Mosaische Gesetz in den Augen der Juristen zu heben, veranstaltet worden war, die sogenannten Fragmenta Vaticana[57]), Bruchstücke aus den Schriften des Ulpian, Paulus, Papinianus und anderer Juristen, sowie kaiserliche Constitutionen enthaltend und nach d. J. 372 als Privatsammlung zum Citiren und Allegiren berühmter Rechtsschriftsteller vor Gericht angelegt, die consultatio (vet. ICti) de pactis[58]), eine nach dem Codex Theodosianus entstandene Sammlung von Gutachten aus der Vertragslehre, das Stemma, quemadmodum hereditates lege redeant[59]), und einige andere weniger bedeutende Documente derselben Gattung. S. A. L. G. p. 1309 — 1322.

Uebrigens zeigen sich in dieser Periode auch die ersten Anfänge eines canonischen Rechts, indem man die Rechte des Clerus gegen seine Glieder und gegen die Laien, sowie die Pflichten und Rechte der letzteren gegen ihn theils nach der in den bekannten apostolischen Canones und Constitutionen erhaltenen mündlich überlieferten Anordnung Christi, theils nach den Beschlüssen der Kirchenversammlungen, theils nach den Briefen der Päpste, weltlichen Gesetzen und wissenschaftlichen Bearbeitungen (vorzüglich nach des Dionysius Areopagita περι εκκλησιαστικης ιεραρχιας) festzustellen suchte[60]).

1) Heyne, Opusc. T. IV. p. 211 sq.

2) S. F. C. Conradi, Or. de schol. jur. civ. Rom. fatis. Helmst. 1740. 4. J. Strauch, de Beryto. Brunsv. 1662. 4. J. Hasaeus, de Beryt. ICrum acad. Hal. 1716. 4. J. Chr. F. Baehr, de litt. univ. Constant. V. p. Chr. nat. saec. cond. Heidelb. 1835. 4. C. F. Walch, ICtus antecessor ex var. jur. civ. vetq. auct. loc. descr. Jen. 1752. 8. u. Exerc. de antec. jur. sub Just., in s. Opusc. T. I. p. 247 sq. Dirksen, Beitr. z. Kde. d. Röm. Rechts. Lpzg. 1825. 8. p. 120 sq.

3) Chr. O. a Boeckeln, de diversis familiis ICrum. Lugd. B. 1678. 12. C. Fr. Hommel, de princip. caus. dissens. inter Labeonem et Capitonem horumque sectatores. Lips. 1750. 8. u. Opusc. T. I. p. 101 sq. G. Mascow, de sectis Sabin. et Procul. in jure civ. Lips. 1828. 8.

4) Th. Thomasius, Pr. q. compar. A. Lab. et At. Capit. instituitur. Lips. 1683. 4. u. Compar. Lab. et Trebatii. ib. 1684. 4. Ch. G. Biener, Diss. Ant. Lab. jur. civ. novator. Lips. 1786. 4. R. Wolffhardt, Diss. de posterioribus Lab. Rintel. 1751. 4. A. Wie-

ling, Diss. de Lab. ad edict. libr. Franeq. 1731. 4. Reuber, Beitr.
z. civil. Biogr. Berl. 1816. Bd. I. p. 76 sq. 209 sq.

5) Ahasverus, Disp. I. de M. Cocc. Nerva. Brem. 1748. 4.

6) H. T. Pagenstecher, de Pegaso ICto. Herborn. 1727. 4. u.
Jus Pegas. ib. 1741. 4.

7) J. H. Heineccius, Pr. de P. Jav. C. Freft. ad V. 1727. 4. u.
Op. T. II. p. 578 sq. Majans T. II. p. 36 sq. Schott, de quaest.
Domit. diss. Lips. 1771. 4. Kämmerer, Beitr. p. 208 sq. Reuber p. 133 sq.

8) J. L. G. Beck, de Fab. Mela ejq. fragm. Lips. 1806. 4. H.
E. Dirksen, de Fab. M. ICto. Regiom. 1803. 4.

9) C. B. Acoluth., Or. de Ner. Pr. vet. ICto. Jen. 1756. 4. J.
C. Sickel, Exerc. de Ner. Pr. Lips. 1788. 4.

10) S. Meynard Tiedemann, Diss. de L. Ulp. Marc. vita et
scriptis. Traj. ad Rh. 1762. 4. Th. Seger, Ulp. Marc. Lips. 1768.
4. C. Fr. Walch, Opusc. I. p. 312 sq. Fragm. a. f. Schr. b. Wieling, Jurispr. rest. p. 100 sq.

11) S. Majans, Comm. ad XXX ICrum Fragm. T. II. p. 67 sq.

12) S. D. G. Moller, Diss. de Mass. Sab. Altorf. 1693. 4. P.
N. Arntzen, Diss. de Mas. Sab. Traj. ad Rh. 1768. 4.

13) Ph. Wolffhardt, Sched. de mod. acquir. not. ICrum. Rintel.
1746. p. 201 sq. J. Steenwinkel, Diss. de vita, stud. et script. C.
Cass. Long. Lugd. B. 1778. 4.

14) H. van Alphen, Spic. de Javol. ICto et spec. obs. ad quaed.
ej. fragm. Traj. ad Rh. 1768. 8. J. G. Lindner, Pr. de Jav. Pr.
ICto. Arnst. 1770. 4. Reuber p. 146 sq.

15) P. T. Smeding, de Salv. Ab. Val. ejq. q. in Digest. ads.
fragm. Lugd. B. 1824. 8. Fragm. b, Wieling p. 256 sq. Brunquell.
Op. p. 336 sq.

16) Püttmann, Diss. de Salv. interdicto. Lips. 1773. 8. F. A.
Biener, Pr. de Salv. Jul. meritis in ed. Praet. recte aestim. Lips.
1809. 8. Heineccius, Pr. de Salv. ICrum sua aet. coryph. Hal,
1733. 4. u. Op. T. II. p. 798 sq. Reuber p. 183 sq. Fragm. v. ihm
b. Cujac. Op. Post. T. III.

17) A. Lescurius, S. Caec. Afr. Lyon. 1574. 8. Sc. Gentilis,
Disp. ad sing. leg. Afr. I—IX. Altorf. 1602—7. 4. Kaemmerer,
Observ. Jur. Civ. I. p. 1—116. Oesterdyk b. Oelrichs, Thes. I.
2. p. 453 sq.

18) J. Wunderlich, de L. Vol. Maec. Hamb. 1749. 4. Fragm. b.
Wieling p. 97 sq. Zugeschrieben wird ihm ein Liber de asse et partibus ejus (Ed. Pr. c. Priscian. et al. de ead re libr. Paris 1565. 8.
u. Gronov. Thes. Ant. Rom. T. XI. p. 1705 sq. L. Vol. Maec.
Assis distributio et Balbi mens. de asse lib. Emend. et ann. Vineti
et Gronov. t. suis tab. disq. instr. Ed. Boecking. Bonn. 1831. 16.
u. im Jus Civ. Antejust. Bonn. p. 175—190.).

19) C. A. Hamberger, Diss. de ed. perp. Jen. 1714. 4. J. G.
Heineccius, Hist. edict. et ed. perp. in f. Opusc. posth. p. 1—274.
u. Oper. T. VII. 2. p. 1—280. A. G. S. Franke, de edicto praet.
urb. praef. perp. Kilon. 1830. 4. Haubold in Hugo, Civ. Mag. 1796.
Bd. II. 3. p. 274—320. Bouchaud, Loix d. XII tabl. Paris 1803. 4.
T. II. p. 377 sq. Heffter im Rhein. Muf. f. Jurispr. I. p. 51—63.
Blume in d. Zeitschr. f. gesch. R. W. IV. p. 408 sq. Ueberreste im Edict.
perp. a Salv. Jul. ICto comp. a J. Ranchino rest. c. Ejd. Var. Lect.
Paris 1597. 8. p. 1—78. A. Wieling, Fragm. ed. Perp. in usum
lect. publ. Franeq. 1733. 4. De Weyhe, Libri III edicti. Cell. 1821.
8. p. 1-39. 149—298. Pothier, Pand. Justin. Paris 1749. fol. T. II.
p. CXII sq. Blondeau, Instit. T. II. p. 88 sq. Van Reenen in den
Tex, Font. tres jur. Rom. ant. p. 41—96.

20) S. J. Brunquell, Prol. de ICtis ercisc. s. miscell. q. fragm. in Digest. supers. Jen. 1728. 4. u. Opusc. T. I. p. 419 sq.

21) S. B. H. Reinold, Or. de Pomp. Herb. 1710. 4. Fragm. b. Wieling, p. 214—241. u. Dirksen, Bruchst. p. 106 sq. Fragm. S. Pomp. vet. ICti ut quibusd. vid. Jul. Paulli de jure fisci. Acc. fragm. Her. Mod. cura Ed. Böcking. Bonn. 1831. 8. und hinter Ulpian. Fragm. ib. 1836. p. 103 sq. f. a. Cramer in Hugo's Civ. Mag. VI. p. 1—33. Aus dem einen f. II enchiridia in Pandect. L. II. §. 35—47. de orig. jur. existirt bef. eine Historia juris (c. not. Vinnii et Cujac., b. S. Leew, Auct. de or. et progr. J. R. Lugd. B. 1671. 4. ex rec. Ch. G. Haubold. Lips. 1792. 8.).

22) S. Hugo, Civ. Mag. Bd. II. 3. p. 358 sq. G. H. A. Dittmar, de nom. aet. stud. ac script. Gaji. p. I. Lips. 1820. 8. Göschen in d. Abh. d. Berl. Acad. 1816—17. 4. p. 307 sq. Kopp in Savigny, Zeitschr. Bd. IV. 3. p. 473 sq. Göschen in Savigny's Zeitschr. Bd. II. p. 1 sq. u. Bd. I. p. 54 sq. Gersdorf, Repert. 1843. H. 28. p. 49 sq. Ausg. d. früh. Ausg. Ed. Pr. cur. Bouchard, F. Gaji Instit. et Jul. Pauli sent. Lutet. 1525. 4. coll. dig. et not. perp. ill. J. Oiselius. Lugd. B. 1658. 8. c. not. Gothofredi et J. Oiselii, b. Leewii Auct. de or. jur. civ. p. 557 sq. u. Schulting, Jurispr. Antejust. p. 1—168. A. b. Orig. Text. Inst. Comm. IV. e cod. rescr. bibl. Veron. cur. Goeschen. Berol. 1820. 8. Ed. II. ib. 1824. 8. rec. rest. ann. perp. adj. A. G. Heffter. Berol. 1827. 4. rec. adnot. adj. atque ed. A. C. Klenze et Ed. Böcking. ib. 1827. 8. rec. Ed. Böcking. Bonn. 1841. 8. rec. C. Lachmann. Berol. 1842. 8. Deutsch v. Brockdorff. Schleswig. 1825. 8.

23) S. J. Lectius, Lib. unus ad Aem. M. de publ. judiciis. Lugd. 1597. 8. u. b. Otto, Thes. Jur. T. I. p. 67 sq. Fragm. b. Wieling p. 96 sq.

24) S. Gottschalck in d. Blätt. f. Jurisprudenz. Jen. 1808. Bd. I. p. 579. 750 sq.

25) S. Heineccius, Diss. de variis Saturn. Hal. 1735. 4. u. Op. T. III. 3. p. 78 sq. Wolffhardt, Pr. de Cl. Saturn. Rintel. 1747. 8. H. Oesterdyk, Diss. ad fragm. q. ex Sat. libr. de offic. procons. supers. Traj. ad Rh. 1755. 4. C. Rau, Pr. de var. Saturn. ICtis. Lips. 1791. 4.

26) S. P. El. Piepers, de Pap. Justo. Lugd. B. 1824. 8. A. C. Stockmann, Pap. J. ICti fragm. observ. ill. Lips. 1792. 4.

27) Fragm. a. f. B. de re militari b. Wieling p. 251. f. Majans T. II. p. 294 sq.

28) S. A. A. Pagenstecher, Disq. de Q. Cerv. Scaev. Gron. 1707. 4. J. O. Wessenberg, Or. de Jurispr. R. Cerv. Scaev. Lugd. B. 1734. 4. J. L. Conradi, Lib. sing. de vita et scr. Q. Cerv. Sc. Lips. 1755. 4. Kämmerer p. 1 sq. Fragm. b. Wieling p. 33 sq.

29) C. J. A. G. Pagenstecher, Or. de Jurispr. Tert. Harder. 1768. 4. Fragm. b. Wieling. p. 252.

30) S. Majans T. II. p. 323 sq.

31) S. Chr. Rau, Diss. de Cl. Tryph. ICto Rom. Lips. 1768. 4. Fragm. b. Wieling p. 253.

32) S. P. J. Suringar, de Arr. Menandro ICto ejq. q. in Pandectis supers. fragm. Lugd. B. 1840. 8. Fragm. b. Wieling. p. 120.

33) S. Majans. T. II. p. 256 sq.

34) S. Majans T. II. p. 328 sq. P. F. Besier, Diss. de Tur. Anth. ejq. q. in Pand. exst. fragm. Lugd. B. 1803. 4.

35) S. Majans T. II. p. 326 sq.

36) S. Tydemann, Diss. de Pedio ICto. Lugd. B. 1822. 8.

37) S. G. Oelrichs, Diss. de vita, stud., honor. et script. Marc. Traj. ad Rh. 1754. 8. Fragm. b. Wieling p. 112 sq.

38) E. J. Lectius, de vita et script. Pap. Genev. 1594. 8. u. b. Otto, Thes. T. I. p. 123 sq. Ed. Otto, de Pap. vita, script. mor. et morte. Duisb. 1718. Brem. 1743. 8. B. Voorda, Papin. s. optimi ICti et viri forma in A. Pap. spect. Lugd. B. 1770. 4. Fragm. b. Otto p. 728 sq. u. Böcking, Fragm. Ulp. p. 104 sq.

39) S. N. Ritterhus., de vita Jul. Pauli. Norimb. 1566. 4. A. A. Pagenstecher, Diss. de Jul P., in ſ. Syll. diss. p. 523 sq. F. C. Conradi, Jul. P. ab injur. vind., in ſ. Parerg. p. 507 sq. Fragm. b. Wieling p. 158 sq. Boecking, Fragm. Ulp. p. 89 sq. u. Corp. jur. civ. Antejust. p. 161 sq. Blondeau, Inst. T. II. p. 321 sq. ſ. a. Dirkſen, Berm. Schr. Berl. 1841. 8. p. 32 sq. Bachmann in b. Zeitſchr. ſ. ger. R. W. Bd. XI. p. 110 sq. Walch, de actate fragm. vet. ICti de jure fisci. Jen. 1838. 8.

40) Ed. Pr. A. Bouchard, c. Gaji Inst. Paris 1525. 4. c. not. sel. b. Leew. De or. jur. auct. Lugd. B. 1671. p. 457 sq. u. in b. Jurispr. Antejust. p. 587 sq. Biener, Jus. Civ. antejust. T. I. p. 103 sq. rec. annot. ind. instr. L. Arndts. Adj. s. script. var. ex codd. mss. G. Haenel. Bonn. 1834. 8. u. im Corp. Jur. Civ. Antejust. Bonn. p. 41 sq. u. Blondeau, Inst. T. II. p. 263 sq.

41) S. Fragm. b. Wieling. p. 261 sq. cf. Fragm. quib. in cod. Vatic. inscr. est, tit. ex corp. Ulp. Acc. fragm. ex Ulp. instit. ab Endlichero in bibl. Pal. Vindob. nuper rep. it. ed. Ed. Böcking. Bonn. 1836. 8. Ulp. de Edendo u. pr. ed. ex apogr. p. G. A. Meywerth et E. Spangenberg. Gott. 1809 8. Incerti auct. Ordo judiciorum [Ulp. de Ed.] e codd. ed. emend. gloss. aux. not. cr. instr. G. Haenel. Lips. 1838. 8. Tituli XXIX ex corp. regul. Ulp. Ed. Pr. J. Tillius. Paris 1549. 8. c. not. Cujacii et Gothofredi b. Leew. a. a. O. p. 399 sq. u. Schulting, Jurispr. Antejust. p. 537 sq. Libri regul. et inc. auct. coll. leg. Mosaic. et Rom. c. not. ed. J. Cannegieter. Traj. ad Rh. 1768. 1774. 4. rec. G. Hugo. Berol. 1822. 8. ſ. a. Schilling, Sp. I—III. anim. cr. ad Ulp. Fragm. Lips. 1830—31. 4. u. Diss. cr. de Ulp. fragm. Vratisl. 1824. 8. J. Lectius, Or. II. de vita et scr. Ulp. Genev. 1601. 4. u. in Otto, Thes. T. I. p. 51 sq. H. Steger [Conradi] Diss. de Dom. Ulp. Lips. 1725. 4. ſ. Kaemincrer, Observ. jur. p. 135—172. Savigny in Hugo, Civ. Mag. IV. p. 361. 375 sq. u. in ſ. Zeitſchr. ſ. geſch. R. W. Bd. IX. 1. p. 1 sq. 2. p. 157 sq. I. p. 319 sq. Lachmann ebb. IX. 2. p. 174 sq. Göſchen ebb. Bd. IV. 1. p. 122 sq. Hall. Jahrbüch. 1838. Nr. 246—149. Heimbach, üb. Ulp. Fragm. Lpzg. 1834. 8.

42) S. A. Jenichen, Ep. sing. de Call. ICto. Lips. 1742. 4. Fragm. b. Wieling. p. 20.

43) S. A. F. Rivinus, de Flor. Jurisp. test. reliq. in Inst. Just. rep. Viteb. 1752. 4. C. F. Walch, Ep. de Flori ICti phil. Jen. 1754. 4. u. Opusc. T. I. p. 337 sq. T. Schmalz, Diss. I. Flor. Inst. fragm. comm. Regiom. 1801. 4. J. T. Matthews, Diss. de Flor. ICto. Berol. 1801. 8.

44) S. Majans T. II. p. 187 sq.

45) S. H. J. O. König, Pr. de Lic. Rufo. Hal. 1712. 4. Ch. A. Clodius, Diss. de Lic. R. Lips. 1791. 4.

46) S. Rau, Diss. de Aur. Arc. Charis. Lips. 1773. 4. ſ. Wieling p. 6 sq.

47) S. Majans T. II. p. 288 sq. Otto, Thes. T. I. p. 13 sq.

48) S. Brenckmann, de Heurem. diatr. s. in Her. Mod. lib. π. ἐ. comm. Lugd. 1706. 8. Schilter, H. Mod. s. fragm. l. sing. π. ἐ. comm. ill. Argent. 1787. 4. Kriegel, Antiq. vers. lat. fragm. e Mod. libro de excusat. in integr. rest. Lips. 1830. 4. ſ. a. J. van Nispen, Disp. ad fragm. de libr. differ. Mod. Lugd. 1751. 4. Böcking ad Ulp. p. 109 sq. Bachmann in b. Zeitſchr. ſ. geſch. R. W. XI. p. 115 sq.

49) Ed. Pr. Pitthoei, c. Coll. Leg. Mosaic. et Rom. Paris 1573. p. 113 sq. u. in d. Ausg. d. Dositheus.

50) C. Gaji Instit. comm. ed. Goeschen. Berol. 1820. p. 403 sq. f. Anm. 39.

51) Fragm. b. Wieling T. I. p. 313 sq. II. p. 1 sq. 167. 179 sq. f. Schulting, Comm. Acad. T. I. p. 161 sq. J. Chr. Koch, de constit. princ. Jen. 1754. 4. E. v. Löhr, Uebers. b. b. Privatrecht betreff. Constit. b. Röm. Kaiser, v. Theodos. II. b. Justinian. Wetzlar 1812. 8.

52) Ed. Pr. c. Hermog. cod. cur. Sichard, c. Cod. Theod. Basil. 1528. p. 164 sq. Beck, Jus Civ. Antejust. I. p. 263 sq. Instit. Gregoriani a. b. Pithouisch. jetzt Berlin. Hbschr. z. erst. M. herausg. v. Klenze, in Savigny's Zeitschr. IX. 3. p. 256 sq. 235 sq.

53) Cod. Greg. et Hermog. Fragm. ad XXXVI l. mss. et prior. edit. fid. rec. et ann. cr. instr. G. Haenel. Bonn. 1837. 4.

54) Ed. Pr. c. Novellis, Jul. Paullo, cod. Greg. Hermog. Papir. Volus. Maec. et Jul. Front. cur. J. Sichard. Basil. 1528. fol. Cod. Theodos. L. XVI emend. ex his l. VI. VII. VIII. XVI. n. prim. int. prod. curav. J. Cujacius. Lugd. B. 1566. fol. c. comm. perp. J. Gothofredi rec. A. Marvillius. Ed. nova c. codd. mss. coll. rec. emend. var. obs. auct. q. s. not. adj. J. D. Ritter. Lips. VI. (VII.) 1736—45. fol. ed. Beck, Jus Civ. Antejust. T. II. p. 275—1215. Cod. Theodos. ad L. IV libr. mss. et prior. edit. fid. n. prim. rec. et ann. crit. instr. G. Haenel. Lips. 1837. 4. f. a. Haenel, Antiq. summ. cod. Theodos. ex cod. Vatic. n. pr. edid. Lips. 1834. 8.

55) B. Beck a. a. O. T. II. p. 1217—1399. f. a. W. L. D. G. Crassier, de confect. cod. Theod. Leod. 1825. 4. Warnkönig in d. Themis T. VI. p. 41 sq. 489 sq. III. p. 185. 474 sq. 586 sq. J. van Hengel, Spec. hist. litt. de Majoriano. Lugd. B. 1834. 8. u. Spec. jur. de trib. Maj. nov. ib. eod. 8. Schröter a. a. O. p. 340. 360 sq.

56) Heißt auch Lex Dei od. Pariator legum Mosaicarum et Romanarum. Ed. Pr. ed. P. Pitthoeus. Paris. 1573. 8. ed. Th. Beza Vezelius. Heidelb. 1608. 8. Schulting, Jurispr. Antejust. p. 719 sq. Biener, Jus Civ. Antejust. II. p. 1419. Jus Civ. Antej. Bonn. p 305 sq. Blondeau, Instit. T. II. p. 408 sq. Lex Dei s. Mos. et Rom. leg. coll. e codd. mss. Vindob. et Vatic. emend. et not. ind. ill. Fr. Blume. Bonn. 1833. 8. f. a. Blume bei Savigny X. p. 298 sq. Lachmann ebb. p. 309 sq. Gersdorf, Repert. a. a. O. p. 148 sq.

57) Jur. Civ. Antejust. reliq. ined. ex cod. rescr. bibl. Vatic. ed. A. Mai, c. Symmacho. Rom. 1823. 8. Berol. 1824. 8. rec. et comm. instr. Al. A. de Buchholz. Regiom. 1828. 8. u. Corp. Jur. Civ. Antejust. Bonn. p. 239 sq. u. Blondeau Inst. T. II. p. 328 sq. f. a. Schröter im Hermes Bb. XXV. p. 362 sq.

58) Ed. Pr. Cujac. Lib. singul. consult. Paris 1577. u. Op. T. I. p. 639 sq. Cod. Theod. Paris 1586. P. II. p. 125 sq. Schulting, Jur. Antejust. p. 811 sq. Biener, Jus Civ. Antejust. II. p. 1478 sq. f. Gersdorf. Repert. 1843. H. 30. p. 154 sq.

59) Ed. Pr. Cujac. Paris 1564. 8. u. Cod. Theod. Paris. 1586. fol.

60) G. Beveregius, Cod. Canon. prim. eccles. vind. et ill. Lond. 1678. Amst. 1797. 4. A. Galland, de vetust. collect. canon. syll. Venet. 1778. fol. Mogunt. 1790. II. 8. f. Walter, Lehrbuch b. Kirchenrechts. VII. Aufl. Bonn. 1836. 8. T. L. Spittler, Gesch. d. canon. Rechts b. a. b. Zeit b. falsch. Isidor. Halle 1778. u. in f. W. Bb. I, Bickell, Gesch. b. Kirchenrechts. Gieß. 1843. Bb. I. 8.

Reprint Publishing

FÜR MENSCHEN, DIE AUF ORIGINALE STEHEN.

Bei diesem Buch handelt es sich um einen Faksimile-Nachdruck der Originalausgabe. Unter einem Faksimile versteht man die mit einem Original in Größe und Ausführung genau übereinstimmende Nachbildung als fotografische oder gescannte Reproduktion.

Faksimile-Ausgaben eröffnen uns die Möglichkeit, in die Bibliothek der geschichtlichen, kulturellen und wissenschaftlichen Vergangenheit der Menschheit einzutreten und neu zu entdecken.

Die Bücher der Faksimile-Edition können Gebrauchsspuren, Anmerkungen, Marginalien und andere Randbemerkungen aufweisen sowie fehlerhafte Seiten, die im Originalband enthalten sind. Diese Spuren der Vergangenheit verweisen auf die historische Reise, die das Buch zurückgelegt hat.

ISBN 978-3-95940-165-4

Faksimile-Nachdruck der Originalausgabe
Copyright © 2016 Reprint Publishing
Alle Rechte vorbehalten.

www.reprintpublishing.com

www.ingramcontent.com/pod-product-compliance
Lightning Source LLC
Chambersburg PA
CBHW070542030726
47505CB00001B/122